D1721651

Adi Mokrejs

Yetischmaus mit Seilsalat

**oder
Die wirklich wahre Geschichte
des Alpinismus in Kochrezepten.**

2

SCHALL-VERLAG
www.schall-verlag.at

Impressum:
1. Auflage 2013
ISBN 978-3-900533-74-8 | EAN: 9783900533748
© 2013 | Schall Verlag GmbH.

Schall-Verlag GmbH. | A-2534 Alland | Buchberggasse 413
Email: schall-verlag@aon.at | Home: www.schall-verlag.at

Digitale Druckvorstufe: Ernst Kren, Medien Manufaktur Admont, 8911 Admont, Schmiedgasse 69

Inhalt

Vorwort – Aperitif

Lange Zeit hindurch erschien der Komplex „Alpine Geschichte" als eine hoffnungslos verstaubte Angelegenheit, vergleichbar mit Tropenhelmen, Herbarien oder Vierteltelefonen. Doch allmählich scheint die Frage „Woher kommen wir?" auf diesem Gebiet keine unerhörte Zumutung mehr darzustellen. Das Wissen um Werden, Wachsen und Zusammenhänge ist immer ein Teil des klassischen Alpinismus gewesen, ein bereichernder gedanklicher Überbau über dem rein stofflichen Aspekt. Große Bergsteiger waren einst selbstverständliche Anreger und geistige Wegbegleiter und unterstreichen den zur Genüge diskutierten Aspekt „Mehr als Sport": warum schließlich gibt es denn keine vergleichbare Zehnkämpfer-, Gewichtheber- oder Delphinschwimmer-Literatur?

Haben derzeit alpinhistorische Themen auf dem Büchermarkt ganz gute Chancen, erfreuen sich freilich noch weit größerer Beliebtheit die beinahe im Tagesrhythmus neu erscheinenden Kochbücher: Lokalrezepte aus allen Winkeln des Globus, Führer zu den beliebtesten, exotischsten Fress-Tempeln und abgelegensten Hauben-lokalen, die Koch-und Essgewohnheiten der Voll- Halb- und Viertel-Promis, Kochen mit Feng Shui und nach Mondphasen – gleich Hand in Hand mit einer passenden Diätanleitung.

Was liegt also näher, als mit einer Kombination beider Genres – quer durch Regionen und Epochen – den Appetit auf die alpine Vergangenheit zu steigern und zugleich ihre wirklich wahre Geschichte freizulegen? Denn vieles, was fort- und neuerlich fortgeschrieben wurde, sieht aus aktuellem Blickwinkel, in ungewohnter Beleuchtung gänzlich neu aus. Auf den Spuren früherer Alpinisten in einer erweiter-ten Zeitebene unterwegs zu sein, kann zur unerwarteten Bereicherung des eigenen Erlebens führen, das Wissen um ehemalige Zeitumstände und Lebensgefühle zu einer neuen Schau auf diese seltsame Sucht, sich auf hohe, schwierige oder abgelegene Aufwerfungen der Erdkruste zu mühen. Dass die Rezepte durchwegs mit einer kräftigen Prise Ironie gewürzt sind, ist ein beabsichtigter Nebeneffekt, der
a) dem Autor eine gewisse Narrenfreiheit einräumt, und
b) dem Leser das Nachblättern hunderter Fußnoten und ohnehin nie gelesener Literaturhinweise ersparen soll, die ein echtes „histooorisches" Werk aufweisen muss, um als seriös zu gelten.

Gourmets erzielen zusätzlichen Lustgewinn aus dem Wissen um die Zubereitung der Gerichte. Übertragen auf alpine Kulinaria: mit eigenen Hintergrundwissen um die Alpingeschichte bereiten ihm die Enthüllung der brisantesten Fragen der Alpinhistorie doppeltes Vernügen, zum Beispiel:

- keine Sex-Szene in der gesamten klassischen Alpinliteratur:
  waren „die Alten" allesamt schwul?
- hatte Mallory Plattfüße? Die Everest-Geschichte in völlig neuem Licht!
- Whymper's Alkoholproblem – er sah demzufolge doppelt:
  bestieg er das richtige Matterhorn?
- war die berühmte chinesische Alpinistin Xi Fu Zeng in Wirklichkeit ein Zwitter?
- fungierte die alte Haindlkarhütte als geheime Kommandozentrale des Dritten Reiches?
- war Heinrich Harrer als Gauleiter für Tibet vorgesehen?
- hat sich Luis Trenker selbst gedoubelt?
- und auch die heikle Fragestellung: „Wer hat sich des Gemächtes des ‚Mannes aus dem Eis' bemächtigt" (salopp: „Wer hat dem Ötzi das Zumpferl geklaut?") findet sich in diesem Werk, das Ihnen verrät

**„Was Sie schon immer über den Alpinismus wissen wollten,
aber niemanden fragen konnten"**

Menükarte zum fünfzigjährigen Jubiläumsdinner des Alpine Club

1.

ALPINE CLUB DINNER

Der Alpinismus stammt-ebenso wie das „Dinner for one"-aus Britannien. Wer geht denn schon zum Chinesen oder zum Italiener essen, wenn er einen Engländer in der Nähe hat! Zeitlose britische Haute cuisine, empfehlenswert für übergewichtige Bergsteiger:

ALPINE CLUB DINNER

Low fat menu:
Je 1 Scheibe rohen Ben Nevis, Dosenbrot und Clogwyn faschieren, mit frischem Tyndall würzen und einem Spritzer Coolidge-Sauce abschmecken, in eine Wickelgamasche einschlagen und mit heißem Wasser kurz überbrühen.
Dessert: Llanberis auf Cornwall, Tea for two

Von allerhand Erfindern des Alpinismus

„Alles Gescheite mag schon siebenmal gedacht worden sein.
Aber wenn es wieder gedacht wurde, in anderer Zeit und Lage,
war es nicht mehr dasselbe. Nicht nur dein Denken, sondern vor allem
das zu Bedenkende hat sich unterdes geändert. "
Ernst Bloch

Auf der Suche nach dem Seilende. Vorsicht! Vorsicht! Da wurde doch schließlich schon von namhaften Alpinhistorikern Schlinge um Schlinge säuberlich aufeinander gelegt, alles ist längst gesagt, mehrfach auf-, um- und abgeschrieben, in Wikipedia abrufbar – und dann tappt so ein Ungelernter, so ein G'schichtldrucker daher, zerrt für irgendeine läppische Story aus dem kunstvoll geordneten Gebilde mutwillig einen darunter liegenden Strang hervor – schon ist ein Seilsalat fertig! Dieser eignet sich jedoch als universelle Beilage zu fast allen Rezepten, er zählt zum täglichen Brot des Alpinismus.

Bei unserer Wanderung im Retourgang durch mehrere tausend Jahre Alpingeschichte begegnen wir vorerst einem beleibten, Zigarre paffenden Herren, der sich einerseits sogleich als Spielverderber outet („No sports!"), uns jedoch einen wichtigen Rat mit auf den Weg gibt: „Je weiter wir zurückschauen, umso weiter können wir nach vorn sehen". Herzlichen Dank, Sir Winston! Und achten Sie weiterhin darauf, keine Sauerstoff-Vergiftung zu erleiden!

Wir befinden uns also offensichtlich in England. Als nächstes treffen wir im London des Charles Dickens auf zwölf Gentlemen, die sich zwei Tage vor dem Heiligen Abend 1857 in Ashleys Hotel zusammenfinden, um den Alpine Club, den ersten Bergsteigerverein der Welt zu gründen. Was wir heute als erkennbare breite Bewegung „Alpinismus" verstehen, wurde im neunzehnten Jahrhundert von den Engländern erfunden. Die meisten dieser frühen Bergsteiger gehörten einem niederen Adel oder zumindest einem gehobenen Mittelstand an, mussten sich körperlich nicht in einem zwölf- bis vierzehnstündigen Arbeitstag erschöpfen, sondern konnten den menschlichen Bewegungsdrang bereits in Form diverser „Sports" kanalisieren. Selbstbewusst durch langjährige, demokratische Tradition, unternehmungslustig, mit einem kolonialen Weltreich im Rucksack, zäh wie ihr Roastbeef und wetterhart getrimmt von ihrer Regeninsel, begannen sie ihre Fernreisen in den fremden Kontinent Europa, um sich dort an den „High Alps" zu versuchen (eine etwas umstrittene Theorie besagt, dass sie einfach den „Fish & Chips"-Gestank ihres Eilandes nicht mehr aushielten). Wie auch immer: „High Alps" bedeutete in erster Linie „Westalpen", denn zu allen Zeiten brachte und bringt die erreichte Höhe den größten Prestigegewinn, und so galt damals neben Gipfelbesteigungen die Überschreitung hochgelegener Pässe und Scharten ebenfalls als gleichwertiges Ziel von sportlichem Wert.

Der Alpine Club in Zermatt 1864, gezeichnet von Edward Wampe

Es wurde ein Club typisch englischen Zuschnittes: elitär (das Wort hatte noch keinen schimpflichen Beigeschmack), sowie bei allen Gemeinsamkeiten auch ein wenig distanziert. „Dine together – once a year": ein gemeinsames Abendessen jährlich genügte an offiziellen Vereinsveranstaltungen. Wichtig waren diesen individualistischen Professoren, Offizieren, Landadeligen, Geistlichen und Besitzbürgern vor allem die Nachrichtenbörse betreffs Reise- und Unterkunftsmöglichkeit, Führertarife und -qualitäten, hohe, möglichst noch unerstiegene Gipfel, und dies alles

Das Winter-Dinner war gesellschaftlicher Höhepunkt des Clublebens

selbstverständlich exklusiv, unter Gleichwertigen und Gleichgesinnten. Jedes Clubmitglied musste oder sollte zumindest eine Höhe von 13.000 Fuß (gut 4.000 Meter) erreicht haben. Selbst in einem Land, welches bis heute wie kein anderes ein Herz für Sonderlinge und Exzentriker zeigt, gab es Kopfschütteln über Leute, die sich mit Vorliebe dort aufhalten „wo es nur für Adler schicklich ist".

Wer aber war überhaupt der erste Bergsteiger? „Francesco Petrarca!" kräht der Musterschüler in Alpingeschichte – halt, also wirklich! Über den tatsächlichen Beginn des Bergsteigens existieren auseinander strebende Ansichten. Weil ein Jahreszahlenkorsett für eine Gliederung die bequemste Form abgibt, wurde jahrzehntelang der 26. April 1336 als „Geburtstag des Alpinismus" fortgeschrieben. Warum dieses Datum den Beginn des Alpinismus markieren soll, bleibt unklar. An jenem Tag bestieg der römische Dichter Francesco Petrarca (1304 – 1374) mit seinem jüngeren Bruder Girardo den kahlen, unwirtlichen, von Stürmen heimgesuchten, schon längst zuvor betretenen Mont Ventoux (1912 m) in den südfranzösischen Alpen: „Dabei trieb mich einzig die Begierde, die ungewöhnliche Höhe dieses Flecks Erde durch Augenschein kennen zu lernen ...", schrieb Petrarca. Nun gut: dieser Bericht bedeutet in Wirklichkeit aber nur das erste schriftliche Zeugnis einer *„just for fun"*-Bergbesteigung in Europa, mehr nicht! Außerdem betrieb der Dichter umgehend Kindesweglegung, indem er sich ganz im Sinn mittelalterlich-religiöser Leibfeindlichkeit von

Francesco Petrarca

Mont Ventoux im Jahr 2010: desillusionierendes Gipfelambiente - doch nach wie vor grandiose Sicht vom Mittelmeer bis zu den Gipfeln des Dauphiné

der Neugier und der Freude an seiner Besteigung distanzierte, und deswegen Selbstkritik übte – ein schweres Minus für einen angeblichen Ahnherren des Alpinismus! Weiters verkörpert die Favorisierung des Signore Petrarca als Stammvater (dabei ist er bestenfalls ein Wahlonkel!) eine gewisse Überheblichkeit nicht nur der alpinen Historiker, die impliziert, dass die Kunst des Schreibens unerlässlich sei, um das Moment des Abenteuerlichen, das Erlebnis der Höhe, des Raumes, gar den Hauch des Unendlichen zu verspüren. Solches wollte man einem vorgeblich tumben und umständehalber analphabetischen Hirten, Jäger oder Kristallsucher nicht zubilligen. Schon immer galt der Grundsatz: „Wer schreibt, der bleibt".

Konrad Gesner zum Beispiel, „Professor Physicus" in Zürich, der sich der Zeitmode folgend auf lateinisch an seine Freund Jakob Vogel („Jacobus Avenarius") wendet: „Ich hatte mir vorgenommen, so lange Gott mir das Leben gibt, jährlich mehrere oder wenigstens einen Berg zu besteigen, wenn die Pflanzen in Blüte sind, teils um diese kennen zu lernen, teils um den Körper auf eine ehrenwerte Weise zu üben und den Geist zu ergötzen. Denn welche Lust ist es, und nicht wahr, welches Vergnügen für den ergriffenen Geist, die gewaltige Masse der Gebirge wie ein Schauspiel zu bewundern und das Haupt gleichsam in die Wolken zu erheben. Ich weiß nicht wie es zugeht, dass durch die unbegreiflichen Höhen das Gemüt erschüttert und hingerissen wird zu Betrachtung des erhabenen Baumeisters". Selbst wenn Gesner kein Eroberer bedeutender Höhen war – er hat nie einen Gletschergipfel betreten – klingt er doch sehr seelenverwandt und heutig für das Jahr 1541, und seine „Epistola ad Jakobum a Vienum - de Montium admiratione" könnte neben weiteren Berichten als ein Beginn alpiner Literatur gewertet werden.
Für ein Bergsteigen in einem uns vertrauten Sinn gab es jedoch überhaupt keine Veranlassung. Wer hätte es zu welchem Zweck betreiben sollen? Schon die Verrichtungen des alltäglichen Lebens wie Wasserholen, Feuermachen, Kochen, Feldarbeit oder Handwerk nahmen den größten Teil des Tages in Anspruch – da waren ein Feierabendplausch nach dem Tagwerk mit einem Krug Haustrunk, sowie die Bestrebungen zur menschlichen Arterhaltung schon der ultimative Freizeitkick. Die Mobilität der Menschen war minimal, jede Ortsveränderung ein schwerwiegender Entschluss, eine aufwändige, zeitraubende und oft nicht ungefährliche Angelegenheit. Das Tempo des Fußgehers war das Maß aller Entfernungen, Wagenreisen eine luxuriöse Strapaze.

Geschichtsschreibung fand ja bis in die jüngste Vergangenheit fast immer nur aus der Sicht jener statt, die Geschichte schreiben ließen: aus der Perspektive der Herrschenden also. Festgehalten wurde hauptsächlich, was unter diesem Blickwinkel wichtig und nützlich schien. Auf das Leben der kleinen Leute lässt sich aus dieser Sicht meist nur zwischen den Zeilen schließen: aus summarischen Aufzählungen, kuriosen Details oder Randbemerkungen. Dies gilt in umso größerem Maß für die Zeit vor der Erfindung des Buchdrucks, als die Kunst des Schreibens und Lesens nur einer kundigen Elite geläufig war. „Heinrich der Heizbare erbaute Schloss Furunkelstein, gewann (beziehungsweise verlor) diese und jene Schlacht ..." Nun, ein paar Maurer und einige Dutzend Soldaten werden ihm und seinen Königskollegen dabei wohl zur Hand gegangen sein! Ganz allgemein haben die Schreiber die Taten ihrer Brotgeber sicher im vollen Wortsinn „hoch"gelobt, wie auch all die überlieferten Jubel- und Schmeichel-Artikel über königliche Bergabenteuer zeigen.

„**Kunde ward mir von zweien** / Reisigen Recken des Königs / Die in Wahnwitz und Tollheit / Wetteten, wer wohl tüchtiger / Wär' im raschen Erklimmen / Steil aufragender Klippen. / Kampffroh freilich vollführte / Kühnere Taten der König." So stabreimte der Skalde Hållarstein bereits vor rund tausend Jahren. Wettklettern ist also mitnichten ein Kind unserer Tage! Nahtlos reiht sich daran gleich der erste Bericht über eine Bergrettungsaktion, geraume Zeit vor Kaiser Maximilians Martinswand-Verhauer: Der eine der beiden Kletterer kehrte auf halber Strecke um, der zweite aber wagte sich nicht vor und zurück und begann um Hilfe zu rufen. Da dem Gefolge offenbar der Mumm fehlte, begann der König selber aufzusteigen.

Mont Aiguille

„Rasch erklettert' der König / Jedoch, der Kühne, die Klippen / Müht' zur Stelle sich mutig, / Wo hilflos harret der Recke. / Mit starker Hand ihn fassend, / Führt' den Getreuen der König / Aus dem Gefelse nach oben / Wie alte Kunde es kündet."
Tusch! Der Normanne Olaf Trygvasson, der von 997 – 1000 über Norwegen herrschte, war somit Sieger des 1. Germanischen Schau- und Wettkletterns, und von Rechts wegen zugleich erster Träger des Grünen Kreuzes!

Die erste künstliche Kletterei ist vor allem deswegen aktenkundig, weil sie 1492 von König Karl VIII von Frankreich in Auftrag gegeben wurde. Auf dessen Anweisung bestieg ein Monsieur Antoine de Ville im Juni mit acht Begleitern den Mont Aiguille (2097 m) im Dauphiné, einen unersteiglich wirkenden Felsklotz mit allseits steil abfallenden Wänden. Mit Hilfe von Seilen, Eisenklammern und transportablen Leitern erreichte die Mannschaft über eine Route, die heute mit dem III. Grad bewertet wird, die überraschend große Gipfelfläche, wo sie selbstverständlich zuerst die königliche Fahne hisste und später drei Kreuze errichtete. Dass sie nebenher zu Ahnherren der künstlichen Kletterei wurden, und ob ihr Weg mit A 1 oder A2 oder als Ferrata zu bewerten sei, war noch kein Thema. Eher werden sie sich Gedanken über einen sicheren Abstieg gemacht haben. Die Besteigung des Mont Aiguille wurde übrigens erst 1883 wiederholt.

Meteora

Die Meteora-Türme in Griechenland, seit einigen Jahrzehnten eine viel besuchte, mit ihren Konglomeratfelsen anfangs gewöhnungsbedürftige Steilfelsdestination, waren davor überwiegend ein Ziel für Kulturreisende, die über die Errichtung der „meteora monastiri", der „schwebenden Klöster" rätselten. Dietrich Hasse, der diese Wunderwelt in den 1970er-Jahren für die Kletterei entdeckt und erschlossen hat, kam bei seinen Besteigungen durch zahlreiche Indizien zu dem Schluss, dass die Mönche und ihre Helfer während der Erbauung der Klöster im 14. Jahrhundert wohl häufig Leitern und Steigbäume verwendet hatten, zum Teil aber bereits Stellen des V. Grades in freier Kletterei bewältigt haben müssen.

Vom Mittelalter an rückschauend vermengen sich die spärlichen Fakten in Sachen Bergsteigen mit Legenden, die sich oft als frühe PR-Artikel erweisen, welche die hoheitliche Fitness als Befähigung zum Herrschen unterstreichen sollten
• 1490 fand Kaiser Maxen's historisches Abenteuer in der Martinswand statt
• 1388 besteigt Bonifazio Rotario den Rocciamelone (3537 m) in den Grajischen Alpen
• 1285 soll König Peter III. von Aragonien den Canigou (2787 m) in den Pyrenäen allein bestiegen haben (eindeutig eine Legende, da die tatsächliche Beschaffenheit des Gipfels in keiner Weise seiner Schilderung entspricht)
• 362 soll Kaiser Julian den Jebel el Akra (1770 m) in Syrien
• um 130 Kaiser Hadrian den Ätna erstiegen haben.
Je weiter die Gipfeltaten zurückliegen, umso gekrönter die Häupter! Der Assyrerkönig Sanherib, der sich zur Demonstratioün seiner Kletterkünste vor versammeltem Volk per Sänfte zum Einstieg tragen ließ, konnte automatisch eine „gute Presse" erwarten – allfällig kritischen Sportreportern hätte er nach beliebtem assyrischem Herrscherbrauch bei lebendigem Leib die Haut abziehen lassen!

Europa ist nicht mehr der Nabel der Welt, unsere Sichtweise hat ihr Verfallsdatum erreicht und macht erweiterten Gesichtskreisen und neuen Fragen Platz: wann wurden der Fujiyama (angeblich von En-No Shokaku 633 n. Chr.), der Adams Peak auf Sri Lanka, wann die heiligen Berge Chinas zum ersten Mal bestiegen? Der 6.723 Meter hohe Llullaillaco in den argentinischen Anden war bereits in präkolumbischer Zeit eine Kultstätte der Inkas. Dieser „Höhenweltrekord", der durchaus bereits um 1200 – 1300 aufgestellt worden sein könnte, lässt sich aber infolge der schriftlosen Inka-Frühgeschichte nicht genau verifizieren. Höher ist jedenfalls bis 1897 (Mathias Zurbriggen am Aconcagua) kein Mensch gelangt. Auch der mexikanische Vulkan Popocatepetl (5452 m) soll bereits 1502 von zehn Einheimischen erreicht worden sein.

Hallstatt-Zeit. 1846 wurden anlässlich der Ausgrabungen im Hallstätter Gräberfeld Steigeisen gefunden, die auf 750 – 400 v. Chr. datiert wurden. Welchen anderen Verwendungszweck als den uns heute bekannten hätten sie haben können? Und vor der Zergliederung der Zeit in eine Arbeits-Zeit und eine Freizeit-Zeit wäre es doch leicht denkbar, dass so ein Berg-Werker über den Horizont seines Stollenloches hinaus gelangen wollte und – ganz einfach so – auf den sonnenglänzenden Eisfeldern des Dachstein herumgestiegen sei: „Mei: Is da aber schee!" (selbstverständlich auf keltisch). Aber für den Bildungsbürger des 19. und auch noch 20. Jahrhunderts machte sich als Ahnherr des Alpinismus natürlich ein Renaissancedichter mit Lorbeerkranz – wie Petrarca dargestellt wird – besser als ein anonymer, sackleinen gewandeter Hallstätter Salzbergwerks-Hackler. Genaueres wissen wir immerhin über den etwas einförmigen

---

HALLSTÄTTER BIO-SPEISEZETTEL

Brei aus Hirse, Gerste und Saubohnen, in Wasser oder Milch gekocht.
Bei den Urbewohnern dieser Gegend stand der Brei immer vor dem Brot.
Dazu Äpfel halbwilder Sorten, und auch Milch als Getränk.

Dies lässt sich deshalb so genau rekonstruieren, weil wiederholt Exkremente im Salz gefunden wurden, die aus den Samenschalen und Hüllspelzen obiger Gerichte bestanden. Nach diesen erhellenden Erkenntnissen wollen wir auch nicht mehr über die Wissenschaft spötteln, wenn die sich gelegentlich im Wortsinn um jeden Dreck kümmert!

Herr Ötztal, kumpelhaft Ötzi genannt, nach Jahrtausende langer Konservierung 1991 im Eis am Hauslabjoch gefunden, könnte vielleicht noch zusätzliche Aufschlüsse liefern. Der erste Bergsteiger war zwar auch er nicht gewesen, doch seine schlichte Ausrüstung war sichtlich bereits bewährt, robust (sie ähnelte in gewisser Weise jener der Indianer, Sibirier oder Inuit) und entsprach dem letzten Stand der Bronzezeit – er ist schließlich nicht als verirrter Halbschuhtourist umgekommen. Nahm man nach ersten Untersuchungen des „Mannes aus dem Eis" noch Erschöpfung als Todesursache an, stellte sich einige Jahre später bei einer neuerlichen Röntgenaufnahme der Mumie an Hand einer anfänglich verborgen gebliebenen Pfeilspitze heraus, dass er hinterrücks mit dem Flitzebogen erschossen wurde. Vielleicht vom kurzsichtigen Jagdpächter des Similaun-Reviers, der ihn nach ein paar Stamperln Stein(zeit)häger wegen des aus dem Buckelsack ragenden Bogens („Sch- Schteinbock-Silhouette!") – verwechselt hatte? Derlei Missgeschicke setzen sich schließlich quer durch die Menschheitsgeschichte fort, hat doch rund viertausend Jahre später ein Waidmann in Niederösterreich ein blaues Auto mit einem Wildschwein verwechselt und mit gekonntem Blattschuss erlegt.

Ötzi- nach kriminaltechnischen Methoden für das Museum Bozen rekonsrtuiert

Oder war Ötzi gar rechtswidrig auf einem Bronze-Bike unterwegs gewesen und hat den Ordnungssinn des Schützen überreizt? Der am Innsbrucker Gerichtsmedizinischen Institut als „Nr. 619/91" geführte, bei der Staatsanwaltschaft unter „Strafverfahren gegen unbekannte Täter" eingeordnete Fall, im juristischen Jargon unter dem Namen „Leichensache Hauslabjoch" bekannt, konnte jedenfalls richterlich nicht einwandfrei und endgültig abgeschlossen werden. Ötzis Obduktion – sein „bestes Stück" ist übrigens nicht erhalten – lieferte jedenfalls Hinweise auf den bescheidenen bronzezeitlichen Speiseplan: Seine Zähne waren von Steinstaub, der sich zwangsläufig mit dem grob geschroteten Gerstenmehl mischte, gleichmäßig kurzgeschliffen – ein kleiner Nachteil allzu naturnaher Ernährung. Auch seine genetische Herkunft bleibt unklar. Die Theorie, dass er ein Schweizer gewesen sei (weil ihn ein Gletscher überholt habe),

wurde mittlerweile fallen gelassen. Ein ihm nahe verwandtes Genprofil wurde jedenfalls im Mittelmeerraum festgestellt.

Steinzeit-Bergsteiger? Wir drehen die Zeitmaschine noch ein wenig zurück, auf Neolithikum: Damals, so weiß heute jedes Kind dank dem Fernsehen, hielt man sich putzige Dinos und Mammuts als Hausgenossen, benützte Autos und Telefone aus Stein ... Außerdem wurden alpenweit zahlreiche hoch gelegene prähistorische Kultstätten im Gebirge entdeckt. Im „Drachenloch" bei Vättis in der Schweiz zum Beispiel fanden Archäologen in einer Höhe von 2450 Meter eine Art Steinsarg mit kultisch bestatteten Höhlenbärenschädeln. Dies konnte nur das Werk von Neandertalmenschen gewesen sein, die etwa 60.000 bis 70.000 Jahre vor unserer Zeitrechnung lebten. Und wäre es denn nicht denkbar, dass Wesen, die sich immerhin zu derartigen komplexen Kulthandlungen fähig zeigten, womöglich wie unsereins den Drang verspürten, auch das letzte Stück auf den Drachenberg zu steigen, um „droben gewesen" zu sein und das „dahinter" zu erspähen? Doch all die schrift- und somit sprachlosen Vertreter eines Prä-Alpinismus bleiben anonym, und ihre Geschichte in den Sand geschrieben. Vom Urknall des Alpinismus, ebenso wie von jenem des Universums, trennen uns wissensmäßig immer ein paar entscheidende Sekunden ...

Zurück nach England. Bis etwa 1890 wurde die Geschichte des – westalpinen – Bergsteigens überwiegend von den Engländern geprägt. Der Montblanc zum Beispiel war touristisch fest in britischer Hand: von seiner Erstbesteigung im Jahr 1786 an bis 1850 wurde er im Durchschnitt nur jedes zweite Jahr bestiegen, gezählte 33 Mal. Und von diesen 33 Partien bestanden 17 aus Engländern. Von den 64 Besteigungen zwischen 1852 und 1857 aber gingen nicht weniger als 60 auf ihr Konto! „Sport" gilt seit diesen Zeiten als Ausdruck für das englische Bergsteigen. So gelangte der Begriff auch in die kontinentalen Sprachen, wurde aber vor allem in der deutschen nicht besonders geschätzt, weil er – im Englischen Ausdruck einer Lebenshaltung – hier fälschlich nur auf sportlichen Wettbewerb gemünzt wurde. Seither bildet dieses Thema ein unerschöpfliches Feld für geistvolle Betrachtungen und Analysen, unbestreitbar aber ist der Alpinismus von Beginn an nicht frei vom Wettbewerbsgedanken. Im „Golden Age of British Mountaineering" (1854 – 1865) kristallisierte sich die sportliche Grundhaltung der englischen Bergsteiger heraus: G. Irving, von dem auch das griffige Wort von den Alpen als „Playground of Europe" stammt: „England erlebte damals eine Zeit großen Reichtums, und Sport hatte in Großbritannien einen hohen Platz in der öffentlichen Wertschätzung. Bergsteigen war eine Form der Befriedigung körperlicher Bedürfnisse". Und weiter: „... Der Ehrgeiz, als der Erste eine Spitze zu besteigen, in Verbindung mit den unvermeidlichen Eifersüchteleien und den Anstrengungen, die Rivalen zu übertrumpfen", ist bezeichnend geworden. So nimmt mit dem Beginn des Alpinismus zugleich eine seiner bestgepflegten

Dent Blanche-Aufstieg

Aiguille de la Tsa

15

Lebenslügen ihren Ausgang: sich frei von jedem Wettbewerbs- und Rekorddenken einzig an der schönen Bergnatur und an der eigenen Leistung zu erfreuen ... Warum aber das „Golden Age" des Alpinismus ausgerechnet 1865 mit der Besteigung des Matterhorns geendet haben sollte, ist für uns Foreigners genauso rätselhaft wie das Festhalten der Engländer an ihrem Maßsystem oder das Kricketspiel.

Bergsteigen und Forschung waren anfänglich eng verschränkt. Erstens war das Hochgebirge wissensmäßig tatsächlich ein weißer Fleck auf der Landkarte. Auf der Weltkarte des Fra Mauro von 1450, dem bedeutendsten Kartenwerk dieser Zeit, fehlten die Alpen noch fast zur Gänze. Um 1500 waren in der gesamten Literatur fast nur die größtenteils schon in römischer Zeit benützten Alpenübergänge von Interesse, darüber hinaus waren nur ganze 47 bedeutende Alpengipfel namentlich bekannt, und von diesen auch nur 12 nachweislich bestiegen. So ist der Forschungs- und Entdeckungsdrang seit den Anfängen einer der Hauptantriebe des Bergsteigens – wie sonst wäre die hohe Wertschätzung einer Erstbesteigung zu erklären? Umso schöner, wenn sich Forschungslust und Abenteuerfreude vermischen durften.

John Tyndall

John Tyndall (1820 – 1893) ist in erster Linie als großer, vielseitiger Forscher und Physiker bekannt. Als Sohn eines einfachen Polizisten war es ihm erst mit dreißig Jahren möglich geworden, an der Universität zu studieren, dann aber konnte er seine Fähigkeiten entfalten: Er klärte etwa als Erster, warum der Himmel blau erscheint („Tyndall-Effekt"), erfand ein Verfahren zur Haltbarmachung von Lebensmitteln durch mehrfache Erhitzung, ein Feuerwehr-Atemschutzgerät, das Nebelhorn, das Gastroskop, und einen Hohllichtleiter, der in unserer Zeit zur Entwicklung der Faseroptik führte. Eine erste Tätigkeit als Landvermesser weckte seinen Sinn für Forschungen außerhalb von Bücherstaub und Labors. Er bereiste die Alpen und erlag sogleich ihrer Faszination. Außer Gletscherstudien und -messungen versuchte er gemeinsam mit Whymper und Carrel das nach Ansicht der Zeitgenossen unersteigliche Matterhorn zu ersteigen, und kam am Liongrat bis zum heutigen Pic Tyndall, 4241 m.

19. August 1861: der schottische Physiker, die Führer Johann Joseph Bennen und Ulrich Wenger stehen als erste Menschen auf dem Gipfel des Weißhorns: „Das Weißhorn wird nicht von anderen Bergen verdeckt und rings herum sieht man von den Alpen aus seine hohe Pyramide. Umgekehrt beherrscht das Weißhorn einen

Das formschöne Weisshorn

weiten Umkreis. Weder Bennen noch ich hatten je etwas Ähnliches gesehen. Der Tag war überdies vollkommen schön: keine Wolke war am Himmel und der duftige Hauch der fernen Luft, obgleich er genügte, die Umrisse zu mildern und die Färbung der Berge zu verschönern, war doch zu leicht, um irgendetwas zu verschleiern. Über die Gipfel und durch die Täler ergossen sich die Sonnenstrahlen, nur durch die Berge selbst behindert, die ihre Schatten als dunkle

Massen durch die erleuchtete Luft warfen. Nie vorher hatte ich einen Anblick erlebt, der mich so in tiefster Seele ergriffen hätte". So bildhaft plastisch kann es klingen, wenn sich Wissenschaft und feine Feder in richtiger Dosis vereinigen. Zugleich zeigt sich, wie sehr das Bergsteigen bereits von Anbeginn mit einem Mitteilungsbedürfnis verknüpft ist.

„Peaks, Passes and Glaciers" lautete der Titel der ersten periodischen Bergsteigerzeitschrift, die zum Vorgänger des „Alpine Journal" wurde. Zur Verbreitung des noch jungen Alpinismus aber trug – mehr als glühende (oder manchmal auch trockene) Berichte in Zeitschriften und Jahrbüchern – in erster Linie ein Mann bei, der mit einer Art Multi-Visions-Schau auf diesem Gebiet als direkter Vorgänger Luis Trenkers, Reinhold Messners und der Huber-Buam gelten kann:

Mr. Albert Smith, als Bergsteiger indessen kaum erwähnenswert. Der besuchte im Jahr 1838 erstmals Chamonix und war von der Gletscherwelt des Montblanc fasziniert. 1851 erstieg er mit vier Begleitern selbst den Gipfel, was für ihn in der Folge eine Lizenz zum Gelddrucken wurde. Als Ahnherr aller alpinen Vortragsredner ließ er – es war ja noch vor der Erfindung der Fotografie – von einem Plakatmaler nach seinen Angaben großformatige Ansichten dieser Besteigung anfertigen, die aufeinanderfolgend auf zwei übereinander liegenden Rollen abgespult wurden. Als Staffage wurden um die „Projektionswand" Versatzstücke eines Alpendorfes aufgebaut. Die Londoner Egyptian Hall war jahrelang in Serie ausverkauft, sogar die Queen (damals Victoria, selbstverständlich) zählte zu den Besuchern. Die Kosten seiner einzigen Montblancbesteigung, rund 2.400 Francs, amortisierten sich binnen kürzester Zeit: als er im Jahr 1860, gerade 44-jährig starb, hinterließ er die Fabelsumme von 30.000 Pfund! Sein transportables Disneyland hatte den Berg mehr populär gemacht als später die Eröffnung extrem schwieriger Routen.

Albert Smith

Die Leistungen dieser frühen Alpenbesucher sind gemessen an unseren Maßstäben mindestens doppelt so hoch einzustufen. Allein die Vorbereitung einer Alpenreise: sie konnten nicht einfach aus meterlangen Sporthaus-Regalen ihre Wahl treffen.

Smith in der ausverkauften Egyptian Hall

Aus Kaiser Maximilians allegorischem Jagd-Handbuch „Theuerdanck"

Erste Pioniere des ahnungslosen Halbschuhtourismus

Alles musste erst erfunden werden, denn außer an Kenntnissen über die Bergnatur, klimatische Verhältnisse, das Steigen im alpinen Gelände, das Erklettern von Felsen und die Überwindung von Eisflanken, fehlte es auch am nötigen technischen Rüstzeug. In Bezug auf Ausrüstung, Proviant und Bekleidung mussten tastend die nötigen Erfahrungen gesammelt werden. Eine funktionelle Bergsteigerkleidung gab es nicht, anstelle des Rucksackes bediente man sich häufig einer Umhängetasche oder eines Buckelkorbes, welchen der Führer zu tragen hatte. Ein langer Bergstock gewährte einige Stabilität, und an Stelle eines Pickels wurde eine kurzstielige Hacke verwendet. In den Ostalpen gelangten Pickel und Seil erst um 1870 in verbreiteten Gebrauch. Allerdings wurde das Seil nicht mitgenommen, um sich am Gletscher vorbeugend zur Sicherung zusammenzuknüpfen, sondern um einem in eine Spalte gefallenen Teilnehmer herauszuhelfen zu können. Steigeisen dagegen standen bei der Gamsjagd seit Jahrhunderten im Gebrauch. Schon 1517 referiert Kaiser Maximilian I. in seinem „Theuerdanck", dem „Haimlich Gejaidt Puech", einem Handbuch für die Jagd, über „Erlich Fues Eyssen mit sex Zuecken", über „Pirg (Gebirgs-)Eyssen" und „Waldt-Eyssen", und gibt detaillierte Anweisungen über deren Beschaffenheit und Befestigung. Seinen Nachfolgern empfiehlt er bereits eine lederne Schutzhaube als Vorläufer des Steinschlaghelmes.

Edward Whymper, der Matterhorn-Erstbesteiger, experimentierte ebenfalls mit neuen Ausrüstungsgegenständen. Er entwickelte ein stabiles Hochgebirgszelt, erfand einen Wurfanker für unüberwindbare Stellen, eine Art Skyhook, er biwakierte im Zuge seiner Erkundungen öfter am Berg, was von manchen abergläubischen Einheimischen als geradezu selbstmörderisch betrachtet wurde. Nur in Bezug auf Steigeisen und Seil leistete er sich grandiose Fehleinschätzungen: „Dass das Seil auf Eisfeldern die mindeste wirkliche Sicherheit biete, glaube ich nicht. Ebenso wenig halte ich das Anlegen von Eissporen für nützlich. Herr Kennedy hat mir vor einiger Zeit ein Paar geschenkt ... Sie sind die besten, welche ich je gesehen habe, aber ich trage sie nur an solchen Stellen, wo sie nicht den geringsten Nutzen gewähren, also da, wo ein Ausgleiten unmöglich ist, und würde sie um keinen Preis auf einem Eisfelde anlegen. Man braucht all diese Beihülfen nicht, wenn man eine gute Eisstufe hat, auf der man fest fußen kann, und hat man die, so sind bloß einige Nägel in den Schuhen nötig". Damit war er sogar mit vielen berühmten Bergführern seiner Ära eines Sinnes.

Das alpine Notsignal wurde gleichfalls schon in dieser Epoche entwickelt. Von Clinton Dent 1895 erdacht, wurde es umgehend vom Österreichischen Alpenklub aufgegriffen:

„Bergsteiger, welche in Nothlage sich befinden und Hilfe beanspruchen, geben das Noth-Signal in der Form, dass innerhalb einer Minute sechsmal in regelmäßigen Zwischenräumen ein Zeichen gegeben wird, hierauf eine Pause von einer Minute eintritt, worauf wieder das Zeichen sechsmal in der Minute gegeben wird, und so fort, bis Antwort eintritt. Die Antwort wird gegeben, indem innerhalb einer Minute dreimal in regelmäßigen Abständen ein Zeichen gegeben wird. Die Art des Zeichens hängt von den Umständen ab, es können optische (sichtbare) oder akustische (hörbare) sein."
Dieses grundeinfache Prinzip hat sich bis zum Handy-Zeitalter unverändert erhalten. Die Originaltipps zum Signalgeben muten jedoch etwas seltsam und theoretisch an:

„Als optische Zeichen können verwendet werden:
1. Flaggen-Signal. Ein am Stock oder Pickel befestigtes Tuch (Flagge), Wettermantel oder Kleidungsstück wird geschwenkt.
2. Wechselweises Heben und Senken irgendeines auffälligen Gegenstandes, z.B. eines Brettes, einer ausgehobenen Hüttentür u.dgl.
3. Laternen-Signal (bei Dunkelheit): Wechselweises Hochheben und Verbergen (Verdunkeln) einer Laterne oder eines Feuerbrandes (Kienfackel, brennende Latschenzweige, Magnesiumlicht usw.)
4. Blitzlicht. Ist ein gut spiegelnder Gegenstand zur Verfügung, so können entweder mit Benützung des Sonnenlichtes oder bei Nacht mit einer Laterne Blitzlichtzeichen gegeben werden. Es ist natürlich darauf zu achten, dass die vom Spiegel reflectirten Strahlen dorthin fallen, wo sie gesehen werden sollen. Ist der Sonnenstand derart, dass das vom Spiegel reflectirte Licht nicht nach der gewünschten Richtung hin gesendet werden kann, so kann man mit Hilfe eines zweiten Spiegels dies erzielen.

Akustische Zeichen sind:
1. Rufe. Kurzes, lautes Schreien, schrille Pfiffe in den angegebenen Zwischenräumen.
2. Stoßweise, in den angegebenen Zwischenräumen wiederholte Signale mit einem Horn (Trompete, Sprachrohr oder sonst einem vorhandenen, weithin schallenden Instrumente)".
Low-Tech triumphiert: Wer also mit leerem Handy-Akku in einem Funkloch hockt, der ist mit seiner Trompete, einer Hüttentüre oder zwei Spiegeln prächtig aus dem Schneider!

Albert Frederick Mummery (1866 – 1895) war ein Ausnahmekönner dieser Epoche. Vor ihm gingen praktisch alle englische Bergsteiger mit zwei Führern ins Gebirge, meist schon deswegen, weil sie es sich einfach leisten konnten, und oft stolz darauf waren, selber keine anstrengende Stufenhackerei zu vollbringen. Das führerlose Bergsteigen als geistige Richtung entwickelte sich erst bei den Deutschen und Österreichern, überwiegend weniger finanzkräftigen Studenten und Mittelständlern. Selbstverständlich musste auch Mummery anfänglich die Dienste von Bergführern in Anspruch nehmen, besonders Alexander Burgener wurde von ihm hoch geschätzt. Mit ihm gelang die erste Erkletterung der Aiguille du Grépon, der Petit Dru, des

Albert Frederick Mummery

Aiguille de Grépon, um 1890

Zmuttgrates am Matterhorn. Nach seiner Heirat ließ er – ungewöhnlich für die gesellschaftlichen Verhältnisse – auch seine Frau Mary an diesen Erlebnissen teilhaben, erstieg mit ihr Matterhorn und Grépon, sowie zusammen mit Burgener erstmals den Teufelsgrat am Täschhorn. Doch er begann als einer der ersten Engländer mehr und mehr auf die Gesellschaft von Führern zu verzichten: „Meiner Ansicht nach sind Gewissheiten uninteressant und langweilig. Wenn ich morgens aufbreche, will ich gar nicht wissen, was mir alles bevorsteht. Ein wahres Entzücken ruft nur die Erinnerung an alle wechselnden Glücks- und Unglücksfälle eines hart umkämpften Sieges hervor, während der Gedanke an die langweilige Sicherheit hinter zwei tadellosen, unermüdlichen Führern nichts als ein farbloses Bild hinterlässt".

Mummery war bereits vom rein sportlichen Klettern fasziniert: „Ich gestehe gerne, dass ich auch noch steigen würde, selbst wenn die einzig erreichbare Kletterei in den dunklen, greulichen Kesseln von Yorkshire zu finden wäre". An den Felsen des Grépon war er 1881 bereits in Tennisschuhen unterwegs. Von ihm stammt der oft verwendete Stehsatz „by fair means". Beim Anblick des noch unerstiegenen Dent de Géant entfuhr ihm der Ausspruch: „Absolutely unaccessible by fair means!" Dass dieser Gipfel tatsächlich erstmals mit Hilfe von Eisendübeln und Fixseilen von italienischen Bergführern erobert wurde, gab ihm für einige Zeit Recht, bis im Jahr 1900 den Wienern

Pfannl, Maischberger und Zimmer die erste freie Erkletterung gelang. Mummerys Berichte („My climbs in the Alps and Caucasus", 1895) zeigen zwei gegensätzliche Facetten: einerseits fanden er und seine Gefährten offenkundig Sinn für Muße, um die Landschaft in sich aufzunehmen, dazu noch zahlreiche Stärkungen in fester und flüssiger Form, andererseits – es gab ja noch keine Schutzhütten – waren sie überaus flott unterwegs. So gelang ihnen die Erstbesteigung der Aiguille Charmoz in einem Zug vom Tal aus: satte 2.600 Höhenmeter, zuzüglich Verzögerungen bei Wegsuche und Stufenschlagen!

Dies alles sollte wohl zur Aufnahme in den Alpine Club reichen, doch eine Clique innerhalb dieses exklusiven Zirkels wollte gerne unter sich sein und ihre vertrocknenden Heldentaten pflegen. Der perfekte Bergsteiger des viktorianischen Zeitalters hatte einfach mit zwei Führern unterwegs zu sein, von Beruf Adeliger, oder zumindest Offizier oder Geistlicher – der Kaufmann Mummery wurde scheel angesehen. Was wollte so ein Emporkömmling, bloß weil der besser klettern konnte? Sir Edward Davidson, ein distinguierter Beamter, der die besten Führer engagierte, aber dennoch keine glänzenden Leistungen vorweisen konnte, war der eifersüchtige Leader dieser Gruppe. Während der entscheidenden Klubversammlungen genügte die Abwesenheit weniger Mitglieder, um eine abschlägige Entscheidung hinzubiegen. So wurde Mummery anfangs trotz überragender Leistungen ausgetrickst, und erst beim zweiten Anlauf aufgenommen. Aus Mangel an psychologisches Anschauungsmaterial in Form einer genügenden Zahl gealterter Bergsteiger kannte er logischerweise noch nicht das

REZEPT ZUM EINKOCHEN VERWELKENDER ALPINISTENGRÖSSEN

Man beginne mit einem dreifachen Kotau vor dem Verehrungswürdigen: „Oh erhabener Groß- ja, Größtbergsteiger! Ich fühle einen unwiderstehlichen Zwang, als einer Ihrer glühendsten Bewunderer Ihnen hochachtungsvoll die Eier zu schaukeln. Darf ich mir, nachdem ich Ihnen danach ausreichend Zucker in den Arsch geblasen habe, vielleicht möglicherweise erkühnen, ihre einzigartigen Leistungen zu überbieten und versuchen, noch schwierigere Stellen zu klettern als Sie?"

Interessanterweise aber haben sich auch nach Mummery nie irgendwelche vorlaute Jungkletterer an diese Anleitung gehalten, was zu einer chronischen psychosomatischen Generationen-Magenverstimmungen in der alpinen Szene geführt hat. Als logische Steigerung seiner Alpentouren bereiste Mummery 1888 mit dem Führer Heinrich Zurfluh den Kaukasus und unternahm dort die erste Ersteigung des Fünftausenders Dych Tau. Als nächste Stufe wagte er bereits 1895 einen Versuch zur Ersteigung des Nanga Parbat. Seine Gefährten waren Norman Collie, George Hasting und Charles Bruce, nachmaliger Leiter der Everest-Expedition von 1922. Doch hatten sie alle, wie auch noch spätere Nachfolger, Dimensionen und technische Schwierigkeiten dieses Berggiganten unterschätzt. Mummery berichtete an Norman Collie „... die Gletscherbrüche zu beiden Seiten sind ungeheuer; es gibt da Lawinen, die ganze Städte wegfegen könnten, so etwas habe ich noch nie gesehen, auch im Kaukasus nicht". Seine einheimischen Begleiter Goman Singh und Ragobir waren wohl mutige und zähe Kerle, aber keine richtigen Bergsteiger im notwendigen Sinn. Die drei Männer agierten überdies in einem logistischen Vakuum: es fehlte ihnen, was noch niemand bedacht hatte, eine Lager- und Nachschubkette, was sich in Verbindung mit der allgemeinen Unkenntnis des Höhenbergsteigens fatal auswirkte. Die Himalaya-Erschließung gleich im alpinen Stil zu beginnen, hieß mehrere Entwicklungsschritte überspringen zu wollen. Sie erreichten auf der heutigen „Mummery-Rippe" eine Höhe von etwa 6400 m und blieben spurlos verschwunden. 1939 fanden Hans Lobenhoffer und Lutz Chicken anlässlich einer deutschen Nanga-Parbat-Erkundungsexpedition auf dem zweiten Absatz der „Mummery-Rippe" ein Stück Holz, das von einem Pickelstiel stammen konnte ...

William August Breevort Coolidge

Aletschhorn, 4193m:
1. Hundebesteigung durch Tschingel

William August Breevort Coolidge (1850 – 1926) lebte seit 1885 in Grindelwald, bienenfleißig als Chronist wie auch als Bergsteiger. In seinem Tourenverzeichnis finden sich 1200 Gipfel und Pässe, darunter viele Erstbesteigungen. Ratschlag für (West-) Alpenhistoriker, die ihrer Sache nicht ganz sicher sind: Wer „Coolidge" hinschreibt, liegt selten falsch! Der Reverend hatte im Gegensatz zu zahlreichen Zeitgenossen nichts gegen weibliche Begleitung am Berg: seine Tante Claudia „Meta" Breevort etwa, war eine der ersten tüchtigen Bergsteigerinnen, in erster Linie aber bevorzugte er Tschingel.

Tschingel – who? Der große Schweizer Bergführer Christian Almer schenkte dem jungen Studenten 1868 als Entschädigung für eine missglückte Eiger-Besteigung einen jungen Zottelhund undefinierbarer Rasse, der sich bereits als bergtüchtig erwiesen hatte: Bei der Ersteigung des Tschingel (2844 m) hatte er (eigentlich sie, eine Hundedame) den berüchtigten „Tschingeltritt" ohne Hilfe bewältigt und trug seither diesen Namen. Mit ihrem sicheren Instinkt für trügerisch verschneite Gletscherspalten war sie manchem Menschen überlegen. Der Hund erwies sich bei Biwaks für seinen Besitzer als unentbehrlich: als Schlummerrolle, oder bei Kälte als Fußwärmer. Er fraß, was sein Herrchen speiste, Tee war – very british – sein Lieblingsgetränk. In seiner Jugend allerdings, so wird berichtet, zog der kluge

Hund Wein dem Wasser vor. In ihren 14 Lebensjahren erstieg Tschingel unter anderem Aiguille du Miage, Grand Combin, Breithorn und Monte Rosa, Montblanc, Jungfrau, Mönch, Aletschhorn, Finsteraarhorn – insgesamt waren es 53 große Hochtouren, darunter 11 Erstbesteigungen. Bei der Erstbesteigung der Grand Ruine (Pointe Brevoort) im Dauphiné erreichte sie sogar vor ihrer Partie als Erste den Gipfel, was im hinterlassenen Dokument (meist war das ein Zettel in einer Flasche) bestätigt wurde: „Tschingel – ohne Führer". Schließlich wurde Tschingel zum Ehrenmitglied des Alpine Club ernannt. Übrigens als einziges weibliches Wesen – darf dies nun als sexistisch oder sonst was gewertet werden?

Tschingel-Double

Mit dem I. Weltkrieg riss die Tradition des klassischen britischen Bergsteigens in Europa ab. Die nachfolgende Epoche des Totalitarismus und danach der II. Weltkrieg verschlossen den Engländern weitgehend ihren Playground. Ihre Ablehnung des Nationalsozialismus und des Faschismus erstreckte sich gleich auch pauschal auf die Beurteilung des deutschen wie des italienischen Alpinismus, selbst auf deren Klettertechnik. Damit verloren sie den Anschluss an die kontinentalen Formen und Entwicklungen des Bergsteigens.

Nach 1950 war der britische Alpinismus gewissermaßen von den Tories zu Labour geschwenkt: das Herrenbergsteigen der upper middle class hatte sich auch im konservativen Großbritannien größtenteils überlebt, Kletterfreaks aus dem Arbeitermilieu begannen zunehmend in der Szene mitzumischen. Mit den Etablierten vereinte sie sonderbarerweise oft ein Mix aus Bedürfnislosigkeit und äußerster sportlicher Härte, zuweilen sogar ein gleichartiger Habitus hippie-artiger, lässiger Ungepflegtheit. Ein österreichischer Kletterer erinnerte sich an eine Regennacht in der Dru-Westwand: „Ober uns haben zwei Engländer biwakiert. Die sind die ganze Nacht unter ihrem Biwaksack dagestanden wie zwei Pferde. Das Wasser ist ihnen bei den Kletterschuhen – ohne Socken – hinausgeronnen. Im Morgengrauen haben sie dann Tee gekocht und sind einfach weiter geklettert".

BRITISCHES BIWAK-REZEPT:

Early
Morning
Tea

Clogwyn dur'Arddu, kurz „Cloggy", der klassische Kletterfelsen im Lake Distrikt, war unter anderem ihr Trainingsgebiet, ein nahe gelegener, verhältnismäßig einfach erreichbarer Gebirgsersatz wie einst der Peilstein für die Wiener, der Saléve für die Genfer oder Fontainbleau für die Pariser Bergsteiger. Seine Routen spiegelten den jeweiligen state of the art, eines aber durchzog alle Entwicklungsphasen: Haken galten hier zu jeder Zeit als sportliche Obszönität! Zur Sicherung wurden Klemmsteine verwendet, hinter die eine Schlinge gefädelt war, später große Schraubenmuttern, durch die eine Reepschnur gezogen wurde - die klobigen Vorgänger aller Klemmgeräte.

Joe Brown (* 1930) war einer dieser „wilden Hunde" der Nachkriegsjahre: der Brown-Riss in der Westwand der Aiguille Blaitiére galt einige Zeit als die schwierigste Kletterstelle des Montblanc-Massivs, die ersten Wiederholer, des Klemmkeil-Tricks unkundig, waren ratlos. 1955 betraten er und George Band als Erste den Gipfel des Achttausenders Kangchendzönga. Korrekterweise muss gesagt werden: nicht ganz – aus Respekt vor den religiösen Gefühlen der Nepali hatten sie versprochen, nicht den allerhöchsten Punkt zu betreten, sondern wenige Meter unterhalb inne-zuhalten. Im Jahr darauf stand er auf dem abschreckenden 7275 m hohen Felsturm des Mustagh Tower im Karakorum.

Joe Brown

Brown am Clogwyn dur' Arddu; rechts Kangchendzönga.

Manche reisten per Anhalter nach Chamonix, andere, wie Chris Bonington und Don Whillans, beinahe luxuriös mit dem Motorrad. Sie gaben sich nicht mit gemütlichen Genusstouren zufrieden, sondern stürzten sich sogleich in große Wanddurchsteigungen. Bei der Erstbegehung des Frêneypfeilers ist Whillans, als ihm die Haken ausgingen, seine oft geübte Klemmsteinkunst zugutegekommen. Doch: war es ein solcher oder doch ein Haken, der nicht gehalten hatte – unter dem großen Dach es absolvierte er einen beachtlichen Flug! Als erstes beklagte Whillans danach lautstark – weder Bergbuch-like noch in Shakespeares Diktion – nicht nur den Verlust seiner geliebten Schlägermütze, sondern in erster Linie der darunter aufbewahrten lebenswichtigen Zigaretten (sinngemäß etwa: „Scheiße – meine Tschick san weg!"). Dass er auch sein gesamtes Urlaubsbudget in der Mütze aufbewahrt hatte, wurde ihm erst beim späteren Nachdenken bewusst.

Whillans am Freneypfeiler, daneben am Stanage Edge

Der Ben Nevis als höchster Berg Schottlands, von den meisten Alpenbergsteigern wegen seiner bescheidenen Gipfelhöhe von 1344 Metern nicht einmal zur Kenntnis genommen, kann als Ausgleich dafür mit seinen rund 300 Nebel- oder Regentagen im Jahr vor allem im Winter mit Wetterverhältnisse wie in Patagonien aufwarten - eine Schule der Härte für die schottischen Bergsteiger. Nicht von ungefähr bezeichnen sich die Schotten selbst als die „größten Amphibien Europas". Die Anleitung für die gefrorenen, teilweise mit Gras und Erde durchsetzten Felsformatonen des winterlichen Ben Nevis finden wir im „Scottish Mountaineering Journal" von 1894:

KLETTERREZEPT FÜR DEN BEN NEVIS:

„Kriechen, Rutschen, Ziehen, Stoßen, Heben, Keuchen, Schauen, Hoffen, Verzweifeln, Klettern, Anhalten, Hinunterfallen, Versuchen, Versuchen, Pusten, Verlieren, sich Sammeln, Reden, Steigen, Murren, Fluchen, Kratzen, Treten, Stoßen, Laufen, Jagen, Spreizen"

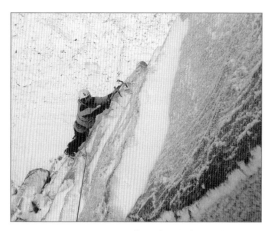

Aus der Heimat des Mixed-Kletterns:
Ben Nevis, Gully Butress, Beinn Eghe „Grand Slam"

Schottisches Eisklettern ließ die herkömmlichen alpinen Eistouren im Vergleich dazu bald ziemlich hausbacken aussehen. Hier wurden neue Techniken und Eisgeräte entwickelt, die das Eisklettern weltweit revolutioniert haben, etwa das von Hamish McInnes erfundene „Terrodactyl" mit stark gekrümmter Haue, dem Vater

Malcolm Slesser, ehemaliger Präsident des Scottish Alpine Club, vor einer Hebriden-Insel

aller Zugeisgeräte. Die steilen Eisrinnen am Ben Nevis, die „Gullys" wurden ursprünglich einfacher Weise, beginnend mit Eins, der Reihe nach durchnummeriert. Doch ganz links davon, dort wo sich um 1950 niemand eine Aufstiegsmöglichkeit vorstellen konnte, wurde dann doch eine gefunden – der Zero Gully (1958). Und auch der wurde später noch getoppt durch den Point Five (0.5)-Gully.

Schottische Alpinisten müssen nicht nur berg- und wetter-, sondern auch seefest sein, um in der ausgefallenen Disziplin des Inselkletterns punkten zu können. Zahlreiche Kletterziele vor den Küsten bestehen aus schroffen Inseln, die sich aus dem bewegten Nordatlantik erheben, und da gesellt sich zum alpinistischen Können zuvor das nautische Geschick, den Einstieg von einem schwankenden Boot aus zu erreichen.

Harold William Tilman (1897-1977) war ein herausragender Vertreter der britischen Allround-Abenteurer. Entsetzliche Erlebnisse im Ersten Weltkrieg hatten ihn derart traumatisiert, dass er keine normale bürgerliche Existenz mehr führen konnte. Das Unterwegs-Sein wurde sein Lebenssinn: Als Alpinist vorwiegend mit Kleinexpeditionen in möglichst unzugänglichen Gebieten, die das Label „unexplored" trugen. 1936 bestieg er mit Noel Odell die Nanda Devi, 7.816 m. Das bedeutete nicht nur bis 1950 die Rekordmarke für den höchsten erreichten Gipfel – schon der Zugang durch die überaus schwierige und gefährliche Rishi-Ganga-Schlucht war eine abenteuerliche Leistung der Sonderklasse gewesen. Die von ihm geleitete Everest-Expedition von 1938, mit minimalem Kostenaufwand organisiert, war geprägt von seiner spartanischen Einstellung, die alles, was irgendwie nach Komfort roch, eliminierte. Besonders unvergesslich wurde den Teilnehmern sein favorisierter „Pemmikan", der aus Gewichts- und Spargründen fast ausschließlich anstelle der von ihm verachteten üblichen Expeditionsverpflegung verwendet wurde. Ursprünglich war dies eine Art rustikaler Fleischkonserve der nordamerikanischen Indianer, welche mangels an Original-Bisonfleisch ein wenig modifiziert wurde:

> **ORIGINAL-PEMMIKAN:**
>
> *Bisonfleisch wird in Streifen geschnitten, an der Luft getrocknet, mit Steinen zermalmt, mit Beeren vermischt und mit heißem Fett übergossen.*
> *Zuletzt wird es in rohlederne Behälter gefüllt.*

Damit konnte man wohl überleben, mit „Essen" hatte dies aber selbst für einen geeichten britischen Gaumen nur sehr entfernt zu tun. Die Expeditionsteilnehmer berichteten schaudernd, sie hätten noch nie so gehungert und etwas so Grauenvolles verzehren müssen. 1947 erkundete Tilman mit Schweizern das Gebiet des Rakaposhi im Karakorum, 1950 die Umgebung des Manaslu, sowie mit dem Amerikaner Charles Housten den Everest. Im Winter 1955/56 überquert er mit einer Kleinexpedition der Royal Geographic Society das patagonische Inlandeis von West nach Ost - und marschierte anschließend gleich dieselbe Stecke zurück! Während seiner beiden letzten Lebensjahrzehnte wechselte Tilman das Metier: er entwickelte sich zu einem der größten Seefahrer des Zwanzigsten Jahrhunderts. Unter heute unvorstellbaren Bedingungen, vor allem bezüglich Navigationstechnik, legte er mehr als 160.000 Seemeilen in den unwirtlichsten Gewässern der Erde zurück: in den arktischen und antarktischen Ozeanen. Ende 1977 lief er in Rio de Janeiro zu einem neuerlichen Törn in den Südatlantik aus – und blieb verschollen. Zur 100. Wiederkehr seines Geburtstages schrieb die „Yachting World": „Kein Zweifel – als der Tod kam, hat Tilman ihn als Tür zu einem neuen Abenteuer empfunden".

Harold William Tilman | Nanda Devi

Ogre. Das ist der Stoff, aus dem die antiken Epen sind: Einer jungen Engländerin verriet eine Wahrsagerin vor ihrer Hochzeit, dass sie einst drei Söhne bekommen würde. Der älteste würde sehr hoch droben in große Gefahr geraten, und dies würde große Aufmerksamkeit erregen. Die Frau wurde die Mutter von Doug Scott. Am Abend des 17. Juni 1977 haben Scott und Chris Bonington nach langen Bemühungen den höchsten Punkt der 7.285 m hohen, enorm schwierigen Felskathedrale des Ogre im Karakorum erreicht. Die Zeit zum Abstieg drängt. Das Schmelzwasser an den Felsen beginnt sich in der Abendkälte rasch wieder in Eis zu verwandeln. An einer schrägen Abseilpassage rutschen Scott die Füße weg - und er pendelt mit gewaltigem Schwung und dünnem Schrei krachend in den Grund einer Verschneidung! Beide Knöchel gebrochen!

Schlimmer kann nur mehr sein, wenn sich die Mondfähre nicht mehr starten lässt ... Der Abstieg über den Pfeiler des Hauptgipfels wurde zur Tortur, nicht nur für Scott. Bonington stürzte und brach sich mehrere Rippen, zwei Tage mussten sie im Sturm in einer Schneehöhle verbringen, danach war ein Gegenanstieg zum Westgipfel zu bewältigen, von dem aus erst der eigentliche Abstieg hinunter ins Tal möglich war. Die fünf Kilometer über Gletscher und Moränen zum Basislager legte Scott auf den Knien kriechend zurück. Dort unten fiel ihm dann jener alte Balti-Bauer ein, der es immer wieder geschafft hatte, die Gruppe im Basecamp mit frischen Eiern zu überraschen, die er nach stundenlangem Aufstieg über instabile Block- und Geröllhalden unversehrt in seinem Umhang transportiert hatte. Und genauso behutsam, erinnerte sich Scott nachträglich in gerührter Bewunderung, hätten ihn dann diese rauen Gebirgsmenschen in einer improvisierten Trage ins Tal gebracht. Kleine Anmerkung: erst volle 25 Jahre später, nach 20 gescheiterten Expeditionen, wurde der Gipfel des Ogre zum zweiten Mal betreten.

Bonington | Scott | Ogre

Bonington, Sir Christian Bonington, Jahrgang 1934, kann als elder statesman des neuzeitlichen britischen Alpinismus gelten. Über die schwierigsten Alpentouren fand er eine Steigerung in weltweit vergrößertem Maßstab. Abseits des metrischen Systems hatten die unter Mitteleuropäern mystisch überhöhten „Achttausender" für ihn und seine Partner ohnedies eine andere Wertigkeit. Sie steuerten Ziele an, die einer breiten Öffentlichkeit weitgehend unbekannt waren: unbestiegene, schwer zugängliche und schwierige Gipfel. So wie etwa Changabang 6.864 m, Kongur, 7.719 m, Torre Central del Paine, und eben den Ogre 7.285 m. „Natürlich erreichten wir den Gipfel, aber die Tatsache, dass Scott zu Beginn des Abstieges wenige Meter unterhalb des Gipfels ausglitt und sich beide Beine brach, trübte unsere Urlaubsfreude doch ein wenig". Understatement gut und schön – doch tiefer kann man wohl nicht mehr stapeln!

Weil er da ist - antwortete Mallory auf die Frage, weshalb er sich den Gefahren und Mühen einer Everest-Besteigung aussetze. Ein absolutes Highlight des britischen Alpinismus stellt das Jahrzehnte während, in dramatischer Steigerung kaum zu überbieten Ringen um die erste Besteigung des Mount Everest dar. Die Namensgebung nach dem damaligen Leiter der britischen Landvermessung war wohl ein Akt der Servilität, doch der uneitle Sir George Everest selbst legte gar keinen Wert auf einen derartigen Ruhm. Den Drang nach der Ferne konnten die Engländer innerhalb ihres Weltreichs ausleben, in welchem sie, allen Entfernungen und Verschiedenheiten zum Trotz, dank ihrer kolonialen Infrastruktur doch immer ein wenig „zuhause" waren – immerhin sprach ein Viertel der damaligen Menschheit englisch! Und als Herrscher über den indischen Subkontinent nützten sie logischerweise ihr Monopol.

Everest von Norden

Bereits in den Zwanzigerjahren lässt sich eine Aufspaltung des Expeditionsbergsteigens in zwei gegensätzliche Stilrichtungen beobachten: die Kleingruppen wie jene von Shipton und Tilman, denen es in erster Linie um das pure Abenteuer ging, sowie die aufwändigen Großexpeditionen, generalstabsmäßig organisiert, nicht von ungefähr meist unter der Leitung von Militärs. Doch allesamt standen sie unter massivem Erfolgsdruck: War doch ausgerechnet die klassische Sportnation England bei zweien der ultimativen Abenteuerziele der Erde geschlagen worden: am Nord- wie auch am Südpol. Den „Dritten Pol" wollten sie um jeden Preis als Erste erreichen, doch mochte es einfach nicht gelingen! Dabei gelangten die Bergsteiger in Höhen wie noch kein Mensch vor ihnen, die meisten der Achttausender-Gipfel lagen rein höhenmäßig bereits unter ihnen – doch die Spitze des Erdballs entzog sich all ihren Bemühungen

Mallory 1924: George Leigh Mallory sah so aus, wie man sich den britischen Gentleman-Alpinisten vorzustellen hat. Und er galt als exzellenter Kletterer. Die Ausrüstung für den Everest mutet wohl gegenüber unseren Nylon-Daunen-Vlies-Komfort antik an, doch die damals bereits verwendete Mehrschichtenkleidung war trotz verschroben wirkendem Tweed-Sakko und Wickelgamaschen durchaus funktionstüchtig, die Sauerstoffgeräte wohl schwer, aber brauchbar. Dazu hatten er und sein Begleiter Sandy Irvine den richtigen spirit, den Abenteuergeist in reinster Form: das Unbekannte schlechthin lag vor ihnen, die Ungewissheit, ob ein Erdbewohner in dieser Höhe, an dieser Grenze zum schwarzen Weltraum überhaupt existieren könne ...

George L. Mallory

Waren sie droben oder nicht? Noel Odell, der letzte Mensch, der die beiden lebend gesehen hatte, war sich letztlich nicht sicher, ob er sie inmitten ziehender Wolken am first oder seccond step des Nordgrates ausgemacht hatte. Mallorys Leichnam wurde 1999 entdeckt, jener von Irvine wurde in den Sechzigerjahren von chinesischen Alpinisten gesichtet, bei gezielten Suchexpeditionen in unseren Tagen aber nicht mehr gefunden, vor allem seine Kamera blieb unauffindbar, was weiterhin Stoff für Spekulationen liefert. Selbst wenn der entscheidende schwierige Felsaufschwung des „Second Step", von den Chinesen später mit einer Aluleiter gebändigt, mittlerweile frei erklettert wurde (V+), neigen die meisten kompetenten Everest-Besteiger überwiegend zur Ansicht, dass Mallory und Irvine damals nicht den Gipfel erreicht hätten. Der Arzt und Höhenbergsteiger Dr. Oswald Ölz meinte aus eigener Erfahrung sehr plausibel: wenn jemand bis 8500 mit Sauerstoff steige, und danach ohne diesen weiter müsse so wie Mallory und Irvine, dann stünde er praktisch vor einer unübersteigbaren physiologischen Mauer. Odell lebte damals tagelang auf über 7.000 Metern, auf der Suche nach Mallory und Irvine erreichte er – selbstverständlich ohne Sauerstoff – 8.200 Meter, ehe er resignierend absteigen musste. Warum Mallory gerade Irvine für den Gipfelversuch ausgewählt hatte und nicht ihn, den damals sicher weltweit am besten höhentauglichen Menschen, wird sich nie klären lassen. Odell widerlegte als physische Ausnahmeerscheinung außerdem frühzeitig die Expertenmeinung, dass durch den Sauerstoffmangel in dieser Höhe irreparable Schäden auftreten würden: er starb 1987 im biblischen Alter von 97 Jahren.

Die Everestexpedition von 1922. Stehend von links: Wollaston, Howard-Bury, Herron, Raeburn; sitzend: Mallory, Wheeler, Bullock, Morshead

Neue politische Gewichtungen nach dem Zweiten Weltkrieg veränderten die Spielregeln: die bisher bereits gut erkundete Nordseite des Berges lag nun in chinesisch-kommunistischer Hand und war für Westler nicht zugänglich. Die Engländer mussten Indien in die Unabhängigkeit entlassen. Das kleine, bisher abgeschottete Königreich Nepal begann sich zu öffnen und erteilte erste Genehmigungen für Bergbesteigungen. Nach den vielen Vorarbeiten und Opfern hatten die britischen Bergsteiger gewissermaßen auch ein moralisches Vorrecht auf die Erstbesteigung des Everest erworben, obwohl sich der Kreis der Mitspieler bereits vergrößert hatte. Während die höchsten Berg der Welt nunmehr wie Stundenhotels vermietetet werden, vergab in diesen Jahren die nepalesische Regierung jeweils nur eine Genehmigung für Vor- oder Nachmonsunzeit. 1952 war eine Schweizer Expedition am Zug, wobei Raymond Lambert, Ernst Reiss und der tüchtige Sherpa Tenzing Norgay unter dem Südgipfel 8.595 m erreichten, aber von der schneidenden Polarkälte der herbstlichen Stürme zurückgeworfen wurden.

1953 also wieder die Engländer! Es wurde ein fast militärisch aufgezogenes Unternehmen, geleitet von Oberst John Hunt, dem der Franzose Gaston Rébuffat das Kompliment machte, er sei „nicht englischer als notwendig". Tenzing Norgay, der wohl beste Kenner des Berges, war diesmal mit ihnen. Außerdem hatte der Lama des Klosters Tengpoche durch Orakel herausgefunden, dass die Götter diesmal wohlwollend gestimmt seien.

Hier huscht die Titelfigur dieses Buches kurz vorbei – **der Yeti:** Hillary und Tenzing hatten große Fußabdrücke beobachtet, wie sie Shipton schon zwei Jahre zuvor in einer Höhe von 6000 Metern fotografiert hatte, und im Kloster Khumjung wurde ihnen ein Skalp des „schrecklichen Schneemenschen" gezeigt. Doch da stand der noch unbetretene Gipfel der Welt, was sollte da ein Verzetteln mit einer wenig aussichtsreiche Jagd nach einem Phantom?!

Die Lagerkette war in mühseliger Arbeit bis zum Südsattel in einer Höhe von 7.986 m vorangetrieben worden. Hier war Tenzing verärgert und enttäuscht: Der Expeditionsleiter hatte nicht Ed Hillary und ihn, den besten Gebietskenner, sondern Tom Bourdillon und Charles Evans als erste Seilschaft für den Gipfel vorgesehen. Aber den örtlichen Göttern reichte ein einfacher Handgriff: sie brauchten nur den Jetstream auf Vollbetrieb zu stellen – schon scheiterte der erste Versuch, und ihr Schützling Tenzing kam zu seiner Chance.

Tenzing? Hillary? Oder Mallory? Wer hat als erster den höchsten Punkt des Erdballs betreten? Im Sog der Begeisterung unmittelbar nach dem Gipfelerfolg am 29. Mai 1953 wurde von nationalistischen Kreisen in Indien der Versuch unternommen, Tenzing politisch zu vereinnahmen und ihn als Beweis für die Überlegenheit der Kolonialvölker gegen ihre einstigen Herren auszuspielen: ihm wurde die Aussage unterschoben, er habe Hillary mehr oder weniger hinaufgeschleppt und den Everestgipfel als Erster betreten. Doch in seiner Biografie „Man of Everest" steht es unbezweifelbar: „Ein wenig unterhalb des Gipfels blieben Hillary und ich stehen. Das Seil, das uns verband, war zehn Meter lang, aber ich hielt den größten Teil davon als Schlingen in der Hand, so dass nur knapp zwei

Meter zwischen uns waren. Ich dachte nicht an „erster" und „zweiter". Wir gingen langsam, gleichmäßig weiter. Und dann waren wir da. Hillary betrat den Gipfel zuerst. Und ich betrat ihn nach ihm. Was wir als erstes taten, war das, was alle Bergsteiger tun, wenn sie den Gipfel ihrer Berge erreichen. Wir schüttelten uns die Hände. Aber auf dem Everest war das nicht genug. Ich warf meine Arme in die Luft und umarmte Hillary, und wir klopften uns auf den Rücken, bis wir – trotz des Sauerstoffs – beinahe außer Atem waren. Es war 11.30 Uhr vormittags, die Sonne schien und der Himmel war vom tiefsten Blau, das ich jemals gesehen hatte".

Deckungsgleich Sir Edmund Hillary: „Ich blickte nach rechts oben und sah eine schneeige Wölbung. Das musste der Gipfel sein! Wir rückten enger zusammen, als Tenzing das Seil zwischen uns straffte. Wieder schlug ich einen Reihe Stufen ins Eis. Und im nächsten Augenblick war ich auf einer Schneefläche angekommen, auf der es nichts gab außer Luft- in jeder Richtung. Tenzing kam mir schnell nach, und wir schauten uns staunend um. Mit ungeheurer Befriedigung stellten wir fest, dass wir auf dem höchsten Punkt der Erde standen."

Von Mallory oder Irvine fand sich keine Spur.

Tenzing am Everest

Als Tenzing und Hillary absteigend das Lager erreichten, sprach letzterer den lapidaren, wenig respektvollen Satz zu George Band: „Well, George, we knocked the Bastard off!"

Als sie weiter abstiegen, passierte sogar dem knorrigen Oberst Hunt ein völlig unbritischer Gefühlsausbruch: „... Freudengeschrei und Beifallrufe ertönten, im nächsten Augenblick war ich bei ihnen. Händeschütteln und – ich erröte, es zu sagen: wir umarmten sogar das Siegerpaar." Dann konnten endlich die ersehnten Telegramme abgesendet werden, die Siegesmeldung wurde der jungen Königin Elisabeth zu den Krönungsfeierlichkeiten gewidmet, alle Welt gratulierte...Damals hegte die weiße Rasse noch nicht den geringsten Zweifel an ihrer angeblich gottgewollten Überlegenheit. Und unter den Weißen wiederum waren die Briten die Überlegensten. Der Neuseeländer Edmund Hillary (weiß) wurde anschließend in den Adelsstand erhoben. Der in Darjeeling lebende Tenzing Norgay, obgleich ebenfalls Angehöriger des Commonwealth, wurde wohl als eine Art halbzahmer Kannibale gelistet und kam für diese Ehrung nicht in Frage. Ein Unterschied muss schließlich sein!

Und wer waren die Zweiten am Everest? Die Rolle des Zweiten – falls sie sich nicht aus einem unmittelbaren Wettstreit ergibt oder zumindest in eine Tragödie mündet – ist meist die undankbare des Vergessenen. Gleich nach dem Gipfelerfolg

Hillary und Tenzig nach ihrer Rückkehr vom Everest

telegrafierte Expeditionsleiter John Hunt in ehrlicher sportlicher Hochachtung an die Schweizer: „To you – one half the glory". Erst drei Jahre später, nach all den glücklosen Bemühungen redlich verdient, erreichten vier Schweizer Alpinisten den Gipfel: am 23. Mai 1956 Ernst Schmid und Jürgen Marmet, und tags darauf Hansruedi von Gunten mit Dölf Reist. Doch wie bei jeder Superlativjagd zählt bei aller persönlichen Befriedigung Silber eben doch weniger als Gold.

Da war aber noch immer eine Rechnung offen, zahlbar in Pfund Sterling: Hillary war Neuseeländer, Tensing Inder/Nepali – wer würde der erste Brite sein? Es sollte noch weitere 22 Jahre dauern, bis 1975 Dougal Haston und Doug Scott als erste „echte" Briten den Gipfel der Welt erreichten.

Darauf einen Tea for two!

Ernst Platz: Hochtouristen

2.
SCHWYZER FÜHRER-PICKNICK

Unverändert durch alle Zeiten hat sich die gehaltvoll-nahrhafte Schweizer Gastronomie als überaus beständig erwiesen. Besonders auf luftigem Frühstücksplatz mundet ein derartiges

---

SCHWYZER FÜHRER-PICKNICK
(Mengengaben für Zehner-Seilschaft)

1 lila Kuh, 1/2 Kalbermatten und mehrere geselchte Hasler-Rippen mittels Supersaxo zerteilen,knusprig gebratenen Alphubel in kleine Knubel schneiden und auf Zehnzacker-Eisen spießen,
1 mittleres Panorama sowie 1 Stückchen Matterhorn durch die Fränkli-presse drücken, mit Grimsel und Gemmi gut durchkneten und gemeinsam mit frischem Alamagell zu einem pikanten Aufstrich vermengen; am Ersten Eisfeld kühl stellen. Alles gemeinsam auf einer sauberen Burgenerplatte in exakt abgewogenen Portionen anrichten.
Als Leckerli: kandierte Titlis auf Claridenfirn oder Weissfluh in Grand Cornier.
Danach einen Klucker herben Cima di Rosso oder einen Kaffi Schnaps
Dazu sind volkstümliche Weisen, gespielt auf zwei Zinalrothörnern, durchaus angebracht. Odrrr?

Über Eidgenossen, Bergführer und Matterhörner

„Nichts vermag dem nationalen Selbstbewusstsein der Schweizer ernsthaft Abbruch tun. Allerdings haben sie ein Massensymbol gemein, das ihnen allen jederzeit vor Augen steht und unerschütterlich ist wie das keines anderen Volkes: die Berge"
Elias Canetti, „Masse und Macht"

„Julie oder die neue Heloise" von Jean-Jaques Rousseau, 1761 erschienen, war ein Schlüsselroman der ersten Alpenreisenden. Eines der meistzitierten ungelesenen Bücher – in der Gegenwart als Gesamtes kaum verdaulich – verherrlicht es im Gegensatz zum damals vorherrschenden Nützlichkeitsprinzip die Natur, und enthält Gedanken von zeitlosem Wert: „Alle Menschen werden die Wahrnehmung machen, dass man auf hohen Bergen, wo die Luft rein und dünn ist, freier atmet und sich körperlich leichter und geistig heiterer fühlt. Mir dünkt, als nähmen die Gedanken einen Anflug von Größe und Erhabenheit an, stünden mit den Dingen, über die unser Blick schweift, in Einklang und atmete eine gewisse ruhige Freude, die sich von allem Sinnlichen und von jeder Leidenschaft freizuhalten weiß …" Rousseau, der den Slogan „Zurück zur Natur" prägte, hatte freilich noch nicht die Gelegenheit, die Bergstation eines sogenannten „Top-Skigebietes" aufzusuchen, wo die dünne Luft durch Frittenduft und Zigarettenqualm und die Gedanken volkstümlich musikbedudelt erst ihre evolutionäre Verfeinerung entfalten können …

In der Schweiz hat sich bereits im frühen neunzehnten Jahrhundert so etwas wie ein alpiner Fremdenverkehr entwickelt. Anfangs war es eher eine Frühform des Wellness- und Gesundheits-Tourismus. Zum Beispiel St. Moritz: Bereits in der Bronzezeit schätzte man die gesundheitsspendende Quelle, die im nunmehr „mondänsten Dorf der Welt" zur Nebensache geworden ist. Vermögende Damen glaubten einst an die nachwuchsfördernde Wirkung der „Sanct-Mauritz-Quelle", dessen Wasser Paracelsus 1535 als „Arzney" gerühmt hatte. In einem Reisebericht des Landgrafen von Hessen aus dem 17. Jahrhundert heißt es: „Das Bad ist gesund, schwanger wurden Frau, Magd und Hund" – ob das die Auswirkungen der Trink-Ordnung des italienischen Arztes Antonio Casati aus dem Jahre 1674 – „zehn Liter pro Tag" oder eher des Fremdenverkehrs (im Wortsinn) waren, bleibe dahingestellt.

Beginn des Alpentourismus | Staubbachfall im Lauterbrunnental

Die Ansicht vom Gebirge und seiner Bewohner jedenfalls hatte sich als Folge der Aufklärung und der naturwissenschaftlichen Erkenntnisse neu geformt: attraktive Gebirgslandschaften galten bereits als Inbegriff einer heilen Welt und bildeten die Anfänge eines idealisierten, romantischen Gegenbildes zur beginnenden Industrialisierung und Verstädterung. Die Schweiz lag zudem geografisch im Blickfeld der Westeuropäer, speziell der vermögenden, reisefreudigen, alpinistisch federführenden Engländer.

Und so wurde „die Schweiz" mit ihren schon vom Alpenrand sichtbaren Panoramen schöner Berglandschaften, und einer infolge günstiger Wirtschaftsentwicklung dichten Verkehrserschließung bald zu einem förmlichen Markenzeichen: Weltweit gibt es mittlerweile rund 160 „Schweizen" (lautet so die korrekte Mehrzahl?) – jedenfalls Örtlichkeiten, die sich mit diesem Prädikat schmücken: so etwa eine fränkische, sächsische, holsteinische, böhmische Schweiz, sogar eine auf der Karibikinsel Martinique. Dazu gesellen sich noch zahllose „Matterhörner" in allen Weltgegenden ...

Reisen in die Schweiz und nach Chamonix verhießen einen ähnlichen Ansehensgewinn wie derzeit eine Fahrt nach Bhutan oder in die Antarktis. Die Leistungen und Entbehrungen der ersten Alpenbesucher aber dürften unter den damaligen Verhältnissen erheblich größer gewesen sein. Die Wege über die Pässe waren alte Heer- und Handelsstraßen, abseits davon versickerten immer dünner werdende Saumpfade in den abgeschiedenen Tälern. Hier entzog sich die Zeit weitgehend allen Einflüssen von draußen. Da existierte etwa im hintersten Mattertal ein um 1825 nur schwer erreichbares Bergdorf, in welchem im „Hotel" 6 Betten zur Verfügung standen. Zur tosenden Gelddruckmaschine angewachsen (131 Hotels und 30 Pensionen), verzeichnet Zermatt nunmehr eineinhalb Millionen Nächtigungen pro Jahr. Oder das Ötztal: anno 1845 zählte man in Gurgl neunzehn, in Vent acht Touristen! Als hochgelegene Unterkünfte konnten höchstens winzige, rußige Sennhütten dienen, deren Bewohner die Bergsteiger mit Rachenlauten befremdeten, und deren kulinarisches Angebot sich etwas einseitig gestaltete: der Schmarren.

„SCHMORRN"

Ein Gemenge aus Gaismilch, Schmalz und Mehl, von Fliegen umschwirrt, in Geschirren, die selbst den damals noch nicht übermäßig hygienegeschädigten Städtern einen leisen Schauder abnötigten.

Eine städtische Erfindung ist das Bergsteigen allemal. In seiner Gründungsphase wohnte nur ein kleiner Prozentsatz der europäischen Bevölkerung in Städten, die überwiegende Mehrzahl lebte auf dem Land, eine eindeutige, säuberliche Scheidung in zwei Welten – eine „Dritte" gab es noch nicht. Diese Landbevölkerung hatte eine völlig andere Natursicht als die Städter: nämlich gar keine in unserem romantisch-sportlichen Sinn. Sie konnten die Natur noch nicht erblicken, weil sie selbst dazugehörten, sich eher von ihr bedroht fühlten, vor allem im hart erkämpften Lebensraum Gebirge. Ohne Not stieg niemand auf einen Gipfel, allenfalls als Begleiter dieser verschrobenen „Auswärtigen".

Gletschertisch am Gornergletscher

Von Bergführern geprägt war der überwiegende Teil der frühen Alpingeschichte. Wäre jenen Kleinhäuslern, Bauern und Holzarbeitern das Schreiben mit ihren klobigen Pratzen ebenso leicht gefallen wie die Handhabung von Pickel und Strick (und wohl auch manchem Kunden), würde die alpine Historie sich heute anders lesen. So würde man jetzt von einem Burgener- statt einem Mummery-, von einem Almer- statt einem Whympercouloir sprechen, von einer Tribusser- statt einer Pallavicini-Rinne. Von Alpinismus in unserem Sinn hatten diese Bergler zwar ursprünglich auch nicht viel mehr Ahnung als die von ihnen Geführten, doch sie besaßen meist Ortskenntnisse, kannten die Steige und Übergänge und wussten sich von Kindheit an im steilen Gelände zu bewegen. Ein systematisches Gehen oder ein objektives Urteil über Schwierigkeiten und Gefahren konnte man bei ihnen anfangs nur selten voraussetzen. Sie trauten ihren Schützlingen entweder alles zu oder gar nichts, und waren vorerst eigentlich nur als geländekundige Wegbegleiter brauchbar. In dieser Zeit entstand vermutlich die ebenso unzutreffende wie unausrottbare Legende von den pauschal „erfahrenen Einheimischen", an die sich der unbedarfte Tourist um Rat zu wenden habe, wie es bis heute Lokalblätter, Tageszeitungen und nach schweren Bergunfällen auch TV-Kommentatoren anraten. Immerhin aber wurde die Führertätigkeit für einige Tüchtige zur Butter auf das harte Brot des bäuerlichen Erwerbslebens, und für einige besonders Tüchtige sogar zur Haupteinnahmequelle.

Christian Almer, Melchior Anderegg, Pierre Gaspard, Joseph Knubel, Franz Lochmatter

Alexander Burgener (1845 – 1910). Der aus dem Saaser Tal stammende Bergbauernsohn erkannte in der Führertätigkeit eine der wenigen Verdienstmöglichkeiten

Alexander Burgener

neben der Plackerei auf dem winzigen elterlichen Anwesen. Das Naturtalent wurde ein genialer Bergführer, einer der größten in der ewigen Rangliste. „Die Karte konnte Alexander nicht lesen, und von Steigeisen wollte er nichts wissen", hieß es von ihm, „ihm reichten vier ‚Krapfennägel' in den Schuhsohlen und sein Orientierungsinstinkt". Förmlich ein König, der dem Status des Rucksack schleppenden Lakaien längst entwachsen war, konnte er sich bald im Gegensatz zu vielen Kollegen seine Kunden aussuchen und musste sich nicht jedem beliebigen Touristen andienen. „Er dachte sich nichts dabei, jemanden, der sich ungebührlich benahm, ohne ein Wort stehen zu lassen und davon zu schreiten". Ansonsten war ihm jede Überheblichkeit gegenüber den Gästen fremd. Er anerkannte auch gerne die Leistungen der „Führerlosen", die er nicht neidvoll als Erwerbskonkurrenz, sondern als gleichgestimmte Freunde der Berge betrachtete. Mit Julius Kugy, dem Erschließer der Julischen Alpen, unterhielt er sich einmal am Theoduljoch, als auf einem Maultier ein hochgewachsener Engländer heraufgeritten kam, dessen Beine fast den Boden streiften. „Wer ist dieser jämmerliche Kerl?" fragte Kugy. „Das ist Mummery – der klettert besser als ich". Mit diesem gelangen ihm einige der größten unter seinen 87 Erstbesteigungen und –begehungen, wie die Aiguille du Dru, Grépon, Matterhorn-Zmuttgrat, sowie Täschhorn-Teufelsgrat.

Den Sonntagvormittag hatte nach den unumstößlichen dörflichen Konventionen, unter geistlicher Androhung des ewigen Höllenschwefels, auch der berühmteste Bergführer in der Kirche zu verbringen. Danach war es für den Aufbruch meist zu spät. Doch eines Tages wollte ihn ein Gast während der Woche sprechen. Burgener liege im Bett – könne nicht aufstehen, beschied ihm seine Frau. Um Himmels willen – krank? Nein: Seine Hose sei zum Flicken beim Schneider! Und er besaß nur diese einzige ... Erst später machte man ihn mit der Erfindung der Unterhose bekannt, und mit steigendem Verdienst wird es wohl auch zu einer zweiten Berghose gereicht haben. Sein Leitspruch lautete: „Mir kann nie nix passieren!", und das Glück des Tüchtigen blieb ihm tatsächlich treu, bei oft ganz üblen Verhältnissen und trotz gruseliger Sicherungsmethoden. Als sich die bedeutende Bergsteigerin Eleonore Noll einmal im damaligen romantischen Sinn verklärend über den Bergtod äußerte, geriet er außer sich: „Sind sie verrückt? Ich möchte als schöner Mann sterben!" Er starb in einer Lawine im Juli (!) 1910 am Anstieg zur Berglihütte im Berner Oberland. Vielleicht nicht als ein im landläufigen Sinn schöner Mann, eher wie ein seelenvoller, weiser Gorilla. Aber mit nur einem Kratzer an der Schläfe.

Christian Klucker (1853 – 1928). Die Nordwände von Lyskanmm und Piz Roseg, die schaurigen Eisschläuche der Bondascagruppe – das waren die Aufstiegswege des Christian Klucker, die er durchwegs ohne Steigeisen beging! Er hackte tausende von Stufen durch sein Bergführerleben. Zwei deutsche Damen, die er als Gelegenheitsführer über den Fornogletscher geleitet hatte, vermittelten dem jungen Engadiner Wagnergesellen sein Schlüsselerlebnis. Sie schenkten ihm zum Abschied ein Bildchen mit dem Psalm als Widmung: „Ich hebe meine Augen auf zu den Bergen, von welchen mir Hilfe kommt". Er war Realist: Vom Tal und dessen Bewohnern konnte er nicht das Geringste erhoffen – also blieben nur die Berge! Der Bergführerberuf unterlag damals keinem Reglement: führen konnte, wer sich als befähigt fühlte und zeigte, wer zufriedene Gäste hatte, die ihn weiter empfahlen.

Christian Klucker

Das offizielle Zertifikat als Führer erhielt der Vollblut-Bergmensch Klucker erst im Alter von 55 Jahren! Er trug einen Berganzug aus hellem Bündener Leinen, der von manchen seiner Führerkollegen als geckenhafter Verstoß gegen das oft dumpf-schmierige Älpler-Outfit empfunden wurde. Als er und sein Kunde Davidson einmal im Berner Oberland mit einem ortskundigen Lokalführer aufbrachen, der beim nächtlichen Aufbruch die Lampe vergessen hatte, brauchten sie nur dem Ziegenbock-Odeur dieses naturhaften Sohnes der Berge zu folgen ...

Die Scioragruppe - Kluckers Reich; rechts die Piz Roseg-Nordostwand

Klucker hat, vor allem als Hausherr im Bergell, 26 Gipfel-Erstbesteigungen unternommen, darunter Ago di Sciora, Piz Trubinasca, die Pizzi Gemelli, Punta Pioda, dazu mehr als 50 neue Anstiege – und was für welche: darunter Peutereygrat , die Nordwand des Piz Roseg, die Scerscen-Eisnase, die Lyskamm-Nordwand, sowie 19 erste Winterbesteigungen (u.a. Piz Roseg, Piz Glüschaint, Cima di Rosso) – erst mit Schneereifen, später mit Ski. Dennoch klingt eine leise Verbitterung durch die Erinnerungen einer der bekanntesten Bergführerpersönlichkeiten. Er fühlte sich irgendwie zu „Höherem" befähigt, aber durch seine Lebensumstände innerhalb gewisser Schranken gehalten: als Achtzehnjähriger musste er für die zehnköpfige Familie sorgen, was er kaum schaffte. Als einer der wenigen schreibenden Führer dieser Zeit sind die Gegenüberstellungen mit den Aufsätzen seiner „Herren" und seine Richtigstellungen sehr aufschlussreich: „Die Geschichte des Alpinismus gibt sich mit derlei Nebensachen nicht ab, so wenig als sie vorher untersucht, ob der Darsteller großer alpiner Leistungen diese selbständig oder mit mehr oder weniger Hilfe von Drittpersonen durchgeführt hat". Er entzaubert den alternden, immer mehr dem Alkohol zugeneigten Whymper, den er mit anderen Schweizer Bergführern in die kanadischen Rockies begleitete: Im Grunde nur eine PR-Tour für die kanadischen Eisenbahn, bei der ihre Fähigkeiten gar nicht gefragt waren. Paul Güssfeld war für ihn „Ein Tourist von walfischartigem Aussehen und mäßigen Fähigkeiten" Der altgewordene Klucker saß keineswegs als milde philosophierender Opa in seinem bescheidenen Hüttli inmitten der wunderschönen Bergwelt. In den langen, todeinsamen und kalten Wintern in Sils-Maria schrieb er sich die Finger krumm in zahllosen Briefen an frühere Kunden und Gefährten – ein stetig um Anerkennung und freundschaftliche Zuneigung ringender Mensch, mit rührender Dankbarkeit gegenüber jenen, die sich ihm gegenüber achtungsvoll verhalten hatten.

Die Engländer, so befand er, benahmen sich oft auch gegenüber den „Weißen" als Kolonialisten. Den Junggesellen Klucker traf die Tragödie des Alterns besonders hart: Aus dem feschen jungen Bergführer mit unternehmungslustig aufgezwirbeltem Schnurrbart wurde im Alter ein knolliger Kartoffel, der an knotenhaften Talggeschwüren im Gesicht litt. Er starb am Ende vereinsamt in seinem kleinen Haus. Aber er hatte Momente solch ungeheurer Intensität erlebt, wie sie sich kein Machthaber, Patrizier oder Großbankier jemals hätte kaufen können!

Metallenes Clubzeichen.
Modell von 1863.

SAC-Klubabzeichen von 1863

Erdverbunden sind sie, die Schweizer, wie schon viele ihrer ortsbezogenen Familiennamen signalisieren: Aufdenblatten, Andermatten, Abderhalden, Imboden, Kalbermatten, Zurfluh, Zurbriggen, Zumtobel ...

„Der echte schweizerische Wanderer, Bergsteiger und Skiläufer, der noch nicht von den Gewohnheiten anderer Länder angekränkelt ist, begrüßt seine Kollegen, die ihm auf seinen Wegen begegnen, nicht mit einem der anderswo üblichen Heilrufe, er sagt weder Berg- noch Skiheil, vielmehr bietet er in verschiedenen Variationen je nach dem Landesteil euch „Gott zum Gruß!" an. Der schweizerische Tourist besitzt vielleicht etwas weniger Gemeinschaftsgeist als seine reichsdeutschen und österreichischen Partner (doch wenn Not am Mann ist, ist er sehr opferwillig und hilfsbereit). Er ist Individualist, der ebenso schwer aus sich herausgeht wie der Schweizer im Allgemeinen. Er heckt seine Unternehmen in der Stille aus und hängt sie nicht gleich an die große Glocke, weil ihm jede Reklame für ein Ziel, das ihm besonders naheliegt und lieb ist, zuwiderläuft". Das schrieb nun nicht irgendein kritischer, missgünstiger Reisender, sondern der Schweizer Bergsteiger und Schriftsteller Alfred Graber 1932 in der „Neuen Zürcher Zeitung". Und weiter: „Die Schweizer Wanderer sind reaktionäre Leute in den Augen ihrer Nachbarn. Sie sind nicht modern genug. Man vergesse doch nicht, dass sich der Bergsteiger einen Führer verschreibt zu einer schwierigen Unternehmung, ohne dabei die Achtung vor sich selbst zu verlieren! Und erst der Skiläufer: der wagt es sogar, hie und da in aller Seelenruhe und Schwungseligkeit einen Telemark auszufahren, obschon dies anderswo strenge verpönt scheint und obgleich man Zeit verliert mit diesem Schwung. Man denke sich: Zeit verlieren heutzutage! Selig der Mann, der mit der Zeit noch verschwenderisch umgehen kann und der sich nicht einmal schämt, auch Dinge zu tun, nur weil es ihm Freude macht, die ‚man' nicht mehr tun darf. Aber so ist es recht, und so sind die Schweizer. Es sind Individualisten, die auf ihre Fasson selig werden wollen und sollen."

Der Wiener Fritz Kasparek, einer der Erstbegeher der Eiger-Nordwand, konnte um 1930 im Wallis auf spezielle Erfahrungen mit derlei „reaktionären Leuten" verweisen: Als er mit seinen Gefährten über eine Bergwiese aufstieg, erhoben sich drei dort rastende Bauern, die sich mitnichten als freundliche Alm-Öhis erwiesen, und bedachten sie mit Ausdrücken wie „Dütscher Schweinehund!" Die Wiener waren anfangs sprachlos und konnten dafür keine Erklärung finden - dann ging ihnen ein Licht auf!

Kasparek: „Wir hatten nämlich bei der herrschenden großen Hitze die Hemden ausgezogen und die Strümpfe bis zu den Bergschuhen hinabgerollt, so dass unsere braungebrannten Körper eigentlich nur von einer kurzen Leinenhose bedeckt waren. In unserer Heimat würde sich kein Hahn umgedreht haben. Aber für diese Leutchen war dies anscheinend zu viel des Guten und ihre Gemüter waren in eine uns unverständliche Hitze geraten. Ihre Gereiztheit steigerte sich noch ins Maßlose, als sie mich mit meiner kurzen weißen Tennishose erblickten. ‚Du bist a ganzer Sauhund!' rief man mir zu und die drei aufgeregten Bäuerlein trafen allen Ernstes Anstalten, mit Rechen und Heugabel auf uns loszugehen. Beschwichtigend versuchte ich, den Dingen eine andere Wendung zu geben: ‚Schau, Vata, beruhig di, es is jo haaß, und wir wolln net stinkert werdn'. Das schlug dem Fass den Boden aus, und wenn ich nicht abwehrbereit nach dem Pickel meines Kameraden gegriffen hätte, so wären diese drei biederen Bauern todsicher über uns hergefallen". Gut, dass die noch nicht ihre Sturmgewehre im Kleiderschrank verwahrten – so konnte ein „Krieg der Kulturen" gerade noch abgewendet werden.

Hans Lauper (1895 – 1936). Als Alfred Graber seinen Prototyp des idealen Schweizer Alpinisten dieser Ära charakterisierte, könnte er den Berner Zahnmediziner Lauper vor Augen gehabt haben, der alle Attribute des bedächtigen Eidgenossen vereint haben dürfte. So etwa einen sehr allmählichen alpinen Werdegang, in erster Linie auf die bestmögliche, sauberste Art einer Besteigung bedacht. Sein Bergfreund Oskar Hug: „Er war kein hervorragender Kletterer, aber er kletterte immer in völlig einwandfreier Form, d.h. ohne Fehler, ohne sichtbare Kraftanstrengung, man möchte fast sagen reflexartig. Nie sah ich bei ihm einen Griff losbrechen, ihn einen unsicheren Stand einnehmen oder einen Stein ablösen. In seiner Art des Gehens lag nicht Glanz, nur Selbstverständlichkeit.". Der starke und sehr ausdauernde Lauper „... hatte Achtung vor jedem Berg und jeder Besteigung. Deshalb ging ihm jede Selbstüberschätzung ab, deshalb ist ihm nie auch nur der geringste Unfall zugestoßen".

Hans Lauper; rechts Lauperroute, Eiger NO-Wand

Das Berner Oberland wurde seine Bergheimat, in der er so ziemlich alle bis dahin begangenen Routen kannte, und im Laufe seines relativ kurzen Lebens etliche neue hinzufügte. Bleibenden Ruhm hat er sich mit großzügigen Aufstiegslinien auf das Dreigestirn Mönch, Jungfrau und Eiger erworben. Viele dieser naturgegebenen Möglichkeiten waren damals noch unbegangen. Die „Lauper" durch die Nordostwand des Eiger, 1932 durchstiegen, steht der klassischen Heckmair-Route in der Nordwand an Schwierigkeit und Anforderungen nicht viel nach. Und sie entspricht in ihrer Konzeption – im Gegensatz zu letzterer in einer Zone ohne große objektive Gefahren – sowie mit der gleich einem Schweizer Uhrwerk abgelaufenen Durchführung auch eher den Idealvorstellungen der ansässigen Alpinisten. Lauper erstellte nach Fotos und topografischen Unterlagen ein Profil der Nordwandrippe, die eine Maximalneigung von 64 Grad ergab – also durchaus machbar. Nach dem Wandstudium war noch die Planung des Bergsommers 1932 mit seinem Freund Alfred Zürcher abzustimmen, einem der letzten großen Führertouristen (z.B. Erstbegehung der Badile-Nordkante), sowie die Suche nach geeigneten Führern. Ihre Wahl fiel auf Alexander Graven und Joseph Knubel. Denn obwohl er als Amateur mit seinen Fähigkeiten manchen lokalen Bergführer übertraf, zeigte Lauper keine engstirnige Scheu vor ihrer Teilnahme. Um zwei Uhr früh am 20. August 1932 verließen die Vier die Kleine Scheidegg, waren nach knapp zwei Stunden am vorgesehenen Einstieg, und um 16. 45 Uhr war eine der höchsten und steilsten Fels- und Eiswände der Alpen erstmals durchstiegen worden. In einer Weise, die man sich vergegenwärtigen muss: ohne Haken und Eisschrauben! Das stärkste Glied ihrer „Sicherungskette" war ein unerschütterliches, in jahrelanger Perfektionierung gewachsenes Selbstvertrauen. Diese Besteigung kann als ein Höhepunkt klassischer Bergsteigekunst bezeichnet werden: in diesem Stil, mit diesem Material war eine Steigerung kaum noch denkmöglich. Und sie nimmt in gewissem Sinn ein clean climbing vorweg: auf diesem großzügigen 1700-Meter-Aufstieg blieben keinerlei bleibenden Begehungsspuren zurück, alle Wiederholer finden dieselbe Ursprünglichkeit wie die Pioniere vor. Selbst wenn Alexander Graven den ganzen Aufstieg führte (Joseph Knubel ging mit Zürcher als zweite Seilschaft), es bleibt für alle Zeiten „die Lauper". Lauper wurde nur vierzig Jahre alt. Doch keineswegs wegen seiner jetzt als riskant empfundenen Kletterweise: er, der zeitlebens an den Folgen einer verpfuschten Blinddarmoperation litt, starb an den unerwarteten Folgen einer späten Nachoperation. Im grönländischen „Schweizerland" wurde ein formschöner und anspruchsvoller Gipfel nach ihm benannt.

„Ich bin so alt wie das Jahrhundert" – konnte hingegen ein anderer eidgenössischer Bergmensch seine Biografie untertiteln, die er als Hundertjähriger – ohne Brille – für seine Fans signierte:

Ulrich Inderbinen (1900 – 2004). Was kann man in Zermatt für einen Beruf ergreifen außer Hotelier oder Bergführer? Der fesche Uli mit dem schmalen Bärtchen erwarb 1925 das Bergführerpatent. Der Kurs umfasste drei Tage Ausbildung im Gelände – und fünf Tage Anstandsregeln! Dann durfte er seinen ersten Kunden aufs Matterhorn führen, das er zuvor schon mit seiner Schwester bestiegen hatte. 1990 erklomm er den Berg der Berge anlässlich des 125-Jahr-Jubiläums der Erstbesteigung zum letzten Mal, nach insgesamt 371 Besteigungen.

„E bizzeli streng" sei es ihm aber schon angekommen … Mit achtzig hatte er begonnen, bei Skirennen mitzufahren, wobei er in jedem Fall auf einen Spitzenplatz abonniert war, denn in seiner Altersklasse war das Feld der Konkurrenten überschaubar. 81 mal stand er auf der Dufourspitze, 84 mal auf dem Montblanc, 1995 begleitete der Methusalem-Bergführer zum letzten Mal Gäste aufs Breithorn – der Abschluss einer in mehrerer Hinsicht bemerkenswerten Berufslaufbahn: abgesehen von ihrer ungewöhnlichen Dauer von genau sieben Jahrzehnten (hoffentlich nehmen dies die klammen Pensionskassen nicht künftig zum Maßstab!) verlief sie lupenrein und korrekt – kein einziger seiner Gäste hat sich je verletzt! Dabei hat er alle Neuerungen auf dem Ausrüstungssektor souverän ignoriert: er ging nach wie vor mit einem Hanfseil um den Bauch. Was könnte das

Inderbinen vor seinem Denkmal

Geheimnis seiner eisernen Gesundheit gewesen sein (mit sechsundsiebzig zum Beispiel konsultierte er zum ersten Mal im Leben einen Zahnarzt)? Nach eigenem Eingeständnis weder eine besondere Diät („Ich esse alles, doch maßvoll"), noch irgendein Training. Als Kind lernte er, mit wenig zufrieden zu sein, keine Forderungen an das Leben zu stellen, und immer zu arbeiten. Vielleicht waren es drei lebensverlängernde Faktoren: er besaß kein Auto, kein Telefon und keinen Computer! Einen Herzenswunsch, die Besteigung des Kilimandscharo, hat ihm seine Familie ausgeredet. Einen zweiten aber konnte er sich der gläubige Katholik erfüllen – eine Audienz beim Papst. Beim „richtigen" nämlich.

Alpine und andere Päpste: Franz Nieberl wurde der Kaiserpapst genannt, Günther Oscar Dyhrenfurth der Himalaya-, Pit Schubert gilt als der Sicherheits-, Werner Munter als der Lawinenpapst. Das Demokratieverständnis der Schweizer aber reichte beispielgebend über derlei halb scherzhafte Titel hinaus. Im Mitgliederverzeichnis des Schweizer Alpen-Club der Zwanzigerjahre fand sich ein bemerkenswerter Eintrag:

Name:	Wohnort:	Beruf:
Prenz	Zug	Apotheker
Raming	Schwyz	Kaufmann
Ratti	Rom	Papst

Achille Ratti (1857 – 1939), der spätere Papst Pius XI., war ein begeisterter und tüchtiger Bergsteiger. 1899, als jungem Priester, glückte ihm mit einem Amtskollegen und zwei Bergführern eine der frühesten Durchsteigungen der Monte Rosa-Ostwand, anschließend die erste Überschreitung des Grenzsattels. Auf seine ungeduldige Frage an den Führer Joseph Gadin, ob er an einer schwierigen Stelle endlich nachkommen könne, rüffelte ihn dieser: „Monsieur, bitte reden Sie nicht – das bringt meinen Geist durcheinander!" – da lagen freilich Tiara, Kreuzstab und Ringkuss noch in weiter Ferne! 1890 gelang ihm die erste Begehung des heutigen italienischen Montblanc-Normalweges von Courmayeur über den Dôme-Gletscher. Mit seinem Einzug in den Vatikan 1922 war es für ihn persönlich allerdings zu Ende mit dem praktizierten Alpinismus. 1924 hat er Bernhard von Menthon zum Schutzheiligen der Bergsteiger erklärt, und sogar einen päpstlichen Segen für alpine Ausrüstung, den *benedictio instrumentorum* eingeführt – ansonsten blieb er Gefangener in einem Goldenen Käfig.

Monte Rosa-Ostwand, mit rund 2400 Metern die höchste Wand der Alpen

Ein wenig besser ging es diesbezüglich seinem späteren Nachfolger Karol Wojtyla, schilderte Enrico Martinelli, 14 Jahre lang Leiter des vatikanischen Sicherheitsdienstes: Papst Johannes Paul II., ebenfalls ein Freund der Berge, hat es während seines Pontifikats öfters geschafft, inkognito den Vatikans verlassen, um sich ein paar Stunden Skilauf oder eine Bergwanderung zu gönnen. Auf dem Monte Peralba zum Beispiel erinnert eine Madonnenstatue mit Tafel an seinen Besuch. Rund 100 Skiausflüge in die Abruzzen hat er „schwarz" unternommen, und einigen Sicherheitsleuten des Vatikan, die ihn begleiteten, sagte der Papst: „Danke, dass Sie einen internationalen Skandal decken". Sicher wäre er gerne noch auf höhere Gipfel gestiegen, und der betagte Inderbinen hätte ihn gewiss gerne geleitet – schade, dass die beiden alten Herren in so völlig verschiedenen Sphären lebten.

Generationenwechsel. Nationale Eigenheiten verschleifen sich zusehends, die jahrzehntelange Skepsis früherer Schweizer Bergsteigergenerationen gegenüber dem Extremalpinismus ist längst gewichen, Persönlichkeiten wie Ueli Steck (Jahrgang 1976) und Stephan Sigrist (1972) spielen nun mit in der absoluten alpinen Champions League. Das Bergführerpatent erwarben sie eher nebenbei, als Vorsorge, wenn einmal der große Weltalpinismus von der folgenden Generation bestimmt wird – was sich in immer kürzeren Zeitsprüngen ereignet. Die spektakulären Superleistungen dieser Berufsbergsteiger laufen in einer beinahe unheimlich wirkenden Exaktheit ab, selbst wenn ihnen gelegentlich der Berg ein Bein stellt: Als Steck solo die 3000 Meter hohe Annapurna-Südwand im Himalaya anging, wurde er von einem Stein getroffen, rutschte mehr als zweihundert Meter ab – blieb aber bis auf eine Gehirnerschütterung und Prellungen unverletzt ... Im Jahr darauf (2008) versuchte er es abermals – und brach die Besteigung ab, um einem todkranken spanischen Alpinisten zu Hilfe zu kommen – trotz aufopfernder Anstrengungen und eigener Gefährdung vergeblich. In der noch unbegangenen Nordwand des Gasherbrum II dagegen hatte er mehr Glück, vielleicht auch den besseren Riecher gehabt, und erreichte den 7.772 m hohen Ost-Gipfel, während sein Partner Stephan Siegrist die unheimlichen Geräusche im hüfttiefen Schnee anders deutete und vorsichtshalber umkehrte. Eine Nordwand des Gasherbrum II bedeutet aber für die meisten Zeitgenossen bestenfalls eine weit entfernte, monströse Auftürmung von Stein- und Eismassen, und lässt nur einen begrenzten Kreis von Informierten aufhorchen, dagegen: 27 Mal durch die Eiger-Nordwand, auf verschiedenen, darunter mehreren eigenen neuen Durchstiegen, vor allem jedoch die klassische Heckmair-Route solo in 2 Stunden 47 Minuten – das bietet auch dem Durchschnitts-Bergfreund einen Vergleichsmaßstab, und trug Siegrist den Titel eines „Mr. Eiger-Nord" ein.

Viertausenderparade am Gipfel des Dom: Strahlhorn, Rimpfischhorn, Monte Rosa, Lyskamm

Land der Viertausender. Vergletscherte Hochgebirgslandschaften mit gewaltigen und schwierigen Dreitausendern, rassige Kletterdorados wie Wendenstöcke, Grimsel – alles zweite Wahl, das Markenzeichen der alpinen Schweiz waren und bleiben die Viertausender! Die größte Anzahl dieser Gipfel mit alpinem Gardemaß befindet sich auf eidgenössischem Boden. Nur: Was ist ein Viertausender? Analog zu den diversen Schwergewichts-Boxweltmeistern existieren nun schon mehrere Listen. Im Jahr 1904 wurden erstmalig 61 selbständige Viertausender angenommen. Die UIAA verleiht 82 Gipfeln dieses Prädikat, eine andere Liste umfasst gar 128, wobei sämtliche Vor- und Nebengipfel einbezogen werden.

Der Vorarlberger Augenarzt **Dr. Karl Blodig** (1859 – 1956) war der erste erfolgreiche Sammler aller Viertausender. Doch als er seine Kollektion schon komplett wähnte, wurde 1932 von Vermessungsbeamten die Aiguille du Jardin im Bereich der Grande Rocheuse im Montblancgebiet dieser illustren Runde zugeschlagen. Der bereits dreiundsiebzigjährige Blodig machte sich auf, diese neue Trophäe seiner Sammlung einzuverleiben. Gar nicht so einfach: ein 60° steiles Couloir durch die Nordostwand war der einzige Zugang. Neun Stunden dauerte sein Solo-Aufstieg mit Zehnzacker-Steigeisen zum Col Armand Charlet. Er stieg weiter bis zur Grande Rocheuse auf, biwakierte am Gipfel, und stieg anderntags die Wand wieder ab. Als Manko dieser Tour notierte er den Umstand, dass es ihm nicht gelungen war, mit seinen klammen Fingern eine Dose Pfirsiche zu öffnen, die er sich zur Feier des Tages als Festgeschenk mitgenommen hatte. Mittlerweile ist die Zahl der erfolgreichen Sammler nicht mehr zu zählen. Und was für Blodig und andere Bergsteiger eine Lebensaufgabe darstellte, bewältigte der Slowene Miha Valic innerhalb eines Winters: die 82 Viertausender laut UIAA vom 27. 12. 06 bis 7. 4. 2007. Offen ist noch: die gesamte Kollektion innerhalb von 82 Tagen.

Fletschhorn: Sechs Meter zu kurz!

Knapp vorbei ist auch daneben. Dann aber gibt es noch ein paar schöne Berge, die infamer Weise den Prestigewert ihrer Besteigung schmälern, indem sie sich knapp unter diese begehrte Marke wegducken. Der Publicitykünstler Eiger verfehlt mit 3976 m das alpine Gardemaß ja ziemlich deutlich, ebenso das Ulrichshorn (3925 m). Aber der abgelegene Piz Zupo im Berninagebiet (3996 m), vor allem das Fletschhorn über Saas Fee (3994 m): gerade um ein paar lausige Meter zu kurz! Um diesem Übelstand abzuhelfen, entwickelte man eine brillante Idee, Mutter Natur etwas nachzuhelfen und dem Fletschhorn zu größerer Attraktivität zu verhelfen: in Form eines Steinhaufens von sechs Metern könnte sich dann unter den künftigen „Viertusiger"-Siegern ein sportlich wesentlich wertvollerer Abgrund auftun als von schnöden 3994 Metern ... Auch dem Bietschhorn sollten einmal die Weihen eines Viertausenders zuteilwerden. Ein Kartograf, der ein Auge auf die Tochter des Hüttenwirtes der Bietschhornhütte geworfen hatte, vermaß dem

Vater zuliebe, der unbedingt einen Viertausender im Tourenrepertoire seiner Hütte haben wollte, den Berg mit 4.003 m. Die Differenz von runden siebzig Metern war aber denn doch zu auffällig – es bleibt nach wie vor ein schöner Gipfel, aber „nur" 3.934 m hoch. Dabei hätten die Schweizer derartige Mätzchen gar nicht nötig, besitzen sie doch den Berg der Berge!

Matterhorn GesmbH. „Trango-Türme, Fitz Roy, El Capitan ... jaja, sicher, ganz schön. Aber: Haben Sie schon das Matterhorn gemacht?" Wäre die Geschichte der ersten Matterhorn-Besteigung nicht historisch genauestens belegt und dutzendfach analysiert worden , man könnte sie glatt für das Konzept eines Regielehrlings halten, der sich heftig bemüht, nur ja keines der gängigsten Filmklischees auszulassen: Der unersteigliche Gipfel! Und dennoch! Die Konkurrenz um die Erstersteigung! Absturz der Sieger! Der Seilriss-Krimi mit gerichtlichem Nachspiel! Die Liebesgeschichte entfällt, es ist ein reiner Männerfilm, was nicht erfolgshemmend sein muss. Als Titel nehmen wir ... „Die glorreichen Sieben" – nein, war schon da, oder „Die sieben Samurai" – nein, auch nicht, die japanische Zermatt-Invasion setzt erst später ein, alsdann: „Der Kampf ums Matterhorn!"

Der Hauptdarsteller ist für sich gesehen schon die Sensation. Er braucht nichts zu tun als dazustehen und sich anstarren zu lassen und degradiert alle anderen Darsteller zu Komparsen! Dabei handelt es sich ausnahmsweise nicht um ein besonders ausladendes Silikonbusenwunder, sondern um eine Jahrmillionen alte erstarrte Woge der Erdgeschichte, um 2.500,000.000 Kubikmeter Fels, in eine extravagante Form gepresst. „Il Cervino", die „Becca", das „Horu" nennen die Einheimischen beiderseits der Grenze diesen sicher berühmtesten Gipfel der Welt. Von Bergsteigern und Schöngeistern aller Länder wurde er mit Beinamen bedacht wie „Steinerne Flamme", „Löwe von Zermatt", „Sphinx", „Kathedrale der Natur", „Nobelste Klippe der Alpen" und so weiter, je nach

Matterhorn – Sinnbild eines Berges!

Zeitgeschmack und Bildungsmode. Mehr als siebzig Bücher wurden ihm gewidmet, die Zahl der Zeitschriftenartikel lässt sich kaum mehr ermitteln, das Gewicht der jährlich verschickten Matterhorn-Ansichtskarten wird auf rund 2 Tonnen geschätzt. Bis vor 160 Jahren befand sich der Berg in einem der entlegensten Winkel Europas, von den Bewohnern an seinem Fuße als Kuriosität der Natur betrachtet, besser gesagt: übersehen, trotz seiner Auffälligkeit. Dann machten ihn die Touristen zum Objekt ihrer bergsteigerischen Begierde. Dem Ruf der Unbesteigbarkeit wurde er geraume Zeit hindurch gerecht: Von den ersten ernsthaften Versuchen bis zur geglückten ersten Besteigung verstrichen acht Jahre.

Achtzehn Expeditionen (das waren sie nach heutigen Maßstäben) – waren bis zum ersten Gipfelerfolg nötig.

1857 Jean-Antoine Carrel, Jean-Jaques Carrel, Ameé Gorret, bis 3720 m, Liongrat
V.Carrel, G.Maquignaz, bis 3450 m, Liongrat

1859 J.-A.Carrel, J.-J.Carrel, bis 3800 m, Liongrat

1860 Alfred, Charles u. Sandbach Parker (Liverpool, führerlos), bis 3600 m, Hörnligrat
John Tyndall, J.-A.Carrel, J.J. Bennen, bis 3600 m, Liongrat
Edward Whymper erblickt erstmals das Matterhorn, erst von Zermatt, dann von Breuil

1861 A., C. u. S. Parker, bis 3700 m, Hörnligrat
J.-A.Carrel, J.J.Carrel, bis 4030 m, Liongrat
E. Whymper, bis 3860 m, Liongrat

1862 T.S. Kennedy, P. Perren, P. Taugwalder (7.Januar!), bis 3400 m, Hörnligrat
E. Whymper, Reginald McDonald 3660 m, Liongrat
E. Whymper, J.-A. Carrel, G.Pession, bis 3960 m, Liongrat E.Whymper, bis 4080 m, Liongrat
E. Whymper, J.-A.Carrel, bis 4000 m, Liongrat
E. Whymper, Luc Meynet, bis 4100 m, Liongrat; J.Tyndall und 4 Führer, bis 4250 m, Liongrat

1863 E. Whymper, J.-A.Carrel, bis 4050 m, Liongrat

1865 E. Whymper, Michel Croz,Christian Almer, F. Biner, L. Meynet, bis 3410 m, Furggencouloir

14. 7. J.-A.Carrel, J.J. Maquignaz, Charles Gorret, bis 4300 m, Liongrat

14. 7. E. Whymper, M.Croz,R.D.Hadow, Charles Hudson, Lord Francis Douglas, Peter Taugwalder Vater u. Sohn, Erstbesteigung über Hörnligrat

17. 7. J.-A.Carrel, J.-B.Bich, zweite Besteigung, über Liongrat

Carrel, Carrel - immer wieder Carrel! Der in Breuil, dem heutigen Cervinia, auf der italienischen Seite des Matterhornes lebende Jean-Antoine Carrel war der beste Kenner der „Becca", er fühlte sich, vermutlich nicht einmal zu Unrecht, förmlich als Besitzer. Man gehe nur die Auflistung der Besteigungsversuche aufmerksam durch: den fünfzehn von der italienischen Seite stehen nur drei am Hörnligrat gegenüber, obgleich dieser bei schärferer Betrachtung infolge seiner Gesteinsschichtung größere Erfolgsaussichten verspricht. Aus dem Valtournanche wirkt der Berg wohl nicht so auffahrend und abschreckend wie von Zermatt – aber vor allem gab es dort keinen, der mit solcher Besessenheit

Jean-Antoine Carrel

49

Tête de Lion am italienischen (Lion-) Grat des Matterhorns

die Besteigung betrieb wie Carrel, der Jäger und Bergführer, der sich instinkthaft im Steilgelände zu bewegen wusste; der „Bersagliere", wie er als Angehöriger dieser Elitetruppe genannt wurde, der aus den Schlachten gegen die Österreicher hochdekoriert zurückgekehrt war und den Berg zum Ruhm „seines" Tales, sowie des neugegründeten Club Alpino und im weitesten Sinn seines Vaterlandes, der jungen italienischen Nation erobern wollte. Von Anbeginn lassen sich hier die eingeflochtenen Kennfäden aus Nationalstolz und persönlichem Ehrgeiz nur schwer auseinanderhalten.

Edward Whymper, geboren 1840 in London, hatte eine zeichnerische Ader von seinem Vater mitbekommen und erlernte den längst verschwundenen Beruf eines Holzgraveurs (Xylografen). Ein Auftrag des Verlegers William Longman, ein Buch über die Alpen zu illustrieren, wurde zur Weichenstellung für sein weiteres Leben, ein Anstoß, dem Werkstättenalltag zu entkommen und sein Talent besser zu nützen. Whymper war Beobachter, Illustrator, Journalist aus Begabung. Wie heutige Gerichtssaalzeichner musste er mit seinen Skizzen Geschichten erzählen, Atmosphäre und Background vermitteln. Er spürte, was die Öffentlichkeit zu sehen und zu lesen wünschte, und er hatte die richtige Hand, die Alpen nicht nur aus der Perspektive der Aussichtsterrassen und Hotelvestibüls zu betrachten und zu zeichnen. Fast nebenher entwickelte er sich zu einem tüchtigen, schließlich weiter zu einem der erfolgreichsten Alpinisten seiner Zeit. Mit den Führern Croz, Almer und anderen gelangen ihm die Erstbesteigungen von Barre des Écrins, Mont Dolent, der Aiguilles Verte, Argentiére und Trèlatéte, der Grandes Jorasses sowie einiger Hochpässe. Doch der magnetische Nordpol seiner alpinistischen Bestrebungen wird das unbestiegene Matterhorn. Acht Versuche unternimmt er mit wechselnden Begleitern, teils allein, einige mit seinem Partner-Rivalen, dem um sechzehn Jahre älteren Carrel, der wiederum sich selbst als den einzig legitimen Anwärter auf den Gipfelerfolg sieht.

Edward Whymper

14. Juli 1865. Als um die Mittagszeit jemand in den Speisesaal des Zermatter Hotels „Monte Rosa" stürzte und verkündete, am Gipfel des Matterhorns seien Menschen zu sehen, sieben an der Zahl, da fand es nach Augenzeugenberichten die Hälfte der Gäste nicht der Mühe wert, das Essen zu unterbrechen. Am frühen Nachmittag hätte ein Beobachter eine Steinlawine oder ähnliches in der Nordwand erkennen können, dunkle Punkte. Am nächsten Vormittag traf Whymper ein, mit steinerner Miene: „Die beiden Taugwalder und ich sind zurückgekehrt!" Drei – von Sieben! Die Katastrophe hatte sich nach Art einer griechischen Tragödie Schritt für Schritt angenähert. Am 5. Juli ist Whymper – nach einem glimpflich verlaufenen

Versuch im grausig gefährlichen Furggen-Couloir haben seine Führer offenbar genug – wieder in Breuil. Aber: Carrel, Meynet, alle die früheren Begleiter blocken unter den verschiedensten Vorwänden ab. Sie sind insgeheim zur höheren Ehre Italiens vergattert, die Trikolore des jungen, national berauschten Staates auf dem Gipfel zu hissen. Selbstverständlich ohne den Briten Whymper! Ein regelrechtes Komplott läuft gegen ihn: nicht einmal Träger bekommt er, so ist er mit seiner umfangreichen Ausrüstung im Ort blockiert! Als glückliche Fügung empfindet er es, als sein Landsmann Lord Francis Douglas mit dem Führer Peter Taugwalder eintrifft, Ziel: Matterhorn! Er überredet sie zu einem Versuch auf dem Hörnligrat. So schleppen sie ihr umfangreiches Gepäck hinüber nach Zermatt und treffen dort auf Whympers bewährten Führer Michel Croz aus Chamonix, engagiert von Reverend Charles Hudson, einem der fähigsten britischen Bergsteiger, in Begleitung eines gewissen Robert Douglas Hadow. Ziel: Matterhorn! Es ist alles Mutmaßung, in welcher Weise man übereinkam, den Aufstieg gemeinsam zu versuchen. Es ist auch für den weiteren Verlauf des Geschehens unerheblich.

Der harmoniebeflissene Leser, der den Ausgang bereits kennt, muss nachträglich verzweifeln, was hier alles schiefgelaufen ist: Einmal die zu große, inhomogene Gruppe, die anderntags noch durch Peter Taugwalder Sohn erweitert wurde. Weiters die Teilnahme des jungen, ehrgeizigen, aber offenkundig völlig unerfahrenen Hadow – aber wer, bitte, hätte als Bergsteiger noch nie, aus welchen Beweggründen immer, einen Anfänger mitgenommen ("... wird schon gehen")? Und wenn eine Autorität wie Hudson für jemanden bürgt, was sollte da der allfällige Widerspruch eines Jüngeren, wie Whymper, oder eines Bediensteten, sprich Bergführers? Außerdem wäre es dem besessenen Whymper zur Erreichung seines Zieles auch egal gewesen, hätte Lord Douglas seinen Butler oder Reverend Hudson seine Haushälterin mitgenommen! Denn da war ja noch das unselige Wettkampfmoment, ausgelöst durch das patriotische Gehampel auf italienischer Seite: "Wir stiegen, um die Ehre unseres Vaterlandes zu rächen" wird der Abbé Gorret später die Motivation der "unterlegenen" Zweitbesteiger beschreiben. Der schönste Berg der Alpen als Kulisse für eine politische Propagandashow ...
Wettlauf: Das letzte Stück des Aufstieges machen sich Croz und Whymper vom Seil los und hasten das schneebedeckte Gipfeldach voraus. Ihre Spuren sind die ersten Zeichen menschlicher Anwesenheit, seit Anbeginn aller Zeiten. Noch rasch hinüber zum italienischen Gipfel: Auch dort keine Spur von Carrel! Zweihundert Meter tiefer sehen sie seine Seilschaft – absteigend! Mit Geschrei und abgelassenen Steinen signalisieren sie ihnen ihren Triumph.

Kein Bergunfall im Lauf der Alpingeschichte wurde so oft und so ausführlich analysiert wie der Absturz von vier der Matterhorn-Erstbesteiger. Von welchem Ansatz immer ausgegangen wird, das Resümee wird immer lauten: falsche Seilbedienung. Die Reihenfolge der Absteigenden: als Erster Michel Croz (35), der hervorragende Führer aus Chamonix, der beste Mann der Gruppe. Er musste dem offensichtlich überforderten Hadow (19) die Füße auf die richtigen Tritte stellen ... Der nächste war Charles Hudson (37), an Bergerfahrung und Körperkraft einem Führer gleichwertig, nicht jedoch in Bezug auf Seilbedienung und Begleitung schwacher Teilnehmer. Ihm folgte Francis Douglas (18), dem trotz seiner Jugend alpinistisch ein gutes Zeugnis ausgestellt wurde, und hinter ihm Vater Taugwalder (45). Whymper (25) und Peter Taugwalder (22) als Letzter kamen etwas später nach, da Whymper noch an seinen Panoramen zeichnete und dann noch einmal zurückging, um ihre Namen in einer leeren Flasche zu hinterlegen. Erst kurz vor dem Unfall seilten sie sich mit der Hauptgruppe zusammen. Das offenbar Erwartete und scheinbar Unvermeidliche geschah: Hadow glitt aus, rutschte auf Croz, der sich eben wieder umgedreht hatte, und warf diesen aus dem Stand. Hudson, der es augenscheinlich unterlassen hatte, das Seil straff zu halten (vermutlich stand er knapp bei Hadow, um auf ihn beruhigend einzuwirken), wurde als nächster hinausgeschnellt – dann Lord Douglas – dann straffte sich das Seil zu Vater Taugwalder – ein Ruck - und es riss in der Luft! Trotz des lähmenden Entsetzens, das die drei Überlebenden eine halbe Stunde wie erstarrt verharren ließ, blieb Whymper cool genug, sich das abgerissene Seilende geben zu lassen. Es war das schwächste von allen mitgeführten Seilen, ein Strick mit einer Reißfestigkeit von etwa 350 – 400 kg! Er ahnte zu Recht, dass diesem Gebilde bei den zu erwartenden Untersuchungen eine bedeutende Rolle zukommen würde.

Gustave Doré: „Der Absturz"

Die Matterhorn-Tragödie bewegte nach zeitgenössischen Aussagen die Weltöffentlichkeit in einem Ausmaß wie die Ermordung Abraham Lincolns. Die Wiener „Neue Presse" dürfte den traurigen Ruhm für sich beanspruchen, als erstes Blatt das Gerücht vom Schnitt durch das Seil in die Welt gesetzt zu haben. Der Wiener Romanschriftsteller Alfred Meissner – am weitesten vom Schuss – suggerierte seinen Lesern, Whymper selber habe das Seil durchschnitten. Moralisch natürlich höchst anfechtbare Yellow-Press-Mache, aber mit sicherem Gespür, was der Leser allemal und jederzeit erwartet: Den Schnitt durchs rettende Seil! In Zermatt brodelte die Gerüchteküche, handelte es sich doch um eine Bergsteigerkatastrophe von noch nie dagewesenen Dimensionen. Es kam zu einer gerichtlichen Sachverhaltsdarstellung, welche die mehr oder weniger laut geflüsterte Verdächtigung („... der alte Peter hat das Seil durchschnitten ...") entkräftete. Whymper stellte an das Gericht schriftlich formulierte Fragen und erbat schriftliche Antworten: schon die Übersetzungsprobleme hätten mehrdeutige Interpretationsmöglichkeiten hervorgerufen – er erhielt sie aber nicht. Natürlich war das Gericht inkompetent. Wer konnte sich schon in die Gegebenheiten am Berg, in die psychische Verfassung der Überlebenden versetzen?

Wer konnte als sachverständig gelten in jener alpinistischen Frühphase, da das Seil zuweilen als verächtliche Hilfe für Schwächlinge galt? Wer hätte urteilen können über die beste Seilschaftstaktik, über Sicherungskette und andere noch nicht einmal existierende Begriffe? Die Bergführer nahmen es allgemein in schönem Selbst- und Gottvertrauen mit dem Seilzeug nicht so übermäßig ernst; fatal und ungeklärt ist nur der Umstand, dass der alte Taugwalder (er und Croz waren dafür zuständig) als Verbindung zu Lord Douglas einen schon für damalige Begriffe dubiosen Strick verwendete, obgleich doch genügend besseres Material mitgeführt wurde. Taugwalder wurde freigesprochen. Doch die unausgesprochenen Verdächtigungen, doppelt unerträglich in der ausweglosen Enge des Dorfes, vergifteten sein Gemüt. Dabei war er keineswegs eine Gefühlsmimose: gleich nach der ersten Erstarrung, hoch droben am Grat, noch im vollen Eindruck des Unglückes, stellten er und sein Sohn an Whymper das Ansinnen, dieser solle so tun, als seien die beiden durch den Tod ihrer Touristen um ihren Führerlohn gekommen (sie wurden dagegen vor Zeugen entlohnt), um im nächsten Jahr als Mitleidsbonus mehr Gäste zu bekommen. Ein Faktum, das Whymper im Zuge der Verhandlung taktvoll unterschlug, aber dennoch: die Blicke, die nicht gestellten Fragen der Dorfbewohner, die ihren Klatsch kultivierten; hinter jedem Getuschel konnte es stecken … Der alte Taugwalder war das fünfte Opfer des Absturzes. Trifft nicht aber auch Whymper ein gewisses Maß an „Schuld", oder Mitverantwortung, obgleich er sich in seinen Darstellungen, sichtlich um Objektivität bemüht, einen Persilschein ausstellt? Hat er nicht offenkundig die Führungsrolle, die er sich für die Nachwelt zuschreibt, an die Autorität des älteren und erfareneren Hudson abgegeben, als er dessen Hadow akzeptierte? Oder umgekehrt – hat er sich nicht Hudsons Partie förmlich aufgedrängt?

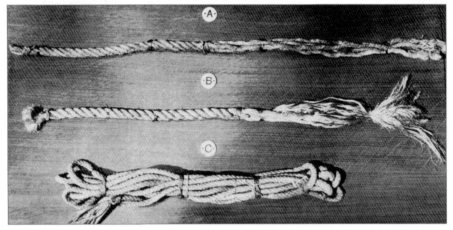

Das Seilmaterial der Seilschaft Whymper

Jede Geschichte, die genügend oft wiederholt wird, erhält so ihr Eigengewicht. Dann gibt es aber in diesem Fall noch einen fast verschollenen Bericht, welcher die Seilstory in ein anderes Licht rückt: Whymper schreibt, dass er in Gipfelnähe so erregt gewesen sei, dass er sich „vom Seil losmachte". Losgemacht - in Wirklichkeit hat er es durchgeschnitten! Ein gewisser A.E. Mason erinnert sich an ein Gespräch mit Whymper, welches er 1949 durch einen Brief an Geoffrey Howard belegt: Whymper habe zu ihm einmal nachdenklich gemeint: „Wenn ich so nachdenke, glaube ich, dass ich das Seil hinter mir abgeschnitten habe, um das Rennen eher zu gewinnen". Wenn dies stimmt, so wurden die schlechteren Seile benützt, weil Whymper in seinem unbändigen Siegeswillen die besseren durchschnitten habe! Dieses Faktum taucht aber in Whympers Buch nicht einmal als Fußnote auf.

Gerichte erweisen sich in vergleichbaren Fällen nach wie vor oftmals als inkompetent. Nach einem Unfall in den Siebzigerjahren im Montblancgebiet, bei dem ein Bergsteiger auf einem blanken Gletscher ausglitt und in eine Spalte stürzte, wurde ernsthaft die Frage aufgeworfen, „ob der Anlieger seiner Streupflicht nachgekommen sei!" Auch Seilschaftsstürze zählen trotz aller Erkenntnisse keineswegs zu den ausgestorbenen Unfallarten: laut Sachverständigenurteil wurde neulich einem mit fünf (!) Gästen gleichzeitig gehenden Bergführer zugebilligt, er handle „branchenüblich". Immerhin aber sind die Lehren aus den Fehlern der Matterhorntragödie inzwischen weitgehend geistiges Allgemeingut geworden: in heiklen Situationen bewegt sich nur einer der Teilnehmer; alle anderen halten ihre Seilverbindung straff; der Beste geht am Schluss!

Von den bis zu 200 Personen, die an schönen Tagen den Gipfel betreten, kommt der überwiegende Teil über den Hörnligrat, ein wesentlich geringerer über den Liongrat, der übrigens oft im Abstieg begangen wird; die mehr als dreißig weiteren Anstiege über Wände und Grate – vielfach sehr gefährlich und äußerst steinfallgefährdet - werden höchst selten begangen. Ausgenommen davon ist die nun schon klassische Schmid-Route durch die Nordwand.

Matterhorn Nord

Nordwand. Sie galt als eines der „drei letzten Probleme" des Alpinismus. Der Wiener Schlosser Alfred Horeschowsky war der wohl beste Eisgeher seiner Epoche. Schon 1923 versuchte er mit seinem Partner Franz Piekielko die Matterhorn-Nordwand, mit durchaus guten Erfolgsaussichten. Sie trafen aber in diesem heißen Sommer besonders schlechte Verhältnisse an, unaufhörlicher Steinschlag zwang sie zum Ausweichen auf die „Schulter". Sie nächtigten auf der Solvayhütte. Als sie von der ersten Führerpartie geweckt wurden, wechselten die anfänglich unwirschen Schweizer Bergführer (die Nächtigung ist nur in Notfällen statthaft) bald die Tonart zu kollegialer Freundlichkeit, als sich Horeschowsky vorstellte, der bereits weit über die Grenzen Österreichs bekannt geworden war. Sie gratulierten ihnen zu ihrer Leistung, gaben ihnen Proviant mit, Horesch und Pikerl stiegen zum Gipfel auf – und über den Zmuttgrat ab! Seilfrei ... Kaspar Mooser und Viktor Imboden versuchten 1928 eine andere, weniger steingefährliche, doch noch schwierigere Aufstiegslinie – diese vollendet aber erst fast vier Jahrzehnte später der große Walter Bonatti.

Die Münchener Brüder Franz und Toni Schmidt reisten 1931 aus München zeitgemäß mit dem Radl nach Zermatt. Dort gelang es ihnen, als Erste diese gigantische, ungegliederte Zwölfhundert-Meter-Rutschbahn zu erklettern, in der nur zügiges, beinahe ungesichertes Höhersteigen zum Erfolg führt. Hier kann niemand Wagemut und Können durch ein paar Dutzend Haken ersetzen, die er zwischen die zusammengefrorenen Gesteinsbrocken hämmert ... 1932, bei den Olympischen Spielen in Los Angeles wurden die Brüder dafür mit einer Goldmedaille für die beste alpinistische Leistung ausgezeichnet – eine Frühform des „Piolet d'or".

Als Michel Piola und Pierre-Alain Steiner 1982 eine noch neuere, und Robert Jasper mit Rainer Treppte 2001 die bisher schwierigste Route in dieser Wand

Franz und Toni Schmid

(„Freedom") eröffneten, galten diese nur mehr als Feinheiten für einen Insiderkreis – einer Welt, in der Sport und Show zunehmend verzahnt sind, zeigte der französischen Extremsportler Jean-Marc Boivin als einer der ersten Grenzgänger zwischen dem Menschenmöglichen und dem Verrückten, wo's lang geht: 1980 fuhr er am Matterhorn mit Skiern die Ostwand ab, kletterte anschließend solo die Nordwand und segelte als Abschluss per Hängegleiter ins Tal. Wurden die Schmidt-Brüder für die erste Durchsteigung einst alpenweit gefeiert und geehrt, erntete Boivin mit seinen abenteuerliche Rekordleistungen noch bewunderndes Kopfschütteln, muss sich Ueli Steck mit seinen 1,50 Stunden Aufstiegszeit für die Schmidt-Route mit beifälligem Nicken der Community und dem Bewusstsein bescheiden, für die nächste große Himalayawand ein gutes Training absolviert zu haben

Nochmals Whymper: Der Eindruck, es gäbe einen Vor-Matterhorn- und einen Nach-Matterhorn-Whymper, zwischen denen Jahrzehnte lägen, ist nicht ganz unberechtigt und eine Folge dieser größten Zäsur in seinem Leben. Freilich war er als Individuum zeitlebens schwierig, ein Egomane, mit den Jahren zunehmend dem Alkohol zugetan. Zeitgenossen attestierten ihm ein zuweilen fast roboterartiges Gemüt; er hatte keine Freunde und wollte vermutlich auch keine. Eine gewisse Seelenverwandtschaft verband ihn trotz der zeitweiligen Rivalität mit Jean-Antoine Carrel. Mit ihm und dessen Vetter Louis unternahm er, nachdem er das Alpenbergsteigen ad acta gelegt hatte, im Winter 1879/80 eine Expedition nach Ecuador, wo ihnen außer der Erstbesteigung des Chimborazo (6310 m) auch die des Antizana, Cayambe, Sincholagua, Carihuairazo, Cotocachi und Sara Urcu, meist anspruchsvolle Fünf- und Viertausender gelangen. Da war er vierzig und Carrel sechsundfünfzig. Ein Abstecher in die Polarforschung in Gestalt einer Grönlandreise war nicht sehr erfolgreich, 1901 unternahm er eine Public-Relations-Tour im Auftrag der Canadian Pacific Railways in die kanadischen Rocky Mountains. Die mitreisenden Schweizer Bergführer fühlten sich zu Recht als Statisten, der berühmte Christian Klucker berichtet in bitteren Worten von den Schwächen des alternden Stars. Der heiratete mit sechsundsechzig eine einundzwanzigjährige Engländerin, die Ehe wurde jedoch trotz der Geburt einer Tochter nach vier Jahren geschieden. 1911 starb Whymper – auf seinen Spätbildnissen dem alten Churchill ähnlich – vereinsamt in seinem Alterssitz Chamonix.

Chimborazo von der heutigen
Whymper-Hütte

„Ersteige die Hochalpen, wenn du willst, aber vergiss nie, dass Mut und Kraft ohne Klugheit nichts sind, und dass eine augenblickliche Nachlässigkeit das Glück eines jungen Lebens zerstören kann. Übereile dich nie, achte genau auf jeden Schritt, und denke beim Anfang immer, wie das Ende sein kann". Allein dieser immer gültige Satz, der Dutzende alpinpsychologische Studien auf wenige Zeilen destilliert, macht Whymper erinnerungswürdig für alle Zeiten.

Die Sternstunde des Sensationsreporters hat Whymper nicht genützt (dies tat etwa Gustave Doré mit seinem berühmten „Absturz") und dieses Moment der Diskretion mag ein Gutteil seiner menschlichen Schwächen aufwiegen. „Was wäre Zermatt ohne Whymper?" fragte er einmal verärgert – Mangel an Selbstbewusstsein litt er gerade nicht. „Und was wäre Whymper ohne das Matterhorn?" lautete die schnippische Gegenfrage einer der Seiler-Töchter. Die beiden Komponenten im Verband mit der Dramaturgie der Erstbesteigung könnten der Einfall eines geschäftstüchtigen Kurdirektors sein. 1865 gab es in Zermatt, das Berghotel Riffelalp eingeschlossen, vier Hotels. 1939 waren es deren dreißig, 1982 hundertsechs, jetzt 131 – und noch immer wird weiter gebaut. Seit die Eisenbahnstrecke nach Zermatt fertiggestellt wurde (1890/91), speien die Waggons an schönen Sommertagen stündlich Menschenmassen aus, denen die unterschiedlichsten Motivationen anzumerken sind. Von den Bergsteigern mit ihren großen, spieß- und stachelbewehrten Rucksäcken und verächtlichen Blicken bis zu den Zeitgenossen jeglicher Hautfarbe, vor allem das Kontingent der Japaner, die zur Entlastung ihres überquellenden Archipels ständig außer Landes sein müssen ... Wer die paar Schritte vom Bahnhof die Hauptstraße hinauf scheut, ehe „das Horn" leibhaftig und hochmütig aus den Wolken herabschaut, der begegnet ihm ohnehin schon in allen Auslagen und Geschäften.

Patentschutz fürs Matterhorn? Wie so Vieles nicht mehr im Reich des Absurden angesiedelt: Vom naheliegenden Lokalgebrauch abgesehen ist der Berg zur Trademark geworden und hat die anderen Schweizer Nationalsymbole wie Armbrust und Wilhelm Tell deutlich überholt. 1988 hat der schweizerische Bundesrat eine Revision des Markenschutzgesetzes begonnen. Aus einem Bericht der „Nordschweiz": „Nach dem von einer Studienkommission vorgelegten Entwurf sind Herkunftsangaben direkte oder indirekte Hinweise auf die geografische Herkunft von Waren oder Dienstleistungen, wie etwa die Bezeichnung „Schweizer Produkt" oder die Abbildung des Matterhorns. Die Verwendung einer Herkunftsangabe soll nur insoweit zulässig sein, als zwischen dieser und der Ware (der Dienstleistung) eine sachliche Verbindung besteht. Ein ausländischer Produzent dürfte demnach nicht mehr Erzeugnisse mit dem Konterfei des Matterhorns für den Schweizer Markt herstellen".

Zahlreiche lokale „Matterhörner" müssten bei strenger Auslegung dieses Gesetzes ihren Ehrentitel ablegen, angefangen vom Mount Assiniboine, dem „Matterhorn der kanadischen Rockies", bis zur Zimba, jenem des Rätikon. Weltweit verstreut sind sie, vom Condoriri, dem bolivianischen, Jirishanca, dem „südamerikanischen Matterhorn" schlechthin, Patteriol, dem Matterhorn des Ferwall, Jalovec, jenem der Julischen, bis zum Machapucharé, dem von Nepal. Dazwischen liegen noch der Lugauer als Matterhorn des Gesäuses und gleich zwei kaukasische Matterhörner, die Uschba und die weniger bekannte Belalakaya, eine verblüffend perfekte Kopie des Berges von seiner Südostansicht.

Matterhorn-Duplikate

Belalakaya, Kaukasus

Machapuchare, Nepal

Lugauer, Gesäuse

Jirishanka, Peru

Mt. Assiniboine, Kanada

Shivling, Garhwal Himal

Wem gehört eigentlich dieses Millionen-Ding, jener überdimensionale Doppeljackpot der Natur? Der Besitzer einer Alm am Südfuß der Becca, Gabriel Maquignaz, vertrat die Ansicht, der Berg gehöre zu seinem Besitz, und verpachtete ihn 1866 gegen einen jährlichen Betrag von 50 Lire an fünf Bewohner des Valtournanche. Was die neuen Pächter mit ihrem Berg anstellten oder vorhatten, ist jedoch nicht bekannt. Erst als der Bau einer Schutzhütte in 4100 m Höhe erwogen wurde, erfuhr der Domherr von Aosta von diesem seltsamen Vertrag und erteilte dem Pfarrer von Valtournanche, Chasseur, einem der Unterzeichner, einen saftigen amtlichen Verweis. Nicht auszudenken für die Bergsteiger, wenn derartige Gepflogenheiten in den täglichen Rechtsbrauch übernommen würden ... Wem also gehört das Matterhorn? Spitze Zungen behaupten: den Zermatter Bergführern, welche den Massenbetrieb mittlerweile einigermaßen zu managen verstehen. Sprach jüngst ein Gipfelaspirant beim Hüttenanstieg, mit gebührendem Respekt natürlich, einen solchen an: „Eine Menge Leute am Berg derzeit, wie?"
„Viel z' viele!" versetzte jener. Und, grimmig: „Sie scheißet mir hinter alle Griff!"

Geschähe nur nichts Ärgeres mit diesem Symbolberg! Er wurde anlässlich diverser Jubiläen nachts farbig angestrahlt, tagsüber wird er umdröhnt von Vergnügungsfliegern und -helikoptern, und zeitweise als überdimensionale Litfaßsäule missbraucht. So wurde 1986 bei der Solvay-Hütte ein riesiges Kameramodell installiert, und ein Zeitschriftenkiosk wurde eigens auf den Hörnligrat geflogen, um Reinhold Messners überrascht-verärgerte Reaktionen bei diesem Anblick live in eine TV-Show einzuspielen; ein Stück des Gipfels wurde zu Werbezwecken abgebrochen und in die USA transportiert ...
Was kann man am Matterhorn machen, das noch nicht gemacht wurde?
Das würde sich vermutlich (noch) nicht für eine TV-Übertragung eignen ...

Matterhorn von Westen

Edward Th. Compton: Übung macht den Meister

3.
ORIGINAL
STEIRISCHE WURZELTOUR

Auf die alpenländisch-bodenständige Hausmannskost mit ihren zeitlosen und unvergänglichen Evergreens wird man jederzeit gerne zurückgreifen:

ORIGINAL STEIRISCHE WURZELTOUR

1 gut abgehangene Hochwildstelle in einem Sud aus Kerschkernöl und jungem Latschengemüse mindestens 9 bis 11 Gehstunden beizen, 1 gut durchzogenes Steiner-Goedel auslassen und mittels einer Alpenstange einrühren, gekochte Radio-Radiis, Hochwurzen sowie Zeller Staritzen dazu mischen, mit 2 Esslöffeln schwarzer Erde, fein geschrotetem Rötelstein und einer Prise Talkenschrein würzen.
Nach stattgehabter Mahlzeit ist ein herzhafter Erzherzog-Johann-Jodler erlaubt!

Wanderer, Wilderer und Erzherzöge

„Die neueste Zeit hatte dem Waldmeister eine neue Landplage gebracht, und dem Ärger darüber schrieb er es zu, dass sich in seinen Knochen die Gicht anmeldete. Die Touristen! Das sind fürs erste weder Hirschen noch Wildschützen, also sehr verächtliche Kreaturen. Fürs zweite steigen sie auf allen Bergen und Wänden umher, jodeln und lärmen und verscheuchen das Wild, trotten mit ihren verfluchten Bergstöcken höllisch blöde und gleichgültig dahin und verscheuchen es doch. Auf dem Weg, heißt's, wollten sie bleiben, diese gottvermaledeiten Luftbummler. Auf welchem Weg? Es gibt keinen Weg, keinen öffentlichen, in unseren Gebirgen. Privatgrund! Da wird nicht aufgetreten!"
Peter Rosegger, „Jakob der Letzte", 1888

Ein weiterer Anfang des Alpinismus: im Vergleich zu England gingen in Mitteleuropa die Uhren nach. „Was für eine Zeit!" stöhnten die Menschen, nicht ahnend, dass sie sich gerade inmitten der „guten, alten" befanden. 1848 hatte es in den meisten europäischen Hauptstädten Revolutionen gegen die absolutistischen Regierungen gegeben. Errungen wurde ein erster Beginn nunmehr selbstverständlich erscheinender bürgerlicher Freiheiten, so etwa überhaupt erst das Recht, Versammlungen abzuhalten und Vereine zu gründen. „Wie weit ist die Welt!" staunte der vor Metternichs Polizei- und Spitzelstaat ins Private, ins Innerliche geflüchtete Herr Biedermeier und machte sich auf den Weg, diese zu erforschen, dunkel ahnend, dass diese weite Welt bereits jenseits des Wiener Glacis begann. Fußwanderungen führten ihn bis zum Schneeberg oder womöglich bis ins Land Steiermark oder ins Salzkammergut, mit tiefen Eindrücken fürs ganze Leben.

Herr Outdoor-Globetrotter blättert gesättigt im Abenteuerkatalog des Jahres Zweitausendirgendwas – von „A" wie Antarktis über „K" wie Kamtschatka bis „Z" wie Zululand: „Und sonst haben Sie nichts?!"

Josef Kyselak (1799 – 1831) war ein Vor„gänger" heutiger Weitwanderer und darüber hinaus ein origineller Zeitgenosse. Der subalterne Beamte in der k.u.k. Privat-, Familien- und Vitikalfondskassenoberdirektion (beinahe eine Nestroy-Wortschöpfung) schloss die Wette ab, binnen dreier Jahre in der gesamten Monarchie bekannt zu werden, „ohne ein ungeheures Verbrechen oder eine neue Art des Selbstmordes zu begehen". Seine Publicity-Masche:

Kyselak, aktuell (bei Aggstein)

auf seinen weitläufigen „Fußreisen durch Österreich" verewigte der tüchtige Geher seinen Namenszug an allen möglichen Stellen. Der Dichter Josef Viktor von Scheffel reimte indigniert über den Schriftzug auf der Ruine Aggstein in der Wachau: „Schwindlig ob des Abgrunds Schauer, ragt des Turmes höchster Zack. Und vom höchsten Saum der Mauer – prangt stolz der Name: Kyselak".

Dessen seltsamer Ehrgeiz kam auch dem Kaiser Franz I. zu Ohren. Als die Eröffnung der neuen Augartenbrücke über den Wiener Donaukanal bevor stand, ließ er Kyselak zuvor persönlich ermahnen, hier nur ja von seinem gewohnten Unfug Abstand zu nehmen! Die Besichtigung des Bauwerks verlief ohne Zwischenfall. Doch als man dann den Kaiser in einem Boot unter die Brücke geleitete, um ihm die neuartige Konstruktion zu präsentieren, fiel diesem nicht die großartige Ingenieursleistung ins Auge, sondern ein provozierender Schriftzug: „Kyselak". Der wurde zum Rapport zu Seiner Majestät bestellt: „Was ihm denn einfalle?" „Und überhaupt!" Als Kyselak Besserung gelobte, der erste Zorn des Kaisers verraucht war und der sich wieder seinen Akten widmete, was sprang ihm auf dem Aktendeckel entgegen? Erraten: der Schriftzug „Kyselak". Eine Legende? Möglicherweise, denn deren rankten sich zahllose weiter und weiter: 1837 soll Wilhelm v. Humboldt „am Urgestein des Cimborasso" den ominösen Schriftzug erblickt haben – was nun wirklich die finanziellen Ressourcen eines Subaltern-Beamten überstiegen hätte! Eine der letzten originalen (und denkmalgepflegten) Signaturen dieses Biedermeier-Graffittisten befindet sich übrigens in der Schwarzenbergallee in Wien-Dornbach, hoch droben auf einem Obelisken, doch eine neu gegründete Fangemeinde führt nun sein Werk ins einundzwanzigste Jahrhundert ...

Das Komfort-Angebot für diese frühen Alpenwanderer hielt sich in Grenzen. „Bei der Ankunft grüßt niemand, damit es nicht scheine, als ob sie viel nach Gästen fragten, denn dies halten sie für schmutzig und niederträchtig und des deutschen Ernstes für unwürdig. Nachdem du lange vor dem Haus geschrien hast, steckt endlich einer den Kopf durch das kleine Fensterchen gleich einer Schildkröte. Diesen Herausschauenden muss man nun fragen, ob man hier einkehren könne.

Schlägt er es nicht ab, so begreifst du daraus, dass du Platz haben kannst ... so begibst du dich, wie du bist, in die Stube, mit Stiefeln, Gepäck und Schmutz. Diese geheizte Stube ist allen Gästen gemeinsam. Dass man eigene Zimmer zum Umkleiden, Waschen, Wärmen und Ausruhen anweist, kommt hier nicht vor ... So kommen in einem Raum oft achtzig bis neunzig Gäste zusammen. Hier kämmt einer das Haupthaar, dort wischt sich ein anderer den Schweiß ab, wieder ein anderer reinigt sich die Schuhe. Es bildet einen Hauptpunkt guter Bewirtung, dass alle vom Schweiße triefen. Öffnet einer, ungewohnt solchen Qualms, nur eine Fensterritze, so schreit man: Zugemacht! Wünscht ein von der Reise Ermüdeter gleich nach dem Essen zu Bett zu gehen, so heißt es: er solle warten, bis die übrigen sich niederlegen. Dann wird jedem sein Nest gezeigt, und das ist weiter nichts als ein Bett, denn es ist außer den Betten nichts vorhanden, was man brauchen könnte. Die Leintücher sind vielleicht vor sechs Monaten zuletzt gewaschen worden". Dies ist kein bösartiges Schlaglicht auf das Thema „Schutzhütten", Ähnlichkeiten sind rein zufällig: Der große Humanist **Erasmus von Rotterdam** (1466 – 1536) schildert hier die Zustände der deutschen Gasthäuser des Mittelalters und beleuchtet damit eine teilweise fast bis in unsere Zeit ungebrochene Tradition.

Nikolaus Lenau registrierte dreihundert Jahre später nicht wesentlich veränderte Verhältnisse Er schrieb am 11. Juli 1835 auf einer Wanderung durch die Steiermark: „Bisher war meine Reise sehr angenehm, abgerechnet zwei ewiglange Regentage, welche ich in einem jämmerlichen Dorfwirtshäuslein *(Anm.: Neuberg an der Mürz)*, in der gemeinsamen Schenkstube inmitten saufender und dampfender Bauern, schreiender Kinder und anderer Widerlichkeiten hinwarten musste. Erst am zweiten Abend, alle Rettungsmittel aufbietend, war ich so glücklich, beim Förster eine Geige zu erwischen, und suchte dann durch allerlei heftige Passagen dem heillosen Scharivari um mich herum einigermaßen zu steuern. Das Bauern- und Kinderpack soff, stritt, schrie und stank durcheinander, dass mir alles wirbelte. Endlich am dritten Morgen, bei reinem Himmel entlief ich der unreinen Stube. Herrlich war der Gang durch regenfrische Bergwiesen und Wälder. In den Bergen Unter-Österreichs ist es jetzt sehr unsicher; allenthalben würzte man mir meine einsame Fußreise mit Erzählungen von Raub und Mord, an Wanderern verübt. In Steiermark ist dergleichen nicht vorgekommen. Heute abend pilgere ich weiter. Meine Wallfahrt gilt der Madonna Einsamkeit, dieser wahren Mutter Gottes im Menschen".

„Die Neuberger Schneealpe (1904 m) habe ich bereits bestiegen. Auf diesem über 5000 Fuß hohen Berge wird die Sennerwirtschaft ins Größere betrieben: 27 Hütten mit ebenso vielen Schwagerinnen sind auf der außerordentlich ausgedehnten Gipfelfläche zerstreut. Der Anblick dieser Kolonie ist hübsch. Nur schade, dass das Vieh so schlecht ist und dass die Sennerinnen nicht poetisch sind. Garstig und unrein, sind sie für den Dichter völlig unbrauchbar, ganz und gar nicht zu besingen, so unflätig, dass auch auf dem ganzen Leib einer solchen Schwagerin nicht ein sauberes Fleckchen zu finden ist, wo man einen Vers applizieren könnte. Pfui Teufel!" So mancher Bergdichter und „Lustreisende" hatte sich nach befeuernden, doch vielfach eher der Phantasie entsprungenen Reiseberichten wohl eine Art Latschen-Bangkok in der Höhenlage erwartet, und war dann von der Realität der Milch- und Almwirtschaft bitter enttäuscht.

Die Lebensumstände der damaligen Bergbewohner lassen sich nun bei Bergvölkern ferner Länder Eins zu Eins nacherleben, von den schlichten Bau- und Arbeitsmethoden über Rauchkuchel bis zu den sanitären Defiziten. Und in ähnlicher Weise wie nunmehr dort, entwickelten viele der ersten Alpenwanderer eine Empathie für die ländliche Bevölkerung, die sich in einer Art von Patenschaften und Entwicklungshilfen niederschlug. Genau genommen war die Gründung des Deutschen Alpenvereins durch den Ötztaler Kuraten Franz Senn in erster Linie als eine praktische Maßnahme zur Belebung des Fremdenverkehrs gedacht, der den Lebensstandard in den einsamen, schrecklich armen Alpentälern heben sollte – im Gegensatz zum ursprünglich wissenschaftlich und sportlich motivierten Gründungsgedanken des Österreichischen Alpenvereins in Wien.

„Mich zog das Hochgebirge und die Einfachheit der Menschen am meisten an und dann auf kurze Zeit das Vergessen dessen, was in der Welt vorging. ...Ich verlebte in der schönen Natur einige meiner besten Tage. Die herrliche Gegend, die Ruhe, die Einfachheit in allem, gutmütige, aufrichtige, offene Menschen haben so etwas Anziehendes, dass mir wahrlich nicht übel zu nehmen ist, wenn ich sie weit den Städten und vorzüglich dem hochberühmten Wien vorziehe". Dieser offenbar zivilisationsmüde Himalaya-Trekker unserer Tage war in Wirklichkeit **Erzherzog Johann** (1782 – 1859). Als Herzensfreund der grünen Mark, als Mensch, der im Einfachen, in der Natur und besonders den Bergen Erfüllung fand, und als ein früher Wegbereiter des Alpinismus macht er gute Figur, selbst wenn ihn die volkstümliche Musik zu einer Art „DJ Hansi" umgejodelt hat. Zeitbezug: Johann, der Prinz. Können wir uns überhaupt vorstellen, was einem Erzherzog heute entsprechen würde? General im Ministerrang plus Hauptaktionär eines Großkonzerns? Sein Lebenskreis erscheint als fremde Welt, Begriffe wie Hocharistokratie, Feldschlachten, Hofzeremoniell sind jetzt nichts als leere Worthülsen, Folterwerkzeuge für den Geschichtsunterricht.

Erzherzog Johann: rechts auf der Hochwildstelle

Johann wurde am 20.1. 1782 als dreizehntes der sechzehn Kinder des Großherzogs Leopold von Toskana, dem späteren deutschen Kaiser Leopold II. geboren. Eine Erziehung im Geist der Aufklärung förderte eine Neigung zur Naturwissenschaft; seine umfangreichen Tagebuchaufzeichnungen bestechen durch universelle Bildung, durch Hinweise auf kulturelle oder historische Details. Entscheidende Weichenstellung seines Lebens wurde seine Unterstützung des Kampfes der Tiroler gegen die verbündeten Franzosen und Bayern 1809. Wie bis heute mit bestürzender Aktualität festzustellen ist, pflegen derartige Volkserhebungen im Hinblick auf die „größere Politik" meist allein gelassen zu werden. Johann musste auf Befehl seines Bruders, Kaiser Franz I., die Tiroler vom Widerstand abbringen, und durfte zwei Jahrzehnte Tirol nicht betreten. Als Ersatz fand er in der Steiermark ein Wirkungsfeld. 1818 erwarb er den Brandhof am Fuße des Hochschwab und machte ihn zu einem Mustergut.

„Man muss Schütz, Bergsteiger sein und so wie einer von ihnen", notierte er in sein Tagebuch. Gebirge und Jagd galten als untrennbarer Doppelbegriff – was sonst hätte ein Mensch, der es nicht nötig hatte, schon im Gebirge zu suchen? Wer solch einen alten, ausgesetzten und steilen Jagdsteig begeht, bringt mehr Respekt für die damaligen Jagdherren auf als für ihre 4-WD-getriebenen Nachfolger. Jäger und Bergwanderer war Johann vor allem, wobei schon entfernt die romantische Lebensform Bergsteigen durchklingt. Dass er dabei schneidig zu Werke gehen konnte, zeigt sein Versuch der Venediger-Erstbesteigung im Jahr 1828. Gleich über die steile Nordostflanke! Ein Unternehmen, für das die Zeit noch nicht reif war, und das schließlich nach dem Lawinenunfall des Führers Rohregger abgebrochen wurde. Es gelangen ihm die Erstbesteigung der Hochwildstelle, 2.746 m, in den Schladminger Tauern, eine der frühesten Besteigungen von Ankogel und Hochgolling und die Besteigung der Ojstrica, 2.350 m in den Steiner Alpen auf neuem Weg aus dem Logartal. Fast noch bedeutender sind die alpinistischen Impulse, die von ihm ausgingen: in seinem Auftrag wurde die erste Besteigung des Ortlers ausgeführt, ebenso die ersten Versuche einer Dachsteinbesteigung. Er ließ eine Unterkunfts-hütte an der Pasterze (die heutige Hofmannshütte) und an der Venediger-Südseite (Johannishütte) errichten, außerdem wurde außerdem wurden der Johannisberg sowie die höchste alpine Unterkunft Österreichs, die Erzherzog-Johann-Hütte auf der „Adlersruhe" des Großglockner in 3.454 m Höhe, nach ihm benannt. Seine Kenntnisse der Ostalpen waren umfassender als der meisten seiner Zeitgenossen – und vor allem selbst erwandert.

Über seine Berg-Ambitionen hinaus hat er als Entwicklungshelfer viel Bedeutsames für die steirische Bevölkerung geleistet: Zum Beispiel auf dem Sektor Bergbau und Hüttenwesen mit der Gründung der montanistischen Hochschule in Leoben, die bis heute einen international höchst geachteten Genpool für technische Innovationen bildet. Oder durch sein freundschaftliches Verhältnis zu Paul Adler, einem Bauern aus Kainisch am Fuß des Grimming, der als einer der Ersten den Kartoffelanbau praktizierte. Mit ihm tauschte er sich aus und konnte durch die Überwindung der weithin misstrauischen Ablehnung der exotischen Knolle („... was der Bauer nit kennt") einen großen Erfolg im Dauerkrieg gegen den Hunger erzielen. Neben diesen Verdiensten gewann ihm seine schlichte Lebensführung und die praktizierte

Volksnähe eine enorme Popularität. Das Volk nämlich hat stets feine Antennen dafür, ob ein hoher Herr gerade einmal dem alten Mütterchen vom Dienst spitzfingerig die Hand reicht oder sich tatsächlich mit ihren Problemen befasst. Auf dem Lande trug er traditionelle Bauernkleidung und war sich nicht zu vornehm, auch einmal bei körperlicher Arbeit mit anzufassen. Als Chef des kaiserlichen Pionier- und Festungswesens sollte er wohl über handwerklich praktischen Sinn verfügen, dennoch freute ihn das Lob eines Almbauers: „Der Herr könnt' einer Wirtschaft vorstehen, er greifet alles gut an." Seine Ehe mit der Tochter des Ausseer Postmeisters Plochl schließlich, ein klassisches Hollywood-Happy End, zementierte seinen begründeten Ruf als volkstümlichsten der Habsburger und erhob ihn beinahe in den Rang eines Nationalheiligen.

Trotz seines Überdrusses an der Politik und ihren Intrigen ist zu bedenken, dass es gerade seine hochgestellte Position war, die ihm all diese Möglichkeiten eröffnete – er konnte Wissenschaftler zur Vorbereitung, amtliche Stellen zur Durchführung seiner Reisen in Anspruch nehmen, er brauchte keinen Chef um Urlaub zu bitten, ganz zu schweigen von den materiellen Voraussetzungen. Und hier lässt sich eine aktuelle Brücke bauen vom zivilisationssatten Erzherzog über den literarischen Bauerngrafen Tolstoi bis zum betuchten Bauernhaus-Revitalisierer und zum Nepal-Trekker, die von der zufriedenen Ärmlichkeit der Bergbewohner schwärmten und schwärmen: Das „einfache Leben" lebt sich am besten auf Zeit, sowie in materielle Sicherheit gebettet! In einer Ausstellung im steirischen Schloss Trautenfels über das frühere Landleben können Besucher ein gerne gepflegtes Klischee auf seinen wirklichen Kern reduzieren und vor einer „Knechtstruhe" nachdenklich werden: Ein zweiter Rock, zwei saubere Hemden, eine Pfeife und ähnliche Kleinigkeiten – der materielle Wertzuwachs aus der Schufterei eines gesamten harten Arbeitslebens in einem Behältnis von den Ausmaßen eines Weekendflug-Trolleys ...

„Stadt und Land- reicht euch die Hand", lautete ein Slogan dieser Epoche, der diese zwei ungleichen Welten einander näherbringen sollte. Zahlreiche Vereine gründeten sich, deren Mitglieder sich als Amateur-Älpler empfanden. Der Ursprung der Trachtenvereine fällt ebenso in jene Zeit, als ob die Landbewohner das allmähliche Verschwinden ihrer traditionellen Kleidung vorausgeahnt hätten. Alpine Gesellschaften trugen ein „D" mit Apostroph als sprachlichem Gamsbart im Titel: „D' luschtigen Kohlenbrenner" und so weiter. Das „Ländliche" geriet allmählich zum Rollenspiel, Städter kostümierten sich als Salontiroler beziehungsweise -steirer, doch darüber hinaus leisteten die großen Alpinvereine eine echte Hilfe. Sie organisierten Weihnachtsbescherungen für arme Bergbauernkinder, Versicherungsschutz für

Landleben – romantischer Gegenentwurf?

Bergführer und Ähnliches. Vor allem aber kümmerten sie sich um eine zielführende Bergführer-Ausbildung. Der Österreichische Touristenklub organisierte in Wien einen „1. Bergführer-Instruktionskurs", an dem 24 Teilnehmern aus ganz Österreich in Vorträgen Ansätze eines theoretischen Fachwissens nahe gebracht wurden.

Sherpa-Projekt anno 1894: „Dienstag am 3. 4. 1894 Vortrag vom Herrn Fleischer über Führer Versicherung und deren Zustandekommen, dan Besuch des Botanischen und Minerallischen Museums, die Erklärung gab Herr Hofoffizial Schomparti. Dan Vortrag vom Herrn Präsidenten Meurer über Touristische Ausrüstung und deren Gebrauch und die Gegenstände sind folgende Ruksak Sail Eispikl Messer Trinkgefäss Karte Kompass Laterne Kerzen Streihholz Gumiflaschen Eierbüchse Gumistof, dan Vortrag von Herrn Professor Schwipl über die Steinkunde, den es gibt 1200 hundert Gattungen und auch über deren Entstehen, dan von Herrn Professor Herdl Vortrag über Kartenlesen und Einstellen des Kompasses. Donnerstag am 5.4. 1894 Vortrag vom Herrn Fleischer über den Schluss des Kurses und deren Feierlichkeit, Besprechungen über die Hüttenschlüssl, dan Vortrag von Herrn Toktor d. r. Schitzl über das Führen der Herrn, deren Ausrüstung und gegenseitiges Benehmen. Vortrag vom Herrn Professor Herdl über die Sakuhr an Stelle des Kompass."
Überheblich-blödes Grinsen ist völlig unangebracht: gute hundert Jahre und etliche Rechtschreibreformen später wäre so manche Lehrkraft glücklich, wenn sich ihre teilalphabetisierten und verhaltensoriginellen Schützlinge so artikulieren könnten und vor allem eine derartige Wissbegier an den Tag legen würden wie Florian Krautwaschl, Bergführer aus Gollrad am Hochschwab!
Nach der Schweiz begann nun auch in österreichischen Landen der alpine Fremdenverkehr als eigener, vorerst bescheidener Wirtschaftszweig zu sprießen.

„Wo haust eigentlich der ‚Arnoch'? " „Pleampel! Das heißt in der steirischen Landeshymne natürlich: ‚... wo-der- Aar- noch- haust'!" Viereinhalb Kilometer breit und stellenweise rund tausend Meter hoch erhebt sich als gigantische Fototapete die Südwandflucht des Dachsteinmassivs über der Ramsau. Lange Zeit war man sich über die höchste Erhebung uneinig: ist es der gewaltige, in eine Spitze mündende Torstein, oder der massigere Dachsteingipfel? In den frühesten Berichten wurden beide öfter verwechselt. Weltweit genügt dem Einwohner eines Gebietes meist ein einziger Name für eine ganze Gebirgsgruppe, erst die detailverliebte Wissenschaftlichkeit der Kartografen musste jeden einzelnen Spitz mit einer eigenen Bezeichnung belegen.

Friedrich Simony (1813 – 1896) war ein echtes Kind der Monarchie: Sohn eines ungarischen Offiziers, in Böhmen geboren, in Wien Universitätsprofessor für Geografie. Er ist *der* eigentliche Dachstein-Erschließer in touristischer wie wissenschaftlicher Sicht: ein Naturforscher, der unter damals teilweise völlig neuen und unbekannten Bedingungen tätig war. Winterbesteigungen des Dachstein etwa wurden zuvor als völlig unmöglich angesehen – Simony unternahm insgesamt vier! Auf seine Initiative wurde 1843 mit der Versicherung des Randkluftsteiges **der erste gesicherte Steig** der Ostalpen geschaffen. Sein 1895 erschienenes umfangreiches Lebenswerk trägt den sperrigen Titel: „Das Dachsteingebirge, ein geografisches Charakterbild aus den österreichischen Nordalpen, nach eigenen photografischen und Freihandaufnahmen illustrirt und beschrieben von Dr. Friedrich Simony, k.u.k. Hofrat und em. Unversitäts-Professor". Einzig durch ein Altersporträt präsent, figuriert er in der alpinen Ikonografie in der Kategorie „müder Großvater". Dabei war er von Jugend an bis ins Alter intellektuell wach und künstlerisch hoch begabt, ein begeisterter Bergnarr und Abenteurer, der seinen geliebten Dachstein auch noch als 72-jähriger bestieg! Er schuf auch die Grundlagen für die genaue Dachsteinkarte des Alpenvereins. In dieser führten rustikaler Humor der Einheimischen in Verbindung mit den sprachlichen Schwächen der arglosen, oft aus Böhmen stammenden Landvermesser zu kuriosen Ergebnissen wie dem „Arschlochwinkel". Dieser ist – neben anderen pikanten anatomischen Details – auch noch in der neuesten Auflage zu finden (geografische Position 31° 20′ und 47° 30′).

 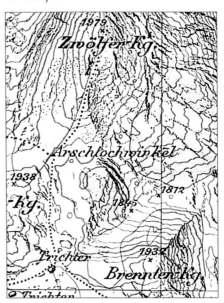

Friedrich Simony und die anstößige Dachsteinkarte

Südwand. Die frühen Dachstein-Besteigungen spielten sich durchwegs an der vergletscherten Nordseite ab. Expertenurteil anno 1884: „Unserer Ansicht nach wird das Problem einer Ersteigung der Südwände der Dachsteinspitzen ungelöst bleiben, ehe dieselben nicht bis zu ihrer Basis herab verwittert sind." So verkündete Professor Carl Diener, als Geologe und Alpinist schließlich ein Experte. Und er irrte, wie so viele Experten vor und nach ihm: Schon 1889 fanden die Wiener Kletterer Robert Hans Schmitt und Fritz Drasch einen Aufstieg durch die Südwand des Mitterspitz. Zwei Jahre darauf kamen Eduard Pichl, Eduard Gams und Franz Zimmer, ebenfalls aus Wien, und eröffneten die erste Route durch die Südwand des Hohen Dachstein. Der „Pichlweg" führt jedoch durch den rechten Wandteil und mündet relativ weit vom Gipfel entfernt auf der Schulter des Ostgrates. Eine Erkletterung in gerader Linie entsprach bereits einem alpinistischen Ideal und reizte den Lokalstolz der Gebiets-Hausherren, denen die Wand zum Fenster hereinschaute, und die sich die „Direkte" nicht ebenfalls noch von irgendwelchen Touristen wegschnappen lassen wollten.

Torstein, Mitterspitz und Dachstein - das Schaustück der Ramsau

Die Brüder Franz und Georg „Irg" Steiner konnten letztlich ihren Heimvorteil nutzen. Im Jahr 1908 war Irg allein bis zur Unterbrechungsstelle des heutigen „Steinerbandes" vorgedrungen, und eine Woche vor der Erstbegehung waren die beiden von oben in freier Kletterei den größten Teil der Gipfelschlucht abgestiegen. Es fehlte nur noch die Verbindungsstrecke. Allerdings gab es selbst innerhalb der Familie auch Zweifler. Ein Verwandter meinte zu ihnen: „Ihr Narren! Auf mich dürft ihr nicht rechnen, wenn ihr in der Wand eingefangen seid, einen Gnadenschuss mit meiner Mannlicher von der Warte aus will ich euch geben!" Doch im Oktober 1909 konnte Franz Steiner an Karl Baum schreiben: „Mit Freuden kann ich Ihnen endlich die Durchkletterung der Dachstein-Südwand mitteilen". Sie hatten samt Rast fünf Stunden benötigt – heutige Durchschnittszeit! Die Schlüsselstelle, das exponierte „Steinerband", sollen die beiden auf etwas ungewöhnliche Weise bewältigt haben: mit einem mehr als zwei Meter langen „Stieglstecken" soll Franz seinen Bruder bei der Querung zur Wand gedrückt haben. Nach verschiedenen voneinander abweichenden Berichten, in denen ein (sicherlich wirksamerer) Haken einmal erwähnt, dann wieder unterschlagen wurde, wollte der neuzeitliche Dachstein-Hausherr Klaus Hoi im Juli 1999 mit zwei Gefährten an Ort und Stelle die Probe aufs Exempel machen. Zwei mitgeführte Bergstöcke wurden mittels einer Vorrichtung zu einem einzigen verbunden, damit ließ er sich „zuwidrucken" und die Sache fotografisch dokumentieren. Damit ist zwar bewiesen, dass es so auch geht – doch weder er und wahrscheinlich auch nicht der Irg Steiner haben eine derartige Hilfestellung zwingend notwendig gehabt. Es ist übrigens nie gelungen, diese ideale Routenführung im Sinne einer Begradigung wirklich zu „verbessern". Georg Steiner fand später mit M. Mayrhofer und dem Grazer Arzt Alfred Goedel eine Linie entlang des ältesten geplanten Südwand-Durchstieges über den parallelen westlichen Pfeiler. Die „Goedel-Steiner", die in etwas komplizierter Wegführung und schwieriger als der klassische Weg nahe der Oberen Windlucke den Westgrat erreicht, hat aber keine ähnliche Popularität erlangt.

Die Unterbrechungsstelle
am Steinerweg

Das Eiserne Zeitalter der Kletterei in der zweiten Hälfte des zwanzigsten Jahrhunderts mündete auch in der Dachstein-Südwand in die damals übliche „Direttissima" (Leo Schlömmer und Peter Perner, 1967), eine abenteuerliche hakentechnische Route von galaktischer Ausgesetztheit. Vierzig Jahre danach wird sie, ebenso wie die dazu kontrastierenden Freeclimbing-Feinheiten des Klaus Hoi, im echten Sinne links liegen gelassen: der Dachsteinkonsument des einundzwanzigsten Jahrhunderts klinkt sich in erster Linie in die Eisenkonstruktion des Klettersteiges „Johann" ein. Gell, das schaus'd, Erzherzogerl, wie familär wir heute miteinander umgehen?

Als „Steiner-Buam" sind die Brüder mittlerweile fast schon in den Sagenfundus der Steiermark aufgenommen worden. In diesem Umfeld hat der Titel „Buam" die Funktion von alterslosen Heldengestalten zu unterstreichen. Andererseits steht die Bezeichnung „Bua" im Steirischen für ein unverheiratetes männliches Wesen – es gibt daher durchaus auch alte „Buam". Franz Steiner (1885 – 1965) war der ausgeglichene. Bezeichnenderweise von Beruf Finanzbeamter (der Bergführerberuf allein schien ihm keine ausreichende Lebensbasis), strahlt er auf allen Bildern den soliden Hausvater aus. In späteren Jahren hat er sich – die schleichende Verwandlung der Volksmusik zu einer „volx-dümmlichen" vor Augen – Verdienste um die Bewahrung und Pflege authentischen Liedgutes und bäuerlichen Brauchtums erworben.

Der „Irg" (Georg) Steiner, 1884 – 1972, war die schillerndere Persönlichkeit, ein Individualist und Außenseiter. Mit seiner

Georg „Irg" Steiner

Raubvogelphysiognomie und seiner Lebensgeschichte wäre er idealer Titelheld einer Telenovela. Als er zum Militär eingezogen wurde, kündigte er nach kurzem Lokalaugenschein in Galizien einseitig den Dienst mit der Begründung auf: „Da schiaßen s' ja auf d' Leut!" – und versteckte sich in seinen Dachstein-Bergen!

„Schiaßn tean ma net!" war auch die von seiner Seite strikt eingehaltene Devise gegenüber der Jägerzunft, mit der ihn als Wilderer eine ebenso langjährige wie herzliche Gegnerschaft verband. Zumindest so lange, bis er selbst auf offiziellem Weg der Jagd nachgehen konnte und mit seinem Insiderwissen die Tricks der Wilderer auszubremsen wusste. Sieben Kugeln insgesamt sind auf ihn abgefeuert worden! Ansonsten pflegte er allenthalben ins Schwarze zu treffen: Kaum feststellbar ist die Zahl der von ihm gewilderten „Gamsen", und nur wenig leichter zählbar ist die Schar seiner Nachkommenschaft im Land rund um den Dachstein: achtundzwanzig oder neunundzwanzig Kinder werden ihm zugeschrieben, darunter drei eheliche. Noch größer aber ist die Reihe der von ihm aus Bergnot Geretteten. Rettungsaktionen waren zu seiner Zeit eine beinahe übermenschliche Schinderei: zur Verfügung standen einzig die Rohkraft der Retter, und die Hanf-Kletterseile, an denen im Mannschaftszug die Verunglückten hochgehievt beziehungsweise abgelassen wurde. Dank seiner Konstitution soll Georg Steiner mit einem Verletzten am Buckel Dreier-Stellen geklettert sein. Sein Doping war von einfacher, doch wirksamer Natur und würde ein Diät-Seminar in kollektive Ohnmacht stürzen: in der kalten Jahreszeit trug er eine Feldflasche mit Butterschmalz am Körper, welches flüssig blieb und Kraft gab. Aus der Zeit, in der er als Deserteur gesucht und gejagt wurde, hatte er seine instinkthafte Ortskenntnis entwickelt, die ihn Verirrte an den unwahrscheinlichsten Stellen aufspüren ließ. Gegen solche Konkurrenz haben es heutige „Buam" recht schwer: Klettern ist zum Hallen- und Breitensport geworden; die Wilderei, zu den Zeiten der Steiners überwiegend ein Akt trotziger Auflehnung wider die Obrigkeit und von den kleinen Leuten bewundert, hat mit der Aufteilung der feudalen Jagdprivilegien auf breite Bevölkerungsgruppen ihren Guerrilla-Mythos verloren; erotische Eskapaden werden kostengünstig und pauschalreisend nach Thailand oder in die Karibik ausgelagert, und selbst ein mehrmaliger promillebedingter Führerscheinentzug reicht kaum aus, um dauerhaft in den regionalen Olymp aufsteigen zu können.

Alfred v. Radio-Radiis (1875 – 1957). Die gedruckte Bergweisheit in Form des „Führer durch das Dachsteingebirge und die angrenzenden Gebiete" lag indessen seit den Anfängen in der Hand von Wiener Alpinisten. Der in Florenz geborene Radio-Radiis stammte aus einem alten Görzer Adelsgeschlecht und fand in Wien bald Anschluss an die damalige Boygroup des Alpenklubs, die gerade eben das Bergsteigen ohne Bergführer erfand. Der langbeinige Radio war nicht nur ein ausgezeichneter und schneller, sondern auch ein überaus fleißiger Bergsteiger, seine Tourenbücher verzeichnen etwa 1300 Gipfeltouren, davon rund 150 neue Anstiege. Interessantes Detail darin ist die pedantische, oft minutengenaue Aufgliederung der Gehzeiten, die seiner späteren Tätigkeit als Führerautor zunutze kam,

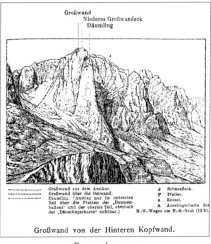

Großwand von der Hinteren Kopfwand.

Gosaukamm

Alfred v. Radio-Radiis

eine bis in die Jetztzeit mühsame, wenig bedankte, eher der Kritik preisgegebene Aufgabe. Die Berge des Dachsteinstockes wurden sein Lieblingsgebiet, dem auch sein literarisches Hauptwerk gewidmet ist: der in vielen Auflagen ergänzte Dachsteinführer. Außerdem hat er zusammen mit Hans Biendl schon vor dem I. Weltkrieg den ersten Skiführer durch die Ostalpen verfasst, ein winterliches Gegenstück zum damaligen Standard-Führerwerk „Der Hochtourist in den Ostalpen". Jeweils zwei nächtliche Bahnfahrten waren der Schlüssel für eine sonntägliche Bergtour, die ihn bis in die Innsbrucker Nordkette, die Lienzer oder gar die Sextener Dolomiten führte. Als er in späteren Jahren als eines der frühesten Mitglieder des „Österreichischen Automobil-Club" über eine bequemere Art des Reisens verfügte, da wurde die gewonnene Freizeit wieder aufgefressen durch seine leitende Position bei „Saurer", der großen österreichischen Automobilfirma ...

Die alpine Steiermark ist landschaftlich ungemein vielgesichtig und reicht von den monumentalen Dachsteinwänden bis zu den Rebenhügeln an der slowenischen Grenze. Die **Niederen Tauern,** ihr umfangreichstes Gebirge, leiden unter dem begrifflichen Makel, immer im Vergleich zu den „Hohen" Tauern als zweitrangig bewertet zu werden. Von ihren rund 400 selbständigen Zweitausendern mit zahllosen Vor- und Nebengipfeln locken zwar nur wenige mit so prächtigem Kletterfels wie die benachbarten Konkurrenzanstalten Dachstein und Gesäuse. Viele von ihnen gleichen sich in ihre schlichten Bauweise („Karlinge" mit drei oder vier zusammenlaufenden Graten oder Kämmen), und häufig finden wir hier die Zutaten zur klassischen „Wurzeltour" in konzentrierter Form: lange Zugänge, überwiegend brüchiger Fels, steile Grasflanken. Und seltsame Bergnamen wie Talkenschrein, Schimpelscharte, Föflatzmandln, Tscheibitschspitze, Trockenbrotscharte oder Windschaufel. Doch landschaftlich bieten sie Juwelen wie den Klafferkessel oder die fast tausend Meter hohe Hochgolling-Nordwand (landschaftlich nur, wohlgemerkt!) und über weite Strecken eine herrliche Einsamkeit.

Hans Wödl (1863 – 1937), der viele Gebiete der Ost- und Westalpen kannte, hatte in den Schladminger Tauern sein Wirkungsfeld gefunden, und diese Gebirgsgruppe für die Bergsteiger aufbereitet. Praktisch alle Gipfel hat er hier bestiegen, viele davon auf neuen Routen oder überhaupt als Erster, und hat sein Wissen und seine Begeisterung in den ersten Gebietsführer für diese Bergregion eingebracht. „Die Niederen Tauern – sind was für Bauern, für solche Knödel – wie den Hans Wödl", so lästerten indessen seine Zeitgenossen, aber da war vielleicht auch eine Portion Neid dabei, nicht selbst eine solche private alpinistische Sandkiste zur Verfügung zu haben wie dieser Wiener, der hier sein Eldorado entdeckte. Wödl wurde für seine Verdienste um den Fremdenverkehr später zum Ehrenbürger von Schladming ernannt, und ist schließlich sogar in der nach ihm benannten Hütte verstorben.

Ausgedehnte Bergkämme und Grate sind ein Charakteristikum der Niederen Tauern, und die Teilnehmer der winterlichen Alpen-Überschreitung von 1973 erinnerten sich respektvoll, die schwierigsten und heikelsten Passagen ihres Bergmarathons nicht etwa in der Viertausender-Region, sondern in den steilen Tälern der Schladminger und Radstätter Tauern vorgefunden zu haben. Eine Gipfelwelt, die fast unerschöpfliche Wander- und Skitourenfreuden für mehrere Bergsteigerleben zu bieten hat. Infolge subtiler Aussperrungsmethoden, die nun lange Talzugänge zur Folge haben, bilden sich allmählich wieder Jagd-Königreiche heran, mit Gegebenheiten wie in den Zeiten der Alpenpioniere. Nur sind es derzeit Gemeindesekretäre, Besitzer von Schottergruben oder Sonnenstudios, welche diese Re-Feudalisierung tragen. Sie haben sich das neue Namensrecht zu eigen gemacht und nennen sich neuerdings „Heger". Obacht – zur Seite gesprungen: eben kommt eben einer angebraust auf dem Weg zu seiner Hegehütte, die sich naturgesetzlich am Ende einer Forststraße befindet. Neben sich den Hegehund, griffbereit die Hegeflinte. Vergeblich aber wartet man auf den Klang des Hegehorns – vielleicht weil eben über uns ein Abfangheger dahinhegt ...

Hans Wödl

Tauern- Gipfelmeer vom Bösenstein

Ein Jäger-Mandala wurde neulich in einem geheimen, als Jagdhaus getarnten Lamakloster in einem abgelegenen Tauerngraben gefunden. Es zeigt, auf graugrünem Grund gemalt, ein kreisförmiges, in sich geschlossenes System. Im Zentrum thront der JagdHERR, in ekstatischer Umschlingung mit seiner *Shakti,* der Politik (die Darstellung verdeutlicht bildhaft den Begriff „Einfluss"nahme, lat. *coitus corruptus*). Beiderseits flankiert ist das Paar von den Jagdgehilfen und Berufsjägern mit den Insignien ihrer Macht: Hochstand, Flinte und waldgrüner Suzuki. Mit feinstem Murmeltier-Pinsel gemalt, erblicken wir daneben ihre Wildbiologen, die das siebenfach verschlüsselte, in Jägerlatein abgefasste Buch der Jagd-Apokryphen vor sich hertragen. Darauf folgt, kreisförmig angeordnet, das WÜLLD, von einer Zone absoluter Ruhe umgeben. Darunter die Jagdhunde mit gefletschten Zähnen. Und ganz unten, in einer Sumpfregion, molluskenhaft und schlammfarben, jener degenerierte Rest der Menschheit, dem „der Jagdtrieb abhandengekommen ist". An den vier Ecken sind die „Hüter der Waidwerks-Lehre" positioniert, in den Farben rot, grün, gelb und blau angelaufen, mit rollenden Augen, Schaum vor dem Mund, mit ihren charakteristischen Handhaltungen (*mudras*): Abwehr des Skitourenteufels, des radfahrenden Dämonen, des vogelscheuchenden Kletterers und des grölenden Paragleiters. Unablässig wiederholen sie das Mantra: „Böachtön Sü das Gösötz!" Denn die einzige ökologisch unbedenkliche Fortbewegungsart im Wald findet per Geländewagen statt, weil „das Wild diesen nicht als Feind erkennt" – vor allem, wenn es auf eine Jagdzeitschrift abonniert ist. Die kristallene Klarheit dieser geschlossenen Kosmologie erschließt sich dem Betrachter allerdings nur aus dem Kopfstand ...

Dabei sind wir jetzt noch gut dran: Kaiser Maximilian, der „letzte Ritter" der Schulbücher, war in Wirklichkeit bei der Landbevölkerung verhasst, weil er und die reitenden Teilnehmer seiner Jagdausflügen rücksichtslos Felder und Gärten zertrampelten. Das Wildern als Mundraub hungriger armer Teufel wurde drakonisch bestraft, und unangekettet angetroffenen Hunde wurden „gehaxt", eine Art Jäger-Scharia: ihnen wurde ein Bein abgetrennt, damit sie nicht dem edlen Wild nachstellen konnten! Frühere Klettergenerationen mussten oft ihre Zustiegswege wie Einschleichdiebe nehmen, weil große Gebiete wie etwa Teile des Hochschwab als Zentren der Jagdbelustigung für das gewöhnliche Volk gesperrt waren. Günter v. Saar und Roderich Kaltenbrunner wurden 1902 nach der Erstbegehung der

Verbote,

Verbote,

noch mehr Verbote

... und ein Gesetzesbrecher

Stangenwand- Südwestwand am Gipfel von zwei Jägern mit drohend geschwungenen Flinten empfangen und dazu angehalten, ihnen zum Oberjäger beim Bodenbauer zu folgen. Dessen strengen Verweis hätten sie leichter hingenommen als die anschließende Besitzstörungsklage, die sie pro Kopf 42 Gulden kostete (heute rund 60 Euro) – eine schöne, aber teure Erstbegehung!

Das Österreichische Wegefreiheits-Gesetzes von 1975 gewährleistet nun die Bewegungsfreiheit weitgehend. Allerdings nur für Fußwanderer: Radfahrer sind auf dem rund 90.000 Kilometer umfassenden Netz von Forststraßen zum neuen öko(un)logischen Feindbild geworden, mit jährlich nach der Mode wechselnden Gründen für Aussperrungen. Kam da neulich einer weniger hals- als gesetzesbrecherisch eine Forststraße herunter und musste vor einem geschlossenen Schranken absteigen. Dort lehnte ein Waidmann an seinem grünen Vierradler. Der Mountainbiker begann sich bereits innerlich mit den gängigsten Argumenten für die bevorstehende, zumeist fruchtlose Diskussion zu munitionieren, die den gängigsten Schach-Eröffnungen ähnelt:
„Wissen Sie, dass Sie hier nicht fahren dürfen?"
„Forststraßen werden auch aus meinen Steuergeldern errichtet"
„Ihre Wohnung wurde auch mit Steuergeld mitfinanziert"
„Hier fahren schwere Lastautos – warum nicht ein Fahrrad?"
„Es geht um Ihre Sicherheit"
„Um die kümmere ich mich selbst"
„Aber es könnte im Fall eines Unfalles Klagen geben" usw. usw.
Jedoch: nichts von dieser eingeschliffenen Liturgie- der Grüngekleidete ließ dem Biker elegant andersherum die Luft aus: Er musterte ihn und sein Sportgerät aufmerksam. Dann meinte er trocken: „Die neuesten Komponenten hast Du aber aa net auf Dein' Radl ..." Pfffft!

Kleiner Abschweif in die Verhaltensforschung: Ein Sperling mit bunt eingefärbten Federn wird von seinem Schwarm als „Fremdling" registriert und umgehend totgepickt. Wie wäre es nun mit folgender umgekehrter Versuchsanordnung: eine Gruppe Mountainbiker lackiert ihre Geräte waldgrün/matt um, kleidet sich grüngrau, mit Bundhose, Gamsbart am Helm, negiert souverän sämtliche Verbotsschilder und begrüßt den starren Jägersmann mit kollegial-herzlichem „Waidmannsheil!"
Peng! Herzkasperl!
So besteht eben in Wald und Gebirg' eine seit Jahrhunderten andauernde Animosität zweier Populationen, die einander herzhaft nicht leiden können, weil nämlich jede das göttliche Alleinrecht auf Anwesenheit für sich reklamiert (und da sollen die im Nahen Osten auf einen grünen Zweig kommen!) Dabei sind sie, genau genommen, beide für den Fortbestand der Welt gleichermaßen ziemlich unwichtig ...

„Ja, in der Steiermark, da sand d' Leut groß und stark!" Zwar kann nicht gleich jeder starke Steiermärker Gouverneur von Kalifornien werden. Aber zumindest in der lokalen Überlieferung weiterleben. So wie **Franz Knaus,** der Ende des achtzehnten Jahrhunderts in der Ramsau lebte: ein Bergführer und Wilderer, zu seiner Zeit als „stärkster Mann des Ennstales" gehandelt. Die Anekdoten um ihn mögen sagenhaft überhöht sein, aber von hohem Wahrscheinlichkeitsgehalt.

Franz Knaus

Zwei Jäger, die ihn einmal in einer Almhütte stellten und wegen Wilderei der Obrigkeit ausliefern wollten, hat er von ihrem Vorhaben abgebracht, indem er vor ihnen demonstrativ ohne allzu große Anstrengung einen armdicken Latschenknüttel mit bloßen Händen auseinanderbrach. In der beliebten Tradition des „Wirtshaus-Ausräumens" war er ungeschlagen. Als er einst zu Hilfe gerufen wurde, um bei einer Wirtshausrauferei fünf Ramsauer Freunde gegen eine Übermacht von zwanzig Schladmingern zu verteidigen, betrat er bedächtig den Schauplatz und machte sich mit der Zielstrebigkeit eines Caterpillar ans Werk, bis er sich allein im Gasthaus befand – aus Versehen hat er auch gleich seine Freunde mit hinausgeschmissen! In dieser Disziplin fand sich eine fortgesetzte Reihe kongenialer Nachfolger bis in die Fünfzigerjahre des vergangenen Jahrhunderts, etwa in Gestalt der bärenstarken Gesäusekletterer Willenpart und Forstenlechner ...

KNAUS-JAUS'N:

fingerdicke Speckscheiben, mit Honig überstrichen; oder einen ganzen Drei-Kilo-Butterstriezel auf einen Sitz – netto, versteht sich, ohne Brot.

Wer nicht Hoferbe war zu Knaus' Zeiten, konnte seine Jugendjahre komplett abschreiben: er wurde für zwölf (!) Jahre zum Militärdienst eingezogen – falls es nicht ein Zulehen, eine „Huben" gab, die dem zweiten oder dritten Sohn vermacht wurde. Für Franz Knaus gab es keinen Hof und keine Huben. Der leicht anarchisch-aufbrausende und obendrein etwas schwerhörige Ramsauer handelte sich in der Armee bald etliche „Wickel" ein, die mit Dunkelhaft bestraft wurden, Hände und Fußknöchel aneinander gekettet (keine neue sadistische Erfindung aus Guantanamo, sondern normale

Disziplinierungsmaßnahme in der k.u.k. Armee). Was Wunder, dass Knaus daraufhin eigenmächtig aus dem unfreundlichen Verein austrat und das freie, aber nicht ganz stressfreie Leben eines steckbrieflich gesuchten „Fahnenflüchtigen" und Wilderers lebte. Dies wurde ihm nach einigen Jahren doch zu aufreibend. Er wollte sich in Gröbming der k.u.k. Militärbehörde stellen – da wurde er angefaucht: Was er denn hier suche? Ob er eine Behörde „pflanzen" wolle? In den Akten hier stehe schwarz auf weiß, dass sich ein Knaus Franz aus der Ramsau schon vor einem halben Jahr gestellt habe und seine Strafe in der Festung Temesvar verbüße. Und jetzt hinaus! Dieser Anordnung folgte er ausnahmsweise schnell, still, und ohne Widerrede. Die plausibelste Erklärung dafür war, dass sich ein Schwerverbrecher, für den die Festungshaft noch das kleinere Übel darstellte, den Steckbrief gegen Knaus zunutze gemacht hatte ... Seine Speisegewohnheiten lagen Lichtjahre entfernt von einer Nouvelle Cuisine: Vielleicht ist sein Organismus in späteren Jahren mit den Spätfolgen eines derartigen Cholesterin-Bombardements nicht mehr fertig geworden – dieses Urbild eines Kraftlackels starb 1905 wie ein gewöhnlicher, bewegungsarmer Büroheini an Herzwassersucht.

Starke Männer gab und gibt es jedoch in allen Alpenregionen in großer Zahl. Erstaunlich sind die Trägerleistungen bei Schutzhüttenbauten, wo Lasten von mehr als 100 kg keine Seltenheit waren. Die Traunsteiner Hütte auf dem Plateau der Berchtesgadener Reiteralm musste – wie alle alpinen Unterkünfte – ohne unsere technischen Hilfen errichtet werden, noch dazu auf dürftigsten Zugangswegen. Acht einheimische Träger buckelten im Lauf eines Jahres in ihren Kraxen insgesamt 25 Tonnen Material von Oberjettenberg bis auf den Bauplatz in 1.600 m Höhe. Rekordhalter innerhalb dieser Schar von Muskelmännern war der Faistenauer-Hans, der einmal eine Last von 120 Kilo bergan schleppte – umgerechnet das Gewicht von etwa zehn durchschnittlichen Urlaubsrucksäcken! Beim Bau des Watzmann-hauses betätigte sich Toni Kederbacher, ein Bruder des berühmten Berchtesgadener Führers, als Träger. Da hoben ihm beim Mitterkaser zwei Männer den beiläufig

hundert Kilo wiegenden Küchenherd auf den Buckel, und der Toni trug ihn – da er ihn allein nicht absetzen konn-te – in einem Zug bis aufs Falzköpfel. Später schleppte er allein den Firstbaum für die Hocheck-Unterstandshütte auf den Gipfel: Viereinhalb Meter lang und rund 80 Kilo schwer! Als er den Balken ganz droben von der Achsel schupfte, meinte er: „Wenn des Hütterl enten auf'm Mittelgipfel stehen müsst, nach-er tät i jetzt umwechseln!". Beim Bau der ersten Haindlkarhütte im Gesäuse hat Hubert Peterka ebenfalls alleine den Küchenherd hinaufgeschleppt – im gleichen Winter jedoch wurde dieser mitsamt der ganzen Hütte durch eine Staublawine ins Kar gewirbelt und zu

Aufstieg zur Alm

einem unbrauchbaren Knäuel Altmetall verformt. Die Errichtung der Traunstein-Gipfelhütte, der ersten Unterkunft auf dem oberösterreichischen Wahrzeichen, ging mit bedeutend bescheidenerem Materialaufwand vonstatten. Der Bau wurde sowieso erst nach langwierigen Diskussionen von der Jagdherrschaft erlaubt – und dann noch mit der Auflage versehen, dass die Hütte keine Kochstelle und keine Tür haben dürfe (ein Dach wurde immerhin gestattet)! Dieser neckische Einfall könnte von Herzmanovsky-Orlando stammen, der mit ätzender Feder die bürokratischen k.u.k.-Idiotien aufspießte, und nur ganz wenig übertreiben musste: So erfand er zusätzlich zur Holzklasse der Eisenbahn (der dritten) eine vierte Klasse (ohne Sitze), und dann noch eine fünfte: mit Waggons ohne Boden!

Des einstige „Innsbruck-Wiener-Bote", der vor der Erbauung der Eisenbahn als Einmann-Schnellpaketdienst regelmäßig von Innsbruck bis Wien und zurück ging, vollbrachte eine kaum vorstellbare Leistung: er trug durchschnittlich 150 Kilo auf dem Buckel. Die stärksten Männer aber, gegen die selbst dieser Träger ein „Zniachtl" war, müssen die drei Brüder Tanzer aus Neustift im Stubaital gewesen sein, die gegen Ende des 17. Jahrhunderts mit der bereits berühmten Stubaier Eisenware hausieren gingen. Der eine, Georg, erschien einmal mit mehr als 300 Kilogramm Eisenzeug auf dem Buckel vor dem Schweizer Mauthaus in Schaffhausen, wo man so staunte, dass man später sein Bild als Fresko an das Zollhaus malte. Und sein Bruder Thomas soll als Anerkennung für das, was er am Rücken tragen konnte, die „ewige Mautfreiheit" erhalten haben, als er das Zollhaus von Scharnitz mit rund 260 kg Eisenware passierte. Mit dem eingesparten Mautbetrag konnte er sich dann vermutlich einen erstklassigen Orthopäden für Knie und Bandscheiben leisten!

Aber auch starke Frauen stellten „ihren Mann". In Stum im Zillertal besorgte lange Zeit eine fast sechzigjährige Frau zusammen mit ihrer Tochter den Abtransport des Käses von den Almen ins Tal, wobei sie regelmäßig 90 – 100 Kilogramm auflud und diese Last 3 – 5 Stunden schleppte. Stum ist auch die Heimat des „Stumer Lisele", der einstigen Talbotin, die jeden Montag mit einer ähnlichen Last zu Fuß von Zell im Zillertal nach Innsbruck und ebenso beladen am nächsten Tag zurückmarschierte. In den Tälern Nepals ist solches noch immer ziemlich alltäglich, da herrscht zumindest auf diesem Sektor schon lange eine Gleichberechtigung.

Ein regionaler steirischer Geheimtipp, unverdienterweise außerhalb der Region kaum bekannt, ist die

HOCHSCHWAB-SITZBRETTLJAUSE

Schwabenbartl-Aufschnitt: 1 Nordwand-Schinko (muss zuvor mit Salzleiten gefölzt und drei Wochen bei mäßiger Hitze ins Rauchtal gehängt werden)
1 Portion fein aufgeschnittene Stangenwand mit mildem Doménigg-Senf
4 – 5 Scheiben Bodenbauernxöchz
1 große Portion G'hackerts (alles frisch erhältlich beim Fleischer-Biwak)
in einem sauberem Gschirrmauerkampel auslegen und auf der Kalten Mauer kühl halten

Jägersalat „Graf Meran": 1 feingehackter Krautgartenkogel und 3 Laufmeter Wildzaun werden in Glanwell-Sauce mariniert und mit gerösteten Lodenstreifen belegt.
Für den süßen Gaumen wahlweise Bischofbergerbrot, Brandsteinkrapfen oder Griesstein.
Als Verdauungshilfe eine örtliche Köstlichkeit: 1 Labenbecher Kräuterin

Als das „Steirische Gebirge" schlechthin gilt der Hochschwab, noch dazu passend in den Landesfarben Grün und Weiß – *corporate identity* in Vollendung: Eine enge Verflechtung von weißgrauen Kalkwänden mit grünen Almwiesen obendrauf, zum Ergötzen der Kletterer einerseits, die sich in den meisten Fällen am Ausstieg in angenehme Graspolster fallen lassen und anschließend gemütlich abwärts bummeln können, sowie zur Freude der „Almgeher", die hier ein ausgedehntes Revier zum unbeschwerten Wandern wie auch etliche Hütten vorfinden. Mit seiner bescheiden wirkenden Gipfelhöhe von gerade 2.278 Metern wird der Hochschwab von den richtigen Alpinisten und vor allem von jenen, die sich dafür halten, gerne unterschätzt.

Ferdinand Fleischer

Hochschwab-Sturm

Die Fleischer-Tragödie. Für den Ostersonntag 1903, einem 12. April, hatte die „Alpine Gesellschaft Voisthaler" eine Führungstour zum Hochschwab ausgeschrieben. Wegen der ungünstigen Witterung kehrten drei Teilnehmer bald um, nur zwei, die Brüder Teufelbauer, setzten mit dem Vereinsobmann Ferdinand Fleischer als Leiter der Tour auf Schneereifen den Aufstieg vom Bodenbauer über das gesicherte „G'hackte" zum Gipfel fort. Inzwischen hatte ein Schneesturm in Orkanstärke eingesetzt, und als die Zurückgekehrten am nächsten Tag in Seewiesen verabredungsgemäß auf Fleischer und seine Begleiter warteten – vergeblich warteten, setzten sie eine in dieser Ära der Dschungel-Kommunikation höchst komplizierte Such- und Rettungsaktion in Gang. Suchtrupps aus der Umgebung, schließlich auch eine Gruppe des Alpinen Rettungsausschuss aus Wien begannen sämtliche Aufstiege zum Hochschwab abzugehen, bis endlich am Donnerstag, den 16. April, eine Mannschaft auf dem Gipfelplateau, 50 Meter von den roten Markierungspflöcken entfernt, erfroren die Brüder Teufelbauer fand – zusammengeseilt, einer mit Gesichtsverletzungen, die Hände in Socken gehüllt, der andere den Kopf mit einem Tuch umwickelt. Während der Leichenbergung setzte neuerlich ein Sturm mit Unmengen Neuschnee ein, der erst nach fünf Tagen, am 20. April abebbte. Am Tag darauf wurde bei einer weiteren Suchaktion Fleischers Leiche entdeckt - offensichtlich sitzend eingeschlafen, ganz nahe am Rand der über die Südwand hängenden Wechte. Anzunehmen ist, dass die Gruppe im Vertrauen auf Fleischers Geländekenntnis den Weg über den Gipfel zum Schiestlhaus erzwingen wollte, einer stürzte, während des erzwungenen Aufenthaltes erfroren ihnen allmählich die schlecht geschützten Hände, sie fielen in Apathie, und Fleischer, der sich vom Seil losmachte und allein absteigen wollte, verlor bald die Orientierung. Ein Zynismus: ausgerechnet er, zu dieser Zeit der kompetenteste Hochschwabexperte, der selber die Wege abgesteckt und markiert hatte! In der Nähe des Unglücksortes wurde bald darauf ein gemauerter Unterstand („Fleischer-Hütte") errichtet, die aber nicht verhindern konnte, dass neun Jahre später, im März 1912, wieder vier Personen erfroren: zwischen Fleischerhütte und Schiestlhaus, im Sommer eine Strecke von 30 Minuten. In fast periodischen Abständen ereigneten sich derartige Tragödien. Nunmehr ist der Steinbau durch eine neuzeitliche Biwakschachtel ersetzt, Ausrüstungs- und Wissensstand haben sich entscheidend verbessert, nur: wer bei einem angekündigten Wettersturz Anfang November in Jeans und Turnschuhen am Schwaben-Plateau unterwegs ist (so geschehen 1989), hat genauso wenig Chancen wie seinerzeit Fleischer ...

„Gilde zum groben Kletterschuh" – so hieß um 1900 eine Vereinigung von Jungakademikern aus dem Raum Graz. An der Alma mater Carolina Francisca genoss das Bergsteigen einen guten Ruf. Kein Wunder, hatte doch hier Professor Frischauf gelehrt und der Viertausendersammler Blodig studiert. Die Zünftigsten schlossen sich zu diesem kleinen Klub zusammen: Hans Reinl und Felix König, die Erstdurchsteiger der Triglav-Nordwand; Karl Doménigg, Othmar Sehrig, der erste Skisteiger des Großvenedigers; Günther von Saar, der mit Paul Preuß den Däumling im Gosaukamm erstmals erklettert

hatte. Trotz ihres Status als Akademiker oder Adelige hausten sie wochenlang in Zelten, biwakierten im Fels oder nächtigten im Heu der Almhütten. Sie trugen ihr Gildenzeichen am Rock und pflanzten die Gildenfahne auf die eroberten Gipfel. Gründer und Chef war

Viktor Wolf von Glanvell (1871 – 1905), Jurist, Professor für Kirchenrecht, der es in seinen 34 Lebensjahren auf 1500 Gipfelbesteigungen, darunter 200 Neutouren brachte - eine Rekordzahl. Der Alpinhistoriker Josef Rabl lobte ihn als „einen der letzten großen Erstersteiger". Seine Frau Mary zählte zu den ersten kletternden Damen. Anfangs ging er bei Bergführern in die Lehre, darunter Michel und Sepp Innerkofler. Ein paar Jahre später, während eines Abstiegs vom Winklerturm bei Gewitter, meinte der berühmte Antonio Dimai anerkennend: „Herr Doktor, jetzt geh' ich für Sie um die Führerkonzession!" Aber der Herr Doktor emanzipierte sich allmählich zum überzeugten, selbständigen Führerlosen, der in den Sextener und

Ampezzaner Dolomiten auf fast allen Gipfeln stand. Sein Meisterstück war die erste Erkletterung des Campanile di Val Montanaia, des „unlogischsten Berges der Alpen". Dann kam der 7. Mai 1905. In den brüchigen, heute kaum je betretenen schrofigen Wänden des Fölzstein wurden Gottlieb Stopper, Leo Petritsch und Glanvell, der Herr der Dolomitentürme, vermutlich durch eine von Gämsen ausgelösten Steinlawine in den Tod gerissen.

| Viktor Wolf von Glanvell | Campanile di Val Montanaia |

Der „Schwaben" wurde in erster Linie zur alpinen Schatzinsel für die Grazer Bergfreunde, die von Kapfenberg mit einer Schmalspurbahn bis nach Seewiesen gelangen konnten. Die Strecke von Thörl zum Bodenbauer wurde per Fuhrwerk zurückgelegt – von Wanderern mit dickerer Geldbörse. Für die übrigen bildeten die zwölf Straßenkilometer eine zusätzliche Aufwärmübung.

Zeno Baumgartner, dessen Route durch die Hochschwab-Südwand zu den Evergreens zählt, unternahm im Juli 1920 mit seinem Partner Alfred Vorbeck die erste Begehung der Westwand des Großen Grießstein. Das ging so: Aufbruch frühmorgens vom Bodenbauer, über Häuselalm und Sonnschienalm zum Schaufelwandsattel, von dort hinunter zum Einstieg in die den ganzen Tag über von Nebel umzogene, 600 Meter hohe, brüchige Wand. Nach einem Gewitter zwischendurch und Problemen mit der Routensuche im unbekannten Gelände erreichte die Seilschaft um 20 Uhr 15 den Gipfel. Baumgartner lakonisch: „Am Gipfel bezog mein Gefährte ein kühles Biwak. Ich aber eilte hinunter über die Almen dem Bodenbauer zu, wanderte nach Thörl und zog in der Nacht nach Kapfenberg, um den ersten Frühzug nach Graz, der mich zur ernsten Pflicht zurückführte, nicht zu versäumen". Gebietskenner werden anerkennend den Kopf wiegen, den übrigen sei anvertraut: vom Gipfel des Grießstein bis Kapfenberg sind es mehr als 35 Kilometer reine Wegstrecke – ein ausgiebiger Ausklang einer langen Tour ... „Und warum hat sich dieser Glodl nicht einfach bei seinem Chef krank gemeldet?" Ganz einfach: weil 1920 bereits Dutzende Arbeitslose darauf gewartet hätten, die Stelle eines so unzuverlässigen Mitarbeiters einzunehmen! Doch wenn unsere Erdölzivilisation einst austrocknet, wird man sich vielleicht wieder verstärkt auf diese Methode des Fußwanderns besinnen – aber unter einem trendigerem Label, etwa „Mountain-Walking" ...

Die Hochschwab-Nordseite, verkehrsmäßig damals wie heute nur „mit der Kirch'n ums Kreuz" zu erreichen, war lange Zeit für Alpinisten ein spät entdecktes Land. Als Hauptverkehrsstrang diente der Wasserweg der Salza: heute Spielplatz für kälteresistente Wildwassersportler, damals Betriebsstätte für den gefährlichen Knochenjob der Flößer, daneben begleitete eine naturhafte Sandstraße den grünen Fluss. Begehrtestes Kletterziel war hier der schon vom Tal aus auffallende „Turm", der wie ein gotischer Dachreiter auf dem Kamm zwischen dem Klotz der Riegerin und dem Hochschwabplateau sitzt. Diese umworbene Trophäe holte sich der kletternde Markgraf Pallavicini 1881 mit dem Dachstein-Führer Auhäusler und dem ansässigen Jäger Heißl. Doch noch immer steht inmitten der teilweise übererschlossenen Alpen ein imposanter Felsturm von beachtlichen Ausmaßen, den nur wenige Menschen gesehen und bis 1948 noch keiner betreten hatte: der Große Heuschober (ca. 1500 m). Isolierte Lage und ein schwieriger Zugang aus dem Felskessel des „Ringes" machen ihn nach wie vor zum einsamsten Gipfel des Hochschwabgebietes.

Gegensatz Fölzalm. Wo in engster Nachbarschaft die Kletterer am äußersten Rand der Schwerkraft hochspazieren und der Almrausch gleichzeitig in zweierlei Ausprägungen blühen kann, befindet sich der wuselnde Times Square des Schwaben. Mit zwei urtümlichen, meist brechend vollen Hütten, deren eine, die Grasserhütte, jahrzehntelang vom legendären „Glurl" Schnitzer geführt wurde, falls nicht gerade vor seinem Etablissement das Schild „Wegen Reichtum geschlossen" angebracht war. Eines Morgens vernahm ein Kletterer einen seltsamen Monolog aus der Hüttenküche: „Gö, Jimmy, der Glurl is a Trottl – da brat' ihm sei' Alte a Hendl – und er verfiattert's an die Fuxn!" Der angesprochen Jimmy nämlich war der keckste jener drei jungen Füchse, der sich täglich bis in die Küche vorwagte, um sich ein Frühstück abzuholen, während seine Geschwister eine vorsichtige Warteposition im Gastraum oder vor der Eingangstür bezogen. Tierfreund Glurl schüchterte die örtliche Jägerschaft waffenlos mit einer massiven Drohung ein: „Wann denen Fux'n was passiert, dann kriagts Ihr nie – aber nie mehr – a Bier bei mir!" Wirksamerer Tierschutz ist wohl kaum denkbar!

Schinko's Schartenspitzkante, um 1960

Es hat aber Zeiten gegeben, da sich die Klettercracks gar kein Bier hätten leisten können. Arme Teufel waren sie zumeist, denen während der Wirtschaftsdepression der Dreißigerjahre das Zeitgeschehen übel mitspielte. Aus einfachen Kleinhäusler- und Arbeiterverhältnissen stammend, oft jahrelang vergeblich um Arbeit bettelnd, fanden einen Lebenssinn in waghalsigen Klettereien. Beispielhaft für sie ist

Raimund Schinko (1907 – 1943). Mit seinem Partner, dem Apotheker Adolf Bischofberger wurde er zum Erschließer der Wände der Fölz: fast alles, was die Handschrift dieser Seilschaft trägt, zählt zu den örtlichen Highlights, wie der Winkelkogelpfeiler oder die Schartenspitzkante. Der Grazer forderte damals schon die Aufstockung der sechsstufigen Schwierigkeitsskala um einen VII. Grad, den er selbst zweifellos bereits erreicht hatte, und eine Trennung von freier und Haken-Kletterei, welch letztere er zu bisher ungeahnter Perfektion hochtrieb. Er benützte bereits einen Klettergurt, für Standplätze in überhängenden Passagen verwendete er ein Sitzbrett, und bei der ersten Begehung der Stangenwand-Südostwand als Portaledge-Vorgänger eine hölzerne Biwak-Bank. Mit drei herausragenden Routen hat er im östlichen Ostalpenraum neue Maßstäbe gesetzt: im Hochschwabgebiet mit der Stangenwand-Südostwand, im Gesäuse mit der Rosskuppen-Dachl-Verschneidung, und im Dachsteingebiet mit der Torstein-Südverschneidung – drei Anstiege, die jahrelang auf eine zweite Begehung warteten. Eine derartige Ausnahmeerscheinung würde sich jetzt mit dem alpinen Jet-Set zwischen Trangotürmen, Yosemite und Cerro Torre tummeln. Er wäre sicher für die Lösung der damaligen „letzten drei Probleme" befähigt gewesen, doch die materielle Situation beschränkte seinen Aktionsradius. Kaum dass er nach jahrelanger Arbeitslosigkeit einen Posten in der Finanzverwaltung ergattert hatte, musste er die einzige große Reise seines Lebens antreten: 1943, an die Ostfront. Dort geriet er nach kurzer Zeit in russische Gefangenschaft und ist seitdem verschollen. Die Ehe der Frau Schinko, in der er nach langer Suche endlich eine Lebenspartnerin gefunden hatte, hat sich auf einige wenige Urlaubstage beschränkt. Ein Romanschicksal? Nur eines von zahllosen ähnlichen ...

Zurück in die Pioniertage: die Eisenbahn förderte mittlerweile parallel eine weitere Symbiose von Stadt und Gebirge. Als die Bewohner des Ennstales noch andere Sorgen hatten als die ersten „frischluft-depperten" Städter, wurde eine Ansammlung steiler Wände und Gipfel in einzigartiger Weise zur vergleichsweise einfach erreichbaren Domäne der Wiener Alpinisten: die Gesäuseberge.

Raimund Schinko

Hakenschlagen. Aus „Der Alpinist", 1910

4.
GESÄUSE-PFANNL

Die Küche der k.u.k. Hofalpinisten zeichnete sich durch ihre Multinationalität und Vielseitigkeit aus – man denke nur an die legendären Köstlichkeiten wie Nuss-Pallavicini mit Schlag, Zsigmondy-Rostbraten oder Kugy im Schlafrock. Folgendes Rezept repräsentiert das wienerische Element jener Epoche – eine bekömmliche und zeitlose Köstlichkeit. Diese einst hoch im Kurs stehende lokale Spezialität ist während der letzten Jahre zusehends in Vergessenheit geraten:

GESÄUSE-PFANNL

1 geselchten Kragelschinken
1 zerlegten E. Gams
1 jungen Sulzkarhund
gemeinsam schnetzeln, fein geschnittenen Baumschwamm einrühren,
in Wasserfallwegwasser langsam köcheln lassen, mit 3 – 4 Esslöffeln
Keidel-Wessely-Sauce abschmecken und mit Traditionsmehl binden.
Abschließend je 1 Prise Buch-, Öd- und Reichenstein drüberstreuen.
Dazu gibt es je nach Trinkfestigkeit der Teilnehmer 2 bis 3 Fassln
Maischberger (erfordert bei stilgerechtem Servieren auf einem Fliegenband
große Achtsamkeit!)
Seilsalat aus einem 20-Meter-Manila-Hanfseil

Alte Kaiser und Jugend-Stile

Gemsenartig auf Bergeshöh'n
Belustigt er sich umherzuseh'n,
In Freiheitsluft erquickt alsdann,
Verhöhnt er Kind und Weib und Mann,
Die tief in Tales Dampf und Rauch,
Behaglich meinen, sie lebten auch,
Da ihm doch rein und ungestört,
Die Welt dort oben allein gehört!
Goethe, „Faust II"

Wien als Gründungsort des ersten kontinentalen Alpenvereines ist ebenso wenig ein Zufall wie London für den Alpine Club: Wien war die alpennahe Metropole schlechthin, ein politisches, wirtschaftliches und kulturelles Gravitationszentrum. 1862 setzten drei Wiener Studenten den Plan zur Gründung eines Alpenvereines um: Paul Grohmann, Edmund v. Mojsisovics und Guido v. Sommaruga. Nach Rücksprache mit dem berühmten Geologen Eduard v. Sueß und dem Notar Anton v. Ruthner, dem Initiator der ersten Venedigerbesteigung, hatten sie die Statuten ausgearbeitet, deren wesentlichster Punkt lautete: „... die Kenntnis von den Alpen mit besonderer Berücksichtigung der österreichischen zu verbreiten und zu erweitern, die Liebe zu ihnen zu fördern und ihre Bereisung zu erleichtern". Dieser Alpenverein als Promotor des alpinen Fremdenverkehrs, eines wirklich „sanften" Tourismus (den in Wirklichkeit bis heute eh niemand so richtig mag), musste sich hundert Jahre später von einem Tiroler Landeshauptmann als „Verein zur Verhinderung des Fortschritts" schelten lassen, weil er die Totalverkabelung Tirols mit Seilbahnen ablehnte.

Der geschichtskundige Wiener Alpinist muss seine Aussagen diplomatisch formulieren, um nicht belächelt zu werden wie in den Fünfziger- und Sechzigerjahren „die Russen", die aus einem nationalen Minderwertigkeitsgefühl heraus alle bedeutenden Erfindungen der Neuzeit von der Glühlampe über die Schreibmaschine bis zum Verbrennungsmotor propagandistisch für sich reklamierten. Dies war natürlich totaler Humbug – das Wien des Fin de siécle dagegen war tatsächlich innovativer Spitzenreiter auf wissenschaftlichem, medizinischem, künstlerischem und nicht zuletzt alpinistischem Gebiet:

1862 wird der Österreichische Alpenverein in Wien gegründet (nach dem Alpine Club 1857 der erste im kontinentalen Europa);

1884 erscheint der Gesäuseführer von Heinrich Heß: der erste alpine Gebietsführer überhaupt;

1885 erscheint das erste Lehrbuch zum Thema alpine Unfallverhütung und -analyse: „Die Gefahren der Alpen" von Emil Zsigmondy;

1894 wird im Raxführer von Friedrich Benesch erstmals der Versuch einer Schwierigkeitsbewertung unternommen (VII war die leichteste Stufe, Null die schwierigste);

1896 wird nach einem Bergunfall auf der Rax der weltweit erste Bergrettungsdienst gegründet: Der „Alpine Rettungsausschuss Wien" (ARAW), von Keidel, Krempel und Kleinwächter.

Kolonien und unbekannte Inseln waren nicht mehr zu vergeben, hingegen gab es (ganz nahe!) unbetretene Regionen zu entdecken: oberhalb der nutzbaren Vegetationszone, im Reich der Felsen und des ewigen Schnees, da lag die Terra incognita Mitteleuropas! Vorerst ein Bestätigungsfeld für Wissenschaftler mit einem Schuss Abenteuerblut, die nicht nur als Bücherwürmer in antiquierten Hörsälen, sondern in frischer Luft forschen mochten. Zurück zur Natur! Vorerst einmal als Kartograf, Botaniker oder Geologe, denn vor allem über diesen Kanal wurden Mittel für die umständlichen und kostspieligen Alpenreisen locker gemacht. Bis in unsere Tage hinein flossen schließlich Subventionen, wenn bei einer Himalaya-Expedition ein Arzt dabei war, der mit seinen Apparaturen rote und weiße Blutkörperchen zu zählen vermochte; schade nur um die damals vertane Chance, auch das Verhalten blauen Blutes in größeren Höhen zu erkunden!

Ungeteilte Zustimmung konnten die Vereinsgründer nicht verbuchen. Diese Erfahrung mussten ihre britischen Kollegen schon 1857 machen: englische Zeitungen ätzten anlässlich der Gründung des Alpine Club, dass es sich dabei um

„eine Vereinigung von irrsinnigen Selbstmordkandidaten" handle. Im habsburgischen Österreich kursierte eine anonyme Broschüre, die als „Wink für die Hohe Regierung" gemeint war: Der Alpenverein sei „... eine Anomalie in der österreichischen Monarchie, er sauge in aller Stille den Patrioten das Blut aus, er wirke in religiöser, politischer und sozialer Hinsicht umso verderbenbringender, als er unter dem Aushängeschild ‚Alpenverein' vielfache Täuschungen verübe ... Die Spezialkarten des Vereines dienten übrigens nur dazu, geographische Vorstudien zu einem neuen Kriege zu machen ..." Und ein hoher Verwaltungsbeamter erkannte messerscharf: „Zu was brauch ma an Alpenverein? Und überhaupt das Bergsteigen: Da gehen die jungen Leut 'n auf, erkälten sich, kriegen a Lungenentzündung und sterben!"

Ahnengalerie des Alpenvereines

Franz Senn

Karl Ritter von Adamek

Heinrich Heß

Anton von Ruthner

Johann Stüdl

Karl von Zittel

Ein Großteil der Gründungsmitglieder ist aufmerksamen Bergliebhabern zumindest dem Namen nach irgendwie geläufig – sie sind in zahlreichen Hütten-, Joch- und Gipfelbezeichnungen verewigt: Simony, Ruthner, Keil, Stüdl, Hofmann, Senn, Adamek, Grohmann ... Und was taten diese Namen außer Bergsteigen noch alles? Das Mitgliederverzeichnis der Wiener Sektion vom Jahr 1869 verzeichnet folgende Berufsbezeichnungen: Hofschauspieler, Gerichtsadvokat, Baron, Hof- und Universitätsbuchhändler, Freiherr, Professor, Kaufmann, Rechnungsoffizial, Privatier, Pharmaceut, Versicherungsbeamter, Chefgeologe.

Unter den 139 Namen finden sich 6 Damen (in den übrigen Sektionen meist keine einzige!) – ein Querschnitt durch das gehobene Kleinbürgertum. Leicht erklärlich: für den größten Teil der Bevölkerung herrschten in dieser Frühzeit der Industrialisierung Lebensumstände wie in heutigen Schwellenländern. Bei einem zwölf- bis vierzehnstündigen Arbeitstag, sechsmal die Woche, mangelte es dem größten Teil der arbeitenden Bevölkerung ganz einfach an der rechten Lust zu sportlicher Ertüchtigung. Deshalb wurden erst 1895 die „Naturfreunde" gegründet, das aus dem Arbeitermilieu hervorgegangene Gegenstück zum „bürgerlichen" Alpenverein. Dessen etablierte Bergfreunde betrachteten den neuen Mitspieler etwas vom hohen Ross herab. Eines der Gründungsmitglieder, der spätere österreichische Bundespräsident Karl Renner, wurde spitz gefragt: „Nun, viele Mitglieder wird Ihr Verein kaum bekommen! Was haben Sie denn schon zu bieten, das die Arbeiter dazu bringen könnte, das Wirtshaus zu verlassen?" Renners einfache Antwort: „Die Natur!"

Dieses neuartige Naturgefühl begann zu einer mächtiger werdenden Strömung anzuwachsen, welche schließlich in der „Hochtouristik" und der Kletterei gipfelte. Zugleich bewirkte der Ausbau des Eisenbahnnetzes ab Mitte des 19. Jahrhunderts den ersten Mobilitätsschub für breitere Kreise. Die Städte waren laut und eng, stinkend und krankheitsfördernd; wer es sich leisten konnte, fuhr auf Sommerfrische und spielte Landleben. Um den Ruhm der größeren Popularität konkurrierten hier in erster Linie Semmering-Gebiet und Salzkammergut. Letzteres konnte durch Bad Ischl, die Sommerdestination Kaiser Franz Josefs – mit der damaligen „Seitenblicke" Gesellschaft im Gefolge – diesen Wettbewerb für sich entscheiden. Doch bereits damals störten „die Anderen". Der frisch getraute Kaiser an seine Mutter, die Erzherzogin Sophie: „1. Juli 1865. Vorgestern habe ich allein mit Sisi beim herrlichsten Wetter eine sehr schöne Partie gemacht. Wir sind um 10 Uhr zum Steg gefahren und von dort zu Fuß auf der Solenleitung auf den Rudolfsturm gegangen, wo wir schon um 1 Uhr waren und um 2 Uhr auf dem Balkon des Wirtshauses speisten. Nach Tisch sind wir zum Waldbachstrub gegangen. Das Tal war herrlich beleuchtet und von frischen Grün; nur durch eine Menge Trotteln, wie immer, und durch eine neue, in dieser schönen Gegend höchst unpassende Zivilisation verunstaltet".

Kaiserliche Wander-Destination Hallstätter See Denkmal Franz Josef, Ischl

Peter Altenberg (1859 – 1919), der literarische Bohémien und Kaffehaus-Poet, der noch nicht einmal etwas von unseren Package-, All-inclusive- und Event-Urlauben ahnte, und für den die Rax das größte Bergziel darstellte, notierte bereits resignierend: „Rastlos, vom Satan Gejagten gleich, stürmen die Menschen enttäuschungsschwangeren Zwecken entgegen. Die Seele bleibt ungenützt, verdirbt, schrumpft, stirbt ab. In der Bucht steht Schilf ... ein Vogel flüchtet. Du lässt die Ruder sinken ..."

Der sportliche Gedanke begann nach der in groben Zügen bereits abgeschlossenen Phase der Erstbesteigung aller großen Gipfel allmählich den Alpinismus zu durchsetzen. Während sich in England, jenem Vorreiter sozialer Umschichtungen, schon ein breites Spektrum diverser „Sports" etabliert hatte, bildeten in deutschen Landen die Kraftsportvereine und die zahlreichen Turnerriegen die wesentlichsten Sportmöglichkeiten. Erstere erforderten kein teures Equipement und zogen vor allem die einfachen Leute an, die Turnvereine hingegen hatten ihr Reservoir eher im Studentenmilieu. Sie wurden seinerzeit vom „Turnvater" Jahn im napoleonisch besetzten Deutschland zur Ertüchtigung der Jugend für den Freiheitskampf ins Leben gerufen. In weiterer Folge wurden von ihren Mitgliedern neben einer Anhebung des Kletterniveaus und einem gemeinschaftlichen Geist damit auch die Komponenten „national" und „Wehrtüchtigkeit" auf längere Sicht in die meisten Alpinvereine eingebracht.

Bergsteigen! Das war nun eine der wenigen Möglichkeiten, im Obrigkeitsstaat – sei es nun dem preußischen, dem bayerischen oder der k.u.k. Monarchie – sich innerhalb gewisser Grenzen vom Mündel der Regierung zur eigenständigen Persönlichkeit zu entwickeln, zu einem unmittelbaren individuellen Erfolgserlebnis und einem gehobenen Selbstwertgefühl zu gelangen. Und vor der unüberschaubaren Angebotspalette einer Spaß- und Freizeitindustrie bot vor allem das Vereinsleben Gelegenheit, die eigene Wichtigkeit ins rechte Licht zu setzen. Dies mutet nun oft teils liebenswert, teils kauzig-bürokratisch an, so etwa die unanfechtbar in Paragrafen gegossene, mehrseitige

Führer-Ordnung des Niederösterreichischen Gebirgsvereins (1891): „Für jeden Ausflug sind in der Regel zwei Führer zu bestimmen, welche als erster und zweiter Führer bezeichnet werden. Der erste Führer übernimmt die Verantwortung für die richtige Führung und die ganze Durchführung des Ausfluges; der zweite Führer hat darauf zu achten, dass niemand zurückbleibt ... Besondere Pflicht des ersten Führers ist es, die Marschgeschwindigkeit des Ausfluges so zu regeln, dass stets die Fühlung mit dem Schluss der Ausflügler, d.i. dem zweiten Führer (durch zeitweilige Hornsignale) aufrecht erhalten bleibt. Es werden behufs Verständigung beider Führer untereinander folgende Signale festgestellt:
a) ein kurzer Hornstoß seitens des vorderen Führers bedeutet die Anfrage, ob hinten alles in Ordnung, und ist im Falle der Bejahung vom zweiten Führer ebenso zu beantworten
b) zwei Hornstöße hintereinander des zweiten Führers fordern ein langsameres Marschieren der Vorderen
c) drei Hornstöße hintereinander seitens des zweiten Führers bedeuten Stehen-

Topmodisch ins Bergjahr 1911!

I. Jahrgang.
Nr. 13.

1. Dezember
1909.

Heitere

: Mitteilungen :

der
hochalpinen   G'sellschaft

»MIR   ZWA«

Sicherheits-Sport-Anzug

zur Verhinderung von Rodeluniällen.

Der kleinste Verein: Mir Zwa

bleiben der Vorderen
d) Zahlreiche Hornstöße hintereinander bedeuten: seitens des vorderen Führers möglichste Eile, Gefahr im Verzuge, seitens des zweiten Führers: Rückkehr der Vorderen, falscher Weg oder sonstiges Hindernis.
e) ein langgezogener Ton des vorderen Führers fordert ein etwas schnelleres Nachkommen der Rückwärtigen."
Dabei heißt es dabei gleich im Punkt 1 dieses umfangreichen Tröten-Regelwerkes: „Insbesondere haben die Führer darauf zu achten, dass im Walde jedes unnötige, das Wild verscheuchende Geräusch vermieden wird".

90 zum Teil winzige Vereine, Tischgesellschaften und „Alpine Gesellschaften" waren zu dieser Zeit in Wien registriert, so etwa die Alpine Gesellschaft „Wiener Schuhplattler", „Gamsveigerl", „Almrausch" (nicht unwahrscheinlich!), „Die Holzknechte" , und als Steigerung „Die fidelen Holzknecht", „Die Wetterfesten", ein humanitär-alpiner Klub „Die Neustiftler". Nicht zu vergessen der „Jednota Ceskych turistu" (Verein Tschechischer Touristen) sowie allerhand deutsch-nationale Vereinigungen. Heinrich Heß gründete 1876 die „Alpine Gesellschaft D´Ennstaler", die zum Beispiel mit ihren ganzen drei Dutzend Mitgliedern das gesamte Wegenetz im Gesäuse erstellte und instand hielt, und mit einer Extraportion Idealismus überwiegend in Eigenleistung die Ennstalerhütte sowie die später ihm zu Ehren benannte Heßhütte erbaute. Die größte oder besser kleinstmögliche Verdichtung des Vereinsgedankens manifestierte sich in der „Alpinen Gesellschaft Mir Zwa", die tatsächlich nur aus zwei Personen bestand, jedoch ein eigenes Vereinsblatt führte.

Der Verein, der Klub, ist bis zum heutigen Tag, nunmehr als Clique, das sublimierte Lagerfeuer der Urhorde, ein Nachhall aus jener Zeit, als „Mammut" noch ein Jagdobjekt war. Da sitzen sie im Kreis herum und erzählen von den Bären, die sie erlegt haben, und die sie demnächst erlegen werden; davon, dass die Bärenjagd früher unvergleichlich schwieriger gewesen sei und die Bären viel größer. Und jederzeit finden sich die Hüter der wahren Lehre, Zirkel von Puristen, Besseren, die sich von den „Gewöhnlichen" abzuheben versuchten: In diesem Sinn gründete sich schon 1878

der **Österreichische Alpenklub.** Bis zum I. Weltkrieg glich sein Mitgliederverzeichnis einem wahren „Who is who?" des damaligen alpinistischen Hochadels. Nahezu alle, die sich im deutschsprachigen Bergsteigen einen Namen gemacht hatten, drängten nach einer Mitgliedschaft, die an einen strengen Leistungsnachweis geknüpft war. Gründungsmitglied war unter anderem

Alfred v. Pallavicini (1848 – 1886). Der Dragonerleutnant war *sportsman* nach britischem Muster. Er zählte zu den stärksten Männern von Wien und soll auch an den damals beliebten Konkurrenzen der Gewichtheber und „Fasslschupfer" teilgenommen haben – inkognito, selbstverständlich, denn solche die Adelskonventionen sprengenden Eskapaden wurden vor der Öffentlichkeit abgeschirmt. Hätte es damals schon eine Regenbogenpresse gegeben, wäre allerhand geschrieben worden über den Playboy und Sportsmann Pallavicini. Dass er ein perfekter Pistolenschütze war, hat man für einen Leutnant ja gelten lassen, aber Kraftsport war in seinen Kreisen etwas für die „unteren Stände", mithin Anrüchiges. Mit illustrer Ahnenreihe (Lombardei) und einer Verwandtschaft in bedeutenden Positionen ist man mit sportlichen Ambitionen gleich ein Exzentriker gewesen. Schon schlimm genug, dass der Herr Markgraf dieser neuen Modetorheit der „Hochtouristik" nachging, mit Bergführern oder gleichgesinnten (bürgerlichen!) Freunden vom Alpenklub! Wie ihn diese wohl angesprochen haben, wenn er etwa kletternd einen Stein lostrat? Vielleicht: „Sind Durchlaucht wo ang'rennt?" Oder einfach: „Fredl, pass doch auf!"? Er unternahm anspruchsvolle Touren im gesamten Alpenraum, darunter mehrere Erstbesteigungen: 1878 den Pala di San Martino, 1879 die Kleine Bischofsmütze (die Große schnappten ihm und seinen Dolomiten-Führern die ortsansässigen Ramsauer weg!), 1881 den „Turm", im nördlichen Hochschwabgebiet, und den Suldengrat auf die Königspitze.

Alfred v. Pallavicini; rechts die Glockner-Nordseite

Untrennbar verbunden mit seinem Namen ist die Nordrinne zum Glocknergipfel (1876), mit den Führern Bäuerle, Kramser und Tribusser, welcher allein die Reihe von 2.500 Stufen anlegte. Wie immer gab es auch damals Leute, welche diese Besteigung anzweifelten, und lange Zeit wurde die Legende aufrechterhalten, dass die Rinne zu schmal zum Führungswechsel sei. Es gab aber vorerst niemanden, der aus eigener Anschauung mit diesem Unsinn hätte aufräumen können: in den folgenden 48 Jahren ist sie nur zweimal wiederholt worden: 1899 von Viktor Pillwax (der veröffentlichte prinzipiell gar nichts über seine Touren) mit zwei Führern, und 1924 von Alfred Horeschowsky im Alleingang! In Wirklichkeit waren ursprünglich finanzielle Gründe ausschlaggebend gewesen: damals musste jeder, der von Heiligenblut auf den Glockner stieg, drei Führer verpflichten – und Tribusser war von der Einzige unter ihnen, der diesem Hack-Marathon mit fast achselhohem Pickel gewachsen war. Zehn Jahre danach verunglückte Pallavicini unweit der Stelle seines Triumphes mit drei Gefährten (dem holländischen Legationsrat Crommelin und den Führern Christian Ranggetiner und Engelbert Rubisoier) durch Wechtenbruch beim Versuch der ersten Überschreitung der Glocknerwand. Bis zuletzt bewies er noch eiserne Energie und Lebenswillen: nach einem Zweihundert-Meter-Sturz schleppte er sich mit schwersten Verletzungen noch nahezu einen Kilometer weit unterhalb der Nordwände über den Gletscher talwärts, bis er am Rande einer unüberwindlichen Riesenspalte resignierend aufgab ...

Julius Kugy (1858 – 1944) hat als einer der Evangelisten des klassischen Bergsteigens einen Ehrenplatz in der Säulenhalle des Alpinismus: als Vertreter der in dieser Form fast ausgestorbenen Gattung „Führer-Bergsteiger". Er wuchs in Triest auf, als Sohn eines bedeutenden Import-Export-Unternehmers. Über die Botanik fand er zum Wandern und Bergsteigen, und traf als Student der Rechtswissenschaft in Wien auf den Kreis der ambitionierten jungen Alpinisten, die eben in einer Art Jugendrevolte das „führerlose Bergsteigen" propagierten: die Zsigmondys, Lammer, Pfannl, Purtscheller. Im Gegensatz zu ihnen wollte und konnte er sich gute Bergführer leisten, deren Leistungen er in seinen Schilderungen nie verkleinert hat.

Julius Kugy   Julische Alpen: Wischberggruppe

Zur Entdeckung unbekannter Berge und neuer Aufstiege musste er sich nicht auf exotische Inseln oder in polare Kältelöcher bemühen. Seine Expeditionen ins Unerforschte begannen wenige Dutzend Kilometer von seiner Heimatstadt Triest entfernt, in den Tälern und Berggruppen der Julischen Alpen, deren ungekrönter König er im Lauf seines Lebens wurde. Rund 50 Erstbegehungen sind ihm dort gelungen, oft der erste Anstieg über eine Bergseite. Bewundernswert sind seine winterlichen Erstbesteigungen (ohne Benützung von Schneereifen oder Ski!) von Jalovec, Kanin, Prisojnik, Wischberg, Mangart, Montasch und Triglav. Im Zug seiner alljährlichen „Westalpen-Kampagnen" erstieg er insgesamt rund vierzig Viertausender, darunter hochkarätige Anstiege wie etwa zwei Routen durch die Monte-Rosa-Ostwand, Überschreitung der Barre des Ecrins, Brenvaflanke oder der Mont Dolent vom Neuvaz-Gletscher. In einer Geisteswelt, die ständig vom Bergtod faselte, fand er als Realist den klaren Satz: „Der Tod in den Bergen ist selten ein Heldentod, sondern meistens eine große Dummheit". Er war kein Fulltime-Alpinist: Mit fünfundzwanzig Jahren wurde er nach dem Tod seines Vaters verantwortlicher Chef eines Großhandelshauses. Der Titel seines berührendsten Buches „Arbeit -Musik-Berge" (man beachte die Reihenfolge!) kann zugleich als sein Lebensmotto gelten: mit der Musik als prägendem Faktor, wie zahlreiche Metaphern in seinen Büchern verraten. Er war ein hervorragender Organist, übte täglich bis zu drei Stunden, gründete einen Kirchenchor und machte sich um die Wiederentdeckung alter Kirchenmusik verdient. Als Gipfelpunkt seines musikalischen Schaffens bezeichnet er eine der Messen von Pierluigi da Palestrina in der Basilika von Aquileja: „Nichts, nichts in meinem Leben kommt dieser Erinnerung gleich!"

Kugy war ein Weltbürger. „Fremdes" ist in einer Hafenstadt nie etwas Erschreckendes und Negatives gewesen, und seine eigene Identität hätte er gleich mehrfach spalten müssen: Sein Vater stammte aus Kärnten, seine Mutter aus Slowenien, seine Muttersprache als Kind war italienisch, literarisch tätig war er im deutschen Sprachraum, und wesensmäßig war er den viktorianischen Herrenbergsteigern Old Englands verwandt. Von den nationalistischen Misstönen späterer Zeiten hat er sich stets fern gehalten. So wurde er von den drei Nationen, die zu Füßen der Julischen Alpen leben, selbst in Zeiten politischer Hysterie gleichermaßen geschätzt und verehrt, seine Bücher, Höhepunkte des klassischen alpinen Schrifttums (nach wie vor lesenswert: „Aus dem Leben eines Bergsteigers"), dreifach zum literarischen Gemeingut. Er erhielt die Ehrenmitgliedschaft des britischen Alpine Club, des Österreichischen und des Schweizer Alpenclubs. Im Winter 1944, am Höhepunkt einer neuerlichen Weltkatastrophe, brach sich der alte Mann in seinem Haus in Triest bei einem Sturz den Oberschenkel und zog sich danach eine Lungenentzündung zu, die sein Ende bedeutete.

Führerlos: ein mittlerweile unverständliches historisches Diskussionsthema, bedeutete aber um 1870/80 einen Quantensprung, vergleichbar der Freikletterbewegung, dem Höhenbergsteigen ohne Flaschensauerstoff oder dem Alpinstil im Himalaya. Vor allem in der Gletscherregion waren Bergführer anfangs unverzichtbar – anders in weiten Gebieten der Kalkalpen, die weniger hoch und deswegen vermeintlich auch touristisch weniger wert schienen. Hier waren die Bergsteiger meist nur auf dürftige Angaben und auf ihre eigenen Fähigkeiten angewiesen: einer der Antriebe für Beginn des eigenständigen Bergsteigens. Einer der frühesten Vertreter dieser Richtung war **Herrmann Barth von Harmating,** der meist allein gehend die noch weitgehend unbekannten Karwendelberge durchstreifte, erkundete und in einem ausführlichen Juristenstil beschrieb. Auch die Gesäusegipfel, ebenfalls ein Gebiet ohne gewachsene Führertradition, wurden durch solche eigenständige Bergsteiger erschlossen. Ein zweites Element war eine neue Auffassung, die das selbständige Auffinden und Bewältigen eines Aufstieges erst als das wahre, mündige Bergsteigen betrachtete. Und ein drittes waren einfach materielle Gründe: „Für das Geld, das Sie eine Kampagne kostet", sagte **Ludwig Purtscheller** (1849 – 1900) zum grundsätzlich mit Führern gehenden Kugy „unternehme ich drei!" Logo – ein Turnlehrergehalt muss penibel eingeteilt werden!

Ludwig Purtscheller I Monte Rosa-Ostwand I Kilimandscharo (Zeichnung Compton)

94

Purtscheller darf nicht fehlen – weder in der Schule, noch in dieser Betrachtung! Der geborene Tiroler lebte erst in Kärnten, später als Lehrer in Salzburg, und wurde der Reinhold Messner des neunzehnten Jahrhunderts, ein Super-Alpinist, wie es ihn nur alle paar Jahrzehnte einmal gibt. Er war ein echt „besessener" Bergsteiger, ein Gipfelsüchtiger. Von Berufs wegen praktisch immer im Training, war er ein ferner Vorfahr der heutigen wissenschaftlich trainierenden Spitzenkletterer, obwohl es ihm, dem Zeitgeist entsprechend, in erster Linie immer um „den Gipfel" ging. Davon erstieg im Lauf seines relativ kurzen Lebens rund 1700, wobei als leuchtendes Fernziel eine möglichst umfassende Kenntnis der Alpen galt. Die mehrbändige Führerreihe „Der Hochtourist in den Ostalpen" – zusammen mit Heinrich Heß – geht auf seine rastlose Tatkraft zurück. Die Erstbesteigung des Kilimanjaro in der damaligen Kolonie Deutsch-Ostafrika mit dem Deutschen Hans Meyer, und eine Kauskasusfahrt, bei der auch der Elbrus bestiegen wurde, waren zu seiner Zeit Höhepunkte des Expeditionsalpinismus. Dabei wird er als bescheidener Mensch geschildert, dem alles recht war, wenn er nur im Gebirge unterwegs sein konnte. Kugy: „Den Bergen gegenüber war er ohne Ruhe, ohne Rast, ohne Maß. Nie genug, nie genug. Ich bin in meinem ganzen Leben keiner Persönlichkeit begegnet, die so von ihnen besessen gewesen ist wie er!"
1881 lernte Purtscheller die beiden Wiener Medizinstudenten Emil und Otto Zsigmondy kennen, Söhne eines ungarischen Zahnarztes, ein Jahrzehnt jünger als er (unter Kletterern eine Generationenkluft), doch seine langjährige Erfahrung, sein Berginstinkt und seine Kondition, Emils draufgängerischer Elan und seine brillante Kletterkunst, sowie Ottos ausgleichendes Wesen ergänzten einander bestens. Ohne Führer durchstiegen das Trio die erst dreimal begangene Monte

Rosa-Ostwand, die einen Ruf besaß wie später die Eigerwand. Dann überschritten sie als erste ohne Führer das Matterhorn von Zermatt nach Breuil, wobei in ihrem Fall der Begriff „führerlos" differenziert gesehen werden muss: Purtscheller war eigentlich ein überragender Amateurführer, vielen durchschnittlichen autorisierten Berufskollegen absolut überlegen. Am 26. - 27. Juli 1885 gelang den Dreien die erste Überschreitung des Gipfelgrates der Meije vom Pic Central zum Grand Pic. Es wurde ein Gang über „einem der furchtbarsten Abgründe, die es in den Alpen geben dürfte" (Purtscheller), insgesamt fast vergleichbar mit einer heutigen Achttausender-Überschreitung. Es wurde ihre letzte gemeinsame Tour. Wenige Tage später stürzte Emil in der Meije-Südwand ab.

Emil Zsigmondy | Zsigmondyspitze | Zsigmondy -Grab, St. Christophe

Emil Zsigmondy (1861 – 1885). Zsiqmondy-Riß, Zsigmondy-Gamseck, Zsigmondy-spitze, Zsigmondy-Kamin, Pic Zsigmondy, Brèche Zsigmondy – vom Wiener Peilstein über die Kleine Zinne bis zum Dauphiné begegnet uns der Name und lässt auf ein langes Bergsteigerleben schließen. Dabei dauerte es nur ganze acht Jahre. Emil und sein älterer Bruder Otto begannen ihre alpine Karriere am „Matterhorn" – im Wienerwald. Dieser Hochstapler-Felsen im Gebiet des Anninger ist zwar nur wenige Meter hoch, doch einer der frühesten Klettergärten der Welt. Die erste Ersteigung des „unersteigbaren" Feldkopfs im Zillertal, heute Zsigmondyspitze, war der erste Paukenschlag der Brüder in den Alpen. In den Dolomiten erkletterten sie Antelao, Civetta, Dreischusterspitze und andere schwierige Gipfel, vor allem aber die Kleine Zinne, welche der Erstersteiger, der Bergführer Michel Innerkofler, als seinen Privatberg betrachtete. Sie hatten überdies nicht seinen Weg, sondern einen von einem Überhang gesperrten Spalt durchklettert, den heutigen Zsigmondykamin. Die Zsigmondys verkörperten einen idealen, sportlich-intellektuellen Bergstei-gertypus. Emil promovierte mit 23 im Dezember 1884 zum Doktor der gesamten Heilkunde, daneben schrieb er an seinem Buch „Die Gefahren der Alpen", dem ersten Ratgeber für alpine Sicherheit. Otto war ebenfalls Mediziner, ihr jüngerer Bruder Richard erhielt 1925 den Nobelpreis für Chemie. Eine gewisse Tragik aber war ihnen gemeinsam – keiner wurde sehr alt.

Telegramm aus Bourg d' Oisans, 10. August 1885: „Bei neuem Aufstieg Südseite Meije mit Schulz und mir, kletterte Emil 30 Meter über uns, Seilschlinge abgeglitten, wir hielten Seil, es riss, Emil stürzte 700 Meter auf Gletscher. Leiche schwierig 8 Stunden nach St. Christof transportiert; heute würdiges Begräbnis. – Otto".

Eine ähnliche Fassungslosigkeit, die weit über die deutschsprachige Alpinszene hinausging, löste in vergleichbarem Ausmaß Jahrzehnte später wohl nur die Nachricht von Hermann Buhl's Absturz aus: einer, der so gut ist, dass ihm doch einfach nichts passieren kann!

Nach unserem Wissensstand ist es eine beängstigende Vorstellung, im Stil der Zsigmondys unterwegs zu sein. Sie hatten (zu dritt) ein 17-Meter-Hanfseil, das später durch ein 20-Meter Seidenseil (!) verlängert wurde. Diese Stricke hätten aber einem Sturz des geschilderten Ausmaßes niemals standhalten können, was bereits 1885 anlässlich des Unfalls mathematisch nachgewiesen wurde. Und da eine Selbstsicherung im Grunde nur daraus bestand, sich irgendwie zu verspreizen, bedeutete der Seileriss für Otto Zsigmondy und Schulz deren Lebensrettung. Die Abseilmethoden waren ebenfalls riskant: Man legte das Seil einfach um einen Felsvorsprung und hangelte sich am doppelt genommenen Strick hinunter; ferner konnte man sich, vom Partner auf Zug gehalten, hinuntergleiten lassen, oder man legte einen Reepschnur- Ring als Verankerung um einen Zacken und fädelte das Seil durch. Zsigmondy hat bei einer dieser Methoden offensichtlich eine jener kleinen Nachlässigkeiten begangen, die jedem Bergsteiger ab und zu unterlaufen, doch zum Glück meist folgenlos bleiben.

Eine konservative Rückschrittlichkeit der Wiener auf alpintechnischem Sektor stand im Gegensatz zu ihren ethisch-sportlichen Innovationen. Der Pickel als Statussymbol des „wirklichen" Hochalpinisten wurde auch auf reinen Felsrouten mitgeschleppt, und der Haken – womöglich gar zur Fortbewegung verwendet – galt als Teufelszeug, das mit dem Weihwasser des „echten alpinen Geistes" (keine Schnapsmarke!) bekämpft wurde. Allerdings war die damalige Hakensicherung" eher eine gefährliche Illusion, die nicht eines gewissen *thrill* entbehrte: Der Kletterer musste sich ausbinden, das Seil durch Hakenring oder -öse fädeln, und sich wieder anseilen, der Seilzweite desgleichen – so erscheint der moralische Verzicht auf derlei Aktionen gleich in einem anderen Licht. Dazu gesellte sich noch die verhängnisvolle Lehrbuchweisheit, dass sich im Notfall „überall leicht ein Stein zum Einschlagen eines Mauerhakens" fände, was manchen allzu Vertrauensvollen fast den Kopf kostete. Daher lautete Kletterers erstes und oberstes Gebot: DU DARFST NICHT FALLEN!

Abenteuerliche Abseilmethode I Meije, Promontoiregrat
„Sicherung" über ein Felsköpfl

LAMMER-RAGOUT „JUNGBORN"

1 Alpinisten reinsten Wassers oder 1 eingefleischten Alpinisten auf Messers Schneide mit einem Eispickel in kleine Schnitzler tranchieren, ordentlich mit Nervenpfeffer einreiben und in einer Mischung aus Pathos und etwas Feuergeist gut einbeizen, in dampfender Butter anschwitzen, zusammen in etwas Nietzsche-Brühe köcheln, bis das Pathos verdunstet ist, mit einem Becher Todesgefahr ablöschen und durch ein Penhall-Couloir stürzen.
Dazu trinkt am besten einen Humpen helles Kuffner-Bräu.
Dieses Menü entfaltet seinen vollen Geschmack erst oberhalb der Viertausendermarke!

Eugen Guido Lammer (1863 – 1945). „Jessas – das ist ja der mit dem ‚Durst nach Todesgefahr!'" – so wird er der wohl am meisten missverstandene und missinterpretierte Bergsteiger der Epoche an der Wende vom 19. zum 20. Jahrhundert vielfach einzig auf diesen seinen Ausspruch reduziert. Dabei war der Gymnasialprofessor, Vordenker und Leitfigur der „Führerlosen" nur ein wenig der Entwicklung voraus, randvoll erfüllt von deutscher Literatur, sprachmächtig, doch zuweilen übersteigert formulierend: „Rot glühend lohte in meinem Busen die Sehnsucht nach alpiner Tat, unlöschbar der Durst nach Todesgefahr. Ich war entschlossen, das Höchste zu wagen, das Leben jederzeit hinzuwerfen wie einen zerbrochenen Bergstock".

Eugen Guido Lammer

Piano, piano, lieber Professor – man wird Sie sonst posthum als Guru einer nationalistischen Opferreligion vereinnahmen! Unter seiner geistigen Schirmherrschaft ist das führerlose Bergsteigen förmlich zur alpinen Weltanschauung geworden. Darüber hinaus propagierte er als zusätzliche Steigerung das Alleingehen. Selbst auf Gletschern sei eine Art Über-Bergsteiger (die Zeitgenossen Nietzsche und Freud lassen grüßen!) durch entsprechendes körperliches und mentales Training in der Lage, mit allen Gefährdungen fertig zu werden. Ein überlebter 200-Meter-Sturz im Penhall-Couloir der Matterhorn-Westwand und die von Glück begünstigte Selbstrettung nach einem Spaltensturz im

Bergschrund am Zebru

Ortlergebiet mögen ihn bestätigt haben. Der exzellente Stil, in dem er die Gefahr als „Nervenpfeffer" verherrlichte, traf die jugendliche Begeisterungsfähigkeit mehrerer Bergsteigergenerationen. Legionen von Physiologen, Psychologen und Molekularbiologen, die derzeit bis in den letzten Sporthauskatalog herumgeistern, bezeichnen dies als den „ultimativen Adrenalinkick" und meinen im Grund genau dasselbe – nur selbstverständlich auf wesentlich höherem wissenschaftlichen Niveau.

Seine streckenweise pathetischen, überdreht wirkenden Formulierungen, Männlichkeits- und Elitekult, „Übermenschentum" und ähnliche äußerliche Komponenten seiner Texte resultieren aus dem Geist seiner Zeit und dem persönlichen emotionalen Aufruhr gegenüber einer verlogenen und doppelzüngigen Gesellschaft am Ausklang des neunzehnten Jahrhunderts: ein zorniger junger Mann wie in allen Epochen. Sie mögen oberflächlich dazu verleiten, ihn als Vordenker einer totalitären Ideologie zu sehen, was jedoch gänzlich falsch ist. Er war im Gegenteil in erster Linie ein tiefer Humanist, zugleich auch Querdenker, Oppositioneller und Streiter für Gerechtigkeit. Zum Beispiel verließ er, angewidert vom Treiben um den „Arier-Paragrafen", demonstrativ den Alpenverein und trat der aus dem AV ausgeschlossenen Sektion „Donauland" bei, die hauptsächlich aus jüdischen Mitgliedern bestand. Er hat als scharfsinniger Denker auch manchen Irrweg des Alpinismus vorausgeahnt und bekämpft. Sein Kulturpessimismus nahm die Ansichten mancher Grün-Fundis um achtzig Jahre vorweg und wirkt teilweise bestürzend aktuell. Sein Kokettieren mit dem Bergtod („... ein Nadelstich schmerzt mehr") blieb eine rhetorische Pose: Lammer starb mit zweiundachtzig friedlich im Bett. Gegen den sprachlichen Dünnpfiff, der uns gelegentlich aus aktuellen Publikationen oder gar aus Internet-Foren entgegenquillt, ist sein Stil trotz manch antiquierter Formulierungen ein wahrer Genuss. Für ältere Jahrgänge war Lammer ein selbstverständlicher geistiger Wegbegleiter, aber auch jüngeren Bergfreunden sei er empfohlen: Zeitfilter aufsetzen und ruhig einmal ausprobieren, seine alte Schwarte „Jungborn"!

Heinrich Heß (1857 – 1946). Der „Entdecker" der Gesäuseberge war keineswegs ein Lokalmatador mit engem Horizont. Mit seinen Alpenklub-Freunden, etwa Purtscheller, Diener, Pichl, Blodig und ähnlichen alpinen Schwergewichten besuchte er systematisch sämtliche Gebirgsgruppen der Ostalpen. Er gilt als Erfinder der Nachtfahrten, die es den bergsüchtigen Wienern erstmals erlaubten, übers Wochenende (das praktisch nur aus dem Sonntag bestand) bisher in dieser Weise unerreichbare Berggebiete aufzusuchen und Montag früh wieder am Arbeitsplatz zu erscheinen. Selbst er, in den Chroniken als „Fabrikant" geführt (er war „Exporteur österreichischer Waren" und später Teilhaber einer Metallwarenfabrik), konnte nach einer Sechs-Tage-Woche erst Samstag nachmittags seine Firma dicht machen, musste als Chef montags pünktlich erscheinen und konnte den Wochenbeginn keineswegs mit einem erquickenden Büroschlaf einleiten. Von Wien aus erstieg Heß so den Dachstein, den Hochkönig, die Ackerlspitze im Wilden Kaiser, oder den Hochtenn (ab Zell am See!) – das erforderte schon wegen der langen Talmärsche ein Maß an Bergbegeisterung, welches sich unsere auto-mobile Gesellschaft nur

Heinrich Heß | Heßhütte im Gesäuse | Heßturm im Buchsteinmassiv

schwer vorzustellen vermag. Denkt an Heß, liebe Leser, wenn ihr am Sonntagabend wieder einmal den „Scheiß-Stau" auf der Autobahn verflucht!

Workaholic Heß war Verfasser des ersten Gesäuseführers (1884), des Ahnherren aller heutigen Gebietsführer, Co-Herausgeber des „Hochtourist in den Ostalpen", bis zum Zweiten Weltkrieg das kompetente, mehrbändige Standard-Führerwerk, welches erst danach von den Alpenvereins-Führern abgelöst wurde. Er redigierte 25 Jahre lang (von 1895 – 1920) die „Zeitschrift des Deutschen und Österreichischen Alpenvereins", und 31 Jahre dessen „Mitteilungen". Und dies zu einer Zeit, da es keine oder nur ganz geringe Honorare gab, da es einfach Ehrensache war „der alpinen Sache zu dienen". Da ist es nur recht und billig, dass eine Hütte im Gesäuse nach ihm benannt ist!

Heinrich Pfannl (1870 – 1929), Jurist, wurde mit seinem Dauerpartner, dem Bankangestellten Thomas Maischberger, zum Markenzeichen für anspruchsvollen Alpinismus: Zweite Begehung des Peuterygrates am Montblanc, selbstverständlich ohne Bergführer, erste freie Erkletterung des Dent de Géant, im Gesäuse die Erstdurchsteigung der großen Nordwände: Tamischbachturm- (heute praktisch nie begangen), Admonter Reichenstein-, Ödstein- und vor allem Hochtor-Nordwand. Diese wurde am Beginn des Zwanzigsten Jahrhunderts dämonisiert wie Jahrzehnte später die Eiger-Nordwand. Ihre markanten Stellen waren jahrzehntelang zumindest dem Namen nach bergsteigerisches Allgemeingut: Fliegenband, Baumschwamm, Maischberger Fassln ... Wer die Hochtor-Nordwand auf dem Pfannlweg gemacht hatte, zählte zu den „guten" Kletterern – doch Begeisterung und Können konnten miteinander nicht immer Schritt halten. Die Inschriften am Bergsteigerfriedhof Johnsbach sprechen für sich: immer wieder „abgestürzt Hochtor-Nordwand", „erfroren Hochtor-Nordwand".

Heinrich Pfannl | Hochtor-Nordwand

11. Oktober 1896, ein trüber Herbstmorgen. Um 6.30 Uhr entsteigen dem Gesäusezug Heinrich Pfannl (24), Thomas Maischberger (39), Viktor Wessely (24) und Theodor Keidel (23). Ziel: die unbegangene Hochtor-Nordwand. Sie finden in getrennten Seilschaften zügig die richtige Routenführung und müssen nur eine einzige, dafür gewaltige Enttäuschung hinnehmen: der vom Tal aus sichtbare „Kamin", der zur Gipfelschlucht leiten sollte, erweist sich als glattwandige, mit wassertropfendem grünem Moos überzogene Riesenhöhle! O-Ton Pfannl: „... da lachen wir deines Widerstandes, o Berg; balle nur deine Riesenfaust fest um uns, wir finden durch, und wenn es im Kamin nicht geht, muss es draußen gehen in der Wand daneben".

Da lachen die klebehakenverwöhnten Plaisierkletterer – aber nur so lange, bis sie sich vorstellen, ohne echte Sicherung kirchturmhoch über schmale Leisten nach links zu queren, wo ein von zwei Ausbauchungen („de schau'n aus wie Fass'ln", brummte wohl der wortkarge Maischberger) überwölbter Riss den Durchstieg zu ermöglichen schien: heute, mit Zwischenhaken, IV+! Im Grunde hätten sie fast genauso gut ohne Seil klettern können, welches eigentlich nur dem jeweiligen Zweiten etwas Erleichterung gewähren konnte. Theo Keidel: „... als Pfannl und Wessely in die Gipfelschlucht einstiegen, Maischberger und ich jedoch rechts in die Wand hinausquerten, jede Partie von dem Wunsch beseelt, den Gipfel direkt zu erreichen, da erstarrte Maischberger einen Moment, als er mich auf einem Bande kriechend über der ungeheuren Tiefe schweben sah, und ich, als er unmittelbar über mir stehend seinen Fuß auf einen winzigen Tritt setzte, der für mich erkennbar lose war. Regentropfen fielen, da eilten Pfannl und Wessely vom Gipfel auf den Grat und warfen uns ihr Seil zu".

In 6 1/2 Stunden (derzeit veranschlagt: 4 – 5 Stunden) wurde das damals schwierigste Problem der Gesäuseberge gelöst – das war große Klasse. Heute befindet sich der Pfannlweg, wie die meisten „alpinen" Touren ganz allgemein, ziemlich im Out. Ein ergrauter Wiener Bergsteiger, der ihn als Achtzehnjähriger einst solo durchstiegen hatte, fand vor einigen Jahren für eine Nostalgiebegehung keinen geeigneten jungen Partner und wandte sich in dieser Angelegenheit an Klaus Hoi, Bergführer und Gesäuse-Hausherr. Der fragte ihn, halb zweifelnd, halb naserümpfend: „Das macht doch heute niemand mehr?" Einen Fan wie Sepp Eitzenberger aus Steyr, der ihn 96 Mal begangen hat, meist barfuß, und oft allein, wird der Pfannlweg wohl nicht mehr finden.

Thomas Maischberger (1857 – 1946), Pfannls langjähriger Gefährte, war ein weißer Rabe innerhalb der redseligen Bergsteigerzunft. Er hat er nie eine Zeile veröffentlicht oder einen Vortrag gehalten – aus Sorge, man könnte ihm Ruhmsucht nachsagen. Außerdem fand er, dass einem am Schreibtisch Gedanken überfielen, die man am Berg eh nie hat. 1904 stürzte er bei einer Alleinbesteigung des Dachsteins ab und brach sich den rechten Knöchel. Nach einem Biwak am Gletscherrand kroch er zur (unbewarteten) Simonyhütte. Bergrettung? Am vierten Tag fand ihn eine Suchmannschaft des „Alpinen Rettungsausschuss Wien", die nach seiner Abgängigkeit alarmiert worden war. Sein erfrorenes Bein sah sehr hässlich aus, war brandig geworden und musste unterhalb des Knies amputiert werden. Zwei Jahre später (1906) war Maischberger wieder unterwegs, auf Gipfeln, um die ihn viele Nicht-Invalide beneiden konnten: Wetterhorn, Jungfrau, Monte Rosa, Dom,

Piz Morteratsch, Piz Julier, Groß-Spannort, Montblanc, Matterhorn und Meije. Bis zum II. Grad kletterte er mit seinem „falschen Haxen", den er als einen Beschiss bezeichnete, die Dreier und Vierer mit dem Stumpf, den er mit einer Lederhülle schützte, das Ersatzbein trug er dann im Rucksack. Er praktizierte eine originelle Partnerbörse: war hinter dem Fenster seiner Wohnung ein weißes Leintuch sichtbar, bedeutete das: „Kletterpartner fürs Wochenende gesucht!", doch häufig kletterte er allein, wie etwa als Neunundsechzigjähriger über „seinen" Buchstein-Westgrat (III) im Gesäuse. Seine letzte große Gipfeltour war der Großglockner, mit 75 Jahren. Er hätte schon vor Jahrzehnten vielen Schicksalsgenossen als Vorbild zu einem gesteigerten Lebensgefühl verhelfen können, was aber durch seine schrullenhaft gepflegte Schweigsamkeit verhindert wurde. Außerdem galt in dieser Zeit die „Felddiensttauglichkeit" gesellschaftlich als oberstes männliches Ideal, dem selbst der glänzendste Vertreter eines Behindertensports niemals genügen konnte.

Thomas Maischberger | Buchstein-Westgrat

„Platte" hießen Cliquen und Gangs auf Altwienerisch – im Grund sind diese Aufspaltungen ein steinzeitlicher Nachhall, als eine menschliche Sozietät auf eine überschaubare Gruppe von 20, 30 Personen beschränkt war. Also: „**Alpine Platte d'Apachen**" (die Karl-May-Welle strebte ihrem ersten Höhepunkt zu). Anführer, stilgerecht „Häuptling" dieses kleinen, 10 bis 12 Herren (eh klar!) umfassenden wienerischen Schmähführer-Stammes war Heinrich Krempel, einer der Gründer des „Alpinen Rettungsausschuss Wien", Mitglieder waren unter anderem die Alpenmaler Gustav Jahn und Otto Barth. Diese frühen Bergrettungsaktionen verliefen äußerst umständlich und langwierig: Bei einem Unglücksfall musste erst jemand ins Tal rennen, einen Telegrafen oder einen der noch seltenen „Fernsprecher" aufsuchen – meist auf einem Bahnhof oder Gendarmerieposten. Von dort aus wurde die Zentrale in Wien alarmiert, diese verständigte die lokalen Polizeiwachstuben, von denen aus ein Wachebeamter anhand einer Liste den jeweiligen Bergrettungsmann aufsuchte.

Der setzte sich daraufhin in den Zug und reiste, häufig nachts, zum Ausgangsort der Rettung ... Für die Unfallopfer dauerten die Stunden wie Tage, und nur zu oft kamen die Retter zu spät. Doch auch für diese konnten unerwartete Probleme, selbst außerhalb der Berge, auftreten: Einer von ihnen bekam Schwierigkeiten mit seinem Wohnungsinhaber: Ein Mieter, bei dem so oft die Polizei auftauchte, erschien doch einigermaßen suspekt ... Kompromisslos bei Rettungsaktionen – dagegen locker und eher ehrgeizarm bei ihren Urlaubsfahrten: Möglichst viele schöne Gipfel in allen Gruppen der Alpen wollten die „Apachen" auf leichten oder schwierigen Wegen kennenzulernen, egal, ob diese Berge und Routen bereits erstiegen waren oder noch nicht. Wichtiger war ihnen, dass ihre Touren ohne Unfall gelangen, auch in schwierigen und gefährlichen Situationen und Wetterlagen. Sie begingen sie nach eigenen Vorstellungen und machten dadurch eigentlich immer „Erstbesteigungen", denn sie verzichteten auf jeglichen Führer, sowohl in personeller wie auch gedruckter Form. Eine solche Art Kletter-Ökologie, die gelegentlich auch heute gefordert wird, verlangt aber ein fast übermenschliches Maß an Entsagung: der Ruhm bleibt zwangsläufig geheim!

Heinrich Krempel | Bergrettung am Gr. Buchstein | Hochtor-Architektur

Eduard Gams trug einen schönen und symbolschweren Name für einen Bergsteiger. Kurzsichtig, löste er manchen Stein, so dass ihm seine Gefährten schon den Wahlspruch des Alleingänger Hermann v. Barth unterschoben „Wer mit mir geht, sei bereits zu sterben". Pichl, mit dem er häufig unterwegs war, empfand ihn begeistert als Bruder in seinem (nationalistischen) Geiste. Obwohl er nur dreißig Jahre alt wurde, konnte er auf eine beachtliche Bergsteigerlaufbahn in den Ost- und Westalpen hinweisen, wie zum Beispiel die erste Durchsteigung der Dachstein-Südwand mit Pichl.

Sind diese „Alten" eigentlich schon alt auf die Welt gekommen? Und waren sie möglicherweise allesamt schwul? Dieser Eindruck drängt sich oft bei der Lektüre ihrer Schriften oder ihrer Nachrufe auf. Fast nie findet sich ein Hinweis auf ein weibliches Wesen, ebenso wenig die Privatsphäre oder ein Berufsleben. Die Bergsteigerei wurde in einer Gegenwelt ausgeübt, das Privatleben galt allgemein als ein Tabu. Die Geschlechterrollen waren zementiert, die Frau hatte ihren Platz entweder als Hausfrau – oder im Bordell. Porträts gibt es aus panischer Angst, als geltungssüchtig eingestuft zu werden, höchst selten. In den Jünglingsjahren dieser Männer herrschte überdies an Stelle des gegenwärtigen Jugendlichkeitswahns ein hierarchischer Autoritäten- und Altenkult. In einer Gesellschaft, in der Kinder am Tisch nichts mitzureden hatten und Junge „erst einmal das leisten sollen, was wir geleistet haben", sind die meisten Bergbücher tatsächlich erst von reiferen Herren verfasst worden. Die meisten schlüpften überdies in den zeitgemäßen Stil, um nicht über jenes Maß an Verrücktheit hinaus noch weiter aufzufallen, welches damals den Alpinisten zugemessen wurde, und standen deshalb scheinbar ständig unter dem Druck, sich rechtfertigen zu müssen. Bei näherer Betrachtung hat in dieser Zeit einzig Lammer ein eigenständiges Geistesgebäude geschaffen.

Es galt ein fixer Wertekodex: Schnee und Eis, mithin Westalpentouren, galten als die höchsten Weihen des wirklich guten Bergsteigers, für eine „gültige" Bergtour musste dabei ein Gipfel erreicht werden, und selbst schwierigste Klettereien in den Voralpen wurden nur als zweitrangig gewertet. Rückblickend war es trotz dürftiger Ausrüstung und knapper Freizeit eine glückliche Phase, im welcher ganze Gebirgsgruppen von einzelnen Persönlichkeiten geprägt und erschlossen wurden. Da galt die Bezeichnung „Erschließer" noch als Ehrentitel und nicht als Synonym für einen Betonkaiser oder Subventionsabstauber. Julius Kugy und die Julischen Alpen, Hans Wödl und die Niederen Tauern, Franz Nieberl und das Kaisergebirge – oder, als die prominenten Reviere schon abgegrast waren, im verkleinerten Maßstab: Alois Wildenauer und die Hohe Wand.

Hohe Wand

Dr. Alois Wildenauer (1877 – 1967) war Pfarrer in Grünbach am Schneeberg und hat die Felsen der Hohen Wand als Klettergebiet entdeckt. 184 Steige hat er hier erstmals begangen, teilweise markiert und vielfach von der reichlichen Vegetation „ausgeputzt". Anfänglich dürften sich die Kirchgänger über den geräuschvollen Gang des Gottesmannes während der Messe gewundert haben, denn unter dem Priesterornat trug er bereits sein Bergsteigergewand inklusive der genagelten Schuhe, um nach dem Segen umgehend in sein Felsenreich entschwinden zu können. Nicht, dass er sein Amt nachlässig geführt hätte – schließlich wurde er später Domprälat zu St. Stephan in Wien – aber zum Priesteramt wurde er von seinen Eltern gedrängt, was man in seiner Zeit kaum ablehnen durfte. Seine wirkliche Passion war der Alpinismus: mehr als 4.000 Bergtouren von „seiner" Hohen Wand bis zum Montblanc. In seinen Erinnerungen beschreibt er, wie er sich durch eiskalte Bäder für die Unbilden des Gebirges „stählte" – ein Nebeneffekt mag die Eindämmung des „Stachels des Fleisches" gewesen sein, der einem normalen jungen Mann zu schaffen machte ...

Alois Wildenauer

Viele der klassischen Kletterwege der Hohen Wand sind häufig von Vegetationsstufen („Ziguri") unterbrochen und wären ohne hilfreiche Markierungspunkte kaum zu finden. Als in der kosmischen Weltordnung unmittelbar nach dem lieben Gott der Kaiser, und gleich danach Pfarrer und Lehrer rangierten, war der Anblick eines kletternden „hochwürdigen Herren" in Schlosserkluft, mit Farbtopf, einen Pinsel zwischen den Zähnen, eine höchst ungewöhnliche Begegnung. Dass bei derlei komplizierten Balanceakten manches Missgeschick auftrat, ist leicht vorstellbar. Wildenauer aber musste sich berufsbedingt jeden Fluch, oft entscheidender Schlüssel des Kletterns, verkneifen. Nicht einmal ein dezentes „'zefix!" oder „Himmelschimmel!" konnte er sich erlauben. Anstatt dessen legte er sich eine Kollektion kindlich-harmloser Flüche wie „Donnerwetter!" zurecht, ein Vorbild für political correctness. Mit Wildenauers Übersiedelung nach St. Stephan und seinem Aufstieg in der Kirchenhierarchie mussten seine geliebten Berge in den Hintergrund treten. Besuche junger Bergsteiger, die ihn schätzten und verehrten, brachten mit den unvermeidlichen Kletterdiskussionen wieder einen Hauch seiner eigenen Jugend zurück. Selbstvergessen stieg der alte Herr auf einen Sessel, um zu demonstrieren, wie man sich an der gefürchteten Schlüsselstelle strecken und drehen muss – bis die erschrocken herbeigeeilte Haushälterin ihm wieder auf das sichere Parkett herunter half. Die Wiener Bergsteiger-Originale Schwanda und Wertheimer, damals jung und unbedarft, brachten die Gitarre mit und erfreuten ihn mit ihrem Repertoire an Gstanzln und Bergsteigerliedern. Allmählich steigerten sie sich sie in gesangliche Ekstase, vergaßen den Ort ihrer Darbietung und stimmten ausgerechnet den „Florian Geyer" an, ein Lied aus dem Dreißigjährigen Krieg mit schwerer antiklerikaler Schlagseite: „Wir glauben an die Kirche nicht, heija- hohoo – der Papst, der ist ein Arschgesicht, heija – " „No, no, no!" brachte sie der Herr Domprälat begütigend in das weihevolle Ambiente des erzbischöflichen Palais zurück. Obwohl er sich zeitlebens bemüht hatte, seinen obersten Boss nicht zu reizen, legte ihm dieser eine Bananenschale auf den Lebensweg: einen schweren Schlaganfall, nach welchem er seine letzten zehn unendlich langen Lebensjahre im Rollstuhl verbringen musste.

Edward Theodore Compton (1849-1921) war inmitten dieser österreichisch-deutschen Clique der „Beute-Brite", ein nach Bayern übersiedelter Londoner Landschaftsmaler. Karl Blodig, sein oftmaliger Berggefährte: „Wenn wir oft nach schwierigem, nicht enden wollendem Aufstieg einen Hochgipfel erreichten, begann

Compton sofort mit seiner Arbeit. Wie oft schob ich ihm mundgerechte Bissen in den Mund, da er fieberhaft zu arbeiten begann, in der Furcht, dass neidische Wolken die umgebende Bergwelt vorschnell verhüllen könnten. In der Hütte angelangt, suchte alles müde das Lager auf, während Compton gewissenhaft seine Skizzen mit Farbe vervollständigte.

... Was bei Compton begeistert, das ist seine Kunst der Wiedergabe der Seele des Berges. Sein Granit ist Granit, sein Kalk ist Kalk – Kalk und nicht bemalter Karton oder gestrichene Holzdielen, sein Schnee ist Schnee, sein Eis ist Eis und nicht kalte Gipsmasse. Hochberühmt ist sein herrliches ‚Comptonblau', der zarte Duft, der über die Berge hingegossen ist, den noch niemand nachmachte"

Edward Theodore Compton

„Aufstieg zur Adlersruhe am Großglockner", Aquarell von E.T. Compton

Und er würdigte das alpine Können des Malers: „Nach Purtscheller nimmt Compton von allen trefflichen Bergsteigern, mit denen zu wandern mir beschieden war, unbestritten den ersten Platz ein. Sein glänzendes bergsteigerisches Können auf Fels und Eis, seine geradezu bewundernswerte Ausdauer, seine unerschöpfliche Geduld im Ertragen von Mühseligkeiten, sein wirklich geniales Pfadfindertalent, sie alle werden vielleicht noch von seinem erhabenen Gleichmute und seiner unverwüstlichen olympischen Heiterkeit übertroffen".

Rund 2000 Werke hat er geschaffen, viele unmittelbar im eiskalten Freilichtatelier „Gebirge". Seine Bilder faszinieren vor allem die Bergfreunde, welche die Schwingungen hinter der Leinwand nachempfinden können. Auf dem aktuellen Kunstmarkt, der einen roten auf einem blauen auf einem gelben Würfel, oder ein Arrangement leerer Bilderrahmen bejubelt, sind seine Aquarelle und Gemälde dagegen als „Handwerk" eher unterbewertet. Anerkennung empfing er in verschiedenster Form: Als fünfzigjährigem Maler reichte ihm sein alter Vater ein Blatt mit zwei Enten auf einem Teich und fragte ihn, was er davon halte. „Das hat natürlich ein Kind gezeichnet", meinte Compton, „das sieht man sofort – aber es zeigt Strich, aus dem wird mal etwas". „Richtig", meinte der Vater, „ich habe es seinerzeit aufgehoben, und fand es dieser Tage zufällig in einem Buch. Das hast du als Fünfjähriger gezeichnet – und es ist wirklich was aus dir geworden!" Während einer Ausstellung im Münchener Glaspalast stand der Herzog von Württemberg mit seinem Hofmarschall in ehrfurchtsvollem Schweigen vor einem Gemälde von Hinterstoder. Endlich flüsterte der Marschall dem Herzog zu: „Da könnte man die Hände falten". Und als Compton einmal einem Kärntner Bauern gestattete, sein Skizzenbuch zu durchblättern, brach der nach einiger Zeit in die Worte aus: „Bua, Bua – aber du kannst es!" Am 22. März 1921 ist er in Feldafing bei München gestorben, seine Asche wurde seinem Wunsch gemäß von seinen Kinder Marion und Edward Harrison im Gebiet der Zugspitze in einen Gebirgsbach gestreut. Zuvor aber blieb ihm nicht erspart, in seiner Wahlheimat München als „Feind" etikettiert, aus der Künstlergesellschaft ausgeschlossen und gesellschaftlich geschnitten zu werden: Der Erste Weltkrieg hatte begonnen, verstärkt die Gehirne der Menschen zu vergiften.

Weltkrieg I. Im Juli 1914 verkündete Kaiser Franz Joseph in Ischl sein Manifest „An meine Völker", welches den I. Weltkrieg und letztlich das Ende der Donaumonarchie einleitete. Schuld waren die jeweils anderen, selbstverständlich. Nahezu als schicksalhaft und unabwendbar wurde der Krieg schon länger erwartet, die Verantwortlichen waren eben „hineingeschlittert", niemand fand sich irgendwie schuldig: einen überzogenen politischen und wirtschaftlichen Imperialismus, ein maßloses Wettrüsten, einen übersteigerten Nationalismus – all dies praktizierten schließlich in erster Linie „die Anderen". Das Attentat von Sarajevo auf den Thronfolger Franz Ferdinand löste schließlich eine ganze Kettenreaktion von Kriegserklärungen der europäischen Militärpakte aus. Auf der Weltbühne wurden „Die letzten Tage der Menschheit" live in Szene gesetzt.

Kaiserjäger I Toblinger Knoten I Unterstand am Cevedale

Die Alpinisten erhielten anstelle ihrer neu in Gebrauch gekommenen „Schnappringe" erheblich weniger harmlose Karabiner in die Hand gedrückt und wurden gegen die „Franzmänner" und gegen die „Tommies" geschickt, die Bevölkerung, anfangs noch besoffen von Patriotismus und erfüllt vom Glauben an diesen „gerechten Krieg", zeichnete Kriegsanleihen und spendete „Gold für Eisen": Schmuck und Eheringe, und zuletzt schon ihr Metallgeschirr zum Bau von Kanonen. Im Mai 1915 erklärte zudem Italien seinem bisherigen Verbündeten Österreich-Ungarn den Krieg und erweiterte in der Folge dessen Spektrum mit einer bislang unbekannten Spitzenleistung menschlichen Irrsinns: dem Hochgebirgskrieg. „Kurz zuvor noch das unendliche Schweigen der Hochgebirgsnacht, jetzt ein Donnern und Toben, als ob die ganze Welt im Einstürzen und Zerbrechen begriffen sei. Rechts und links von uns ratterte ununterbrochen je ein Maschinengewehr. Etwas entfernter, aber mit dröhnenden Donnerschlägen ertönten die beherrschenden Stimmen der Geschütze. Und doch wurde all dieser betäubende Lärm noch bei weitem übertönt, als in nächster Nähe ein Minenwerfer zu arbeiten begann. Das war kein Klang mehr, genau wahrnehmbar für menschliche Ohren, das war nur noch ein gewaltiges Schüttern, das die Luft in allen Atomen erfüllte, während zu gleicher Zeit eine Feuergarbe lohend zum Himmel stieg, die nahen Felspfeiler mit roter Glut durchleuchtend bis in die verborgensten Kerben …"

Kaffeefassen

Feldgottesdienst

Dolomitenfront. Der liebe Gott hatte einen vollen Terminkalender. Er musste beinahe gleichzeitig als Oberaufseher bei Feldmessen der Armeen Österreich-Ungarns, der Italiener, der Franzosen, Engländer und Russen präsidieren, in denen die Soldaten in seinem Namen aufgefordert wurden, den jeweiligen Feind nur ja recht zahlreich und effizient umzubringen. Anfänglich leisteten sich die Kontrahenten aus Italien und Österreich-Ungarn zuweilen sogar noch Ansätze einer gewissen Ritterlichkeit. Damit war es vorbei, als sie daran gingen, sich im großen Stil gegenseitig im Wortsinn zu unterminieren und in die Luft zu jagen. Mit 5000 kg Sprengstoff pulverisierten die Italiener 1916 den Gipfel des Col di Lana (samt Besatzung, selbstverständlich). Zug um Zug steigerte man sich in eine Superlativ-Jagd: zehn-, zwanzig-, dreißigtausend Kilo, die schließlich wohl die Österreicher mit der Sprengung der Pasubio-Platte im März 1918 mit 50.000 kg Sprengstoff für sich entschieden!

Für viele der Soldaten war es die erste Begegnung mit der Gebirgsnatur. Die bergerfahrenen Kaiserjäger hatte man erst nach Osten, in die Sümpfe Galiziens kommandiert. Doch nicht einmal bei ihnen hatte es eine systematische Alpin-ausbildung gegeben, und die rund 1400 Bergführer als potentielles Kaderpersonal waren auf die verschiedensten Truppenteile verstreut, versumperten als einfache Frontsoldaten oder dienten allenfalls als persönliche Begleitung von Stabsoffizieren. Die Ausfälle waren enorm, auf beiden Seiten kamen zeitweilig durch Lawinen und andere Bergunfälle mehr Menschen zu Tode als durch die Kampfhandlungen – Militärhistoriker schätzen insgesamt 80.000 Opfer. Erst 1916 wurden „Bergführerkompanien" zusammengestellt, alpinistisch Interessierte in achtwöchigen Lehrgängen von erfahrenen Bergsteigern, den „Alpinreferenten", ausgebildet. Zu ihnen zählte die Prominenz dieser Ära, etwa Gustav Jahn, Hanns Barth, Günter Oskar Dyhrenfurth, Eduard Pichl, Richard Gerin, Walter Schmidkunz und der Skipionier Mathias Zdarsky. Aber selbst die mussten oft noch Lehrgeld zahlen: so wurde Zdarsky während der Suche nach Lawinenopfern von einer Nachlawine erfasst und durch dutzende Knochenbrüche dauerhaft geschädigt, Guido Mayer (der „Dibona"-Mayer) wurde als Alpinreferent in den Julischen Alpen von einem herabstürzenden Eisblock schwer verletzt ... Als im Dezember 1916 eine förmliche Sintflut aus Schnee einsetzte (4 Meter Schneehöhe!), kamen die Kämpfe von selbst zum Erliegen, ein inoffizieller vorläufiger Waffenstillstand setzte ein.

Albin Egger-Lienz, der damals bereits hoch angesehene Künstler, wurde wie alle wehrfähigen Männer zum Militärdienst eingezogen. Für den Maler fanden seine Vorgesetzten bei den Bozener Standschützen mit feinem militärischen Humor die entsprechende Tätigkeit: er wurde – Maler ist schließlich Maler – zum Färbeln von Kavernen, und zum Anpinseln der elektrischen Leitungen mit grüner Tarnfarbe eingesetzt, ehe ein

Wachtposten am Sennsattel

Vorgesetzter mit Kunstverstand diesem unwürdigen Treiben ein Ende bereitete.

Hubert Mumelter (1896 – 1981), aus Völs am Schlern, Maler, Autor und später Skilehrer, war damals Offizier im Abschnitt der Tofanen, und kannte als ortsansässiger Bergsteiger die Dolomiten wie sein Wohnzimmer: „Daraus resultierte ein sicherer Ortssinn, ja fast eine Ortswitterung, zum Beispiel bei Nebel, Sturm und Lawinengefahr. Das erweckte ein Gefühl des Zuhauseseins; wir kamen uns manchmal wie ein zu Kriegszwecken benützter alpiner Klub vor. … wir kümmerten uns nicht unbedingt um alle Befehle von ‚Hinten‘, wenn sie uns als undurchführbarer Blödsinn erschienen, zum Beispiel als wir die Punta di Bois, das berüchtigte ‚Castelletto‘ in den Tofanen, nach deren endgültigem Verlust eine Woche nach der Sprengung, durch einen kaminartigen Felstrichter, in den unentwegt fünf feindliche Maschinengewehre hineinfetzten, bei Nacht, Schnee und Regen und eigenem Artilleriefeuer im Rücken zurückerobern sollten. Niemand hätte sich dort oben halten können …" Wie in jeder Armee gab es Stabsoffiziere, die dem Heeresbericht und einer anschließenden Beförderung zuliebe eher einen Pseudo-Erfolg in Form eines unbedeutenden Geländegewinnes erzwingen wollten, als sich auf eine strategisch günstigere Position zurückzuziehen. Auch wenn ihr „Keks" am Kragen durch Heldenfriedhöfe en gros erkauft wurde.

Unerwähnte alpine Spitzenleistungen waren beinahe alltäglich. „ Ich möchte die Ausübung der Alpinistik, die der Krieg gebracht hat, eine gedankenlose, mechanische nennen" notierte der Kärntner-Schweizer Gustav Renker an der Julierfront. Zuvor war sein alpines Selbstbewusstsein angeknackst worden, als zwei Gebirgssoldaten eine Steilrinne, die er mit Steigeisen und Pickel sorgsam abgestiegen war, einfach auf dem Hosenboden herabflitzten! Die Leistungen und Belastungen, besonders während der langen Wintermonate, waren unvorstellbar.
Die Ausrüstung bestand aus Woll- und Lodenkleidung, die bei Nässe und Kälte gefror, Lederschuhen mit genagelter Sohle, und anstatt eines Pickels, der den Offizieren vorbehalten war, einem Bergstock mit Eisendorn, sowie vierzackigen Steigeisen. In Kavernen, die teils händisch aus dem Fels geschlagen oder gesprengt wurden, in engen, stickigen Baracken, in teilweise wie Nistkästen an Steilwände geklebten Beobachtungshütten, in umfangreichen, 8 Kilometer umfassenden Eisstollensystemen im Inneren des Marmoladagletschers, oder ganz einfach hinter Stein- und Schneewällen, nur mit einer Zeltplane ausgerüstet, wurden faktisch

wochenlange Dauerbiwaks erduldet. Ferrata-Geher könnten durch die täglich mehrmalige Bewältigung von verschneiten, vereisten Eisenwegen diese Strapazen ansatzweise nachvollziehen, wobei als Punkteabzug der Umstand gilt, dass auf sie nicht geschossen wird!

Dolomitenunterstand

Walter Schmidkunz: „Keinen trockenen Faden hatten wir am Leib. Des Nachts wurden alle Körperhüllen zu Eis. Die verschwollenen Füße steckten in gequollenen Stiefeln, denen das Schneewasser die Nähte auffraß, Zehen und Finger waren starr und gefühllos, die Augen schneeblind und entzündet, die Gesichter rissig und aufgedunsen, die trockenen Lippen zerkaut, zersprungen, die schmerzenden Schultern wundgescheuert vom Druck der Traglasten, vom Wetzen von Ski und Stutzen. So erreichten wir im dämmernden Abendnebel des fünften Tages die Höhenlinie, die uns Halt gebot: Dreitausend Meter über dem Meer, eine nächtige Wirrnis von Firn und Fels, ein unwirkliches Nebelheim, ein verlorenes Thule. Wir warfen unsere Packen in den Schnee und uns dazu. Wie wir standen, brachen wir zusammen. Wir waren fertig, absolut fertig, kraftlos, ausgepumpt. Fertig schon, bevor noch der wirkliche Krieg über die hohen Berge daherkam. Zwei Monate hatten wir unter den dürftigsten Verhältnissen in einem verschneiten, zerbrochenen Almstall gehaust und nun fünf Nächte frierend, hungernd und durchnässt in der steingrauen Einsamkeit gelegen. Wir hatten gehofft, hier, in der uns bestimmten endgültigen Stellung Menschen, Essen, Unterstand zu finden, und nun – ein Nichts, ein nacktes grausames Nichts!"

Stellung im Marmoladagletscher

„EISERNE" RATION

Laut Dienstvorschrift sollte eine Tagesration Rindfleisch, Gemüse, Kaffee und einen halben Liter Wein umfassen – was den einfachen Soldaten höchstens ein bitteres Lachen gekostet hätte: Die Realität bestand aus Zwieback, Konserven und Dörrgemüse, das sie als „Drahtverhau" bezeichneten.

Sofern der Nachschub an Nahrungsmitteln überhaupt funktionierte: Munition war schließlich wichtiger. Das Fressen der Pferde reduzierte sich im Lauf der Kriegsjahre zuletzt auf Erikagestrüpp und in Salzwasser eingeweichte Holzwolle. Worauf die armen Viecher eingingen. Den Menschen ging es nicht viel besser – doch sie durften nicht eingehen. Beschränkte Offiziere, einzig auf Gehorsam trainiert, schikanierten ihre Untergebenen. Als Grundprinzip galt, dass die Soldaten die eigenen Vorgesetzten mehr zu fürchten hätten als den Feind, vor allem um eine Verbrüderung der kriegsmüden armen Hunde auf beiden Seiten der Front zu verhindern. Die Disziplin wurde vor allem mit zunehmender Dauer des Krieges von einigen Scharfmachern besonders streng gehandhabt. Ein Tiroler Standschütze schrieb in seinen Erinnerungen: „Der Major las die Liste der ‚Kriegsartikel' vor, jener Delikte, auf denen die Todesstrafe stand. Mit der Litanei des ‚.. wird erschossen', ‚... wird erschossen' wurden auch die Gesichter der Schützen immer länger. Als er fertig war, herrschte betretene Stille. In diese platzte eine tiefe Stimme: ‚Teifl, wenn dös alles stimmt, san mir alle hin, bevor mir den ersten Walschen g'sehn haben!'"

Eines einte diese Männer innerlich über alle Grenzen hinweg – der Krieg wurde das unauslöschlich eingebrannte Abenteuer ihrer Jugend, trotz oder gerade wegen aller Strapazen und Ängste, welches sie mit viel Glück überlebt hatten – denn sie hätten genauso in den Todesmühlen Galiziens oder der Isonzoschlachten kompostiert werden können. Nochmals Hubert Mumelter: „Alle guten Erinnerungen eines ehrlichen Frontkämpfers speisen Erlebnisgehalte, die nichts mit dem bestialischen Gesicht des Krieges selbst zu tun haben, sondern mit dem unverfälschten Gesicht des Menschen in einem Feuerofen, mit der gesteigerten Kraft des Lebens in der Nähe des Todes, wie sie bei jeder Katastrophe und jeder Gefährdung aufbricht". Diese Frequenzen schwingen als Unterton immer wieder im Alpinismus der folgenden Jahrzehnte weiter, wenn auch späterhin zusehends politisch instrumentalisiert und verzerrt.

Rund 50 Jahre später trafen einander ehemalige Kaiserjäger und Alpini an Stätten der einstigen Dolomitenfront, die zum Teil als Mahnmal für spätere Generationen konserviert wurden. Ob die zum Teil schon etwas tatterigen alten Herren noch wussten, weswegen sie einander damals mit Minen, Kugeln, Bajonett, Handgranaten und Schrapnells zerfetzen, durchlöchern, sprengen oder sonst wie ins Jenseits befördern wollten? Für Gottkaiservaterland? La patria? Keine Antwort nirgendwo.

Reste der „Eisernen" Ration | Ausgeaperte Artilleriegranate

Wieder zahlen wir in gleicher Währung, wandern, biken, oder gleiten unbeschwert auf Ski über nicht mehr wahrnehmbare, einst verminte, mörderisch (im Lauf der Jahrzehnte sogar zweimal) umkämpfte Grenzlinien, und haben ohne entsprechende Anleitung womöglich gar keine Ahnung, welches Volk wir eben hassen müssen ...

Kriegsrelikte am Mandronegletscher/Adamello

Dieses Gemetzel hatte aber zumindest eine bescheidene positive Nebenerscheinung zur Folge: „Durch den jahrelangen Aufenthalt in den hochalpinen Regionen, selbst zur ungünstigsten Jahreszeit, ist ja jeder, der an der Tiroler Alpenfront gestanden ist, mehr oder weniger unwillkürlich gezwungen worden, alpinistische Grundsätze zu beherzigen und alpinistische Grundkenntnisse sich anzueignen, schon der eigenen Sicherheit wegen; aber dass selbst die seelisch und körperlich Stumpfen, denen das Hochgebirge, überhaupt die Natur, nichts zu sagen hat, gegen ihren innersten Willen die Berechtigung und den Wert des Alpinismus anerkennen müssen, das wird jedem echten Alpinisten eine wonnige Genugtuung sein". (Hanns Barth: „Die Bergsteigekunst im Kriege")

So wurde aus der anfänglichen Verrücktheit einer Schar von Selbstmordkandidaten allmählich eine Massen-Freizeitbewegung, achtzig Jahre später als Outdoor-Segment sogar eine „werberelevante Zielgruppe".

Auf dem Gipfel. Scherenschnitt von F. Franziß

5.
BERGVAGABUNDEN-GRÖSTL

Aus der goldenen Arbeitslosen-Ära der Zwanzigerjahre stammt diese kalorienarme bayerisch-tirolerische Kreation:

BERGVAGABUNDEN-GRÖSTL
(nach Küchenmeister Schmalhans Ertl)

1 ausgelöster Stripsenkopf und 1 Sakrahaxn werden auf der Fleischbank kleinwürfelig geschnitten und anschließend mit etwas Ampferer in einem Pfannkamin geschmort.
1 Paar Manchonpatschen, 2 Wollsocken, 1 Filzhut, 1 aufgedröseltes Hanfseil, 1/2 alte, gut eingebeizte Hüttendecke werden zerschnipselt, leicht angebraten und in dem mit Schultersicherung gehaltenen Pfannkamin mit einem Fiechtlhaken gut durchgemischt.
Abschließend schmeckt man mit je 1 Prise Heldentum und schwarzem Humor ab.
Würzige Rostgurken und mürbe Reepschnüre, eventuell etwas feingehacktes Wildgemüse aus dem Teufelswurzgarten ergeben einen erfrischenden Salat.
Im Dülfersitz servieren!

Fürsten in Lumpen und Loden

„Furcht nämlich - ist unsere Ausnahme.
Mut aber und Abenteuer und Lust am Ungewissen, am Ungewagten –
Mut dünkt mich des Menschen ganze Vorgeschichte."
Friedrich Nietzsche, „Zarathustra"

Der Wilde Kaiser ist eigentlich das Resultat sprachlicher Schönheitschirurgie, denn der elegante „Kaiser" hat einst ziemlich trivial begonnen: im Volksmund wohl als „Koasa", doch sinngemäß als Kaser = Almwirtschaft! Mit seiner Konzentration von aufreizenden Felswänden auf engstem Raum bildete er Jahrzehnte hindurch das alpine Schwierigkeitsbarometer der „Nordalpinen". Wie so oft begünstigte die Nähe einer großen Stadt – in diesem Fall München – mit ihrem großen Reservoir an naturbegeisterten Turnern und Bergenthusiasten eine Hochblüte der Felskletterei.

Eine „Münchener Schule" ist aber ein nachträglich übergestülptes Gedankenkonstrukt, welches als Gegenstück zu einer ebenso diffusen „Wiener Schule" kontrastieren sollte. Denn innerhalb jeder regionalen Szene fanden sich sowohl Anhänger reiner Freikletterkunst, die bei allem Bemühen, jeweils die Ersten zu sein, auch einmal verzichten konnten, für künftige, bessere „etwas übrig lassen" wollten. Ebenso aber Verfechter einer Richtung, welche den Gebrauch der jeweils neuesten Hilfsmittel nicht allzu dogmatisch verurteilte. Nur hat es bei „den Wienern" vergleichsweise etwas länger gedauert, bis sich ihnen die Feinheiten einer relativ wirksamen Sicherungs- (und Fortbewegungsmethode) durch Haken erschlossen. Der „Kaiser" wurde zum idealen Platz, um an der Schwierigkeitsschraube weiter zu drehen. Die Kritiker saßen ohnehin meist bereits als alpine Pensionisten am Schreibtisch – und diejenigen, welche nicht nur theoretisch auf den Spuren der „Entweiher" unterwegs waren, äußerten sich heilfroh über jeden der damals spärlich verwendeten Eisenstifte ...

Totenkirchl

Totenkirchl, Führerkamin

Totenkirchl, Westwand

„... die schwierigsten, anstrengendsten und gefährlichsten Klettereien, die überhaupt bis zur Grenze der Möglichkeit gehen", hätten Gottfried Merzbacher und der Bergführer Michel Soyer zu bewältigen gehabt, als sie 1881 auf dem „einzig möglichen Weg" als Erste den Gipfel des Totenkirchl erreicht hatten. „Werch ein

Franz Nieberl

Illtum": Mehr als fünfzig Routen verzeichnete der Kaiserführer von 1978, und diese Zahl hat sich seither noch weiter vergrößert. Nur hat sich mit den Schwierigkeitsmaßstäben auch die Geschmacksrichtung geändert. Als naturgegebene Strukturen die Aufstiegslinien bestimmten, waren am Totenkirchl die Kamine das Augenfälligste: jede Rille des Berges eine Tour. In der Frühzeit hatte scheinbar jeder Kaiser-Kaiser den Ehrgeiz seines eigenen Kamins: Gretschmannkamin, Krafftkamin, Kadnerkamin, Schroffeneggerkamin, Fiechtlkamin, Leixlkamin, Nieberlkamin, Piazkamin, Pfannkamin, Dülferkamin, Leuchskamin – genug! Wer mag denn heute schon Kamine? Schon um 1905 war die tausendste Kirchl-Besteigung zu verzeichnen, Franz Nieberl, der „Kaiser-Papst" (welch eine Doppelfunktion!) stand als 78-jähriger zum 92. Mal auf dem Gipfel.

Hans Fiechtl (1884 – 1925). Der im Zillertal geborene Fiechtl begann seine alpine Karriere, wie damals oft üblich, als Hüttenträger, ehe er sein Führerpatent erhielt. Als 1908 die Totenkirchl-Westwand von Piaz, Schroffenegger und Klammer erstmals erklettert wurde, musste er sich umgehend daran messen – mit Hans Hotter und Franz Stöger gelang ihm die zweite Begehung. In den Zillertaler Alpen eröffnete er einige sehr schwierige Routen, über den Feldkopf-Nordostgrat notierte er: „Schwerste aller mit bekannten Wände". Mit Otto Herzog erkletterte er die Schüsselkarspitze-Südwand. Mit Dülfer gelangen ihm Erstbegehungen im Karwendel, Rofan und dann auch im Kaiser, der sein Leibgebiet wurde. Milena Jank, die als erste Frau die Totenkirchl-Westwand gemeistert hatte: „Er war eine Art Übermensch der Berge. Das Kirchl war gleichsam sein Eigentum. Er hatte alle 53 Aufstiegsrouten mindestens dreimal

Hans Fiechtl

bewältigt, viele davon sogar selbst entdeckt. Er war nicht verheiratet und hatte keinen Anhang. Sein Vorleben war dunkel. Man sagte, dass er ein Gymnasium

besucht habe, jedenfalls sprach er ganz leidlich italienisch und englisch. Ein paar Wintermonate pflegte er unsichtbar zu sein. Dann war er auf Reisen. Diese sollen sich bis Amerika und bis zum Orient erstreckt haben. Er sprach nie darüber". Seine selbst geschmiedeten Haken aus einem Stück, ohne eingeschweißten Ring, waren sein Markenzeichen, ebenso wie die Schnapsflasche mit dem „Kraftwasserl", die in seiner undefinierbar verwaschenen, ursprünglich blauen Jacke stets ihren Platz hatte. Behütet war „Onkel Fickel" mit einer zerknautschte Kaiserjäger-Feldmütze. Fiechtl hatte sich im ersten Weltkrieg eine Malaria zugezogen, die sich gelegentlich auf seine Tagesform auswirkte. Er stürzte 1925 auf seiner Route am Nordwandsockel des Totenkirchl ab.

Otto Herzog (1888 – 1964) verdient eigentlich bei jedem Kletterkurs eine Gedenkminute: der gelernte Zimmermann, aus Franken stammend und später in München zu Hause, hat sich unsterbliche Verdienste erworben, indem er um 1910 höchstwahrscheinlich als Erster den bei seinem Beruf und der Feuerwehr verwendeten Karabiner für die Kletterei nutzbar machte, und damit eine Hakensicherung ermöglichte, welche diesem Begriff auch gerecht wird. Anfangs haben er und seine Partner diese alpine Geheimwaffe unter Verschluss gehalten – doch konnte

Otto Herzog

Schüsselkarspitze

schon damals eine neue Technologie nicht lange ein Monopol bleiben, und in der Folge bewirkten diese vorerst ungeschlachten und schweren Eisentrümmer, von denen man schon aus Gewichtsgründen nur wenige mitführte, eine Revolution der Klettertechnik. Ebenso heißt es, Herzog habe schon vor Dülfer das Prinzip des schrägen Abseilens für Quergänge genützt, was nur schwer nachzuweisen ist. Fast immer, wenn ein wesentlicher Entwicklungsschritt in der Luft liegt, gibt es mehrere Gehirne, die ihn voneinander unabhängig ausführen – der Dolomitenführer Michele Bettega hat vermutlich schon lange vor Herzog und Dülfer den Seilquergang „erfunden", und kletterte bereits gummibesohlt.

„Rambo, Herzog von Laliders" – so hat er sich an einem Balken der Ladizalm verewigt, darüber hinaus im Lauf seines Lebens mit 178 Erstbegehungen in den Kalkalpen, etwa der Schüsselkarspitze-Südwand. Mit seinen Geschwistern Paula und Christian beging er die Nordkante der Lalidererspitze, nachdem ihm das Quartett Dibona-Rizzi–Mayer-Mayer ein Lieblingsprojekt, die Nordwand, vor der Nase weggeschnappt hatte, und mit Gustav Haber 1922 die Westverschneidung der Dreizinkenspitze, die als „Ha-He-Verschneidung" noch immer höchsten Respekt genießt. Dazu wäre noch anzumerken, dass Haber und Herzog ein 25-Meter-Seil und nur wenige Haken mit sich führten. Herzogs Spitzname „Rambo" nahm übrigens keinen Actionhelden mit müden Augenlidern vorweg, sondern ergab sich, nachdem er sich einmal lang in eine besonders schwierige Klettergartenpassage verbissen hatte, und sich danach „ramponiert" fühlte – im weichen Bayrischen „ramboniert". Herzog war ein „zaacher Hund", was in Kletterkreisen als Ehrentitel zu werten ist. Als er nach dem Tod seiner ersten Frau wieder heiratete, führte er seine neue Gemahlin als Hochzeitsreise durch den Pfannkamin aufs Totenkirchl. Anstelle blauer Blumen gab es für sie blaue Knie und Ellbogen von der Kaminschrubberei. Als fast Siebzigjähriger besuchte er den „Alpinismus"-Redakteur Hiebeler, wobei sich im Gespräch ergab, dass er eben eine unangenehme Biwaknacht im Karwendel hinter sich hatte. Wo, das wollte er nicht verraten, weil es sich um ein Erstbegehungs-Projekt handelte. Nur so viel: ein „junger Hupfer" von vierundsechzig Jahren habe dabei schlappgemacht.

Ein wesentlicher Faktor, der die jungen Leute in dieser von Hierarchien bestimmten Epoche besonders anzog, war das gelebte demokratische Element des Bergsports – ob einer Professor war oder Hilfsarbeiter, galt mit Ausnahme einiger dünkelhafter Zirkel als zweitrangig, es zählte in erster Linie die Leistung am Berg. Die Schilderungen aus diesen Jahren erscheinen getränkt mit Pathos und Ernsthaftigkeit – erst im Rückblick wagte man die durchaus originellen Jugendblödeleien anzusprechen.

So erinnerte sich Rudolf Schietzold (der einst als Erster abseilend die Totenkirchl-Westwand erkundet hatte), an eine ungewöhnliche Benefizaktion für den Wirt des Sellajochhauses. Der hatte für seine Hüttenterrasse ein teures Fernrohr angeschafft, das sich mangels Zuspruches nicht so recht amortisieren wollte. Gabriel Haupt, ein Würzburger Gymnasialprofessor und begnadeter Kletterer, organisierte mit seinen Kumpanen eine Besteigung der Fünffingerspitze durch den Schmittkamin. Nach dessen Durchkletterung wurde an der Nordseite zur Showtime gerüstet: den Rucksäcken entquollen grelle Bauerndirndl, Ballettröckchen, Zylinderhüte, bunte Schirme, der Schlaueste hatte überhaupt gleich ein Adamskostüm gewählt. Diese Karnevalsseilschaft bewegte sich sodann in angemessen langsamer Akrobatik dem Gipfel zu ... Das Fernrohr war umlagert, der begeisterte Wirt musste zweimal das Münzfach entleeren – doch sein Erlös ging abends für eine umfangreiche Spende von Asti spumante an die Akteure wieder drauf ...

Hans Dülfer (1892 – 1915), von seine Zeitgenossen als still, eher reserviert geschildert, war Pianist, der am Berg seine Fingerübungen auf den Fels transponierte. Es hieß „Dülfer klettert nicht, er streichelt den Fels". Er war ein direkter Vorfahr des Trainingsgedankens, wenngleich er diesen Begriff auch nicht direkt aussprach: Er hielt es für einfach für wichtig, die Bewältigung von Kletterpassagen ebenso methodisch zu erlernen wie Takt für Takt eines Musikstückes. Willi von Redwitz, Dülfers Gefährte in der Direkten Totenkirchl-Westwand, sagte: „Ich habe Dülfer nie schnaufen gehört, auch im anstrengendsten Riss nicht, er ist stets gestanden, nie gehangen!" Von Dülfer selbst ist der Satz überliefert: „Man geht, so weit es geht, und wenn es nicht mehr geht, macht man einen Seilquergang und geht weiter".

Diese Formel war für den Alpinismus von einer Tragweite wie Einsteins $E=mc^2$. Der nach ihm benannte, Oberkörper und Schenkel umschlingende Abseilsitz, der den Seilquergang ermöglichte, gehörte einst zum kleinen Einmaleins der Kletterei, ist aber durch allerhand praktische Maschinchen abgelöst worden und in Vergessenheit geraten: am Cho Oyu wäre vor einigen Jahren ein koreanischer Bergsteiger fast umgekommen, weil er sein Abseilgerät verloren und nie etwas vom Dülfersitz gehört hatte ...

Dülfer war vom damaligen Kaiser-Problem Nummer eins fasziniert, der Mauerglätte der Fleischbank-Ostwand, in der Otto Herzog, Adolf Deye, Hans Fiechtl und Georg Sixt schon Versuche über den ersten Seilquergang hinaus vorgetrieben hatten. Er aber hatte diese Methode verfeinert und perfektioniert, und nach einem vergeblichen Versuch mit seinem oftmaligen Partner Werner Schaarschmidt, bei dem ihnen der Rucksack samt Haken, Proviant und zweitem Seil die halbe Wand hinuntergefallen war, stiegen die beiden vier Tage später,

Hans Dülfer

Dülfer am Predigtstuhl

Ellmauer Tor: Christaturm (li.) und
Fleischbank

am 15. Juni 1912, in vier Stunden durch die begehrte Wand. Oft wurde versucht, Dülfer quasi als den „Nagler" und Paul Preuß als den Freikletterpuristen als theoretische Antipoden zu positionieren, aber der einzige Unterschied zwischen diesen beiden geistesverwandten Superkletterern bestand darin, dass Dülfer wenige Haken einsetzte – Preuß dagegen überhaupt keinen, auch nicht zu Sicherungszwecken! Im Können hingegen waren sie einander ebenbürtig, was auch in einer gegenseitigen Wertschätzung ihren Ausdruck fand.

Nach schönen Erfolgen in den Dolomiten wagte sich Dülfer 1913 allein an den Riss in der teilweise überhängenden Einbuchtung zwischen Christaturm und Fleischbank. Am zweiten Überhang hangelte er sich in „Piaztechnik" empor, V+. Hinterher war die Freude über sein schwierigstes Kletterkunststück groß, denn er schrieb kurz und bündig in sein Tourenbuch: „Allein – Hurra!" Und am Stripsenjoch sagte er, den möchte er kennen, der den Riss ebenfalls allein bewältigt. Bis dahin sollten 23 Jahre vergehen: der nächste Ausnahmekönner, der den Dülferriß (unter Experten lange Zeit hindurch als die kühnste aller Solo-Erstbegehungen gewertet) allein wiederholte, war 1936 Hias Rebitsch. Die Fleischbank-Ostwand hat Dülfer noch dreimal begangen, aber auch zahlreiche andere bedeutende Routen tragen seine Handschrift, unter anderem die Predigtstuhl-Westwand, die Direkte Totenkirchl-Westwand, (1913 mit Willi v. Redwitz), die Westwand der Großen und der Westlichen Zinne und etliche Touren in der noch wenig bekannten Larsec-Gruppe. Innerhalb von vier kurzen Bergsteigerjahren schaffte er 50 teils bahnbrechende Erstbegehungen.

Hanne Franz, seine Lebens- und Klettergefährtin: „Im Herbst 1913 begann er mit der Neubearbeitung der Larsecgruppe für den ‚Hochtourist'. Es war ihm ein Bedürfnis, gerade dieses Gebiet mit seinen wilden Schluchten und Hochkaren für Bergfreunde bekannt zu machen. Unermüdlich streiften wir dort herum, er machte Aufzeichnungen und Notizen – wir wollten im Herbst 1914 noch einmal hin, um den Rest der Arbeit fertig zu machen. Da kam der Krieg. Dülfer stellte sich bald kriegsfreiwillig, kam aber erst am 1. Dezember an die Reihe. Seine Briefe vom Felde klangen vergnügt und zuversichtlich, und fast in jedem sprach er von seinen Bergen und von Erinnerungen an jene Zeit da draußen. Am 13. Juni schrieb er noch: ,Morgen gehen wir wieder in Stellung, übermorgen am 15. ist das Jubiläum der Fleischbank-Ostwand. Ich rauche zur Feier aus der Pfeife, die mir damals mit dem Rucksack die halbe Wand heruntergepurzelt ist'. Und am 15. starb er! Er stand als Beobachtungsposten vorn, vormittags 11 Uhr, mitten im heftigsten Artilleriefeuer, wie mir sein Kompanieführer schrieb. Da fiel eine Granate auf den Schild vor ihm, platzte, und man meldete es dem Leutnant. Als dieser hineilte, habe Dülfer dagesessen: ein Granatsplitter hatte ihm den Hals aufgerissen, so dass er sofort tot war. Auf dem Soldatenfriedhof in Bailleul bei Arras, dort hat er sein Grab". Er wurde nur 23 Jahre alt. Unter den Millionen Toten dieses Krieges waren noch weitere 2.500 Mitglieder des Alpenvereines zu verzeichnen.

Der I. Weltkrieg hat als zentrales Ereignis die Biographien und die Vorstellungswelt dieser Generation geprägt. Aufgewachsen in einer unvorstellbaren informationsmäßigen Dürrezone, waren sie ohne andere Quellen den tendenziösen Zeitungen ausgeliefert. In ihrer Erziehung waren sie autoritätshörig zurecht gebogen worden, dazu vernebelt von einer propagandistisch verharmlosenden Vorstellung des Krieges als einer Art männlich-sportlichem Kampfes, einer ritterlichen Auseinandersetzung. So waren sie zum Teil freiwillig, mit echter, lodernder Begeisterung an die Front gezogen. Dass der technische Fortschritt mittlerweile ein industrielles Schlachten ermöglichte, wurde sogar den widerwärtigsten Einpeitschern selbst erst langsam bewusst – sie alle hatten noch die konventionelle Kriegsführung mit bunten Operetten-Uniformen, Rössern, Trommeln und flatternden Bannern gelernt und gelehrt. Nun wurden sie mit den ersten Panzern („Tanks"), mit Fliegerangriffen, Flächenbeschuss und Giftgas konfrontiert. Es wurde zu einem endlosen Horrorfilm „in echt", der vier Jahre lang andauerte.

Kriegsromantik - und Realität: Sturmangriff I Unterstand im Marmoladagletscher

Das allseits erwartete und eingeforderte Heldentum war in einem solchen Stahlgewitter, einem Inferno aus Eisen, Schlamm und Blut, oft mit buchstäblich vollen Hosen, nicht so ohne weiteres zu erbringen, und ließ später in Vielen das nagende Gefühl persönlichen Versagens und Nicht-Genügens aufkommen. Vor allem bei den Verlierernationen Deutschland und Österreich herrschten Bitterkeit, Frust und Verzweiflung: Ihr festgefügtes Weltbild war dahin, die meisten ihrer gewohnten alten Ordnungen hatten sich aufgelöst. All die Leiden, Entbehrungen und Verluste, das Entsetzen, der Heroismus – für nichts und wieder nichts!

Doch nach Kriegsende konnte dann am Berg jeder seine eigenen Siege erringen und ein Held sein – wie immer sich das ausdrückte. So ist mit diesen Begriffen im alpinen Schrifttum viel grober Missbrauch getrieben worden. Mancher hat sicher im physischen und moralischen Dreck der Frontkämpfe opferbereite Kameradschaft und echte menschliche Größe erlebt. Am Berg aber ist bis heute der einzige wirkliche Held letztlich nur derjenige, der im vollen Bewusstsein des Risikos den Mitmenschen (den er meist gar nicht kennt, und der sich häufig als verantwortungsloser Narr erweist) zu retten versucht. Doch das militaristische Vokabular wurde seit damals scheinbar unaustilgbar ins alpine Schrifttum verwoben, man denke nur an die frühere Expeditionsliteratur mit ihren oft jetzt noch gedankenlos gebrauchten Worthülsen wie „Belagerung", „Schlacht um den Berg", „Kampf und Sieg", „Sturmangriff auf den Gipfel" – der von diesem „zurückgeschlagen" wird, bis zu den „Gefallenen" der Berge.

Julius Kugy war ebenfalls drei Jahre als sachkundiger Alpin-Referent in vorderster Linie gewesen, hat aber von seinen Kriegserlebnissen nicht viel berichtet, schon gar nicht in diesem unsäglichen Heldenstil, wie er in diesen Jahren so reichlich abgesondert wurde. Erwähnenswert erschien ihm jedoch Folgendes: „Nur eines möchte ich erwähnen, weil es zu meiner rein alpinen Arbeit gehört. Schon im ersten Kriegswinter 1915/16 zählten in den Brigaden zur Rechten und Linken die Lawinentoten an die tausend Mann. In unserer Gebirgsbrigade hätte man diese an einer Hand abzählen können. Es hat daran eine wundervolle Schar der Bergsteiger mitgearbeitet, die unter meiner Leitung im Dienst stand. Das war eine der wenigen, dauernden Genugtuungen, die ich aus dem Krieg heimgebracht habe. Und die zweite, dass ich diese Schar von hellen Jungen, die in unvergesslicher Hingabe an meiner Seite arbeitete, gesund und wohlbehalten ihren harrenden Müttern zurückstellen konnte. Keiner hat gefehlt."

Zumindest eine positive Auswirkung hat dieses Massenschlachten mit sich gebracht: der alpine Wissensstand hatte sich durch diese einzigartigen zwangsweisen Breitenversuche enorm erhöht, Alpinismus und Skilauf erfuhren danach eine beträchtliche Popularisierung. Auch das Felsklettern erhielt neue Impulse,

Jeder ein Millionär ...

sogar während der Kriegsjahre waren in den Gebieten der Alpenfront zahlreiche Erstbegehungen unternommen worden. Und das Niveau des Kletterkönnens stieg allmählich bis zum „Sechser" an: 1925 durchkletterten im Wilden Kaiser Fritz Wiessner und Roland Rossi die Fleischbank-Südostwand, in den Dolomiten Solleder und Lettenbauer die Civetta-Nordwestwand, im Gesäuse – eine Preisklasse niedriger – Karl Sixt und Fritz Hinterberger die Roßkuppenkante.

Apropos Preise: Das Währungssystem in Deutschland und Österreich war in diesen Jahren total aus den Fugen, die Inflation erkletterte astronomische Höhen, schwindelerregendere noch als die Bergsteiger: im November 1923 notierte ein Dollar mit 4,2 Billionen Mark – eine Zahl mit elf Nullen! Die Arbeitslosenzahl erreichte katastrophale Ausmaße. Die angeblich „Goldenen Zwanzigerjahre" waren golden hauptsächlich für Kriegsprofiteure, Kokain- und Schwarzhändler. Doch beispielsweise ebenso für einen jungen amerikanischen Reporter und Schriftsteller namens Ernest Hemingway, der um zwei Dollar pro Tag für die gesamte Familie seine Winteraufenthalte in Schruns im Montafon bis zum allerletzten Firn in der Silvretta ausdehnen konnte ... Der künstlerische Zeitgeist spiegelt sich in einer immer hektischeren Abfolge von „Ismen", denen gegenüber sich bislang jeder Stilwandel in vergleichsweise geologischen Zeiträumen vollzogen hatte. Erst wenige Jahre zuvor war eine „pornografische Drecksau" namens Egon Schiele angefeindet und inhaftiert worden. Dass er neunzig Jahre später zum Goldesel für Galerien avancieren sollte, hätten seine Gegner nur als weiteren Beweis für den unaufhaltsamen Verfall der Gesellschaft angesehen. Der Jazz begann in Europa langsam populär zu werden, die „ernsten" Komponisten experimentierten mit atonalen, freien und Zwölftonfolgen. Und der Film, anfänglich eher ein zerhacktes Flimmern zappeliger Bewegungen, hatte ein zufriedenstellendes technisches Niveau erklommen und sich als Massenmedium etabliert.

Die Ära Trenker. In Verbindung mit einer immer breiter anschwellenden Sport- und Körperkultur vollzog sich der erstaunliche Werdegang eines jungen, feschen Grödener Bergführers, Skilehrers, Filmkomparsen, -darstellers und -regisseurs, der seinerseits die Bergsteigerei in ungeahntem Ausmaße beeinflussen sollte. Er hieß Luis Trenker. Profi-Bergsteiger heute – das ist ein zuweilen frustrierendes Brot: Wo Trenker bloß einmal den Hut in den Nacken zu schieben und markig „Sakrasakra!" zu sagen brauchte, um sein Publikum hinzureißen, muss sich nun so ein Athlet in Kraftkammern abhampeln, durch sonnig-telegene Felswände und durch Talk-shows schwitzen, Sponsoren beknien, sich anschließend durch eine Steilwand in einem möglichst abgelegenen Erdenwinkel hinauf rackern (aber, bitte in HDMI-Qualität dokumentiert!) – um dann womöglich mit einem Kunstfurzer um einen günstigen TV-Sendeplatz konkurrieren zu dürfen ...

Luis Trenker

Luis Trenker (1892 – 1990) dagegen war konkurrenzlos der Größte – ungeachtet dessen, was in der Entwicklung des „wirklichen" Alpinismus vor sich ging. Unbeeinflusst von Welzenbach-Routen bis Eigerwand, Nanga Parbat und zuletzt noch Zinnen-Direttissima, hat es Jahrzehnte hindurch kein anderer Bergsteiger zu einem derartigen Bekanntheitsgrad gebracht. Und keiner – auch dies muss festgehalten werden

– hat so viele Menschen für den Bergsport begeistert. Realität und die schönere Wirklichkeit des Films – vor allem in diesem Zusammenhang ist das Phänomen Trenker erklärbar – sind mit dem Bedürfnis der Massen nach Idolen eine einzigartige Synthese eingegangen. Lange ehe der Begriff „Marketing" zum kleinen Einmaleins jedes Handelsschülers gehörte, bediente sich Trenker dieses Instruments mit naturtalentierter Virtuosität und beschränkte sich auf ein einziges Produkt: auf Luis Trenker, den Bergfex schlechthin, genauer gesagt auf das Abbild des Bergfexen. In Film, Literatur und in persona erlebte man erstmals ein Lehrstück in Sachen „Wechselbeziehung zwischen Massenmedium und Vorbildwirkung". Hatte Arnold Fanck's Streifen „Das Wunder des Schneeschuhs" mit Hannes Schneider von 1920 deutliche Auswirkungen auf die Verbreitung des Skisportes, so waren es in vermehrtem Ausmaß die Filme von und mit Luis Trenker in Bezug aufs Bergsteigen (u.a. „Der heilige Berg" 1926, „Kampf ums Matterhorn" 1928, „Sohn der weißen Berge" 1930 oder „Berge in Flammen" 1931).

„Friedensqualität" galt als unerreichbar ferne Idealvorstellung inmitten eines Meeres von minderwertigen Ersatzmaterialien. Inserat in der ÖAZ 1921: „Zu kaufen gesucht, aber nur in Friedensqualität: Prima Bergseil (Langhanf), kräftig, 25 – 30 Meter, neu oder wirklich tadellos erhalten, womöglich gedreht, Schlafsack, Rucksack, Kletterschuhe, Regenpelerine, aus Kamelhaarloden oder imprägnierter Seide, Schafwollschwitzer (starke Winterqualität), Schafwollstutzen, Tourenhut, Wickelgamaschen oder Wadenbinden, Windjacke oder Windjackenstoff, starker

Prima-Stoff für Tourenanzug, Schweizer Eispickel, Eisbeil, Bergschuhe, eventuell auch in mehrfacher Anzahl. Nur Angebote dieser Gegenstände in erstklassiger Qualität können berücksichtigt werden. Tauschen allenfalls auch gute alpine oder sonstige Literatur dagegen. Gefällige Angebote an die Anzeigenverwaltung der Österreichischen Alpenzeitung, Wien IV / 1, Paniglgasse Nr. 17 a erbeten".

Gedrehtes Hanfseil mit vier Litzen

Harte Zeiten. Die Maduschka-Legende: 1932 war der 24jährige Bergsteiger-Literat Leo Maduschka bei einem Wettersturz in der Civetta-Nordwestwand an Erschöpfung und Unterkühlung gestorben. Die letzte Strophe des Bergsteigerliedes „... wir war'n die Fürsten dieser Welt, und wir wollen's auch droben noch sein!" soll er zuletzt noch gesungen haben – was wohl eher der Phantasie des Zeitgeistes entspricht. Rückblickend erweist sich, dass in dieser Epoche zwischen den beiden Weltbränden ein besonders großer Bedarf an Heldentum herrschte, der unentwegt am Köcheln gehalten wurde. Erst jetzt wird erkennbar, dass die Erzeuger dieser unheilvollen Mixtur zwar nicht ausschließlich in der deklarierten Absicht handelten, es der nächsten Generation als militaristisches Aufputschmittel einzuflößen, aber dem entsprechenden Missbrauch freie Bahn bereiteten.

Deutschtümelei. Hatte einst Zsigmondy noch weltoffen einen „first Climber" apostrophiert, ward nun der praktische Sweater zum „Schwitzer", der Ski zum

„Gleitholz", und der Karabiner zum „Schnappring". Jetzt zeigen wir es den Feindnationen! Die Bergsteigerzeitschriften erschienen plötzlich trutzig in „deutscher" Frakturschrift – weltweit inkompatibel (und, unter uns gesagt, ein echtes Scheißspiel für uns Heutige, wenn wir einen solchen Text digitalisieren wollen!), sowie mit germanisierten Monatsbezeichnungen: Mai wurde zum Wonnemond, August zum Ernting, Oktober zum Gilbhart, November zu Nebelung ...

Heroisch – aus der Plexiglaswarte des einundzwanzigsten Jahrhunderts wird der Begriff gerne mit besserwisserischem Augenzwinkern belächelt. Dabei erforderte das Bergsteigen der Zwanziger- und Dreißigerjahre aus mehrerlei Gründen ein gehöriges Quantum an Heroismus: für weite Kreise galt es noch immer ein wenig abseitig und schräg. Als Sinngebung inmitten überwiegend trister Lebensumstände erforderte es ein zusätzliches Maß an Entbehrungen und Anstrengungen, schon allein aufgrund der höchst schlichten Ausrüstung, die sich mit Ausnahme des Karabiners und des gerade erfundenen Eishakens nicht wesentlich von jener des vorigen Jahrhunderts unterschied. Die alten Uniformstücke taugten in wirtschaftlich klammen Zeiten immer noch zum Bergsteigen, für manche galten sie als „Ehrenkleid". Riesenrucksack, massives Hanfseil, schwere Eisenkarabiner, schlackernde Knickerbockerhosen, in denen sich mit Vorliebe die Spitzen der Zehnzacker-Steigeisen zu verhängen pflegten, dazu als große Errungenschaften Fahrrad und Zelt – das war das Instrumentarium, mit dem nun die größten Wände der Alpen erobert wurden. Die Sicherungsmethoden hatten sich trotz des höherer Kletterschwierigkeiten kaum verbessert, und das oberste Gebot für kostbares Porzellan wie für Bergsteiger lautete nach wie vor: DU DARFST NICHT FALLEN!

Alpinisten der Dreißigerjahre: Ein Wunder, dass sie überlebten?

Karl Prusik (1896 – 1961) – der mit dem Knoten – erteilte Ratschläge für zweck-mäßiges Outfit: „Als Unterhemd nehme man ein Leinenhemd mit Ausschlagkragen oder ein solches, dem sich ein Gummikragen anknöpfen lässt. Der Gummikragen ist wegen der leichten Reinigung für mehrtägige Bergfahrten sehr zu empfehlen, da er Ersatzwäsche entbehrlich macht. Das Hemd soll bis zu den Knien reichen und wird glatt in die Leinenunterhose gefaltet, deren Beine etwas kürzer sind als die der Oberhose". Bei diesen Sätzen war ihm die unterschwellige tragikomi-sche Symbolik nicht bewusst, die noch jahrzehntelang in den Gemütern nistete: Hauptsache, der Kragen sieht sauber aus, selbst wenn das verschwitzte Hemd stinkt! „Als Kopfbedeckung eignet sich am besten eine Kappe aus wasserdichtem Filz vom Schnitt der alten österreichischen Feldkappe (mit Nacken-, Ohren- und Kinnschutz), die vor dem Kinn verschlossen werden kann. Über den aufgestellten Rockkragen gestülpt, lässt sie das Wasser außen abrinnen und sitzt sturmsicher. Bei Steinschlaggefahr empfiehlt es sich, die Kappendecke durch eingelegte Taschentücher, Socken oder ähnliches zu verstärken"

Als Designer und Dressman hätte Prusik, wie man sich unschwer vorstellen kann, kaum jenen Bekanntheitsgrad erreicht, zu dem ihm die Erfindung seines praktischen, oft lebensrettenden Klemmknotens verholfen hat. Doch was nun

Military-Look am Berg

bei einem alpinen Kostümball einen Erfolg garantiert, war damals selbst-verständlicher Standard, bei der inter-nationalen Konkurrenz stand es kaum anders. Einprägsam zeigen die Fotos der britischen Everest-Expedition im Jahr 1922 Mallory und Irvine im schweren Tweedsakko, mit Lodenhosen, Wollmüt-ze, Schal und Filzgamaschen – damals das Beste am Markt! 8.500 m hatte man in diesem Kostüm erreicht, mit dem sich jetzt ein Durchschnitts-Trekker kaum an einen 5000 m hohen Pass wagen würde. Fehlende Bequemlichkeit und mangelnde Effizienz mussten durch verstärkte persönliche Leistung und Hingabe ausgeglichen werden – das darf aus jetziger Sicht getrost als „heroisch" bezeichnet werden.

Walter Schmidkunz (1887 – 1961) prägte wie kein anderer die deutschsprachige Alpinliteratur dieser Jahre. Der blendende Geschichtenerzähler und –sammler, Feuilletonist und Historiker war obendrein ein ausgezeichneter Kletterer und wurde zum Mastermind einer ganzen Generation, die sich in der Folge bemühte, wie Schmidkunz zu schreiben. Er hat die Texte von Leo Maduschka zusammen-gestellt, die Bücher von Luis Trenker zumindest mitverfasst, und ist der geistige Vater der Figur des „Bergvagabunden" sowie Ghostwriter für das gleichnamige Buch von Hans Ertl. Dieser hätte niemanden finden können, der das Zeitgefühl besser auszudrücken vermochte.

Ertl (Schmidkunz): „Ich war einer der wenigen aus unserem Kreis, den ein glückliches Schicksal vor Stempeln, Hungern und Sorgen bewahrt hatte. Aber ich verdiente dieses Glück nicht ganz, denn dieses unbekümmerte, erdverwachsene und eigentlich sorglose Leben fern der Stadt draußen in den Bergen behagte mir nur allzu sehr. Ich war wie die anderen und dachte nicht weiter als bis zur gegebenen Stunde, kaum bis morgen. Was kümmerte es uns, was einmal aus uns würde! Die Zeit war ungut, die Zukunft grau und verhangen. Wir Jungen hatten wenigstens die Berge. Die waren wie ein süßes, tröstendes Rauschgift, das die schweren Zeiten vergessen ließ. Wir waren in diesen Jahren so an die Berge hingegeben, an sie verloren, dass wir – fast wie balzende Auerhähne – für nichts anderes Ohr und Blick und Sinn hatten als für diese geliebte Umwelt, der wir uns mit Leib und Seele verschrieben hatten … So waren die Berge mehr als je unsere Welt: Und die ersehnte Freiheit, um die die Jugend nun mal kämpft, fiel uns in den Schoß. Wir waren noch Einzelgänger; allesamt Querköpfe und Eigenbrötler (wie es die Bergsteiger alle zu sein scheinen). Aber wir wussten um Kameradschaft, um Freundschaft, um ganzen Einsatz, um männliches Einstehen. Nur sahen wir sie anders als die anderen, wir sahen und erlebten die Natur in ihrer wunderbaren Urwüchsigkeit, verwuchsen mit Erde und Stein, schliefen unter dem blanken Himmel im Fels und liebten diese schöne Erde inbrünstig und spürten, es ist deutsche Erde, die uns das alles gab.

Das Eingesperrt sein, der Abschluss der Grenzen, Inflation und Valutanöte, all das stärkte schließlich nur das Gefühl der Heimatverbundenheit, der Zugehörigkeit, auch wenn wir mitunter jammerten und fluchten, weil wir nicht an die lockenden Berge herankonnten, die jenseits der Grenze und jenseits der Meere standen und nach denen unser junges Abenteurerblut brannte".

Bergvagabunden der Zwischenkriegszeit

125

Der Boden, auf dem eine solche tiefe, übersteigert erscheinende Bergbegeisterung gedeihen konnte, war ein trüber sozialer Morast. 1932 waren 49 Prozent aller deutschen Gewerkschaftsmitglieder arbeitslos. Viele von ihnen jahrelang, mit denkbar schlechten Aussichten auf einen Job. Einprägsamer als Statistiken und soziologische Analysen skizziert diese fast poetische Milieustudie die seelische Befindlichkeit dieser Generation.

„Sonntags drauf saßen wir schon wieder im Sattel und strampelten wieder ins Karwendel. Ja, das war schon fein, im frühesten Tag auf den treuen Stahlrössern den blauen Bergen entgegenzuradeln, tapfer, tapfer die 80 oder 120 Kilometer mit den schweren Schnerfern auf dem Buckel und den starren Turnierlanzen der Hölzernen am Rad hinter sich zu bringen. Das waren immer die gleichen Abenteuer: das Zusammenpfeifen in den nächtlichen Straßen der Stadt, das erste Prüfen und Abschätzen der pfundigen Rucksackgewichte, das letzte Aufsatteln der langen Latten und nun der Probegalopp auf den stillen Asphaltstraßen und die erste Bergprüfung draußen am Giesinger Berg oder hinauf zur Theresienhöhe, auf deren nach Biermalz duftender Höhe die Bavaria thront und den Davonziehenden gusseisernen Abschiedsgruß winkt. Dann kam im Osten die erste fröstelnde Morgenröte zögernd herauf, die das feuchte, verschlafene Grau der letzten Vorstadthäuser noch nicht viel fröhlicher machen konnte. Die ersten und die letzten Menschen: Trambahn-schienenputzerinnen, Straßenkehrer, Metzger, die ins Schlachthaus fuhren, und Alkoholselige, die nicht ins Bett finden wollten. Und dann waren wir auf einmal „draußen", spürten Natur und Weite, lebendigen Wald und frisches Feld um uns, sahen Rehe und Hasen beim ersten Frühstück und holten uns selbst ein solches in

Biwakfreuden ...

Gestalt brennheißer Semmeln aus einer Landbäckerei. Flickten zwischendurch Pneus, sangen mehrstimmig und unstimmig raue Lieder und traten Kilometer um Kilometer immer näher an die Berge heran und nun zwischen ihre vordersten Kulissen hinein, spurteten wie toll den kurzen Kesselberg zum Walchensee hinunter und sahen nun unser Ziel, das noch tiefverschneite Karwendel, über das unergründlich tiefe, grüne Wasser herüberleuchten."

Dem Rattenfänger Adolf gingen sie verständlicherweise leicht auf den Leim, als der ihnen mit schlichten Weltverbesserungsrezepten nicht nur allgemein bessere Lebensumstände, sondern als ferne Verheißung auch noch den Volkswagen in Aussicht stellte. Dieser wurde indessen bloß in Form von Vorzeigeexemplaren hergestellt, als Karotte vor der Nase: tatsächlich in Großserie produziert wurde nur seine militärische Version, und die Ur-Bergradler waren weiterhin auf ihrem „Flachsen-Bugatti" unterwegs – von München in den Kaiser, in die Westalpen, oder, wie Anderl Heckmair, gleich bis nach Marokko. Sie pedalierten keine schnurrenden 30-Gang-Carbon-Mountainbikes, sondern echte Stahlrösser von beträchtlichem Gewicht – aber welch ein ursprüngliches und elitäres, weil durch nichts zu erkaufendes Erlebnis! Abgesehen von einem Trainingseffekt, den kein Laufband hervorbringen kann, schenkte ihnen das Bergsteigen Momente, die sie bei allen Entbehrungen turmhoch hinaushoben über das Alltagselend in den engen, verwanzten Zinskasernen und die vergiftete Atmosphäre politischer Radikalität.

„Wer kann uns scho wos toan?" Ein fatalistischer und doch auftrumpfender Wahl-spruch stand über ihrem subversiv angehauchten Treiben – ein kaum ermessbarer Gegensatz zur Vollkaskomentalität des derzeit angestrebten wohlorganisierten Alpenturnbetriebes. Anstatt U-Bahn-Surfen, alte Opas anzurempeln oder Autos anzuzünden, kanalisierte diese „lost generation" ihren Testosteron-Überschuss im Klettern. Risikobereitschaft – was hatten sie tatsächlich denn schon groß zu verlieren? Was hingegen konnten sie beim Bergsteigen gewinnen! Dass diese Hochgefühle leicht in eine gewisse Überheblichkeit münden können, hat gewiss schon jeder Kletterer erlebt, wenn er karabinerklirrend aus seinem Felsenreich in die Niederungen der Gasthaustouristen heruntersteigt: „Was wisst ihr Oarscherln denn von unserer Welt da droben, wo wir in Wirklichkeit zuhause sind?!" Und von hier ist es oft nur ein kleiner Schritt in die Gasse des Herrenmenschentums ... Darin mag sicher auch eine der Wurzeln einer gewissen Faszination des Faschismus verborgen liegen.

Hohe Schule der Kletterkunst:
Laliderer (Schmid-Krebs) I Laliderer (Auckenthaler) I Zwölfer (Schranzhofer)

Kurt Maix war das Wiener Gegenstück zu Schmidkunz. Mit seiner Figur des „Spangaletti" traf er ebenfalls die Stimmungslage der Dreißigerjahre: Der arbeits- und mittellose, doch fröhliche und unerschütterliche Bergvagabund, der mit schlichtem, aufrechtem Gemüt den beschissenen Lebensumständen trotzt und im Bergsteigen eine erfüllende Gegenwelt findet – das war eine echte Identifikationsfigur dieser Generation! Die Auflagenhöhe von 65.000 Exemplaren war ein selten erreichter Spitzenwert für ein Bergbuch! Studienobjekte hatte Maix damals in reicher Zahl vor Augen. Die winzige, unter einen Riesenblock geduckte „alte" Haindlkarhütte war eine Kraftzelle der ostalpinen Entwicklungsgeschichte, wie Jahrzehnte später das

legendäre Camp IV im Yosemite Valley. Ihre Dauergäste zählten zum Strandgut der großen Wirtschaftsdepression: nahezu durchwegs arbeitslos, fanden sie ihren Lebenssinn im Klettern! Und das konnten sie wie die Teufel, zeigten eine beinahe selbstmörderische Hilfsbereitschaft bei Rettungsaktionen, trugen fast durchwegs das Prädikat „klasse Burschen" – aber in gewisser Weise waren sie Outlaws, mit eigenen Regeln fernab gutbürgerlicher Konventionen. Wie etwa der – beschönigend ausgedrückt -- lässige Umgang mit der persönlichen Hygiene: „Ist der Sommer heiß und trocken – riechen streng des Klett'rers Socken!" Und die Haindlkar-Happenings dieser nach langen Regentagen unausgelasteten jungen Männer gestalteten sich zeitweise brachial wie die „Erstürmungen des oberen Matratzenlagers", und waren mit Vorliebe von einem anal geprägten Humor durchzogen.

„Wer kann uns scho wos toan?"

ORIGINALREZEPT FÜR EINEN EXPLOSIVEN HÜTTENSCHMAUS, NACH HANS SCHWANDA:

„Unsere kulinarischen Schöpfungen bestanden oft aus den gewagtesten Kombinationen, die in keinem Kochbuch, in keinem Lehrbuch der Gastronomie zu finden waren. Zwetschkenröster mit Polenta, Kürbisgulasch mit Salzstangerln oder Hasenbraten mit Bohnensalat. Der Abschlußschmaus, auch Grenadiermarsch benannt, wurde vorwiegend aus den Überbleibseln der vorhandenen Lebensmittel gekocht. Da gab es Erbsen, Bohnen, Linsen und Graupen, Fleckerln, Hörnchen und Nudeln, dieses Gemengsel wurde dann so lange gesotten und gedünstet, bis die härtesten Hülsenfrüchte pflaumenweich wurden. Schließlich verkochten wir es mit einer dicken Einbrenn - und das Haindlkargericht war fertig!"

Die Abluft-Ergebnisse dieser *cuisine brisante* wurden wettbewerbsmäßig abgelassen, gezählt und heftig bejubelt. Ebenso wie weitere, nicht gerade stubenreine Aktionen. So wurden einmal zu fortgeschrittener Stunde mit Hilfe eines Trichters Weinflaschen befüllt – allerdings mit einer Flüssigkeit, die bereits einen Durchgang durch den menschlichen Körper hinter sich hatte. Alfred Horeschowsky, der im Zuge des vorhergegangenen Symposions von dieser speziellen Önologie nichts mitbekommen hatte, blies auf diesem Trichter abschließend den Zapfenstreich, während die lieben Bergfreunde in übermenschlicher Selbstbeherrschung bis zu dessen Ende ihr brüllendes Gelächter unterdrückten ... Den noblen Hofrat Pfannl hätte auf der Stelle der Schlag getroffen.

Das Haindlkar, ein Kristallisationspunkt der ostalpinen Kletterei:
Dachl-Nordwand I Kasparek-Brunhuber I Hüttengäste I Wiener Schule

In den meisten Bergbüchern dieser Zeit aber wurden, fast wie abgesprochen, private Aspekte nach wie vor als förmlicher Exhibitionismus gescheut und meist sorgfältig ausgespart: der echte Bergsteiger erwachte anscheinend als ein Golem erst beim Einstieg zum Leben und löste sich nach seinem Gipfelsieg vermutlich in Luft auf. Gelacht wurde scheinbar nie, oder allenfalls im Keller. Es bleibt offen: War der große Meister X, jener Leuchtturm des Alpinismus, tatsächlich eine Lichtgestalt? Ein herzensguter Kamerad (klasser Bursch/feiner Kumpel?) Oder ein egoistisches Arschloch? Welche Musik hörten diese damals jungen „Alten" gern: Die Commedian Harmonists? Den Badenweilermarsch? Oder ergötzten sie sich heimlich an den schon verbotenen Rhythmen des „Swingjuden" Benny Goodman? Dabei wären es gerade jene scheinbar nebensächlichen Details jenseits kleinster Griffe und kältester Biwaks, die aus den Kletterzombies Wesen aus Fleisch und Blut machen. Höchst selten wird hinter all den Kulissen und Versatzstücken dieses Berg-Theaters der junge Mensch sichtbar, der die uralten Rituale des Mann-Werdens in einen zentralen, selbstquälerischen Kult um seinen Körper kanalisiert, welcher oft in die ichbezogene und selbstverliebte Gestalt des Narziss mündet. Diese psycho-analytischen Deutungsmuster treffen übrigens sowohl auf damalige wie heutige Alpinisten, wie überhaupt ganz allgemein auf die meisten Männerzirkel zu.

Vielfach standen den (sprachlosen) Superkletterern schreibkundige Ghostwriter zur Seite, die natürlich hauptsächlich im Geist ihrer Zeit, genauer: ihrer bereits nationalistisch dominierten Verlage schrieben, und die sich kaum die Mühe machten, allzu konkret auf das Individuum einzugehen. Deswegen erscheinen viele Berichte in gewisser Weise gleichförmig, hinter den Seil- und Haken-Verrichtungen wird das Menschenwesen selten kenntlich. Parallel dazu war unabgesprochen eine Art publizistischer Keuschheitsgürtel ein Pflichtrequisit: eine fast panische Scheu vor Porträtfotos sowie Namensnennung in Verbindung mit Leistungen, allein der Verdacht auf Geltungssucht zählte zu den schweren Verstößen. Jeglicher Ruhm bei Expeditionen etwa sollte der Mannschaft, dem Kollektiv zufallen, das Einzelwesen hatte sich darin aufzulösen. Vielleicht eine Henne-und-Ei-Situation in Bezug auf totalitäre Regimes?

Wilhelm (Willo) Welzenbach (1900 – 1934), Diplomingenieur, zuletzt Stadtbau-direktor in München, war einer der bedeutendsten deutschen Bergsteiger in dieser Zwischenkriegszeit. Im Lauf seines kurzen Lebens erstieg er 940 Gipfel und führte rund 50 Erstbegehungen aus, viele davon im Wettersteingebiet. Herausragend aber sind seine Routen in den großen Eiswänden der Ost- und Westalpen, die nun vielfach nur mehr Patchwork-Eisflecken in senkrechtem Schutt darstellen und im Sommer zu förmlichen Selbstmordmaschinen geworden sind. In ihrer Originalbeschaffenheit während der Zwanziger- und Dreißigerjahre waren diese Anstiege grandiose Leistungen. Die Hardware war nach unseren Maßstäben erbärmlich: da gab es den langen Aschenbrenner-Pickel und dessen gestutzte, unergonomische Version, das Eisbeil, und meist zehnzackige Steigeisen. Zur Sicherung diente der von ihm und Fritz Rigele entwickelte, vorne gezähnten Eishaken (erstmalige Verwendung 1924 in der NW-Wand des Wiesbachhorns). Heutige Eiskletterer kommen bei Nostalgie-Begehungen mit derlei Gerät ganz schön ins Schwitzen und drücken ihre Hochachtung für „die Alten" aus – sofern deren Routen noch bestehen.

Wilhelm Welzenbach

Welzenbach in der Nesthorn-Nordwand

Welzenbachs Eiswege waren Sonderklasse: die Routen in der Glocknergruppe wie etwa Klockerin-Nordwestwand, Großglockner-N-Wand, Eiskögele-N-Wand (alle 1926). Vor allem in den Westalpen übertrumpfte er vielfach die ansässigen Kapazitäten mit Anstiegen durch die gewaltigen Nordwände von Dent d'Hérens, Breithorn, Lyskamm-Ostgipfel (1925), Gr. Fiescherhorn, (1929) Grands Charmoz (1931), Lauterbrunner Breithorn, Gletscherhorn, Gspaltenhorn (1932) und Nesthorn, (1933). Für Welzenbach rückte nach diesen Meisterstücken der Traum von einem Achttausender in greifbare Nähe – und endete für ihn und seine Gefährten 1934 am Nanga Parbat in einem Desaster: nach mehrtägigem Schneesturm auf siebentausend Metern erlosch ein Lebensfunke nach dem anderen ... Man wusste ganz allgemein noch nicht um die richtige Taktik für die hohen Gipfel und vertraute auf alpin bewährte Verhaltensmuster.

Fischer-Franze. (1906 – 1975). Einen dazu gegensätzlichen Grundtypus verkörperte der gelernte Bäcker, der als Bergführer, Hüttenwirt, genialer Zitherspieler und Alleinunterhalter zum Begriff wurde. Als er einst mit seinem Radl eine Dolomitenpaßstraße hinuntersauste und dabei eines der in diesen Jahren seltenen Autos überholte, das von einem sichtlich wohlhabender Herren chauffiert wurde, rief er ihm fröhlich zu: „Gell, da schaugst, Bauer!". Abends stellte sich heraus, dass sein munterer Gruß dem belgischen König Albert I. gegolten hatte, einem begeisterten Kletterer. Übermäßigen Respekt hat er auch später als Hüttenwirt nie gezeigt. „Du mit deiner langen Nasen brauchst koa Lager. Du haust dein' spitzen Schnobl in an Bam- und schlofst im Steh'!" so beschied er einem schmalen Studentchen. Ob

Franz Fischer und „Wiggerl" Gramminger

er dies Dr. Fritz März (um den hatte es sich nämlich gehandelt) auch als späterem AV-Vorsitzenden geraten hätte, ist indes nicht sicher. Als Wirt der Oberreintalhütte im Wetterstein, die er zwölf Jahre lang führte, wurde er zur alpinen Legende. Wenn er vormittags mit seiner Hüttenarbeit fertig war, trat er vor die Tür und schmetterte den rauen „Oberreintal-Gruß" hinauf ins Kar: „Heii - mileckzamoasch!" Und wenn ihm dann aus den Wänden ein vielstimmiges Echo entgegenhallte:

„Heiii - Du mi aa!" „... Du mi aa!!" – dann wusste er, dass die (Berg-)Welt in Ordnung war und er sich um seine Kletterer keine Sorgen zu machen brauchte. Eine Zeitlang wurde die Hütte zur beliebten Durchgangsstation für Schmuggler. Als sich das bei den Zollbeamten herumsprach, wollten sie diesem staatsschädigenden Treiben ein Ende bereiten und legten sich im Hüttenbereich auf die Lauer. Ihr Diensteifer blieb unbelohnt, immer wieder mussten sie frustriert ohne Ergebnis abziehen. Und nie ist ihnen das weiße Handtuch aufgefallen, das der Franze jedes Mal während ihrer Anwesenheit ganz unauffällig vor die Hütte gehängt hatte. Bei seiner Beerdigung erscholl der wohl ungewöhnlichste Zapfenstreich aller Zeiten: der Oberreintal-Gruß. Dreifach!

Wiggerl Gramminger (1906 – 1997). Wenn jemand für seine alpinistische Tätigkeit Orden, Titel und Auszeichnungen gebührten, dann in erster Linie ihm, dem meisterhaften Erfinder und Tüftler auf dem Sektor Bergrettung: Mit Ausnahme des Helikopters entstammt so ziemlich alles, was nun in diesem Metier zum selbstverständlichen Rüstzeug gehört, seiner Werkstätte: in erster Linie waren Sitz, Trage und Abseilwinde seine ureigenen, in einem mühseligen „learning by doing"-Prozess wieder und wieder verbesserten Schöpfungen. Wohlhabend ist er erwartungsgemäß mit seinem Lebensrettungs-Equipement nicht geworden, zu sehr war der Alpinismus noch Außenseitersport. Doch was sind ein paar Nullen zusätzlich auf einem Bankkonto – gegenüber der ungeheuren Befriedigung, zahllose Menschen dem Tod am Berg entrissen zu haben, hoch über all den aufgeblasenen Nullen der Societyblätter! Im hohen Alter konnte er sich endlich seinen Himalayatraum in Form eines Everest-Trekkings erfüllen – lebensfroh und positiv trotz mancher Tiefschläge. Ein Auge hatte er in seiner Jugend bei einem Radunfall eingebüßt, das verbliebene machte in seinen letzten Lebensjahren nur mehr eingeschränkt mit: „Kinder – da ist es so schön" sagte er enthusiastisch zu seinen Trekking-Gefährten inmitten der Sechstausender des Solu Khumbu „erzählt's mir, was es da alles zum Sehen gibt!"

Heckmair „vom Eiger" (1906 – 2005). So mögen ursprünglich die ersten Adelstitel entstanden sein: in Verbindung mit einem herausragenden Geschehnis. Und eine gewisse Art von Adel konnte man ihm trotz einer äußerlich konträren Biografie nicht absprechen: Er war nie jemandes Parteigänger, und fast aus Prinzip ein Oppositionsgeist. Bei den letzten Wahlen vor der nationalsozialistischen Machtübernahme in Bayrischzell fanden sich drei Stimmen für die kommunistische Partei. Zwei dieser Wähler waren bald ausgeforscht und binnen Kürze verschwunden, vermutlich mit dem Stempel „RU" („Rückkehr unerwünscht") in ihren Papieren. Der dritte – Nur ein, sagen wir: sehr freundschaftliches Naheverhältnis

Anderl Heckmair

zu der in hohen Parteikreisen verkehrenden Schauspielerin und Regisseurin Leni Riefenstahl, die er als Bergführer in den Dolomiten kennengelernt hatte, bewahrte ihn vor einem ähnlichen Ende. Nach der ersten Durchsteigung der Eigerwand wurde selbstverständlich versucht, die „Sieger" politisch zu vereinnahmen, was beim chronisch unangepassten Heckmair fehlschlug. Ausgerechnet bei einer wichtigen ideologischen Aufrüstung durch den Reichsleiter Robert Ley fehlte er – und wurde beim Kartenspielen erwischt! Dies trug ihm wegen „politischer Unzuverlässigkeit" eine Versetzung an den vordersten Abschnitt der Ostfront ein. Von dort sandte er eine Feldpostkarte: „Ich steck bis zum Hals im Dreck! Heil Hitler!" Sein Bergspezi und zeitweiliger Konkurrent Rudolf Peters, Leiter der Heeres-Hochgebirgsschule in Fulpmes, setzte daraufhin eine „Rettungsaktion" in Gang und erwirkte Heckmairs für den Endsieg unabdingbar notwendige Versetzung nach Tirol ...

In seinen späten Lebensjahren hat er sich (neben zahlreichen ähnlichen Ehrungen) über seine Ernennung zum Ehrenmitglied des Österreichischen Alpenklubs echt gefreut. Als ihm nach der Festansprache ein schottischer Klubfreund privat eine Bottle mit besonders edlem Whisky überreichte, war die Freude, wenn man das so sagen kann, noch echter. Denn: „Alkohol, mäßig genossen, ist auch in größeren Mengen nicht schädlich!" Allein für seine „Sager" im Stil Karl Valentins verdient er einen Platz in der Zitate-Hitliste: „Jeder macht Fehler, nur: der Dumme macht immer dieselben, der Intelligente immer Neue!" Im Alter mit seiner bescheidenen Rente zufrieden, beschied er seinem Eiger-Kumpan Heinrich Harrer, der ihm klagte, wie viele Vortragstermine er jährlich absolvieren müsse, um seinen Lebensstandard zu halten: „Bist ein armer Hund!" Unverbogen und unabhängig, von politischen Strömungen, materiellen Bedürfnissen ebenso wie von medizinischen Grundweisheiten, hat er, bis ins hohe Alter in den blauen Rauch seiner Zigarrillos gehüllt, nur knapp seinen „Hunderter" verpasst.

Mathias Rebitsch (1911 – 1990) verkörperte wiederum einen eigenen Typ, er zählte nicht zur Spezies der Bergvagabunden, den alpinen Clochards dieser Epoche. Im Fels ein Solotänzer, in alten Filmaufnahmen von einer unglaubli-

Mathias Rebitsch

chen, fließenden Eleganz. Bei seinen Neutouren erreichte auch er zweifellos bereits den VII. Grad. Ein kompetenter Kletterer äußerte sich nun bewundernd über die Direkte Laliderer-Nordwand („Rebitsch-Spiegel") und relativiert so manche heutigen Rotpunkt-Leistungen: „Mit genau einem Zwischenhaken ist dieser nämlich bei der Erstbegehung jenen besagten ‚Gelben Riss' geklettert, ins Unbekannte hinein, wohlgemerkt!" Rebitsch über sich selbst: „Die Griffe fielen mir ganz einfach in die Hände. Ich legte Wert auf ein ineinanderfließendes, fast rhythmisches und ästhetisch wirkendes Sich-aufwärts-Bewegen, einen Tanz im Fels. Ich hatte die Gewohnheit, mich als Vorauskletterer auch an schwierigen Stellen mit meinem Partner zu unterhalten, zu blödeln. Vielleicht diente das unbewusst der Beruhigung und meine Kletterbewegungen waren dann viel mehr von einem Instinkt gesteuert. Das vielleicht wichtigste Prinzip ist aber das Ausschalten der psychischen Hemmungen: Klettere hoch oben, an ausgesetzter Wand, so ruhig wie knapp über dem Erdboden. Das war meine eigentliche Stärke. Es gelang mir auch an gefährlichsten, exponiertesten Passagen, die lähmende Furcht vor einem Absturz, die Todesangst, fast völlig zu unterdrücken. In mir erwachte auch eine Neugierde, was mit mir nach dem Tod passieren würde. Denn in mir war von Jugend an die feste Überzeugung verwurzelt, dass ich mit dem Sterben nicht endgültig aus der Erdenwelt scheiden würde ..."

Anhand der alten Filmdokumente des kletternden Rebitsch wird offenkundig, dass diese Sätze keine rhetorische Pose darstellen – er war ein Vollendeter! Seine Bescheidenheit war nicht gespielt, wie sein

Rebitsch in der
Seekarlspitz-Nordwand

Leserbrief an den „Alpinismus" zeigte: „Es stimmt nicht, dass 1937, als ich für die Eigerwand im Kaiser trainierte, ein Mädchen und ein Spezl, die abwechselnd mitkletterten, bei dieser Nonstoptour aufgearbeitet wurden. Ich war nur am Vormittag (Fleischbank-Südostwand und Christaturm-Ostwand) von Seilgefährten begleitet. Am Nachmittag, als ich dann alleine war, beging ich den „Dülferriß" und anschließend die Christaturm-Südostkante bis zur „messerscharfen Schwarte". In einem plötzlich hereinbrechenden Gewitter traute ich mich nicht mehr über diese letzte heikle Stelle knapp unterhalb des Gipfels und zog mich im Regen wieder zurück. Hernach fuhr ich dann mit dem Fahrrad nach Brixlegg heim". Rebitsch, der sich nie ins Rampenlicht drängte, war auch der Erste, dem ein Rückzug aus der Nordwand des Eiger geglückt ist – eine Leistung, welche innerhalb der Expertenkreise beinahe mehr zählte als eine schwierige Erstbegehung.

Die „drei letzten Probleme". Obwohl auch späterhin noch eine genügende Anzahl großer Wände undurchstiegen war, galten in den Dreißigerjahren die Nordwände von Matterhorn, Grandes Jorasses und Eiger als die „letzten großen Probleme der Alpen". Diese Trilogie erregte unter anderem auch deshalb eine erhöhte Aufmerksamkeit, weil sie teilweise von Tragödien umschattet war, was der Bestie Publikum allemal gefällt. Die deutschen Bergsteiger landeten in diesem Wettbewerb – und zu einem solchen hatte er sich letztlich ausgewachsen – schließlich auf den vordersten Plätzen.

Matterhorn-Nordwand. Die Brüder Schmid 1931 in der Matterhorn-Nordwand. Ein glückhafter Erfolg: ein Berg, den jedermann kennt, wenige Vorversuche, frei von Tragik, weltweite Anerkennung, olympische Goldmedaille, selbst die strengen Schweizer Bergführer sparten nicht mit Anerkennung für das Münchener Brüderpaar, welches in ihrem Hausgärtli diese Wunderblume gepflückt hatte.

Die Nordwand der Grandes Jorasses, für deutsche Zungen schon nicht so leicht auszusprechen und auch optisch nicht so im Fokus wie das Matterhorn, hatte eine wesentlich bewegtere Ersteigungsgeschichte. Der Kreis der Konkurrenten – und das waren sie teilweise trotz der gerne besungenen Bergkameradschaft – war hier bereits größer und internationaler. Die Seilschaften, die sich hier gegenseitig belauerten, waren schließlich allesamt nicht „auf der Nudelsuppe daher geschwommen": Leo Rittler und Hans Brehm, Anderl Heckmair und Gustl Kröner, Toni Schmid und Hans Ertl, Giusto Gervasutti, Gabriele Boccalate, Renato Chabod und Piero Zanetti, Raymond Lambert und Loulou Boulaz, Rudolf Peters und Rudolf Haringer.

Nordwand der Grandes Jorasses

Armand Charlet

Hier hakte es erstmals: Haringer kam anlässlich eines vielversprechenden Versuches durch Absturz ums Leben. Diese Vorstöße gingen allesamt nicht nach Lehrschrift-Methoden vonstatten, was von den westalpinen Hausherren etwas herablassend kritisiert wurde. Großes Kletterkönnen, Risikobereitschaft, ja, gewiss, aber im Eis oft unbedarft und blauäugig – das wurde den Deutschen attestiert. Konsequenterweise hätten sie ohne Westalpenerfahrung niemals eine Westalpentour unternehmen dürfen, und müssten bis heute nachsinnen, wo man sonst eine Westalpenerfahrung erwerben kann ... Doch der aussichtsreichste Kandidat, der Franzose Armand Charlet, damals unübertroffener, bewunderter, wieselflinker Skyrunner im Steileis, wurde zum zaudernden Hamlet der Jorasseswand, der sich mit seinem Warten auf optimale Bedingungen letztlich um den Erfolg gebracht hat. Rudolf Peters kam 1935 wieder, diesmal mit Martin Maier, und diese durchsetzungskräftige Seilschaft erreichte den Gipfel. Dies war zwar die erste Route in der Nordwand der Grandes Jorasses, galt jedoch nicht als erste Wahl, da sie zur niedrigeren Pointe Croz führte. Die Ideallinie zur höheren Pointe Walker fiel einer italienischen Seilschaft zu, die im Grunde ebensolche Westalpen-Greenhorns waren. Riccardo Cassin, Gino Esposito und Ugo Tizzoni mussten erst den Hüttenwirt nach dem Weg zur Grandes Jorasses-Nordwand fragen, hatten sich nicht einmal ernsthaft mit dem Abstieg beschäftigt, und irrten nach gelungener Erstdurchsteigung des Walkerpfeilers lange im Nebel auf dem Gipfelgrat herum. Aber sie waren die Erfolgreichen, Stilfragen hin oder her!

Oger – der Menschenfresser. Die Eiger-Nordwand wurde nun zum Kulminationspunkt der alpinistischen Entwicklung dieser Epoche: publizistisch höchst effektvoll verwertbar, teilweise politisch ausgeschlachtet, doch gleicherweise auch für viele Nicht-Bergsteiger faszinierend als Symbol eines letztlich erfolgreichen Kampfes des kleinen Menschen gegen eine übermächtige Natur – ein Quotenhit seit der Antike. Der geistvolle Alpinschriftsteller Henry Hoek hat diesen Aspekt schon 1938, in der Urzeit der Nordwandrummels analysiert: „Alles, was aus unserem täglichen gesicherten Leben herausfällt, wird als ‚sensationell' empfunden. Das Nervenzentrum, der ‚Sensus' wird angeregt. Kurz die ‚Auf-

Eiger Nordwand

merksamkeit' (das ist die instinktmäßige Sicherung gegen Gefahr) wird geweckt – ein angenehmes Gefühl, wenn man selbst nicht in Gefahr ist. Aufmerksamkeit ist ein Urtrieb, nahe verwandt mit Eros und Sehnsucht. Das ‚Spielen mit Urtrieben' ist ein Vergnügen ... Viele auch, besonders die Frauen, wittern die Kühnheit, die große Geste, kurz die ‚Rasse', die sie sonst schmerzlich vermissen. ...Man sieht, wie ‚der Mensch' die Schwierigkeiten, die Gefahr, sich selbst, die Natur meistert. Und ist man nicht sein Bruder? Der da oben ist ein ‚Held'- sollte es sein Bruder nicht auch sein? Und schließlich: Da oben bläst Schneestaub – hier scheint die warme Sonne; die da oben haben vielleicht klamme Finger, und wir unten fühlen uns sehr mollig; die oben kämpfen vielleicht um ihr Leben, und wir bestellen einen Cocktail ... Das ist schön! Wer es nicht glaubt, lese die Kirchenväter. Sie waren gute Menschenkenner. Und manche von ihnen sind der Ansicht, dass die Qualen der Verdammten die höchste Wollust der Seligen sind".

Das Marke-Ding. Schwieriger Riss, Hinterstoisser-Quergang, Todesbiwak, Götterquergang, Spinne, Ausstiegsrisse – gibt es eine zweite Kletterroute, deren Einzelstellen derart in den alpinen Sprachschatz eingegangen wäre? Und gibt es eine andere Bergflanke, die selbst außerhalb der Alpinisten-Sekte eine ähnliche Popularität aufwiese, die zur Metapher für schwieriges und riskantes Bergsteigen geworden ist? Obwohl von der Watzmann-Ostwand in der Todes-Statistik weit übertroffen, gilt sie als das Maß aller (gefährlichen) Dinge. Im Dauerschatten, mit ihren steinübersäten Eisfeldern, erscheint sie wenig verlockend und zeigt ungeschminkt ihre Menschenfeindlichkeit. Es ist wohl die gleiche Faszination, wie sie einen beunruhigenden, eindrucksvollen Finsterling umgibt, den Totschläger und Gefängnisliteraten als Partygast. Mit entscheidend für ihren Nimbus sind wohl auch imaginäre und irrationale Komponenten, etwa der geistige Hintergrund des Heldentamtams, das mit dem Beginn ihrer Ersteigungsgeschichte zusammenfällt. In erster Linie wohl aber die durchorganisierte Tourismusarena an ihrem Fuß, wo aus jeder Jausenstation ein Fernrohr auf sie gerichtet ist.

Angedacht wurde ihre Erkletterung bereits 1883 (!). Da hat der Ramsauer Bergführer Kederbacher seinem Gast John Percy Farrar auf dessen Wunsch nach einem schwierigen alpinen Problem die Eiger-Nordwand vorgeschlagen. Doch der wollte „etwas Besseres" machen, und so gingen sie zur Weißhorn-Westwand. Bei allem Respekt vor Kederbacher – für eine Besteigung wäre die Zeit nicht reif gewesen, ist doch die klassische Route mit reinen Felsschwierigkeiten bis zum V. Grad der „einfachste" Durchstieg durch die fünf Kilometer breite Wand. 1932 eröffneten die Schweizer Hans Lauper und Alfred Zürcher mit den Bergführern Graven und Knubel einen geradlinigen Aufstieg durch die Nordostwand. Für die pragmatischen Schweizer war damit das Problem einer Route von Norden zum Eigergipfel gelöst. Sie folgten einer anderen Berg-Philosophie, und fanden überdies das Eindringen von „Fremden" in ihr Territorium (hunderttausend Jahre Evolution lassen grüßen!) als unzulässig, was sich in ihren anfangs meist ablehnenden bis gehässigen Kommentaren niederschlug. Nur war eben wieder einmal in den Alpen bereits „alles gemacht" worden: Nach Durchsteigung der Matterhorn-Nordwand blieb außer dem Grandes Jorasses-Nordpfeiler die Nordwand des Eiger der letzte unbegangene große Wandabsturz der Westalpen, auf den sich nun die Begehrlichkeit der Bergsteiger konzentrierte. 1935 gelangten die Münchener Max Sedlmayer und Karl Mehringer in drei Tagen auf nahezu ideal geradliniger Routenführung bis auf 3400 m Höhe, wo sie aber von Schneefall, Sturm und Eiseskälte festgenagelt wurden und nach zwei weiteren Biwaks erfroren („Todesbiwak"). 1936 kam es zu einem weiteren, vorerst aussichtsreichen Versuch, der in eine erschütternde Tragödie mündete: die beiden Bayern Toni Kurz und Anderl Hinterstoißer gelangten gemeinsam mit den Salzburgern Willi Angerer und Edi Rainer bis zum oberen Ende des zweiten Eisfeldes. Dort wurden sie durch Schlechtwetter und eine Verletzung Angerers zum Rückzug gezwungen, wobei sich das Abziehen des Quergangsseiles als fataler Fehler erwies, durch den letztlich infolge von Absturz, Erschöpfung und Erfrieren alle vier ums Leben kamen: Toni Kurz, zwei Tage und eine Nacht im Seil hängend – eine alpine Kreuzigungsszene –tragischer Weise fast in Reichweite einer Rettungsmannschaft. Am 21. Juni 1938 stürzten die Dolomitenkletterer Bortolo Sandri und Mario Menti noch unterhalb des Ersten Eisfeldes ab. Oger – der Moloch ...

Am Nachmittag des 24. August 1938 steigen vier müde, durchnässte, hungrige Männer vom Gipfel des Eiger ab: die Bayern Anderl Heckmair und Ludwig Vörg, und die Österreicher (nunmehr „Ostmärker") Fritz Kasparek und Heinrich Harrer. In vier beziehungsweise (den Bayern) drei Tagen ist ihnen unter mannigfachen Strapazen und Gefahren die erste Durchkletterung der Nordwand gelungen. „Anderl", sagt der hungrige und gerade wieder völlig blanke Kasparek, „du musst uns ein paar Franken für ein Essen borgen ..." Dann erkennen sie das Menschengewühl am Fuß der Westflanke: Reporter, Neugierige ... Sie werden bestürmt, befragt, eingeladen – mehrfach können sie sich jetzt ihre Teller beladen ... Es ist die Stunde null des Eiger-Medienspektakels.

„In die Ansagersätze hinein hatten sich Sprechchöre gemischt, die wünschten, die Sieger der größten alpinen Leistung des Jahres zu sehen. Die Sprechchöre wuchsen an und verdoppelten sich. Der Reichssportführer stand am Ziel und sprach mit Karl von Halt. Nun verstand er den Ruf. Er ging zur Mitteltribüne und winkte seinen

Gästen zu, und dann lösten sich aus den Zuschauerreihen vier Männer. Sie standen noch nicht auf der Aschenbahn, da brandete ein Meer von Rufen und Schreien auf und bestürmte die Vier. Der Reichssportführer tat das einzig Richtige, er ging mit ihnen zur Mitte des Platzes, sichtbar für jeden der 30.000. Nicht genug! Die Menge klatschte, sie jubelte spontan, sie ließ sich nicht beruhigen. Näher an sie heran sollten die vier Männer kommen. So riefen die Sprechchöre. Und dann geschah das Einmalige, das keine Kampfbahn der Welt je erblickte: unter den Klängen des Beifallssturmes legten die Vier einen Triumphmarsch ohne Beispiel zurück. Hände winkten und griffen nach ihnen, Stimmen überschrieen sich, Landsleute sprangen über die Sperrketten auf sie zu und schüttelten ihnen die Arme. Eine ganze Ehrenrunde lang marschierten die Bezwinger der Eiger-Nordwand, grüßten mit erhobenem Arm. Die Begeisterung war unbeschreiblich und groß. Die Männer mussten in diesem Augenblick empfinden, dass ein Volk ihrer Leistung huldigte." (Zeitungsbericht anlässlich des Deutschen Turn- und Sportfestes in Breslau, 1938).

Heinrich Harrer und Fritz Kasparek

Dieser Medien-Hype musste für einen Außenstehenden, besonders im Rückblick, den Eindruck einer straffen ideologischen Durchdringung des nunmehr „großdeutschen" Bergsteigertums erwecken, was für einen Teil der Alpinisten gewiss zutraf: So waren Angerer und Rainer als Mitglieder der in Österreich verbotenen SA nach Deutschland geflüchtet, Harrer und Kasparek hatten der SS angehört. Erstmals aber lässt sich ein Zusammenspiel der zum Teil noch in der Gehschule befindlichen Massenmedien beobachten: Presse, Rundfunk, Wochenschau. Die alpinen Zeitschriften von 1938 hingegen, obwohl bereits stramm auf NS-Kurs, berichteten eher sachlich und ohne

Heckmair und Vörg am Einstieg

hysterische Fanfare. Die martialische Diktion der Erlebnisberichte entspricht freilich dem geistigen Tapetenmuster dieser Jahre: „Dieses Mal hatten wir von der Wand eine Abfuhr erhalten, doch wir kannten den Gegner jetzt schon besser und werden ihm das nächste Mal noch überlegener zu Leibe rücken. Einmal muss der Tod so vieler bester Kameraden gesühnt werden" („Um die Eiger-Nordwand", 1938). Aus der Vogelschau der seither vergangenen Jahrzehnte lässt sich dieser Stil leicht belächeln, und geradezu putzig wirkt es, wenn nunmehr die Balljungen den Publikumslieblingen von einst rückwirkend einen Platzverweis erteilen möchten, weil sie zu dieser Zeit im falschen Verein gespielt haben ... Bei allem Abscheu vor dem NS-Regime: bei Anwendung dieses Reinheitsgebotes müssten etwa sämtliche Erfolge der Sowjet-Bergsteiger bis zur Perestroika hin ethisch annulliert werden, da sie ausschließlich unter Patronanz einer üblen Diktatur stattfinden konnten! Jederzeit aber genügt ein Schritt aus dem lokalen Schrebergarten, um überraschende Perspektiven zu gewinnen. Wie etwa dem Schweizer Publizisten Othmar Gurtner 1958 mit seiner legendären „Entgötzung der Eigerwand", die neben fragwürdigen Aussagen (etwa dass die Heckmair-Route eine schlechte und gefährliche Variante der Lauperroute sei!) teilweise sehr hellsichtige Gedankengänge enthielt:

Es ist geglückt! (von li.: Harrer, Kasparek, Heckmair, Vörg)

„Während junge Franzosen durch das Kriegserlebnis kaum dazu gedrängt wurden, als Bergsteiger sich für Soldaten im Feuer zu halten, erkannten sie zweifellos im Bergsteigen den starken Reiz der freiwillig gesuchten Selbstbewährung, genossen die Schwierigkeiten und den Kitzel der Gefahr bewusst als Würzstoff ihres Bergerlebens. Dem teutonischen Blute gelang in manchen Fällen die gedankliche Aufspaltung dieses Problems weniger leicht. Reife Männer, oder bloß ihnen nachstrebende Jünglinge der Nachkriegsgeneration, blieben im Unterbewusstsein von jener fatalen Opferbereitschaft umklammert, die bisweilen nur geringer Reizung bedarf, um in tragischem Ausbruche für eine fragwürdige Ehre das unersetzbar köstliche eigene Leben hinzuwerfen. Es handelte sich ja nicht mehr allein um die gelenkigen Burschen mit den scharfgeschnittenen Zügen, sondern um das, was ein nihilistisch-umstürzlerisches Regime von ihnen erwartete. Sie selber wurden durch die Brutalität eines geschichtlichen Vorganges gleichgeschaltet, aus Österreichern entstanden Ostmärker; und dass eine Ordensburg fördernd bereitstand, gehörte ganz einfach zum Stil des damaligen teutonischen Aufbruches. Die drahtigen Burschen, um deren Haut es dabei ging, kletterten sauber, standen mit Wadenmuskeln aus Stahl auf ihren Zwölfzackereisen, sie verstanden sich auf jede Spielart der sichernden und fördernden Seilhandhabung wie Artisten, sie waren perfekte Alpintechniker bester Sorte; von ihrer Härte, ihrem Mut und ihrem Auftrieb (push) gar nicht zu reden – aber sie waren keine vollkommenen Bergsteiger mehr, denn was sie aufsehenerregend taten, sie taten's am falschen Ort."

Alpine Ayatollahs hatten 1958 noch Konjunktur, maßten sich an, zu bestimmen, wer wann wo klettern dürfe, scheiden in rechtes und unrechtes Bergsteigen ... Selbstverständlich gab es keinen Führerbefehl zur Erstürmung der Eigerwand, aber Goebbels & Co hätten doch blind sein müssen, um das Ereignis nicht nach Kräften auszuschlachten. „Wir haben die Eiger-Nordwand durchklettert über den Gipfel hinaus bis zu unserem Führer!" – das muss nicht unbedingt auf Harrer's Mist gewachsen sein: Wer vermag denn heute noch festzustellen, was da alles redigiert, eingefügt und in vorauseilendem Gehorsam „verbessert" wurde, um dem Geist der Machthaber zu entsprechen? Dass sich alle Regierenden der Jetztzeit gerne mit erfolgreichen Sportlern zieren, und dass sich bei großen Sportveranstaltungen chauvinistische Blähungen entladen, ist wohl auch aktuell zu beobachten! Wer hätte sich damals einem Fotoshooting beim Führer entziehen können oder wollen? Nicht zu vergessen: Nur die Deutschen und Österreicher der Dreißigerjahre verfügten über ein derartiges Potential erstklassiger Alpinisten, gleichermaßen perfekt im extremen Felsklettern wie auch versessen nach dem schwer erreichbaren Zauberreich „Westalpen", hinter dem als ferne Utopie die „Expedition" schimmerte. Dazu noch diese Wand, die den oft in sozialer Randlage lebenden Bergsteigern enormen Prestigegewinn versprach! Viele fähige Ostalpenkletterer schafften trotz großer Anstrengung in ihrem Leben nur ein, zwei Westalpen-Urlaube, mit fatalen Folgen für Leistungsdruck und Risikobereitschaft. Sie waren in ähnlicher Position wie die Tschechoslowaken, Polen und Jugoslawen im Höhenbergsteigen der Siebziger- und Achtzigerjahre: Durch alltägliche Mangelsituationen an Entbehrungen und Härten gewöhnt, improvisations- und leidensfähig, waren sie hungrig im übertragenen und oft genug im wörtlichen Sinn. Für sie wurde Bergsteigen in tieferer Weise zu einer Lebenshaltung als einer Spaßgesellschaft, die monatlich vom neuesten Trendsport zum allerneuesten zappen kann.

Aus dem AV-Jahrbuch 1939

6.
VEGT–ARIER–PLATTE

Ein seinerzeit sehr beliebtes Rezept (unter anderem ein Leibstandartengericht der Essen-Waffwaff), das mit einem Schlag (es muss um 1945 gewesen sein) in Vergessenheit geriet, wurde in einem tausendjährigen Kochbuch wiederentdeckt. Wegen bitteren Nachgeschmacks nicht sonderlich zu empfehlen.

VEGET-ARIER-PLATTE

1 völkisch gereinigten Alpenverein, aus dem alles semitisch Wirkende (z.B. Donauland, doch auch Rätikohn, Zischgeles, Spielmann, Goldberg-Spitze) rigoros entfernt wurde, gleichschalten und grob raffeln.
3 – 4 rassereine Kohlköpfe (unbedingt mit nordischem Schädelindex!) vierteln und in Herrenmenschen-Essenz mit Tomaten- sowie Ostmark marinieren, reinrassige Brennesselspitzen, Stiefelröhrlsalat, Ritterlaub mit Eichel sowie diverse Heil–Kräuter in „Kraft-durch-Freude"-Brühe einlegen und mit einer Prise Hajott beträufeln. Zum Schluss kleingeriebenes, geröstetes Pichlband mit Fraktur und teutscher Sauce mittels Stabreim einrühren und als braune Tunke darüber gießen.
Als Garnierung werden Haken zu Kreuzen gelegt.
Wurde laut Reichskochverordnung im Stechschritt aufgetragen.

Berge, Blut & Boden

„Der Sieg des deutsch-arischen Gedankens ist eine Sache von größter Wichtigkeit: die Reinigung der Sektion „Austria" wird anfeuernd auf andere, noch verjudete Sektionen im D.u.Ö.A.V. wirken, durch sie wird es im Lauf der Zeit gelingen, den ganzen großen Alpenverein auf reindeutsche Grundlage zu stellen und unser Sieg wird zur Reinheit und Einheit unseres Volkes mächtig beitragen. Deutsche Volksgenossen, wenn ihr Euer Volk liebt, tut Eure Pflicht!"
Eduard Pichl, 1921

Da gab es den Herrn **Moritz v. Kuffner** (1868 – 1938), einen der großen Alpinisten des ausklingenden neunzehnten Jahrhunderts. Im Stil seiner Epoche war er stets mit Bergführern unterwegs – mit den besten der Ost- und der Westalpen: mit Alexander Burgener, J.M. Biner, A. Kalbermatten, Christian Ranggetiner, Engelbert Rubisoier, Josef Furrer. Mit ihnen unternahm er bedeutende, zum Teil klassisch gewordene neue Anstiege im gesamten Alpenbogen: im Glocknergebiet etwa die erste Erkletterung des Teufelshorns, sowie die erste Gratüberschreitung Glocknerwand-Großglockner (wo Pallavicini und Gefährten 1886 tödlich verunglückt waren). 1885 gelang ihm die erste Begehung des Mitteleggigrates am Eiger im Abstieg (im Aufstieg wurde der Grat erst 1921 durch den Japaner Yuko Maki mit drei Bergführern begangen).

Weitere Kuffner-Anstiege sind der Ostsporn des Lagginhorn, die westliche Nordostwand des Mont Pelvoux, der Portjengrat („Grenzgrat"), der östliche Nordwandpfeiler am Piz Palü und der Mont Maudit-Südostgrat. Über diesen nunmehr als „Arête Kuffner" (Kuffnergrat) in den Sprachgebrauch eingegangenen, großzügigen kombinierten Anstieg im IV. Grad, den er mit Burgener und Furrer eröffnete, urteilte vor kurzem ein junger Bergführer: „Eine großartige, zu Unrecht im deutschen Sprachraum weniger bekannte Hochtour über einen meist nur wenig ausgeprägten Grat. Objektiv eher ungefährlich, zählt der Kuffnergrat zu den schönsten Routen dieser Art in den gesamten Alpen. Die meist in Firn und Eis verlaufende Route verlangt nach erfahrenen Alpinisten, die zügig und sicher im mittelsteilen, kombinierten Gelände unterwegs sind" – im Klartext, einen Dreier fast gleichzeitig gehen zu können.

Moritz v. Kuffner   Piz Palü

Der Wiener Industrielle konnte sich zudem ein aufwändiges Hobby leisten: die Astronomie. Als Besitzer der Ottakringer Brauerei ließ er aus eigenen Mitteln auf seinen Gründen oberhalb des Ottakringer Friedhofs, außerhalb des noch harmlosen großstädtischen Licht-Smogs, Österreichs bedeutendste Privatsternwarte errichten, deren Bibliothek und technische Ausstattung der Universitätssternwarte kaum nachstand. Kuffner, ein herausragender Vertreter des Wiener Großbürgertums der „Gründerzeit", war jahrelang Bürgermeister des damaligen Wiener Vorortes Ottakring, Mitglied des Industriellenklubs und der Gesellschaft der Musikfreunde. In Anerkennung seiner humanitären Verdienste wurde er vom Kaiser als „Edler von Kuffner" in den Adelsstand erhoben. Doch dann brach eine Zeit an, in der er plötzlich amtlich zum Abschaum, zum Untermenschen deklariert wurde. Jeder halbwüchsige Rotzbengel hätte den alten Herrn ungestraft anspucken, vom Gehsteig rempeln und einen Saujuden nennen dürfen. Moritz v. Kuffner war nämlich Jude. 1938, als Achtzigjähriger, wurde er aus seiner Heimatstadt vertrieben und emigrierte nach Tschechien, nicht ohne dass ihm die braunen Machthaber zuvor seine Brauerei, seine Sternwarte und seine Dürer-Sammlung abgepresst hätten – arisiert, hieß das beschönigend. Er starb ein Jahr später in Zürich.

Begonnen hat es schon viel früher. Eine unrühmliche Seite der Alpingeschichte, jahrzehntelang sorgsam geschwärzt, wird allmählich lesbar gemacht. Einmal mehr ist Wien federführend gewesen, diesmal beim „Arier-Paragrafen". Das Wien der

Operettenkönige, des Jugendstils und der Psychoanalyse war zugleich eine Stadt, in der rund 200.000 Juden lebten, sowie der betont antisemitische Bürgermeister Karl Lueger und der Ritter Georg v. Schönerer (1842 – 1921), dessen fremdenfeindliches, deutschnationales und antisemitisches Gedankengut vor allem in Bürger- und Hochschülerkreisen große Zustimmung fand. So veranstalteten zahlreiche Burschenschaften als „Samstagsbummel" verharmloste Aufmärsche, hauptsächlich gegen Nicht-Deutsche, die meist als Massenschlägereien endeten: im November 1908 zum Beispiel versammelten sich in der Aula der Universität rund 1000 nationalistische Burschenschafter und verprügelten italienische Mit-Studenten. Als Antwort auf die Umwälzungen durch die Industrialisierung suchten sie die Flucht in eine immer weiter zurückweichende, scheinbar problemlose „altgermanische Vergangenheit" – vermutlich bis in eine Pfahlbau-Idylle. Allerhand obskure, sektenähnliche Vereinigungen, die ein Fremden- und vor allem Judenhass einte, fanden zahlreiche Anhänger.

Guido von List (das „von" bezog er „von" eigenen Gnaden) unterschied Herrenmenschen und Herdenmenschen. Die germanische Mythologie wurde von ihm zu einem krausen Weltbild zurechtgebogen; die Sammlung von germanischen Göttergeschichten und Heldengesängen, die Edda, identifiziere er genial als urwienerisch mit „Eh' da" – ohnedies da. Ein Mitglied seiner 1908 gegründeten List-Gesellschaft, die sich um die Veröffentlichung der „ario-germanischen Forschungen" kümmerte, war unter anderen auch der Bürgermeister Lueger, der den Antisemitismus salonfähig machte.

Adolf Lanz (1874 – 1954), war ein geistiger Nachfolger von List – ein aus dem Stift Heiligenkreuz entwichener Theologiestudent („Bruder Georg"), der sich selbst im Lauf der Jahre als Dr. Georg Lanz von Liebenfels zum Doktor und Adeligen beförderte und den „Neutempler-Orden" gründete, ein Gemengsel von Männerrecht

und Gralsmythos unter dem Signum der „Rassereinheit". Auf der Fahne der Geheimgesellschaft findet sich bereits 1907 das Hakenkreuz. Sein Hauptwerk erschien 1906: „Theozoologie oder Die Kunde von den Sodoms-Äfflingen und dem Götter-Elektron". Schwer zu erraten, welcher Spezies er selbst sich zuordnete. Seine Monatszeitschrift „Ostara – Briefbücherei der Blonden" verkündete: „Die ‚Ostara' ist die erste und einzige Zeitschrift zur Erforschung und Pflege des heroischen Rassentums und Mannesrechtes, die die Ergebnisse der Rassenkunde tatsächlich in Anwendung bringen will, um die heroische Edelrasse auf dem Wege der planmäßigen Reinzucht und des Menschenrechtes vor der Vernichtung durch sozialistische und feministische Umstürzler zu bewahren".

Ostara- die „Briefbücherei der Blonden"

„Es ist herzzerreißend, wenn man sieht, wie Menschen der herrlichsten asischen Rasse Fabriksarbeiter oder Tagschreiber in einem Amt sein müssen, wenn sie vielleicht gar ihre Geistesarbeit in den Dienst eines ganz minderwertigen Mischlings stellen müssen. Dieses edle Rasseblut soll und wird, vorausgesetzt, dass es sich rein hält, nicht untergehen. Es wird der Tag kommen, wo man diese Menschen suchen wird und wo man Prämien auf sie und ihre Zeugung aussetzen wird, ebenso wie der Tag kommen wird, da man die Mischlingsbrut, die Staat, Gesittung, Religion und Gesellschaft zerstört, vom Erdboden wird wegtilgen müssen". Unter den zahlreichen begeisterten Lesern befand sich ein junger Oberösterreicher, der einst diese kruden Gedankengänge in eine schreckliche Realität umsetzen würde. Vorerst bemühte er sich vergeblich um Aufnahme in die Wiener Kunstakademie. Sein Name war Adolf Hitler.

Der Alpinismus dieser Epoche war teilweise bereits längst von diesem Gedankengut verstrahlt. Unter den zahlreichen alpinen Vereinigungen im Wien um 1900 finden sich etwa der Verein „Deutsches Wandern" (1897) mit dem Vereinsziel: „Pflege des Wanderns in deutscher Art", wie immer sich dies vom herkömmlichen Wandern unterscheidet. Weiters die Deutsch-Alpine Gesellschaft „Die Ostmärker" (1912), oder die Vereinigung reichsdeutscher Bergfreunde „Die Germanen". Von der Alpenvereinssektion „Austria" hatte sich schon 1905 eine „Sektion Wien" abgespalten, nach deren Statut Juden keine Mitgliedschaft gewährt wurde. In Deutschland herrschte ein ähnlicher Geist: Anlässlich der Gründung der Akademischen Sektion München (1910) findet sich bereits in den Satzungen: „Mitglied werden können nur ausübende Bergsteiger germanischen Stammes mit akademischer Ausbildung".

Erst in jüngster Zeit hat sich der Erste Weltkrieg als die wahre Urkatastrophe des Zwanzigsten Jahrhundert herauskristallisiert – als Initialzünder für seine noch schlimmere Reprise. Durch überzogene und demütigende Friedensbedingungen der Siegermächte England und vor allem Frankreich wurden verständliche Revanchegedanken und Rachephantasien geweckt, die Niederlage Deutschlands und der Donaumonarchie wurde instrumentalisiert. Tausende Berufsoffiziere, nach der Demobilisierung plötzlich beschäftigungslos, fanden sich in einer Sinnkrise. Sie hatten nichts anderes als befehlen und gehorchen gelernt, hatten mit den komplizierten Konsensfindungen der neuen, ohnedies schwachbrüstigen Demokratien nichts am Hut, und wünschten nichts mehr als deren Beseitigung. Wien war vom Zentrum eines Großreiches zu vergleichsweiser Bedeutungslosigkeit

Eine Zeit für alpine Lebenskünstler und abgehärtete Idealisten ...

herabgesunken, die Ministerien hatten nur mehr Bruchstücke eines einstigen Imperiums zu verwalten, Scharen von Beamten waren überflüssig geworden. Zusammen mit den unmittelbaren Kriegsfolgen wie Hungersnot und Massenarbeitslosigkeit wurde ein Zusammenrücken gegen „die Anderen" als Abwehrhaltung und keineswegs als aufgeheiztes Nationalbewusstsein empfunden. Selbst deklariert unpolitische Bergsteiger waren persönlich mit den Auswirkungen des Krieges konfrontiert: Südtirol war an Italien gefallen, ihr Kletterwunderland Dolomiten auf einmal schwer zugängliches, feindliches Ausland. Die großen Gipfel der Westalpen als vornehmste Bergziele waren aus materiellen Gründen ebenfalls in große Entfernung gerückt, und die Weltberge sowieso ein unerreichbarer Traum.

Schon das gewöhnliche kleine Alltagsleben geriet zum Überlebenskampf. Der New Yorker Börsenkrach von 1929 hatte eine Weltwirtschaftskrise noch nie dagewesenen Ausmaßes hervorgerufen, mit einer gigantischen Arbeitslosigkeit in der Folge. 1932 zählte man in Deutschland 5,3 Millionen, 1933 im kleinen Österreich 600.000 Arbeitslose. Und das soziale Netz war äußerst weitmaschig aus dünnem Garn geknüpft: verdiente ein gutbezahlter Facharbeiter rund 40 Schilling wöchentlich, so betrug die Arbeitslosenunterstützung der höchsten Lohnklasse 12,70 „Alpendollar", also nicht einmal 1 Euro, und wer „ausgesteuert" war, erhielt ein Notstandsgeld von ganzen sieben Schilling! Zahlreiche Bankenzusammenbrüche hatten (wieder einmal) in erster Linie die kleinen Sparer betroffen, und ein Gemenge aus Wut und Verzweiflung begann sich zu politischem Sprengstoff mit höchster Brisanz zu kristallisieren. Eine Polarisierung, die förmliche Rassenschranken zwischen Linken und Rechten setzte, mündete in der Aufstellung von Privatarmeen, die in permanenter Bürgerkriegsstimmung ihre brüllenden Aufmärsche veranstalteten. Inmitten dieser Turbulenzen wurde das Bergsteigen für Viele zum stützenden Handlauf in einer Welt, die zunehmend aus den Fugen geriet. Rückblickend erweisen sich nun etliche seiner Komponenten als eng verschränkt mit der NS-Ideologie. Diese war schließlich nicht von einem fremden Planeten auf die Erde gefallen: Demagogen brauchen sich zu keiner Zeit die Mühe machen, Ideologien zu erfinden – sie müssen nur lauschend ihr Ohr an die Schienen des Zeit(un)geistes zu legen. Da waren die Verzweifelten und Benachteiligten, oft in Selbstmitleid versinkend, welches schnell in Hass umschlägt. Mit dem Neid als Grundsubstanz. Sich selbst höher einschätzend, bessere Konkurrenten am Zug, womöglich Angehörige einer „falschen" Rasse – schon sind Schuldige ausgemacht. Weiters war eine ideologische Überhöhung der Volkstracht als Abgrenzung gegen „die Anderen" zu beobachten. Zahllose Arbeiter waren arbeitslos, doch wollten sich viele zumindest als „Arier" auf einer höheren Stufe arbeits- und mittellos fühlen (Prolet- sowie Veget-Arier gilt nicht!).

Die Veget-Arierplatte am Peilstein ist diesbezüglich unverdächtig: ihre Bezeichnung geht auf den jungen Wiener Otto Laubheimer zurück, einen leidenschaftlichen Vegetarier, der unter anderem mit Gustav Jahn den „Jahnweg" in der Bischofsmütze-Südwand erstmals erkletterte (ohne Haken!), oder den Laubheimer-Riß am Peilstein, 1902 einer der ersten „Sechser", was aber als Klettergartenroute nur unter die Rubrik „Turn-Spielerei" fiel, und deswegen in der Chronik nicht einmal als Fußnote aufscheint. Als Zwanzigjähriger stolperte der vielversprechende Shootingstar 1902 beim vergleichsweise harmlosen Abstieg über den Dachlgrat im Gesäuse und stürzte tödlich ab. Erst ein anderer, weit weniger harmloser Vegetarier, einer mit Zahnbürsten-Schnurrbart, sollte in der Folge die Welt in noch nie dagewesenem Ausmaß in Brand setzen. Vorerst aber durften die Bergsteiger noch ungeachtet ihrer Religionszugehörigkeit ihrer Passion nachgehen.

Louis Friedmann (1860 – 1939) stammte aus einer gut situierten Industriellenfamilie und genoss eine Erziehung nach englischem Muster mit entsprechend großem Anteil an sportlicher Ausbildung. Er war als Techniker, Erfinder und Konstrukteur letztlich auch ein Pionier des Automobilismus. So konstruierte er ein Dampf-Auto, mit dem er in Wiens Straßen herumkurvte. Friedmann war ein sportliches Multitalent: Eisläufer, Tennis-, Golf- und Hockeyspieler, Radfahrer, und natürlich ein ausgezeichneter Alpinist. Viele seiner einst vielbeachteten alpinen Leistungen sind mittlerweile Schnee von gestern, aber die Ersteigung des Antelao am Vormittag plus Monte Pelmo am Nachmittag, oder die Überschreitung Königspitze-Zebru-Ortler, ebenfalls als Tagestour, beleuchten seine Leistungsfähigkeit.

Obwohl er sich ohne weiteres hätte die besten Bergführer leisten können, zog ihn die fortschrittlichere Richtung des führerlosen Bergsteigens an. Mit Emil Zsigmondy und Otto Fischer überschritt er erstmals den Grat vom Hochtor zum Ödstein im Gesäuse, gemeinsam erstiegen sie als erste Führerlose den wilden Zacken des Kleinen Buchstein. Die Liebe zur deutschen Klassik und Geisteswelt – charakteristisch für das weltoffene jüdische Großbürgertum des endenden neunzehnten Jahrhunderts – versammelte in seinem Haus Künstler, Wissenschaftler und selbstverständlich Bergsteiger. Eine Atmosphäre wie im Salon eines Schnitzler-Stückes, zu

Louis Friedmann

dessen Freundeskreis er zählte, und fast erwartungsgemäß nicht frei von psychologischen Verstrickungen. Seine Frau, Rose von Rosthorn-Friedmann, zählte zu den ersten bedeutenden Bergsteigerinnen, und war im Ersten Weltkrieg Rotkreuzschwester – ihre Ehe aber blieb gewollt kinderlos. Das gesellschaftliche Virus hatte sie in Form eines gewissen Selbsthasses vieler assimilierten Juden von innen befallen – sie wollten keine Nachkommen „minderwertigen Blutes", eine dieser unsäglichen Bezeichnungen, die bereits in zahllosen Gehirnen waberten. Auch Louis Friedmann wurde im Greisenalter attestiert, dass er zur volksverderbenden, blutsaugerischen jüdisch-bolschewistischen Weltverschwörung zähle.

Guido und Max Mayer. Mayers finden sich im aktuellen Wiener Telefonbuch über volle acht Seiten. Ältere Semester kennen vielleicht noch den fast volksliedhaften „Mayer vom Himalaya". Aber in den alpinen Lexika suchte man die Brüder jahrzehntelang vergeblich: Dabei sind sie zusammen mit dem meisterhaften Bergführer Angelo Dibona zum alpinen Markenzeichen geworden. Rund 25 großzügige Routen in allen Teilen der Alpen, die zu den schwierigsten ihrer Zeit gezählt wurden und die noch immer den Schwierigkeitsgrad V aufweisen, gehen auf das Konto dieser „Problemlöser": unter anderem Ödsteinkante, Meije-Südwand, Laliderer-Nordwand, Einser-Nordwand, Croz dell'Altissimo-Südwestwand, Pordoi-Westwand, Ailefroide-Nordgrat, Dôme de Neige des Écrins- NW-Wand, Dent du Réquin- NO-Kante ...

Made by Dibona-Mayer:

Ödsteinkante   Laliderer-   Pordoispitze-   Meije-Südwand
               Nordwand   Westwand

Den einzigen Hinweis lieferte das 1927 erschienene Buch „Wiens Bergsteigertum" von Eduard Pichl, der die alpinistische Tätigkeit des Brüderpaares auf zwei Seiten beleuchtet, freilich nicht ohne hämischen Unterton. Bergsteigen mit Führer war zwar in der Tat nicht mehr zeitgemäß, während „führerlos" längst unbestrittenes Ideal geworden war – ähnlich skeptisch würde heute die Eröffnung reiner Techno-Routen betrachtet werden. Von anderen Alpinisten dieser Epoche praktiziert, stieß dies aber bei Pichl auf keinerlei Kritik, und die Mayers haben ohnedies in ihren Berichten das Hauptverdienst an allen Erfolgen immer wieder ausdrücklich der überragenden Kletterkunst Dibonas zugestanden. Anlass für seinen gehässigen Ton war ihre jüdische Herkunft.

Es kommt eben darauf an, wer etwas tut: als die Brüder 1908 mit Luigi Rizzi und G. Davarda den gewaltigen Kamin am Innerkoflerturm (noch immer V) durchkletterten und als „Mayer-Kamin" in die alpine Nomenklatur einbringen wollten, hagelte es wütende Proteste! Zwei jüdische Studenten (17 und 18 Jahre alt) sollten die alten Traditionswächter nicht noch älter aussehen lassen! Wilhelm Lehner klassifizierte die beiden in seiner „Eroberung der Alpen" als „.dem Geist germanischen Bergsteigertums widersprechend" – was immer das sein mag, nachdem die Germanen zum Bergsteigen sicher keinen Geist verspürten. Eine Pallavicini-Rinne, ein Güßfeldt-Couloir, ein Mummery-Riß gingen hingegen unbeanstandet durch, obwohl dort ebenfalls die Bergführer die entscheidende Arbeit geleistet hatten. Sei's drum: Rizzi-Kamin forever!

Als die Beziehung zu Dibona nach 1918 kriegsbedingt endete, gelangen Guido Mayer etliche anspruchsvolle Neutouren als Seilerster, z. B. der „Horrende Riß" in den Kahlmäuern der Rax. Als 1921 nach der Durchsetzung des Arier-Paragraphen die jüdischen Mitglieder aus dem Alpenverein ausgeschlossen wurden und einen eigenen „Alpenverein Donauland" gründeten, war Guido Mayer stellvertretender

Obmann. 1938 wurde er ausgebürgert, und 1945 in Jugoslawien vermutlich von Partisanen erschossen. Über seinen Bruder Max sind noch weniger Lebensdaten bekannt. Zwei bedeutende Alpinisten des 20. Jahrhunderts wären aus den Annalen des Bergsteigens verschwunden, gäbe es da nicht einen schwarzen Humor der Geschichte: ausgerechnet dem Hassprediger Pichl verdanken die Brüder Mayer einen Platz in der alpinen Chronik! Von den Mayers existieren keine Fotos, wie überhaupt nur sehr wenige von den jüdischen Bergsteigern. Auch dies kann als eine Form von Auslöschung gelten. Oder vielleicht auch als Indiz, dass es gar so viele jüdische Alpinisten gab, wie Pichl und seine Gesinnungsfreunde vorgaben ...

Eduard Pichl

Eduard Pichl (1872 – 1955). Der kreative Routenfinder kann zugleich als der Schwarze Ritter des Deutschnationalismus in dieser Bergsteiger-Epoche gelten. Als Hofrat im Münzamt ließ er sich vorzeitig pensionieren, um als Vorstand der Sektion „Austria" die Eliminierung der jüdischen Bergsteiger aus dem Alpenverein als Lebensaufgabe zu betreiben. Derselbe Pichl, dessen Leistungen als Pfadfinder im Steilfels – vom beliebten Akademikersteig auf der Rax über die Dachstein-Südwand bis zur Langkofel-Nordkante, sowie dessen Verdienste für die Bergbevölkerung über den Weg des Fremdenverkehrs unbestritten sind, derselbe Pichl also hatte während des Ersten Weltkriegs im russischen Kriegsgefangenenlager Krasnojarsk keine anderen Sorgen als die Gründung eines „Deutschen Sport- und Turnvereines Theodor Körner", dem keine Juden angehören durften! Wenn man schon in derselben Kacke sitzt, dann zumindest exklusiv „rasserein"! Russische Kriegsgefangenschaft, militärische Niederlage und Untergang Österreich-Ungarns waren für ihn und viele seiner Altersgenossen ein Trauma, dem sie mit Verschwörungstheorien und übersteigertem Nationalismus begegneten. Allein der unlogische Propagandavorwurf, „das Deutschtum in den Alpen zu schützen", bemäntelte in Wirklichkeit das Bestreben, das „Städtische" – von ihm und seinen Geistesverwandten mit links,

Dachstein-Südwand

Akademikersteig, Rax

Planspitze-Nordwand

Langkofel-Nordkante

atheistisch und jüdisch gleichgesetzt – von den Alpenbewohnern fernzuhalten, welche in seiner Heimat-Inszenierung den Part der edlen Wilden innehatten. Seine Selbstbeschreibung in „Wiens Bergsteigertum" lässt keine Fehldeutung zu: „Pichl hat im Bergsteigerleben und in den alpinen Vereinen, denen er angehört, allzeit in Wort und Schrift den deutschen Gedanken betont und gilt als einer der Hauptvertreter des deutschvölkischen Gedankens im Alpenverein"

Strikte Ablehnung alpinistischer Neuerungen war Ausdruck seiner allgemein rückwärtsgewandten Geisteshaltung, welche Veränderungen bekämpfte oder zumindest nicht wahrhaben wollte. Dies zeigt sich deutlich in seinem schlichten Schwarz-Weiß-Weltbild: Hier die dunkle, verderbte Hure Großstadt mit ihren zersetzenden Einflüssen, in der die zionistisch-bolschewistische Weltverschwörung ihre teuflischen Machenschaften spinnt – und dort das klare, unverstellte Gebirg', der helle Hort wackerer deutschen Landlebens unter hehren Gipfeln. Was dort aber an engstirniger Bigotterie, Intoleranz und selbstgenügsamem „Mir-san- mir!"-Sumpertum den Mitmenschen das Leben erschwerte, deckte sich vielfach mit dem zeitgemäßen ideologischen Timbre. Die Bauern in den Erbauungsschriften und Kalendern zeigten kantige und grantige Gesichter, so als führten sie Krieg gegen die Natur, die Dauerschwangerschaften der Frauen wurden optisch ausgeblendet, und die Kinder rackerten als Gratispersonal und erhielten gelegentlich ihre „gesunde Watschen".
Pichl war Bewunderer und Freund des Nazi-Vordenkers Georg von Schönerer, dem er eine sechsbändige Biografie widmete, Mitglied etlicher schlagender Burschenschaften, Gründer, Unterstützer und teilweise Leiter zahlreicher deutschnationaler und paramilitärischer Vereinigungen wie „Wehrturnverein Edelweiß", „Führer" des „Deutschen Wehrturnverbandes", der von 1927 bis 1931 der Heimwehr angeschlossen war. Sein ideologisches Sendungsbewusstsein bei der Verankerung des Arier-Paragrafen im Alpenverein wurde zwar nicht von allen AV-Granden gutgeheißen, doch letztlich setzten sich die nationalistischen und antisemitischen Strömungen durch. Die seltsamen ästhetischen Vorstellungen von Markierungstafeln in altdeutscher Frakturschrift, „... die besser in Wald und Gebirge passt als die steife Lateinschrift" oder die Germanisierung der Monatsnamen würden noch als skurrile Blüten einer Germanen-Nostalgie durchgehen. Pichl und seinen Spießgesellen ging es jedoch darum, alle jüdischen Mitglieder systematisch aus den AV-Sektionen zu entfernen. Als diese daraufhin eine eigene Sektion „Donauland" gründeten, welcher aber aus Solidarität auch Persönlichkeiten wie Guido Lammer beitraten, verwendete er alle Energie darauf, auch diese Sektion aus dem Alpenverein auszuschließen. Begründung: „‚Donauland' ist wegen ihrer volksfremden Zusammensetzung und Eigenart für die Gesamtheit der österreichischen Sektionen unannehmbar. Sie bedroht das Deutschtum in den Alpenländern und untergräbt den Bestand des Vereines". Und auf einen berechtigten Einwand antwortete er: „... nie aber wird H. Dr. A. beweisen können, dass die Abwehr gegen das Festsetzen einer jüdischen Sektion im D.u.Ö.A.V. irgendetwas mit Politik zu tun hat und nie wird er die Tatsache widerlegen können, dass der Jude vermöge seiner Herkunft, seiner körperlichen und geistigen Anlagen nicht in das hoheitsvolle Bild unserer Berge passt und dass er noch weniger in einen aus Deutschen bestehenden Alpenverein gehört". Diese sich selbst erklärende Beweisführung ist in gewisser Weise schon wieder faszinierend.

„... nicht ins hoheitsvolle Bild der Berge passt ..."

Im Übrigen wurde die Sektion Donauland von Pichl zu einer ungeheuren Bedrohungskulisse aufgeblasen, obwohl sie in Wirklichkeit nur einen verschwindenden Prozentsatz der AV-Mitglieder umfasste. Obgleich etliche jüdische Sportvereinigungen existierten (z.B. die „Hakoah" = Kraft), zählten im Leben des Großteils der jüdischen Bevölkerung sportliche Aktivitäten eher zu den „Gojim Naches" – den verrückten Spleens der Ungläubigen. Aber wenn man mindestens das Abendland retten will, kann der Gegner nicht groß genug projiziert werden. Als eigenartiger Gegensatz zum dumpfsinnigen Stammesdenken war übrigens eine Affinität zur indischen Mythologie zu bemerken: die Arya, „die Reinen" – das waren jene exotischen Fremden, die schon genügend weit entfernt lebten, um als bedrohlich empfunden zu werden. Sie mussten auch ungefragt die Vorlage für das Parteilogo liefern: Swastika, das Sonnenrad, das hinduistische Symbol für Wohlergehen, wurde zum Hakenkreuz verwandelt. Später gab es eine erstaunliche ideologische Yoga-Verrenkung zu bestaunen: Hat man die Juden vor der NS-Alleinherrschaft noch umschreibend erst als „Mischlinge", dann als „Asiaten" codiert, wurden dagegen die im Weltkrieg mit Nazi-Deutschland verbündeten Japaner praktischerweise zu „Ehren-Ariern" ernannt.

Da war aber noch das Klettergenie **Paul Preuß** gewesen, der „reinste" aller Freikletterer, dessen radikale sportliche Ethik seine Zeitgenossen verstörte. Seine Erstbegehung der Ostwand des Campanile Basso (Guglia di Brenta) zählt zu den Meilensteinen der Alpingeschichte: solo und on sight entlang einer senkrechten Mauer hinauf in die Lüfte, ohne Haken, heute noch V. Grad – das bedeutete 1911 den Schritt in eine neue Dimension. Die Schlüsselstelle der Ödsteinkante im Gesäuse galt für kurze Zeit als eine der schwierigsten Kletterstellen der Alpen. Hatte der Erstbegeher Dibona auf den achthundert Metern der Kante gezählte drei Haken geschlagen, so verwendete Preuß gar keinen! Anlässlich der ersten Wiederholung fand er mit Paul Relly eine neue, elegante und überaus luftige Variante: die rund zwanzig Meter lange, nun nach ihm benannte Querung. Den Sicherungseffekt auf dieser steilen Platte, noch dazu mit ihrem windigem Seilmaterial, muss man sich erst ausmalen. Ihre „Sicherung" bestand in erster Linie in einer unerschütterlichen inneren Stabilität. Rezept Preuß: „Das Äußerste, was ein Kletterer im Aufstieg wagen darf, sollte er auch in frei geklettertem Abstieg bewältigen können". Angeblich soll er bei der Erstbesteigung der Kleinsten Zinne das mit V bewertete Einstiegswandl des heutigen Preuß-Risses zur Demonstration seiner These wieder abgeklettert sein ... Es heißt, dass er in seiner gesamten Kletterlaufbahn angeblich überhaupt nur zwei Haken gesetzt hat: vermutlich in größter Bedrängnis am Westpfeiler der Trisselwand. Dort sollen auch heutige Felsartisten bei einer Kletterdemonstration in seinem Stil etwas blass um die Nase geworden sein. Beim Versuch der Erstbegehung der Manndlkogelkante im Gosaukamm, solo, ist er am 15. Oktober 1913 abgestürzt. Eine logische Konsequenz? Eine Theorie lautet, dass der Absturz während einer Rast passiert sein könnte, als er nach seinem entglittenen Taschenmesser griff ...

| Paul Preuß | Ödsteinkante | Guglia di Brenta | Manndlkogel |

In seinem kurzen Leben hat der Doktor der Biologie zahllose Gipfel erstiegen, hat kühne neue Aufstiege gefunden, zählte zu den herausragenden Skibergsteigern seiner Zeit, und projektierte damals schon eine Begehung des gesamten Peutereygrates! Sein Tod war eine Tragödie für den Alpinismus – doch wer kann sagen, was Preuß erspart geblieben ist? Ein sinnloses „Helden"-Ende wie jenes von Hans Dülfer, 1915 im Schützengraben bei Arras? Oder Schikanen, Verfolgung und Auslöschung im Dritten Reich? Denn auch Preuß entsprach nicht dem Reinheitsgebot der neuen Rassenfanatiker, was seine auffallend spärliche Erwähnung und seinen geringen Stellenwert in der deutschsprachigen Alpinliteratur der Zwanziger- und Dreißigerjahre erklärt. Ganz im Gegensatz übrigens zu Italien, wo die Kleinste Zinne in „Torre Preuß" umbenannt wurde, und wo er in Severino Casara einen glühenden Bewunderer hatte, der sein Andenken und seine Bedeutung über Jahrzehnte sprachmächtig und mit Eifer pflegte, und ihm auf seinem Grab am Friedhof von Altaussee eine Ehrentafel gewidmet hat, mit der südländisch-überschwänglichen Inschrift: „Il piu grande Alpinista di tutte i Tempi" – „dem größten Alpinisten aller Zeiten". Erst in den letzten Jahrzehnten hat sich dank Reinhold Messners Beurteilung („Kein anderer Alpinist hat für unser Tun eine größere Bedeutung als Paul Preuß") auch im deutschen Sprachraum eine gebührende Wertschätzung aufgebaut.

Bergsteigen = Kriegsersatz? „Ein anderes von den ganz großen Erlebnissen einer Bergfahrt ist das kriegerische. Es ist der Kampf in einer reinen und starken Form, der sich offenbart: der Kampf ohne Hass, der Kampf aus Mut ... Jede echte Bergfahrt gleicht einem Feldzug. Der Marsch, die Strapazen, die männliche, harte Entbehrung, das Nebeneinander von Größe und Mühe, die zusammengebissenen Zähne in der drohenden, die blitzschnelle, geschmeidige Bewegung in der springenden Gefahr ... Der Überlegene, das Raubtier bewegt sich freier so in ihr ... Es ist da das so typisch kriegerische Symptom der Rüstung; jener Rüstung, welche dem Männlichen so zugeordnet ist wie dem Weiblichen der Schmuck, jene Rüstung, welche sich der Bürger vergebens bemüht, als „Ausrüstung" abzutun ...

„Berg- Vagabundage" von Edgar Traugott, einem der zahllosen Wiener „Illegalen" 1935 verfasst, erschien im diesbezüglich sehr aufschlussreichen Alpenvereinsjahrbuch 1939, als man gar nicht genug Eifer zeigen konnte, um das Volk auf „Rüstung" und „Kampf" einzustimmen.

Wie radioaktiv markiert heben sich nun die vorerst unterirdisch verlaufenden Stränge dieses Geflechtes klar erkennbar ab, lässt sich weiters die schleichende Verwandlung von Idealisten und Suchenden zu Missbrauchten, Tätern und Mitläufern als ein sich fast zwangsläufig vollziehender Prozess verfolgen. Nahezu deckungsgleich erscheinen mit einem Male weite Felder der Bergsteiger- und der NS-Ideologie: die holzschnitthafte Symbolik von Heimat und Scholle, Herren- und Übermenschentum, Kampf, Kameradschaft und Heldentum hatten denselben geistigen Nährboden, auf dem die aus verschiedener Richtungen zusammen strebenden Wurzeln zuletzt als jenes ominöse Tausendjährige Gewächs zutage traten. Das „Schulter-an-Schulter" nationaler Erweckungsveranstaltungen, Arier- Paragraph, Todesromantik und Nietzsches Übermensch im moralfreien Raum – aus der Vogelschau der seither vergangenen Jahrzehnte setzen sich nun klar erkennbar all diese Puzzleteile zu einem Gesamtbild zusammen.

Nach wie vor: „Berg Heil!"

Nur das „Berg Heil!" – das ist trotz aller Verfänglichkeit eine nachweislich altösterreichische Schöpfung: Im Sommer 1881 überlegten August v. Böhm, Ludwig Purtscheller und die Brüder Zsigmondy nach einer Kletterei vom Fußstein zum Olperer, ob man nicht einen eigenen Bergsteigergruß schaffen sollte: „Wie wäre es, wenn sich Bergsteiger mit einem eigenen Gruß begegnen würden, wenn sie gipfelwärts steigen? Etwa mit Berg-Heil – das klänge nicht übel?" Daher also das „Heil!", das sich unversehens nahtlos in die neuen Gebräuche eingefügt sah.

Naht- und geräuschlos, nahezu mit Lichtgeschwindigkeit und offensichtlich von langer Hand vorbereitet verlief eine weitere Umstellung: Am 13. März 1938 wurde mit Hitlers Einmarsch der Anschluss Österreichs an das Großdeutsche Reich vollzogen. Schon einen Tag später erklärte sich der D.u.Ö.A.V. zum „Deutschen Alpenverein". Dessen „Altreichsdeutscher" Zweig, wie es im nunmehrigen Sprachgebrauch hieß, war schon 1933 dem „Deutschen Reichsbund für Leibesübungen" eingegliedert worden. Die unter dem österreichischen Kanzler Dollfuß aufgelösten „Naturfreunde", deren Eigentum einer Neugründung „Bergfreunde" übergeben wurde, waren nun vollends verboten. Das Bergsteigen in Deutschland und Österreich (das nun „Ostmark" hieß) war somit nicht nur optisch, sondern de facto politisch gleichgeschaltet, die „durch politische Verhältnisse bedingte Rücksicht auf Satzungen,

Parlamentarismus u.a.m., die viele Nationalsozialisten als Schönheitsfehler des D.u.Ö.A.V. angesehen hatten, war nicht mehr notwendig" Und: „An Stelle der auch politischen, im Übrigen weit verzweigten Aufgaben trat die zentrale politische Zielsetzung des planmäßigen und verantwortlichen Einsatzes des Bergsteigens als eines hervorragenden Mittels der weltanschaulich-politischen Erziehung, nach der alle anderen Aufgaben auszurichten sind".

Logisch, dass in diesem Geist auch alpinistische Leistungen propagandistisch ausgeschlachtet wurden, von der Eiger-Nordwand bis zu den Expeditionserfolgen.

Nur: gezwungen wurde niemand zum Mittanzen in diesem Reigen der Hundert- bis Hundertzwanzigprozentigen! Man schreibt den 29. Mai 1939. Die Münchener Bergsteiger Paidar, Grob und Schmaderer stehen als erste Menschen auf dem Gipfel des 7.363 Meter hohen Tent Peak im Sikkim-Himal, am Pfingstmontag, über einem Nebelmeer, aus dem wie Inseln die Gipfel der Sieben- und Achttausender herausragen: „Mir war schon längst, als müsste sich der Himmel öffnen und mit den allerschönsten Glocken uns Drei Pfingsten einläuten, und ein Chor müsste singen: Ein' feste Burg ist unser Gott!'. Ich musste mich einen Augenblick setzen – es war alles so groß".

Am Gipfel des Tent Peak, 1939

Keine Silbe jenes liebedienernden Reichs- und- Führer-Gequatsches, und ohne das Logo des Hauptsponsors, des Hakenkreuzwimpels auf dem Gipfelfoto (unterhalb versteckt sich übrigens als Flagge des Gastlandes der Union Jack!), könnte kein Mensch feststellen, in welche Maschinerie große Teile des Bergsteigens integriert waren. Walter Hartmann etwa, stramm auf Parteilinie liegender „Führer" der Sektion Bayerland, forderte, dass „als Hüttenbesucher nur Arier erwünscht seien und dass jüdische Bergnamen abgeändert werden sollten". Waren damit Zischgeles, Spielmann, Goldberggruppe oder Rätiko(h)n gemeint? Der Kulturreferent Alfred Jennewein setzte eins drauf und rief zur „Ausscheidung aller Werke nichtarischer Schriftsteller aus Sektions- und Hüttenbüchereien" auf.

Alpengebirgsschädelformen. Um einen Führungsanspruch der germanischen Rasse biologisch zu untermauern, wurde ein eigener Voodoo-Wissenschaftszweig installiert. Dort wurden fleißig Schädel vermessen, mit der Vorgabe, dass die größten Schädel der deutschen Herrenrasse anzugehören hätten. Inhaber von Wasserköpfen hingegen wurden aussortiert und als „lebensunwert" vernichtet. Univ. Prof. Dr. J. Kaup, München, im Alpenvereins-Jahrbuch 1942: „Die in mehr als einem Jahrtausend eingetretenen Veränderungen in der Schädelform sind ohne weiteres zu erkennen. Die zu mehr als drei Viertel lang- und mittelköpfigen

Germanen mit einem mittleren Längen – Breiten – Index von etwa 76 v. H., die hauptsächlich an der Besiedelung des Alpenraumes beteiligt waren, sind scheinbar von einer kurzköpfigen Rasse mit einem Index von 84 v.H. verdrängt worden. Der germanische Reihengräber-Typus findet sich scheinbar in der Jetztzeit im Alpengebiet nur mehr zu 6 v. H. (Disentiser) bis 19 v. H. (Deutsch-Walliser). Der Homo alpinus als extreme Kurzkopfrasse war scheinbar im Laufe der letzten Jahrhunderte aufgetaucht und die germanische Kontinuität für den Alpenraum schien rassisch aufgehoben. Und so ist es nicht zu verwundern, wenn R. Virchow im gesamten deutschen Sprachgebiet nur hellere und dunklere Germanen erkennen wollte. Aber auch in der Schädel- oder Kopfform ging Kollmann (1883) so weit, dass er die vier Typen – Langschädel-Langgesicht, Langschädel-Kurzgesicht, Kurzschädel-Kurzgesicht und Kurzschädel-Langgesicht als Anpassungs-Dauermodifikation der germanischen Rasse auffassen wollte. J. Ranke bezeichnete direkt den alpinen Typus Kurzschädel-Langgesicht als die germanische Alpengebirgsschädelform, deren Entstehung auf die Arbeits- und Bewegungsart in den Bergen zurückgeführt wird. Er bezeichnete die Alpen als ein Ausstrahlungs- und Entstehungsgebiet eines kurzköpfigen Typus. J. Ranke spricht von einer ‚Bodenständigkeit der Schädelformen‘, die für die kurzköpfigen Alpenbewohner vielleicht zum Teil auch auf die vitaminarme Schmalzkost zurückzuführen sei."

Da konnten sämtliche nicht dem germanische Reihengräber-Typus angehörenden Holz-, Starr- und Querköpfe aller alpinen Gaue erleichtert aufatmen!

Bauern aus dem Emmental I Steirer am Hirschegg I Südtiroler Holzknecht

Eine weitere Säule dieses lichtvollen Rassengebäudes war eine psychologische Hervorhebung der Einzigartigkeit des „germanischen" Bergsteigens – eine verquaste geistige Selbstzeugung, denn „die Germanen", auf die sich alle beriefen, waren keineswegs ein homogenes Volk gewesen, sondern eine Großzahl unterschiedlicher, sich zum Teil heftig bekriegender Stämme, die nun im Zug eines propagandistisch simplen Weltbildes zu einer vereinheitlichten Ahnenreihe zurechtgezimmert wurden. Und die in Wirklichkeit allesamt – wie alle hauptsächlich mit ihrer Lebenserhaltung beschäftigten Völkerschaften – keinerlei Hang zu einem kräftezehrenden und gefährlichen Bergsport verspürten. Aber trotzdem:

„Das Bergsteigen als Ausdruck nordischen Wesens. Nun beginnen wir zu begreifen, dass die Entwicklung des Bergsteigens an bestimmte Menschen-gruppen – nennen wir sie schon mit dem ihnen gebührenden Ausdruck Rassen – gebunden sein muss, während andere seelisch gar nicht dazu fähig sind, zur

Entwicklung des Bergsteigens etwas beizutragen. Oder hat man schon je von einem chinesischen Alpinisten gehört, der einem Purtscheller, Welzenbach oder Mummery gleichgekommen wäre? Ein Chinese mag ein großer Philosoph sein wie Lao-Tse oder ein Sittenlehrer wie Kung-Fu-Tse, ein Dichter wie Li-Tai-Pe oder ein Politiker wie Sun-Yat-Sen, aber Alpinist wird er, von seltenen Ausnahmefällen abgesehen, nicht werden. Ebenso kann man sich einen Araber als Krieger, Händler, Räuber, Sänger, Dichter, Baumeister oder als sonst irgendwas denken – aber als Alpinist ist er unmöglich; da hindern ihn bereits seine weiten, flatternden Gewänder an der Ausübung des Bergsports." Also sprach Karl Prodinger 1938 im „Bergsteiger".

„Und so ist es mit unserer Gesinnung und ganzen Kultur, mit Theater und Literatur. Sie sind unecht, Talmi: wir wissen, dass sie von Amerikanern und Negern beeinflusst werden, aber wir machen es mit und sind dadurch zu der Verflachung, zu dem Tiefstand unserer heutigen Kultur gekommen. Eine undeutsche, rasse-fremde Weltanschauung lassen wir uns aufdrängen, drehen und biegen uns im Negerrhythmus nach den Klängen von Jazz, verschlingen Filme und Romane, die entweder kitschig sind oder glitschig, singen voller Begeisterung Schlager, auch wenn sie noch so widerlich nach Gasse und nach Gosse riechen, und vergessen darüber, was uns Jahrhunderte heilig war, unser deutsches Gut!" Wen wundert's, dass der Verfasser in verräterischer geistiger Verwandtschaft Paul Hakenholz (!) heißt – vielleicht ist es aber nur ein Künstlername? Doch nicht jedermann durfte sich so einfach mit dem „deutschen Gut" beschäftigen.

Konrad Mautner (1880 – 1924), Sohn eines jüdischen Textilfabrikanten, verbrachte von Kindheit an die Sommerfrische in Gössl am Grundlsee und fand hier eine Wahlheimat, in der er sich zu Hause fühlte und nach Art der Einheimischen lebte.

Konrad Mautner | Arbeitskleidung als „höherrassiges Gut"...

Sommerfrische und Tracht galten zeitgemäß als Inszenierung und beliebtes Gesellschaftsspiel, doch Mautner wurde darüber hinaus einer der bedeutendsten Kenner und Sammler von Volkstrachten und -bräuchen. Er hat eine historisch unschätzbare Kollektion von bäuerlichen Gebrauchsgegenständen zusammen getragen, die teilweise bis 1700 zurück reichten, und mit seiner liebevollen Aufzeichnung von Musiknoten, Vierzeilern und anderen Gstanzln die erste volksmusikalische Dorfmonografie Österreichs geschaffen, das berühmte „Steyrische Rasplwerk". Ein Jahr nach seinem Tod, 1925, errichtete man ihm in Gössl ein Denkmal. Doch 1938 wurde den Juden das Tragen von Volkstrachten verboten, die Alltagskleidung Lodenjanker und Dirndlkleid zu „höherrassigen" Attributen stilisiert, zu Heiligtümern heimatlicher Scholle. Mautners Gedenkstein wurde zerstört. Einige Jahre nach dem Krieg – die Geschichte hatte erneut eine Schleife gezogen – hat man ihn neuerlich errichtet, und Mautners Verdienste um die Volkskunde sind mittlerweile wieder unbestritten.

Rudolf Reif (1890 – 1958) aus Wien machte schon 1926 auf dem Gipfel der Planspitze befremdet die Beobachtung „... einer der Pichlroute entquellenden Partie junger Leute, deren erster Blick nicht den Bergen, sondern dem Gipfelbuch galt. Breitspurig trugen sie ihre Namen und – natürlich – die Zeichen ihrer politischen Gesinnung ein". Damals hätte er noch nicht gedacht, dass er sein Leben vor dieser politischen Gesinnung in die Emigration nach Shanghai retten müsste, einer Art Freihafen, in dem rund 20.000 europäische Juden ohne Visum und Aufenthaltsgenehmigung Zuflucht fanden. Was aber tut ein Wiener Kletterer in Shanghai, außer Überleben? Um nicht vor Heimweh und Bergsehnsucht verrückt zu werden, verfiel er auf eine Idee wie der Polithäftling in Stefan Zweigs „Schachnovelle", der den Schattenwurf seines nächtlich beleuchteten Zellengitters als virtuelles Schachbrett nutzte. Ähnlich durchstieg Reif im Geist immer wieder alle seine Touren, was vor allem auf seinen eigenen Routen wesentlich ungefährlicher als in natura, denn die meisten in den älteren Schneeberg- und Rax-Führern beschriebenen Reif-Wege zeichnen sich durch Brüchigkeit und reichliche Vegetation aus. Mit einer Ausnahme: seines Weges in der Wachthüttelwand, dem schönsten „Dreier" im Revier, der sein unvergängliches alpinistisches Denkmal darstellt.

Rudolf Reif am Peilstein | Reif, Selbstbildnis | Reifweg, Rax

Als der Führerautor Hubert Peterka Mitte der Fünfzigerjahre den ultimativen Peilsteinführer herausgeben wollte, setzte er in fast bürokratischer Vorgangsweise die Jungkletterer auf alle noch nicht begangenen Wandpartien an, „damit ein für alle Mal alles begangen wird, was überhaupt gemacht werden kann". Diesen für alle künftigen Zeiten gültigen, noch druckfeuchten Peilsteinführer nahm sich der aus der Emigration zurückgekehrte alte Herr Reif vor – und fand, zum Teil allein gehend, noch rund fünfzehn neue Routen bis zum Fünften Grad, zum Beispiel den „65er-Weg", dessen Bezeichnung bescheiden mit seinem fortgeschrittenen Jünglingsalter kokettiert! Oder die „Prof. Viktor-Frankl-Kante", „... nach dem berühmten Philosophen, Neurologen, Universitätsprofessor und was weiß ich noch benannt. Er ist mein gelegentlicher Gefährte, und die Benennung des Steiges trug mir vier Flaschen original Grinzinger ein. Ich suche nun anderwärts Routen, die ich nach ihm benennen könnte, denn der Wein war gut und ich könnte noch einige Flascherln vertragen", notierte Reif 1955 nach der Erstbegehung. Peterka hingegen war von dieser unvorhergesehenen Bereicherung seines Peilsteinführers wenig erbaut und soll sich daraufhin ziemlich abseits politischer correctness geäußert haben Übrigens: aus den „endgültigen" rund 400 Steigen von 1955 sind mittlerweile mehr als 1300 geworden.

„Die Versorgung der Alpenvereinsschutzhütten ist auch für die Bewirtschaftungszeit 1944/45 sichergestellt. Für die Abgabe des markenfreien Bergsteigeressens erhalten die Hüttenbewirtschafter die gleichen Lebensmittel wie im Vorjahr (Suppen und Pürees, Hülsenfrüchte, Teigwaren, Kondensmilch, Gemüsekonserven, Marmelade, Fruchtsäfte und Trockenei). Die Auslieferung der Lebensmittel beginnt Ende Mai 1944, sodass die Hütten für die Sommermonate ausreichend versorgt sind".

Inserat: „Zu tauschen gesucht: Neuwertiges dunkelblaues Kostüm oder Mantel gegen Damen-Skistiefel, Gr. 39/40, möglichst mit Doppelschnürung".

GESCHÄFTLICHE EMPFEHLUNG:
Keiner kann mehr geben als er hat! Jeder Kaufmann macht es sich heute zur besonderen Pflicht, die knappen, aber markenfreien Nahrungsmittel, wie Knorr-Suppen und Soßenwürfel gerecht zu verteilen. Allerdings kann er der heute so enormen Nachfrage nicht immer entsprechen, da auch die Rohstoffe, die man für die Suppen- und Soßenwürfel braucht, größtenteils für die Wehrmacht verarbeitet werden. Denn – Nahrung ist Waffe!
Völkischer Beobachter. 3. Jänner 1945

Helmut Qualtinger, der bekannte Kabarettist, Autor und Schauspieler, wurde als Sechzehnjähriger als Luftwaffenhelfer eingezogen. Die Ernährungslage erforderte von den jungen Leuten bereits einigen Einfallsreichtum „Toast aus Kommiißbrot: Eine Scheibe Brot auf die Platte des Kanonenofens – meist lagen da irgendwelche Stiefel zum Trocknen drauf, die wurden zur Seite geschoben – rösten und dann mit Margarine bestreichen und salzen." Wahlweise standen manchmal sogar Kunsthonig oder Fischpaste zur Verfügung.

„Bergsteiger und Soldaten sind deutsche Gestalten!"
AV-Jahrbuch 1939 | Markiger Bergler | Feldpostkarte 1942

Abgesehen vom immer häufigeren Gedröhn der alliierten Bomberflotten wurde es in den Alpen immer stiller. Die Bergsteiger kamen fast nur mehr als Fronturlauber, um – vielleicht ein letztes Mal – Bergfreude und Schönheit zu tanken. Dabei mussten sie die eifrigen Propaganda-Trommler an der Heimatfront vernehmen: „Bergsteiger und Soldaten sind deutsche Gestalten! Bergsteigen ist dem Deutschen nicht ein Luxus, der schließlich doch nur in einer Reihe von artistischen Übungen endet, nein, der Deutsche, der ohne viele Worte und Aufwand in die Berge steigt, handelt, weil er so muss, weil ihm das uralte Gesetz des Kampfes, das seinem Volke eigen ist, im Blute liegt ..." und so weiter. Ja – und das stammt von Karl Springenschmied, dem Dichter des so beliebten Longsellers „Am Seil vom Stabeler Much". Außerdem erschien die 32. Liste der Auszeichnungen für Tapferkeit vor dem Feinde. Und die umfangreichen Listen der Gefallenen ...

Das NS-Regime hatte aber entgegen aller Deutungsversuche ihrer politischen Alpin-Vordenker mit einem germanischen Bergsteiger-Urtrieb nur wenig am Hut: Als 1942 auf dem Elbrus ein Trupp Gebirgsjäger die deutsche Reichskriegsflagge hisste, hatten die außer ihrer persönlichen Befriedigung sicher auch einen gewissen propagandistischen Effekt im Hinterkopf. Hitler allerdings war weniger begeistert als sie, er tobte über „diese verrückten Bergsteiger, die vor ein Kriegsgericht gehörten, die diesen idiotischen Gipfel erstiegen, anstatt alle Kräfte auf die Eroberung von Suchumi zu konzentrieren" – so Albert Speer in seinen „Erinnerungen".

Wunderwaffen und Alpenfestung. Wieder lebte die Bevölkerung in einer informationsmäßigen Wüste: alle unabhängigen Zeitungen waren verboten, der Rundfunk ein reines Parteipropaganda- und Vernebelungsinstrument, und schon das Abhören von „feindlichen" Sendern konnte KZ-Haft und in der Folge das Leben kosten. So konnten die lancierten Gerüchte über sensationelle, kurz vor dem Einsatz stehenden Wunderwaffen und einer uneinnehmbaren Alpenfestung ihre Wirkung entfalten. Vielleicht war der reale Kern Hitlers Sitz auf dem Obersalzberg bei Berchtesgaden. Das NS-Regime hatte 1935-37 ein 10 Quadratkilometer großes Areal an der Westflanke des Hohen Göll konfisziert, und errichtete dort auf dem

Kehlstein einen abgeschotteten Gebäudekomplex, wie ihn Diktatoren eben gerne mögen. Mitsamt einem 34 Kilometer langen und 2 Meter hohen Zaun, weitläufigen Straßen, Bunker- und Höhlensystemen (die sind in einer dunklen Vorahnung für den jeweiligen Endkampf „bis zur letzten Patrone" unverzichtbar). Doch die Geschichte hielt sich nicht an derlei Vorgaben. Am 25. April 1945 machten zwei Bomberverbände der Alliierten in einem pausenlosen Bombardement alle Bauten auf dem Obersalzberg dem Erdboden gleich. Der Inhaber des Etablissements war schon länger nicht mehr anwesend und beging am 30. April im Bunker der Berliner Reichskanzlei Selbstmord. Die mythologisierenden Germanenspiele der Jahrhundertwende, das deutsche Schicksalsmythos Nibelungen – all dies hatte sich verselbständigt und mündete nun ganz real in deren Endspiel: bis zum Weltenbrand, der Götterdämmerung.

Es hat aber solche – und solche gegeben, wie schon die Resi-Tante aus eigener schlichter Lebenserfahrung wusste. Als etwa auf der Alpenvereins-Hauptversammlung 1923 in Bad Tölz der Wiener Austria-Sprecher Jascheck wieder einmal vehement das Ausscheiden der Sektion Donauland aus dem AV forderte und dies mit dem Unheil begründete, die das Judentum über deutsche Menschen gebracht habe, entgegnete ihm Robert Rehlen, Zweiter Vorsitzender des Gesamtvereins und Baudirektor in München: „Der Herr Vertreter der Austria ... hat vergessen zu sagen, dass sich an der Auspowerung unseres Volkes Juden und Christen in ziemlich gleichem Maße beteiligt haben (Beifall)". Doch derlei differenzierende Aussagen wurden vom anschwellenden Hassgebrüll übertönt, und in den folgenden Jahren, als der Alpenverein stramm auf NS-Linie getrimmt war, natürlich nicht mehr publiziert. Man sollte überhaupt grundsätzlich bedenken, was ganz allgemein in einer Diktatur nicht veröffentlicht wird oder werden durfte, da die Alpinzeitschriften durchwegs in den NS-Chor eingemeindet waren, und außerdem ab 1942 wegen Papiermangels zusammengefasst nur mehr als einziges dünnes Heft erschienen.

Guido Lammer schrieb 1944 in einem erst kürzlich entdeckten Brief an eine junge Verwandte: „Wer leidenschaftlich sich zum – wahren – Pazifismus bekennt, der ist sehr oberflächlich, wenn er nur die äußeren Formen des Schießens oder Hauens oder Beraubens verdammt, nicht aber das Grundübel aller kurzsichtigen und kritiklosen Menschen durchschaut: Nämlich das voreilige Allgemeinurteil über große Gruppen von Mitbürgern oder Zeitgenossen, wer sich nicht schämt oder hütet vor Kollektivhass oder Massenverachtung. Zuerst muss ich selbst mich zur strengsten Gerechtigkeit nach jeder Richtung hin erziehen, muss mich nicht nur feindlicher, verwerfender Worte enthalten, sondern auch mein Denken, meine Gesinnung, mein innerstes Fühlen reinigen, friedfertig machen. In der Bergpredigt sagt Christus nach dem griechischen Text im Matthäus: „Selig sind die Frieden-macher", also die Menschen, die bewusst auf den Frieden hinwirken, indem sie 1. das Berechtigte in jedem Gegensatz zu erkennen trachten, 2. aber in allen Gegensätzen z.B. zwischen Mann und Weib, zwischen notwendigem Führertum und notwendiger Freiheit der Persönlichkeit, zwischen „Fortschritt" und „Beharrung" immer das Polare erkennen – und überall jene höhere Einheit suchen, in der die jeweiligen Gegensätze harmonisch gemacht werden können".

Ettore Castiglioni (1908 – 1944), der überragende Dolomitenkletterer, Führer-autor und Menschenfreund, erfror im März 1944 bei der Flucht aus der Schweiz nach Italien im Schneesturm. **Aus** der Schweiz? Jenem Hort des Humanismus? Castiglioni hatte sich als Fluchthelfer für italienische Juden in die Schweiz betätigt, wurde inhaftiert und für den Wiederholungsfall unter Androhung drakonischer Bestrafung gestellt. Als er bald darauf heimlich einen ins Engadin geflüchteten Neffen besuchte, wurde er erkannt und in einem Hotel interniert. Doch konnte er entkommen und versuchte mit völlig unzulänglicher Bekleidung bei Schneesturm über den Fornopaß nach Italien zu gelangen – ein chancenloses Unternehmen. Sein Leichnam wurde erst im Juni gefunden.

Ignaz Stiefel, ein beliebtes und angesehenes jüdisches Gründungs- und Ehren-mitglied der bayrischen AV-Sektion „Hochland", war von seinen Bergfreunden, unter ihnen hochrangige Nazis wie Eugen Allwein, trickreich immer wieder dem Zugriff der Gestapo entzogen worden, wurde von ihnen des Öfteren auf kleine Voralpentouren mitgenommen, konnte die Verfolgungen des Dritten Reiches überleben. Und nun wieder frei atmen.

Fritz Schmidt („Das Buch vom Wilden Kaiser"), als deutscher Sozialdemokrat und Betriebsrat auf einer unheilschwangeren „roten Liste" geführt, wurde von Paul Bauer, dem Leiter des Fachamtes für Bergsteigen und Wandern im Deutschen Reichbund für Leibesübungen, persönlich wegen seiner literarischen Fähigkeiten hoch geschätzt und über die Kriegsjahre aus der Schusslinie manövriert und diskret beim Rother-Verlag untergebracht

1945. Unbeeinflusst von allen Um- und Wiederbenennungen konnte man durch alle geschichtlichen Umbrüche hindurch am Großglockner auf der Erzherzog-Johann-Hütte des Österreichischen (und niemals „ostmärkischen"!) Alpenklubs immer im „Louis-Friedmann-Zimmer" nächtigen.

Reinhold Duschka, ein kaum bekannter, doch sehr bemerkenswerter Wiener Bergsteiger machte im Frühjahr 1945 in seiner kleinen Mechanikerwerkstätte eine Geheimtür frei. In dem Raum dahinter hatte er – unter ständiger Lebensgefahr – jahrelang Frau und kleine Tochter seines jüdischen Bergkameraden Liebmann versteckt gehalten. Diesen selbst hatte er nicht vor dem Vernichtungslager retten können. Er selber hat gegenüber seinen Bergfreunden nie ein Wort darüber verloren. Diese erfuhren erst viel später durch Zeitungsberichte, dass in der „Allee der Gerechten unter den Völkern" in der Gedenkstätte Yad Vashem ein Baum für Duschka gepflanzt wurde.

Viktor Frankl, der spätere Begründer der Logopädie, wurde aus dem KZ befreit, wo seine Frau sowie zahlreiche seiner Verwandten ermordet worden sind. Er selbst hat sich in dieser Hölle durch seine Gedankenwelt am Leben erhalten: „Wenn nichts mehr änderbar ist – mein Selbst ist noch änderbar. Man kann aus der Welt gehen als besserer Mensch". Und durch mehrere Lager hat er auch noch sein Bergführerabzeichen der „Donauland" als Symbol seiner Selbstach-tung retten können. Die simple Moralkeule einer Kollektivschuld hat er später dennoch abgelehnt, und sich bei den bequemen Schwarzweiß-Malern mit seiner differenzierten Sichtweise ein Naserümpfen eingehandelt: „Ebenso wie nicht unbedingt jeder KZ-Häftling ein Unschuldslamm war, konnte in einer SS-Uniform durchaus auch einmal ein halbwegs anständiger Kerl stecken".

Hugo Rößner war einer der Erstbegeher der Dachl-Nordwand im Gesäuse gewesen, mit seinem Bruder Fred, dem späteren österreichischen National-mannschafts-Skitrainer, hat er 1937 auf Ski den Kaukasus durchquert. Weniger rühmlich ist seine politische Laufbahn: der studierte Naturwissenschaftler, der nach seinem Abschluss keine Arbeit gefunden hatte, war während der NS-Zeit als Gauhauptstellenleiter in Wien für ideologische Schulung zuständig. Sofort nach Kriegsende wollte der als verschroben geltende Rößner sogleich wieder eine Art nationalsozialistischen „Orden" im Stil der Freimaurer oder der Jesuiten gründen und beteiligte sich am Aufbau eines Neonazi-Ringes, der sich durch umfangreichen Schwarzhandel finanzierte. Nach einem Prozess im Jahr 1948 wurde er zum Tod verurteilt, jedoch zu 20 Jahren Haft begnadigt – und schon 1952 aus der Haft entlassen.

Und als Reisen aus dem besetzten Wien über die Demarkationslinie nach West-österreich wieder möglich waren, fuhr der ideologische Triebtäter Eduard Pichl angeblich umgehend nach Innsbruck, um in der Zentrale des Alpenvereines – schon wieder – einen „judenfreien Alpenverein" anzumahnen. Selbst wenn dies nicht nachzuweisen ist, charakterisieren ihn folgende Sätze, in seinen „Letzten Grüßen", einer Art Testament, im „Hornung" 1953 geschrieben: „Ich blicke zurück auf ein langes Leben, und stünde ich am Anfang desselben, ich würde es wieder so leben wollen. Ich bereue nichts, ich grolle niemand und bitte, dass auch mir niemand mehr grollt. Es irrt der Mensch, solange er lebt." Man lasse sich diese Sätze auf der Zunge zergehen: Er, der mit fast pathologischem Hass andere Bergsteiger diffamiert und gekränkt hatte, „grollte niemand" – die klassische Umkehr der Opferrolle!

161

Verleugnen, vertuschen, verdrängen
„Eine Nestbeschmutzung!"
„Die Zahlen stimmen so nicht!"
„So viel Millionen waren es nicht!"
„Man muss endlich einen Schlussstrich ziehen!"
„Man soll die alten Geschichten nicht aufwärmen!"

Ähnlichkeiten sind zufällig, wenn auch nicht unbeabsichtigt: Im gegenständlichen Fall handelt es sich um wütende Reaktionen aus dem arabischen Raum auf die 2010 veröffentlichte Arbeit des senegalesischen Historikers Tidiane N'Diaye, der die Jahrhunderte andauernde und äußerst profitable Verstrickung der arabischen Völker in den schwarzafrikanischen Sklavenhandel mit seinen Millionen Opfern nachgewiesen und penibel dokumentiert hat.

Direttissima. Georg Schmid

7.
ALPEN-SÜLZE

Ein bescheidenes Nachkriegsgericht, ein Restl-Essen ähnlich dem „Bergvaga-bunden-Gröstl". Beim Bankett der Zünftigen herrschte übrigens – ähnlich dem Frackzwang beim Opernball – eine strenge Kleidungs-Etikette: ohne Trenkerhut und Schnürlsamthose kein Eintritt !

ALPEN-SÜLZE

In der Milch der frommen Denkungsart werden alle verfügbaren Vorkriegs-reste eingeweicht, zum Beispiel Überreste der Veget-Arier-Platte, die Bergkam'raden Sepp, Much und Joch, zum Strecken der Menge sind auch Schimpelscharte, Roßarsch und Brotfall durchaus verwendbar
1 Poesiealbum, 1 Rolle Heimatfilm, sowie 1 mittleres Alpenglühen
Das Gemisch so lange kochen, bis die Flüssigkeit fast verdampft ist.
Im Kaltwasserkar abschrecken. Die gesulzte Masse abkühlen, in eine Alu-Proviantdose stürzen, mit Edelweiß und einem Gamsbart verzieren und auf einer karierten Dirndlschürze anrichten.
Ein allfälliger leicht abgestandener Beigeschmack wird durch den anschließenden Genuss köstlicher Lukan-Wuchteln wettgemacht!

Hunger – Wohlstand – Überfluss

Ein Mensch gelangt mit Müh und Not
vom Nichts zum ersten Stückchen Brot.
Vom Brot zur Wurst geht's dann schon besser,
der Mensch entwickelt sich zum Fresser
und sitzt nun, scheinbar ohne Kummer
als reicher Mann bei Sekt und Hummer.
Jedoch zu Ende ist die Leiter –
vom Hummer aus geht's nicht mehr weiter.
Beim Brot, so denkt er, war das Glück -
doch findet er nicht mehr zurück.
Eugen Roth

„**Diätcoach**" wäre 1946 wohl zum sinn- und brotlosesten Beruf des Jahres gewählt worden! Ganz abgesehen davon, dass bei uns noch vorwiegend deutsch gespro-chen wurde, wäre dieser Erwerbszweig auf blankes Unverständnis gestoßen. „Ernährungswissenschaftler" in großer Zahl hätte man eher benötigt, doch eher im Sinn von Alchimisten. Ein Beispiel aus dem gelebten Alltag:

Während heutzutage in einem durchschnittlichen Heurigenlokal rund eineinhalb Tonnen Übergewicht versammelt sind, ging es in der ersten Nachkriegszeit darum, überhaupt etwas in den Magen zu bekommen. Einheitliches Standard-Nahrungsmittel war die Erbse, getrocknet, häufig mit Gratis-Proteinbeilage in Form von Würmern. Erbsenomelette oder Erbsenkaffee waren verbreitete Spezialitäten, Trockenkartoffeln dienten als Streckmittel. Lebensmittel gab es allgemein nur streng rationiert auf staatlich ausgegebene Lebensmittelmarken, oder im Tausch gegen Wertgegenstände. Wer damals als Städter in die Berge ging, galt bei der Landbevölkerung automatisch als ein Milch- und Butterschnorrer.

Die Alpinschriftstellerin **Liselotte Buchenauer:** „Im nächsten Herbst war ich wieder auf der Mödlinger Hütte. Man schrieb 1946 – die ärgste Hungerzeit! Wir hatten die gekochten Kartoffeln und Polentaschnitten, die man damals kiloweise mitschleppen musste, längst verzehrt und hungerten. Zum Bergsteigen und Klettern waren wir zu schwach. ‚Unser Untergewicht von zusammen sechzig Kilogramm ergibt gerade den vierten Mann zum Tarockieren‘, sinnierte der Lois. Das war uns Mädchen zu viel. Wir waren reif zum Abstieg ins Tal“.

„Das Untergewicht der Wiener Bevölkerung beträgt im Juni 1946: bei Erwachsenen 15, bei alten Leuten 30, bei Schulkindern bis zu 50 % des Normalgewichtes.“

Sepp Walcher aus Wien führte jahrzehntelang ein Bergtagebuch: „Mittwoch, 2. Oktober 1946, Tribulaunhütte im Sendestal. Die Nacht war mir zu lang. Ich lag wach und wartete auf das Tageslicht. Auch heute gab es frischen „Schaum“ und Rieblsuppe. Hüttenwirt Wischatta gab mir einige gesottene Kartoffel sowie ein Stück Ziegenkäse als Wegzehrung mit. Nun zog ich weiter talab nach Matrei. An vielen schönen Höfen kam ich vorbei. Mal gab es mehr, manchmal weniger freundlich etwas Brot und Milch, manchmal aber nichts. Um die Mittagsstunde hatte ich Matrei erreicht. In der „Krone“ gab es ein gutes und reichliches Mittagessen, und – Hauptsache – um wenig Marken. Mit dem Zug fuhr ich nach Steinach, mit dem Auto hinein nach Gschnitz. Die Erinnerung an die Zeit vor 24 Jahren wurde wach. Es hat sich an den Häusern der Menschen nicht viel und an den Bergen nichts verändert. In Gschnitz habe ich eingekauft, was ich auf meine Marken noch zu bekommen hatte: Brot, 15 dkg Wurst, 10 dkg Zucker, 60 dkg Erbsmehl, und auf viele Bitten gab mir die Krämerin noch eine Zwiebel“.

Erstarrung. Zahllose junge Menschen empfanden in den ersten Jahren nach 1945 ein seelisches Vakuum. Dieses mit alpiner Betätigung zu füllen, war wohl nicht der schlechteste Weg: als eine der wenigen erschwinglichen Freizeitgestaltungen wurde das Bergsteigen für diese Jahrgänge beinahe zur Lebenshaltung. Vorerst war es ein Feld für Improvisationskünstler, denn anders als sein Vorgänger hat der Zweite Weltkrieg dem Alpinismus keinerlei neuen Impulse vermittelt, im Gegenteil, sogar eine Stagnation bewirkt. Neue Ausrüstung war weder erhältlich noch erschwinglich, von Weiterentwicklungen ganz zu schweigen. Vorerst wurden die spärlichen Verkehrsverbindungen, die freie Zeit und der Rucksack in erster Linie zum „Hamstern" verwendet, zur Lebensmittelversorgung aus dem Umland, zum Tausch der letzten Wertgegenstände gegen die raren Nahrungsmittel, für die von den „Klavierbauern" oft horrende Forderungen gestellt wurden. Schon die Anreise ins Gebirge stellte das erste Problem dar. Im Eisenbahnzug galt es den Kontrolleuren auszuweichen, ebenso auf den Hauptstraßen. Dienstbeflissene Gendarmen lauerten an den Einmündungen der Seitentäler und filzten Wanderer mit großen Rucksäcken auf „Gehamstertes" hin. Die bei den Bauern eingetauschten Lebensmittel wurden beschlagnahmt und die armen Teufel zusätzlich behördlich bestraft!

TÄGLICHER KALORIENSATZ FÜR NORMALVERBRAUCHER:

Sommer 1945:	*850 Kalorien (wenn vorhanden)*
Sommer 1946:	*1500 Kalorien (theoretisch)*
September 1948:	*2100 Kalorien*

Mathias Rebitsch traf zu dieser Zeit im Innsbruck auf der Straße den jungen Hermann Buhl. „Er gab sich etwas zurückhaltend, fast ein wenig gehemmt. Vielleicht argwöhnte er, misstrauisch gegen seine Umwelt durch trübe Erfahrungen aus seiner frühen Jugend her, dass ich ihn neidisch als Kletter,Konkurrenz' betrachten würde und seinem aufflammenden Ruhm im Wege stehen wolle. Er war sehr hager und sah recht hungrig aus – nicht nur nach Essen ... In seinen Augen brannte es ...

Hermann Buhl

Ich lud ihn zu einem Mittagessen ein. Das war damals, gleich nach dem Krieg, nicht einfach und bedeutete etwas. Es ging noch alles auf Marken und jeder hatte zu schauen, wie er sich mit dem Wenigen durchfrettete. Vom Klettern redeten wir natürlich. Ich sagte ihm ein paar freundliche, anerkennende Worte über seine kühnen Felsfahrten. Und da bekamen seine Augen auf einmal einen ganz anderen, einen weichen Glanz, fast einen feuchten Schimmer, wie mir schien. Er wirkte plötzlich gelöst, fröhlich, aufgeschlossen, fast knabenhaft weich. Da saß vor mir auf einmal nicht der beinharte Felskletterer Buhl mit seinen stählernen Nerven in steiler Wand – das war der andere, der feinnervige, empfindsame, gefühlsweiche Hermann. Ich hatte ihn noch nie so ganz gelöst erlebt wie bei diesem einfachen Mittagessen, auch später nicht mehr, etwa bei unserer gemeinsamen Durchsteigung der Grands-Charmoz-Nordwand. Und er bedankte sich so nett und herzlich für die kleine Einladung, dass auch mir ganz warm wurde".

Karl Lukan & Partner transportierten im Sommer 1947 zusätzlich zu ihren umfangreichen Urlaubsrucksäcken einen im Schwarzhandel ergatterten 50 kg-Sack Kartoffeln an einer Stange von Schwaz zur Lamsenjochhütte. Am nächsten Tag kletterten sie zur Erholung den „Schwarzen Riss" an der Lamsenspitze – ehe sie am übernächsten Tag ihr mächtiges Kaloriendepot auf die Falkenhütte schleppten. Als Gegengeschäft für diese Kostbarkeit wurden sie vom Hüttenwirt für die Dauer ihres Aufenthaltes verköstigt. Der Magen wurde oft auf eine harte Probe gestellt. Ihr Freund Schwanda verkündete ihnen dort einen glücklichen Tausch: ein altes Hemd gegen ein Stück geselchtes Fleisch! Einige Tage später stieg er mit einem Mädchen, sowie Hans Hausner mit Hubert Peterka in die Dibona-Route der Lalidererwand ein. „Als Hansl und Peterka in die Höhe des Schluchtquerganges kamen, spürten sie einen penetranten Verwesungsgeruch. Betroffen schauten sie sich an: so schön war der Tag, so gut war man in der Wand höher gekommen – und jetzt dieser Verwesungsgeruch! Irgendwo musste da ein Toter liegen. Die beiden wagten kaum mehr um eine Ecke zu schauen. Aber schließlich begann Peterka doch den Quergang zu klettern. Mit jedem gewonnenem Meter wurde aber auch der Verwesungsgeruch

Lalidererspitze

stärker. Noch eine Ecke … ‚Na endlich!' hörte er da Schwanda sagen, ‚wenn ihr jetzt nicht bald gekommen wärt, hättet ihr von diesem Gustofleischerl kein Stückerl mehr bekommen!' Jetzt war der Verwesungsgeruch ganz stark. Er strömte von dem ‚Gustofleischerl' aus, das Schwanda in einer Nische mit großem Behagen verzehrte! Schwanda war dann erstaunt, dass Hansl und Peterka von dem Fleisch nichts haben wollten. Die verdächtigen Stellen habe er ohnedies weggeschnitten – und für ein altes Hemd könne man schließlich kein blutfrisches Beefsteak verlangen."

Sepp Brunhuber, der unter anderem mit Fritz Kasparek die ersten Winterbegehungen der „Comici" an der Großen Zinne und der Hochtor-Nordwand geschafft hatte, galt als Organisationstalent ebenso zäh und durchsetzungsstark wie beim Winterklettern. Bereits 1947 organisierte er eine „Expedition" zum Montblanc und in die Pyrenäen. Per Bahn. Und gewiss mit einer Erlebnisintensität, die unseren Fernreisen kaum nachstand. Er betrieb, ähnlich wie später in den Ostblockländern geübt, komplizierte Ring-Tauschgeschäfte mit Mangelwaren jeglicher Art – und damals war praktisch alles Mangelware! Wobei er auf das Aushandeln von „Prozenten" höchsten Wert legte. In der Folge leitete er eines der ersten Berg-Reisebüros, veranstaltete daneben jedoch auch herkömmliche Reisen. Nach Italien beispielsweise. Da entwarf er ein strapaziöses Besichtigungsprogramm, nach welchem die Damen am Abend „streichfähig" waren und gerne auf weitere Exkursionen verzichteten. Danach, so wird erzählt, führte Brunhuber die unternehmungslustig gebliebenen Herren in gewisse schummerige Etablissements. Ob er dort ebenfalls „Prozente" lukrierte, ist allerdings nicht überliefert. Sein Freund **Hans Barobek** konnte mit seinen Partnern endlich wieder das geliebte Wallis besuchen. Unsichtbarer, doch nachdrücklich knurrender Begleiter war der leere Magen. Auf einer Alm nahe Zermatt konnten sie ein verletztes Lamm von seinen Leiden – und praktischerweise sich selbst vom nagenden Hunger erlösen. Als gute Katholiken besuchten sie wenige Tage später den Ostergottesdienst in Zermatt. Als der Priester verkündete: „Da ward das Lamm geschlachtet!" – flüsterte Barobek seinem Bergfreund zu: „Jetzt wissen die des aa scho!".

Brunhuber (li.), Barobek, Bocek

Die falschen Fuffziger erforderten in jeder Hinsicht einen stabilen Magen. Im April 1946 gab es erstmals wieder „Alpenvereins-Mitteilungen", ganze acht Seiten auf dünnem, billigem Papier! 1949 erschien nach sechsjähriger Pause wieder das AV-Jahrbuch, immerhin 143 Seiten stark. „Das Ötztal, Natur und Bild", „Der Südgrat der Aiguille Noire de Peteret", „Ein Tiroler Bergbauernjahr"; „Die Vögel des Hochgebirges" – ein paar willkürlich herausgegriffene Themen dieses Bandes, welcher vom Inhalt her genauso 1929, 1909 oder 1889 hätte erscheinen können, anknüpfend dort, wo man 1942 aus kriegsbedingtem Papiermangel die Jahrbuchserie abbrechen musste. In gewisser Weise versuchte man einfach so zu verfahren, als wäre das Dritte Reich nur ein kleiner Betriebsunfall gewesen, man müsse bloß zuwarten, bis sich der Staub verzogen habe, ein wenig den Schutt wegzuschieben, und alles wäre wieder im Lot ...

167

Die gesamte europäische Bevölkerung hätte rückblickend auf die Couch gehört: sie litt an der erst neulich erfundenen, doch zum damaligen Zeitpunkt gänzlich unbekannten Krankheit PTBS – „Post-traumatische-Belastungs-Störung". Es hätte nur nicht genügend Psychologen zu deren Behandlung gegeben. Der Wiederaufbau des Kontinentes verlangte zusätzlich nach einer inneren Instandsetzung, denn es war einfacher, ein zerbombtes Wohnviertel weiträumiger und lichter aufzubauen, als in den Gehirnen eine entsprechende geistige Entlüftung zu bewirken. „Aus bekannten Gründen" war eine beliebte verschleiernde Standardfloskel, welche die dunklen Seiten einer noch nahen Vergangenheit wohlweislich unbeleuchtet lassen sollte. Teilweise erlag man nur zu gerne dem naheliegenden Verhalten, alte Inhalte auf neue Flaschen zu füllen.

„Wie weit ist die Welt!" staunte nun der Bürger der Kabinenroller- und Nierentisch-Ära, dessen Reisen bisher fast ausschließlich vom Großveranstalter „Deutsche Wehrmacht" organisiert worden waren – ohne Komfort, und nur zu oft auch ohne Rückfahrt. Nun machte er sich auf, diese Welt motorisiert zu entdecken. Das Wirtschaftswunder strahlte in vollem Glanz, der Volkswagen wurde nun tatsächlich produziert und avancierte vom Propaganda- zum Verkaufsschlager: 1955 lief der millionste „Käfer" vom Band. Als Mount Everest des motorisierten Luxus aber galt der Cadillac, eine umfängliche Blechgolatsche mit Lederfauteuils, Weißwandreifen, Heckflossen und einem Verbrauch nahe der 30-Liter-Marke.

Obwohl die lässige Art der neuen Zivilisationsbringer aus dem Westen, kaugummi-kauend oder mit Lucky Strike im Mundwinkel, Dollars im Sack und Füßen auf dem Tisch, von den Jüngeren insgeheim bewundert wurde, galt Strammstehen nach wie vor als Leittugend, ab Volksschule bis zur Pensionierungsfeier; im Turnunterricht stand Völkerball hoch im Kurs (wohl als Vorübung für die nächste Völkerschlacht), und die Ton-Angeber der U-Musik schnulzten nach wie vor im Polka-, Marsch- und Tangorhythmus, aber bereits auf der Fernwehwelle: Bella Italia im allgemeinen, Caprifischer, sowie alle mindestens vier- bis fünfsilbigen exotischen Örtlichkeiten wurden mit Schmelz und Schmalz besungen.

"Hey! Ba-Ba-Re-Bop!" tönte hingegen der Jazzer Lionel Hampton, bearbeitete frenetisch Vibraphon, Piano und Schlagzeug, und die Stechschrittfraktion, die Ohren noch mit Marschmusik zugemüllt, bekam glasige Augen und Schaum vor dem Mund: „Negermusik!" „Kulturschande!" „Vergasen!" Weltweit hassten Diktatoren und ihre Gehilfen den Jazz, weil der dem Individuum freiem Raum zur Entfaltung lässt, auf Improvisation statt auf Gehorsam beruht und ohne Dirigenten (= „Führer") auskommt. Lionel wäre vor Begeisterung in die Trommel gesprungen!

Nachdem es Jahrzehnte gedauert hat, ehe die Geschehnisse einer unheilvollen Vergangenheit in relativ normaler Lautstärke diskutiert werden konnten und der Geschichtsunterricht nicht mehr vorsorglich mit dem Ersten Weltkrieg endigte, schlägt nun das Pendel in die Gegenrichtung aus.
Große Männer anzupinkeln ist fast ein Volkssport geworden. So wurde versucht, Heinrich Harrer als einen Obernazi der ersten Stunde darzustellen, der ganz gewiss eigenhändig den II. Weltkrieg sowie den industriellen Massenmord entfesselt hätte – wäre er nicht just zu dieser Zeit in einem britischen Gefangenenlager interniert und anschließend „Sieben Jahre in Tibet" gewesen! Wie soll ein Mann im späten Alter mit einem jugendlichen politischen Fehltritt umgehen? Ihn als „Asche-aufs-Haupt-Automat" wieder und wieder öffentlich bereuen? Wie erklären sich außerdem Großhistoriker, die den deutschsprachigen Alpinismus als reine NS-Veranstaltung und seine Exponenten als eine Art „Verein der Freunde des Bergtodes" darstellen, die gleichartigen Strömungen in diesbezüglich völlig unverdächtigen Nationen und Gesellschaften? Unter gleichen Laborbedingungen (sozialer Hintergrund + gleicher Ausrüstungsstand + gleiche Antriebe) entsteht dieselbe Bergphilosophie! Im Übrigen bedeutete die parteifromme Fassade mancher dieser posthum in moralischen Verschiss geratenen Alpinisten zu wesentlichen Teilen eine Überlebensstrategie: sie gewährte Vielen einen gewissen Schutz vor einem Fronteinsatz!

Harrer, jung | Harrer, älter

Die allerletzten noch Lebenden jener Flakhelfer-Generation, vor allem wenn sie durch besondere Leistungen im Scheinwerferlicht standen, mussten sich inquisitorischen Ritualen in Bezug auf Mitläufer- und Mitwissertum unterziehen – teilweise nicht zu Unrecht. Doch bei einer totalen ideologischen und organisatorischen Durchdringung aller Lebensbereiche hatte in diesem abgeschotteten totalitären Staatswesen die Idealisierung des Militärs für eine pubertierende Jugend die einzige Projektionsfläche ihrer unfertigen Persönlichkeiten geboten: Jagdflieger, U-Boot-Kapitäne und Panzerkommandanten wurden ihnen wie Popstars präsentiert. Das sollten jene bedenken, die dieser Generation jetzt von der richtigen Seite der Geschichte her die rote Karte zeigen, und die vielleicht noch nachträglich den „Führerkamin" am Totenkirchl und die „Heilscharte" am Grimming entnazifizieren möchten.

Immerhin blieben aber an sich positive Begriffe wie „Kameradschaft", „Ehre", oder „Heimat" dauerhaft kontaminiert und sind nach wie vor nur mit spitzen Fingern anzufassen. Die Grenzen zwischen Opportunismus, Wegschauen und Täterschaft waren und sind fließend und nicht immer an einem einzigen Fakt festzumachen. Jahrzehnte nach dem Ende der Bestie umstehen nun die zu spät gekommenen Drachentöter furchtlos das Skelett, erläutern die Strategien, wie sie diese damals zur Strecke gebracht hätten, und können sich nicht genug ereifern über die Millionen Kleingeister, die als Zeitgenossen des Untiers nicht ihren heutigen Heldenmut aufgebracht hatten. Bewaffnet mit ihrer druckfrischen Fibel zum korrekten Überleben in Diktaturen, erteilen sie ihre moralischen Zensuren. Sie können sich gewiss nicht vorstellen, möglicherweise einst selbst vor einem Tribunal zu stehen, wenn nämlich ihre Teilnahme an jenem III. Weltkrieg zur Verhandlung steht, den wir eben führen – jenen gegen die menschlichen Lebensgrundlagen! Was werden sie wohl daher stottern, wenn der Ankläger donnert: „Was habt ihr dagegen getan?"

Neustart. Karl Lukan (* 1923), mit Bergen und Büchern (als Buchhersteller) von Jugend an vertraut, wurde zu einem Autor, dessen Werke offensichtlich lange erwartet wurden. „Hurra – wir leben noch!" war die Devise dieser Jahre, nach Krieg und Hungerzeit. Auf dem noch schmalen Bergbuchmarkt der Fünfziger- und Sechzigerjahre, der durch Jahrzehnte hindurch entweder von einer „Sieg-oder-Tod"- Diktion beziehungsweise einem gekünstelten krachledernen Seppl-Humor dominiert worden war, wurden seine launigen Erlebnisbücher wie eine erfrischende Brise begrüßt. Ihr Erfolg war gewissermaßen der Orden „Wider den tierischen Ernst". Manche seiner Geschichten sind so bizarr, dass sie eigentlich nur der Wirklichkeit entspringen können, weil es niemand ernsthaft wagen würde, derartige Begebenheiten zu erfinden. Und andere seiner oberflächlich betrachtet heiteren Stories kippen – ganz wie im wirklichen Leben – mit einem Schlag in eine Tragödie.

Karl Lukan

Walter Pause (1908 – 1988) eröffnete den Bergsteigern neue Horizonte mit seiner legendären „Hunderter-Serie", dem Großvater aller heutigen Bildband-Führer, einer ästhetischen und druckhandwerklichen Meisterleistung: So weit sind die Alpen! Dabei wollte Pause ursprünglich Romane schreiben, eine poetische Ader erwies sich jedoch als glückliche Ergänzung zur nötigen Sachlichkeit seiner Bergbuchserie. Das Ich-bezogene Geschreibe der meisten Alpinautoren dürfte er als reizlos empfunden haben, anstelle kaum variierender Erlebnisberichte sollten einmal die Berge für sich selbst sprechen. Wer offenen Sinnes war, konnte sich sein eigenes Erlebnis erwandern oder erklettern. Es gelang ihm eine meisterliche Folge von Bänden mit informativen Aufnahmen, Topos und prägnanten Texten. Skiläufer und Bergsteiger aller Schattierungen fanden nicht nur Anregungen, zur Erinnerung an selber begangene Wege mischte sich beim Durchblättern die Vorfreude auf neue

Touren, und so fühlten bald viele Leser eine seelische Verwandtschaft mit dem Autor. Der hat sich die Arbeit nicht leicht gemacht. Obwohl er sein Leben lang selber durch die Berge vagabundierte, holte er sich Rat bei lokalen Spezialisten, Bergführern und verlässlichen Freunden. Vor der heutigen digitalen Bilderinflation waren aussagekräftige Bergbilder Mangelware. Alle damaligen Meister der Bergfotografie wurden vergattert, um charakteristische Bilder aus dem gesamten Alpenraum zusammenzutragen, profunde Gebietskenner gingen ihm bei der Auswahl der jeweils „100 schönsten …" zur Hand – es wurde eine Erfolgsgeschichte ersten Ranges auf dem alpinen Büchermarkt.

Walter Pause

Toni Hiebeler (1930 – 1984), war ein alpinistischer Großfürst der Sechzigerjahre. Zahlreiche der damaligen Toprouten der Alpen konnte er in seinem Tourenverzeichnis verbuchen, darunter etwa die erste Winterbegehungen der Civetta-Nordwestwand und der Eiger-Nordwand, oder die erste Begehung des Eiger-Nordpfeilers. Anfangs Redakteur des Münchener „Bergkamerad", kann er faktisch als der erste Alpinjournalist schlechthin gelten, der es in jener Gründerzeit unserer Freizeitkultur immer wieder verstand, den Biedersinn und das vorherrschende Feldgrau der damaligen Alpinpostillen mit einem Schuss Boulevard aufzumischen. Die „Mickymaus-Hefte"

galten als zersetzend, Loriot's Spießerfiguren waren in riesiger Zahl in freier Wildbahn anzutreffen, und in diesem Geistesmief hat kein alpinistisches Ereignis des Jahres 1965 die Leserschaft seiner Zeitschriftenschöpfung „Alpinismus" derartig aufgewühlt wie das Titelfoto vom Dezember, das ein wohlproportioniertes Bikinimädchen auf Ski zeigte.

„… absolute Geschmacklosigkeit Ihrer Redaktion … Ist es eigentlich nötig dass auch Sie sich der allgemeinen Welle zum Sex hin zuwenden? Sind Ihnen anständige Bilder nicht mehr gut genug?"

„Ihre Titelseite unterscheidet sich kaum von einer Illustrierten – ich bestelle die Zeitschrift ab!"

Toni Hiebeler

„Schämen Sie sich denn gar nicht?"

„... ist mir unverständlich. Bergsport hat doch nichts mit Sex zu tun."

„Ich bestelle hiermit Ihre Zeitschrift ab, weil ich eine alpine Zeitschrift und keine Bilderzeitung für Halb-Nackte heben möchte!"

Diese Leserbriefstimmen liefern ein präzises Röntgenbild der moralischen Befindlichkeit jener Zeit, in welcher der „Alpinist ohne Unterleib" noch als ideologisches Relikt der Blut-und-Boden-Ära in den Hinterköpfen dieser Generation seine trutzigen Kämpfe wider den Berg und die Hormone ausfocht und kaltes Duschen gegen Masturbation empfohlen wurde. Hiebeler hatte es in diesem Umfeld noch leicht gehabt: heutige Tabubrecher (welcher Tabus eigentlich?) müssten schon die absonderlichsten Verrenkungen vollführen, um überhaupt noch eine Reaktion zu erwecken. Allein schon deshalb, weil niemand mehr wagt, angesichts mancher Entwicklungen gelegentlich das klärende Wort auszusprechen: „Das ist doch ein

Der Aufreger des Jahres 1965

Schmarren!" Denn, wer weiß: möglicherweise ist dies der supergeile Mega-Trend von morgen?

Hiebelers besonderes Verdienst liegt in seiner Rolle als Reformator des deutschsprachigen alpinen Zeitschriftenwesens: mit einem internationalen Mitarbeiternetz hat er die Globalisierung des Bergsteigens vorausgeahnt, lokale Selbstgenügsamkeiten ausgeräumt und das Gesichtsfeld erweitert. In Verbindung mit einem zeitgemäßen, ansprechenden Layout hat er den Küchendunst einer seit Jahrzehnten unveränderten Atmosphäre gelüftet und ein lange Zeit abgekupfertes Grundrezept zur Zeitschriftengestaltung gefunden. Eine gleichwertige revolutionierende Neuerscheinung wie die Gründung von „Alpinismus" (1963) hat es auf dem Sektor der alpinen Printmedien nicht mehr gegeben – die nächste Umwälzung brachte schon das Internet mit sich.

Aber die Vergangenheit war 1968 noch durchaus lebendig. Leserbrief aus diesem bedeutungsvollen Jahr:

„Vor einem Jahr habe ich den „Alpinismus" abonniert und heute habe ich dieses neudeutsche Hetzblatt wieder abbestellt. Ich habe sozusagen auf gut altdeutsch davon „die Schnauze voll"! Ich glaube, 80 %, was sich heute Westdeutsch nennt, lebt von „sich-selbst-besudeln, beschmutzen, bespucken", dem Westen, insbesondere den Amerikanern, Juden und Rom mit dem Weltkatholizismus in den ‚A' zu kriechen. Ehre, Charakter sind Euch allen fremde Begriffe geworden. Dass das anständige Deutschland 1918 und 1945 in einem ehrenvollen Ringen untergegangen ist, wollt Ihr nicht wahrhaben. Den alten anständigen Alpenverein wollt Ihr lächerlich machen.

Wo wäre heute ein deutscher Alpenverein fähig, Hütten zu bauen, wie es der alte AV tat. Ein Toni Hiebeler und seine langhaarigen Artgenossen bestimmt nicht. Wir sind stolz auf die großen Leistungen der Alpenvereine vor 1945 und wir schämen uns der neudeutschen Gangster. Dass die DDR den „Alpinismus" verboten hat, ist doch recht und billig. Man will dort ihre Jugend, die jedenfalls viel besser ist als im amerikanisierten Westen, nicht verrotten lassen. Die Welt aber wird Euch amerikanischen Satelliten einmal die Antwort geben, die Ihr wahrscheinlich verdient, sie wird Euch ins Gesicht spucken. Pfui Teufel!

Karl Meier, Salzburg"

Horch – sie leben: ohne weiteren Kommentar erklärt sich damit von selbst die europaweite Jugendrevolte Mitte der Sechzigerjahre. Viele von jenen, die ein einzigartiges Unrechtsregime am Laufen gehalten hatten, waren nach dem Abstreifen ihrer Armbinden geräuschlos in die alten Positionen geschlüpft. Diejenigen unter den eifrigen „Pflichterfüllern", die danach mit einem Berufsverbot belegt wurden, fühlten sich lebenslang als Opfer. Jene, die nur weggesehen und geschwiegen hatten, schwiegen weiter. Dass sich gegen einen derartigen Ungeist auf Seiten der Jugend Widerstand regte, liegt auf der Hand: „Alte Zöpfe abschneiden!", „Unter den Talaren- Muff von tausend Jahren!" wurde skandiert. Von jenseits des Atlantiks aber, in der provinziellen Selbstgewißheit vorerst ungehört verhallend, war bereits die Stimme der Zukunft zu vernehmen. Marshall McLuhan, das Orakel der modernen Zeit, dem wir unter anderem den Begriff des „globalen Dorfes" verdanken, verkündete 1965 prophetisch: „Es gibt den totalen Wandel, der jede psychische, soziale, wirtschaftliche und politische Engstirnigkeit beenden wird. Die alten bürgerlichen, staatlichen, nationalen Organisationen funktionieren nicht mehr. Der Geist der neuen Technologie verhindert, dass die Dinge so bleiben, wie sie sind, alles an seinem Platz. Wir können nicht mehr nach Hause zurück"

Wiener/Münchener/Frankfurter Schule. Die regionalen „Schulen" des Alpinismus, deren wechselseitige Abgründe sich nachträglich ohnehin nur in unmerklichen Kleinigkeiten manifestieren, hatten ausgedient: sie wurden übergreifend abgelöst von der (Vorsicht, Klugscheißer-Alarm:) Frankfurter Schule. Es schlug die Stunde der alpinen Dialektiker und „Hinterfrager". Dampfschwurbler und intellektuelle Leichtmatrosen versuchten nunmehr in ihrem Soziologendeutsch das Bergsteigen und seine Antriebe vollständig neu zu durchleuchten und zu zerpflücken. So stempelten sie es beispielsweise zum Eskapismus – einer Realitätsflucht, um sich der Pflicht zum eigentlich weit notwendigeren Klassenkampf zu entziehen. Die Kletterer des theoretischen Überbaues begannen einen Dissertations-Alpinismus zu zelebrieren.

Unberührt von derlei pseudophilosophischen, revolutionären bis esoterischen Höhenflügen, unnachahmlich wie das Wiener Kaffeehaus, in dem damals, ebenso wie in den Bergen, noch geraucht werden durfte, existierte eine allmählich aussterbende Spezies von alpinistischen Originalen, die zwar schwierige und ernste Bergtouren unternahmen, doch den verbiesterten „Trainierern"und den verkrampft intellektualisierten In-Frage-Stellern mit der Lebenshaltung eines grandiosen Unernstes die grundeinfache Begründung entgegenhalten konnten: „Weil's mich freut!"

„Charly" Lukan war über seine Bergbücher hinaus ein Virtuose des *practical joke*. Zu seinen originellsten Eulenspiegeleien zählte die Schuhband-Aktion. Schlaflos im nächtlich überfüllten Peilsteinhaus kommt mancher auf Ideen: mit seinem Partner schlich er aus dem dampfigen Matratzenlager, und beide begannen heimlich, sämtliche im Vorhaus abgestellten Berg- und Kletterschuhe von den Schuhbändern zu befreien, diese wahllos zu einem Endlosfaden zusammen zu knüpfen, und dieses Gebilde kreuz und quer in den Baumwipfeln zu verspannen. Dann schlichen sie wieder aufs Matratzenlager und genossen eine turbulente Sonntagsmatinee im Paniktheater. Darsteller: Alle Hüttenbesucher. Auf dem Spielplan: „Der entfallene Klettertag". Doch obwohl die Beiden wohlweislich auch die eigenen Schnürriemen ausgefädelt hatten und in den Chor der Entrüsteten einstimmten, wurde ihre Urheberschaft ruchbar. Die Rache der Düpierten war nicht minder subtil: zahllose voluminöse, kostspielige Nachnahmepakete mit dem Vermerk „Porto beim Empfänger einheben". Inhalt: jeweils ein Schuhband ...

173

Als Meister der Mystifikation inszenierte er zusammen mit einem Freund ein diabolisches Psychospiel: sie nahmen jeweils einen Bergspezl beiseite und erkundigten sich in einem besorgt vertraulichen Ton, ob sie ihn, selbstverständlich unter dem Siegel strengster Verschwiegenheit, etwas sehr Persönliches fragen dürften, und ob er ganz bestimmt deswegen nicht böse sei. Wirklich nicht? Nein, nein, sicher nicht – worum es sich handle? „Nun – wäscht du dich nicht – ich mein' – da unten?" – „Wie?" fragte das verdatterte Opfer. „Naja, grad heraus gesagt: du ‚brunzelst' ein bisserl!" Und als Max und Moritz, nie erwachsen geworden, die gesamte Bergsteigergruppe bearbeitet hatten, ergötzten sie sich daran (im aktuellen Jugendsprech: „hauten sich ur ab"), wie sich alle heimlich wie die Hunde beschnüffelten. Vermutlich hatten sie damit den Grundstein für künftige „Schnupperkurse" gelegt.

Otto W. Steiner (1907 – 1979) war ein tüchtiger Wiener Alpinist, dem wie den meisten seiner Altersgenossen die Kriegsjahre seinen Expeditionstraum gestohlen hatte. Als echter Idealist setzte er sich nun uneigennützig für die Jüngeren ein, denen er als Mitbegründer der „Österreichischen Himalaya-Gesellschaft" den damals sehr holperigen Weg in die Weltberge erleichtern wollte – ohne jeden Hintergedanken einer eigenen Teilnahme. Dabei war er selbst ein exzellenter Kletterer: Als er einmal am Peilstein einen Jüngling im Jara-Weg herummurksen sah, rief er ihm von unten zu: „Spreizen! Immer Spreizen!" – „Kumm' auffi, alter Trottel, und zeig mir's vor!" erscholl es von oben. Mit gerötetem Kopf begann der in der Tat bereits leicht ergraute Steiner solo diesen satten Fünfer hinauf-

Otto W. Steiner

zustürmen – doch der Jungspund hatte aus berechtigter Angst vor einer saftigen Watschen bereits die richtige Trittfolge gefunden. „Bergkameradschaft" ist nicht immer nur gleichbedeutend mit dramatischen Schneesturmszenen à la Trenker-Film. Steiner war als Buchdrucker bei einer Tageszeitung beschäftigt, die selbstverständlich während der Nacht hergestellt wurde. Der chronisch übernächtige Steiner hatte aber einen Bergfreund, einen verheirateten Bergfreund, welcher eine Freundin hatte. Sonntag morgens, eine Nachtschicht im Gebein, legte er zur Tarnung seine Alpinistentracht an, holte diesen Freund mit dem Auto ab, winkte noch dessen Gemahlin zum Fenster hinauf – und kutschierte ihn zu seinem Betthupferl.

Am Abend brachte er ihn – leidlich ausgeschlafen und neuerlich alpin verkleidet – wieder nach Hause. Für den grundanständigen und fast naiv ehrlichen „O.W." stellte diese Beihilfe zum Seitensprung einen Akt der Selbstverleugnung dar – aber was tut man nicht alles für seinen Bergkameraden!

Der „Doktor"...

...Viktor Frankl am Direktausstieg Drei-Enzian-Steiges

Der „Doktor". Auf der Seehütte am Raxplateau, nahe der Preinerwand, konnte man in den Sechziger- und Siebzigerjahren einen Dauergast antreffen: einen älteren, bebrillten Herren. Der ging dem Hüttenwirt beim Abservieren zur Hand, damit sie beide eher zu einer gemeinsamen Klettertour aufbrechen konnten. Eine Hüttenbesucherin war von dem eifrigen Helfer so angetan, dass sie ihm ein Trinkgeld von zwei Schilling zusteckte. Der verdutzte weißhaarige Mann wusste nicht, wie er damit umgehen sollte. Er besaß zwar zwei Doktortitel, neunundzwanzig Ehrendoktorate von Universitäten aus der ganzen Welt, hatte 32 Bücher verfasst, die in Millionenauflagen erschienen waren – aber einen „Schmattes" hatte er noch nie erhalten: der „Doktor" – der kletterbegeisterte **Viktor Frankl** aus der Mariannengasse, der weltberühmte Begründer der Logotherapie, dessen Sinnlehre gegen die Sinn-Leere aktueller erscheint denn je. Er erfand den Begriff „Trotzmacht des Geistes". Mit dem Satz: „Ich muss mir von mir nicht alles gefallen lassen!" bekämpfte er seine ursprüngliche Höhenangst und war Kletterer geworden, mit 67 machte er noch den Pilotenschein. Seine Lieblingskletterei auf der Rax, den „Drei-Enzian-Steig" in der Preinerwand, hat er so oft wiederholt, dass einmal ein Kletterer ins Steigbuch schrieb: „Beantragen eigenes Steigbuch für Viktor Frankl!"

Hans Schwanda (1904 – 1983) verkörperte alle gängigen Klischees vom Wiener: Musikalisch, dem Wein nicht abgeneigt, ein bisserl schlampig und zum Raunzen geneigt. Zu gleichen Teilen Lieber Augustin und Herr Karl, besaß er die Fähigkeit, im Wellenschlag der Weltgeschichte wie ein Korken stets obenauf zu bleiben. Und von Jugend an war er ein brillanter Freeclimber, lange bevor der Begriff als US-Import zu Ansehen gelangte, weniger aus ethischem Prinzip, sondern einfach aus Bequemlichkeit: weil er mit minimalem Aufwand auskommen wollte. Beispielhaft seine Vegetarierkante am Peilstein, ein strenger Vierer, damals mit einem einzigen „Ausnahmehaken" verziert. Als Sportartikelhändler eine wandelnde Antireklame, den immer schneller nachdrängenden Neuerungen gegenüber skeptisch und eher auf bewährtes altes Graffel vertrauend. Geistig dagegen blieb er aufgeschlossen, noch weit jenseits der Sechzig über die Entwicklungen auf dem Laufenden, und frei vom Neid vieler Altersgenossen, die ihre einstigen Leistungen als zerschlissene Zunftfahne vor sich hertragen. Lange bevor die Parkplätze an den Ausgangspunkten beliebter Berg- und Skitouren von munteren Rentnergangs wimmelten, erkletterte er als Pionier des Seniorenkletterns mit 65 den Mount Kenya, mit 75 den Mitteleggigrat des Eiger, natürlich stets mit jüngeren Partnern: „... mit die alten Scheisser – i' maan: die in meinem Alter – mit die kanns'd ja nix mehr anfangen!". Ehe Fernreisen als Pauschalangebote von Handelsketten offeriert wurden, kannte er schon die meisten europäischen Gebirge zwischen Lappland und den Abruzzen, zwischen Picos de Europa und Rilagebirge, war im Himalaya, in den kanadischen Rocky Mountains und in Grönland. Dort – im Basislager im Ketilfjord – kam eine Gruppe von SAS-Managern zu Besuch. Eine Gitarre war wunderbarerweise vorhanden, und Schwanda sang das schwedische Volkslied „Spin, spin, mi Dotterlin ..." – die Herrschaften waren perplex! Woher hätten sie auch wissen können, dass sich der Gitarre- und Lebenskünstler in den Dreißigerjahren sowohl als Heurigensänger in Wien wie auch als reisender Musikant in Skandinavien durchgeschlagen hatte, in winzigen lokalen Rundfunkstationen und Kinos gastierend. Dort standen am Ausklang der Stummfilmzeit musikalische Live-Einlagen am Programm, zum Beispiel ein singender Kosak. Als dieser erkrankte, suchte man verzweifelt nach Ersatz. Kein Problem: Iwan Iwanowitsch Schwanda stülpte sich die verwaiste Kosakenmütze auf, griff zur Gitarre und schmetterte: „I bin a Steirerbua, und hab a Kernnatur ..." Ein echter Wiener geht eben nicht unter!

Schwanda in der Nordwand der Sorelle di Mezzo - und mit 70 in den Calanques

Joschi Pfeffer (geb. 1921) genoss Jahrzehnte lang seine Rolle als anerkannt tiefststapelnder Wiener Bergsteiger. Auf die Frage, was er denn in seinem Bergell-Urlaub gemacht habe, brummte er nur lakonisch: „Alle Kant'n!" Um 1970, als ein Sechzigjähriger in extremen Routen noch als Wundertier bestaunt wurde, ergänzte er seine Kollektion der damals schwierigsten Dolomitenkletter-reien um Prunkstücke wie Philipp-Flamm in der Civetta, Hasse-Brandler an der Großen Zinne, oder Vinatzer-Castiglioni an der Marmolada. Seine lässige Art, sich von den alpinen Großmauljägern abzuheben, fand unerwartet einen Kreis junger Anhänger, die sich in der Fertigkeit demonstrativer Bescheidenheit á la Joschi übten. Mit Unerschütterlichkeit meisterte er hohe Gipfel ebenso wie die Untiefen des Alltags. Ein magistrales Lehrstück seines Wiener Schmäh: Joschi überquert gedankenverloren die Straße, ein Autofahrer wird zum Bremsen ge-

Joschi Pfeffer

nötigt, kurbelt das Fenster herunter und beginnt ihn anzuschreien. Der hünenhafte Joschi dreht sich um, geht langsam auf seinen Kontrahenten zu, der bereits ängstlich das Fenster wieder schließen will, blickt ihn aufmerksam an und sagt: „Hearns, Sie ham aber schiache Zähnd' – warum lassen's Ihnen die net richten?" – und hinterlässt einen entgeis-terten Zeitgenossen, der vor dem Rückspiegel in seinem Gebiss zu stochern beginnt. Joschi pflegte auch einen Katalog skurriler Schimpfnamen zu verwenden, die, mit „Pf" beginnend, vielleicht als Alliteration zu seinem Familiennamen zu verstehen sind: „Pferscher!" „Pfründner!" „Pfeifenstierer!", und die seltsame Eigenschöpfung: „Pfnurn!"

Camping Grindelwald. Von der Ebnefluh-Nordwand zurückgekehrt, beobachtet Joschi einen Neuankömmling, der allein mit einem Familien-Großzelt kämpft, während die umfängliche Ehegattin mit einer Illustrierten behaglich den Liegestuhl bezieht. Joschi zu sich selbst (sehr laut): „I glaub, dem muass i helfen!"
„Andererseits – naaa, wann der so deppert ist, und lasst sei Alte ruhig zuschaun ..."
„Aber a armer Hund is er trotzdem – i glaub, i hilf ihm ..." „Oder doch net – der verdient's net anders ..." Noch wenige Minuten des Monologes – und Joschi hat sein pädagogisches Ziel erreicht: die Dame stemmt sich aus dem Liegestuhl und geht ihrem Gemahl beim Zeltaufbau zur Hand.
Doch das Leben besteht nicht nur aus einer Abfolge großartiger Bergabenteuer, origineller Wuchteln und gärtnerischer Erfolge (Kraftmensch Joschi hatte begnadete „grüne" Hände zur Hervorbringung delikater Obstsorten). Als er die Frau eines Bergkameraden aus nächster Nähe nicht mehr erkannte, übte er noch einmal die hohe Kunst des tiefen Stapelns: „A bissl ‚schasaugert' bin i halt schon!" – das war seine Umschreibung der Tatsache, dass er auf dem Weg zur totalen Erblindung schon weit fortgeschritten war.

Erich Vanis (1928 – 2004). Zwischen dem winterlich vereisten Gaislochsteig auf der Rax und den Hängegletschern der Grajischen Alpen kannte er so ziemlich alle klassischen Eisanstiege (als sie diese Bezeichnung noch zu Recht trugen) des Alpenbogens aus eigenem Erleben. Dies machte ihn zur Autorität „Im steilen Eis" – so der Titel seiner Bibel für Eisgeher. Der gelernte Kürschner hatte sich eine berufliche Unabhängigkeit erarbeitet, die ihm gestattete, für das Bergsteigen leben zu können (anstatt von ihm leben zu müssen). Er hat viereinhalb Jahrzehnte Expeditionsbergsteigen miterlebt, vom Versuch der Erstbesteigung des Dhaulagiri mit Fritz Moravec (1959) bis zu seinen fast alljährlichen Kleinexpeditionen im Freundeskreis, in deren Verlauf ihm die Besteigung einer stattlichen Anzahl von Fünf-, Sechs- und Siebentausendern gelang. In der Zeit des Kalten Krieges, als die Sowjetunion von US-Präsident Reagan als „Reich des Bösen" apostrophiert

wurde, waren Fahrten zu den hohen Gipfeln dieses Landes vor allem eine bürokratisch-komplizierte Angelegenheit, die von den Klassenfeinden aus dem Westen viel Nervenkraft und Geduld erforderte. Warten, warten, in der Halle des Moskauer Inlands-Flughafens. Ein Dienst-Telefon beginnt zu schrillen. Fünf Minuten lang. Zehn Minuten. Niemand scheint Interesse oder Kompetenz zum Abheben zu haben. Fünfzehn Minuten – alle sind bereits leicht genervt. Da geht Vanis zum Apparat, hebt ab und spricht mit markiger Stimme: „Here is Ronald Reagan, President of the United States!" Fühlbares Erstarren am andere Ende der Leitung, kurzes Schlucken – und: aufgelegt!

Erich Vanis

177

Als echtem Lebens-Alpinisten war es ihm seine Passion auch im siebenten Jahrzehnt noch wert, schwere Rucksäcke auf ungemütliche Biwakschachteln zu schleppen. Es wird wohl nicht allzu Viele geben, welche eine Tour Ronde-Nordwand im Montblanc- Gebiet nach 45 Jahren noch einmal wiederholen ... Während seiner letzten Lebensjahre, als ihn die knirschenden Bergsteigerknie unerbittlich an sein wirkliches Alter gemahnten, hat er sich mit großer Begeisterung dem Gleitschirmfliegen verschrieben und konnte in dieser Phase manche seiner alpenweiten Sternstunden aus der Vogelperspektive noch einmal nacherleben. Eigenkommentar: „Des is' was für ältere Herren: da kann man wenigstens sitzen dabei!"

Vom Revoluzzer zum Brahmanen des Alpinismus.
Ende der Sechzigerjahre, als ein ungebrochener Glaube an die Allmacht des immerwährenden technischen Fortschritts ein alpines Wirtschaftswunder in Form der Direttissimas in die Vertikale transponierte, wurde eine gewisse Bewusstseinsspaltung des Alpinismus sichtbar. Einerseits war es legitimes sportliches Ziel, einen Gipfel von seiner schwierigsten Seite zu erreichen, andererseits wurde dieses „Schwierigste" häufig nur mehr durch verstärkten Einsatz technischer Komponenten ermöglicht, was in konsequenter Verfolgung den Gedanke des „Unmöglichen" praktisch abschaffte. Da trat ein junger Südtiroler Kletterer

Reinhold Messner

mit Beatle-Haartracht und langen Hosen (ein eklatanter Verstoß gegen die alpine Kleiderordnung!) an die Öffentlichkeit, geißelte den „Mord am Unmöglichen" im Alpinismus durch jene Drachentöter, die den Bohrhaken als stille Reserve mit sich führten, und setzte den Drachen auf die Rote Liste der bedrohten Arten:

Reinhold Messner (* 1944). Er erkannte die Sackgasse der reinen Techno-Kletterei mit dem Bohrhaken als „Sesam-öffne-dich", die das Element des Ungewissen eliminierte und das Klettern letztlich auf eine durchkalkulierbare, rein handwerkliche Verrichtung reduzierte, zwar nicht als Erster und Einziger, vermochte aber diese Gedankengänge dank publizistischer Eloquenz eindrücklich zu positionieren. Und er konnte eindrucksvolle Referenzen vorweisen, dass es auch anders möglich sei. Er hatte als Erster solo die damals schwierigsten Alpenrouten durchstiegen: im Eis die Droites-Nordwand im Montblancgebiet, und im Fels die Philipp-Flamm-Verschneidung an der Civetta. Seine Alleinbegehung der Vinatzer-Castiglioni in der Marmolada-Südwestwa, mit einem neuen, eleganten Direktausstieg, und sein Heiligkreuzkofel-Mittelpfeiler waren sichtbare Demonstrationen seiner Auffassung, dass es ohne Bohren gehen kann. Seine schnellen Durchsteigungen großer Routen untermauerten die These von der Geschwindigkeit als Sicherheitsfaktor (die Eigerwand in zehn Stunden mit Peter Habeler wurde von Seilschaften lange nicht unterboten). Aber nicht nur bestehende Routen schneller klettern zu können, sondern schneller die Ideen zu haben als andere, begründete seinen Ruf als kreativster und innovativster Alpinist der letzten Jahrzehnte.

Als Virtuose auf der Medienorgel, wirkmächtig wie einst Luis Trenker, nur mittlerweile im globalen Maßstab, vor allem aber befähigt, in mehrfacher Weise Grenzen hinausschieben zu können, hat er die Gnade der frühen Geburt konsequent genutzt und den folgenden Generationen nicht mehr viel an großen plakativen Ideen übrig gelassen. Nur zählen Neid und Missgunst seit jeher zu den herausragenden Bergsteigertugenden. Schon zu seinen Glanzzeiten als Felskletterer verwelkten in seinem Schatten Legionen unentdeckt gebliebener angeblicher alpinistischer Genies, die durchblicken ließen, dass sie ihn wahrscheinlich übertroffen hätten, wenn sie nur „... auch so viel Zeit zum Trainieren, und auch so viel Unterstützung gehabt hätten" (nach einem bekannten finnischen Soziologen „Hättiwari-Effekt" benannt und mittlerweile als geläufiger Terminus etabliert). Unter den Träumeverkäufern, die mit ihren Abenteuern stellvertretend die Sehnsucht des Norm-Menschen nach dem Außergewöhnlichen befriedigen, ist er der Erfolgreichste. Seine Entwicklung zum Gottvater des neuzeitlichen Alpinismus begann so richtig mit seinem Einstieg ins Höhenbergsteigen:

- erste Achttausender-Besteigung zu zweit im Alpinstil
  (Hidden Peak mit Peter Habeler) 1975
- erste Everest- Ersteigung ohne Flaschensauerstoff (mit Peter Habeler) 1978
- erste Solobesteigung eines Achttausenders (Nanga Parbat, auf neuer Route –
  und Abstieg auf neuerlich neuem Weg, da der Aufstieg durch ein Erdbeben
  unbegehbar wurde) 1978
- erste Alleinbesteigung des Everest (als dort eine echte Solobesteigung noch
  möglich war) 1980
- als Erster auf allen Achttausendergipfeln (1986).

Habeler und Messner   Ohne Flaschensauerstoff am Everest

Kontroversiellen Themen ging er grundsätzlich nie aus dem Weg, im Gegenteil. Die noch immer nicht überlebte Flaggenparade auf hohen Gipfeln kommentierte er einst mit dem Ausspruch: „Meine Fahne ist mein Taschentuch" – ein Reflexe hervorrufendes rotes nämlich für die damals noch immer national durchtränkten Denkschulen. Doch allmählich konnte man das Bergsteigen abseits einer Bergführertätigkeit bereits als Beruf ausüben, und das machte ihn autark: er benötigte keine Vereinsfunktionäre oder Lokalpolitiker, die sich später bei ihm anwanzen und in seinem Glanz sonnen konnten – das freilich fanden so manche unverzeihlich. In jugendlicher Radikalität hatte er einst den Abriss der Schutzhütten zur Wiederherstellung einer alpinen Wildnis gefordert, in realistischer Einsicht setzt er sich später für den Schutz der verbliebenen Reste ein, und wagte einen Abstieg in die Niederungen der Politik, als EU-Abgeordneter der Grünen. Dort zeigte er sich wie die meisten politischen Quereinsteiger bald desillusioniert vom mühseligen Konsensgerangel um den kleinsten gemeinsamen Nenners – in einem derartigen Milieu wäre er als Alpinist kaum über die Seiser Alm hinausgekommen.

Als Ausnahmebergsteiger zu einer Person des öffentlichen Rechtes aufgestiegen, nahm sich auch die Wissenschaft der Psychologie seiner an, attestierte ihm eine ausgeprägte Dromomanie (= Wandertrieb) und erkannte glasklar die Triebfeder seines Tuns: „Die Mutter muss versuchen, die erwachenden Triebwünsche abzuleiten, zu unterdrücken. Irgendwann wird dann dem Baby das lustvolle Krabbeln auf dem Mutterleib verboten. Von da an beginnt vielleicht seine Karriere als Bergsteiger. Was am Mutterleib weich und lustvoll war, ist am Berg hart, schmerzhaft. Die Erlösung ist nur mehr im selbstzerstörerischen Exzess des Masochismus möglich." Ja – genauso wird es wohl gewesen sein, denn so ist es im „Profil" vom November 1984 zu lesen ...

Nunmehr ist er eine unabhängige alpine und mediale Supermacht und wird bei allen Fachfragen als oberste Instanz konsultiert: „Was sagt Messner dazu?" Als Gottvater tut er es, wie es sich geziemt, weitgehend humorfrei (aber auch der Alte aus der Bibel, lest nur nach, hatte bekanntlich seine Marotten). Den derzeitigen Superbergsteigern, die nach seinem eigenen Eingeständnis seine klettertechnischen Leistungen längst überboten haben, ist er indessen schon wieder einen Schritt voraus: in der dem Alpinismus innewohnenden intellektuellen Dimension, in der unabhängig von der körperlichen Leistungsfähigkeit lebenslang Höhenflüge möglich sind. Wenn sie alle einst ebenfalls den Zenit ihres Virtuosentums überschritten haben, ihre heutigen Rekorde pulverisiert und längst vergessen sind, wird etwa sein gegen manche Widerstände durchgesetztes Museumsprojekt – in Südtiroler Burgen und Schlössern altes Kulturgut mit der Geschichte des Bergsteigens und der Bergvölker zu vereinen – als sein „fünfzehnter Achttausender" noch immer Bestand haben. Immerhin sind schon gelegentliche Anzeichen einer gewissen Altersmilde auszumachen. Doch bedenklich wird es wohl erst, wenn er eine eigene Kochshow zelebriert oder eine Herren-Duftserie kreieren sollte ...

Doch dies ist der Entwicklung weit vorgegriffen. Das alpine Geschehen unterliegt nicht nur in der öffentlichen Optik einem gewissen Trägheitsgesetz: In den Sechziger- und frühen Siebzigerjahren galt die Eiger-Nordwand nach wie vor als das Maß aller alpinen Dinge.

Heldendämmerung: Eiger, die Zweite. Nach kriegsbedingter Pause und einigen Jahren ohne Sensationen und Tragödien rückten sie einige spektakuläre Unfälle wieder ins Rampenlicht. Erst 1947 – neun Jahre nach der ersten Begehung – wurde die Route wiederholt, zuerst von den französischen Top-Alpinisten Lionel Terray und Louis Lachenal, drei Wochen später von den Schweizern Gottfried Jermann sowie Hans und Karl Schlunegger. 1950 folgten zwei weitere Durchsteigungen. In Bergsteigerkreisen galt die Wand als außerordentliche Gesamtleistung, schwierig, technisch nicht extrem schwer, aber ziemlich gefährlich – eine realistische Einschätzung. 1952 gelang gleich 20 Kletterern das große Abenteuer, ohne dass es zu ernsten Zwischenfällen gekommen wäre. Ab 1953 verstärkte sich der Zulauf und es kam zu immer mehr tödlichen Unfällen. Wann genau der kalauernde Terminus „Mordwand" erstmals auftauchte, lässt sich nicht mehr genau eruieren, doch fällt sein gehäufter Gebrauch in jene Phase, da die Presse nach den journalistischen Dürrejahren der NS-Zeit bunter, reißerischer, „amerikanischer" wurde. Eine fatale Wechselwirkung, an der die Bergsteiger selbst nicht gänzlich unschuldig waren: Denn bei aller lebhaft beteuerter Ablehnung

Kurt Diemberger und Wolfgang Stefan

des „Sensationellen" hebt es das Ego ungleich mehr, anstatt einer beliebigen schwierigen, doch weithin unbekannten Wand eine – was heißt – DIE „Mordwand" durchklettert zu haben! Es waren die Keime jener Saat aus Heldenverehrung, Opfer- und Todesbereitschaft, welches die Gefühls- und Vorstellungswelt der nunmehr Zwanzig- bis Fünfundzwanzigjährigen geprägt hatte.

Don Whillans, der britische Allrounder, beobachtete Anfang der Sechzigerjahre: „Wenn man sich mit der jüngeren Garde unterhält, bei der Deutsche und Österreicher zu überwiegen scheinen, so stellt man fest, dass viele von ihnen in den Westalpen überhaupt noch nichts gemacht haben! Eine ganze Reihe der schwierigsten Dolomitenklettereien haben sie hinter sich, und deshalb glauben sie, alle Voraussetzungen für eine Besteigung zu erfüllen, die technisch doch so viel leichter ist! Zum Beispiel die Eiger-Nordwand, die notorische Mordwand, wo man, wenn man etwas Glück hat, mit einem Schlag berühmt werden kann. Meistens sind das prächtige Burschen, Geld haben sie keines, Verpflegung wenig, aber das Wenige teilen sie jederzeit mit dir. Das ist eben das Tragische an der Sache, lebensfrohe, liebe Burschen sind das, deren jugendliche Ungeduld sie in einen unsinnigen, zwecklosen Tod treibt. Gewiss, von den vielen, die sich am Fuß der Wand einfinden, kommen nur wenige ums Leben, viele steigen nicht einmal ein, andere wieder sehen nach ein paar hundert Metern ein, dass sie für ein so ernstes Unternehmen noch nicht gerüstet sind. Einigen davon gelingt einige Jahre später eine technisch vollendete Durchsteigung, die vorüber ist, ehe man überhaupt weiß, dass sie in der Wand sind. Nur die Dummköpfe klettern weiter, wenn sie eingesehen haben, dass ihnen die Sache über den Kopf zu wachsen beginnt. Der zweite Bergsteigertyp, den man bei der Wand antrifft, ist der kampferprobte Veteran, der eine ansehnliche Anzahl von Alpensommern hinter sich und häufig auch in den Bergen der Welt Erfahrungen gesammelt hat. In diesen langen Jahren der Vorbereitung hat er verstehen gelernt, wie schwach der Mensch in Wirklichkeit ist und wie übermächtig stark die Gewalten der Natur sein können, vor allem in dieser Wand."

Don Whillans

„**In Wirklichkeit ist die Wand** nie schwieriger als Vier; ich traue mir zu, in jeder Saison zwanzig Seilschaften hinaufzuführen" – eine starke Ansage von Hans Grünleitner, der sie am 30. August 1959 mit Robert Stieger in 21 1/2 Stunden durchstiegen hatte. Eine phantastische Leistung von zwei Unbekannten! Phantastisch in der Tat: Schon tags darauf wurde auf Scheidegg das Unternehmen angezweifelt – niemand

Die winterliche Eigerwand

hatte die beiden in der Wand, respektive ihre Abstiegsspuren bemerkt. Dazu eigenartige fotografischen „Beweise" – kein Wandkenner hatte jemals solche Bilder gesehen: Bei einigen müsste der Fotograf mehrere Meter von der Wand entfernt in der Luft geschwebt sein, alle Bilder wiesen fast identische Felsstrukturen und gleiche Beleuchtungsverhältnisse auf ... Im Zug einer Kontroverse mit „Bergkamerad"-Redakteur Hiebeler, der die beiden der Unwahrheit bezichtigte, kam es zu einem Prozess, in dessen Verlauf Hiebeler wegen „übler Nachrede" verurteilt wurde. Obwohl er letztlich in detektivischer Arbeit exakt die Stelle am Wand fuß lokalisierte, an der alle Fotos aufgenommen wurden, wogen für das Gericht zwei (!) von Stieger geschworene Eide schwerer ... Welche heutige Alpenroute hätte einen Nimbus, der ein solches Lügenkonstrukt lohnen würde?

Doch in jener Epoche gesicherter alpiner Werte galt die Eigerwand als akademischer Grad der Alpinisten, welche sich teilweise zu tragischem Hasardieren oder auch tragikomischen Münchhausiaden hinreißen ließen. Der Italiener Claudio Corti, der in der Wand sieben Tage auf seine Rettung wartete, die schließlich unter außerordentlichen Anstrengungen einem internationalen Hilfsteam gelang, äußerte auf sicherem Boden als erstes die Sorge, ob dies wohl als „erste italienische Besteigung" gewertet würde? Dabei hatte er die letzten zweihundert Meter, von einer Seilwinde gezogen, auf dem Rücken des Bergwachtmannes Alfred Hellepart zurückgelegt. Sein Landsmann Stefano Longhi war Tage davor im Biwak verstorben.

Die Eiger-Suppe kochte auf Dauerflamme und verlangte bald nach einer höheren Dosis Würze.

Steigerung: im Winter! Vom 6. bis 12. März. 1961 wurde die Route durch Walter Almberger, Toni Kinshofer, Anderl Mannhardt und Toni Hiebeler als „Expeditionsleiter" erstmals im Winter durchstiegen – von manchen Experten zuvor als unmöglich erachtet! Das Unternehmen stand wegen der sogenannten „Stollenloch-Affäre" im Licht einer neiderfüllten Kritik. Am 27. 2. war die Seilschaft bis in die Höhe des Stollenloches der Jungfraubahn geklettert, als sich das Wetter verschlechterte. Nach einem Biwak seilten sie wieder ab, und begannen am 6. 3., vom Stollenloch in die Wand querend, ihre endgültige Durchsteigung. Dieser Umstand, in den Berichten diskret ausgespart, rief Puristen und vor allem Neider auf den Plan: dies wäre keine vollständige Besteigung gewesen! Natürlich war es trotz dieses Schönheitsfehlers sehr wohl die erste Winterbegehung, ein herausragendes und hartes Unternehmen. Nur: Hiebelers Stern hätte nicht weniger geglänzt, hätte er von Anbeginn auf diesen Umstand hingewiesen. Als ansonsten sehr kritischer Schriftleiter des „Bergkamerad" hätte er schließlich auch die „Bergkameraden" kennen müssen!

Achtundzwanzig Jahre lang war „Eiger-Nordwand" identisch mit der Route der Erstbegeher, an der allmählich die ganze Palette der „Ersten" durchexerziert wurde.
- Die ersten, denen ein Rückzug aus der Wand gelang: Hias Rebitsch und Ludwig Vörg (1937)
- Die ersten Begeher: Anderl Heckmair, Ludwig Vörg, Fritz Kasparek, Heinrich Harrer (1938)
- Die ersten Wiederholer: Lionel Terray und Louis Lachenal (1947)
- Die ersten innerhalb eines Tages: Leo Forstenlechner und Erich Waschak 1950 (18 Stunden)
- Die ersten im Winter: W. Almberger, T. Kinshofer, A. Mannhardt, T. Hiebeler (1961)
- Der erste, der die Wand zweimal durchstieg; Walter Almberger (1961 und 1962)
- Der erste Alleingänger: Michel Darbellay (1963, davor starben Adolf Derungs und Dieter Marchart durch Absturz)
- Die erste Frau: Daisy Voog, mit Werner Bittner (1964)

Dazu gesellten sich Lokalrekördchen jeglicher Nationen, Regionen und Bezirke ... Ganz nebenbei offenbart sich dabei eine der Lebenslügen des Alpinismus: Trotz der lebhaft beteuerten Verbrämung „... mehr als Sport" will letztlich jeder in seiner Weise einen ersten Platz einnehmen.

Direttissima. 1966 gab es wieder Eiger-Schlagzeilen. Damals wurde von den Gipfeln mit einem imaginären Lot eine Senkrechte hinabprojiziert, in deren maximaler Nähe hinaufzuklettern als höchstes alpinistisches Ideal galt: Direttissima! Diese Obsession und die berühmteste aller Wände mussten einmal zusammenfinden. Die angedachte Ideallinie stand jedoch von der „Spinne" her unter mörderischem Dauersteinschlag, was den Frost als Verbündeten, mithin eine Winterbesteigung nahelegte – eine förmliche Expedition in die Vertikale, die eine Spirale von Kosten, Sponsoring und Leistungszwang in Gang setzte. Ende Februar begann eine deutsche, kurz darauf eine britisch-amerikanische Gruppe mit dem Aufstieg. Es wurde eine der bis dahin längsten Unternehmungen der Alpingeschichte. Mehr als einen Monat waren die schließlich vereinigten Bergsteiger in der Wand, mit Höhengewinnen von oft nur zwanzig, dreißig Metern pro Tag. Am siebenundzwanzigsten Tag stürzte John Harlin nach dem Riss eines Fixseiles aus Höhe der „Spinne" tödlich ab. Die Spitzengruppe beschloss weiterzusteigen und erreichte drei Tage später im Schneesturm den Gipfel. Dass nach Harlin's Tod – business as usual – weitergemacht wurde, hinterließ, selbst als die Route nach ihm benannt wurde, den Beigeschmack von Gladiatorentum. Aber den Kritikern kann man es ohnedies nie recht machen: wurde bei den ersten Versuchen auf der klassischen Route eine teutonische Risikobereitschaft angeprangert, galten nun die Fixseile als unzulässige Rückversicherung und sportliche Entwertung. Es war nicht nur wegen seiner Dauer ein umstrittenes Unternehmen. Überwiegend ablehnend äußerten sich die Bergsteiger:

„Was sich jetzt am Eiger abspielt, das ist keine bergsteigerische Sache mehr, das ist eine Schau – von der Leistung einmal ganz abgesehen. Warum wird nicht eine Baufirma mit einer solchen Durchsteigung beauftragt? Mit Zeit und Geld ist alles zu machen!" *(Anderl Heckmair)*

„Ich bin etwas überrascht, festzustellen, dass 1966 ein derartiger Materialaufwand notwendig war, um eine Route zu eröffnen, die schon 1935 sehr elegant bis zum ‚Todesbiwak' und später bis unterhalb der ‚Spinne' begangen worden war." *(Michel Darbellay, 1. Alleingänger)*

Klarsichtig aber befand wie so oft ein Außenstehender – „Die Zeit": „Das Unbehagen über die Eiger-Tat ist aber aus dem angeblichen Verstoß gegen die Ethik des Bergsteigens allein nicht zu erklären, denn schon bei der Erfindung des Hakens sah man sie bedroht. Auch haben schon ganz andere Leute als die Eiger-Akteure Geld und Ansehen mit solcherart Tun erworben: Polforscher und Tiefseetaucher, Weltraumflieger und Erstersteiger von Achttausendern. Aber es ist wohl die allzu kaltschnäuzige und provokante Art der Aufrichtung von Tribünen für ein Gladiatoren-Spektakel am Sensationsberg Eiger, die das Wohlwollen für diese Art des Extrem-Alpinismus schmälert. Sicher ist, dass die Eiger-Kandidaten in gewissem Sinn Wahnsinnige sind. Aber was sie umfangen hält, ist die Sorte Wahnsinn, ohne die ganz große menschliche Leistungen nicht möglich sind."

Der Himalaya-Stil in einer Alpenwand, mit Fixseilen und Hochlagern, stellte in der Tat einen Avantgardismus dar, und zugleich eine Weichenstellung: einerseits markierte der immense Materialeinsatz den Endpunkt einer bedingungslosen Technik-Gläubigkeit („Alles technisch machbar!") auch am Berg, was in der Folge zur Gegenbewegung des „clean climbing" und der Freikletterrenaissance führte.

Himalaya-Stil: „Eiger direct"

Andererseits etablierte sich damit die amerikanische Big Wall-Technik als Training für noch größere Unternehmungen in den Weltbergen. 1969 wurde eine auch im Sommer begehbare „Japaner-Direttissima" durch den rechten Wandteil eröffnet, wo im Bereich der „Roten Fluh" eine Art Nordwand der Westlichen Zinne zu bewältigen war. 6 Kletterer waren 30 Tage beschäftigt, insgesamt 1000 kg Material wurden verwendet. Das Presse-Echo hallte lange nicht mehr so dröhnend wie noch drei Jahre zuvor, Aufhänger war die Teilnahme der Ärztin Michiko Imai: „Eine Frau in der Nordwand"! Eine „Linke Tschechen-Direttissima" (1976), eine „Rechte Tschechen-Direttissima" (1978), letztlich eine „Indonesische Direttissima" (1988), riefen über die Alpinjournale kaum Resonanz hervor.

Die schablonenhafte Zuordnung geistiger Hintergrundströmungen wurde ebenfalls langsam obsolet. Gurtner hatte in seiner „Entgötzung" den Erstbegehern noch arisches Herrenmenschentum unterschieben wollen. Nur: Heckmair – zuvor zehn Jahre ohne festen Arbeitsplatz und Wohnsitz, und Kasparek, ebenfalls einem wenig privilegierten Soziotop entstammend, fühlten sich wohl kaum als „Herrenmenschen". Wenn sie bei ihrer Ankunft auf Scheidegg das Reporterspalier stolz wie Könige durchschritten, war dies der Gestus, den wohl jeder Alpinist kennt, wenn er in die Niederungen der Ausflugstouristen herabsteigt. Die Nachkriegs-Eigerkletterer wiederum wurden mit der Philosophie des Existenzialismus in Verbindung gebracht: Für die meisten Zeitgenossen nur ein Schlagwort, das sich in verrauchten Kellerlokalen,

In der Japaner-Direttissima

schwarzen Rollkragenpullis und tiefsinnigen Äußerungen des Weltekels manifestierte. Der heutigen Entwicklung bieten sich keinerlei philosophische Schattenbilder an, darum konzentriert sich die einst so akribische Berichterstattung (als die einzelnen Durchsteigungen noch gezählt wurden) zumeist auf nüchterne Fakten, etwa die Speed-Begehungen: Waren die zehn Stunden der Seilschaft Messner/Habeler von 1974 für die Heckmair-Route eine jahrelang nicht unterbotene Marke, konnten Alleingänger die Zeiten beträchtlich drücken. Thomas Bubendorfer 1986 auf 4 Stunden 50 Minuten, Christoph Hainz 2003 auf 4 Stunden 30 Minuten, Ueli Steck im Februar 2006 auf 3 Stunden 54 Minuten. Und 2010 auf 2,36 Stunden.
War eine Erkletterung einst zwischen Mutprobe, Russischem Roulette und Gottesurteil angesiedelt, können derzeit manche Alpinisten gar nicht genug vom Eiger bekommen. Etliche „Sammler" kennen bereits zahlreiche der mittlerweile rund dreißig Anstiege: Daniel H. Anker durchstieg elf verschiedene Eiger-Routen, eröffnete davon drei neue; Michel Piola fand (neben zahlreichen Wiederholungen) vier neue Routen, der in der Schweiz lebende Tscheche Jiri Smid drei – er gilt mit insgesamt über 100 Wandbiwaks als Eiger-Biwakkönig! Auf fünfzehn Nordwand-Durchsteigungen kann Robert Jasper zurückblicken (drei mit seiner Frau Daniela), den Titel des „Mr. Eiger" kann mittlerweile der Schweizer Stephan Siegrist mit 27 Durchsteigungen der Wand auf verschiedenen Anstiegen, für sich buchen, darunter die Heckmair-Route „retro": Die schwere und unbequeme Nostalgie-Ausrüstung im Erstgeher-Stil machte den Kletterern übrigens ganz schön zu schaffen.

Die Fernrohre auf Scheidegg sind noch immer gegen die Wand gerichtet. Die ameisenkleinen Figuren, nunmehr neonbunt, sind meist zügig unterwegs: üblicherweise mit nur einem Biwak auf der Heckmair-Route. Da das einst Unmögliche schon visuell aufbereitet, Schauplatz von Spiel-, Dokumentarfilmen und einer TV-Live-Übertragung war, hat sich für weite Kreise eine gewisse Realitätsnähe eingestellt, die einst dick unterstrichene Überlebensgröße der Wand ist auf den noch genügend eindrucksvollen Maßstab 1:1 reduziert. Kann sie einem auf Superlative und Sensationen konditionierten Publikum noch etwas bieten? Nunmehr, da alle vier Erstbegeher nicht mehr leben, könnten ungeklärte Fragen wie: „führte Harrer einen Hakenkreuzwimpel im Rucksack mit?" ähnlich wie Kennedy-Mord, der 11. September 2001 oder der Tod von Lady Di noch einige Jahrzehnte Stoff für Theorien und Spekulationen bergen.

Und die Alpinisten? Auch an denen geht die Zeit nicht vorbei. Toni Hiebeler hatte anlässlich der ersten Winterbegehung einen – wie er damals (1961) meinte – völlig absurden Biwaktraum: Ein Alleingänger sei an ihnen locker vorbeigestiegen! Im März 1978 erklettern unabhängig voneinander Tsuneo Hasegawa (Japan) und Ivan Ghirardini (Frankreich) als erste Alleingänger die winterliche Wand. Im Winter 1992 legt der Amerikaner Jeff Lowe solo in siebentägiger Kletterei einen neuen Direktanstieg zum Gipfel. Und kurz darauf, im März, steigt die Französin Cathérine Destivelle in 17 Stunden allein durch die Heckmair-Route. Infolge jahreszeitlich immer früherer Ausaperung und abschmelzender Eisfelder verzeichnet man zunehmend mehr Winterbesteigungen, weil die Steinfallgefahr auf ein Minimum reduziert ist. Die heutige Eistechnik ermöglicht überdies die Bewältigung 90° steiler Eispassagen, was früher komplizierte hakentechnische Umgehungen erforderte.

Diese 500 Hektar Fels und Eis, die sich den ersten Versuchen als senkrechter, unbekannter und gefahrdrohender Kontinent entgegenstellten, sind nunmehr mit einem Anstiegsnetz überzogen wie ein beliebter Dolomitenberg. Fixseile und Zwischenlager sind zwar wieder da – doch nur als Vorstufen zum sportlichen Ideal einer Rotpunktbegehung der neuen Routen. Da dominieren reine Felsanstiege (ohne Gipfel) im rechten Wandteil, der sich durch besseres Gestein als der berüchtigte „Eiger-Bruch" auszeichnet: „Spit Verdonesque", „Le Chant du Cygne" oder „La Vida es silbar" („Das Leben ist ein Pfeifen"). 20 bis 30 Seillängen, bis zum IX. Grad – das sind die heutigen Maßstäbe. Die Schweizer Ueli Steck und Stephan Siegrist eröffneten 2001 einen neuen Anstieg von atemberaubender Schwierigkeit, der direkt zum Gipfel führt und den sie „The young spider" tauften. Fünf Jahre wartete die „junge Spinne" auf eine Wiederholung – die gelang Steck dann im Winter 2006, allein, in fünf Tagen! Im Juli 2003 wurde auch „La vida es silbar" durch die Rote Fluh in freier Kletterei bewältigt (Steck/Siegrist). Bezüglich Schwierigkeit scheint es kein

Ines Papert in „Symphonie de liberté"

Limit zu geben – nur platzmäßig wird es allmählich eng: Siegrist bezeichnet als die „vermutlich letzte ethisch saubere und logische Route" in der Eigerwand seine Linie 30 Meter neben „La Vida" und 50 Meter neben der Japanerroute – sie soll aber erst nach geglückter Rotpunktbegehung einen Namen erhalten. Im Sommer 2009 gelang es der Seilschaft Ueli Steck/Roger Schäli, die einst rein technisch eröffnete Japaner-Direttissima frei zu klettern.

Diese modernen Anstiege führen in Schwierigkeitskategorien, denen gegenüber die „alte" Eigerwand aussieht wie quasi die Einstiegsschrofen. Dennoch sind nach wie vor für den größten Teil des Publikums und der Bergsteiger die Begriffe „Eiger-Nordwand" und Heckmair-Route deckungsgleich. Und kein anderes Eiger-Buch konnten es jemals an Popularität und Auflagenhöhe mit Harrers „Weiße Spinne" aufnehmen: ein Bestseller auf diesem schmalen Sektor, verschlungen auch von vielen Nichtbergsteigern, die sich (pst, pst: mit tätiger Mithilfe von Kurt Maix' Schreiberpranke) durch die berüchtigte Wand führen ließen. Die literarische Sichtweise widerspiegelt am deutlichsten den Wandel: Die „Sieg-oder-Untergang"-Pose der Zwischenkriegszeit wurde von der Schreiberzunft mit erstaunlichem Beharrungsvermögen bis in die Fünfzigerjahre durchgehalten. Gemildert schimmert sie bei Harrer noch durch – doch ihm nimmt man sie als authentisch ab. Die Vokabel „Mordwand" und „Todeswand" sind mittlerweile außer Kurs und disqualifizieren den Benützer als hoffnungslos provinziell. Obwohl ihre bewegte Ersteigungsgeschichte auch in den Köpfen der heutigen Hightech-Kletterer fortlebt, wird sie allmählich eine (fast) normale, große Alpenwand. Triumph und Tragödie, das dramaturgische Zwillingspaar des Medieninteresses, bleibt nun ein wenig im Hintergrund und macht Platz für Zwischentöne. Der Südtiroler Werner Beikircher (1981, mit Hans Kammerlander): „Ein kleiner Faden hatte uns etwas nach links von der Route abgelenkt. Ein kleiner Hanffaden mit den Resten eines roten Luftballons. Am anderen Ende des Fadens, festgebacken im schmutzigen Eis ein kleiner Zettel mit verwaschener Schrift und einem Datum: ‚Wir haben geheiratet', stand da neben zwei Unterschriften, abgesandt einige Wochen vorher aus einer Stadt im Norden der Schweiz. ‚Wir wünschen Euch alles Gute, viel Glück aus der Nordwand des Eigers', hatte ich auf die andere Seite des Zettels geschrieben und ihn zurückgeschickt auf die Reise".

Dies ist vielleicht ihre eigentliche Entgötzung.

°°°°°Daumenschartenweg(mit Zeigefinger-Variante).....Nordweg (Normann-Neruda Kamine) -----Nordwestweg (Schusterweg) ++++Südwestgrat. L. Langkofeljoch. D. Daumen. Z. Zeigefinger.

Fünffingerspitze, Anstiegsblatt von 1910

8.
BANCHETTO DOLOMITI
„SESTOGRADO"

Über die italienische Küche Lobesworte zu verlieren, hieße Spaghetti nach Rom tragen! Folgende Menüzusammenstellung, die sich vor allem in den Sechzigerjahren größter Beliebtheit erfreute, entwickelt ihre volle lukullische Bandbreite am intensivsten auf einer Hakengalerie in einem gemütlichen Locatelli. Èccolo:

BANCHETTO DOLOMITI „SESTOGRADO"

Minestra Carlesso á la Torre Trieste
Tortellone Comici al Dente del Gigante
Pasticcio „Direttissima": nehmen 2-3 Tofanen, 1 Zinne, 1 Pala und 1 Civetta,
sodann zerhämmern, faschieren und unter reichlicher Verwendung von
Chiodi, Moschettone und Staffa, mit etwas Pradidali abschmecken.
Hinzugeben geraspelte Holzkeile und Hammerstiel, einschlagen in Pizzateig
und backen auf sparsamer Philipp-Flamm.
Seilsalat „Scoiattoli": 1 40-Meter-Perlonseil, frischen Mazzorana und
Franceschini sowie junge Alu-Sprossen in Olio Sasso d'Ortiga einlegen,
garniere mit Basilikum, Salbei und 1 Lorbeerkranz, abschließend beträufeln
mit wenige Tropfen Sorapiss
Dolce: Cima Ombrettta mit Castiglioni-Überguß und Fein-Cristallo
Zur Feier des Tages: Spumante Micheluzzi

Von Mauerläufern und versetzten Grenzen

„Als ich von den Gipfeln der Tauern im Süden eine neue Bergwelt von
märchenhaften Formen erblickte, über die auch das beste Buch nur geringe
Aufschlüsse erteilt, eine Bergwelt, über die sich in vielen Beziehungen noch
der Schleier des Geheimnisses breitete, beschloss ich, in die Dolomiten zu
ziehen und dort zu arbeiten. Begeisterter ist wohl selten ein
Jünger an seine Arbeit gegangen".
Paul Grohmann

In den Jahren nach dem II. Weltkrieg gingen die neuen Impulse im Bergsport vorerst von den Dolomiten aus. Italien zwar ist das Land mit der vielfältigsten Bergwelt Europas: vom eisigen Grenzscheitel der höchsten Alpengipfel mit Montblancmassiv, Monte Rosa und Matterhorn, über Dolomiten, Abruzzen und Apennin bis zu den Vulkanfeuern nahe der Südspitze des Stiefels. Aber so wie für die alpine Schweiz die Viertausender, sind für Italien die Dolomiten zur alpinen Visitenkarte geworden, gemeinsam mit jener Dauersehnsucht des nordischen Menschen nach dem milden Klima des Südens, welche auch das Märchen von den „sonnigen" Dolomiten unverdrossen am Leben erhält.

Dolomiten-Architektur: Blick vom Paternkofel nach Süden

Der Name Dolomiten hat einen fernab liegenden Ursprung: den kleinen Ort Dolomieu im französischen Flachland zwischen Lyon und Chambery. Von dort stammte der Mineraloge Déodat Guy Sylvain Tancrède de Dolomieu (1750 – 1801). Das „de" in seinem Namen ist jedoch kein Adelstitel, sondern eine ganz banale Herkunftsbezeichnung: Der „Herr Tancrède aus Dolomieu". Er war Geologe, Forschungsreisender, Teilnehmer an Napoleons Ägypten-Feldzug und Ritter des Malteserordens. Er entdeckte den Unterschied zwischen dem üblichen Kalk und dem nach ihm benannten „Dolomit", dem gebirgsbildenden Gestein der Südostalpen, das beim Beträufeln mit verdünnter Salzsäure im Gegensatz zum (nordalpinen) Kalkspat nur schwach aufbraust. Und auch diese Entdeckung machte er nicht in dem nach ihm benannten heutigen Kletterparadies, sondern im Gebiet der Tribulaune!

Guido Rey, der Erstbegeher des Furggengrates am Matterhorn (1899), kam als reifer Bergsteiger erstmals staunend in dieses Wunderland, und schilderte danach mit dem stark entwickelten Architekturgefühl eines Italieners bildhaft den Schauplatz seiner Kletterabenteuer: „Wir sahen da mächtige Wälle, die in ihrer ganzen Höhe von senkrechten Stollen durchrissen sind, viereckige feste Bastionen, die mächtige Terrassen stützen, Riesenstufen, die vom Gipfel zum Fuße leiten wie Treppen einer Burg, ausgedehnte Geländer, die am Rande ungeheurer Festungen entlanglaufen, Fronten von Palästen, die ganz mit einem regelmäßigen und herrlich schönen Fries paralleler Zierleisten geschmückt sind, schräge Dächer mit heraustretenden Dachsparren, die uns an exotische Tempel erinnern, düstere, runde und massige Gebäude wie die Wachtürme einer Feudalburg, mit undurchdringlichen Mauern und schrägen, drohenden Schießscharten, schlanke gotische Pfeiler, die ihre fromme Spitze in die Luft tragen und so gebrechlich scheinen, dass man fürchtet, Windstöße oder das Krachen des Donners könnten sie zum Einsturz bringen. Es sind zerstörte Festungen, geborstene Zinnen, gespaltene Minarette, Stümpfe umgestürzter Obelisken, zernagte Profile von Sphinxbildern, Überbleibsel von Schäften kolossaler Säulen. Es ist alles eine traumhafte Architektur". Der hingerissene Guido Rey schrieb danach sein berühmtes Buch „Alpinismo acrobatico".

„Land Art" in der Monfalconi-Gruppe   Monfalconi

Unbekanntes Land. Ähnlich wie derzeit die Achttausender standen in der Frühphase des Alpinismus vorwiegend die Viertausender im Mittelpunkt eines breiteren
Interesses. Drei- oder gar „nur" Zweitausender deklassierten sich für die meisten
der höhensüchtigen Briten als zu wenig lohnend für die weite Anreise, folgerichtig
gab es als Wechselwirkung auch kaum ortskundige Bergführer. So kam es, dass
um 1860 der Wiener
Paul Grohmann (1838 – 1908) erst selbst ein tüchtiger Bergsteiger werden musste,
ehe er allmählich seine Begleiter zu Führern heranbilden konnte – eine Leistung,
die seinen Erstbesteigungen gleichkommt, und die ihm später von der Gemeinde

Cortina mit der Ehrenbürgerschaft gelohnt wurde. Wie einem Kind, dem in der Spiel-
zeugabteilung eines Kaufhauses die Erlaubnis erteilt wird, sich nach Herzenslust
zu bedienen, stand dem gutsituierten Wiener Arztsohn diese gesamte Wunderwelt
beinahe uneingeschränkt zur Verfügung: die bereits erstiegenen großen Gipfel ließen
sich an zwei Händen abzählen. Mit seinen ersten Ersteigungen von Marmolada,
Dreischusterspitze, Großer Zinne, Monte Cristallo und Langkofel hat er den Titel
„König der Dolomiten" ehrlich erworben. Als junger Mann war er zusammen mit
Sommaruga und Mojsisovics zudem einer der drei Gründer des Österreichischen
Alpenvereins gewesen. Dessen Entwicklung in Richtung eines wissenschaftlich-
literarischen Zirkels ähnlich der Royal Geographic Society schien ihm nicht der
richtige Weg zu sein, und so schloss er sich den Bestrebungen des Venter Kuraten
Franz Senn an, der mit der Gründung des „Deutschen Alpenvereins" mehr an der
praktischen Entwicklung des Bergsteigens und des alpinen Fremdenverkehrs
gelegen war. Mit 31 Jahren beendete er seine Erschließertätigkeit in den Dolomiten,
mit 33 war er der studierte Jurist unversehens ein armer Teufel geworden. Beim
Bankencrash des Jahres 1873 hat Grohmann sein gesamtes Vermögen verloren:
„Über Nacht habe ich 100. 000 Gulden Schulden gehabt!" erzählte er einem
Freund. Der „König der Dolomiten" logierte fortan in einer armseligen Wohnung
in Wien. Auszeichnungen und Ehrenmitgliedschaften in zahlreichen Alpenvereins-
sektionen, die Benennung der Grohmannspitze und andere Ehrungen waren ein
paar ausgleichende Glanzlichter in diesen Jahrzehnten. Und vor allem „seine"
großen Gipfel: „Die Erinnerung an diese herrlichen Stunden wird mich begleiten
bis an den Rand der Ewigkeit."

Paul Grohmann

Marmolada, höchster Dolomitengipfel

Wie viele Kletterrouten existieren seit Grohmanns Expeditionen in den Dolomiten? Fünf-, Zehn-, Zwanzigtausend? Das wäre ein Thema für eine Diplomarbeit! Vom Frankfurter Würstel, dem Mini-Felszapfen bei der Zinnenhütte, bis zur 1500 Höhenmeter aufragenden Monte Agnér-Nordkante in der Palagruppe ergeben sie in einer gut sortierten Alpinbibliothek mindestens einen Laufmeter Dolomiten-Kletterführer. Wie in kaum einer anderen Alpenregion findet sich in den Dolomiten eine überbordende Fülle von Zielen, an denen sich die Veränderungen des alpinen Wertekanons und die Steigerung der Kletterkunst so deutlich ablesen lassen. Da waren es wie überall zuerst die höchsten Gipfel, danach die am schwierigsten erkletterbaren- die Kleine Zinne markiert hier einen beispielhaften Wendepunkt. Später, als die unbestiegenen Spitzen rar wurden, waren es die noch undurchstiegenen Wände, und nunmehr die kletterbaren „Linien", häufig in Felsformationen in Talnähe, bei denen penibel auf den Stil geachtet wird, in dem sie eröffnet werden.

Michel Innerkofler

Vorerst waren die Dolomiten ein Revier mit einer ausgeprägten Bergführerkultur, welche ganzen Dynastien Ruhm oder zumindest Lebensunterhalt sicherte. Es gab Lokalgrößen, die kaum jemals über „ihr" Gebiet hinaus gelangten, dieses aber bis in die letzte Felsfurche kannten und bekletterten, und es gab alpine Universalgenies wie Angelo Dibona, der von der Spik-Nordwand in den Juliern bis zur Ailefroide im Dauphiné im gesamtem Alpenraum in Fels und auch Eis sein Können unter Beweis stellte.

Angelo Dibona, Luigi Rizzi, Gino Solda, Raffaele Carlesso

Zusätzlich zu diesen Führerkategorien finden wir unter ihnen außergewöhnliche, in kein Schema passende Persönlichkeiten, wie

Giovanni Battista („Titta") Piaz (1879 – 1948). Lexikon der Alpen: „Piaztechnik, klettertechnischer Begriff für Gegendrucktechnik. Beispiel: Hände an scharfkantigem Riss, Füße gegen den Fels gedrückt, wodurch der Kletterer genügend Halt zur Fortbewegung bekommt; meistens sehr kraftraubend. Benannt nach dem Dolomitenführer T. Piaz. In Italien wird die gleiche Technik als Dülfertechnik (nach H. Dülfer) bezeichnet" . Nur wenigen Kletterern widerfuhr die Ehre, dass ihr Name ins alpine Fachvokabular einging: „Dülfern", „Prusiken", „Piazen". Als 1907 die Totenkirchl-Westwand von Rudolf Schietzold abseilend erstbegangen und von ihm als „im Aufstieg unmöglich" erklärt wurde, war das die Herausforderung für den impulsiven Piaz: „Wenn diese Wand nicht möglich ist, gehe ich in ein Kloster! Aber in ein Frauenkloster." Dazu kam es nicht: wie wir wissen, blieb er der Kletterwelt erhalten. Seine Route in der Kirchl-Westwand ist derzeit als Wunschziel zwar im Abseits: Das „Piaz-Wandl" (noch immer V. Grad) bewältigte er in jener nach ihm benannten Technik, „halb Mensch, halb Luftschiff", wie seine Begleiter fanden. Eigentlich wollte er Lehrer werden, doch diese Aussicht erschien einem Menschen, für

den Klettern Leben bedeutete, bald unerträglich. Sein Ziel wurde der Bergführererberuf, für den er sich durch anfänglich illegale Führungstouren qualifizierte. Die Vajolethütte wurde sein Reich, hier lebte er als Hüttenwirt und Führer, der 300 Mal die Vajolettürme erklettert hat – zu allen Jahreszeiten, allein, in der Nacht, mit seinem Kleinkind im Rucksack oder mit seiner Küchengehilfin am Seil. Hans Kiene, Chronist der Bozener Bergsteiger, charakterisierte diese komplexe Persönlichkeit: „Tita Piaz war mehr als ein Individualist und ein energisch sich durchsetzender Draufgänger und Eigenbrötler. In seinem komplizierten Wesen vereinigten sich typische Charaktereigenschaften eines Idealisten,

Titta Piaz

Vajoletttürme

Cholerikers, eines Materialisten und Altruisten, eines tief sozial empfindenden Menschen von subjektiver Rechtsauffassung, die ihn in gewissen Fällen zum Revolutionär, ja zum Anarchisten werden lassen konnte. Als Bergsteiger war er von uneigennütziger Kameradschaftlichkeit und bei Unglücksfällen von einer geradezu heroischen Hilfs- und Einsatzbereitschaft." Piaz unternahm etliche Erstbegehungen und beteiligte sich an mehr als 100 Rettungsaktionen unter höchstem persönlichem Einsatz, aber die verliehenen Rettungsmedaillen waren für ihn nur „Blech". Als Mann mit Kanten und Ecken hatte er es demgemäß nicht leicht. Im ersten Weltkrieg steckte man ihn an der Ostfront in Strafkompanien und Gefängnisse, im zweiten Weltkrieg wurde er sogar zum Tod verurteilt. Während der Mussolini-Ära entzog man ihm die Pacht der Vajoletthütte, und er zog sich grollend in das kleine Häuschen daneben zurück, das er selbst erbaut und Preuß-Hütte genannt hatte. Er setzte sich stets für Freiheit sowie die Nöte seiner Mitbürger ein, wurde zum Bürgermeister von Pera gewählt, blieb allen gegenüber hilfsbereit und ohne Rachegedanken. Der „Teufel der Dolomiten", der riskante und verrückte Alleingänge absolviert hatte, endete auf bizarre Weise: er stürzte mit dem Fahrrad so unglücklich, dass er in einen Brunnentrog fiel und ertrank. Die Götter lachten sich schief über diesen köstlichen Einfall und das präzise Timing!

Piaz war wie so viele andere Dolomitenführer zwei-, als Ladiner eigentlich sogar dreisprachig, aber –

Deutscher Sprack – schwerer Sprack: 1967 erschien ein an sich kenntnisreiches Bergbuch mit dem Titel „Die Männer des 6. Grades". Der Autor Aurelio Garobbio kämpfte mit einer Hauptschwierigkeit aller einschlägigen Werke: dem Diktionsproblem. Für die immer gleichen Vorgänge die unterschiedlichsten Bezeichnungen und Umschreibungen zu finden, gerät nur selten zur erfolgreichen Kunst. Garobbio, respektive dessen alpin unbeleckter Übersetzer Corrado Daponte (keine Verwandtschaft zum Mozart-Librettisten!), produzierte Stilblüten, die rätselndes Staunen hervorriefen und Material für ein Alpinkabarett liefern würden. Also langsam, Wort für Wort: „... Die Nordwand des Crozzon krümmt sich zyklopisch zu dem seltsamen Becken, wo das Brentatal seinen Anfang nimmt. Auf der einen Seite begrenzt sie die luftige Spitzsäule, auf der anderen der von Spalten durchfurchte Eisfluss, der sich von dem leuchtenden Gipfel der Tosa herabstürzt. Preuß und Relly haben dort am 11. August 1911 die erste Route geöffnet, welche den Stempel des Vorläufers moderner Kletterkunst trägt; nach diesem „natürlichen Weg" zeichnen Castiglioni und Conci am 30. Juli 1929 eine zweite Route. Nachdem Detassis und Giordani diese beiden Spuren überprüft haben, verwirklichen sie die „Straße der Berg-führer", ein Meisterwerk von Wagemut und Logik, das eines der „Klassischen" der Dolomiten bleiben wird".

„... Die Nordwand des Torre di Valgrande misst 600 polierte und senkrecht aufsteigende Meter und zeichnet sich durch die markante rötliche Farbe aus. Carlesso und Menti erklettern ihren Grundsockel, und um 12 Uhr des ersten Tages befinden sie sich am Beginn des Quaders, der durch die Vereinigung der beiden Fassaden gebildet wird";

„... Im Winter 1946 wischt Brunhuber mit Maria Kampitsch und Konrad Abl die Südspitze des Hunnerkogls und die Südwand der Eisenerzer Griesmauer aus".

Irgendwie klingt das wie ein analoger Vorgänger torkelnder Wikipedia-Über-setzungen. Einerseits erstaunen die Formulierungen, und dazu die Quizfragen: Was ist das eigentlich für ein Berg? Denn was unsereins etwa auf gut Deutsch als „Aiguille Noire" kennt, übersetzte Meister Daponte wörtlich aus dem Französi-schen ins Italienische: „Guglia Nera de Peuterey", und aus diesem ins Deutsche: die „Schwarznadel von Peuterey".

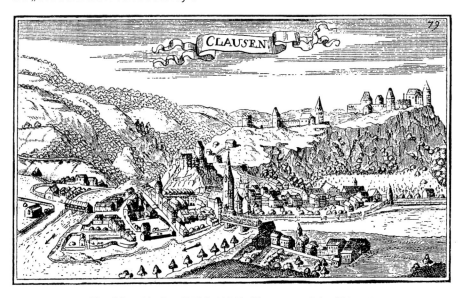

Matthäus Merian (1593-1650): Klausen – nicht Chiusa!

Die Italianisierung uralter deutscher Berg- und Ortsnamen in Südtirol ist dagegen ein weniger amüsantes Kapitel. Schon vor dem I. Weltkrieg und der faschisti-schen Herrschaft begann Ettore Tolomei, ein italienischer Ultranationalist, zur Untermauerung italienischer Gebietsansprüche planmäßig bis zum entlegensten Almboden irgendwelche ähnlich klingende italienische Namen zu erfinden, oft grotesk sinnlose. Dies genügte aber, um den Siegermächten nach 1918 den Alpenhauptkamm glaubhaft als uralte Siedlungsgrenze zu unterjubeln. Dem Brenner – eine leichte Übung – hängte er einfach ein „O" an, aus Bruneck wurde

Brunico, die Dreischusterspitze sinngemäß übersetzt zur Cima di Tre Scarperi, Langkofel = Sasso Lungo, Plattkofel = Sasso Piatto. Aber: Pfitschtal = Val de Vizze, Fischleintal = Val Fiscalina, Schluderns = Sluderno – das ist starker Tobacco! Der alte Bergbauer, der siebzig Jahre in Schlanders gelebt hatte, musste nun plötzlich einem arroganten jungen Schnösel im Gemeindeamt knirschend seinen Geburtsort „Silandro" nennen. Umgekehrt waren die admiralsmäßig adjustierten Beamten an der Brennergrenze, die mit Vorliebe aus dem Süden des Landes rekrutiert wurden, erwartungsgemäß grantig, weil sie sich fernab ihres gewohnten Dolce far niente in einem feindseligen Milieu den Hintern abfrieren mussten. Keine schöne Zeit für die Dolomiten und für Südtirol, das zu „Alto Adige" umbenannt worden war – ein echtes „Grande Casino"! Obwohl klangvoller als die sinngemäße deutsche Übersetzung „großes Puff", hat dies dieselbe Bedeutung: ausgewachsene Katastrophe.

Dennoch: welche Sprachmelodie klingt in den nach berühmten Dolomiten-Seilschaften benannten Routennamen: Soldá-Conforto, Pisoni-Castiglioni, Aste-Susatti, Gilberti-Soravito, Carlesso-Menti, Apollonio-Barbaria. Dagegen stinkt das Deutsche eindeutig ab. Routennamen wie Schmid-Santner, Langes-Merlet, Egger-Sauscheck oder Fröschels-Silberstein können da ganz einfach nicht mithalten. Ein phonetischer Ohrenschmaus, abgesehen von einer Galerie an schönen Kletterern, die oft aussehen wie italienische Filmstars, die Kletterer spielen! Als Beispiel etwa

Cesare Maestri (geb. 1929). „Spinne der Dolomiten, Trentino. Italia " – bei seinem Popularitätsgrad genügte diese Anschrift, um einen Brief aus dem fernen Patagonien seinen Empfänger finden zu lassen. Der Trientiner wollte eigentlich erst Schauspieler werden, dann fand er „Klettern ist mein Beruf", wie er auch sein Erlebnisbuch betitelte. Der starke, fanatische und überaus selbstbewusste Maestri („Wettkampf gab es nur noch mit mir selbst") katapultierte sich mit zahlreichen neuen Routen und vor allem mit kühnen Alleingängen in die Elite der Kletterwelt.

Cesare Maestri

Cerro Torre

Als der Bergführeraspirant 1952 eingeladen wurde, wie alle anderen Kandidaten vor den versammelten Ausbildnern seine Fähigkeiten zu demonstrieren, stand er schon zwei Stunden vor dem vereinbarten Termin auf dem Gipfel des Crozzon di Brenta. Und begann vor den Augen des illustren Publikums ungesichert die „Via delle Guide" (VI-) abzuklettern. Hundert Meter über dem Einstieg setzte er noch eine demonstrative Geste und warf das auf dem Rücken mitgetragene Seil in die Tiefe! Welch ein Szenenaufbau (der Schauspielerwunsch war wohl noch immer vorhanden)!

Untrennbar verbunden ist Maestri mit einem damals „unmöglichen" Gipfel – dem Cerro Torre in Patagonien. Mit dem Osttiroler Toni Egger, einem der damals besten Eiskletterer, reiste er 1959 in das Reich der Stürme und erstieg den Torre, wobei im Abstieg Egger von einer Eislawine in die Tiefe gefegt wurde – samt Kamera mit den Gipfelfotos. Maestri erreicht halb tot die Basis des Berges. Seit damals köchelt die Kontroverse um den Wahrheitsgehalt dieser Besteigung. Und dies in einem Land, das zu Pathos, Ehre und Intrige ein besonderes Verhältnis hat!

Große Oper. Maestri reagierte wie in einem Bergfilm der Dreißigerjahre: Er fuhr 1970 nochmals zum Torre, um mit einer zweiten Besteigung seine erste zu bestätigen, den Gerüchte streuenden „Schwächlingen" eine Lektion zu erteilen und vielleicht auch, um den ihn belastenden Tod seines Freundes aufzuarbeiten. Allerdings: um ein Scheitern auszuschließen, wurden mittels eines 70 kg schweren Kompressors Löcher für Bohrhaken in den Fels getrieben Nach 54 Klettertagen, an denen sich nur sechsmal die Sonne zeigte, war die Mannschaft ausgepumpt und brach den Versuch ab. Im November desselben Jahres kam Maestri wieder, um in fast pathologischer Besessenheit sein Vorhaben zu vollenden. Mit seinen Gefährten Alimonta und Claus schuftete er Tag um Tag – ein alpiner Sysiphos im Windkanal. Am 2. Dezember erreichten die drei Kletterer den Fuß des Gipfel-Eispilzes. Den Kompressor samt vierzig Meter Druckschlauch ließen sie eine Seillänge unterhalb des Gipfels hängen, schlugen die obersten Bohrhaken um und begannen die 45 Abseilfahrten. Das war die zweite Besteigung des Cerro Torre, je nach Standort als Wahnsinnsunternehmen, avantgardistische Wende oder unsportlicher Irrweg klassifiziert. Den Beweis, den Maestri für seine erste Besteigung erbringen zu müssen glaubte, hätte er allerdings nur auf der Route von 1959 führen können, und zwar im selben klassischen Stil wie damals. Diese Linie wurde 2005 erklettert, ohne dass die Begeher Beltrami, Salvaterra und Garibotti im oberen Teil Spuren ihrer Vorgänger gefunden hätten. Maestri-Befürworter verwandelten sich in Maestri-Gegner, dieser selbst lehnt in grimmiger Verbitterung jede Stellungnahme ab, und der Alpinismus hat ein ungelöstes Rätsel mehr.

Sestogrado – der Sechste Grad. Der erste Dolomiten-Sechser wurde 1925 von zwei deutschen Kletterern eröffnet, und zwar gleich an der „Parete delle Pareti", der „Wand aller Wände" der 1100 m hohen Civetta-Nordwestwand , einer der höchsten und abschreckendsten Dolomitenmauern. Die „Solleder-Lettenbauer" zählt, obwohl heute „nur" noch ein VI. Grad, nach wie vor zu den härtesten Dolomitenrouten. Wegen ihrer Länge sowieso, zusätzlich befindet sie sich die längste Zeit im Schatten, ist oftmals nass und wartet als letzte Schikane mit Ausstiegskaminen auf, die in

Civetta-Nordwestwand

Civetta -NW, Hangelquergang

manchen Jahren selbst noch im Sommer vereist sind. Es war der Auftakt zu einer Steigerung des Schwierigkeitsalpinismus in den Dolomiten, und ein Indiz für die gegenseitige Durchdringung und Befruchtung der verschiedenen „Schulen", unter denen die Münchener zu dieser Zeit tonangebend war. Er wisse aber nicht, monierte Gustav Lettenbauer einst in seinen letzten Lebensjahren, warum die Route „Solleder" genannt werde, wo doch eigentlich er die entscheidenden Seillängen geführt habe! Solleder konnte dazu nicht mehr befragt werden: er stürzte 1931, gerade einmal 32 Jahre alt, während einer Meije-Überschreitung ab. Doch scheint es fast ein Naturgesetz zu sein, dass nachträglich der jeweils Überlebende der eigentliche Motor der Tour gewesen sei, als erster die Schlüsselstelle bewältigt oder den Gipfel erreicht habe.

Marmolada Südwand. War ihre erste Durchkletterung durch die Engländerin Beatrice Tomasson mit zwei Führern schon ein ungewöhnliches Ereignis gewesen, galt dies für den Südpfeiler im Jahr 1929 in weit größerem Maß. Luigi Micheluzzi erkletterte ihn mit Christomannos und Perathoner vom 6. bis 7. September. Jahrelang trotzte die Route jedem Wiederholungsversuch, daher wurde sogar gemunkelt, sie wäre noch gar nicht durchstiegen. „Der Club Alpino will Beweise haben für die Kante. Wie sollen wir sie geben, da uns doch beim Ausstieg niemand gesehen hat? Sie sind nur zu erbringen durch eine zweite Begehung!", klagte Micheluzzi. Und diese wollte einfach nicht gelingen: eine Seilschaft fand die Schlüsselstelle, einen gewaltigen Kaminüberhang, völlig vereist vor und musste gerettet werden, andere kamen gar nicht soweit. Walter Stösser scheiterte zweimal ebenfalls an Vereisung, ehe ihm im August 1932 mit Fritz Kast endlich diese zweite Begehung gelang. Später stellte sich heraus, dass Micheluzzi seinen Bericht deswegen etwas unscharf formuliert hatte, weil er sich schämte, so viele Haken verwendet zu haben. Es waren 6 (in Worten: sechs) gewesen! In den Sechzigerjahren veranschlagte ein Gremium der besten Dolomitenkletterer ein Minimum von 20 – 30 Haken für diese Tour, heute sollen es rund 60 sein auf den 550 Metern, und die Wiederholer sprechen trotzdem noch immer respektvoll vom Südpfeiler. Waren die Kletterer der dreißiger Jahre so viel besser gewesen, oder hatten sie russisches Roulette gespielt?

 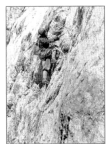  

Marmolada I in der Südwand I Beatrice Tomasson I Luigi Micheluzzi

Da fehlt ja der halbe Berg! Wem hätte nicht der Atem gestockt, nachdem er von der Auronzohütte zum Paternsattel hinaufgewandert ist und erstmals die Nordwand-Leere der Drei Zinnen erblickte! Keine Frage, dass diese extravagante Laune der Natur seit Beginn der Dreißigerjahre zur Herausforderung für die Besten wurde: Raffaelo Carlesso, die Brüder Dimai, Sepp Schintlmeister, die Lebensseilschaft Hans Steger/ Paula Wiesinger – sie alle kamen bei ihren Versuchen jeweils ein paar Meter höher als ihre Vorgänger. 1932 ließ Emilio Comici an seinem höchsten erreichten Punkt an einem Haken ein weißes Taschentuch zurück. Ein Signal, das einen förmlichen Wettbewerb auslöste, in welchem letztlich auch Comici mittun musste. Mit den Brüdern Guiseppe und Angelo Dimai gelang ihm schließlich 1933 mit zwei Biwaks die damals sicher weltweit schwierigste Kletterei. Nationaler Zeitungsjubel mit untergriffigen Untertönen, etwa, dass kein Deutscher zu einer solchen Leistung fähig sei (die Civetta-Nordwestwand blieb unerwähnt)! Das ließ sich der Kaiser-Kletterer Peter Aschenbrenner, der spätere „Himalaya-Peter" nicht zweimal sagen, und holte sich mit seinem Bruder Paul die zweite Begehung. Comici – dies gilt heute als erwiesen – hat infolge seines sparsamen Umganges mit Haken höchst wahrscheinlich bereits Stellen im VII. Grad frei überwunden. Doch da war er ja schon wieder einmal, der Untergang des Alpinismus, den manchen Theoretikern Bauchgrimmen bereitete. Der große Kugy machte sich fast lächerlich mit seinem Ausspruch, damit „... sei nur bewiesen, dass die Nordwand der großen Zinne unersteiglich ist". Von wegen: 1937 verordnete Comici allen Kritikern eine Sendepause, indem er in 3 3/4 Stunden solo durch die Nordwand stieg, und sich nebenbei über die inzwischen „zu vielen Haken" mokierte. Comici, der unnachahmliche, tänzerische Maestro des Felskletterns, Bürgermeister seiner Gemeinde Wolkenstein, ein wahrer „Ritter der Berge", starb im Alter von nur 39 Jahren im Klettergarten durch den Riss eines alten Seils.

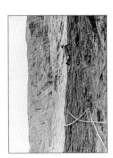   

Gr. Zinne-Nordwand I Angelo Dimai in der „Comici" I Emilio Comici

Domenico Rudatis, ein italienischer Journalist und Kletterer (Erstbegehung der Busazza-Kante etc.), näherte sich in diesen Jahren dem zum Mythos avancierten Sechsten Grad über die philosophische Hintertreppe: er wollte die abweisendste Seite des Berges, jene mit der größten Anforderung an die Psyche als den Sechsten Grad definieren. Dies konnte aber auch durch das schiere Gefährdungspotential, unabhängig vom Grad der Einzelstellen bedingt sein, und passte nicht so recht in das Schema einer streng sportlich-mathematischen Bewertung. Darüber hinaus aber forderte er als früher Warner vorausblickend eine Fairness in Form einer gewissen Nacktheit, will heißen weitgehenden Verzicht auf technische Hilfen: „Hat der Alpinismus zweckgebundene Beweggründe, so ist das Artifizielle gewiss höchst berechtigt, verhindert aber ein wirkliches psychodynamisches Verhältnis zum Berg. Vor allem ist die Gefahr nötig, um die Kruste unserer niedrigeren Persönlichkeit zu durchstoßen und die Instinkte und Inspirationen neu zu beleben. Die Ausschaltung der Gefahr lässt das Individuum zur psychologischen Starrheit des täglichen Lebens zurückkehren, das eben viel zu gekünstelt ist. Der Bergsteiger, der schwer beladen mit künstlichen Hilfsmitteln zum Berg geht, verhält sich wie einer, der angetan mit einer mittelalterlichen Panzerrüstung mit einer schönen Frau ins Bett gehen möchte. Jede Liebesbeziehung verlangt die physische und psychologische Nacktheit, um sich auf ein Vollkommenheitsniveau zu erheben. Der Schmuck, wie jede Künstlichkeit, ist Fälschung und Betrug, da er Mittel zur Verführung, oder jedenfalls Mittel zur Erreichung eines vorgefassten Zwecks ist. Dasselbe ereignet sich am Berg". Doch es sollte noch ein Menschenalter dauern, bis diese dichterisch ausgemalte Idealvorstellung in die Realität umgesetzt wurde: In eben dieser Form vollführte Alexander Huber 2006 seine seilfreie Solo-Durchsteigung der Hass-Brandler-Route in der Nordwand der Gr. Zinne.

Was der geistvolle Ästhet Rudatis mit seinen „zweckgebundenen Beweggründen" gemeint hatte, war 1882 bei der Erstersteigung des Dent du Géant, pardon: „Dente del Gigante" zu beobachten. Nach vergeblichen Versuchen von Mummery, Burgener und anderen Größen dieser Zeit sollte der Riesenzahn im Montblanc-Gebiet unbedingt von italienischen Bergsteigern erobert werden: mit Hilfe eines Seiles, welches mittels einer Rakete über den Gipfel geschossen und jenseits fixiert werden sollte. Diese James-Bond-Aktion ging jedoch gründlich daneben, so dass auf die solide Steinmetzarbeit der Brüder Maquignaz zurückgegriffen wurde, die mit Hammer und Meißel in viertägiger Arbeit mühsam Löcher für Eisendübel in den Fels trieben, an denen schließlich die dicken Fixseile befestigt wurden.

Dent de Géant

Der italienische Alpinismus war sichtlich bereits von der Staatsgründung an mit nationaler Phraseologie getränkt – siehe Matterhorn-Ersteigung – aber in welchem Staatsgebilde wäre er das in jenen Jahren zur Identitätsstiftung nicht gewesen? Gesteigert zu beobachten ist das nationale Drehmoment in den Dreißigerjahren:

Hier wurde das Bergsteigen der faschistischen Ideologie dienstbar gemacht, reicherte das sportliche Männlichkeitsgehabe mit der südländischen Ingredienz des Machismo an und kombinierte dies zusätzlich mit einer zeitgemäßen Verehrung des technischen Fortschrittes.

Wie überall teilten sich auch die Dolomitenkletterer in ein Lager der Strenggläubigen, die Haken allenfalls zur Sicherung duldeten, und eine abgestuften Riege jener, denen ein paar Haken mehr oder weniger keine Kopfschmerzen bereiteten. Vor allem machte das Niveau der neuen Routen ihren verstärkten Gebrauch ganz einfach nötig - wie etwa die Nordwand der Westlichen Zinne. Was dort von den Überhängen im mittleren Wandteil zu Boden fällt, landet vierzig Meter vom Wandfuß entfernt. Schon Comici hatte sich an dieser monumentalen Architektur versucht, musste aber nach einem Bergunfall längere Zeit pausieren, was seinen Kollegen (oder Rivalen?) sicher gelegen kam. Die Italiener waren jedoch nicht die einzigen technischen Perfektionisten: die Deutschen Hintermeier und Meindl hatten ebenfalls gelernt, virtuos mit Haken, Karabinern und Steigschlingen umzugehen. In dieser Wand steigerte sich der bisherige Wettbewerb zu einem förmlichen Wettlauf, den Riccardo Cassin und Vittorio Ratti um wenige Stunden für sich entschieden.

Riccardo Cassin Torre Trieste Westliche Zinne

Riccardo Cassin (1909 - 2009) war kein großer Schreiber - er war ein Mann der Tat, der rund 100 neue Anstiege verwirklichte, darunter einige der berühmtesten Routen der Alpen: eben die Nordwand der Westlichen Zinne, die Südostkante des Torre Trieste, den Walkerpfeiler und die Piz Badile-Nordostwand. Als sein größtes Abenteuer bezeichnete er die rund 3000 Meter hohe Südwand des Denali (Mt. McKinley). Als 60-jähriger erreichte er die Spitze des 6.126 m hohen Nevado Jirishanca, des Matterhorns von Peru.

Unter den begnadeten Kletterern, denen ein natürliches inneres Sittengesetz den Einsatz von Hilfsmitteln auf ein Minimum gebot, ragte in dieser Ära eine Persönlichkeit heraus.

Ettore Castiglioni (1908 - 1944), ein Aristokrat des Alpinismus. Der Spross einer Mailänder Familie studierte Rechtswissenschaft, übte dies aber als Beruf nie aus. Zum Bergsteigen kam er als Elfjähriger durch seine Brüder - und ging bald immer als Seilerster. Schlank und großgewachsen, kletterte er mit äußerster Eleganz, ohne sichtbare Anstrengung, Haken tolerierte er nur aus Sicherheitsgründen, und angeblich hat er nie eine Trittschlinge benützt. Den Dolomiten galt seine größte Leidenschaft, aber sein Bergsteigerhorizont erstreckte sich bis zu den Zentral-, West- sowie Seealpen, überdies war er auch ein guter Skitourengeher. Durch seine unermüdliche Ausdauer und mit seinem Spürsinn als Führerautor gelangen ihm zwischen 1923 und 1943 über 200 Erstbegehungen – in einem Jahr waren es 34. Der weltoffene Geist, Literatur- und Musikliebhaber Castiglioni war als Bergsteiger ein ausgesprochener Ästhet, eine Castiglioni-Route ist fast immer Garant für ein elegantes Klettererlebnis: Vezzana-Westwand, Sasso-d'Ortiga-Nordwand, die Nordwestkanten an der Cima d'Oltro und Pala del Rifugio, Cima-Wilma-Südwestkante, Cima-Canali-Südwand und Campanile-di-Pradidali-Ostwand, Sass Maor-Südostkante, Cima-di-Roda-Westwand, Ziroccole-Südkante, Focobon-Nordwand, Pala-di-San-Martino-Südostkante, Fanisturm-Südkante, Busazza-Westwand, Westwand des Torre Venezia, sowie viele nicht minder schöne und interessante Routen in den verschiedensten Berggebieten, z.B. in den Karnischen Alpen.

Ettore Castiglioni

Cima Bureloni und
Cimone della Pala

Pala di San Martino

Sein Lieblingsberg war die Marmolada. An der noch unbegangenen Südwand der Punta Penia wurde er abgeschlagen – nicht von den Schwierigkeiten, sondern weil sein Partner Bruno Detassis von einer Fischvergiftung befallen wurde! Der große Wurf gelang dann Gino Soldá und Umberto Conforto. Die Südwand der Punta Rocca jedoch „gehörte" nach stillschweigend eingehaltenem Übereinkommen Hans Vinatzer, einem ruhigen, durchsetzungskräftigen Kletterer, der sich damals schon dem Siebenten Grad annäherte. Eine Eigenheit von Castiglionis Charakter war aber ein gewisser Stolz, der nicht vertrug, dass in seiner Seilschaft jemand tüchtiger war als er. Er wollte allenfalls Gleicher zwischen Gleichen sein. Für dieses einzige Mal fand er sich nach kurzem Machtkampf mit der Rolle des Seilzweiten ab, um an seinem Herzensberg doch noch diese offene Rechnung begleichen zu können: die „Vinatzer-Castiglioni" blieb lange Zelt eines der größten Unternehmen in den Dolomiten.
Zweites bestimmendes Lebenselement waren seine Bemühungen um die Führerliteratur: Pala-, Brenta-, Sella- und Marmoladagruppe sowie Karnische Alpen.

In langjähriger zielstrebiger Arbeit entstanden, waren sie in ihrer Übersichtlichkeit und Genauigkeit unübertroffen. Öfter wurde ihm vorgeworfen, die Schwierigkeitsgrade der Anstiege um einen Grad zu senken, was für manchen eine unangenehme Überraschung darstellen konnte. Seine Fremdsprachenkenntnisse erlaubten ihm abgesehen von persönlichen Kontakten die Lektüre der verschiedenen ausländischen Zeitschriften und schriftliche Verbindungen mit den Verfassern. Er war im Ausland wegen seines vornehmen Wesens und seines umfassenden alpinen Wissens hoch geschätzt und sehr beliebt. Wenn man bedenkt, dass er nur 35 Jahre alt wurde, ist sein Lebenswerk auch auf literarischem Gebiet erstaunlich.

Sein dramatischer Tod entsprach seinem geradlinigen Naturell. Nach und nach hatte sich in Castiglioni eine antifaschistische Haltung ausgebildet, weniger aus politischen Gründen, sondern einfach aus seinem Charakter heraus, der keine Einschränkungen, gleich welcher Art, vertrug. Nachdem er 1943 eine Gruppe Juden über das Fenêtre Durand in die Schweiz geführt hatte und dort anschließend perlustriert wurde, drohte man ihm für den Wiederholungsfall eine längere Inhaftierung an. Dennoch besuchte er im März 1944 heimlich einen ins Engadin geflüchteten Neffen, und zwar mit einem Ausweis eines in Mailand lebenden Schweizers. Er wurde jedoch erkannt und in einem Hotel interniert. Ski, Bergschuhe und Hose wurden ihm abgenommen. Doch der freiheitsliebende Castiglioni hatte nicht vor, das Kriegsende in einem Internierungslager oder Gefängnis abzuwarten. Er seilte sich mit Leintüchern aus dem Hotelfenster ab, wickelte sich Decken um die Beine, an die in Fetzen gehüllten Füße schnallte er seine Steigeisen, und versuchte so, in einer stürmischen Nacht bei Schneetreiben über den Fornopaß zu flüchten – unter diesen Voraussetzungen selbst für einen abgehärteten Spitzenalpinisten ein selbstmörderisches Unterfangen.

Direttissima. Während der Fünfziger- und Sechzigerjahre entführten schöne südländische Sänger das deutsche Publikum aus dem Grau des Alltagslebens, und ebenso spielte die alpine Musik nach wie vor überwiegend in den Dolomitenwänden. In deutschsprachigen Kletterkreisen erwachte eine Affinität zum italienischen Vokabular ähnlich wie derzeit zum Englischen. Die Vornamen von Kletterpartnern bekamen hinten ein „o" angehängt, man nächtigte im „Bivacco", Trittleitern wurden fachsprachlich zu „staffa", und die Linie des fallenden Tropfens, oder eigentlich der Aufstieg nach dem Lot, die „Direttissima", galt in Übereinstimmung mit einem noch ungetrübten Glauben an die Wunderkraft der Technik als allerhöchste Kletterkunst. Immer phantastischer überhängende Hakenrouten wurden zum Nonplusultra

Westliche Zinne, Scoiattolikante

der Felsartistik erhoben, für die etliche nicht zu unterschätzende Fähigkeiten nötig waren. Um in der Zeit vor den Alukarabinern, Express- und Bandschlingen mit den schweren Eisenkarabinern einen mörderischen Seilzug zu vermeiden, verlangte es nach ausgefeilten technischen Fertigkeiten, die Intelligenz und Übung erforderten und über das angeblich so stumpfsinnige Hochsteigen von Haken zu Haken hinausgingen. Nur: es war in Wirklichkeit kein Fortschritt, sondern verspieltes Rokoko.

Als die Ressourcen an natürlichen Felsstrukturen nach damaligem Verständnis erschöpft schienen, galt der Bohrhaken als geheimer Nachschlüssel zu einem immerwährenden Wirtschaftswunder der Kletterei. Da der Akkubohrer noch als utopische Spinnerei belächelt wurde und die Hakenlöcher in mühseliger, kraftraubender Handarbeit in den Fels getrieben werden müssten, wurde er schon aus diesem Grund vorerst nur sparsam eingesetzt. Fasziniert von all den rotbemützten „Scoiattoli", die bei Foto-Ghedina in Cortinas Dolomitenhimmel baumelten, wurden in der Folge im gesamten Alpenbereich Tausende von Haken in möglichst abweisende Felsschilder und -bäuche gehämmert und gebohrt. Jedes Voralpen-Wandl verlangte nach seiner „Direttissima". Eine abstrakte Geometrie: Direkt – noch direkter – bis sich die Lösung des jeweils allerletzten Problems in der Formel „Wandhöhe dividiert durch Hakenzahl = Urlaubsaufwand" zu erschöpfen schien. Auch dieser Weg musste erst zu Ende gegangen werden, um sich endlich als Sackgasse herauszustellen.

Georges Livanos, „der Grieche" selbst ein begnadeter Felsakrobat und Routenfinder (Cima su Alto, Livanos-Verschneidung) ahnte aber schon dunkel: „Die Direktrouten müssen gemacht werden. Dies liegt im vorwärtsstrebenden und weiterwollenden Geist des Menschen. Aber wie die künstliche Kletterei keinen Fortschritt gegenüber der Freikletterei, so stellt auch die mechanische keinen dar. Die Haken, die guten, alten Haken stellten eine Anpassung der Instrumente des Kletterers an den Berg dar. Löcher in den Fels zu bohren ist eine Anpassung des Berges an die Instrumente des Kletterers. Eine Entstellung der Natur!"

Leistungsbarometer Gr. Zinne-Nordwand

Die Direttissima in der Nordwand der Großen Zinne (Hasse / Brandler, 1958) war ein Höhepunkt und gleichzeitig ein Ausblick in eine neue Richtung. Denn Dieter Hasse und Lothar Brandler hatten ihre radikale sportliche Ethik als Elbsandsteinkletterer nicht einfach über Bord geworfen, sondern mit der zeitgemäßen Hakentechnik kombiniert. Hasse, Brandler, Jörg Lehne und Siegi Löw setzten in den fünf Tagen ihrer Begehung rund 140 Haken – und das in einer Art umgekehrter Treppe aus enormen Dächern. Die Kommentare der ersten Wiederholer, allesamt die Elite der damaligen Kletterer, waren von Hochachtung durchdrungen und deuteten an, dass hier erstmals „der sechste Grad um einen vollen Grad überschritten wurde". Nur durfte dies nicht sein, weil ja nach wie vor die Bindung von VI+ und dem verbalen Begriff „Grenze des Menschenmöglichen" die Scheuklappen dieser Ära bildeten.

Superdirettissima. Die „Superdirettissima", der „Sachsenweg" an der Nordwand der Großen Zinne, 1963 von den Sachsen Rainer Kauschke, Peter Siegert und Gerd Uhner erschlossert, war seinerzeit äußerst umstritten, vor allem wegen des Begehungsstils: fast durchwegs hakentechnische Kletterei (450 Normal- und 25 Bohrhaken für 550 Meter), Biwaks mit Verpflegungsnachschub von unten, drei Wochen in der Wand, allerdings zum Ausgleich während der denkbar unwirtlichsten Jahreszeit: vom 5. bis 26. Januar 1963, bei Temperaturen bis -25°. Da ist ethische Kritik im warmen Zimmer richtig gemütlich! Die Sportklettergeneration blickt nun verwundert zurück auf dieses Treiben ihrer Vorgänger, die sich ihre Denkmäler in Form technologischer Pyramiden errichteten.

MATERIAL. SCHLACHT. PLATTE

150 Haken, 3 Holzkeile: Brenta Alta-Ostverschneidung (450 m) Oggioni/Aiazzi
120 Haken, Cima Terranova-Nordwestwand (750 m) Livanos/Gabriel/Da Roit
220 Haken, 6 Bohrhaken, Westl. Zinne, Schweizerweg
300 Haken, 15 Bohrhaken, Westl. Zinne, Franzosenweg
350 Haken, 90 Bohrhaken, 50 Holzkeile, Torre Trieste-Direttissima (600 m), Piussi/Raedelli
450 Haken und Bohrhaken, Rotwand-Direttissima, Maestri/Baldessari

---

Die „Via Camilotto Pelissier", benannt nach einem im Karakorum verunglückten Alpinisten, auf zweihundert Meter komplett überhängend, wurde 1967 als reine Bohrhakenleiter eröffnet und bereits belächelt, noch dazu, weil die Kletterer im oberen Teil auf die Dibonakante auswichen. Nach 9 Tagen Schufterei völlig verständlich, doch da hatten sich Enrico Mauro und Mirko Minuzzo den mehr oder weniger ironisch gemeinten Titel als „weltbeste Bohrer" redlich erarbeitet: die Löcher für ihre 300 Bohrhaken mussten noch händisch gebohrt werden – eine wahre Sklavenarbeit, für deren Verweigerung sie vor jedem Arbeitsgericht der Welt Recht bekommen hätten. Die zusätzlich verwendeten 50 Normalhaken und 8 Holzkeile wurden wieder entfernt.

Hardware um 1960

Direttisima, recycled. Bereits während ihrer Hochblüte aber markierten diese „Hakenrasseln" eine Art altrömischer Dekadenz des Klettersports, und gerechterweise sei angemerkt, dass der Respekt der Fachwelt niemals einem dieser Akkordnagler galt, sondern durch alle Phasen hindurch in erster Linie solchen zeitlos großartigen Allroundalpinisten wie zum Beispiel Walter Bonatti, der über eine als selbstverständlich erachtete bergsteigerischen Virtuosität vor allem durch seine Verwirklichung kühner, großzügiger Anstiegslinien zur Ausnahmegestalt dieser Jahre wurde. Die verachteten Hakentouren erlangten später mit der Freikletterbewegung aber schon wieder den Status einer Herausforderung: Riccardo Cassin, der noch im hohen Alter aufmerksam die Entwicklung beobachtete und bewunderte, hätte sich damals nie träumen lassen, was an den Zinnenwänden und vor allem seiner „Westlichen" zu seinen Lebzeiten noch alles kommen sollte: ein noch direkterer „Schweizerweg", als Nonplusultra des Hakenkletterns das „Große Dach" von Gerhard Baur und Gefährten – und danach allmählich die Bewältigung all dieser Routen in freier Kletterei ... 2006 gelang es Ines Papert, die „Pellissier", rotpunkt zu klettern. Auch der „Sachsenweg" kann schon eine freie Begehung verzeichnen: Anfang August 2007 durch die jungen Österreicher Michael Nedetzky und Stefan Köchl, und zuletzt gelang noch Alexander Huber die einst außerhalb menschlicher Möglichkeiten scheinende freie Bewältigung des großen Daches an der „Westlichen".

Kontrapunkt. Die Quota 2992 IGM ist eine Erhebung im Gratzug des Civettamassivs. „Der hat die Gwota I-Ge-Emm gemacht!" flüsterten die Wiener Kletterer der Sechzigerjahre bewundernd. Was zwar nur „Istituto Geografico Militario" bedeutet, also sinngemäß Militärkarte – aber alle wussten: das ist die Quota mit der „Philipp-Flamm"! Die Philipp-Flamm-Route, 1957 erstmals begangen, wurde wegen der bescheidenen (Unter-) Bewertung durch ihre Erstbegeher lange unterschätzt: pah, hauptsächlich IV und V, nur eine Stelle VI, und so wenige Haken ... (die Beiden verwendeten nur 44 Zwischenhaken auf 35 Seillängen – bei rund 1100 m Kletterlänge inklusive Vorbau). Doch Szenekenner ließen sich nicht täuschen: Walter Philipp war inmitten dieses „Eisernen Zeitalters" als Freikletterer beinahe berüchtigt.

Walter Philipp (1936 – 2006): „Ich hatte gegen die künstliche Kletterei große Abneigung, mir erschien es unzweckmäßig, wenn sich eine Seilschaft oft stundenlang

abmühte, um 30 Meter höher zu kommen. Im Grunde genommen ist mir diese Abneigung geblieben, freilich in stark abgeschwächter Form, da ich nur zu genau wusste, dass wir auf den heute modernen Fahrten ohne Fertigkeit in der künstlichen Kletterei einfach nicht auskommen. Richtig angefreundet habe ich mich mit ihr nie. Vielleicht träumte ich, einmal eine Tour zu machen, in der die in gewissen Kreisen schon geradezu verpönte freie Kletterei zu neuen Ehren und zu neuem Ansehen gelangen sollte"

Diesen Traum hat sich der später in den USA lebende und lehrende Mathematiker (Spezialgebiet: Zahlen- und Wahrscheinlichkeitstheorie) in der Civettawand erfüllt.

Walter Philipp

Doch erst als die nächsten Aspiranten erkennen mussten, dass er und Dieter Flamm schwierigste Passagen dieses Verschneidungs- und Kaminsystems mit minimalen Zwischensicherungen bewältigt hatten, beschrieb der Kurswert dieser Tour eine steile Kurve nach oben. Hätten sich nicht nach wie vor alle die Köpfe an der Betondecke „VI + = die äußerste Grenze des Menschenmöglichen" angestoßen, wäre auch hier ein VII. Grad nicht abwegig gewesen. Ein so bedeutender Anstieg, lange Zeit als die schwierigste Dolomitenkletterei gewertet, dürfe nicht auf einem dürren kartografischen Bezugspunkt enden, war man sich schließlich in Italien einig, und fand einen würdigen Namenspatron: Punta Tissi, nach dem berühmten Dolomitenkletterer Attilio Tissi.

Die Schwierigkeiten mit der Schwierigkeit. Der Siebente Grad existierte bereits 1894! Er stand nur auf dem Kopf: Der Wiener Fritz Benesch war der Erste, der in seinem Raxführer eine „vergleichsweise Skala der Steige nach ihrer Schwierigkeit" aufstellte. Schon damals verwendete er den Grad VII, allerdings mit umgekehrter Wertung: er bezeichnete damit die leichteste Stufe, faktisch Gehgelände! Der „Sechser" entsprach einem heutigen „Einser" und so weiter, der „Nuller" galt als das damals Schwierigste und wäre etwa ein heutiger IV. Grad. Als man sich dem V. Grad näherte, kam noch der „Doppelnuller" hinzu und führte diese Skala in eine begriffliche Sackgasse, was für Nachfolger hätte eine Warnung sein müssen.

Fritz Benesch

Wertumkehr: dieser einstige „Nuller" gilt jetzt als III-

Willo Welzenbach, der bekannte Münchener Steil-eis-Pionier, hatte sich ein praktikableres System ausgedacht, parallel zu Adolf Deye, der mit seiner Veröffentlichung aber genau einen Monat zu spät daran war, deswegen also: Welzenbach-Skala. 1930, das Kletterkönnen in alpinen Wänden hatte den heuti-gen VI. Grad erreicht, veröffentlichte er die nach ihm benannte sechsstufige Skala, gekoppelt mit verbalen Begriffen wie „sehr" (IV), „überaus" (V) und „äußerst schwierig" (VI), was als die „Grenze des Menschenmög-lichen" eine Zeitlang Gültigkeit haben konnte, obwohl gelegentlich der Wunsch der Vater der Bewertung war.

Willo Welzenbach

Fallweise aber wurde in den Dreißigerjahren in Einzelfällen schon der heutige VII. Grad erreicht. In alpinen Routen, wohlgemerkt, denn was in den Sandsteingebieten schon längst an noch schwierigerer, diffizier Kletterartistik zelebriert wurde, zählte bei den „Alpinen" in einhelligem Hochmut nur als bessere Turnübung.

Karl Poppinger, ein Wiener Kletterer, der aus eigener Erfahrung einen Überblick über zahlreiche der damaligen Spitzenrouten hatte, forderte bereits drei Jahre später eine Aufstockung der Welzenbach-Skala, welche in Verbindung mit der verbalen Bewertung „äußerst schwierig = Grenze des Menschenmöglichen" eine fortwährende Herabstufung der bestehenden Touren zur Folge hatte. Er fand schon zu viele davon in eine einzigen Stufe „Sechs" gequetscht: „Sprachlich ist eine Steigerung der letzten Schwierigkeitsbezeichnung nicht mehr möglich, aber tatsächlich weisen mehrere Unternehmungen eine wesentliche Steigerung der Schwierigkeiten der in dieser Gruppe verzeichneten Kletterwege auf. Um auch diese Wege der Schwierigkeitsskala einzuordnen, sei hier vorgeschlagen, die Tabelle mit der Stufe ‚alleräußerst schwierig' zu erweitern und zu ergänzen". Ein

Karl Poppinger

mutiger Vorschlag, doch sprachlich eine „alleräußerst" hatscherte Lösung.
Dabei hatte schon Hans Dülfer 1915 vorausblickend derlei Konfusionen erwartet und deswegen „eine Richtigstellung der Schwierigkeitstabelle alle 5 –7 Jahre" angeregt. Aber dies hätte in der Praxis bedeutet, dass die Trophäensammlungen der älter werdenden Kletterstars bei jeder Inflationsbereinigung an Wert verloren hätten – nix da, wozu hat man sich schließlich abgerackert? Und so entspannen sich lustvoll weiterhin uferlose Debatten von scholastischer Spitzfindigkeit, mit deren Aufwand die Welt hätte entscheidend verbessert werden können.

Fast hat es den Anschein, als sei dieser Themenkomplex überhaupt ein unabdingbarer Bestandteil des Alpinismus, denn mit Sieben Minus kann man sich logischer Weise mehr plustern als mit Sechs Plus. So wurde noch mehr als vier Jahrzehnte weiterdiskutiert, bis 1977 nach der Erstbegehung der „Pumprisse" am Fleischbankpfeiler im Wilden Kaiser durch Helmut Kiene und Reinhard Karl der Siebente Grad mit einen journalistischen Kunstgriff offiziell in die Welt gesetzt wurde. Wie aus einem Flieger, der die Wolkendecke durchbricht, überblickte man mit einem Mal von oben den Diskussionsnebel als das, was er seit Jahrzehnten war – feuchte Luft! Die spätere folgerichtige Einführung eines Achten, Neunten und Zehnten Grades ging dagegen vergleichsweise geräuschlos über die Bühne – der Mauerfall, das Unerhörte, die Magie des Erstmaligen ließ sich nicht wiederholen. Infolge dieser Öffnung nach oben durften in der Folge auch populäre Routen, die unter dem Abwertungsdruck immer „leichter" geworden waren, ohne Prestigeverlust wieder etwas schwieriger werden. Und den vordergründigen Götzendienst um die Schwierigkeitsziffer, ungeachtet ob es sich nun um eine „schöne" oder krampfhaft gesuchte Route handelt, wird ohnehin niemand eindämmen können – dafür sorgt erst später ganz von selbst das jeweilige Lebensalter. Nur Poppingers Traum von einer „einheitlichen Schwierigkeitstabelle", die mit der UIAA-Skala bereits erreicht schien, ist wieder zerstoben: Als vermeintliche letzte Trutzburg gegen eine weltweite Gleichmacherei nötigen zusätzlich amerikanische, britische, französische, sächsische, australische, finnische, und brasilianische Skalen, ganz zu schweigen von den Formelwerken der Boulder-, Bigwall- und Mixed-Kletterei, den globalisierten Kletterer zum Mitführen einer alpinistischen Logarithmentabelle. Das sorgt weiterhin für geistige Einarm-Klimmzüge. Ganz schnelle Antwort, und ohne Schummelzettel, bitte: wie viel ist sächsisch IX c auf französisch?

Heiligkreuzkofel

Messner überholt sich selbst. Der alpine Allroundkünstler Reinhold Messner ist vor allem durch seine Achttausenderbesteigungen ein Begriff geworden. Dabei sind die phänomenalen und richtungweisenden Kletterleistungen seiner Jugendjahre in den Dolomiten etwas ins Hintertreffen geraten. So zum Beispiel die erste Solobegehung der Philipp-Flamm oder sein Direktausstieg der Vinatzerführe an der Marmolada (VI+, erstbegangen im Alleingang), eine der herausragenden Leistungen dieser Jahre. Doch vor allem seine Route am Heiligkreuzkofel. „Heiligkreuzkofel" – das klingt nach Bauerntheater oder Heimatfilm. Doch die Große Mauer am Mittelpfeiler, die Messner 1968 erkletterte, konnte nach vielen erfolglosen Versuchen erst 10 Jahre nach der Erstbegehung wiederholt werden. Wobei Heinz Mariacher, Luisa Jovane und Luggi Rieser (und die allermeisten Nachfolger) die betreffende Schlüsselstelle, die Messner ohne Haken und mit den steifen Bergschuhen dieser Zeit klettern musste, in einer noch immer genügend psychisch anspruchsvollen Schleife umgingen. Messner bewertete die Tour nur mit „einen ganzen Grad schwerer als der 6. Grad", während man heute noch einen zusätzlichen Grad dazu gibt. Aber 1968 war ja schon ein „Siebener" offiziell nicht möglich – mit einem „Achter" wären die Zeitgenossen heillos überfordert gewesen. Sie hätten höchstens an eine Fahrradpanne gedacht.

Der Weg durch den Fisch, benannt nach einer fischförmigen Halbhöhle im oberen Wandteil der Marmolada d'Ombretta-Südwand, war ein späteres Pendant zur Philipp-Flamm-Verschneidung und zur „Großen Mauer". 1981 kletterten zwei Nobodys, die beiden völlig unbekannten Slowaken Igor Koller und Indrich Sustr in nur drei Tagen durch diesen Teil der Wand. 37 extrem schwierige Seillängen, ohne den Einsatz von Bohrhaken (dafür hatten sie kein Geld). Dagegen wurde bemäkelt, dass sie einige Passagen mit Cliffs bewältigt hatten. Dies stellte sich aber erst drei Jahre später heraus, denn bis dahin scheiterten alle Wiederholungsversuche, oft haarsträubende Aktionen, die zum Teil mit nächtlichen Abseilaktionen an Skyhooks endeten. Die erste Wiederholung schafften 1984 Maurizio Zanolla, Bruno Pederiva, Luisa Jovane und Heinz Mariacher. Dass der „Fisch" einmal free solo geklettert würde? Reine Spinnerei! Bis 2007, als Hansjörg Auer wieder einmal die Grenzen zum „Unmöglich" weiter verschob.

Denn mittlerweile hat sich im Klettersport, ähnlich wie bei allen Hochleistungs-sportarten, ein dichtes, kaum überschaubares Spitzenfeld herausgebildet, Olympiasieger von 1980 würden heute mit ihren Zeiten und Weiten nicht einmal mehr die nationale Qualifikation schaffen, und einstige alpine Höchstleistungen werden jetzt von talentierten Anfängern bewältigt.

Die Chronik des Alpinismus ist im Grunde lückenhaft, denn einige unbeschriebene Seiten lassen sich nicht mehr ergänzen – die Geschichte der Klettergärten. Wer nach ihren Anfängen sucht, bewegt sich wie ein Archäologe durch eine Kultur ohne schriftliche Zeugnisse. Beispiel Wien: Um das Jahr 1878/80 finden sich im Wiener Raum (erstmals?) Erwähnungen über so etwas wie einen Klettergarten. August von Böhm prägte den Begriff „Kletterschule" für die Felsen der Vorderbrühl bei Mödling, südlich von Wien. Am „Matterhörndl" hat er damals bereits sieben Steige markiert. Dort trainierten die damaligen jungen Wilden: der Allroundsport-ler Robert Hans Schmitt, Carl Diener, die Brüder Zsigmondy. Der Peilstein hatte ebenfalls bereits seine Liebhaber. Die Zsigmondys machten die Erstbegehung des Duettkamins und des Zsigmondyrisses (1880), Oscar Simony, ein Sohn des Dachstein-Erschließers, durchstieg den Teufelsbadstuben (Balloun-) kamin. Doch selbst der penible Historiker Hubert Peterka konnte etwa für die beliebten Touren der leichteren Kategorie keine Erstbegehungsdaten namhaft machen. Verständlich: Damals war es verpönt, derartige „Spielereien" in Fahrtenberichten festzuhalten, wie dieser ganze Kletterschul-Betrieb überhaupt mit dem Begriff „Fexentum" ab-qualifiziert wurde, vor dem sich der ernsthafte Bergsteiger zu distanzieren hatte. Der Laubheimerriß (1902) des früh verglühten Meteors am Kletterhimmel war eine der ersten Passagen des VI. Grades, und im Münchener Klettergarten Buchenhain gilt der Rambo-Quergang von Otto Herzog noch immer als -VIII.

Eine soziale Komponente mochte zusätzlich mitgespielt haben: Auf der einen Seite die etablierten Bürgerbergsteiger, welche auch in der alpinen Literatur den Ton angaben – und dort die weniger bemittelten Bergproleten, die „Schurln", denen die Kletterfelsen Ersatz fürs Gebirge sein musste. Vor allem aber hat man damals vor lauter Klettern den BERG nicht aus den Augen verloren. Bestimmt ist am

Kletterfelsen: 1883 (Clinton Dent) I 1910 (Ernst Platz)
1935 (Kasparek am Haindlkar-Hüttenblock)

Hüttenblock der alten Haindlkarhütte im Gesäuse schon vor Jahrzehnten manche VIIer-Stelle gebouldert worden, ebenso im Nahbereich manch anderer, prallvoll mit Superkletterern besetzten Schutzhütte (selbst der Habitus dieser Felsartisten ist jenem der heutigen verblüffend ähnlich), Comici trainierte mit seinen Freunden in den Felsen des Val Rosandra – nur hätte es niemand gewagt, die Eroberung eines Fünfmeterkiesels mit Beschreibung und Topo weithin bekannt zu machen, inmitten von unbegangenen großen Wänden eine alpine Sandkistendisziplin auszurufen. Mit nassen Fetzen hätte man ihn erschlagen!

Die Geschichte des Freikletterns und der Klettergärten sind eng verwoben. Das jeweils „Letzte im Fels", die sportlich motivierte, nach zahlreichen Versuchen erreichte Höchstleistung, ist immer zuerst an kleinen Felsen gemeistert worden. Hier wurde seit jeher die Anwendung künstlicher Hilfsmittel geächtet. Je kleiner das Betätigungsfeld, desto augenscheinlicher war es schon immer, dass hier deren Einsatz die Problemstellung unterläuft. Am konsequentesten ging man in den Felsen des Elbsandstein mit strengen Kletterregeln vor, die lange als ein Auswuchs preußischen Perfektionsdranges belächelt wurden. Aber damit wurde eine alpinistische Ökologie, eben eine Langzeit-Ökonomie, vorweg genommen: kein Verbrauch der Ressourcen auf Teufel-komm-raus! Das erfordert natürlich Disziplin. Dafür hatten die Sachsen mutmaßlich jahrzehntelang den höchsten Kletterstandard und in ihrem relativ kleinen Revier noch immer Neuland zur Verfügung! Dass nun eine gegenläufige Bewegung zu verzeichnen ist, und Kasparek sein Erlebnisbuch „Vom Peilstein zur Eiger-Nordwand" umbenennen müsste („Von der Eiger-Nordwand zum Peilstein") ist nicht weiter verwunderlich. Bei der breiten Auffächerung alpiner Spielformen kann ein überhängender Fünfzehnmeterfelsen ebenso eine Bestmarke darstellen wie eine Zweitausendmeter-Wand im Himalaya. Wo beginnt das Farbspektrum?

211

„**Das Freiklettern** wurde in den USA erfunden. Es bedeutet, dass man sich, einzig mit einem Magnesiabeutel bekleidet, über die wildesten Überhänge hinaufzieht!"
„Das Sportklettern wurde in den Sechzigerjahren in der Sowjetunion erfunden. Die leichte Bekleidung und die profillosen ‚Galoschkys' wurden später im Westen nachgeahmt!"
„Das Freiklettern wurde vor Weltkrieg I von den Sachsen erfunden. Die Freikletter-Ethik stammt aus dem Elbsandstein!"
„Das Klettern ohne künstliche Hilfsmittel wurde im Raum der Wiener Schule geprägt. In den Siebzigerjahren – des neunzehnten Jahrhunderts!"
„Die wahren Erfinder eines alpinistischen Sportbegriffes waren die Engländer der klassischen Ära, wie schon der Ausspruch ‚by fair means' beweist!"
„Und die Münchener?!"
„Et Fontainbleau??!"
„And the Lake District?!
„Und der Frankenjura??!!"
Und, und –
Ungeheurer Tumult!
Wer hat nun recht ?
Niemand!
Und alle.

"**In neuerer Zeit** haben sich aber einige Auswüchse und Übertreibungen auf dem sonst so gesunden Boden des Alpinismus eingenistet, welche die Bedenken aller besonnenen und objektiv denkenden Elemente wachrufen müssen. Es ist dies die Sucht, neuen, unmöglich scheinenden Problemen oder eminent gefährlichen Unternehmungen nachzujagen, und dann die sinnlose Kletterei auf untergeordnete, ganz bedeutungslose Felszacken. Als Drittes kommt noch hinzu das Streben nach Effekt und Sensation, das sich durch die Schilderung und Anpreisung irgendeiner recht haarsträubenden Tour oder einer gefährlich verlaufenen Expedition nicht nur in den Fachschriften, sondern auch in den öffentlichen Blättern breitmacht."

"....sinnlose Kletterei auf untergeordnete, ganz bedeutungslose Felszacken": Salisbury Crag, Edinburgh, um 1920

"**Die Auswüchse** des so genannten Klettersportes, die den Alpinismus dem Fluche unsterblicher Lächerlichkeit preisgeben, müssen endlich beschnitten werden. Zwar ist das Häuflein dieser zweifelhaften alpinen Helden mit seinem halsbrecherischen Athletentum gottlob noch klein; doch dafür erhebt es ein umso größeres Geschrei und gebärdet sich in Wort und Schrift so, als ob es den Alpinismus ganz allein in Erbpacht hätte!"

Zum Ausgleich eine Pro-Stimme:
"**Was jedem unbefangenen Laien** ganz selbstverständlich erscheint, nämlich dass das Bergsteigen ein Sport ist, das einzugestehen schämen sich jene Alpinisten am meisten, die selbst den Sport am schärfsten betreiben. Freilich ist es kein „bloßer Sport", da man doch den künstlerischen Genuss nicht Sport zu nennen pflegt. Aber das ästhetische Element (Schönheitssinn, Naturfreude) hat sich hier mit dem sportlichen (Tatendrang) zu unlöslichem Bunde vereinigt".
Ja. Da haben wir ihn nun in Reinkultur, den guten alten, ewig neuen Generationskonflikt, den jede das Bergsteigen eben erfindende Generation mit der vorhergehenden austrägt:
Zitat Nr.1 stammt von Ludwig Purtscheller aus der Österreichischen Alpenzeitung 1896;
Nr.2 aus einer Schrift „Der Alpinismus und der D, u. ÖAV" aus dem Jahr 1909,
und der Verfechter des Sportgedankens war Guido Lammer („Selbsterziehung zum Hochtouristen"), 1892.

Falaise de Quivva, Sardinien, 2010

J. Birmann: Glacier des Bossons

10.
SOUPER DU CHAMONIX

Kochen und klettern wie Gott in Frankreich- eine lukullische Hochpreis-Degustation eines Drei-Zipfelhauben-Lokals aus der unangefochtenen Welthauptstadt des Alpinismus

---

SOUPER DU CHAMONIX nach Art Dèsmaison

Soupière Brouillard:
in klare Brühe im Stirnlampenschein etwas Reisgang und ein paar Tropfen Angstschweiß einrühren, zwei bis drei Eishaken und den Inhalt des Rucksackbodens mitkochen
Potage hochepot á la Montblanc (Fleischeintopf á la Montblanc):
Zu gleichen Teilen 1/2 Brenvasporn, Col de Balme, Brévent und ausgelöste Montblanc-Schulter in einem Argentière-Kessel 2 bis 3 Biwaks lang dünsten, Kalottengemüse und reife Aiguille Verte durch ein Gervasutti-Couloir passieren und einrühren.
Mit etwas Tête Rousse, Grépon und einem Gläschen Ferret abschmecken und auf Leschaux warm halten. Auf einem sauberen Linceuil anrichten.
Dessert: Als Nachspeise sind sowohl Poire Hélène als auch flambierter Dôme de Miage mit Bonatti-Creme zu empfehlen.
Unverzichtbar ein Käseteller: entweder würziger Dru oder Rochefort.
Dazu empfiehlt sich aus den örtlichen Weinkellern am besten ein älterer Chardonnet oder trockener Armand Charlet.
Zum Abschluß ein Grand Capucin mit Schlag.

Vom Mysterium
zur Sportarena

„Wir bemerkten ein Licht – hell, ohne Glanz, wie die Milchstraße, doch dichter fast wie die Plejaden, nur größer ... bis es endlich, da wir unseren Standpunkt änderten, wie eine Pyramide von einem inneren geheimnisvollen Licht durchzogen, das dem Schein des Johanniswürmchens am besten verglichen werden kann, über den Gipfeln aller Berge emporragte und uns gewiss machte, dass es der Gipfel des Mont Blanc sei."
Goethe in Chamonix, 1779

Und noch ein weiterer Beginn des Bergsteigens! Der „Weiße Berg", das „Dach Europas", „Der Monarch" ... Das große Symphonieorchester rauscht auf, der Rettungshelikopter hat gerade Pause. In Chamonix, der alpinen Metropole, schiebt sich ein unablässiger Passantenstrom durch die Hauptstraße. Cafes und Restaurants sind voll besetzt, bei Schönwetter von Bustouristen, bei Schlechtwetter von frustriert das Barometer beklopfenden Bergaspiranten. Die Sportgeschäfte erleben einen Ansturm, als würden demnächst Eisgeräte und Klemmkeile rationiert. Aus allen Schaufenstern leuchten stimulierende Posters mit furchtlos grinsenden Alpinakrobaten: am Gleitschirm, an den Spitzen der Eisgeräte hängend oder einarmig am Dachüberhang baumelnd. Daneben laufen auf Großbildschirmen Videos, die offenbar detailgenaue Gebrauchsanweisungen für möglichst bizarre Selbstmordvarianten liefern. Basejumping, Slackline von Ballon zu Ballon, Fallschirmlandung auf der tischgroßen Spitze der Aiguille de la Republique, und wer nicht zumindest per Gleitschirm den Talboden erreicht, deklariert sich als hoffnungslos out. Graumelierte Herren prüfen knallbunte Kletteranzüge, und da – da tappt doch tatsächlich ein lebendes Fossil aus dem alpinen Mesozoikum in einer Lodenbundhose durch ein fremdes Zeitalter! Zeitlos hingegen die beiden bärtigen jungen Männer, die bei einem Cola stundenlang Beispiele plastisch-expressiver alpiner Erzählkunst liefern.

Finanzen: offensichtlich karg.

Sprache: finnisch oder keltisch oder armenisch.

Odeur: streng.

Thema: Nummer Eins (hier selbstverständlich der BERG – jedoch nicht erkennbar, ob Grand Pilier d'Angle oder Montblanc-Normalweg).

Letzteren weist eine bronzene Gestalt in Älplertracht seinem Begleiter, der einem verirrten Admiral mit Fernrohr gleicht: Dort hinauf! Zweitausendneunhundertvierzig Höhenmeter bis zum höchsten Punkt der Alpen. Droben glüht der Eiswind, brennt die Sonne, knirscht der Firn unter den Sohlen ... Nur die zahllosen Einstiche der Steigeisenzacken und die vielen gelben Flecken im Schnee gab es noch nicht, damals, am 8. August 1786, als der hünenhafte Gemeindearzt von Chamonix, Michel-Gabriele Paccard, und sein Begleiter, der Jäger und Kristallsucher Jaques Balmat, um exakt festgehaltenen 16 Uhr 15 als erste Menschen den Kulminationspunkt der Alpen betraten. Doch das Denkmal zeigt merkwürdigerweise nicht den Dr. Paccard, sondern Herrn Horace Bénédict de Saussure, der erst ein Jahr später unter Balmats Führung auf dem Gipfel stand. Bei genauerer Durchleuchtung der Alpingeschichte wird deutlich, dass von Anbeginn häufig eine subjektive Berichterstattung, bewusste wie unbewusste Irreführung, Neid und Schwindel wie ein Wasserzeichen durchscheinen.

Balmat und Saussure I Montblanc vom Brévent

Die Geschichte der Montblanc-Erstbesteigung beginnt – wie könnte es anders sein – mit zwei Engländern und deren verschrobener Idee, eine als „Expedition" inszenierte Reise zu den Gletschern von Savoyen zu unternehmen. 1741 „entdeckten" William Windham und Dr. Richard Pockoke das Tal von Chamonix und erstiegen den „Berg" Montenvers. Dies war der erste aus rein touristischen Beweggründen erfolgte Vorstoß ins vergletscherte Gebirge, der durch Berichte in Journalen europaweit publik wurde. Im folgenden Jahr wiederholte der Genfer Ingenieur Pierre Martel die beschwerliche Exkursion, zeichnete eine Gebietskarte, nannte erstmals einen „Montblanc" beim Namen und erkannte im Zuge einer Vermessung, dass es sich um den höchsten Gipfel der Alpen handelt. Rund zehn Jahre später begann man sich mit dem Gedanken zu beschäftigen, ob dieser Berg ersteiglich wäre? Horace Bénédict de Saussure (1740 – 1799), Professor für Philosophie und Naturgeschichte, durch Heirat mit einer Bankierstochter zugleich einer der reichsten Männer von Genf, damals 26 Jahre alt, war von dieser Idee so fasziniert, dass er als vermutlich erster Sponsor der Alpingeschichte einen Geldpreis für denjenigen aussetzte, der einen Gipfelaufstieg finden würde.

Horace Bénédict de Saussure

Die „Nouvelle Heloise" von Jean Jaques Rousseau, das Schlüsselbuch dieser ersten (um 1760) Epoche neuzeitlicher Natursicht, hatte mit seinem bis heute strapazierten Slogan „Zurück zur Natur!" einen erst verklärenden, später auf forschender Neugier beruhenden Zugang zur Bergwelt geweckt, und idealisierte das einfache Leben in den Dörfern mit ihren edlen und tugendhaften Ureinwohnern – im Gegensatz zur verfaulten Gesellschaft der Städte. Dieses Phänomen lässt sich quer durch die gesamte neuere Menschheitsgeschichte verfolgen und ist im Grund nichts anderes als die Sage vom verlorenen Paradies. Doch so sah es in Wirklichkeit aus, dieses Paradies: die Idylle des Heimatromanes entpuppt sich bei näherem Augenschein oft als Höllenkreis. In einer streng patriarchalischen, geistig wie räumlich beengten Gesellschaft voll Intoleranz, geistiger wie körperlicher Inzucht teilten sich ursprünglich Mensch und Vieh die kleinen Holzhäuser auf den Steinfundamenten. Ein ununterbrochener Überlebenskampf beschäftigte die Menschen, die Großartigkeit der Landschaft und die herrliche Naturszenerie wurden von ihnen nicht wahrgenommen – höchstens, wenn sie von landwirtschaftlichem Nutzen sein konnte. Die Übermacht und Urgewalt dieser Bergwelt förderte zudem ein stark religiös geprägtes Gefühlsleben, wie es zur Zeit noch in den Tälern des Himalaya zu bemerken ist. Das Montblanc-Gebiet ist überdies einer der Kältepole der Alpen (Jahresmittel von 6,5 ° in Chamonix und rund -14° auf dem Gipfel), niederschlagsreich mit etwa 3,5 m Schnee in Chamonix. Zusätzlich hatten die Menschen zwischen 1700 und 1850 im gesamten Alpenraum unter der Klimaverschlechterung einer „Kleinen Eiszeit" mit massiven Gletschervorstößen zu leiden. Trotzdem haben es die Literaten seit Rousseau verstanden, diese Lebensweise als Idealbild menschlicher Existenz zu verkaufen. Nach einer furchtbaren Hungersnot im Jahr 1817 gelang es, mit der Einführung des Kartoffelanbaues das Ernährungsproblem etwas zu mildern.

Diese tief ins kollektive Unterbewusstsein eingebrannte Erinnerung an Hunger-
zeiten und alte Überlebensstrategien verlangt deshalb alpenweit unentwegt nach
dem scheinbar absichernden Mehr – vorerst an Ackerland und Nahrungsvorräten,
nunmehr an Gästebetten, Seilbahnen, Schneekanonen, Restaurants und immer
neuen Attraktionen. 1980 stellte im Tal von Chamonix die bäuerliche Bevölkerung
nur mehr 1,2% der Einwohner, der überwiegende Teil lebt vom Tourismus. Aus den
drei bescheidenen Hotels von 1783 sind 70.000 Fremdenbetten geworden.

Wintersport in Chamonix   Mit urtümlicher Ausrüstung zum höchsten Alpengipfel

Balmat-Saussure-Bourrit? Noch war der Gipfel unbetreten. Ab 1765 trat Marc-
Théodore Bourrit in Erscheinung, ein Genfer Journalist, Kirchenvorsänger und
Möchtegern-Erschließer, der seinen (noch zu verdienenden) Ruhm schon vorab mit
Büchern und Vorträgen über das Gebiet von Chamonix medial vorbereitete. Erst
wollte er gemeinsam mit Paccard, später mit Saussure die Besteigung versuchen,
doch machte er nach übereinstimmenden Berichten am Berg keine besonders
gute Figur. Eine sinistre Gestalt, die sich aber später als Pionier und eigentlicher
Initiator der ersten Montblancbesteigung darstellen wollte. Mit publizistischen Un-
tergriffen machte er Stimmung gegen den tatkräftigen und uneitlen Erstbesteiger
Paccard, und benutzte dessen Begleiter, den Kristallsucher Balmat, einen Mann
von eher schlichten Geistesgaben, indem er ihn zu unüberlegten und unwahren
Aussagen verleitete, ihn zur treibenden Persönlichkeit und sich selbst zum spiritus
rector hochstilisierte. Er selbst hat nie den Gipfel des „Weißen Berges" betreten,
aber als traurige Randfigur weit über Gebühr in der Montblanc-Geschichte Raum
gegriffen, und – wenn er schon selbst keine epochale Leistung vollbrachte – so

zumindest jene von Paccard so weit wie möglich zu verkleinern versucht. Die Balmat-Story erlangte weltweite Aufmerksamkeit und scheinbare Gültigkeit, als Alexandre Dumas, geistiger Vater der „Drei Musketiere" und des „Grafen von Monte Christo", unkritisch und ohne alpinistische Kenntnisse nach einem Interview die Version des siebzigjährigen Jaques Balmat literarisch vergoldete. Er stützte sich dabei einzig auf die Erzählungen des einzigen noch lebenden Protagonisten – nämlich Balmat, welcher nach vier Jahrzehnten für seine eigene Legende immer glänzendere Ausschmückungen erfunden hatte und nun in seiner Erinnerungswelt unwidersprochen sich selbst als den einzig wahren treibenden Geist empfand. Doch in Wirklichkeit – so haben später exakt dokumentierte Nachforschungen ergeben – war es Paccard gewesen! Das literarische Schwergewicht des Fürsprechers Dumas aber blendete noch Generationen von Historikern und alpinen Autoren, die außerdem aus den ins Zeitgefüge passenden ideologischen Motiven den einfachen Bergbewohner Balmat gegenüber dem intellektuellen Doktor bevorzugten. Balmat und die Bergführer Alexis Tournet und Michel Cachat erstiegen den Montblanc zum zweiten Mal am 4. – 5. Juli 1787, die dritte Ersteigung gelang – wieder unter Balmats Führung – endlich Saussure, der seine Beobachtungen und Messungen publizistisch auszuschlachten wusste wie eine Erstersteigung, jedoch

Michele-Gabriele Paccard

Montblanc 1861

in der Folge nichts unternahm, um die bisherigen verworrenen und verbogenen Darstellungen zu berichtigen. Paccard, der mittlerweile gewissenhaft an einer eigenen Publikation arbeitete und sich zu all diesen Urheberrechtsansprüchen immer sachlich-distanziert äußerte, hat die ausgesetzte Erfolgsprämie Balmat überlassen, und schrieb – zuletzt als Bürgermeister von Chamonix: „... dass die wahre Ehre und das Verdienst darin besteht, Unrecht zu ertragen, nicht, es zu rächen."

1789. Französische Revolution. Die Marseillaise wurde zum Superhit des Jahres, die Guillotine arbeitete im Viertelstundentakt. Bürger Saussure verlor in der Folge Titel, Vermögen und gesellschaftliche Reputation, durfte aber immerhin seinen Kopf behalten. Doch der beginnende Montblanc-Boom ebbte jäh ab: 13 Jahre stand überhaupt niemand auf dem Gipfel! 1808 wagte sich als erste Frau die Sennerin Marie Paradis auf den Scheitel der Alpen, bis 1850 hatten erst insgesamt 31 Touristen den höchsten Punkt erreicht.

Die „**Compagnie des Guides**" wurde 1821 in Chamonix gegründet: der erste Bergführerverband der Welt. Die Kosten für den Führer- und Trägertross einer Montblanc-Expedition waren damals beträchtlich und entsprachen etwa dem Preis einer Kuh. Mancher Tourist war verärgert über diese „Führer", die in erster Linie ihren Verdienst im Auge hatten und manchmal den Aufstieg in die noch immer als gefährlich geltenden Höhen dermaßen hinauszögerten, bis der Klient resignierend das Handtuch warf. Überdies mussten meist drei oder mehr von ihnen verpflichtet werden. Nachdem diese Träger und Maultiertreiber anfänglich keineswegs dem derzeitigen Berufsbild entsprochen hatten, wurde eine systematische Ausbildung eingeführt. In erster Linie sollten sie ihre Schützlinge auf wohlbekannten Wegen zum Ziel ihrer Wünsche zu bringen, sie begannen aber bald, ihre eigenen erwachenden Bergambitionen zu verwirklichen und neue, schwierigere Aufstiege zu versuchen. Ihre Verbundenheit mit den Elementen, dem Gelände, das Wissen um die sich wandelnden Verhältnisse verschaffte ihnen zu allen Zeiten einen uneinholbaren Heimvorteil, der das gelegentlich sogar größere Kletterkönnen ihrer Kundschaft ausglich. So sind Zeitangaben in gedruckten Führern oft Führer-Zeiten: diese kennen ihr Revier, brauchen nicht lange zu suchen und zu versuchen – und deprimieren mit ihrer Routine auch den gehobenen Durchschnittsalpinisten, der sich von derlei Zeit- und Schwierigkeitsvorgaben blenden lässt. Croz, Ravanel, Simond, Tournier, Charlet, Terray – ihre Namen sind in Anstiegen des Massivs verewigt. Zu den bekanntesten unter ihnen zählte in der neueren Zeit

Gaston Rébuffat (1921 – 1985), der Chansonnier des Montblanc. Geboren in Marseille und ursprünglich in der mediterranen Felsenwelt der Calanques aufgewachsen, hat er als Alpinschriftsteller und Filmemacher den Bergführerberuf und den Montblanc mit all seinen Schönheiten und Schwierigkeiten in beinahe poetischer Weise geadelt, ohne dabei süßlich oder melodramatisch zu werden. Seinen Aussagen haben selbst nach Jahrzehnten nichts von ihrem Gehalt eingebüßt: „Der Montblanc ist in den Alpen der höchste aller Berge. Ihn treffen die ersten Sonnenstrahlen in aller Frühe, und am Abend leuchten seine Flanken noch, wenn die anderen Gipfel schon längst im Dunkel verdämmern. Wenn dann die Nacht kommt, senkt sich

Gaston Rébuffat

Midi-Plan-Grat

der Himmel auf den Berg herab. Bisweilen hält ein einsamer Stern Wache bei ihm – und der ewige Schnee glitzert, als sei er aus Sternenstaub … Bei Tag herrscht der mächtige Eisberg, unnahbar, wie es einem Grandseigneur geziemt, über die Täler tief unten zu seinen Füßen …"

„Zum Beruf des Bergführers gehört Entsagung. Der Führer geht nicht, wohin er will, sondern auf den Gipfel, von dem sein Tourist träumt. Der Führer klettert nicht zu seinem eigenen Vergnügen, sondern zum Vergnügen desjenigen, den er führt … Heutzutage überleben so wenig Dinge in ihrer ursprünglichen Kraft; es gibt keine Nacht mehr, keine Kälte, keinen Wind, keine Sterne. Alles wird gebändigt und fern-gehalten, alles ist hastig und lärmend geworden. Wo ist der Rhythmus des Lebens geblieben? … In unserer Epoche des Fortschritts und der technischen Zivilisation, in diesem Jahrhundert, da die Menschen fürchten, zu Sklaven des gehetzten Alltags zu werden, in diesen Jahren, da sich jeden Tag der Abgrund zwischen der Natur und dem Menschen vertieft, scheint es mir besonders wertvoll zu sein, dass es noch einen Beruf gibt, der allein von Himmel, von Wetter, Kälte und Wolken abhängt, alles Dinge, die nichts zu tun haben mit jener Mechanisierung, die uns alle stumpf zu machen droht – so rationell und scharfsinnig sie auch ist – wenn wir nicht einen erquickenden Ausgleich finden". Sein Streifen „Les étoiles du midi" („Sterne am Mittag") zählt zu den Meilensteinen des Bergfilms und würde selbst zwischen den sensationellen und spektakulären Werken heutiger Bergfilmfestivals noch immer gute Figur machen – weil er nach wie vor eine große Wahrhaftigkeit ausstrahlt.

Sensationen. Saussure hatte nach seiner Montblancbesteigung notiert: „Mir schien, dass ich allein das Weltall überlebt hatte und seine Leiche zu meinen Füßen ausgestreckt sah". Dieser Himmel, an dem er hundertfünfzig Jahre vor Rébuffat die Sterne am Mittag zu sehen vermeinte, ist mittlerweile wie eine Schultafel kreuz und quer von den Kondensstreifen der Flugzeuge bekritzelt, der „Weiße Berg" als höchster Punkt der Alpen verspricht natürlich ein entsprechendes Renommee-Potential, daher ist er wie viele berühmten Berge nicht nur ein begehrter Treffpunkt der schlechtesten Bergsteiger, sondern mit den wachsenden technischen Möglichkeiten des Lufttransportes in zunehmendem Maß ein Anziehungspunkt für mehr oder weniger abstruse PR-Aktionen, von skifahrenden Politikern bis zu piepsenden Pop-Miezen.

1865 schon findet sich eine Meldung, dass „… vier Putzmacherinnen (Modistinnen) aus Chamonix mit einer Anzahl von Kellnern und Ladendienern" ohne Bergführer den „Weißen Berg" erreicht hätten, und 1875 galt es „… einen Greis von 72 Jahren mit sei-ner siebzehnjährigen Enkelin" zu vermelden – einen schönen Gruß vom Everest!

1962. Der italienische Journalist Fulvio Campiotti versuchte unter großem medialem Tamtam „100 Frauen auf den Montblanc" zu bringen, ähnlich wie ein Jahr zuvor auf den Mone Rosa. Es fanden sich schließlich 88, aber die Zahl 100 wurde durch die Begleitmannschaft von 12 Führern, 2 Ärzten und 6 Alpingendarmen übertroffen. Nur 8 von den Damen erreichten den Gipfel, doch in erster Linie Campiotti sein Ziel: zahlreiche Schlagzeilen und Kommentare, die von ablehnender Häme bis zu begeisterter Zustimmung reichten.

Hundert Frauen auf den Montblanc ...

1975 sollte für die Absolventen der französischen Eliteschulen ein Gala-diner auf dem Gipfel veranstaltct werden, vorgeblich zu Ehren von Henriette d'Angeville. Teilnehmer und Utensilien des mehrgängigen, vom Verband fran-zösischer Gastronomen inszenierten Fress-Spektakels sollten mit einer Hub-schrauberflotte gipfelwärts transportiert werden. Wer darauf gewartet hatte, der Montblanc selbst werde mit einem kräf-tigen Schneesturm den ganzen Zauber hinwegrülpsen, wurde schon zuvor positiv überrascht von der Reaktion erboster französischer Alpinisten und Bergführer, welche den Helikopter-Start durch Besetzung der Pisten verhinderten.

1981 stieg ein Radfahrer mit seinem Drahtesel auf dem Rücken über den Normal-weg zum Gipfel. Seine Reifen hat er mit einer Art Spikes versehen, um den Abstieg fahrend bewältigen zu können. Einigen Bergführern gelang es jedoch, begütigend auf ihn einzuwirken und ihn zu einem Fußabstieg zu überreden. Kurz darauf kam Michel Chirouze, ein französischer Stuntman, und ließ sich entgegen einem behördlichen Verbot mit seinem Auto von einem Helikopter am Gipfel absetzen, um von dort zu versuchen, die Nordflanke abzufahren. Nach hundert Metern war die Abfahrt beendet, Chirouze versuchte vor der anfliegenden Gendarmerie zu Fuß auf die italienische Seite zu flüchten. Wie in einem billigen Agentenfilm wurde Chirouze aber umgehend geschnappt, ins Gefängnis eingeliefert und wegen schwerer Verletzung der Naturschutzgesetze angeklagt.

2007 wollte der sehr berühmte Aktionskünstler Marco Evaristti eine Fläche von 2.500 qm rot einfärben (selbstverständlich biologisch abbaubar, wie er versicherte), um den Montblanc in einen „Mount Rouge" zu verwandeln, und den unabhängi-gen Staat „Pink State" zu gründen. Ähnlich wie psychopathische Attentäter auf möglichst prominente Persönlichkeiten, so stürzen sich diese großen Künstler und Selbstdarsteller auf prominente Gipfel – man denke nur an diverse Matterhorn-Spektakel oder an die Pläne zur „Vergoldung des Großglocknergipfels", um von der Aura ihres Opfers zu partizipieren.

Für mehrere Generationen europäischer Bergfreunde war der Montblanc das höchste realisierbare Gipfelziel, wurde entsprechend glorifiziert, seine zahlreichen großen und anspruchsvollen Routen waren ganz oben in der Trophäenliste angesie-delt. Heute bilden sie eine vergrößerte Sportkletterarena. Der Grand Capucin, einst mit der Bonatti-Ghigo-Führe eine Art Meisterprüfung, ist mit seinen zahlreichen Routen ein größerer Klettergarten geworden. Ein Kodex gebietet nun, von jeder Tour innerhalb desselben Tages zurück zu sein (die Cafés haben ohnedies über Mitternacht hinaus geöffnet). Ein Brouillard-Grat muss als Tagestour absolviert werden, alles Erdenkliche wird in Kauf genommen, nur um die Nacht wieder im eigenen Bett verbringen zu können. Um diesem Standard zu genügen, ist es am besten, mittels Gleitschirm den Talboden zu erreichen, mit Ski abzufahren oder zumindest unmittelbar nach dem Ende der Hauptschwierigkeiten abzuseilen-Schnelligkeit ist der absolute neue Wertmaßstab.

„Ewige" Berge existieren hauptsächlich im Bergroman. Dass auch sie einem Prozess von Entstehung und Vergehen unterliegen, ist bloß für die lächerliche Eintagsfliegen-Perspektive unserer menschlichen Existenz nicht fassbar. Manchmal aber beschleunigen sie, für uns sichtbar, ihren Rhythmus, wie die **Brenvaflanke** des Montblanc demonstriert. Die Durchsteigung dieser kolossalen Flucht von Eiswänden, Couloirs und Felspfeilern mit ihren 1300 Höhenmetern galt einst als Doktorarbeit des kompletten Alpinisten. Die einfachste Route führt über den Brenavsporn, den bereits 1865 vier Engländer mit zwei Schweizer Führern erstmals bewältigten. In der Zwanzigerjahren fand der schottische Alpinist
Graham Thomas Brown, 1882-1965), dass die eigentliche Brenvaflanke noch gänzlich ohne Aufstieg sei und legte mit verschiedenen Gefährten drei gewaltige Routen mit sich steigernden Schwierigkeiten durch diese wilde Flanke des Montblanc: die Sentinelle Rouge (1927) und die Majorroute (1928) mit Frank Smythe, die Poire (1933) mit den Führern Alfred Aufdenblatten und Alexander Graven. Diese Brenva-Trilogie, schon immer von Stein- und Eisschlag bedroht, ist mittlerweile durch den allgemeinen Eisrückgang fast unbegehbar geworden, mit ihrem Lawinengedröhn an warmen Sommertagen als eindrücklicher Alarmanlage. Verkehrte Welt: allenfalls ist sie im Winter möglich, wenn – hoffentlich – alles gefroren ist.
Petit Dru. Eine solche Spitze gleich einem gotischer Pfeiler hatten wohl die mittelalterlichen Landschaftsmaler in ihren ausufernden Phantasien als Sinnbild des Unerreichbaren vor Augen. Und doch ist auch der Dru zugleich ein lebhaftes Symbol der Vergänglichkeit. Schon bevor die Klimaveränderung für alle landschaftsverändernden Erscheinungen strapaziert wurde, schüttelte sich der Berg

von Zeit zu Zeit und streifte eine seiner Granitschichten ab wie eine Schlangenhaut. Bereits 1952, anlässlich der ersten Begehung der Westwand, hatten Guido Magnone, Albert Dagory Lucien Bérardini und Marcel Lainé im unteren Wandteil eine Bergsturzzone zu bewältigen (und hinterher eine Ethik-Diskussion, weil sie mittels 6 Bohrhaken in die Nordwand hinausquerten, um von dort aus später ihre Route zu vollenden). 1955 schrieb Walter Bonatti Alpingeschichte mit seiner sechstägigen Erstbegehung des rund 900 Meter hohen Südwestpfeilers. Royal Robbins und Garry Hemming fanden 1965 einen geradlinigen Zustieg zur Westwand, 1968 transferierten Royal Robbins und John Harlin die Big Wall-Technik aus dem Yosemite in die Dru Westwand: die Amerikanische Direkte. Ausgerechnet diese abschreckende Fels-

Lawine in der Brenvaflanke

Aiguille du Dru

mauer wurde zum Anziehungspunkt für Solo-Neutouren: nach Bonatti 1975 für den Tschechen Thomas Gross, der, von der alpinen Öffentlichkeit weitgehend unbemerkt, eine neue Route eröffnete, und 1991 für Catherine Destivelle, die in elf Tagen, ebenfalls allein, einen neuen direkten Anstieg durch die Westwand legte. Die meisten Schilderungen von Dru-Klettereien enthalten mindestens eine spektakuläre Steinschlagszene – so als wolle der Berg seine Unberechenbarkeit in Erinnerung halten. 1997 donnerte ein gewaltiger Bergsturz den Tausend-Meter-Abgrund hinunter und radierte die meisten Zeugnisse menschlicher Zähigkeit und Hartnäckigkeit aus: „Amerikanische Direkte", die Gross-, die Destivelle-Route und auch den Bonattipfeiler. Der Russe Valery Babanov war der erste, der sich wieder in diesen gigantischen Steinbruch wagte und sich danach mit großem Unbehagen über die Verhältnisse auf seiner neuen Route äußerte. Der Berg machte noch einen weiteren Schlenkerer und warf auch die Babanov-Route ab. Auf dieser überdimensionalen Bühne lässt sich fast im Zeitraffer die Verwandlung der Berge zu Staub mitverfolgen ...

Walter Bonatti (1930 – 2011) in Bergamo geboren, war einer der größten und erfolgreichsten Alpinisten aller Zeiten, der Majordomus des Montblanc und die gottähnliche alpine Leitgestalt der Sechzigerjahre. Bei seiner Erstbegehung der 400 Meter hohen Ostwand des Grand Capucin mit Luciano Ghigo (1951) wurde erstmals das Niveau der schwierigsten Dolomitenrouten auf den Montblanc-Granit übertragen. Nach zahlreichen imponierenden Leistungen war seine Teilnahme

Walter Bonatti

an der italienischen K2-Expedition faktisch vorgezeichnet. Doch die verlief beileibe nicht in seinem Sinn – einer anderen Seilschaft fiel der Gipfelsieg zu. Nach diesem persönlichen Misserfolg wollte Bonatti seine seelischen Stürme der Enttäuschung durch eine außergewöhnliche Leistung zum Schweigen bringen und beweisen, dass eigentlich er zur Ersteigung des K2 befähigt gewesen wäre. Seine erste Erkletterung des Südwestpfeilers der Aiguille du Dru im Alleingang wurde ein Meilenstein. Sechs Tage (vom 17. bis zum 22.August 1955) kletterte der Einsame, begleitet nur von seinem Riesenrucksack, den er mühselig aufhissen musste, über die ungeheuren Plattenfluchten des Pfeilers, schwankend zwischen Erfolgszwang

und erschreckenden Hindernissen, dazu ohne realistische Rettungsmöglichkeiten. Zur Schlüsselstelle des Aufstieges wurde ein irrwitziger Pendelquergang: als Fixpunkt dienten einige lassogleich eingefangene Felsschuppen. Es war eine der bis dahin erstaunlichsten Leistungen in der Geschichte des Bergsteigens. Er hat in den Fünfziger- und Sechzigerjahren eine reiche Ernte an ganz schwierigen neuen Routen eingefahren – 1957 den Grand Pilier d'Angle und 1959 den Brouillard-Pfeiler am Montblanc. 1958 bestieg er mit Carlo Mauri den 7.925 m hohen Gasherbrum IV, einen der schwierigsten unter den ganz hohen Bergen, 1961 den Nevado Rondoy Nord (Anden) und versuchte schon 1958 den Cerro Torre, allerdings vergeblich. Als „Ersatz" gelang die erste Besteigung des Cerro Moreno inmitten der Eiswüste des patagonischen Hielo continental. Der ist zwar „nur" 3500 Meter hoch, weiß aber seine Unnahbarkeit durch die vermutlich weltweit grausigsten Wetterverhältnisse zu verteidigen. Bonatti beendete seine aktive Alpinistenlaufbahn mit einem Abgang, wie ihn üblicherweise große Künstler oder Sportler vorführen: zu einem Zeitpunkt, an dem sie noch im Zenit stehen, ein zahlreiches, noch immer aufmerksames Publikum verblüffen können. Bonatti wählte, was ganz wichtig ist, die richtige Dramaturgie für sein effektvolles Finale:
• den symbolträchtigen Superlativberg: das Matterhorn
• eine neue, äußerst schwierige Direktroute,
• im Winter,
• allein!
Sechs Tage benötigte er für seine winterliche Solo-Begehung der Direkten Matterhorn-Nordwand, eine Route, die nicht oft wiederholt wurde. Danach lebte Bonatti seinen Hang zum Abenteuer als Journalist und Bildberichterstatter aus. Für die Zeitschrift „Epoca", einem „Geo"-Vorgänger, reiste er als Reporter in die unwirtlichsten Regionen des Globus, die raue, abweisende Wildheit Patagoniens faszinierte ihn besonders. Eine gewisse Verbitterung, in erster Linie über die Geschehnisse am K2 scheint aber sein ganzes weiteres Leben geprägt zu haben. Erst drei Jahre vor seinem Tod wurde ihm die späte Genugtuung einer Rehabilitation zuteil: 2008 wurde der Sachverhalt der K2-Geschichte offiziell geklärt und seine Version bestätigt. Ein zweiter seelischer Tiefschlag war die Frêney-Tragödie, bei der er nicht nur seinen liebsten Berggefährten, Andrea Oggioni verlor, sondern danach auch noch die Chance, mit der Vollendung der Route diesen Verlust innerlich zu bewältigen. Er war unbestritten einer der ganz Großen – und wirkt in seinen Schriften dennoch irgendwie zerquält, ein um sich selbst kreisender Fixstern, ein Hohepriester des Schmerzes. Vokabeln wie „Freude", „Unbeschwertheit" „Genuss" kommen so gut wie nie vor.

Frêneypfeiler. Eine der erschütterndsten Tragödien des Alpinismus wurde vor allem deswegen bekannt, weil zwei der Überlebenden – Bonatti und der Franzose Pierre Mazeaud – sie detailliert und ergreifend zu schildern wussten: 1961 galt der 700 Meter hohe Frêney-Zentralpfeiler als „letztes Problem" des Montblanc. Allein der umständliche und abenteuerliche Zugang über den Frêneygletscher galt schon als erstklassige und anspruchsvolle Tour für sich. Die Crème de la Crème der italienischen und französischen Alpinisten hatten auf diese Felsformation ihr Auge geworfen, belauerte jeweils das Wetter und die Konkurrenten (nun heißen die jetzt „Mitbewerber").

Wettersturz am Frêneypfeiler

Sonntag 8. Juli 1961. Sie haben sich zufällig mit dem gleichen Ziel in der Fourche-Biwakhütte getroffen: Vier Franzosen – Pierre Mazeaud, Antoine Vielle, Pierre Kohlmann und Robert Guillaume. Drei Italiener – Walter Bonatti, Andrea Oggioni, Roberto Gallieni. Sie beschließen, gemeinsam den Pfeiler anzugehen. Sie werden den Gipfel nicht erreichen, für vier von ihnen wird es überhaupt keinen Gipfel mehr geben. Am Fuß des letzten Aufschwunges, der 150 m hohen „Chandelle", des schwierigsten Stückes, leitete ein plötzlich hereinbrechendes apokalyptisches Gewitter einen Wettersturz ein, der in ein mehrtägiges Unwetter mit meterhohen Schneemassen mündete. Nur mehr rund 80 Meter unter dem Ende der Schwierigkeiten, versuchten sie vorerst diese Wetterkatastrophe auszusitzen, doch mit schwindender Widerstandskraft begann ein verzweifelter Rückzug. Bis zum Samstag, dem 14. Juli, sind in diesem weißen Inferno vier der sieben Bergsteiger gestorben – überlebt haben nur der überragende, den Rückzug leitende Bonatti, sein Kunde Gallieni und Mazeaud.

Pierre Julien und Ignazio Piussi versuchten wenige Tage später, den Durchstieg zu vollenden, mussten aber ebenfalls in einem Wettersturz an der Chandelle den Rückzug antreten. Bonatti, der gewissermaßen an sein „moralisches" Vorrecht auf den Pfeiler glaubte, war verständlicherweise maßlos enttäuscht, als zwei konkurrierende Teams die Aufarbeitung seines persönlichen Traumas vereitelten. Wenige Wochen nach dem Drama stieg eine englische Seilschaft (Chris Bonington, Don Whillans und Ian Clough), die zu den stärksten Kletterern dieser Ära zählten, gemeinsam mit dem Polen Jan Dlugosz in die Felsen des Pfeilers ein. Fast zeitgleich war eine nicht minder starke französische Gruppe aufgebrochen: René Désmaison, Yves Pollet-Villard und Pierre Julien, sowie der Italiener Piussi, die in einem förmlichen Wettlauf hinterher hetzten. Whillans und Bonington waren eben dabei, die „Chandelle" zu erklettern, während die Franzosen den unteren Teil des Pfeilers in einem leichteren Couloir umgingen und sie am Fuß des steilen Turmes einholten. Der führenden Seilschaft waren die Haken ausgegangen, doch Desmaison mochte ihnen nicht mit Material aushelfen. Bonington und Whillans waren nicht verlegen – sie griffen zur britischen Tradition der Klemmsteine und meisterten damit die letzten Schwierigkeiten; Clough und Dlugosz prusikten sich am fixierten Seil hoch. Jetzt bot ihnen Desmaison Haken an – als Gegenleistung für die Benützung des Seiles ... So war es, als eine „internationale Seilschaft den Frêneypfeiler erstieg". Und es gibt nach wie vor eine französische und eine englische Wahrheit.

René Desmaison   Grandes Jorasses, Linceuil   Jannu

René Desmaison (1930 – 2007). Er war einer der Großen – aber in gewisser Weise eine tragische Gestalt. Zu seinem Pech lebte zu gleicher Zeit in seinem Wirkungskreis ein besonders Großer: Bonatti, dessen Schatten lebenslang gegenwärtig schien. In Seilschaft mit Jean Couzy gelangen Desmaison herausragende Wintertouren, was in den Fünfziger- und Sechzigerjahren hoch im Kurs stand: die zweite Winterbegehung des Walkerpfeilers – wenige Tage nach Bonatti; die Nordwand des Pic d'Olan etwa oder die Dru-Westwand. 1962 stand er mit drei Gefährten als Erster auf dem Gipfel des abschreckenden, 7710 m hohen Jannu im Himalaya. Seine Begehung des „Linceuil", des „Leichentuches" an der Grandes Jorasses-Nordwand mit Robert Flematty im Jänner 1968 nahm neun Tage in Anspruch. Grund war die Benützung von Zehnzacker-Steigeisen – ein Ausrüstungs-Anachronismus, der hauptsächlich vom langjährigen Leiter der ENSA, Armand Charlet konserviert wurde. Desmaison galt als kontroversielle Persönlichkeit. Als er 1966 mit dem Amerikaner Gary Hemming und dem Briten Mick Burke ohne „Erlaubnis" des örtlichen Bergführerverbandes eine Rettungsaktion für zwei in der Dru-Westwand blockierte deutsche Kletterer unternahm und die Fotos danach an die Zeitung „Paris Match" verkaufte, wurde er aus dem Verband ausgeschlossen. Ein weiteres Mal geriet er in die Schlagzeilen, als er 1971 mit seinem Gefährten Serge Goussault eine neue extreme Route in der Nordwand der Grandes Jorasses zu eröffnen versuchte. Sein jüngerer Seilpartner war nicht ganz fit eingestiegen, die Schwierigkeiten waren groß und verzögerten das Weiterkommen, das Wetter wurde grauenhaft – erst am fünfzehnten Tag dieser Odyssee in der Senkrechten konnte Desmaison gerettet werden, Goussault war drei Tage davor verstorben. Die Helikopterrettung, die sich vor allem wegen der Wetterverhältnisse immer wieder verzögerte, stand schließlich ebenfalls im Kreuzfeuer der öffentlichen Meinung. Desmaison habe, um als unbeugsamer Hero dazustehen, zu lange mit einem Hilferuf gewartet, er hätte mit seinem maroden, doch ruhmversessenen Gefährten zeitgerecht umkehren sollen, die örtlichen Piloten hätten sich als nicht souverän erwiesen ... In seinem Buch „342 Stunden in den Grandes Jorasses" schildert Desmaison seine Sicht auf diese zuletzt halluzinierenden Stunden in der Senkrechten. In welchem Zustand er sich bei seiner Rettung befand, verdeutlicht die Aussage des behandelnden Arztes in der Klinik: „Aufgrund der medizinischen Untersuchungen, die wir durchgeführt haben, muss ich Ihnen mitteilen, dass Sie eigentlich tot sind"

„Ein Land mit 246 Käsesorten ist unregierbar!" hatte schon Charles de Gaulle befunden. Die klischeehaft verkürzten Vorstellungen von nationalen Charakterzügen beruhen schließlich irgendwie auf einem wahren Kern. Einerseits ist der französische Alpinismus eine ernst genommene Staatsangelegenheit, die in der Institution der ENSA gipfelt – der in den Alpenländern einzigartigen „Ecole Nationale du Ski et Alpinisme" als oberster Berg-Instanz. Womöglich mit weltweitem Gültigkeitsanspruch, etwa mit der Idee, die Bezeichnung der Kletterschwierigkeiten in freie und künstliche Kletterei zu splitten: A1 bis A4, wobei das A für artificiel (= künstlich) steht. Ach, Messieurs, ein ganz netter und praktischer Gedankengang – aber das hat doch Herr Schinko aus Graz schon in den Dreißigerjahren vorgeschlagen!

Andererseits hegen die Franzosen eine gewisse natürliche Abneigung gegen ihren politischen Zentralismus mit seinen fast monarchistischen Zügen, und applaudieren daher gerne jeder ausgefallenen individuellen Entfaltung, die ruhig auch bizarre Formen annehmen kann. Dies widerspiegelte sich früher als anderswo im französischen Alpinismus. Zum Teil mögen die Gründe zusätzlich im Fehlen einer „Romantik" als gesellschaftspolitischer Epoche wie in Deutschland liegen, in der ursprünglich schwächeren Breitenwirkung der alpinen Vereine, sowie weniger starren Traditionen. Ein Schauklettern an einem Kletterturm wie in Paris wäre um 1960 in Deutschland undenkbar gewesen. Aktionismus und Showelemente sind mit dem Bergsteigen hierzulande enger verknüpft als anderswo: Ein bisschen Cancan, mit Federschmuck und Flitter kann nie schaden.

L'Enchaînement. Ausnahmsweise ist es daher kein Anglizismus, der den alpinen Sprachschatz weiter bereichert hat, sondern ein Begriff aus dem Französischen: (chaîne = Kette). Er bedeutet wörtlich „Verkettung", „Aneinanderreihung" – im konkreten Fall von schwierigen Kletterrouten oder großen Wänden, tunlichst innerhalb eines Tages. Dabei ist dies keine französische Erfindung, nicht einmal eine unserer Zeit. Ihre Frühformen enthielten den Gedanken des „Weiter-Schneller-Mehr" bereits in einer Zeit, als eine Wettkampf-Komponente des Alpinismus noch heftig in Abrede gestellt wurde. Schon 1890 unternahm der Kaiserjäger Franz Kasparowsky aus Innsbruck eine solche Sammeltour, als er mit dem Bergführer Johann Scheiber aus Vent innerhalb von 19 1/2 Stunden Fluchtkogel, Wildspitze und Weißkugel erstieg.

Eine weiterer Vor„läufer" dieser Disziplin war der Wiener Demeter Diamantidi, der 1892 die Wette einging, innerhalb von 24 Stunden die Gipfel von Schneeberg, Rax, Schneealpe und Veitschalpe zu betreten. Abgesehen von den jeweils 1200 bis 1500 trennenden Höhenmetern zwischen diesen Bergstöcken sind dabei zusätzlich erhebliche Horizontalstrecken zu überwinden. Diamantidi begann gleich zum Auftakt mit einem „Schmäh", einem semantischen Trick: hatte er doch gewettet, die Gipfel zu *betreten* (was nicht gleichbedeutend ist mit Ersteigung vom Tal aus). Daher stieg er am Vorabend zur Fischerhütte auf, die sich wenige Minuten vom Schneeberggipfel befindet, und zischte Punkt Mitternacht los! Mit seinen Begleitern rannte er die „Eng" hinunter nach Payerbach, wo ein Wagen sie gegen vier Uhr früh in die Prein, zum Beginn des Aufstiegs auf die Raxalpe brachte. Diese „überliefen" sie, wechselten via Naßkamm auf das Schneealpenplateau, wo sie über den Windberg nach Neuberg hasteten. Dort wartete wieder ein Fuhrwerk, welches sie nach Niederalpl führte, wo sie - schon in der Dämmerung – den Aufstieg zur Hohen Veitsch begannen und deren Gipfel um 23 Uhr erreichten. Dort hatten sie rund 3200 Meter Aufstieg und 3500 Abstieg in den bereits etwas müden Beinen.

Ein Hauptproblem derartiger Aktionen wurde damit bereits sichtbar: die Distanzen zwischen den Bergen auf möglichst naturgegebene, „faire" Weise zu überwinden. Diamantidi's im Pferdewagen zurückgelegte Strecken wurden daher prompt als Schönheitsfehler bekrittelt. In gewisser Weise kann er als ein Ahnherr heutiger Extremsportler gelten: er war vielseitig sportlich begabt, unter anderem ein ausgezeichneter Eisläufer, und obendrein ein eloquenter Vortrags-redner. 1891 war er der erste, der alle Drei Zinnen innerhalb eines Tages bestieg (unter Führung von Josef und Michel Innerkofler. Dies war übrigens die erste „touristische" Besteigung der Kleinen Zinne).
Die Dolomiten mit ihrer Anhäufung großer Kletterziele auf knappem Raum sind diesbezüglich schon sehr zeitig zur Arena ehrgeiziger und leistungsfähiger Kletterer geworden. 1887 erkletterte der neunzehnjährige Emil Artmann mit seinem Bruder Hans und den Führern Veit und Josef Innerkofler an einem Tag die Gipfel der „Sextener Sonnenuhr": den Elfer-, Zwölfer- und Einserkofel. Das Klettergenie Paul Preuß vollbrachte am 17. August 1911 eine beachtenswerte Überschreitung der Langkofelgruppe: Langkofel über den Nordostpfeiler – Langkofeleck – Abstieg über die Südostwand – Fünffingerspitze – Abstieg Südwestwand – Grohmann-spitze (Aufstieg Enzenspergerweg, Abstieg Südostwand).

Drei, vier und mehr Zinnen. Vor allem die Wände der Drei Zinnen bildeten eine augenfällige Bühne für diese Art Schnellkletterei. Virtuoses Können, psychische Stabilität, Routenkenntnis und günstige Verhältnisse sind selbstverständliche Voraussetzungen für derartige Leistungen. Eines der idealsten Unternehmen dieser Art war die erste Durchsteigung der Nordwände der Drei Zinnen an einem Tag durch den Brüsseler Claudio Barbier im Jahr 1961 – eine Tat, die der all-gemeinen Entwicklung um mindestens ein Jahrzehnt vorauseilte. Der alpenfern geborene stille Belgier hatte sich zu einem der hervorragendsten Kletterer der Sechzigerjahre entwickelt. Eine innere Stabilität befähigte ihn zu schwierigsten Solotouren – die „Cassin" an der Westlichen Zinne hat er als erster Alleingänger bewältigt, die „Comici" an der Großen Zinne bereits zweimal solo begangen, als in ihm der Plan reifte, alle drei Zinnen-Nordwände in einem Zuge in Angriff zu nehmen. Um vier Uhr morgens am 24. August steht er am Einstieg der „Cassin" an der Westlichen Zinne. Nicht ganz drei Stunden benötigt er für diese Route, die damals nicht wenige Seilschaften noch ein Biwak kostete, eilt den Normalweg hinunter, und als die gemeinsam mit ihm eingestiegene Seilschaft den Gipfel erreicht, hat er - in ebenfalls drei Stunden – bereits die „Comici" an der Großen Zinne hinter sich. Siebzig Minuten braucht er für den Preußriß, eine Stunde für die Nordwand der Punta di Frida, und dreißig Minuten für die Nordwand der Kleinen Zinne. Um 20.30 sitzt er wieder in der Drei-Zinnen-Hütte. Das mediale Interesse beschränkte sich damals auf Erwähnungen in der Lokalpresse und Kurznotizen in alpinen Zeitschriften.

Thomas Bubendorfer – man konnte 1988 im Gegensatz zu Barbiers Zeiten schon vom Bergsteigen leben – suchte eine Steigerung zu finden, indem er an die Nordwände der Drei Zinnen die Marmolada-Südwand („Schwalbenschwanz", VI-) und die Pordoi-Westwand („Via Niagara", V+) anhängte. Am 7. August steigt er in der Morgenkälte, vorbei an einem für ihn postierten Filmteam, in zwei Stunden durch die „Cassin" auf, weitere zwei Stunden benötigt er für die „Comici" in der Nordwand der Großen Zinne – wo ebenfalls eine Filmcrew platziert ist, eine Stunde

Thomas Bubendorfer

später steht er am Gipfel der Kleinen Zinne. Die Platten der Marmolada-Südwand nehmen ihn drei Stunden in Anspruch, anschließend funktioniert die Helikopter-Logistik nicht, er muss per Seilbahn ins Tal, danach geht es zur Pordoi-Nordwestwand. Hier ist er schon unter Zeitdruck, und mit der Dämmerkühle und den bereits gekletterten Metern in den Knochen wird die letzte der fünf Routen zu einer harten Belastungsprobe. In der anbrechenden Dunkelheit lässt er sich von der großen Terrasse im letzten Wanddrittel abholen. Rund 2800 senkrechte Klettermeter im Schwierigkeitsbereich V und VI liegen hinter ihm.

Unter den guten Kaiser-Kletterern war es bereits in den Fünfziger- und Sechzigerjahren üblich, zwei Routen am Tag zu klettern – je nach dem Verlangen nach Sonne oder Schatten etwa vormittags eine Predigtstuhl-Westwand und nachmittags eine Fleischbank-Südostwand (so Hermann Buhl). Im Gesäuse kletterten Klaus Hoi und Walter Almberger im Sommer 1971 an einem Vormittag die Dachl-Diagonale und nachmittags die Dachl-Rosskuppen-Verschneidung in der damals fast unvorstellbaren Zeit von insgesamt 12 Stunden. Perfekte, gut eingespielte und streckenweise am gespannten Seil gleichzeitig kletternde Seilschaften, welche die Routen kennen, vermögen Kletterzeiten in ungeahnter Weise zu drücken. Im Karwendel kletterten 1980 Franz Oppurg und Arno Gasteiger zwei Routen in der 800 Meter hohen Lalidererwand an einem Tag: Vormittags die Laliderer-Nordverschneidung, Abstieg durch die Spindlerschlucht, und nachmittags die „Auckenthaler", bzw. im oberen Teil die „Rebitsch-Spiegel". Zehn Jahre später (1990) war diese bravouröse Leistung schon wieder Schnee von gestern: Heinz Zak und Peter Gschwendtner kletterten an einem Tag gleich drei Routen in dieser Wand: „Charlie Chaplin", „Rebitsch-Verschneidung" und „Schmid-Krebs".

Am schnellsten ist natürlich der Alleingänger. Als der Steirer **Christian Stangl** noch nicht als „Skyrunner" firmierte, verblüffte er bereits die Szene mit Solotouren wie Rosskuppenkante in 41 Minuten oder Peternschartenkopf-Nordwand in 36 Minuten. 1988 absolvierte er in den Gesäusewänden ein für eine komplette Urlaubswoche achtbares Programm innerhalb eines Tages: Peterschartenkopf-Nordwand hinauf, Planspitze-Nordwest hinunter; Peterschartenkopf-Nordost hinauf, Peternpfad hinunter, Rosskuppenkante hinauf, Peternpfad hinunter, Hochtor-Nordwand (Pfannl/Maischberger) hinauf und Jahn/Zimmer-Route im Abstieg – in 9 Stunden und 32 Minuten.

In allen Kletter-Biotopen gab es jederzeit Könner, welche eine große Anzahl schwierigster Klettergartenrouten aneinanderreihten, ohne dass über lokale Bewunderer davon jemand Notiz genommen hätte. Als Enchaînement lassen sich derartige Akkord-Klettereien jedoch nicht einstufen – zu dessen ungeschriebenen Kriterien gehört auf jeden Fall der Umstand, lange, schwierige Anstiege, die bereits als Einzelleistung einen gewissen Stellenwert aufweisen, aneinanderzureihen. Allerdings bestehen in Bezug auf deren Länge keine festgeschriebenen Normen, wie sich auch im Allgemeinen jeder seine Regeln mehr oder weniger selbst aufstellt. Ein Enchaînement wirkt umso idealer und eleganter, je augenfälliger und „logischer" (sofern hier von Logik die Rede sein kann) die Problemstellung wirkt, und je weniger Transportmittel zwischendurch eingesetzt werden. Schnelle Alleinbegehungen schwieriger, weit voneinander entfernter Routen mit Helikopterflügen dazwischen mögen größtes Können und Ausdauer demonstrieren, ein breiteres Publikum lässt sich hauptsächlich von Bergen und Routen mit Symbolkraft und Nimbus beeindrucken, und kann mit Geschehnissen auf abgelegenen und weithin unbekannten Schauplätzen wohl nicht viel anfangen.

Mauerblümchen Kaukasus. Hier wurden Überschreitungen von beeindruckenden räumlichen, zeitlichen und schwierigkeitsmäßigen Dimensionen unternommen. Die wahrscheinlich bekannteste, die Besengimauer, gelang erstmals den „Reichensteinern" Karl Poppinger, Sepp Schintlmeister und Karl Moldan 1931. Eine 13 Kilometer lange Riesentour, über zwei Fünftausender und zwei Viertausender, immer hoch droben auf dem Gratfirst über 2000 Meter hohen Eisflanken, wo man bei Schlechtwetter nicht einfach abseilen und ins Kaffeehaus gehen kann. Dieses nur selten wiederholte kombinierte Unternehmen (Fels bis V+, große Schwierigkeiten im Eis), in einer Art Klein-Himalaya ist streng genommen kein Enchaînement, stellt allerdings in seiner räumlichen Situierung einen ähnlichen Glücksfall dar wie die Drei Zinnen in den Alpen. Dagegen wirkten andere dieser Kaukasus-Enchaînenements teilweise gekünstelt. Denn früher als anderswo wurde in der Sowjetunion der Alpinismus als Sport mit messbaren Kriterien klassifiziert, und so erlangte ein „Meister", oder gar „Verdienter Meister des Sports" über die persönliche Befriedigung hinaus Vergünstigungen, von denen Iwan Normalverbraucher nur träumen konnte. Daher wurden, um den Meistertitel für die längste Überschreitung einzuheimsen, teils recht unlogische, in der Hauptsache lange andauernde Überschreitungen konstruiert, die aber kaum zu Wiederholungen oder Rekordzeiten reizten. Ein Witz oder Wortspiel, deren Details man erst vorab erklären muss, verlieren deutlich an Schärfe, und so waren die zu Sowjetzeiten für westliche Alpinisten kaum zugänglichen Gipfel des Kaukasus keine eingeführte Marke, praktisch nicht bekannt und fanden daher – ohne alpinistischen Maßstab „unverkäuflich" – keinen Eingang in ihr Trophäenschema.

Besengimauer: 13 km über Schchara, Dschangi Tau (Mitte), Ljalwer zum Zanner-Paß

Ver-rückte Maßstäbe. Jean-Marc Boivin war einer der ersten jener französischen Fxtremsportler, deren abenteuerliche Rekordleistungen bewunderndes Kopfschütteln hervorriefen. Ein besonders originelles Enchaînement gelang ihm im August 1981 gemeinsam mit Patrick Berhault. Sie erkletterten die Südwand der der Aiguille du Fou, flogen vom Gipfel mit einem Tandem-Hängegleiter zum Einstieg der Dru-Westwand, an der sie die „Directe Americaine" kletterten, anschließend seilten sie über die Route wieder ab und flogen mit ihrem Gleiter im letzten Abendlicht nach Chamonix! Sie benötigten für diese Aktion allerdings die Hilfe von Domestiken, welche ihnen den Flugapparat auf den Gipfel der Fou transportierten. Und dazu jene der örtlichen Wettergötter, die ihnen günstige Flugverhältnisse bescherten – bei wohl brauchbarem Kletterwetter, doch atmosphärischen Turbulenzen wäre das Risiko zu groß gewesen.

Die Trilogie. Zum Leidwesen der zahlreicher gewordenen Spitzenkletterer finden sich nicht allzu viele dermaßen ins Auge springende und dabei räumlich so optimal situierte Schaustücke wie die Drei Zinnen. Daher wurden – ein wenig Zahlenspiel macht sich immer gut – die „Drei großen Nordwände" eine naheliegende Herausforderung: Matterhorn-, Eiger- und Grandes Jorasses-Nordwand, auch als leistungsmäßiger Begriff eine gewisse Einheit darstellend. Was einst, innerhalb eines Bergsteigerlebens vollbracht, als alpine Ritterwürde gewertet wurde, gelang schließlich in einer einzigen Saison, zuletzt sogar innerhalb eines Winters! Und im Sommer 1985 schaffte Christophe Profit die „Trilogie" innerhalb eines Tages. Am 26. Juli startet er um Mitternacht am Einstieg der Matterhorn-Nordwand (1050 Höhenmeter), ist nach 4 Stunden am Gipfel, eineinhalb Stunden später über den Hörnligrat bei der Hörnlihütte, von wo ihn ein Hubschrauber zur Kleinen Scheidegg am Fuß der Eiger-Nordwand bringt. Da hat er sich wohl ein Frühstück verdient! Um etwa 9.00 Uhr steigt er in die Eiger-Nordwand ein (1700 m), die ihn infolge ungünstiger Verhältnisse sieben Stunden, länger als geplant, in Atem hält. In 35 Minuten (!) rast er die Westflanke hinunter, mittlerweile hat er sich entschieden, wegen der vorgerückten Stunde statt des ursprünglich geplanten Walkerpfeilers das „Linceuil", eine reine Eisroute (rund 1000 m) in der Grandes Jorasses-Nordwand zu durchsteigen. Um 23.30 Uhr steht er am Ausstieg am Hirondelles-Grat, um 1.45 Uhr ist er am Gipfel der Pointe Walker, um 6.00 Uhr morgens im Val Ferret. Bemerkenswert daran ist außer der reinen Kletterleistung der Umstand, dass Profit dabei alle Abstiege zu Fuß bewältigt hat.

Matterhorn   Eiger   Grandes Jorasses

Ist eine Steigerung denkbar? Die „Trilogie" im Winter, allein, innerhalb von 40 Stunden! Wieder ist es Christophe Profit, der am 12. und 13. 3. 1987 die Maßstäbe des klassischen Alpinismus neuerlich hinausschiebt. Diesmal beginnt er mit der Nordwand der Grandes Jorasses (Croz-Pfeiler). Sein Aufstieg dauert von 3.30 Uhr bis 9.30 Uhr, vom Gipfel fliegt er mittels Gleitschirm nach Courmayeur, von dort mit dem Hubschrauber zur Kleinen Scheidegg. Um 16.00 Uhr steigt er in die Eigerwand ein, und erreicht nach einem Biwak den Gipfel am folgenden Tag um 9.30 Uhr. Nach

einem Flug zum Matterhorn steigt er um 14.00 Uhr in die Nordwand ein und erreicht den Matterhorngipfel um 20.25 Uhr. Im Juli 1984 beging Profit mit Radigue alle vier Freneypfeiler an einem Tag; 1990 schaffte Fred Vimal die Besteigung des Walkerpfeilers plus den gesamten Peutereygrat in 48 Stunden. Alain Ghersen wiederholt diese Leistung, ging aber zuvor noch die „Amerikanische Direkte" an der Dru – in insgesamt 66 Stunden ...

Montblanc-Südseite mit den Freneypfeilern

Diese barocke Ausformung des Alpinismus ist ersichtlich in erster Linie eine Domäne ortskundiger Berufsbergsteiger, welche außer über souveränes Können und Routenkenntnis vor allem über genügend Geduld und Zeit verfügen müssen, um bei optimalen Bedingungen vor Ort zu sein. Hand in Hand mit einer immer umfangreicher und teurer werdenden Inszenierung samt Medienkarawane und Helikopterflügen ergibt sich fast zwangsläufig eine Verschränkung mit Showbusiness und Sponsoring. Damit wächst der Erfolgsdruck. Dabei erweist sich oft – gemessen am Aufwand – das Resultat dieser Anstrengungen eher wenig überzeugend. Die TV-Dokumentation von Profits „Winter-Trilogie" etwa musste einem Fernstehenden relativ unverständlich vorgekommen sein und wirkte selbst durch die vorgefärbte Bergsteigerbrille seltsam steril. Trotz des enormen Aufgebotes an Fluggerät und Kameras war da nicht viel, was Schwingungen übermittelte, was die Hände der Zuseher hätte schweißnass werden lassen in gebanntem Mit-Erleben: Die einzelnen packenden Kletterszenen gingen fast unter in der Selbstdokumentation des Unternehmens: da war Profits Freundin zu sehen, die sich mit ihm übers Walkie-Talkie unterhielt, aus dem quäkende Antworten drangen; Profit wird im Helikopter massiert und gelabt, ein weiterer Hubschrauber, der ihn knatternd eskortiert, Hilfspersonal absetzt und aufnimmt ... Sicher lag es außer an dieser Wasserträger-Perspektive auch unter anderem daran, dass Profit in seinem Zeitdruck lange Strecken bei Dämmerung und sogar in der Nacht unterwegs war.

Einen entgegengesetzten Stil praktizierte Renato Casarotto, ein außerordentlich willensstarker und zäher Bergsteiger aus Vicenza. Ihm ging es weniger um spektakuläres Schnellklettern als um das Ausloten seiner Widerstandsfähigkeit auf dem Pfad zu immer höheren und schwierigeren Zielen. Dazu benötigte er keine Öffentlichkeit. Vom 1. bis 15. Februar 1982 erkämpfte er sich – völlig auf sich gestellt, ohne Depots und Funkverbindung – auf dem härtesten Weg den Montblancgipfel: Aiguille Noire- Westwand (Ratti/Vitali, 700 m, V-VI) - Gugliermina-Südwestwand

(600 m, V) – Überschreitung der Aiguille Blanche (Peutereygrat) bis zum Einstieg des Freney-Mittelpfeilers – Freney-Mittelpfeiler (750 m, V) – abschließend über den oberen Innominatagrat zum Montblanc. Länge und Schwierigkeiten dieser Tour, dazu fast durchgehend widrige Wetterbedingungen mit Stürmen, starken Schneefällen und Temperaturen bis zu 25 Minusgraden schufen Verhältnisse, die bis auf die Höhenprobleme einer großen Route auf einen Achttausender gleichkamen. Der „Casarotto-Pfeiler" am Fitz Roy in Patagonien (fünfzehn Solo-Klettertage) war die nächste Steigerung, die Krönung hätte 1986 die Eröffnung einer neuen Route am K2 im Alleingang werden sollen. Beim Rückzug von seinem gescheiterten Vorhaben in dieser Riesenwand, bereits auf dem vermeintlich sicheren Gletscherboden, starb Casarotto nach Sturz in eine Gletscherspalte.

Kombinierte oder reine Eiswände werden eher für einen solchen Marathon-Alpinismus herangezogen als reine Felswände. Erstens lassen sich schneller „Meter machen", zur Not selbst bei Dämmerung oder Nacht, und im Ernstfall besteht in diesen Flanken eher eine Rettungsmöglichkeit. Solche Routen werden trotz des kürzeren Tages oft im Winter geklettert, weil die geringere Steinschlaggefahr sowie das häufig stabilere Wetter einen gewissen Sicherheitsgewinn darstellen. Boivin kletterte an einem Tag (17. März 1986) in Serie gleich vier große Eiswände im Montblanc-Gebiet. Die Nordwand der Aiguille Verte (Grassi-Couloir, 1000 m) schafft er in zwei Stunden, Gleitschirmflug zum Einstieg der Droites-Nordwand (Cournau-Davaille, 1000 m, dreieinhalb Stunden), Hängegleiterflug zum Einstieg der Courtes-Nordwand (Schweizer Route, 900 m zweieinhalb Stunden), Hängegleiterflug zur Grandes Jorasses-Nordwand („Linceuil", 1000 m, in viereinhalb Stunden). Hier parkte wieder ein Hängegleiter, um 23.30 Uhr startet er in die Winternacht und ist um Mittternacht in Chamonix. Viertausend Meter Spitzentanz auf den Vorderzacken der Steigeisen – ein brachialer Test für die Wadenmuskulatur! Und einen ganzen Tag über Helikopterbetrieb im Argentierekessel, um Hängegleiter und Helfer zu parken ...

Courtes- und Droites-Nordwand

Sportlicher Selbstzweck oder Trainingsvorstufe für große Anstiege im Himalaya und Karakorum? Diese Idee in weiterer Folge auf die ganz hohen Gipfel zu übertragen, wird wohl an den Gegebenheiten der geografischen Situation, der Höhenphysiologie und den Wetterverhältnisse ihre Grenzen finden. Wie so oft hatte Reinhold Messner auch auf diesem Terrain die Nase vorn: Mit Hans Kammerlander erstieg er 1984 zwei Achttausender hintereinander, ohne Abstieg ins Basislager: Gasherbrum I und II, Sieben Tage in über 7000 m Höhe! Eine Steigerung wäre die Überschreitung Nuptse-Lhotse-Everest, die bisher noch nie gelungen ist, oder jene von Lhotse Shar – Lhotse und Everest, wo laut Sepp Mayerl noch niemand einen Meter über den Gipfel des Lhotse Shar Richtung des Lhotse weitergekommen wäre ...

In den Alpen hingegen sind der Phantasie kaum Schranken gesetzt. Eine mögliche sportliche Vorgabe wäre etwa die Überwindung der Horizontaldistanzen aus eigener Kraft. Im August 1991 kletterten Hans Kammerlander und Hans-Peter Eisendle Ortler-Nordwand und Gr. Zinne-Nordwand an einem Tag. Allerdings wirkte das Unternehmen trotz der unbestreitbar gewaltigen physischen Leistung ein wenig konstruiert: Nach einer nächtlichen Durchsteigung der Ortlerwand holten sie sich die beiden den ganzen schönen Tag hindurch einen wunden Hintern am Fahrradsattel in der Verkehrshölle des Vinschgau, strampelten hinauf bis zur Auronzohütte (insgesamt 224 Kilometer) und durcheilten – mittlerweile beinahe schon wieder in der Nacht – in dreieinhalb Stunden die „Comici" an der Gr. Zinne. Dazu muss man schon „bergsüchtig" sein ...

Eiger, Mönch und Jungfrau – die Trilogie ihrer Nordwände an einem Tag war eine plakativere Aufgabenstellung. Den beiden Schweizer Top-Alpinisten Stephan Siegrist und Ueli Steck gelang diese Tour de Force am 24. Juli 2004. Das ging so: 0.00 Uhr Einstieg Eiger-Nordwand, 9.00 am Gipfel; in 2 Stunden Abstieg über Mönchjoch zum Einstieg der Mönch-Nordwand (Lauper-Route, 2 Std.). Die „leichteste" der drei Routen, die Jungfrau-Nordwand, erwies sich entgegen ihrer Annahme als die mühsamste und gefährlichste: weicher Schnee, faules Eis, brüchiger Fels, schlechte Sicherungsmöglichkeiten – für die letzten 150 Höhenmeter benötigen sie 3 Stunden. So standen sie erst um 1.00 Uhr morgens am Jungfraugipfel und hatten ihr ehrgeiziges Ziel um 1 Stunde verpasst – dafür aber eines der letzten „logischen" Enchaînements ohne zusätzliche Transportmittel geschafft.

Eiger, Mönch, Jungfrau

Yosemite-Kletterer haben im allgemeinen geringere Sorgen bezüglich Verhältnisse und Wetter. Im kalifornischen Felsparadies ließen sich fast unbegrenzt Enchaînements aushecken – allein, um die Einbeziehung der „Nose" kommt keiner herum!

Wurden anfangs die Begehungen der Nose in Tagen gemessen und die erste Begehung innerhalb eines Tages eine Sensation, wurde die einst unvorstellbare Kombination Nose plus Half Dome-Nordwestwand an einem Tag 1986 von John Bachar und dem Kanadier Peter Croft verwirklicht: 10 Stunden für die Nose und anschließend 4 Stunden für die Half Dome-Nordwestwand. Ein solcher Sprint war in konventioneller Kletterei nicht mehr zu bewältigen. Die beiden kletterten meist gleichzeitig, mit jeweils nur wenigen Sicherungspunkten zwischen sich.

Schrei aus Stein – vierstimmig. Das weltweit wohl schwierigste Enchaînement – vorsichtshalber sei hinzugefügt „derzeit" (2013) ist wohl die Traversierung von Torre Stanhardt, Punta Herron, Torre Egger (dieser erst 1976 erstmals bestiegene Granitturm gilt als noch schwieriger als der Cerro Torre) und Cerro Torre. Rolando Garibotti, Hausherr der Cerro-Torre-Gruppe, überschritt mit Colin Haley während einer der seltenen patagonischen Schönwetterperioden vom 21. – 24. Jänner 2008 im Alpinstil (mit drei Biwaks) diese vier gigantischen Felsnadeln, deren jede einzelne schon ein nicht immer erreichtes Lebensziel für die Creme der Spitzenalpinisten darstellt. 2005 war bereits die erste Überschreitung vom Torre Stanhardt bis zum Torre Egger gelungen (Thomas Huber und Andi Schnarf), während Ermanno

Salvaterra, Rolando Garibotti und Alessandro Beltrami die „Arca de los Vientos" vom Col de la Conquista zum Gipfel des Cerro Torre begingen, die Linie des Egger-Maestri-Aufstieges. Garibotti und Salvaterra, wahre „Dominatoren des Torre", kletterten im Dezember 2007 mit verschiedenen Seilpartnern die Überschreitung bis zum Col de la Conquista. Garibotti, der ausharrte und immer wieder neue Seilpartner organisierte, beendete mit Haley die Überschreitung (Schwierigkeiten im VIII. Grad) bis zum Eispilz des Cerro Torre, wobei Haley in dreistündiger Maulwurfsarbeit einen senkrechten, zwanzig Meter langen Tunnel ans Tageslicht des Gipfels grub.

Cerro Torre-Gruppe

Doch jene, die erst stolz nach dem Status des Berufsbergsteigers strebten, haben mittlerweile erkannt, dass sie sich mit ihrem Verschreiben an die Entertainment-Branche und deren gnadenlose Regeln auf ein Terrain begeben haben, auf dem sie möglicherweise bald zu Getriebenen werden, die Risiko-Spirale immer schneller drehen müssen, immer neue und stärkere Anreize für ihre Geldgeber bieten, um nicht als verwitterter Alt-Profi ohne Sozialnetz in der Rolle eines Linienrichters beim Hallenklettern zu enden. Also: Dranbleiben ist alles! Hinter einer dünnen Schminke aus abendländischer Zivilisation lechzen doch die Zuschauer insgeheim noch immer nach Gladiatorenspielen mit blutigem Ausgang. Hätte ein Grandprix noch eine derartige Anziehungskraft, wenn die Möglichkeit eines tödlichen Crashs absolut ausgeschlossen wäre? Boivin hätte beinahe die ultimative Wunschvorstellung der zynischsten TV-Voyeure erfüllt: den tödlichen Absturz vor laufender Kamera! Beim Absprung mit einem Mini-Fallschirm über den fast tausend Meter hohen Angel-Fall in Venezuela stürzte er ins Geäst eines Baumes, konnte sich schwerverletzt zwar noch auf den Boden retten, wo er jedoch verblutete. Aus Spargründen war nur ein einziger Helikopter gechartert worden, dessen Besatzung sich um eine knapp vor Boivin gestartete Springerin kümmern musste, die sich ebenfalls verletzt hatte ... Realisiert wurde der öffentliche Todessturz durch den Abenteurer, Stuntman und Profi-Alpinisten Bruno Couvy, der 1990 das Couloir Couturier an der Aiguille Verte mit Ski abfahren wollte. Er kam schon beim ersten Schwung zu Sturz und flog, gefilmt von der Kamera des Fernsehteams, das gesamte 750-Meter-Couloir hinunter. Angeblich wurde der Film nie gezeigt – kann aber noch kommen!

Paine-Türme, Patagonien - Enchainement von morgen?

Drei, vier, fünf oder sechs Wände hintereinander, bei Nacht und Neumond, im Sommer, im Winter ohne lange Unterhose – ob sich dafür noch jemand interessiert? Das läuft sich allmählich tot in dieser Branche, die vom Reiz des Erstmaligen, Sensationellen, Trashigen und Monströsen lebt.
„Bringen Sie mir lieber", winkt der TV-Intendant müde ab mit einem Blick auf die Einschaltquoten „einen lebendig Begrabenen, einen transsexuellen Kardinal, eine Frau mit drei Titten ... oder gar als ultimative Sensation einen Politiker, der klar mit ‚Ja!' oder ‚Nein!' antwortet!"

Angesichts derartiger Vorgaben bleibt dem Bergprofi nur mehr die finale Möglichkeit, sich effektvoll mittels Prusikschlinge an einem Skyhook aufzuhängen!

The story of the physician Yuthok Yontan Gonpo being invite by the Yeti.

Geschichte einer Yeti-Begegnung, 1990

10.
ORIGINAL YETISCHMAUS

Yeti yodelt: „Yuhuu, Yak-Yoghurt!" - In eisigen Höhen fällt das Atmen wie auch das Kochen schwer. Hier empfiehlt sich leicht verdauliche, nicht blähende Kost, wie etwa der trotz seines opulent klingenden Namens eher schlichte

---

YETISCHMAUS *(Privatrezept nach Sherpa Penzing Grinzing)*

Basismischung: einen Hochkesselkopf mit Pulverschnee füllen (keinen gelben Schnee verwenden!), zwei Wochen einfrieren und bei Bedarf langsam warmzittern, in der Gipfelflagge eingeschlagen temperiert halten.
Suppentopf „Reinhold": in die Basismischung
1 feinpürierte Isomatte, 2 – 3 Teebeutel als Instant-Gemüse,
1 Handvoll Chilipulver, 1 Esslöffel Yetischmalz (eine Rarität, nur über den Bauernladen von Schloss Juval zu beziehen!) einrühren, aufwallen lassen, mit etwas zerstoßenem Karakorum und Gaurishankar würzen, je nach Geschmack eine Messerspitze Immodium oder Diamox zufügen.
Dazu reicht man in Buttertee eingelegte Zeltheringe
Seilsalat aus 100 Meter 9mm-Fixseil
Dessert:
Serac-Cup „Cho Oyu" (von Tichy) mit Eis-Schlag und 1 Mallory-Keks

---

Ganz oben

„Vielleicht ist jenes Bedürfnis tatsächlich unstillbar, das uns selbst in enzyklopädisch gesicherten Gebieten nach dem Unbekannten, Unbetretenen, von Spuren und Namen noch Unversehrten suchen lässt – nach jenem makellos weißen Fleck, in dem wir dann ein Bild unserer Tagträume einschreiben können".
Christoph Ransmayr, „Der fliegende Berg"

Im Reich des Yeti. Endlich betritt der Titelheld, der „schreckliche Schneemensch" die Bühne! Angeblich mit kannibalischem Mords-Appetit gesegnet, müsste er eigentlich mit sicherem Instinkt zielsicher nach seinem Lieblingsgericht streben: Menschenauflauf! Da wäre er im Everest-Basecamp jederzeit an der richtigen Adresse: 2003 etwa, im fünfzigsten Jubiläumsjahr der Ersteigung, tummelten sich auf diesem Parkett der Eitelkeiten nicht weniger 850 Personen. Derzeit sind es in der Hochsaison bereits rund 1000. Da hätte er sich den jeweils „höchsten" Schlierseer, Kärntner, Krakauer oder Emmentaler am Gaumen zergehen lassen können – allein, er machte keinen Gebrauch von dieser reichlich gedeckten Tafel und ließ die Gelegenheit für eine weltweit übertragene Koch- & Fress-Show mit ungeheurer Wirkung sausen!

Anhand von Fotos seiner Spuren lebt Yeti auf großem Fuß (Schuhgröße etwa 68, aber er trägt keine Schuhe). Nur hat ihn kaum jemand je selber gesehen – immer nur ein Onkel, oder ein Großvater, der zwei Täler weiter wohnte und leider vor einem Jahr verstorben ist … Und so ein alter alpiner Bergfalott, der den unbedarften Touristen „Gämseneier", „Wolpertinger" und „Raurackeln" aufs Auge drücken möchte, erfindet in seiner östlichen Daseinsform eben den „Yätti". Was in der noch immer von Geister- und Götterglauben unterfütterten Vorstellungswelt der Himalayabewohner durchaus verständlich wirkt. Yetiskalps und -hände, die gelegentlich in Himalaya-Klöstern präsentiert wurden, erwiesen sich aber nach eingehenden Untersuchungen als plumpe Fälschungen. Dennoch unterscheidet man in Nepal gleich drei Arten von Yetis: den Pygmäenyeti (Meh-Teh), rund 1 Meter hoch, mit rotem Fell, den Echten Yeti (Mih-Teh), etwa 1,80 groß, mit braunem Fell, und den Riesenyeti (Dzu-Teh), bis 2,70 groß. mit zottigem schwarzen Fell. Die nepalesische Regierung hat sicherheitshalber alle drei Sorten auf die Liste der bedrohten Tierarten gesetzt.

| Scheuchzers Tatzelwurm | Raurackel | Echter Yeti |

Die Yetologen hatten mitteleuropäische Vorgänger in Gestalt der Tatzelwurm-Forscher. Der Zürcher Professor Johann Jakob Scheuchzer verfasste 1723 ein vierbändiges Werk über die alpine Schweiz, „Itinerara per Helvetiae alpinas regione", in dem er unter anderem die Tatzelwürmer mit der Exaktheit des Wissenschaftlers in vier Gruppen klassifizierte: geflügelte Drachen / ungeflügelte Drachen, Drachen mit Füßen / fußlose Drachen.

Auf seinen nach herkömmlichen Begriffen höchst bescheidenen Alpenwanderungen hat Scheuchzer übrigens keine einzige Art davon jemals zu Gesicht bekommen. In den zentralasiatischen Republiken der ehemaligen Sowjetunion wurde ebenfalls ein Wesen mit der Personalbeschreibung des Yeti gesichtet, dort wurde er „Almasty" genannt und sollte eine Art übrig gebliebener Neandertaler sein (wäre der nicht auch noch in unseren Breiten zu beobachten?). Doch die „Prawda" war mit Parteitagsberichten und dem Lob der jeweiligen Staatsführung ausgelastet und gewährte ihm kaum eine halbspaltige Meldung. Im Gegensatz zur westlichen Presse: dort rangeln nach wie vor Yeti und Nessie je nach Wetterlage um ihre Stammplätze. Um den west-östlichen Fabel-Diwan ausgeglichen zu bevölkern, wird überdies im Norden von Kanada und Alaska nach „Bigfoot" gefahndet, einem vermutlich englischsprachigen Wesen mit yeti-artigen Eigenschaften.

Der Yeti ...   ... lebt auf großem Fuß

241

Eduard Wyss-Dunant, der 1952 die Schweizer Expedition zum damals noch unerstiegenen Everest leitete, konnte große Fußspuren fotografieren, die seiner klaren Analyse nach jedoch von einem vierbeinigen Wesen stammen mussten, welches sich nur kurzzeitig auf zwei Beinen bewegte. Es musste sich folglich um eine Bärenart handeln. Zuvor hatte der Schweizer noch aus einiger Entfernung ein aufrecht gehendes Wesen beobachtet, das mit tonnenförmigem Oberkörper und extrem langen Armen der ominösen Sagengestalt des Himalaya entsprach – und sich beim Näherkommen als ganz normaler, auf das Basislager zustrebender Erdenbewohner erwies, was sich bei weniger rationalen Zeitgenossen wahrscheinlich als Mischung von optischer Täuschung und abergläubischer Einbildung als weitere Yeti-Sichtung niedergeschlagen hätte.

In einer immer nüchterner und geheimnisloser werdenden Welt findet eine diffuse Sehnsucht nach Legenden und Mysterien einen reichen Nährboden. Der Everest-Erstbesteiger Sir Edmund Hillary unternahm schon 1960/61 eine Expedition mit dem Ziel, „die Behauptung von der Existenz des Yeti zu beweisen oder zu widerlegen". Als er gefragt wurde, was er denn tun würde, sollte es gelingen, tatsächlich einen Yeti einzufangen, etwa ihn nach Europa zu bringen, antwortete er: „Ich würde ihn nach einer gründlichen Untersuchung laufen lassen. Ich glaube nicht, dass unsere heutige Zivilisation dem Yeti viel zu bieten hätte." Seriöse Wissenschaftler haben schon immer darauf hingewiesen, dass zur Erhaltung einer Population eine gewisse

Mindestanzahl Individuen innerhalb einer bestimmten Fläche notwendig ist, wie sich anhand der Wiederansiedelungsprojekte des Bären in Mitteleuropa zeigte. Die räumlich wie zeitlich äußerst spärlichen Yeti-Sichtungen legen nahe, dass sich ein solches Fabelwesen vermutlich durch lesbische Autogenese vermehrt. Reinhold Messner pokerte hoch, setzte seinen seriösen Ruf aufs Spiel, lieferte endlich 1997 die lange ersehnte Schlagzeile: „Ich habe den Yeti gesehen!" – und vertröstete eine gespannt wartende Leserschaft auf sein dazu im folgenden Jahr erscheinendes Buch. Dort berichtet von einer leibhaftigen Begegnung mit ihm, doch hat er ihn als eine Unterart des Braunbären entzaubert! In Übereinstimmung übrigens mit vielen Zoologen. Doch allen enttäuschten Yeti-Gläubigen sei zum Trost eine unbestreitbare Tatsache verraten: wenn es schon keinen Yeti gibt – Elvis lebt!

Als die Kenntnisse von Himalaya und Karakorum inklusive Yeti noch sehr lückenhaft waren, also etwa bis ins 18. Jahrhundert, galt als höchster Berg der Welt der Chimborazo (6.310 m) in Ecuador. Später wurde er für einige Zeit abgelöst vom Gaurishankar - einer mächtigen, auffälligen Berggestalt in Nepal, aber „nur" 7.134 m hoch. Es dauerte bis 1852, als der Mount Everest als höchste Erhebung identifiziert wurde. Durch die neuzeitliche mathematische Geografie erhielt aber der Chimborazo doch wieder einen Ehrenplatz: Man hat nämlich festgestellt, dass die Erdkugel keine ideale Kugelform aufweist, sondern an den Polen etwas abgeplattet und in Äquatornähe ausgebaucht ist – ein „Laberl" gewissermaßen. Der Chimborazo, mit großer Eigenhöhe, liegt nahe am Äquator und kann daher zumindest als der vom Erdmittelpunkt am weitesten entfernte Punkt der Erdoberfläche gelten. Doch mussten ab der Entdeckung der Achttausender rund hundert Jahre vergehen, ehe die menschlichen Anstrengungen, die höchsten Gipfel des Planeten zu betreten, zum gewünschten Erfolg führten.

Chimborazo, 6310 m

Gaurishankar, 7134 m

Die Achttausender-Erstbesteigungen, die in das Jahrzehnt zwischen 1950 und 1960 fielen (Ausnahme: Shisha Pangma, 1964), gerieten überwiegend zu Veranstaltungen, denen das Schild „nationales Anliegen" umgehängt wurde – schon um Förderungen locker zu machen. Die Annapurna also wurde laut nachträglicher Aufbereitung zur Gloire der Grande Nation erstiegen, am Everest ließ Oberst Hunt generalstabsmäßig noch einmal die britische Army siegen, für Mamma Italia kletterte die Spitze einer Riesenexpedition zum Gipfel des K2 – und so weiter bis zu den Chinesen am Shisha Pangma, die selbstverständlich zum Ruhm ihres Großen Vorsitzenden Mao Zedong gipfelwärts keuchten. Einzig die Amis am Hidden Peak mussten bar jedes nationalen Pomps klettern – im Land des Basket-, Base- und Football zählte

Bergsteigen zu den Außenseitersports. Im Bewerb um diese 14 begehrten Erhebungen machte das kleine Österreich recht gute Figur: drei von ihnen wurden durch österreichische Expeditionen erstiegen (Cho Oyu mit Tichy/Jöchler und Pasang Dawa Lama als erste Leichtgewicht-Expedition, sowie Gasherbrum II und Broad Peak), zwei weitere unter Teilnahme österreichischer Alpinisten (Nanga Parbat und Dhaulagiri).

Dreien von all diesen internationalen Eroberern des Unnützen gelang ein unwiederholbarer Hattrick – die Erstbesteigung von zwei Achttausendern:
• Hermann Buhl (Nanga Parbat und Broad Peak)
• Gyaltsen Norbu (Makalu und Manaslu)
• Kurt Diemberger (Broad Peak und Dhaulagiri).
Er ist der einzige noch lebende unter ihnen: Buhl stürzte im Anschluss an die Broad-Peak-Expedition beim Versuch der Erstbesteigung des Siebentausenders Chogolisa durch Wechtenbruch in den Tod, und Gyaltsen Norbu kam durch eine Lawine am Langtang Lirung ums Leben, einem schwierigen und gefährlichen Siebentausender. Von Gyaltsen Norbu existiert übrigens kein Porträtfoto, das Expeditionsbuch „L'heureuse Makalu" zeigt nur die französischen Teilnehmer.

Buhl

Diemberger am Shartse

Diese 14 begehrten Spitzen im Himalaya und Karakorum bilden ein riskantes Gelände für ihre Besucher: 8,2 % aller Bergsteiger kamen nicht mehr ins Basislager zurück, wie eine Auswertung von 8184 Besteigungen ergeben hat, die bis Ende

2005 ausgeführt wurden. Dabei kam es zu 668 Todesfällen. Unfälle, die sich vor Erreichen des Gipfels ereigneten, sind darin noch gar nicht enthalten. Die höchsten Überlebenschancen bietet demnach der Cho Oyu, hier starben nur 1,8% der Gipfelstürmer. Bei den 2227 Besteigungen wurden nur 37 Tote registriert. Auch der Gasherbrum II (Todesrate 2,5%) und der Lhotse (3,2%) können als relativ sicher gelten, wobei der Lhotse ungleich seltener bestiegen wird. Der gefährlichste Berg in dieser Statistik ist die Annapurna: 40,8% der Gipfelbesteiger starben – also fast jeder zweite. Bei den 142 Besteigungen kamen 58 Menschen ums Leben. Den zweiten Platz nimmt der K2 ein, mit 249 Besteigungen und 60

Lawine am Nanga Parbat

Toten (24,1%), gefolgt vom Nanga Parbat mit 265 Gipfelsiegen und 62 Toten (23,4%)
Danach folgen: Manaslu (Todesrate 21,7%), Kangchendzönga (20,5%), Dhaulagiri
(16,8%), Makalu (10,7%) Hidden Peak (9,2%) Shisha Pangma (8,6%) Mount Everest
(7,5%) und Broad Peak (6,7%). Lawinen sind auf der Annapurna die größte Gefahr:
37 der 58 ums Leben gekommenen Bergsteiger starben hier den „Weißen Tod".
Am K2 hingegen spielen Lawinen eher eine untergeordnete Rolle. Hier starben 50%
der getöteten Bergsteiger durch Absturz oder wurden als verschollen registriert.
Am Everest kam je ein Drittel der Opfer durch Absturz oder Lawinen ums Leben,
das restliche Drittel durch Höhenkrankheit oder blieb verschwunden.

„Die äußerste Höhe, in welcher ein Mensch noch ohne Gesundheitsgefährdung
existieren kann, beträgt gegen 3.176 Meter". So stand 1850 in Folge 1 der in München erschienenen „Gebirgspost" zu lesen. Die Zeitschrift wurde übrigens nicht
sehr alt – vermutlich sind zu viele ihrer Leser an Höhenkrankheit verschieden ...
Später wurde ausgerechnet, wie viele Gehirnzellen bei längerem Aufenthalt in
der „Todeszone" absterben, und welche diesbezügliche Dauerschäden auftreten
würden. Ähnliche Expertisen belegten etwa anlässlich der Erfindung der Dampf-
lokomotive, dass der menschliche Organismus eine Geschwindigkeit von mehr
als 60 km/h nicht überleben könne. Vor der ersten Everest-Besteigung ohne
Flaschensauerstoff durch Reinhold Messner und Peter Habeler 1978 waren sich
trotz der britischen Expeditionserfahrungen in den Zwanzigerjahren selbst ernst zu
nehmende Alpinmediziner und Bergsteiger nicht einig, ob dies ohne Dauerschäden
ausgehen könnte ...

Wasser marsch! Immer häufiger findet der Mensch nun Gelegenheit, in Höhen
vorzudringen, in denen er von seiner evolutionären Anlage her eigentlich nichts
zu suchen hat. Nicht nur das höhenbedingte Sauerstoffdefizit bewirkt allerhand
Probleme für seinen Organismus. Ein Hauptübel ist der Flüssigkeitsmangel, der

Wasser marsch!

zur Blutverdickung (= verminderte Kreis-
lauffunktion = Thrombosegefahr) führt.
Abhilfe schafft nur eines: viel trinken! Als
Faustformel wurden neuerdings täglich
1 Liter pro erreichte Tausenderkategorie
errechnet, also vier Liter in viertausend
Meter Meereshöhe, sechs in sechstausend usw. Ein Problem ist dabei der
erschwerte Zugang zum Wasserhahn.
Da heißt es, Schneeschmelzen auf
Teufel komm raus: in siebentausend
Meter etwa für eine Dreiergruppe täglich 21 Liter! Zum Gipfelbesteigen wird
da nicht mehr viel Zeit bleiben, zumal
gesundheitsbewusste Höhenbergsteiger zusätzlich ihre tägliche Urinmenge
von mindestens 1 Liter zu kontrollieren
haben: a) durch Stoppen der Durch-
flusszeit, b) durch Mengenschätzung,

was aber schon fast an Fahrlässigkeit grenzt. Der furchtbare Verdacht drängt sich auf, dass deshalb wohl noch keine einzige höhenmedizinisch einwandfreie Achttausenderbesteigung stattgefunden hat: die wurschteln sich alle einfach ganz unwissenschaftlich gipfelwärts!

Die Achttausendsassas. Die ersten Expeditionsberichte ließen die Vermutung aufkommen, dass es nur einer Personalunion aus Halbgott, Yogi und Sportweltmeister möglich sei, den Gipfel eines Achttausenders zu erreichen. Mittlerweile haben mehr als zwanzig Alpinisten, darunter drei Frauen, alle vierzehn dieser Bergriesen bestiegen, jährlich werden es mehr, bald wird man sie kaum mehr registrieren. Allerdings konnten nur Reinhold Messner, Jerzy Kukuzcka, Erhard Loretan, Juanito Oiarzabal, Alberto Iñurrategi, Edmund Viesturs und Silvio Mondinelli alle diese Gipfel ohne Flaschensauerstoff erreichen. Der Spanier Oiarzabal kann auf 24 Achttausenderbesteigungen verweisen, Appa Sherpa war 24 Mal am Everest, Ang Rita Sherpa zehn Mal, dazu noch viermal am Dhaulagiri, einmal am Kangchendzönga, zweimal am Cho Oyu – allmählich verebbt die Sensation. Bei dreizehn Achttausendern beendete Hans Kammerlander das Sammeln – er mochte nicht mehr zum Manaslu zurückkehren, wo sein Freund Friedl Mutschlechner durch Blitzschlag (!) ums Leben kam. Und der Südtiroler Christian Kuntner (dreizehn Achttausender) verunglückte tödlich an der Annapurna, beim dritten Versuch, diesen letzten in seiner Kollektion fehlenden Traumberg zu ersteigen. Auch für den Franzosen Benoit Chamoux bedeutete die Dreizehn eine Unglückszahl und der Kangchendzönga das Ende seiner Bemühungen – wobei für abergläubische Sammleraspiranten der beruhigende Zusatz eingefügt sei, dass einige seiner Ersteigungen als umstritten galten.

Der Zehntausender. In noch größere Höhen aber stieß bereits 1875 ein gewisser A. J. Lawson angeblich vor. In diesem Jahr erschien sein Buch „Wanderungen im Inneren Neu-Guineas". Auf der regendampfenden Dschungelinsel hatte der wackere Captain eine unglaubliche Leistung vollbracht. Sein Ziel war ein damals (und bis heute) unbekannter Mount Herkules, der mit genau gemessenen 32.783 Fuß (= 10.748 m) angegeben wurde: nichts Geringeres als der höchste Gipfel der Welt! In schöner Bescheidenheit gab der Autor indessen zu, nicht die höchste Spitze, sondern „nur" eine Höhe von 25.314 Fuß (= 8.299 m) erreicht zu haben. Um vier Uhr früh sei er in Begleitung eines Eingeborenen namens Aboo von seinem Basislager in 2.000 Fuß (= 655 m) Höhe aufgebrochen, hatte um neun Uhr bereits 14.000 Fuß (Monte Rosa – Gipfelhöhe!) und um dreizehn Uhr 25.000 Fuß erreicht. Das entspricht einer konstanten Steigleistung von 840 Höhenmetern pro Stunde, 9 Stunden durchgehalten, und dies in unwegsamem Gelände: Durch Dschungel und hohes Gras, über glatte Felspassagen und Schneefelder, dabei frei von Akklimatisationsproblemen in die höchste Höhe, in die damals (und bis 1922) je ein Mensch vorgedrungen war.

Der Neuntausender?

Die Leistung dieses Superalpinisten aber müsste – selbst wäre sie tatsächlich erbracht worden – vor der seines kleinen Begleiters Aboo verblassen, der mit seinen 127 cm Körpergröße (vermutlich vom Stamm der Sowosama?) tapfer Schritt hielt. Die Presse nahm sich dieses Unfugs jedenfalls mit Begeisterung an, ehe das „Alpine Journal" nüchtern-pedantisch die Legende vom Mount Herkules killte. Der höchste Gipfel Neuguineas, die Carstensz-Pyramide (4.884 m), wurde übrigens erstmals 1962 durch Heinrich Harrer, Phil Temple, Bert Huizinga und Russ Kippax bestiegen.

Die Neuntausender-Saga. Das Zwanzigste Jahrhundert sollte es etwas billiger geben. Man blickte bereits nieder auf eine Welt ohne unbekannte Küsten, vergessene Inseln oder unentdeckte Gebirge. Und doch nährt gerade eine fast vollständig kartierte und ausgemessene Erdkugel ein Urbedürfnis nach dem Phantastisch-Spekulativen (Däniken lässt grüßen!). Daher wurden immer wieder Zweifel lanciert, ob denn der Mount Everest mit 8884 Metern wirklich der Gipfel der Welt sei. 1922 wollte der britische General Pereira in der chinesischen Provinz Chinghai einen Berg entdeckt haben, der höher sei als der Everest. Im Frühjahr 1944 hatte ein amerikanischer Pilot auf der Strecke Burma-Chungking die Wolken-decke durchbrochen und angeblich in 9300 m neben sich einen schneebedeckten Berg gewahrt, dessen Gipfel noch einige hundert Meter über seiner Flughöhe lag! Dabei hat der Asienforscher Wilhelm Filchner auf seinen Expeditionen 1903 bis 1905 das Gebiet durchwandert, ohne dass ihm ein derart riesenhafter Gipfel aufgefallen wäre. Bald nach der Nachricht des Fliegers hat der Himalayaexperte G. O. Dyhrenfurth seine Zweifel an der Existenz eines solchen Giganten angemeldet und genau berechnet, aus welcher Entfernung dieser Berg sichtbar sein müsste. Zwei amerikanische Expeditionen zum Amnyi Machin – um diesen handelt es sich – kamen unter dubiosen kartografischen Voraussetzungen zu widersprüchlichen Höhenmessungen, wobei jene für das Magazin „Life" 1949 ein Wunschergebnis von 29.661 Fuß (= 9.040 m) lieferte. Von der geografischen Fachwelt wurde diese Unternehmung ignoriert, da die Meereshöhe der Vermessungsbasis nach einer ungenauen chinesischen Karte geschätzt (!) wurde.

Das Amnyi-Machin-Massiv rückte mit dem Kalten Krieg für westliche Bergstei-ger in unerreichbare Ferne. Der „Neuntausender" hatte sich wohl als unhaltbar erwiesen, doch über die tatsächliche Höhe war man sich noch immer nicht im Klaren. 1960 hat eine Expedition des geologischen Institutes Peking den Gipfel erstmals bestiegen und mit 7.160 m an-gegeben, eine gewaltige Überschätzung, die einem Geologenteam eigentlich nicht unterlaufen dürfte. In „Berge der Welt", 1968/69 dagegen ist der Gipfel gar nur mit schnöden 5.500 m ausgewiesen! Im Zuge der Öffnung Chinas wurde 1981 der Amnyi Machin zur „Erstbesteigung" feilgeboten – gleich mehreren Gruppen

Amnye Machin – um knappe
3000 Höhenmeter verschätzt

gleichzeitig! Im Mai waren Japaner erfolgreich, im Juni Amerikaner, dicht gefolgt von einer deutsch-österreichischen Mannschaft. Die Höhenangaben können mittlerweile als unanfechtbar gelten: das Amnyi Machin-Massiv weist vier Gipfel auf: Den Hauptgipfel mit 6.282 m sowie drei Nebengipfel mit 6.268, 6.090 und 6.070 m.

Höher als der Everest. Dieses ehrgeizige Wunschziel wird somit endgültig auf die künftige Disziplin des Mars-Bergsteigens verwiesen: dort wurde ein „Mount Olympus" ausgemacht, der mehr als 20.000 m hoch sein dürfte. Letzte irdische Möglichkeit: Würde man den Abflussstöpsel der Weltmeere herausziehen, käme den Vulkanen der Hawaii-Inseln der Ruhm als Berge mit der höchsten relativen Höhe zu. Diese Viertausender erheben sich aus heutigen Meerestiefen von über sechstausend Metern! Bis dahin bleibt aber noch der Everest das höchste Ziel für Rekorde und Rekördchen jeglicher Art. Wurden nach den jeweils ersten Besteigungen der höchsten Gipfel die erste Ersteigung durch verschiedene Nationalitäten gefeiert (1980 wurde sogar noch im schönsten Kolonialstil eine „Erstbesteigung durch Weiße" der von Chinesen 1964 erstmals betretenen Shisha Pangma nachgereicht), so halten wir derzeit bei Provinzial- und Lokal„rekorden". Willi Rickmer Rickmers, der scharfzüngige alpine Bernhard Shaw, schrieb wenige Jahre vor seinem Tod im Jahr 1965 vorausblickend: „Auf die erste Besteigung des Mount Everest wird die erste Begehung im Sommeranzug mit Stadtschuhen und Rohrstöckchen folgen. Dann kommt eine alleingehende Jungfrau und schließlich Oma mit dem Enkel im Kinderwagen. Die erste Überfliegung von Bergen durch Adler wurde vom ersten Flugzeug in den Schatten gestellt. Warum macht der durch allerlei Erfindungen begünstigte Mensch so großes Aufheben, wo doch ein armseliger Käfer schon ohne besonderes Rüstzeug oben war?"

Höhenrekorde: langsames Vortasten. Solange noch ein Überangebot an hohen unerstiegenen Bergen herrschte, konnte die größte erreichte Höhe logischerweise als Rekord reklamiert werden; hierbei wurde in zwei Kategorien verfahren: jeweils der höchste erstiegene Gipfel, sowie die größte erreichte absolute Höhe – wobei eigenartigerweise beide Marken durch Jahrzehnte hindurch weit auseinander klafften. Vor 1900 hat sicher kein Mensch die 7000er-Marke überschritten, sehr wohl aber haben südamerikanische Hochlandindios in präkolumbianischer Zeit den Lullaillyaco (6.723 m) und andere hohe Vulkanberge zu kultischen Zwecken erstiegen. Der Aconcagua (6.959 m) wurde 1897 von Mathias Zurbriggen erstmals bestiegen. Tom Longstaff erreichte 1905 am Gurla Mandhata (7.728 m) eine Höhe von etwa 7.250 m, und stand 1907 auf dem Gipfel des Trisul, 7.120 – dem ersten Gipfel über siebentausend Metern. Die Quote 7.300 erreichte der Herzog der Abruzzen 1909 bei einem Versuch an der Chogolisa. 1911 schraubte Kellas am Pauhunri (7.128 m) den Gipfelrekord um 8 m höher, der erst 1928 mit der Besteigung des Pik Lenin, 7.134 m durch Karl Wien, Eugen Allwein und Erwin Schneider überboten wurde.

An den Flanken des Mount Everest war man währenddessen in unvergleichlich größere Höhen vorgestoßen: 1922 hatten Mallory, Norton und Sommervell 8.225 m erreicht, Bruce und Finch eine Woche später 8.326 m, und 1924 stand Norton (ohne künstlichen Sauerstoff) auf 8.572 m – eine Leistung, die erst 1953 überboten wurde. Dagegen nahmen sich die höchsten erstiegenen Gipfel eher bescheiden aus:

7.473 am Jongsang Peak (Schneider und Hoerlin, 1930), 7.755 am Kamet (Smythe, Shipton u. a., 1931), 7.816 m an der Nanda Devi (Tilman und Odell, 1936). Erst 1950 gelang es den Franzosen Louis Lachenal und Maurice Herzog, den ersten Achttausendergipfel, die 8.078 m hohe Annapurna zu besteigen und den jahrzehntelangen Bann zu brechen. Die Briten erwiesen sich in der Folge als Spielverderber, indem sie 1953 gleich den höchsten Gipfel der Erde bestiegen und dem scheibchenweisen Höherlizitieren nach Stabhochspringer- oder Gewichtheberbrauch ein jähes Ende machten.

Höhenrekord 1905: 7250 am Gurla Mandhata

Den Oscar für Alpinisten bedeutete einst die Einladung zu einer Expedition. Was als feierliches nationales Geschehen, als Ausnahmeereignis von unerhörter Tragweite und Bedeutung galt, für den Einzelnen ein umkämpftes Statussymbol, hat mit den meisten derzeitigen Veranstaltungen oft nur mehr den Namen gemeinsam. Und häufig die Unstimmigkeiten. Fast immer wurde gestritten, was in der nachträglichen medialen Aufbereitung – es erschien ja danach meist nur ein Expeditionsbuch – geglättet und retuschiert wurde. Die Erfolgreichen waren zufrieden, die weniger Erfolgreichen konstruier(t)en Begründungen ihrer Misserfolge für sich und die Öffentlichkeit. Und es ist eine Sache der inneren Stabilität, wie die zwangsläufig auftretenden kleinen Unzulänglichkeiten und Missstimmungen in diesem strapaziösen Metier verkraftet werden. Diese früher meist einzigartige Gelegenheit innerhalb eines Bergsteigerlebens brachte zudem eine übersteigerte Erwartungshaltung mit sich – und bei einem Scheitern die entsprechende seelische Fallhöhe, während man sich jetzt leichter auf ein „nächstes Mal" vertrösten kann.

Das Höhenbergsteigen, die Formel I des Alpinismus, ist bei Licht besehen zugleich dessen „Strenge Kammer", nach wie vor zu großen Teilen eine elende Schinderei und Schwerstarbeit, die niemand bezahlen könnte und die einem kein Boss der Welt ohne arbeitsrechtliche Beanstandung zumuten dürfte: so etwas tut sich der Mensch nur freiwillig an! Die Glücksmomente stellen sich eher nur zwischendurch, meist erst nachträglich ein. Umso schlimmer, wenn dann die Siegesplakette fehlt. Extrembergsteiger sind und waren im Allgemeinen keine pflegeleichten, ausgewogenen Charaktere, wie schon der Begriff „extrem" einschließt. Die Auslesekriterien der früheren, mit einem ungeheuren Nimbus behafteten Expeditionen hatten zur Folge, dass es oft nur Häuptlinge und keine Indianer gab, die nun als Team unter Erfolgsdruck und Dauerstress gegen widrige Naturgewalten und die Mechanismen der Gruppendynamik anzutreten hatten. Wo nicht in bewährten Partnerschaften erprobt, hat dies in der Geschichte des Expeditionswesens häufig zu Reibereien geführt, über die jedoch früher laut einer ungeschriebenen Konvention der Mantel der edlen und allumfassenden Bergkameradschaft gebreitet wurde.

Tschogo Ri vulgo K2. Für den Wiener Gesäusepionier und Westalpenmann Heinrich Pfannl versprach das Jahr 1901 sein alpinistischer Höhepunkt zu werden: Er wurde von Oscar Eckenstein zur Teilnahme an der K2-Expedition eingeladen, einer internationalen Gruppe von höchst unterschiedlichen Charakteren und alpinistischem Kaliber, und dies – so weiß man mittlerweile – kann nur selten gut ausgehen. Angefangen von den bergsteigerisch eher unterbelichteten Fähigkeiten des Expeditionsleiters, des Okkultisten und Satanisten Aleister

K2, 8611 m – der König der Berge

Crowley und des Schweizer Arztes Jaccot-Guillarmod, bis zum eigenartigen Expeditionsvertrag, der völlig realitätsfern jede Anweisung der Expeditionsleitung schriftlich und mit schriftlicher Gegenbestätigung vorsah, und welcher es allen Teilnehmern untersagte, sich unterwegs mit Frauen einzulassen. Dazu gesellte sich der weltweit bescheidene Wissensstand im Höhenbergsteigen, sowie das Pech, dass gerade Pfannl, der alpinistisch fähigste Mann, durch Überanstrengung an einem Lungenödem erkrankte und abtransportiert werden musste. Über 6000 Meter war man im Wesentlichen nicht hinaus gelangt. Guillarmod und Viktor Wessely (von ersterem wegen seines gesegneten Appetits „das Tier" genannt) konnten nur mit Mühe gehindert werden, sich gegenseitig anzuspringen. Abgesehen davon, dass damals derartige Zerwürfnisse keinesfalls lustvoll an die Öffentlichkeit getragen wurden, zeigte Pfannl darüber hinaus Seelengröße. Von all den Troubles innerhalb der Gruppe erfährt man höchstens in angedeuteten Halbsätzen: über allem Zwist steht dominierend das Erlebnis „Tschogo Ri", des „Großen Berges".

Luigi Amadeo di Savoia (1873 – 1933), der Herzog der Abruzzen, war Marineoffizier, ein Adeliger, der sein Vermögen weder in Casinos noch mit kostspieligen Mätressen verjubelte, sondern als Forschungsreisender in die Herausforderung unwirtlicher und unerforschter Regionen investierte. Im deutschen Sprachraum sind seine außergewöhnlichen Leistungen viel zu wenig gewürdigt worden (1906 Erstersteigungen im Ruwenzori-Massiv, 1893 erste Besteigung des Mount St. Elias, im Jahr 1900 war er dem Nordpol näher gekommen als alle anderen Forscher: 86° 34'). Finanziell unabhängig, konnte er nach dem Prinzip „Wer zahlt, schafft an" ohne Diskussionen nach seinen Vorstellungen eine Karakorum-Expedition ausrüsten. Diese erreichte 1909 am Ostgrat des K2, dem „Abruzzisporn", eine Höhe von 6250 m und fand damit die günstigste Aufstiegsmöglichkeit, den heutigen Normalanstieg, den Schlüssel für die erfolgreiche K2-Expedition von 1954. An der Chogolisa erreichte Luigi Amadeo beinahe 7.300 m, was einen Höhenrekord darstellte, und der Meisterfotograf Vittorio Sella lieferte dazu die über Jahrzehnte besten Fotos vom „Berg der Berge".

Luigi Amadeo die Savoiai I re: im Ruwenzori-Gebiet

Annapurna – erster Achttausendergipfel. Eine Elite der französischen Nachkriegs-Alpinisten wollte auf den vielversprechenden Himalaya-Vorstößen ihrer Vorgänger aufbauen: Lachenal, Terray, Rébuffat, Couzy, Ichac ... „Hauptsach', man weiß, wo der Berg steht" ist eine essentielle Vorgabe für eine Expedition – genau dies war aber im Himalaya des Jahres 1950 überhaupt noch nicht geklärt. Dhaulagiri und Annapurna standen zur Disposition, letztere, die „lebensspendende Göttin", war zu Beginn der Unternehmung als vorrangiges Ziel gar nicht vorgesehen gewesen. Anhand von unvollständigen Karten, eigentlich nur Kammverlaufsskizzen, in denen schon einmal ein ganzes Tal fehlte, verschlang die wochenlange Suche zweier Gruppen (untereinander ohne Kommunikationsmöglichkeit) nach dem besten Zugang für einen Expeditionstross zum Berg wertvolle Zeit, ehe man sich auf die Annapurna einigte. Die Zeit wurde damit – und wird bis dato fast immer – zu knapp. Die Gipfelseilschaft Louis Lachenal und Maurice Herzog hatte sich etwas voreilig und übereifrig mit allerhand Pülverchen, darunter dem Aufputschmittel Pervitin vollgepumpt. Am 3. Juni 1950 erreichten sie bei ins Mark schneidender Kälte den höchsten Punkt. Lachenal spürte seine Füße kaum noch, drängte hektisch nach unten, beim Abstieg verlor Herzog seine Handschuhe – und vermutlich auch die Übersicht: kein Gedanke an die rettenden Reservesocken im Rucksack, während sich seine Finger in gefühllose Holzstücke zu verwandeln begannen ...

Beim weiteren Abstieg geriet die Mannschaft in eine Lawine, die Männer biwakierten in einer Gletscherspalte, in der sie neuerlich von einer Lawine überspült wurden und beinahe ihre ausgezogenen Schuhe nicht mehr gefunden hätten, Lionel Terray und Gaston Rébuffat, die zwei Stärksten des Teams, waren schneeblind geworden … Der „Sieg" über diesen hohen Berg ähnelte eher Napoleons Rückzug aus Russland. Aber es war das erste Mal, dass ein Gipfel über achttausend Meter bestiegen wurde, eine umkämpfte Weltpremiere, und alle Teilnehmer waren zurückgekehrt, obwohl zum Teil nicht ohne bleibende Schäden. Der eigentliche Sieger war der Expeditionsarzt Dr. Jaques Oudot, der unter widrigsten Bedingungen mit Massagen und Injektionen seinen Kampf gegen die Kälteschäden führte und dennoch mit Teilerfolgen zufrieden sein musste: Maurice Herzog verlor trotz der äußerst schmerzhaften Behandlungen sämtliche Finger.

Maurice Herzog | Annapurna, 8091 m

„L'heureuse Makalu" – der glückhafte Makalu. 1955 gelang einer französischen Expedition unter Jean Franco ein weiterer Achttausender-Erfolg. Nach einem Versuch im Jahr davor, doch nunmehr mit eingehender Ortskenntnis und verbesserter Ausrüstung, wurde daraus eine beinahe perfekt abschnurrende Musterdemonstration. Als Erste erreichten Lionel Terray und Jean Couzy den höchsten Punkt, am Tag darauf Jean Franco, Guido Magnone und Gyaltsen Norbu, am folgenden Tag Pierre Leroux, Jean Bouvier, André Vialatte und Serge Coupé – somit alle für den Gipfel vorgesehenen Teilnehmer. Terray: „Die verwirrende Leichtigkeit, mit der dieser Riese erobert worden war, dem ich ein Jahr meines Lebens gewidmet hatte, bereitete mir eine leichte Enttäuschung". Diesen verrückten Bergsteigern kann es auch niemand recht machen!

Der K2 hatte mittlerweile mit den kleinen Menschlein, die an seinen Riesenflanken krabbelten, Katz und Maus gespielt. 1938 düpierte er sie mit einem Hütchenspielertrick: Amerikanische Expedition unter Charles Houston. Ein Lager auf 7.900 Meter ist schon vorgetrieben, alles ist da, Schlafsäcke, genügend Proviant – Charly Houston und Paul Petzold beginnen nervös zu suchen – verdammt, wo sind die Zündhölzer? Die Zündhölzer! Ohne Zünder kein Kochen, ohne Flüssigkeit kein Überleben in dieser Höhe. Dieser Rückzug war der vermutlich ärgerlichste in der

Achttausendergeschichte! 1939 war der Deutsch-Amerikaner Fritz Wiessner mit dem Sherpa Pasang Dawa Lama bereits auf 8.400 Meter gelangt, als die Nacht hereinbrach. Pasang wollte in der Dunkelheit nicht mehr weiter, verlor beim Abstieg ein Steigeisen ... Am nächsten Tag schlug das Wetter um, und als Wiessner/ Pasang weiter abstiegen, stellten sie zu ihrem Entsetzen fest, dass die Sherpa sie für tot gehalten und alle Lager geräumt hatten.

Intrigantenstadel „Kappa Due". Die Italiener sind bekanntlich ein geselliger Volksstamm, der gerne in größeren Gruppen auftritt. So wurde die K2-Expedition von 1954 zu einem Mammutunternehmen mit vierzehn Teilnehmern und hunderten Trägern, welche 16 Tonnen Gepäck beförderten (vermutlich allein 5 Tonnen Spaghetti und Parmesan ...). Leiter war der Geograf Ardito Desio. Bei der Auswahl der Mannschaft spielten Kriterien mit, die noch über das Dilemma einer großen Anzahl gleichwertiger Anwärter hinausgingen. Desio, der auch „Ducetto" (kleiner Duce) genannt wurde, war ein „Schwarzhemd" gewesen, ein Mussolini-Treuer der ersten Stunde, und praktizierte dessen autoritären Stil. Dass der eigenwillige und überaus selbstbewusste Cesare Maestri trotz seiner Kletterkünste nicht berücksichtigt wurde, mag noch einleuchten. Riccardo Cassin aber, einer der fähigsten und beständigsten Alpinisten des zwanzigsten Jahrhunderts, wurde mit fadenscheinigen Hinweisen auf einen angeblich nicht entsprechenden Gesundheitszustand ausgebootet Dieser hinderte ihn später nicht, als 78-jähriger „seine" Badile-Nordostwand zum 50-Jahr-Jubiläum zu klettern. Was ihn für Desio untauglich machte, war vermutlich seine soziale Herkunft als Arbeiter-Bergsteiger, als „Roter" mithin, der noch dazu im Krieg auf der Seite der Partisanen gestanden hatte. Cassin hat ihm diesen Schachzug nie verziehen. Sein Lebensziel, „einen Tag länger als Desio" zu leben, hat er trotz seines hundertsten Geburtstages verfehlt: Sein Leibfeind war hundertvier geworden und triumphierte in diesem Altersduell sogar noch posthum über ihn! Von Cassin wird ein Faible für etwas unausgewogen erscheinende Expeditions-Ernährung berichtet:

252

MENU SPEDIZIONE ALLA RICCARDO:

1 kg Zucker(Würfel)
Pro Tag

Walter Bonatti wiederum, bereits Alpinist von Weltrang, war nicht für die Spitzenseilschaft, sondern nur als besserer Sherpa für die Desio-genehmen Dolomitenkletterer Compagnoni und Lacedelli eingeteilt. Mit dem Hunzaträger Amir Mahdi schleppte er die 19-kg-Sauerstoffzylinder bis zum höchsten Lager, welches aber entgegen der Abmachung an einem anderen Platz errichtet und von ihnen in der anbrechenden Nacht nicht gefunden wurde, obwohl Rufkontakt mit den beiden bestand. Bonatti und Mahdi mussten in 8.100 m Höhe ohne entsprechende Ausrüstung ein schreckliches Biwak überstehen und kamen nur knapp mit dem Leben davon. Lacedellis Darstellung lautete naturgemäß anders: die Querung unterhalb des Lagers sei so steil und gefährlich gewesen, dass er sicher war, die beiden würden in der Dunkelheit abstürzen. So hätte er ihnen geraten, die Flaschen zu

deponieren und abzusteigen. Nach einem halben
Jahrhundert ist es unmöglich festzustellen, ob und wie
das Verhalten von Lacedelli und Compagnoni nahe
an den Tatbestand der unterlassenen Hilfeleistung
grenzte. Immerhin gipfelte es in der nachträglichen
Behauptung, Bonatti und Mahdi hätten den Sauerstoff
zum Teil selbst „ausgesoffen" und so den Gipfelerfolg gefährdet! Eine kränkende Unterstellung, die
den sensiblen Bonatti schwer traf und dagegen vor
Gericht ziehen ließ. Mit moralischem Erfolg – doch
im Club Alpino Italiano verfügte die Desio-Fraktion
offenbar noch immer über eine starke Hausmacht.
Erst 54 Jahre später, Desio, Lacedelli und Compagnoni
waren mittlerweile nicht mehr am Leben, wagte sich

Der junge Bonatti

ein „Weisenrat" des italienischen Alpenklubs an die Aufarbeitung der damaligen
Geschehnisse und bestätigte 2008 in vollem Umfang Bonattis Darstellung. Nur
nebenbei: 1954 war am K2 im Lager III der Expeditionsteilnehmer Mario Puchoz
an einem Lungenödem gestorben. Vielleicht wäre ihm ohnehin nicht zu helfen
gewesen – aber um die eigenen Gipfelchancen nicht zu gefährden, war keiner der
Teilnehmer bereit gewesen, seinen Abtransport in tiefere Lagen zu übernehmen!

Schicksalsberg Nanga Parbat. Peter Aschenbrenner und Erwin Schneider waren die
tüchtigsten und am besten akklimatisierten Teilnehmer der tragischen deutschen
Expedition von 1934. „Sneidi Sah'b", wie ihn die Einheimischen nannten, war damals
einer der weltweit fähigsten und erfolgreichsten Höhenbergsteiger. Als hohe Gipfel
noch nicht per Katalog gebucht werden konnten, war dem Tiroler Kartografen bereits
die Erstbesteigung von drei Siebentausendern und etlichen Sechstausendern gelungen.
Er und der „Himalaya-Peter", der spätere Bewirtschafter des Stripsenjochhauses,
hatten mit den Trägern die Lagerkette (Lager VIII) schon hinauf bis auf einer Höhe von
7600 Metern errichtet, doch mussten sie – bei herrlichem Wetter, den Gipfelsieg vor
Augen, lange auf den Rest der Mannschaft warten, darunter Expeditionsleiter Willy
Merkl, die sich unter unsäglichen Mühen emporkämpften. Denn die Stallorder hatte

Silbersattel | Nanga Parbat, 8125m, von der Märchenwiese

vorgesehen, dass möglichst die gesamte Mannschaft den Gipfel erreichen sollte – wie man heute weiß, eine organisatorisch fast unmögliche Aufgabe. Schneider und Aschenbrenner hielten sich an diese Abmachung, denn ein Zuwiderhandeln hätte ihnen den möglichen Gipfelerfolg sicher nachträglich vermiest. Doch es kam ohnedies anders. Die bislang stabile Schönwetterphase wurde durch einen Wettersturz mit tagelangem Orkan und enormen Schneemassen beendet. Aschenbrenner und Schneider zogen im Sturm, fast ohne Sicht, einen förmlichen Graben hinunter ins Lager V, weiter Richtung Basecamp – immer im Glauben, die anderen seien dicht hinter ihnen. Doch der geschwächte und vermutlich der Höhe nicht gewachsene Rest der Mannschaft vermochte ihnen nicht zu folgen, blieb im nächsten Lager und kam dort letztlich tragisch ums Leben. Umso unverständlicher wirkt es, dass danach ein „Ehrengericht" über Schneider und Aschenbrenner urteilte, ihre Kameraden im Stich gelassen zu haben. Man hätte es – ganz im Sinne der bereits auch das Bergsteigen umklammernden NS-Ideologie – vermutlich lieber gesehen, wenn alle gemeinsam umgekommen wären, um dann mit großem Tamtam die „echte Nibelungentreue der gefallenen Helden" feiern zu können ...

Paul Bauer, der Initiator dieses Tribunals, war dabei selbst ein fähiger Expeditionist, wie seine vielbeachteten Versuche am Kangchendzönga beweisen. Er hätte aus eigener Erfahrung wissen müssen, dass es in einem derartigen Inferno in solchen Höhen für zwei Mann unmöglich ist, vier kaum mehr gehfähige Personen hinab zu transportieren. Es schwelten jedoch schwere Rivalitäten unter den für eine Expedition in Frage kommenden Aspiranten, wobei Bauer, der nach dem Ersten Weltkrieg als Freikorpsangehöriger gegen die Republik gekämpft hatte, zusätzlich das Moment politischer (damals selbstverständlich nationalsozialistischer) Eignung ins Spiel zu bringen wusste. Er selbst hat indessen sehr kluge Richtlinien für die Auswahl einer Expeditionsmannschaft formuliert, in dem Sinn, dass es nicht lauter Ausnahmekönner sein müssten, sondern wohl sehr gute, aber vor allem in langjährigem Zusammen-

Paul Bauer   Kangchendzönga 1931

wirken erprobte Seilschaften. Diese Grundsätze hat er sogar in seiner Funktion als staatlicher Beauftragter für Bergsteigen im NS-Sportwesen konsequent gegen die Intervention mancher Parteigrößen durchgesetzt, die ihm irgendwelche Günstlinge „hineindrücken" oder einen Sektionen-Proporz aufschwatzen wollten. Bauers homogene Mannschaften waren zwar erfolgreich, wegen des fast militärischen Führungsstils manchen Kritikern auch nicht recht. Doch eine offene basisdemokratische Abstimmung – wer denn nun Fixseile spannt, Tee kocht oder doch lieber länger schlafen will – kann wohl ebenfalls nicht das Gelbe vom Ei sein.

Hermann Buhls Alleingang zum Nanga Parbat 1953, eine in der Geschichte des Alpinismus einzigartige und unwiederholbare Leistung, ist letztlich das Ergebnis einer Befehlsverweigerung. Der Expeditionsleiter Karl Maria Herrligkoffer, ein Halbbruder Willy Merkls, der sich verpflichtet fühlte, dessen „Vermächtnis zu erfüllen", war ein Mann mit Beziehungen zu Wirtschaft und Politik, verstand es wohl, Geldquellen anzuzapfen, war aber bergsteigerisch ein unbeschriebenes Blatt. So kam es, dass Hans Ertl, Otto Kempter und Hermann Buhl im Lager V, bei guten Verhältnissen sprungbereit zum Gipfel, die Order zum Abstieg bekamen. Bei bestem Wetter! Erregte Dispute über das Funkgerät wurden schließlich aus dem Hochlager mit deftigem „De soll'n uns am Orsch lecken!" beendet. Der Rest ist große alpine Geschichte ... Als Buhl von seinem legendären 40-stündigen Alleingang, nach einer im Stehen verbrachten Biwaknacht, ausgelaugt vom Gipfel zurück in die Welt der Menschen wankte, ließ Kameramann Ertl den Apparat laufen und eilte ihm entgegen – eine authentische Rührszene im später preisgekrönten Nanga-Parbat-Film. Ertl verstand sein Handwerk, hatte er doch schon bei den olympischen Spielen 1936 mit Leni Riefenstahl gedreht, und später die Wüstenfeldzüge von General Rommel filmisch aufbereitet (bei der legendären Spiegeleier-Bratszene auf dem heißen Panzerdeck hatte allerdings zuvor ein Schweißbrenner diskrete Nachhilfe geleistet ...). Nach Buhls Rückkehr warf der impulsive Ertl alle Ausrüstung die Wand hinunter – „de" (das waren die anderen), sollten nicht etwa im Windschatten dieser epochalen Leistung zu einem weiteren Erfolg kommen! Doch dies war ohnehin vom Expeditionsleiter nicht vorgesehen: der war im schon in Abreise begriffen und mit seiner nächsten Unternehmung beschäftigt, dem Broad Peak.

Buhl nach dem Nanga Parbat: eine alpine Ikone   Nanga Parbat, Buhls Pickel

Karl Maria Herrligkoffer bewegte sich in der Folge als Buhmann des Expeditionswesens in einer Umlaufbahn zwischen Basislager und Gerichtssaal. Gerechterweise muss festgehalten werden, dass er in jenen Jahren vielen jungen Alpinisten den Weg in die Weltberge geebnet hat. Er konnte auf eine loyale Anhängerschaft zählen, aber auch auf eine ungleich größere Zahl von Gegnern. Hauptargument gegen ihn, durch zahlreiche Prozesse hindurch, war der Umstand, dass er eben kein „richtiger" Bergsteiger sei. Da er deswegen von Anfang an vom Alpenverein keine Unterstützung erhielt, gründete er quasi als Branchenfremder eine Konkurrenzfirma zur Veranstaltung von Himalaya-Expeditionen, das spätere „Deutsche Institut für Auslandsforschung", welches unter seiner Leitung

immerhin 21 Expeditionen ins Himalaya- und Karakorumgebiet sowie nach Grönland aufstellen konnte. Zahlreiche junge Extrembergsteiger mochten ihn wohl gerne als Vehikel für ihre Achttausenderträume in Anspruch nehmen – danach aber, so meinten sie in ihrem Hochmut gegenüber dem alpinen Minderleister, würden sie mit ihm und den Paragrafen seiner Expeditionsverträge schon fertig werden. Mit den Alpenvereins-Granden lag Herrligkoffer in einem lebenslangen Dauerkonflikt, doch beginnt fast ein gewisses Verständnis für ihn zu keimen, wenn er aus den sorgsam verdeckten Giftmülldeponien des Expeditions-Cliquen- und Intrigantentums unbezweifelbare Dokumente zutage fördert ...

Karl Maria Herrligkoffer

Vier am Broad Peak. Ein Meilenstein der Alpingeschichte: Erstbesteigung eines Achttausenders durch ein Viererteam ohne Hilfe von Hochträgern und Sauerstoffgeräten. Sie wäre fast „on sight" gelungen, doch als Fritz Wintersteller, Marcus Schmuck, Hermann Buhl und Kurt Diemberger gegen Abend des 29. Mai 1957 den vermeintlich höchsten Punkt erreicht hatten, mussten sie zu ihrer größten Enttäuschung feststellen, dass sie erst am Vorgipfel standen, und dass nach dem notwendigen Zwischenabstieg die Zeit bis zum Hauptgipfel , und vor allem für den Rückweg plus kontrolliertem Abstieg nicht mehr gereicht hätte – also zurück an den Start! Mensch-ärgere-dich-nicht, auf Achttausend! Wegen lumpiger 20 Höhenmeter die ganze Dreitausendmeter-Flanke nochmals ... Am 9. Juni waren

dann alle zeitversetzt auf dem wirklich höchsten Schneescheitel des Berges. Aber: vier Mann, davon – nach vorangegangenem organisatorischen Gerangel – zwei Expeditionsleiter (Schmuck und Buhl), das war eine Konstruktion mit eingebautem Zeitzünder. Und so wurde eine beispielhafte große Leistung bereits am Berg, und vor allem im Lauf späterer Jahrzehnte überlagert von ihren trübenden Begleiterscheinungen, wo es um Hackordnung, kleine Eitelkeiten

Broad Peak, 8047 m

und Empfindlichkeiten ging, die einem Außenstehenden befremdlich vorkommen mussten. Etwa um Erfolgsmeldungen, die wortgenau ausformuliert werden müssten wie ein heikler UNO-Kompromiss … Es ging später um vier subjektive Wahrheiten – eigentlich um fünf, denn auch der Begleitoffizier Quader Saeed wurde einbezogen. Doch unmittelbar nach der Rückkehr bildeten diese Verdrießlichkeiten ohnehin kein Thema. Denn der beispielhafte Erfolg wurde überschattet durch eine Tragödie, die über den kleinen Bergsteigerzirkel weit hinausgriff: Hermann Buhl, damals bereits alpine Ikone, Nationalheld und solitärer Vorläufer heutiger Sportsuperstars, war durch Wechtenbruch tödlich verunglückt, als er anschließend an den Broad Peak mit Kurt Diemberger den Siebentausender Chogolisa versuchte.

Gasherbrum II. Das Team, das 1956 den dritten Achttausender-Erfolg für das kleine Österreich einheimste (Sepp Larch, Fritz Moravec, Hans Willenpart), bewegte sich anscheinend auf dem Pfad einer in diesem Metier seltenen Harmonie. Das mag vielleicht daran liegen, dass der „Bergprofessor" Moravec die Deutungshoheit über das Unternehmen innehatte. Zum anderen auch, weil die unvermeidlichen kleinen Konflikte damals weder von den Teilnehmern noch von den Medien ausgeschlachtet wurden. Die Oberösterreicher, Steirer, Tiroler ebenso wie die Wiener (und weiter alle anderen lokalen Volksstämme) halten sich ja jeweils für die wahren Erfinder sowie Lordsiegelbewahrer des Alpinismus, was sich meist in harmlosen Sticheleien erschöpft. Erst Jahrzehnte später versuchte der letzte noch lebende Angehörige der Gipfelmannschaft, Sepp Larch, beziehungsweise sein Ghostwriter, in seinem Erinnerungsbuch ein kleines Skandälchen aufzubacken: Laut Larch hätten „die Wiener" ein Komplott geschmiedet: „Die Bauernbuben sollen spuren bis zum Umfallen, und wir spazieren dann gemütlich hinauf!" Dass er und Hans Willenpart selbstverständlich gerade wegen ihrer außerordentlichen Leistungen als Winteralpinisten und nicht als fehlende Partner zum Bauernschnapsen ausgewählt wurden, dürfte ihm entgangen sein. Apropos: der in einen „offiziellen" und einen „privaten" gespaltene Moravec hatte einmal privat geseufzt: „Ich will ja niemanden schlecht machen – aber mit dem Willenpart war außer Kartenspielen nix anzufangen".

Gasherbrum II, 8035 m   Fritz Moravec

Wie auch immer – Willenpart, der erdige und robuste Baggerfahrer aus Scheibbs, war nicht nur in winterlichen Gesäusewänden und in der rabiat-folkloristischen Disziplin des „Wirtshaus-Ausräumens", sondern vor allem in der dünnen Luft der Gipfelregion einfach unschlagbar der Stärkste. Interessanterweise war der als „Parade-Roter" etikettierte Bergprofessor Moravec im Inneren ein Mann von ziemlich konservativen moralischen Auffassungen. Als auf der langen Schiffsreise im Zug der späteren Dhaulagiri-Expedition die hormonell unterforderten Teilnehmer ihre Männerphantasien schweifen ließen, wollte er sich geniert davonmachen: „Redet's doch net immer ... solche Sachen ...". Da fixierte ihn der Prein Karl von hinten mit seinen Schraubstockarmen, und mit sadistischem Vergnügen schilderten dann die Burschen härchengenau, wie das neulich abgelaufen sei, in jenem Puff in Port Said ...

Gnade der Götter: Cho Oyu. Drei österreichische Bergsteiger, sieben Sherpa, 900 kg Expeditionsgepäck – mit weniger Aufwand wurde mit Ausnahme des Broad Peak keiner der „Großen Vierzehn" erstbestiegen. Herbert Tichy, der „Wanderer zwischen den Welten", bildete mit seiner Art des Bergsteigens im Himalaya menschlich einen Lichtjahre entfernten Gegenpol zum derzeitigen Treiben auf vielen hohen Gipfeln. Der Asienreisende und Schriftsteller, der in den Dreißigerjahren als indischer Pilger verkleidet den Kailash umrundete, der mit Größen des Zwanzigsten Jahrhunderts wie dem Atlantikflieger Charles Lindbergh, dem Jesuiten-Wissenschaftler Teilhard de Chardin, Joy Adamson (der „Mutter" der Löwin Elsa) und anderen Berühmtheiten auf Augenhöhe verkehrte, verstand sich als Berg-Steiger, nie als Kletterer. Nicht einmal für den Stadelwandgrat am Wiener Schneeberg war er zu animieren, und am Cho Oyu hatte er ohnehin zwei Fachmänner mit: den starken Tiroler Allroundalpinisten Sepp Jöchler und den unvergleichlichen Sherpa-Sirdar Pasang Dawa Lama. Nur als während des Aufstiegs ein rasender Sturm die Zelte des Lagers III wegzufegen drohte, kehrte er den Leader heraus, befahl den Abstieg, warf sich instinktiv mit bloßen Händen auf die Zeltplanen, was ihm erfrorene Finger und damit fast den Gipfel kostete. Doch mit solchen Begleitern war dann die Frage „mitgehen zum Gipfel?" überhaupt kein Thema. Am 19. Oktober 1954 fielen sie einander auf dem sechsthöchsten Berg der Erde gerührt in die Arme. Keine „Eroberung", kein „Sieg", sondern eine „Gnade der Götter", die man dankbar entgegennahm.

Cho Oyu, 8153 m

Pasang, Tichy, Jöchler

Helmut Heuberger, wissenschaftlicher Teilnehmer der Expedition, erinnerte sich, dass Tichy oft weite Strecken allein für sich sein wollte, doch auch konsequente Härte zeigte, als eine Schweizer Expedition unter Raymond Lambert – mit Blick auf seine erfrorenen Hände – gewissermaßen stellvertretend das kostbare Gipfelpermit entern wollte. Der alterskluge Professor, pointiert: „Vom Nett-Sein allein kommt man nirgendwo hinauf". Tichys-Vorträge waren auch ohne 12-Tonspuren-Multimedia-Equipement ein Ereignis: ein simpler Projektor, die Dias ein wenig verstaubt – aber nach zwei Minuten war das Publikum hypnotisiert. Der Weise und Suchende, der fünfundzwanzig Bücher verfasst hat, ist am Kaltenleutgebener Friedhof südöstlich von Wien beerdigt, sein Grabstein an den Kattas, den weißen buddhistischen Ehrenschals, die seine Verehrer immer wieder erneuern, leicht zu erkennen. Am Shiwa Tsal, jener Stätte an der Nordseite des Kailash, wo jeder Pilger ein persönliches Stück von sich zurücklässt – Haarlocke, Kleidungs- oder Schmuckstück – ist auch ein Teil von Herbert Tichy in seinen geliebten Himalaya zurück gekehrt: sein am Cho Oyu erfrorener, mumifizierter Finger wurde hier in einer kleinen Schatulle von seinem Freund Fritz Moravec beigesetzt. Mit dieser kleinen Zeremonie kam ein außergewöhnlicher Mensch zu einem zweiten Begräbnis.

Hidden Peak. Von allen Achttausender-Erstbesteigungen ist höchstens jene der Shisha Pangma durch eine chinesische Mannschaft mit weniger internationalem Widerhall abgelaufen. Die Besteigung irgendeines hohen Gipfels in einer abgelegenen Weltregion rief im Land der Cowboys und des Football keinen patriotischen Wellenschlag hervor wie in den kleinen europäischen Nationen. Bergsteigen war ein Außenseitersport. Der Schriftsteller John Ramsey Ullman: „In den USA ist die Beschaffung von Geldmitteln für eine Mount Everest-Expedition kaum leichter als die Finanzierung einer Karl-Marx-Statue vor dem Weißen Haus." 1958 waren mit einem Budget von 25.000 Dollar keine großen Sprünge zu machen, es wurde ein bescheidenes Unternehmen. Zum Beispiel bezüglich Verpflegung:

Hidden Peak, 8068 m, von Nordwesten

Das Büchsenfleisch stammte ausgerechnet aus England und bestand zum Großteil entweder aus Ochsenzunge oder Ochsenschwanz „Ich habe schon öfter über die Fähigkeit der Engländer gegrübelt, Ochsen ohne Mittelteil zu züchten" notierte ein Teilnehmer in feiner Ironie. Doch bis auf diese kulinarische Eintrübung, die üblichen Trägerstreiks und Wetterstürze verlief die Expedition beinahe schulmäßig. Sehr wichtige Voraussetzung: „Unsere Gruppe war von einzigartiger Verträglichkeit". Pete Schoening und Andy Kauffman erreichten am 5. Juli den Gipfel des Gasherbrum I, des „hidden" (versteckten) Peak, eigentlich Gasherbrum I. Clinch, Nevison und Swift trafen am folgenden Tag mit den absteigenden Gipfelsiegern zusammen, verzich-

Mount Everest, 8848 m, von Westen

teten aber angesichts ihrer physischen Verfassung, zu einer zweiten Gipfelbesteigung aufzubrechen. Robert L. Swift: „... ich war überzeugt, dass die Expedition, wenn nichts anders, so jedenfalls ein menschliches Gelingen sein würde. Mag es auch frivol klingen, meiner Ansicht nach ist es von größter Wichtigkeit, dass die Mitglieder einer Bergsteiger-Mannschaft auch unter schwierigen Verhältnissen gut miteinander auskommen können"

Internationale Everest-Expedition 1971. „Kapazunder aller Länder, vereinigt euch!" – als Gedanke bestechend, in der Realität ein Flop, wie eine aus lauter Starstürmern bestehende Fußballmannschaft. 22 Bergsteiger aus 9 Nationen, durchwegs Alphatiere, lauerten im Basecamp auf ihre Gipfelchance. Geplant war die Teilung in je eine Mannschaft für den Direkten Westgrat und für die Südwestwand. Nach anfangs gedeihlicher Zusammenarbeit erlahmte mit zunehmender Zeitknappheit wegen ungünstigen Wetters und seelischer Abnützungserscheinungen der Enthusiasmus für die anspruchsvollen Anstiege Westgrat und Südwestwand, eine Fahnenflucht zum billigeren Normalweg zeichnete sich ab, ebenso schlug der persönliche Gipfelegoismus durch. Pierre Mazeaud: „Sie erwarten von mir, einem Mitglied der französischen Nationalversammlung, mit meinen 42 Jahren als Träger für Engländer und Japaner zu arbeiten ... Sie haben nicht mich, sondern Frankreich beleidigt!" „Fuck off, Mazeaud!" beschied ihm daraufhin der robuste Don Whillans. Der hatte sich indessen selber auch bei anderen Expeditionen nicht immer durch übertriebenen Einsatzwillen ausgezeichnet, was ihm den Titel „Mister ever rest" eintrug. Wie in jedem banalen Büroalltag nachzuerleben, ist jeder von sich überzeugt, bis zum Anschlag zu rackern: am meisten geschleppt, am eifrigsten Seile verzurrt und am tiefsten gespurt zu haben, und fast immer gibt es einen, der angeblich oder tatsächlich dabei den anderen dabei den Vortritt lässt, um sich für den Gipfelgang zu schonen. Zumindest sehen das die anderen so. Unterschiedliche Soziotope lieferten ein zusätzliches Konfliktpotential. Chris Bonington diagnostizierte in der Rückschau präzise: „Lauter alternde Primadonnen!". Dazu kam der Umstand, dass sich die Teilnehmer jeweils im medialen Fokus ihrer Heimatländer befanden und von jedem von ihnen eine Art Olympiasieg erwartet wurde. Der Expeditionsleiter Norman Dyhrenfurth, unter dessen Leitung 1963 der amerikanischen Everest-Expedition die erste Überschreitung des Gipfels in brillanter Weise gelungen war, erlebte eine tiefe menschliche Enttäuschung – schließlich hatte er schon eine bessere internationale Kooperation am Berg erlebt. Hier hat er große Bergsteiger ziemlich klein gesehen.

Die Lust des Publikums am Konflikt wurzelt in der heimlichen Schadenfreude, dass sich hier die einst zu Nationalhelden und Übermenschen stilisierten Groß-Alpinisten zuweilen wie Waschweiber zankten und so auf menschlich fassbares Mittelmaß herunterstutzten. Das stärkt das Ego eines nichtigen Normalos und hält überdies die Medienmaschinerie in Schwung. Herausgewittert sind meist die allzu menschlichen negativen Komponenten, die im Grunde das Expeditionswesen von Beginn an durchzogen haben: Meister Proper, Weißer Riese & Co betreten die Bühne und nehmen sich der Expeditions-Schmutzwäsche vergangener Jahrzehnte an. Gleich zwei Autoren versuchten etwa nach 30 Jahren zu beweisen, dass Reinhold Messner 1970 bei der Nanga Parbat-Expedition um den Preis der ersten Gipfel- Überschreitung seinen Bruder Günther im Stich gelassen, oder gar „geopfert" habe. Der Umstand, dass dessen Leichnam mittlerweile gefunden und identifiziert wurde, erhärtete zwar Messner's Darstellung, kann aber mögliche neuerliche Spekulationen und „Enthüllungen" sicher kaum verhindern. Außerdem gibt es nie die eine einzige Wahrheit.

Vollständig ist die Geschichte des Höhenbergsteigens ohnehin nicht: Denn kein einziger dieser hohen Berge wäre ohne die mühselige Tätigkeit der Träger erstiegen worden:
„Nehmen wir uns hundert Sherpa, die uns unser Glumpert zah'n,
denn mit userm schwachen Körper, können wir des net allan"
reimte einst der Wiener Alpinsatiriker Pauli Wertheimer, ungeachtet der feinen Differenzierung, dass zwischen den lokalen Talträgern und den echten Sherpa himmelweite soziale Unterschiede liegen. In der Literatur sind erstere zumeist nur erwähnt, wenn sie den Sahibs unvermittelt den Dienst aufkündigen und deren Zivilisationskrempel hinwerfen – sei es wegen schlimmer Wetterverhältnisse oder auch als Erpressungsversuch. Sprachprobleme, Mentalitätsunterschiede und ein in klassischen Zeiten oft mehr oder weniger ausgeprägtes Überlegenheitsgefühl der weißen (aber auch der japanischen) Rasse lassen sie üblicherweise nur als anonyme Manövriermasse, gewissermaßen als menschliche Tragtiere erscheinen.

Träger im Garhwal I Flussquerung in Zanskar I Anmarsch zum Nanga Parbat 1934

Schon mehr Achtung genossen die Hochträger aus dem Volk der Sherpa. Etliche von ihnen haben sich von der Bergverrücktheit der Westler anstecken lassen, profundes Können erworben, und sich meist durch große Loyalität ausgezeichnet:

bei hoffnungslosen Rettungsversuchen oder sogar bis zum fatalistischen Ausharren neben ihren Sahibs bis zum Untergang. Einer dieser tragischen Helden war Pasang Kikuli – bei vier Versuchen am Kangchendzönga war er dabei gewesen, je einmal an Everest, Chomolhari, Nanda Devi und Nanga Parbat, wo er 1934 zu den wenigen Überlebenden der Welzenbach-Katastrophe zählte. Mit Pasang Kitar und Pintso ist er letztlich 1939 am K2 umgekommen, beim vergeblichen Versuch, dem höhenkranken Dudley Wolfe im Lager 7 zu Hilfe zu kommen.

| Pasang Kikuli. nach der Nanga Parbat-Katastrophe 1934 | Abtransport von Maurice Herzog 1950 | Höhenkranker, Solu Khumbu 2000 |

Heute sind viele von ihnen selbstbewusste Outdoor-Unternehmer geworden, die etwa zu Beginn der Everest-Saison als „Icefall-Doctors" gegen eine Mautgebühr die Route durch den gefürchteten Khumbu-Eisfall mit Leitern und Fixseilen präparieren. Mit etwas Marketing-Geschick könnten sie auf der europäischen Diät-, Bio- und Wohlfühl-Welle surfen, eine simple Trekkingtour zeitgeistig aufpeppen und dafür die doppelte Gebühr einstreichen.

MOBILES BIOLOGISCHES TANTRA-SELBSTFINDUNGS- UND DIÄTSEMINAR

Die angebotenen Leistungen:
- *24 Stunden frische Luft pro Tag,*
- *ausgiebiges tägliches Bewegungsprogramm (kein Laufband!),*
- *fleischarme Bio-Kost (überwiegend Gemüse, Reis, Teigwaren),*
- *tägliche Erdmagnetismus-Therapie bei den Zeltübernachtungen (was auf relativ hartem Untergrund zusätzlich eine Belebung der Peristaltik bewirkt),*
- *einhergehend mit beinahe garantierter Gewichtsreduktion (zur Not lässt sich mit einer Tasse unabgekochtem Wasser nachhelfen)*
- *und dies alles in einer grandiosen Landschaft, und ohne die Gesellschaft feister Zeitgenossen, die den ganzen Tag vom Abnehmen faseln!*

Den großen, in Nationalfarben kolorierten Expeditionen ist mittlerweile das Schicksal der Saurier widerfahren. Wer könnte sich jetzt außerdem vorstellen, eine Himalaya-Fahrt etwa am Wiener Südbahnhof anzutreten, von Genua mit dem Schiff nach Indien zu reisen und insgesamt ein halbes Jahr unterwegs zu sein? (Der Chef: „Wie lange möchten sie frei haben? Ein halbes Jahr? Sie können bis zur nächsten Eiszeit frei haben!"). Bei den aktuellen Allstar-Kleingruppen stimmen sich ungeachtet ihres Reisepasses alpine Kosmopoliten gleicher Wellenlänge ab, man kennt einander anhand der Erfolge, das einstige nationale und militaristische Brimborium mit Treueeid und Flaggenparade wurde vom Programm gestrichen. Allerdings sind diese Mini-Teams deswegen nicht automatisch gegen Differenzen immun, und selbst bei Trekkingtouren können sich private Kleinkatastrophen ereignen, wenn etwa ein in der Ausschreibung annoncierter „Güpfe" schon zuvor am Stammtisch abgehakt, in natura jedoch – weswegen auch immer – nicht erreicht wurde. Ein mühsam kontrollierbares Sprengmittel bleiben nach wie vor die Spannungen infolge andauernder, ausweglöser körperlicher Nähe – eine besonders in Schlechtwetterperioden schwer zu bewältigende Situation. Welch eine Hornhaut der Psyche muss diesbezüglich Fridtjof Nansen besessen haben: Als er 1895 seinen Versuch aufgeben musste, mit seinem Gefährten Hjalmar Johansson von ihrem im Packeis festsitzenden Forschungsschiff „Fram" aus zu Fuß als Erste den Nordpol zu erreichen, und beide den ganzen Polarwinter 1895/96 auf einer Insel im Archipel des Franz-Josefs-Landes dicht an dicht in einer Erdhöhle von zwei mal vier Metern verbrachten, kam es nicht zum Lagerkoller mit Mord und Totschlag, obwohl Nansen gewiss auf mildernde Umstände hätte rechnen können: Johansson war ein exzessiver, ausdauernder Schnarcher!

„**Allan – is a goldener Stan!**" dachte sich daher (auf japanisch) **Naomi Uemura** (1941 – 1984). Trotz seiner Körpergröße von nur 1,60 Metern zählte er zu den ganz großen Abenteurern des zwanzigsten Jahrhunderts. In Japan galt er fast als Nationalheros, im deutschen Sprachraum verliefen seine Taten dagegen praktisch unbemerkt. In den Alpen unternahm er eine frühe Solobegehung des Walkerpfeilers; den Amazonas befuhr er 1968 mit einem Kanu allein von einem der längsten Quellflüsse bis zur Mündung, 6.500 Kilometer. 1970 gelang ihm eine Besteigung des Everest, im Jahr darauf war er Teilnehmer der Internationalen Everest-Expedition 1971 mit dem Ziel Südwestwand. Die hässlichen Querelen während dieses Unternehmens bestärkten ihn schließlich, fortan nur mehr auf sich selbst gestellt unterwegs zu sein. 1978 erreichte er als erster Mensch allein, mit seinem Hundeschlitten bei Cap Columbia im Norden Kanadas startend (mit Luftunterstützung), über das Polareis den Nordpol in 57 Tagen. Als einer der ersten Bergsteiger arbeitete er auf

die Ersteigung der „Seven Summits" hin, und begann für den Mount Vinson in der Antarktis zu trainieren, lange bevor dank eines brummenden Antarktis-Business diese Besteigung leichter zu realisieren ist. Nachdem ihm 1970 bereits die erste Alleinbesteigung des Denali (Mt. McKinley) gelungen war, versuchte Uemura 1984, diese Glanzleistung zu toppen: allein auf den „kältesten Berg der Welt" – im Winter! Mit geringstem Gepäck (er verzichtete auf ein Zelt, schlief in Schneehöhlen und nahm weitgehend nur kalte Nahrung zu sich) erreichte er am 12. Februar, seinem 43. Geburtstag, den Gipfel, was durch eine später aufgefundene Flagge erwiesen ist. Die Temperatur lag bei grimmigen -46°. Tags darauf erlosch der Funkkontakt.

Naomi Uemura

Der Chef der lokalen Flugrettung hatte sich in einem furchtbaren Dilemma befunden: „Bei jedem anderen hätten wir längst eine Rettungsaktion gestartet – aber um Uemura nicht zu beleidigen, haben wir gewartet ..." Mit größter Wahrscheinlichkeit wurde der Grenzgänger von einer Gletscherspalte verschluckt, obwohl er sich als Sicherheitsmaßnahme gegen Spaltenstürze zwei dicke Bambusstangen seitlich am Körper befestigt hatte. Trotz intensiver Suche wurde sein Leichnam nie gefunden.

Zahlenmystik. Wie anhand des Kontoauszuges leicht feststellbar, ist achttausend wertvoller als siebentausend, und dies wiederum besser als sechstausend! Darum wird die Geschichte des Höhenbergsteigens für weiteste Kreise nach wie vor vom Rummel um die Achttausender dominiert: was sich unterhalb davon befindet, erweckt meist nur mäßiges Interesse. Dabei beruht die Klassifizierung auf einem ähnlichen Zahlenspiel, wie es bei den diversen Viertausender-Listen angewendet wird: bei einer anderen Mindest-Schartenhöhe als der jetzigen Definitionsgrundlage von 500 Metern (wieso eigentlich?) kämen leicht insgesamt 20 bis 25 dieser Prestigeziele heraus – und sämtliche Sammler müssten nachbessern! Nachdem aber der Hype um „Alle-Achttausender" allmählich im Abflauen begriffen ist, könnte man eine Ebene tiefer erneut starten: alle Siebentausender! Ein vorläufig utopisches Vorhaben, da eine Lebensspanne zum Lösen dieser Aufgabe (es sind mehr als 300 Gipfel!) vermutlich nicht ausreichen würde. Ganz abgesehen von der statistisch sehr hohen Wahrscheinlichkeit eines abrupten Ablebens, wie die von Dramatik und Tragik umwehten Ersteigungsgeschichten vieler dieser – selbst in der unbewussten Wertung vieler Alpinisten – vermeintlich zweitrangigen Gipfel bezeugen.

Namcha Barwa, 7.782 m. Erst in den Achtzigerjahren wurde der damals höchste unter den noch unbestiegenen Bergen ernsthaft versucht, 1992 wurde er erstmals erstiegen. Wer eine Region mit nahezu absoluter Schlechtwettergarantie sucht, ist hier, am Brahmaputra-Knie im Osten Tibets, am richtigen Ort: allein eine jährliche Niederschlagshöhe bis zu 8 Meter garantiert für genügend Herausforderung. Zusätzlich

bewegt man sich in einer politisch umstrittenen und geografisch sehr schwer zugänglichen Region mit besonderen Logistik-Problemen. Klar, dass hier die Expeditionspermits nicht so ohne weiter vergeben werden, daher war es auch eine chinesisch-japanische Expedition, die nach der Errichtung von 6 Lagern am 30. Oktober elf Teilnehmer auf den Gipfel brachte. Der Expeditionsbericht wurde vom Japanischen ins Chinesische und Englische, und von diesem ins Deutsche übersetzt – erkennbar keine große Story für ein Illustriertenpublikum. Die 3000 Meter hohe Westflanke des Namcha Barwa wäre übrigens eines der letzten ganz großen Wandprobleme der Weltberge.

Namcha Barwa-Westwand

Langtang Lirung, 7246 m. Unter den höchsten Gipfeln der Welt nimmt er Platz 99 ein. Doch ist er einer der schwierigsten und gefährlichsten Berge des Nepal-Himalaya, für die Japaner ein ähnlicher „Schicksalsberg" wie der Nanga Parbat für die Deutschen. Nach mehreren glücklosen und opferreichen Versuchen in den Jahren 1961 und 1964 konnte er erst 1978 erstmals bestiegen werden. Lawinen und Eisstürze hatten bis dahin 13 Todesopfer gefordert. Aber in der deutschsprachigen Presse blieb die bewegte Besteigungsgeschichte ohne den geringsten Widerhall, obwohl er nicht so versteckt liegt wie der Namcha Barwa. Erst nach einer vergeblichen internationalen Rettungsexpedition für den risikofreudigen slowenischen Alleingänger Tomasz Humar im Jahr 2009 erregte der Berg zumindest kurzzeitig allgemeine Aufmerksamkeit.

Dhaulagiri IV

Dhaulagiri IV, 7661 m weist ebenfalls eine dramatisch-makabre Ersteigungsgeschichte auf. Er ist im Herbst 1969 höchstwahrscheinlich von einer österreichischen Expedition erstmals bestiegen worden. Genaues wird man niemals erfahren, denn die gesamte Gipfelmannschaft, fünf Österreicher und ein Sherpa, blieb verschollen. Auf Grund aller Indizien – günstige Wetterverhältnisse, keinerlei auf Gefährdung hindeutende Funksprüche, sechs erfahrene Bergsteiger – kamen alle internationalen Experten zum Schluss, dass sich das Unglück vermutlich ereignet haben dürfte, als alle gemeinsam die Gipfelwechte betraten und mit ihr abstürzten. 1975 gelang einer japanischen Expedition (die übrigens den Österreichern den Gipfelruhm zugestand) die erste dokumentierte Besteigung, unter ähnlich dramatischen Umständen: die Gipfelseilschaft konnte zwar ihren Erfolg ins Basislager funken, stürzte jedoch im Abstieg tödlich ab! Erst der nächsten Expedition gelang es, sowohl den Gipfel wie auch wieder das sichere Tal zu erreichen. Seither ist dieser schwer erreichbare Berg nicht mehr bestiegen worden.

Gasherbrum IV, 7925 m. Dieser formschönen Berggestalt fehlen läppische 75 Meter zum Achttausender mit seinem Triple-A-Ruhm. Die Erstbesteiger Walter Bonatti und Carlo Mauri bezeichneten ihn nach ihrem langen und zähen Ringen als den mutmaßlich schwierigsten der ganz hohen Berge – was anzunehmen, jedoch schwer zu überprüfen ist: die Gipfelbesteigung wurde erst zweimal wiederholt. Die Seilschaft Bonatti/Mauri stellte an sich strengste moralische Ansprüche. Als sie den Gipfel erreicht hatten, überkamen sie Zweifel, ob dies wirklich der allerhöchste Punkt dieses langen, zerscharteten, an ein Dolomitenmassiv erinnernden Grates sei, und überschritten diesen trotz widrigsten Wetters in ganzer Länge! Der Grazer Robert Schauer und der Pole Vojtech Kurtyka bewältigten die 2600 Meter hohe Westwand, mit Felsschwierigkeiten bis zum V. Grad, ohne Lagerkette und Fixseile, immerzu mit ihren schweren Rucksäcken kletternd wie in einer Alpenwand, und mussten zuletzt aus Überlebensgründen auf das letzte Stück zum Gipfel verzichten. Bonington beurteilte diese Durchsteigung als eine der ganz großen Leistungen im Höhenbergsteigen.

Gasherbrum IV

Musterbeispiel Ogre, 7.285 m. 25 Jahre nach Scott/Bonington und 20 fehl-

geschlagenen Versuche später gelang den Huber-Brüdern die zweite Ersteigung dieses Gipfels im Karakorum, der zu den schwierigsten weltweit zählt. Über die Alpinjournale hinaus ist der Ogre aber keine Zeile wert gewesen. Ebenso münden die monumentalen Wände der Latok-Gruppe „nur" auf Gipfeln von Siebentausendern. Es ist außerdem ein selbsttätiger Regelkreis: viele Bergsteiger wollen für Aufwand und Mühe einen publizistischen Gegenwert einstreifen.

Der Etikettenschwindel mit dem Begriff „Expedition" nimmt zuweilen groteske Formen an. Etwa, wenn aus Statusgründen luxuriöse Polarkreuzfahrten („Flachbildschirm in jeder Kabine, mit Erfrischungsgetränken täglich neu gefüllte Minibar, Friseur- und Kosmetiksalon an Bord!") mit diesem Etikett versehen werden. Oder wenn Teilnehmer einer kommerziellen Veranstaltung unbedarfte Redakteure als mediale Verstärker ihrer Instant-Abenteuer gewinnen können. Für die allermeisten tüchtigen Bergsteiger der Nachkriegszeit war „die Expedition" ein unerfüllbarer Lebenstraum gewesen, umgeben von einer kaum vorstellbaren Gloriole, welche heutzutage noch immer gerne aufpoliert wird. Dabei sind es in unserer kleiner gewordenen Welt meist gänzlich andere Gipfel, als sie Herzog, Lachenal, Buhl, Tichy oder auch noch in den Siebzigerjahren der junge Messner vorgefunden haben: Fixseile, oft bis zum höchsten Punkt, gestatten es nun zum Teil auch tüchtigen Ausdauersportlern, auf den Normalanstiegen von Nimbus und Prestige jener Pioniere zu zehren, die einst in belastender Isolation, ohne Kommunikations- oder gar Rettungsmöglichkeiten agieren mussten. Kurt Diemberger zum Beispiel, seine drei österreichischen Gefährten und der pakistanische Begleitoffizier waren 1957 bei ihrer Broad Peak-Expedition wochenlang die einzigen menschlichen Wesen am

Baltorogletscher – während sich heute kaum ein uneingesehener Kackplatz finden lässt. Die Filmszenen von den Fixseil- und Menschenketten am Everest muten wie das bizarre Ritual einer Masochistensekte an, und selbst die Begeher neuer und schwieriger Achttausender-Routen profitieren zuweilen indirekt von Infrastruktur und Lagerketten auf den Normalanstiegen, und sei es nur als angedachte moralische Rückendeckung. Zudem hat die Satellitenkommunikation die frühere lähmende Isolation abgemildert, vor allem hat sie einst undenkbare meteorologische Prognosen ermöglicht, welche die Erfolgsquoten deutlich gesteigert – und gleichzeitig die Risikospirale eine Umdrehung höher geschraubt haben.

Abkehr vom Höhenmeterfetischismus. Heinrich Pfannl erkannte schon 1902 das Potential der Baltoro-Türme: „Und am Beginn des Baltorogletschers steht eine große Gruppe von Felsbergen, deren Formen nirgends in der Welt, nicht einmal in den Aiguilles der Montblancgruppe, auch nur annähernd erreicht werden: die Dolomiten sind alternde Ruinen gegen diese Bastionen, in denen die Allmacht des Weltenschöpfers gleichsam ihre erste Jugendkraft zu Werken ewigen Glanzes gesammelt hat, unberührt von allen Stürmen – herrlich wie am ersten Tag!". Derzeit suchen „echte" Expeditionisten ihr Betätigungsfeld an den Fünf-, Sechs- und Siebentausendern Asiens oder in den polaren und subpolaren Regionen, in Patagonien, auf Baffin Island oder in Alaska. Dort findet der „Große Alpinismus" statt, zum Teil in Gestalt phantastischer Bigwalls von eineinhalb senkrechten Kilometern – aber wen interessiert's? Die Oberliga des Bergsports muss in Kauf nehmen, dass ihr Ringen um das Hinausschieben menschlicher Grenzwerte in Abgeschiedenheit, mit sparsam-sportlichem Einsatz von Hilfsmitteln und unter härtesten Umweltbedingungen nur in einem Insiderzirkel Anerkennung findet und oft genug von einem wirksam aufgeblasenen Medienschwindel überlagert wird.

Ziele für die Weltelite: Baltorotürme ... Changabang ... Bigwalls in Grönland

Expedition = Spedition. Dies bedeutet nach wie vor in erster Linie, mit all seinem Kram erst einmal hinkommen! Eine Unternehmung in diesem ursprünglichen Sinn schildert der slowakische Bergsteiger Pavol Breier: in das Tscherski-Gebirge in Ostsibirien. Diese über 3000 m hohe Bergkette erstreckt sich über eine Länge von fast 1500 km (Alpen: 1000 km). Der Ort Ojmjakon verzeichnet mit -71 ° C den absoluten Tiefstwert auf der nördlichen Halbkugel. Nach einem langen, umständlichen Flug wurde mittels Lkw versucht, so nahe wie möglich an die Berge heranzukommen- allerdings existieren dort keine Straßen: „... die Lkw fahren üblicherweise nur im Winter, wenn die Sümpfe zugefroren sind, durch die Tundra.

Nach einer ganztägigen Fahrt, wobei wir nur etwa 30 km schafften, blieben die Lkw endgültig im Sumpf stecken, und wir mussten den Weg zu Fuß fortsetzen. Das Gebiet ist absolut weglos, und es gibt auch keine brauchbaren Karten. Wir konnten uns nur an Hand einer schematischen Kartenskizze orientieren. Nach drei Tagen äußerst unangenehmen und mühsamen Marsches durch Sümpfe und Waldtundra, eingehüllt in Wolken von Mücken, erreichten wir endlich den Leker-Gletscher. Auf diesem Gletscher haben wir in ca. 2000 m unser Basislager aufgestellt. Die Gletscherumgebung ist absolut öd, in dieser Höhe gibt es weder Vegetation noch irgendwelche Lebewesen, nur Steingeröll. Nach unserer Ankunft im Basislager verschlechterte sich das Wetter und blieb praktisch während des ganzen Aufenthaltes schlecht. Dadurch gelangen uns insgesamt nur drei Besteigungen".

Monte Sarmiento, 2246 Meter. Ein Zweitausender als Expeditionsziel? Ungefähr so hoch wie Fleischbank, Hochschwab oder Scheiblingstein?! Gewiss – dafür aber netto, direkt vom Meer weg! Und von keinem sonnigen Surf- und Bikinistrand mit einer gemütlichen Lodge als Stützpunkt, sondern in der Nähe von Kap Horn, der kochenden, gefürchteten Sturmhölle der früheren Seefahrer. Allein der Zugang vom Ankerplatz des Schiffes zum Fuß des Berges bedeutete eine riskante Kletterpartie in steilen, nebelfeucht rutschigen, flechtenbewachsenen Felsflanken. Das Aufstiegsgelände: Gigantische Windbäckereiformationen aus Raureif und Lockerschnee, absturzbereit über ungeheuren Abbrüchen drapiert, dazu das berüchtigte patagonische Wetter mit seinen Orkanexzessen. Dieser höchst unzugängliche Eisgipfel verzeichnet vermutlich erst drei Besteigungen. Die erste, von Carlo Mauri und Clemente Maffei im Jahr 1956, konnte wegen schlechter Sichtbedingungen kein aussagekräftiges Gipfelfoto liefern. Die bergsteigerische Reputation der beiden war wohl sehr gewichtig – aber eben kein unwiderlegbarer Beweis. Außerdem soll die von ihnen begangene Route über den Südwestgrat laut Fotos noch schwieriger als alle andern Aufstiegsmöglichkeiten aussehen. Eine zweite Besteigung durch Stephen Venables ist dokumentiert (weil von seltenem Wetterglück begünstigt), erreichte aber „nur" den um hundert Meter niedrigeren Westgipfel. Die dritte erfolgte 2010 durch Robert Jasper, Jörn Heller und Ralf Gantzhorn.

Aber unsere superlativ-vernarrte Ära registriert ohnehin lieber die elftausendeinhundertelfte Besteigung des Everest. Selbst wenn Messner sein Gewicht in die Waagschale wirft, verärgert über derlei Humbug wettert und vergeblich den Redaktionen die wahren Spitzenleistungen der heutigen Elite nahezubringen versucht – nie wird er die unumstößlichen Gewissheiten von Abermillionen Fachleuten erschüttern können, welche ganz genau wissen, dass der Mount Everest der höchste Berg der Welt ist, und folglich seine Ersteigung die höchste Leistung des Alpinismus!
Vergesst Latok, Ogre und Sarmiento: das Erstmalige, oder zumindest das Bizarre erntet in unserer Mediengesellschaft die größte Aufmerksamkeit, und deswegen wird der erste Onanist am Everest-Gipfel garantiert binnen Kürze mehrere Millionen Klicks in Youtube verzeichnen können!
Wetten, dass?

Am „Barriere-Grat" des Dhaulagiri IV

Phimister Proctor: Zweite Besteigung des Half Dome, 1884

11.
CALIFORNIAN BARBECUE
„EL CAP"

In den Siebzigerjahren begannen die Mitteleuropäer über ihren Tellerrand hinaus zu blicken und an der frischen, ungekünstelten US-Lebensart Gefallen zu finden. Originalrezept aus dem legendären "Camp 4":

CALIFORNIAN BARBECUE „EL CAP"

2 sehnige, gut durchwachsene Kletterer mit scharfer Bachar-Sauce einstreichen und einen Joint „Black Afghan" drüber krümeln.
3 – 4 Tage bei kräftiger Sonnenhitze auf einem Lost Arrow vertikal im eigenen Saft brutzeln lassen, sodann mit 8 Sixpacks Bier ablöschen. Abschließend mit etwas King Swing, Texas Flake und Flower Power bestreuen.
Als Beilagen: mitgebratene Portaledges sowie Jümars, Copperheads, Rurps, Nuts, Bongs, Skyhooks, Knifeblades und Magic Mushrooms, dazu frischen Steck-Salathé mit Royal Robbins-Dressing.

Stars & Stripes &
Nuts & Friends

„In der Wildnis finde ich etwas Wertvolleres und Verwandteres als auf den Straßen und in den Dörfern. In der ruhigen Landschaft, und besonders in der weit entfernten Linie am Horizont, erblickt der Mensch etwas, das so schön ist wie seine eigene Natur".
Ralph Waldo Emerson, „Natur"

XXX-Large. Es war noch vor dem Siegeszug des Luftverkehrs, als der berühmte französische Bergführer Lionel Terray als Skilehrer nach Kanada engagiert wurde. Per Schiff angereist, bestieg er in Halifax den Zug nach Montreal, wo er gegen 17 Uhr ankommen sollte. Als er eine Viertelstunde vor 17 Uhr sein umfangreiches Gepäck zum Aussteigen herunterwuchtete, und der Schnellzug noch immer durch endlose Wälder brauste, fragte er den Schaffner leicht verwundert, was es mit der offensichtlichen Verspätung auf sich habe?
Keine Verspätung!
Aber, man solle doch um 17 Uhr ankommen?
Gewiss – aber um 17 Uhr des nächsten Tages!

Einen kompletten Alpin-Kosmos haben die Yankees zur Verfügung. Er reicht von den Drei- und Viertausendern der Tetons und der Rockies über die Sandsteinwände des Zion Canyon, die Bigwalls im Yosemite, dem Mekka der modernen Kletterkunst, bis zu den Hinkelstein-Felsen von Joshua Tree. Dazwischen reihen sich noch zahllose Naturwunder, deren berühmteste wie der Yellowstone-Park alljährlich von

Millionen besucht werden, sowie zahlreiche weitere, nicht ganz so bekannte und überlaufene, die aber in Europa zweifellos zu den Glanzstücken zählen würden. Und wird großzügig der restliche Teil des Halbkontinents mit den die Eisgipfeln Kanadas und Alaskas einbezogen, die sich in Bezug auf Abgeschiedenheit, Herausforderung und klettertechnischen Schwierigkeiten durchaus mit den Bergen des Himalaya und Karakorum messen können, haben die Nordamerikaner bis auf den Faktor „dünne Luft" eigentlich alles im eigenen Land.

Delicate Arch

Zion Canyon, Utah

Totem Pole, Monument Valley

Grand Teton, Wyoming

Das schmale Werkchen „Nature" des Dichter-Philosophen **Ralph Waldo Emerson** (1803 – 1882) ist das amerikanische Gegenstück zu Rousseaus „Neuer Heloise". Es verkündete die Souveränität des Individuums und dessen Eingebettetsein in die Natur, die in diesem riesigen Land noch in reichem Maß in ihrer Ursprünglichkeit anzutreffen war. „Wenn ich auf dem kahlen Erdboden stehe – meinen Kopf in die heitere Luft getaucht und in den unendlichen Raum erhoben – schwindet alle eitle Selbstgefälligkeit dahin. Ich werde zu einem durchsichtigen Augapfel; ich bin nichts; ich sehe alles; die Ströme des universellen Wesens durchwogen mich ..."

Eine Portion Pioniergeist war schon von Beginn an nötig, um in den unermesslichen Weiten überleben zu können. Dieses absolute „Auf-sich-selbst-gestellt-sein", das sich derzeit beim Alpenbergsteigen immer mehr verdünnt, hingegen von den meisten US-Bürgern in zahlreichen Belangen weiterhin als Monstranz einer politischen Glaubensrichtung vorangetragen wird, war der Treibstoff ihres Slogans

„Go West"! Eines Tages aber, als das Land erobert und parzelliert, die Indianer in ihren Reservaten alkoholisch abgefüllt, die Bösen mit den schwarzen Hüten erschossen waren und die Guten gegen Sonnenuntergang reiten konnten – da war man ganz im Westen angelangt, wo sich neuerlich ein Ozean dehnte, und man konnte sich wie in good old europe den wichtigen Nebensächlichkeiten widmen, zu denen auch der Bergsport zählte.

Denali: im Polar- und Zwielicht. Der höchste Punkt des nordamerikanischen Kontinents ist der 6.193 m hohen Mt. McKinley. Der wurde deswegen so benannt, weil William McKinley gerade zur Zeit der Entdeckung als 25. US-Präsident amtierte. Dabei hatte der mit dem Berg nicht das Geringste zu tun, ihn nicht einmal je gesehen. Diese einst übliche Einschleimerei bei hohen Herren anlässlich diverser Gipfeltaufen hat sich nun in Respekt vor den alten, einheimischen Bezeichnungen verwandelt, was nichts kostet und einen schlanken Fuß macht. Daher heißt er jetzt athabaskisch Denali, „der Große"; treffender Beiname: „kältester Gipfel der Welt"

Denali (Mt. McKinley), 6193 m

Am 16. September 1906 hat der amerikanische Arzt **Dr. Frederick A. Cook** (1865 – 1940) mit einem gewissen Edward Barill den „Scheitel des Kontinents", den Gipfel des Mt. McKinley als Erster betreten. Hat er zumindest behauptet. In Harpers Monthly Magazine vom Mai 1907 ist auch der fotografische „Beweis" abgedruckt: Auf einem aperen Felsbuckel über einem sanften Firngrat steht ein Männchen und schwenkt eine Fahne. Bildunterschrift: „The Flag on the summit of Mt. McKinley, 20.300 Ft above sea-level". Im exklusiven American Alpine Club (AAC), dem Cook angehörte, wurde diese Besteigung angezweifelt, doch Cook war zum Zeitpunkt

„The Flag on the summit..."

Robert Peary

für Nachfragen nicht greifbar: er war auf einer Expedition zum damals noch nicht erreichten Nordpol unterwegs. In dieses „Rennen", wie es bereits klassifiziert wurde, konnte er einiges an einschlägiger Erfahrung einbringen: 1891 war er Teilnehmer einer Grönlandexpedition unter der Leitung seines späteren Rivalen Robert E. Peary gewesen, 1898 nahm er an der ersten Überwinterung auf dem antarktischen Kontinent teil, und nun war jener Punkt der nördlichen Halbkugel sein Ziel, der von Abenteurern und Wissenschaftlern seit drei Jahrhunderten vergeblich anvisiert wurde.

Robert E. Peary (1856-1920), Marine-Ingenieur aus Maine, später Berufsabenteurer, gab sich gern als beinharter, unerschütterlicher Kraftmeier – und war es wohl auch, wie sein 23 Jahre währendes Ringen um den Nordpol zeigte. Unvorstellbare Strapazen hatte er auf sich genommen, nach Erfrierungen waren ihm sämtliche Zehen amputiert worden, und trotz dieser Verkrüppelung unternahm er noch zwei Polarmärsche von beispielloser Härte. Im September 1908, im Alter von 52 Jahren, begann er seine entscheidende Reise zum Pol. Der eigentliche Vorstoß von einer Basis im nördlichsten Grönland begann im Februar 1909. Am 6. April stand er mit seinen Begleitern am Ziel, an jenem Punkt der Nordhalbkugel, an dem sich Nord und Süd, Ost und West aufheben. Auf seinem Rückweg begegnete er mit seiner Mannschaft jenen beiden Inuit, die Cook begleitet hatten. Sie schilderten, dass sie Anweisung hätten, von einem Marsch weit über das Meereis zu berichten, doch wäre das Land immer in Sichtweite gewesen. Peary nahm dieses Konkurrenz nicht sehr ernst, doch als er seine Siegesmeldung „Das Sternenbanner an den Pol genagelt!" in die Welt telegrafierte, kam er zu spät: Wenige Tage zuvor hatte der eben zurückgekehrte Cook verkündet, dass er ein Jahr zuvor, im April 1908, den Nordpol erreicht hätte!

Peary tat nun das Falscheste: er bombardierte Agenturen und Redaktionen mit wütenden Protestschreiben, in denen er Cook als Betrüger und Schwindler bezeichnete – allein, man glaubte nicht ihm, dem verbissenen, arrogant wirkenden ironman, sondern dem charmanten Dr. Cook, der sich allgemeiner Sympathie erfreute, und der Peary zu seiner schönen Leistung ganz herzlich gratulierte. Denn Peary war beileibe kein freundlicher Kuschelbär, sondern ein skrupelloser

Egoist: seine Strategie zum Erreichen des Pols beruhte auf einer Pyramide von Domestiken, an deren Spitze zwingenderweise nur einer, nämlich er selbst stehen konnte. Für seinen Kapitän Bartlett, dessen Beitrag zum Erfolg einen beträchtlichen Prozentsatz ausmachte, war da kein Platz. Er wollte als einziger Weißer am Pol stehen, sein schwarzer Diener Henson, der alle Strapazen mit ihm teilte, zählte da sowieso nicht.

Der arktische Münchhausen. Während der folgenden Kontroverse veranstaltete eine Pittsburger Zeitung eine Umfrage: nur 2.814 Leser hielten Peary für den wahren Eroberer des Pols, während sich überwältigende 73.238 für Cook aussprachen und zudem überwiegend der Meinung waren, Peary hätte den Nordpol gar nicht erreicht. Im Ausland hingegen war die Einschätzung umgekehrt: ein Komitee der Universität Kopenhagen kam zu dem Schluss, dass Cooks angebliche Beweise nicht zu halten seien, eine Ansicht, der sich später auch die Royal Geographic Society in London anschloss. Beweisfotos analog zu Gipfelbildern sind am Nordpol nicht – oder umgekehrt überall möglich. So gibt es bis heute eine Cook- und eine Peary-Fraktion, selbst unter Experten. Denn

Frederick Cook

Cook war keineswegs ein Wohnzimmer-Abenteurer: Grönlandfahrt, Antarktisüberwinterung und auch seine McKinley-Expeditionen 1903 und 1906 sind hinlängliche Befähigungsnachweise. Zum Kahiltnagletscher, wo der heutige Gipfelaspirant vom Flugzeug abgesetzt wird und sich mit frischen Kräften den noch immer genügend hohen Anforderungen dieses subpolaren Berges stellen kann, war Cook bereits wochenlang durch Mückensümpfe, dichtes Gestrüpp und eiskalte Flüsse unterwegs gewesen. Er hat auf der Suche nach dem Zugang zum Gipfel wirkliche Pionierarbeit geleistet und schließlich eine Höhe von 3.500 m erreicht.

1910 – die Nordpol-Diskussion war noch voll im Gange – kamen B. Browne und H. Parker, zwei Alpinisten des AAC, von einer neuerlichen Denali-Expedition mit einem Gipfelfoto zurück, welches mit dem von Cook deckungsgleich war. Nur: es stammte keineswegs vom „Scheitel des Kontinents", sondern von Cooks Schwindelberg, den die beiden Detektiv-Alpinisten weit unterhalb des echten Gipfels dingfest machen konnten. Cook wurde daraufhin aus dem AAC ausgeschlossen. Seine Anhängerschaft hielt jedoch weiterhin zu ihm, selbst als 1913 der Mount McKinley durch den Erzdiakon Hudson Struck mit drei Gefährten tatsächlich zum ersten Mal bestiegen wurde, wobei die Gipfelverhältnisse völlig anders als von Cook geschildert wurden. Die Fangemeinde begann erst abzubröckeln, als der gewinnende Dr. Cook wegen eines umfangreichen Betruges mit Ölaktien eine mehrjährige Gefängnisstrafe antrat.

Der Geograf Bradford Washburn unternahm zwischen 1951 und 1957 fast alljährlich McKinley-Expeditionen zwecks Aufnahme einer genauen Karte. Nebenher versuchte er dabei, die Cook-Story fotografisch exakt nachzuvollziehen. Da infolge des

Gletscherrückgangs der verflossenen fünfzig Jahre bereits damals das Eis um fast 15 Meter geschmolzen war, ließ er einen 15 Meter hohen Aluminiummast fertigen, der den Fotostandpunkt Cooks akribisch wiederherstellen sollte. Allein – bei der nächsten Unternehmung war das Eis um weitere 3 Meter zurückgegangen, sodass der Mast unverrichteter Dinge für eine künftige Dokumentation deponiert wurde. Eine neuerliche Rekonstruktion würde allerdings nur bestätigen, was man schon 1910 wusste, und was Peter Freuchen, der große Ozeanograph und Polarforscher im Zug der Nordpolkontroverse epigrammatisch auf den Punkt brachte: „Cook war ein Lügner und ein Gentleman, Peary war weder das eine noch das andere".

Mount Logan. Der mit 5.959 m zweithöchste Gipfel Nordamerikas an der Grenze zwischen Kanada und Alaska ist zwar schwieriger, entlegener und kann mit dem Superlativ des (von der Grundfläche her) größten Berges der Welt aufwarten, war aber lange Zeit selbst weitesten Alpinistenkreisen kein Begriff. Erst als nach dem Tod des kanadischen Premierministers Pierre Trudeau im Jahr 2000 die Idee aufkam, den Berg nach ihm umzubenennen, gelangte er nach stürmischen Protestaktionen in die Schlagzeilen. 3000 Meter erhebt er sich über die Gletscherbecken zu seinen Füßen. Er vereinigt die Ansprüche einer Polar- und einer Himalaya-Expedition, denn aufgrund der in Polnähe dünneren Troposphäre herrschen auf dem 20 Kilometer langen Gipfelplateau trotz der Höhe von knapp 6000 Metern atmosphärische Bedingungen wie auf 7000. Dazu bringen Schlechtwetterfronten infolge der Nähe des Nordpazifiks zuweilen gigantische Schneemassen mit sich. 1925 wurde dieser entlegene Berg von einer siebenköpfigen Expedition erstmals erstiegen, die vorerst einmal 200 Kilometer bis zu seinem Fuß zurückzulegen hatte, 1950 erfolgten die zweite und die dritte Besteigung. 1965 wurde am Mount Logan eine der gewaltigsten Aufstiegsrouten Nordamerikas realisiert: der majestätische, mehr als zehn Kilometer lange, dreitausend Meter Höhendifferenz überwindende Südgrat, der

Mount Logan

Hummingbird Ridge

„Hummingbird Ridge". Mehr als 30 Tage, vom 7. Juli bis 6. August, arbeitete sich eine sechsköpfige Mannschaft höher (Dick Long, John Evans, Allen Steck, Jim Wilson, Frank Coale, Paul Bacon), wobei jeweils eine Seilschaft führte und die anderen den Materialtransport vornahmen – quasi auf einer Leiter mit nur einer Sprosse. Als wichtigster Ausrüstungsgegenstand erwies sich eine Schaufel, mit der sich der Aufstieg über den verwechteten Grat bahnen und die Lagerplätze einebnen ließen. Sieben Tage waren die Männer durch einem Blizzard blockiert, man machte sich bereits Sorgen wegen der schwindenden Vorräte – doch der Ausweg konnte nur mehr über den Gipfel führen! Als Allen Steck einmal auf einem Standplatz wartete, gewahrte er ein Schwirren wie von einem fallenden Stein und drückte sich instinktiv an den Fels – doch war es ein in dieser Eiswüste völlig unerwartetes Wesen: ein Kolibri, der sich offenbar seinerseits von einer hier unerwarteten bunten Riesenblüte angezogen fühlte – von Stecks rotem Rucksack! Der winzige Vogel wurde zum Namenspatron dieses kolossalen Anstieges, welcher trotz etlicher Versuche noch nie zur Gänze wiederholt wurde: Hummingbird Ridge.

Einwanderer-Alpinismus. Im Gegensatz zu den Alpenländern fielen in Nordamerika die großen Städte, überwiegend fernab der Gebirge, anfänglich als Impulsgeber für einen Breitenalpinismus weitgehend aus. So kam es, dass sich der Bergsport in der Neuen Welt anders, unvoreingenommener und doch mit zahlreichen Parallelen zum Alpenbergsteigen entwickelte. Infolge der räumlich weit auseinander liegenden, höchst verschiedenartigen Gebirgsregionen entstand eine ebenso reiche wie unterschiedliche Vielfalt alpinistischer Zellen. Unter jenen Scharen junger Menschen, die aus der geistigen und materiellen Enge Europas ausbrachen und eine bessere Zukunft jenseits des Atlantik anpeilten, brachten einige Individualisten außer der nötigen Grundmixtur aus Optimismus und Durchsetzungsfähigkeit aus ihrer alten Heimat auch ihre regionalen Elemente des Bergsteigens mit. John Muir war Schotte, Konrad Kain Österreicher, John Salathé Schweizer, Fritz Wiessner Deutscher, Yvon Chouinard Frankokanadier ...

Konrad Kain (1883 -1934). Wer Ende des neunzehnten Jahrhunderts im niederösterreichischen Hinternaßwald am Fuß der Rax zur Welt kam, hatte die Arschkarte gezogen. Die beruflichen Chancen: Holzknecht. Oder Steinbrucharbeiter. Nicht so der kletterbegabte Konrad Kain. Der brach diese beiden Karrieren ab, ging beim berühmten Rax-Führer Daniel Inthaler in die Lehre und wurde selbst Bergführer, dem bald die heimatlichen Täler zu eng waren. Bei den Führertouristen war er wegen seines Könnens und seiner Umsicht beliebt, mit ihnen kam er bis in die Westalpen. 1908 brachte einen Wendepunkt: er erhielt er eine Einladung des Alpine Club of Canada, eine Stelle als Alpinausbildner anzunehmen! Hier konnte er seine Fähigkeiten entfalten. Außerhalb der Saison, in den langen und harten Wintermonaten, war er, fasziniert von den riesigen Urwäldern, als Fallensteller und Pelztierjäger unterwegs und brachte es damit sowie als Holzhändler zu Wohlstand.

Konrad Kain

1912 ging er mit einer Expedition des Smithsonian Institute ins sibirische Altaigebirge, bald danach nach Neuseeland, um dort einen Bergführer-Ausbildungskurs zu leiten. Während der Schiffsreise besuchte der naturbegeisterte und weltoffene Kain Tahiti und Hawaii. Von Hinternaßwald in die Südsee – beinahe unvorstellbar in diesen Jahren!

Vom Kain-Schritt auf der Rax... ...zum Mount Robson in den Rocky Mountains

Sein alpinistisches Meisterstück war 1913 die Erstbesteigung des Mt. Robson (3.954 m), des schwierigsten Gipfels in den kanadischen Rockies. „Gentlemen, weiter kann ich Sie nicht mehr führen", sagte er zu seinen Klienten William Foster und Albert McCarthy, als sie bei gutem Wetter – eine Rarität an diesem Berg – dessen eisgekrönten Gipfelscheitel betraten. 1917 hat Kain geheiratet, dann erwarb er eine Farm, aber die Winter über zog es ihn weiterhin in die unermessliche Weite der Wälder. Eine bilderbuchmäßige Auswanderer-Erfolgsstory, die mit dem frühen Tod seiner Frau abriss! Kain wollte nun nach mehr als zwanzig Jahren seine Heimat und seine alte Mutter besuchen, doch eine schwere Krankheit machte zuvor dem Leben des Weitgereisten mit 50 Jahren ein Ende. In seiner Heimat ist er fast vergessen (nur Rax-Kletterer kennen den spektakulären „Kain-Schritt" am Wiener Neustädter-Steig), dagegen haben ihm der American Alpine Club, der kanadische und der neuseeländische Alpenklub eine Gedenktafel am Fuß der Rax gewidmet.

The Great Outdoors faszinieren nach wie vor die unternehmungslustige US-Jugend. Und zwar im lebhaften Kontrast zum weitverbreiteten Drive-in-Lebensstil der weltweit übergewichtigsten Nation in der strapaziösen Form des Backpacking: Alles selbst buckeln ist eine Grundvoraussetzung der amerikanischen Outdoor-Bewegung. In Gebieten ohne Unterkünfte ähnlich dem alpinen Hüttennetz ist dies unverzichtbar, verlangt Selbstüberwindung, Bereitschaft zur Einschränkung und Strapaze. Die Long Distance Trails sind Weitwanderrouten, denen gegenüber unsere alpinen Gegenstücke wie Parkspaziergänge anmuten und die selbst den Jakobsweg alt aussehen lassen. Sie führen vielfach durch tatsächlich unbesiedeltes Gebiet, erfordern eine ausgefeilte Logistik und eine spartanische Lebensweise. Der Continental Divide Trail etwa zieht über mehr als 5.000 Kilometer über die kontinentale Wasserscheide, von den Wüsten New Mexicos bis an die kanadische Grenze; der North Country Trail, nicht sehr viel kürzer, vom Staat New York nach North Dakota, und der Appalachian Trail 3.500 Kilometer über die uralten, rundgehobelten, bewaldeten Granitrücken im Ostens der USA, von Georgia bis zum Mt. Katahdin in Maine. Sie alle werden in ihrer gesamten Ausdehnung naturgemäß nur von wenigen Wanderern begangen. Der Pacific Crest Trail aber, 4200 Kilometer von Mexico bis Kanada, besitzt ein Teilstück von weniger astronomischen Ausmaßen, dafür von auserlesener landschaftlicher Schönheit: der John Muir Trail. Er durchquert auf 340 Kilometer die kalifornische Sierra und ist nach einem weitblickenden Pionier des Naturschutzgedankens benannt.

Backpacking Mt. Whitney-Trail

John Muir (1838 – 1914). Er war ein hochbegabter und gebildeter Mann mit einer Neigung zu exzentrischen Lebenswendungen. Sein Vater, ein Kaufmann und Anhänger der Sekte „Die Jünger Christi", entschloss sich zur Auswanderung aus Schottland in die Vereinigten Staaten. Dort widmete er sich hauptsächlich dem Predigen und übertrug die wesentlichsten Arbeiten dem jungen John. Dieser, der schon mit drei Jahren lesen konnte, wurde zu einem frühen Daniel Düsentrieb, einem genialen Bastler und Erfinder, der mit einfachsten Werkzeugen Wasserräder, Windmühlen, Türschlösser, Thermometer und Uhren herstellen konnte. Seine originellste Erfindung war eine Frühaufstehmaschine, die den Schläfer mechanisch weckte und in ihrer höchsten Stufe aus dem Bett warf. Mit 22 hatte er genug von der Tyrannei des Alten, verließ sein Elternhaus und war abwechselnd Student und Tramp. Während des Bürgerkrieges setzte er sich nach Kanada ab. Neben Phasen einer bürgerlichen Existenz legte er als Fußwanderer große Distanzen zurück, verdiente seinen Lebensunterhalt unter anderem als Farmarbeiter und lernte die Wunderwelt der Sierra kennen, die ihn fortan fesselte.

279

John Muir

Auf dem John Muir-Trail

„Ich habe die Berge des Lichts durchquert, sicherlich die hellsten und besten Berge, die der Herr gebaut hat"" – und tatsächlich liegt über den Gipfeln der Sierra ein ganz besonderes, ein klares und reines. Seine frühen Schilderungen der Sierra, in denen er die Bedrohung dieser Landschaft durch Holzfällung und umfangreiche Schafherden anprangerte, bewirkten schon 1890, dass Yosemite zum National-park erklärt wurde – was natürlich nicht automatisch einen aktiven Schutz der Landschaft zur Folge hatte. Denn kaum hatte man diese Wunderwelt entdeckt und dem Tourismus zugänglich gemacht, fand sich wie überall schnell allerhand Spekulantengeschmeiß ein, mit mannigfaltigen Ideen, wie das Gebiet auszuplündern sei. Erst begann man mit der freudig-dumpfen Zielstrebigkeit des Maschinenmen-schen die Jahrtausende alten Sequoien umzusägen und zu Eisenbahnschwellen

Fritz Wiessner

zu verarbeiten: eine Barbarei, als würde man Klimt-Skizzen als Einwickelpapier verwenden! Schließlich sollte das gesamte Tal durch einen Stausee geflutet werden (vermutlich „damit nicht die Lichter ausgehen ...") Doch wie man von der Filmleinwand her weiß: immer, wenn es brenzlig wird, kommt letztlich die Kavallerie zu Hilfe – so auch in diesem Fall. Von deren Soldaten wurde das Gebiet schließlich geschützt, und die heutigen Ranger patrouillieren nach wie vor in dieser romantischen, weltweit bekannten Montur. Der Name dieses vorausblickenden verdienstvollen Mannes aber lebt weiter im „John Muir Trail", und in der „John Muir Wall" am El Capitan.

Fritz Wiessner (1900 – 1988). Wenige Persönlichkeiten haben das US-Bergsteigen in solchem Maß beeinflusst wie der 1900 in Dresden gebürtige Wiessner. Als Chemiker und nicht minder als Kletterer erfolgreich, wanderte er 1928 mit einer Latte an alpinen Erfolgen im Rucksack in die Staaten ein. Fleischbank-Südostwand im Wilden Kaiser oder Furchetta-Nordwand in den Dolomiten sind bleibende Denkmäler seines Könnens. Er war durch die exzellente Schule des Elbsandstein-Kletterns gegangen, wo das Anfassen eines Sicherungsringes zur Fortbewegung fast zur gesellschaftlichen Ächtung führte. In seiner neuen Heimat sah er sich dagegen mit ungewöhnlichen Bergen und auch überraschenden Ersteigungs-methoden konfrontiert.

Devils Tower 1550 m. Der 290 Meter hohe Basaltklotz, ein erkalteter Vulkanschlot, erlebte mehrere Arten von Erstbesteigungen. Die allererste vollzog sich in sagen-hafter Vorzeit: durch eine Schar Indianermädchen auf der Flucht vor einem Bären. Die Lokalgötter erbarmten sich und hoben die Teenies auf diesen Steinsockel in sichere Höhe, während der wütende Bär mit seinen Krallen bleibende Furchen in die Wände kratzte ... Die Mädels schwirrten von der kargen Felsenhöhe aber bald in den Himmel ab und bildeten dort das Sternbild der Plejaden (klassische Bildung zahlt sich eben überall aus!). Von gewöhnlichen Erdbewohnern dagegen wurde er erstmals 1893 auf unkonventionelle Weise erstiegen. Zwei Ranger namens Ripley und Rogers fertigten eine große Zahl von Holzpflöcken bestimmter Länge an, die sie in einem Riss in der Südwand verklemmten und daran wie auf einer Leiter emporstiegen. Und dies ausgerechnet am 4. Juli, während der Feiern zum Unabhängigkeitstag! Honoratioren und Festredner standen auf der falschen Seite und konnten sich den Mund fransig reden: die Zuschauer wandten sich alle gebannt den Kletterern zu. „Richtig" erklettert wurde der Turm erst 1937 durch Fritz Wiessner, Bill House und I. Loveney. Ein Jahr darauf fanden Jack Durrance und H. Butterworth die beliebteste und leichteste, jetzt mit V bewertete Normalroute. Mittlerweile sind bereits alle diese Basaltsäulen und Verschneidungen erklettert.

Die den Amis allgemein attestierte Lockerheit (oder je nach Sichtweise auch Unbedarftheit in vielen Belangen) inspirierte 1942 zu einer Fallschirmlandung auf dem Devils Tower. Am 1. Okt. gelang George Hopkins, einem ehemaligen Fluglehrer, eine Landung auf der Gipfelfläche. Aber – „Houston, wir haben ein Problem": eine wichtige Kleinigkeiten hatte Hopkins bei der Planung seiner Unternehmung übersehen – nämlich, wie man von diesem Teufelsturm auch wieder hinunter kommt! Er selbst verfügte weder über eine Alpinausrüstung noch über entsprechende Kenntnisse. Vorerst wurde von Kollegen ein langes Seil abgeworfen, das aber den Gipfel verfehlte. Zelt, Lebensmittel und warme Kleidung warfen ihm seine Fliegerkameraden während der nächsten Tage ab, doch er musste sechs Nächte auf seinem luftigen Platz verbringen, ehe ihn eine von Jack Durrance geleitete Rettungsmannschaft ins Tal bringen konnte. Währenddessen hatte er ausreichend Zeit, um über die Planungsmängel nachzudenken. Und über den Teufel, der einen gelegentlich reitet, und der sehr häufig im Detail steckt. Die vorläufig letzte Erstbesteigung vollführten die Außerirdischen, die in Steven Spielbergs Film „Begegnung der dritten Art" mit ihrem kosmischen Vehikel punktgenau auf der Gipfelfläche des Tower aufsetzten. Möglicherweise haben ihnen die Indianermädchen die Zielkoordinaten zugeraunt?

Mount Waddington   Devils Tower

Mount Waddington 4019 m. „Nur" ein Viertausender – aber welch ein Berg! Von keiner Siedlung oder Straße aus zu sehen, inmitten ausgedehnter Gletscherweiten, wurde dieser Gipfel in British Columbia an der Grenze zu Alaska überhaupt erst 1925 entdeckt. Mit fast arktischen Verhältnissen, einer großen relativen Höhe, sowie, bedingt durch die Nähe des pazifischen Ozeans, einer äußerst schneereichen Witterung, hat er 16 Expeditionen scheitern lassen.

Dann gelang 1936 Fritz Wiessner und Bill House die erste Ersteigung. Vom letzten Lager zum Gipfel und wieder zurück waren sie 23 Stunden unterwegs gewesen. Wiessner hatte nun nicht nur sein Können im Fels in den unterschiedlichsten Regionen unter Beweis gestellt – er hat auch als ausdauernder Expeditionsbergsteiger seine Qualitäten gezeigt. Zum Greifen nahe schien für ihn der Heilige Gral des Höhenbergsteigens: die erste Ersteigung eines Achttausendergipfels, ganze vierzehn Jahre vor den Franzosen auf der Annapurna!

Fritz im Pech. 1939 hatten Wiessner und der Sherpa Pasang am K2 bereits eine Höhe von 8400 Metern erreicht, als die Dunkelheit heranbrach. Wiessner wäre am liebsten weitergestiegen, doch Pasang zeigte eine abergläubische Scheu vor einer Nacht am Berg. Bei einem Europa-Besuch nach seiner Cho Oyu-Erstbesteigung war ihm dieses Ereignis noch immer gegenwärtig: „Wiessner crazy! Climbing, climbing – day and night! Crazy!" So stiegen sie ab ins oberste Lager. Dort wartete Dudley Wolfe, ein amerikanischer Teilnehmer, der sich in die Expedition eingekauft hatte, ein tüchtiger Bergsteiger, doch nicht unbedingt ein Alpinist von Weltrang. Er kämpfte mit Höhenproblemen und wollte anderntags, als die beiden weiter abstiegen, noch zuwarten. Als Wiessner und Pasang das nächst tiefere Lager erreichten, stellten sie entsetzt fest, dass dieses geräumt war – und die folgenden ebenso! Mit letzter Kraft erreichten sie das Basecamp. Was war geschehen? Einer der Sherpa, dem die Schlepperei offensichtlich nicht mehr passte, hatte einen angeblichen Lawinenabgang hoch droben erfunden, dem die Gipfelaspiranten zum Opfer gefallen seien. Daraufhin wurden Schlafsäcke und sonstige Ausrüstung aus den Hochlagern ins Basecamp transportiert! Und ganz oben wartete der höhenkranke Wolfe auf Hilfe. Wiessner und Pasang waren nach ihrem Gewaltabstieg vollständig ausgelaugt und nicht mehr zu einem neuerlichen Aufstieg imstande, deshalb machten sich drei Sherpa auf den Weg hinauf. Doch Wolfe war kaum mehr ansprechbar – er und die drei selbstlosen Helfer, darunter der großartige Pasang Kikuli, kamen droben ums Leben. In den USA wurde Wiessner danach angefeindet – als Deutscher, 1939, beinahe irgendwie verständlich. Die nachträgliche Analyse brachte natürlich ein Planungsmanko zutage: der Expeditionsleiter als überragender Bergsteiger mit einem

Pasang Dawa Lama I Fritz Wiessner

fast gleichwertigen Begleiter weit voran – und dahinter eine gähnende logistische Leere. Dass er nach fast 40 Jahre rehabilitiert und schließlich Ehrenmitglied des American Alpine Club wurde, mag ihm ein später Trost gewesen sein. Und immerhin – es hätte glücken können, unrealistisch ist die Annahme nicht! Dann hätte, wie immer, niemand nach einem schulmäßigen Vorgehen gefragt. Auf jeden Fall hat Wiessner den amerikanischen Kletterstil in starkem Maß geprägt. Internationale Verdienste hat er sich später auch in der UIAA mit seinen frühzeitigen Bemühungen um eine einheitliche Schwierigkeitsbewertung sowie die weltweite Forcierung einer konsequenten und ehrlichen Freikletterei erworben.

Die Shawangunks, das klassische Klettergebiet im Osten der Staaten, wurde etwa ab 1941 durch Wiessner und den in Triest geborenen Österreicher **Hans Kraus** erschlossen. Die beiden ergänzten einander vorzüglich, selbst wenn sie die später getrennte Wege gingen: zwischen den strengen Kletterregeln Wiessners und der etwas lässigeren Auffassung des Alpenkletterers Kraus in Bezug auf ein paar Haken mehr oder weniger ließ sich trotz ihrer Freundschaft keine dauerhafte Balance herstelle. Kraus, der in den Dolomiten mit Emilio Comici und Gino Soldá geklettert war, begann nach 1945 die Dächerstruktur der „Gunks" mit alpenüblichen Methoden zu erschließen, wurde aber von einer neuen Generation überholt, welche den Ehrgeiz hatte, weitgehend ohne Haken- und Trittleiterklingel die bis zu 250 Meter hohen Felsen hinaufzuturnen. Der Sportmediziner Kraus, später

einer der Leibärzte Präsident Kennedys, ordinierte als Orthopäde übrigens nach einem variablen Honorarschlüssel. Berg-steigerfreunde und Minderbemittelte: Null. Durchschnittsverdiener: normales Honorar. Betuchte Promis: Länge mal Breite. Er hat auch, gewiss durch seine ärztliche Tätigkeit inspiriert, den Versuch gemacht, einen Kletterer-Kodex für die „Gunks" zu erarbeiten, um Unfälle mög-lichst zu vermeiden. Doch alles, was nach Reglementierung klingt, stößt bei Kletter-ern allgemein, bei den amerikanischen ganz besonders auf wenig Gegenliebe, und so wurde die Idee niedergemacht. In ihrem blind antiautoritären Eifer gin-gen die Gegner sogar so weit, Kraus eine „Hitlerisierung" des Klettersports vorzuwerfen – ein besonders absurder Vorwurf: Kraus war nämlich ein vor den Nazis geflüchteter Jude.

Nacktkletterer in den Shawangunks

Die berühmteste Clique dieser Zeit in den Gunks waren „**The notorious Vulgarians**", eine Gruppe New Yorker Studenten um Dick Williams, die bereits das Kletterfeeling mit Sex & Drugs & Rock n' Roll anreicherte, und durch ihre Bürgerschreck-Eska-paden mindestens so eindrücklich wie mit epochalen Routen in Erinnerung blieb.

Sorgsam auf einen rüpelhaften Ruf bedacht, zeigte sie ihr „Plebejer's Digest" etwa beim Nacktklettern, ihr Bourbon-Verbrauch war legendär, und die entsprechende Schockwirkung auf das alpine Establishment bereitete ihnen vermutlich ebenso viel Vergnügen wie ein paar besonders gelungene Kletterzüge.

Yosemite Valley; Zeichnung des Natur- und Tiermalers Phimister Proctor

Traumland Yosemite. Ursprünglich war das Grand-Teton-Massiv mit seinem alpenähnlichen Erscheinungsbild die Hochburg des US-Bergsteigens. Doch langsam verlagerte sich der Schwerpunkt hin zur reinen Felskletterei, entwickelten sich differenziertere Spielformen, und die Wunderwelt des Yosemite Valley rückte ins Blickfeld. Bis etwa 1930 waren hier nur jene Gipfel bestiegen, deren Normalwege den II. Grad nicht wesentlich überstiegen. Am Half Dome existierte nur der 1875 von George Anderson mit reichlicher Benützung eines Steinbohrers geschaffene Normalweg. Die monumentalen Felswände und -türme galten mehr oder weniger als unerkletterbar. Die wenigen lokalen Kletterer waren von der stürmischen Entwicklung des europäischen Alpenkletterns isoliert, das Schwierigkeitslevel einer Fleischbank-Südostwand, einer Großen Zinne-Nordwand oder einer Grépon-Ostwand lag für sie außerhalb ihres Vorstellungsvermögens. Wieder hat anfänglich eine Einzelpersönlichkeit die Richtung gewiesen:

John Salathé (1899 – 1993). Der in der Nähe von Basel geborene Schmied war schon 46 Jahre alt, nach alpinsportlichen Verständnis also im Greisenalter, als er im Valley zu klettern begann. Bald wurde ihm klar, dass die kompakten Granitwände kaum an einem Tag zu knacken seien. Weiters befand sich die Ausrüstung noch auf ziemlich archaischer Stufe, deshalb entschloss er sich, die gesamte Hardware, Karabiner, Gesteinsbohrer, selber herzustellen. Dabei erfand er die Hartstahlhaken, die er aus alten Autoachsen geschmiedet hatte und die für den Granit besser geeignet waren. Zwischen 1946 und 1950 wurde er mit drei epochalen Routen im Valley zum Vater des Big Wall-Kletterns: Half Dome SW-Wand, Sentinel Rock-Nordwand und Lost Arrow-

Chimney. Die unwirkliche Felsspitze des Lost Arrow war d i e Herausforderung für die noch überschaubare Anzahl der Felskünstler. Zum ersten Mal betreten wurde sie unter Zuhilfenahme eines komplizierten Seilmanövers: Von der gegenüberliegenden Wand wurde ein mit einem Gewicht beschwertes dünnes Hilfsseil über eine winzige Scharte des Gipfelchens geschleudert. Aus der Scharte zwischen Wand und Arrow wurde kletternd das auf dessen Rückseite herabhängende Hilfsseil erwischt, mit seiner Hilfe zwei Kletterseile über die Spitze des Arrow gezogen und eine „Seilbahn" eingerichtet, über welche man dieses Symbol der Unersteiglichkeit hangelnd erreichen konnte. Salathé, der sich nach einigen Versuchen als legitimer Anwärter auf die erste Ersteigung betrachtet hatte, war über diesen Taschenspielertrick entrüstet. Er forderte Anton „Ax" Nelson, einen der Akteure, zur „richtigen" Erstbesteigung vom Fuß des Turmes durch einen Kamin, den „Lost Arrow Chimney" auf. Dies gestaltete sich zu einem fünftägigen Abenteuer, Salathé mit seinen Schmiedefäusten bohrte und hämmerte – und Nelson entfernte die letzten Bohrhaken der fugenlosen Schlusswand: die Nächsten sollten es nicht leichter haben!

Salathé | rechts: Salathé und Nelson am Lost Arrow

Damit war ein Element des *clean climbing* auch in der Neuen Welt erfunden worden, wenn dies auch nicht gänzlich neu war: in Phasen materieller Knappheit versuchten auch die Alpenkletterer, möglichst viele Haken wieder zu entfernen. Aber es zeigte die Ansätze einer schlüssig klingenden Denkweise, die besagte, dass jeder Wiederholer dieselbe Leistung wie die Erschließer einer Route erbringen und den Fels nicht verändern sollte. Mit zunehmender Begehungs-Frequenz eröffneten sich die Schattenseiten dieser edel anmutenden Idee: das oftmalige Schlagen und Entfernen von Haken zerstörte allmählich den Fels. Von einem solchen Andrang konnten die Yosemite-Pioniere natürlich noch nichts ahnen: 1954 verzeichnet der Kletterführer von Steve Roper ganze 94 Routen im Valley, 1961 waren es bereits 500, und um 1990 rund 1000. Den El Capitan hat Salathé nicht mehr versucht, der blieb der nächsten Generation vorbehalten. Die „Salathé" ist also keine seiner Routen, wurde aber ihm zu Ehren getauft. Er dürfte im Lauf der Jahre ein wenig eigen geworden sein. Nachdem ein „Engel" mit ihm gesprochen hatte (kein wirkliches Wunder in einem Land, in dem zahllose Erwachsene an Engel glauben), wurde er zum strikten Vegetarier, später zum religiösen Sektierer und reiste, wie so viele US-Pensionisten, mit seinem Wohnwagen durch das Land, immer dem Sommer nach.

Warren Harding

„Unmöglich" ist nur ein Wort. Zwei Felsformationen symbolisierten 1957 im Yosemite Valley das Unmögliche schlechthin: Die Nordwestwand des Half Dome und die Nose am El Capitan. **Warrren Harding** (1924 – 2002), der „Teufel des Yosemite", galt selbst in der nonkonformistischen kalifornischen Kletterszene als exzentrische und polarisierende Persönlichkeit: Die einen betrachteten ihn als Helden, die anderen als einen Paria. Dieser starke, verbissene Kletterer mit ausgeprägten Vorlieben für dicke Autos, Frauen und reichlich Wein, hatte schon 1955 einen Versuch in der Nordwestwand des Half Dome unternommen. Mit Royal Robbins, Don Wilson und Jerry Gallwas erreichte er nach zweieinhalb anstrengenden Kletter-

tagen eine Höhe von etwa 170 Meter über dem Wandfuß – dann seilten sie ab und beschlossen, vorerst ihre Klettertechnik zu verbessern ... Im Juni 1957 durchstiegen Robbins, Gallwas und Mike Sherrik in fünf Tagen die Wand. Harding war nicht dabei – und konzentrierte von nun ab seinen ganzen Ehrgeiz auf den senkrechten Kilometer der „Nose", eine Expedition in die Vertikale. Harding, Mark Powell und Bill („Dolt") Feuerer bildeten die Mannschaft für den ersten Versuch, der sieben Tage dauerte („... technisch schwieriger als alles, was jeder von uns zuvor gemacht hatte"). Nach dem markanten „Sichelband" wurde ein abenteuerlicher 15-Meter-Pendelquergang bewältigt, doch das damit erreichte Risssystem erwies sich als zu breit für konventionelle Haken. Am siebenten Tag stiegen sie – auch nervlich angeknackst –wieder ab, wobei die fixierten Seile zurückgelassen wurden.

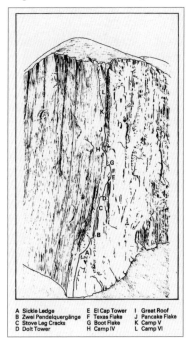

A Sickle Ledge
B Zwei Pendelquergänge
C Stove Leg Cracks
D Dolt Tower
E El Cap Tower
F Texas Flake
G Boot Flake
H Camp IV
I Great Roof
J Pancake Flake
K Camp V
L Camp VI

El Capitan

Im Tal erwartete sie eine böse Überraschung in Gestalt eines Park-Rangers, der ihnen für die Zeit zwischen 30. Mai und Ende September jede Klettertätigkeit verbot, da neugierige Zuschauer am Talboden immer wieder Verkehrsstauungen produzierten. Ende November stieg Harding erneut ein, diesmal mit Allen Steck und Wally Reed – und einer Kollektion abgesägter eiserner Ofenbeine, die als Spezial„haken" den breiten Riss („Stoveleg Crack") gangbar machten. In diesem Herbst war der höchste erreichte Punkt, der „Dolt-Tower". Im nächsten Frühjahr wurde ein Alu-Rahmen mit Rädern gebaut, eine Art Schubkarren für die Vertikale zum Materialnachschub. Insgesamt sechs Kletterer beteiligten sich an dem Versorgungsunternehmen mit „Dolt's" Spezialwinde – dieser (Feuerer) selbst war mittlerweile ausgestiegen, aus Zeitmangel und weil ihn die teils schon verwitterten Seile beunruhigten. Bis Herbst 1958 war man mittels 600 Meter Fixseilen auf Camp IV angelangt – und wollte noch vor

Einbruch des Winters endlich die Durchsteigung vollenden. Am 1. November 1958 brach Harding mit seinen Gefährten Wayne Merry, George Whitmore und Rich Calderwood zur Schlussetappe auf, die volle elf Tage in Anspruch nehmen sollte. Calderwood gab nach einem Nervenzusammenbruch auf. Das anfangs stabile Wetter verschlechterte sich während der letzten Tage. In der Nacht zum 12. November bohrte „Batso" Harding die letzten 28 Haken, die ihn über den Gipfelüberhang brachten – bis er im Morgengrauen nach elf senkrechten Klettertagen das schon ungewohnte Gefühl horizontaler Fortbewegung erlebte: „Als ich den letzten Haken schlug und über das Plateau des El Capitan taumelte, war ich nicht sicher, wer von uns der Sieger und wer der Besiegte war. El Capitan machte jedenfalls einen weit besseren Eindruck".

1958 Erste Begehung 1.-12. November, durch W.Harding, Wayne Merry, George Whitmore. Inklusive Vorarbeiten 1957 insgesamt 45 Arbeitstage, 700 Haken und 125 Bohrhaken
1960 Zweite Begehung: Royal Robbins, Joe Fitschen, Chuck Pratt und Tom Frost (7 Tage)
1969 Erste Solo-Begehung: Tom Baumann
1973 Sybille Hechtel und Beverley Johnson, erste Damenseilschaft
1975 erstmals an einem Tag: John Long, Jim Bridwell, Billy Westbay
1986 John Bachar und Peter Croft klettern die Nose in 10 Stunden, anschließend in 4 Stunden die Nordwestwand des Half Dome.
1993 Erste vollständig freie Begehung: Lynn Hill
2007 Die Brüder Thomas und Alexander Huber klettern die Nose in 2.45 Stunden

Mittlerweile gibt es am El Capitan rund 70 Routen, zum Großteil noch schwierigere – aber die Nose bleibt das Urmeter der Speedkletterer

Royal Robbins

Royal Robbins (geb.1935) war in den Sechzigerjahren der König des Yosemite – wie schon sein Vorname andeutet. Ein Vollblutbergsteiger, der am El Cap alle damaligen Anstiege kannte und etliche neue hinzugefügt hatte. Mit Yvon Chouinard, Tom Frost, Warren Harding und Chuck Pratt als Partnern entwickelte und verfeinerte er die Big-Wall-Technik, eine effektive, zeitsparende Methode für unbegangene Riesenwände: Der Seilerste klettert und bringt die Haken an, der Zweite steigt am fixierten Seil mit Steigklemmen auf und entfernt die Sicherungen wieder, während der Erste den umfangreichen und verhassten Haulbag mit dem Material aufhisst. In die Alpen transponiert, bedeutete dies vorerst zwei neue, sensationelle Anstiege an der Aiguille du Dru: 1962 eine Westwandroute mit Gary Hemming, und 1965 die Direktroute mit John Harlin – da bekamen die Hausherren in Chamonix große Augen.

Vietnam – Woodstock – Flower Power. Der Vietnamkrieg bedeutete für die jungen Amerikaner dieser Zeit ein traumatisches Ereignis von ähnlicher Tragweite wie einst der I. Weltkrieg für die Mitteleuropäer. In den Jahren zwischen 1965 und 1975 kostete er 58.000 US-Bürger das Leben (sowie nebenbei 2 Millionen Vietnamesen). Der berühmte Faustkämpfer Cassius Clay, später Muhammad Ali, verweigerte 1967 den Dienst in Vietnam mit dem Argument: „Kein Vietcong hat mich jemals Nigger genannt!". Eine ganze Generation hatte die bisher unantastbaren Militär- und Kriegs-verherrlichung satt und stellte ihr die sanfte Blumenkinder-Bewegung entgegen: „Flower-Power". Neben die mit intellektuellen Texten gegen Ungerechtigkeiten ansingenden Protestbarden traten zugekiffte Gestalten mit Rastalocken oder wirren Haarschöpfen in das Strobo-Geflacker der Konzertarenen wie etwa Jimi Hendrix, die unter jaulenden Gitarrenriffs ihre Verachtung für das herrschende System hinaus-schrien. Oder, von diesseits des Atlantiks, ebenfalls wild, ungeschliffen und diese Bild sorgsam pflegend, vier britannische Jünglinge, die sich Rolling Stones nannten. Sie versetzten weltweit ganze Teenagerarmeen in kreischende Ekstase und hinter-ließen diskutierende Psychologenteams, die um den Prozentgehalt an sexuellen Botschaften in „I cant get no Satisfaction" feilschten. Wie das Chamäleon an seinen Hintergrund, passte sich auch allmählich der Habitus der Felsakrobaten der neuen Jugendlichkeitsreligion an und erinnerte bald an die Besucher von Rock-Festivals. Ihre Bürgerschreck- und Individualisten-Pose wurde übrigens von den europäischen

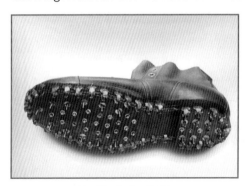

Nagelschuh, 1890

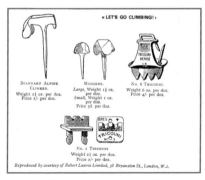

Tricouni-Beschlag, 1930

Vibramsohle 1960

Kletterpatschen 1980

Kletterern sogleich kopiert: Lange Haare, lange Bärte, lange Hosen (absolut cool: helle Maurerhosen) sowie bunte Stirnbänder oder Kopftücher – eine Kulturrevolution gegen die rotkarierten Berghemden, Trenker-Hüte und Loden-Kniebundhosen. Bald darauf war eine Vereinnahmung dieser Trends durch die Modeindustrie zu beobachten. Jugendlichkeit geriet zum bestimmenden Leitmotiv, und die Jungen fühlten sich erstmals in der neueren Geschichte irgendwie akzeptiert – nicht ahnend, dass sie nur im kommerziellen und politischen Kalkül eine bisher vernachlässigte Käufer- beziehungsweise Wählerschicht darstellten.

Von derlei Äußerlichkeiten abgesehen aber wurde die Kletterei reformiert durch zwei tiefgreifende Neuerungen: die Einführung der Reibungskletterschuhe sowie der mobilen Sicherungsgeräte.

Yvon Chouinard (* 1938). Der in Quebec geborene Frankokanadier zog mit seinen Eltern nach Kalifornien, ins gelobte Land der Outdoorsports, wo das Klettern eben die bisherigen Dimensionen sprengte. Er wurde einem der Pioniere der Bigwall-Technik und ein geistiger Nachfahre von John Salathé, indem er wie dieser neue Entwicklungen auf dem Hardware-Sektor vorantrieb. In seinem Wohnbus führte er eine Mini-Schmiede mit. Die selbst erzeugten Haken aus Hartstahl wurden ein Renner und eine Art Lizenz zum Gelddrucken – soweit dies in diesem Metier eben möglich ist. Und vom Geschäftlichen ließ er sich anfangs nicht vereinnahmen. Im ersten Ausrüstungskatalog stand bedeutungsvoll: „In den Monaten Mai, Juni, Juli und August sind keine schnellen Lieferungen möglich". Aus den britischen Klemmsteinen und den Klemmschlingen der Sand- steinkletterer modifiziert er die Leichtmetall-Klemm- keile, die Nuts. Er erfand die RURP's, rasierklingenartig dünne Metallplättchen, die sich in feinste Haarrisse einschlagen lassen, und für die breiten Risse erzeugte er die „Bongs"– während man in den Alpen noch Holz- keile schnitzte. In weiterer Folge widmete er sich dem Eisklettern. Sein Lehrbuch „Climbing Ice", an dem er acht Jahre gearbeitet hatte, wurde zu Standardwerk des Metiers. Er verschmolz die besten Elemente der deutschen, französischen und schottischen Eistechnik und entwickelte die jetzt gebräuchlichen Eisgeräte mit stark gekrümmter Haue. 1986 gelang ihm mit vier Partnern nach zweimonatiger Belagerung die dritte Ersteigung des Fitz Roy. „California Route" tauften sie diesen Aufstieg über den Südwestpfeiler. Seitdem nahm dieser gleichermaßen unwirtliche wie faszinierende Landstrich am südlichsten Ende Süd- amerikas einen wesentlichen Platz in seinem Leben ein, und die Gründung von „Patagonia", eines zuletzt millionenschweren Outdoor-Unternehmens beweist, dass brillante Kletterer nicht zwangsläufig am Pan- nenstreifen des Lebens dahindümpeln müssen.

Yvon Chouinard

Half Dome

Obwohl: ausschließlich für das Klettern zu leben ist unter der kalifornischen Sonne wesentlich leichter zu bewerkstelligen als in den monatelang unwirtlichen europäischen Alpenregionen – und die entsprechenden mediterranen Kletter-destinationen waren noch nicht erfunden. Der immerblaue Himmel gewährt eine Abfolge von sorglosen Tagen. Der Zeltplatz „Camp IV" im Yosemite Valley wurde das globalisierte Gegenstück zur Zinnen-, Haindlkar-, Gaudeamus- oder Ober-reintalhütte. Dort residierten die Wiedergänger Heckmairs, Kröners, Kaspareks und Brunhubers der westlichen Hemisphäre, trugen nun wallende Mähnen, lasen Carlos Castaneda, Jack Kerouac, Hesse und Nietzsche, und zauberten ihre Angst vor Reißverschluss-Stürzen in A-4 Seillängen bei wahnwitzigen Techno-Routen nicht mit Billigwein weg, sondern mit Joints und diversen anderen Halluzino-genen. Denn auch hier wurde ein gewisser Kult mit dem Todesmut betrieben, der jetzt fälschlich allein den ideologisch verseuchten deutschsprachigen Kletterern unterschoben wird. Reinhard Karl, der als einer der ersten Europäer die US-Szene wie ein Anthropologe betrachtete, kam zu folgenden Ergebnissen: „Faul zu sein ist hier eine wesentliche Voraussetzung, um ein guter Kletterer zu werden. Die 5 Lebens-Essentials, mit denen sie den Tag knacken, sind in der Reihenfolge der Wichtigkeit; 1. Klettern, 2. Sonnenbaden, 3. Essen, 4. Drogen, 5. Frauen. Das Wort Arbeit kommt nicht vor." Man finanzierte seinen bescheidenen Lebensstil, wenn es wirklich nicht mehr anders ging, mit Gelegenheitsarbeiten, und als bei einigen Camp IV-Bewohnern plötzlich ein ungewohnter Wohlstand in Gestalt neuer Wohnbusse und reichlich neuer Ausrüstung verzeichnet wurde, war dessen Ursprung bald klar: im Gebiet der Sierra war ein Mariahuana-Flugzeug abgestürzt ...

Die „Nose" am El Capitan

Klettern an der „Nose"

Das Camp IV existiert nun nicht mehr. Die Kletterer, früher als bunte Hunde erst geduldet und später fast als Fremdenverkehrsattraktion präsentiert, sind bei mehr als einer Million Besuchern pro Jahr in allen Konzepten nicht mehr von Belang. Wenn nicht einmal mehr eine vernünftige Möglichkeit besteht, beim Visitor Center zu parken, um sich zu erkundigen, ob vielleicht doch irgendwo ein Campground noch nicht randvoll sei, ist ihr Anarcho-Touch nicht mehr gefragt. Dazu passte ganz folgerichtig der letzte Besuch des bejahrten Kletterpioniers John Salathé, als der nach vielen Jahren wieder einmal die Stätte seiner einstigen großen Bergabenteuer besuchen wollte. Im Valley herrschte ein Betrieb wie am Broadway. Natürlich erkannte ihn niemand. Als ein Ranger den alten Mann anfauchte, er dürfe hier seinen Hund nicht frei herumlaufen lassen, drehte er ihm den Rücken zu, fuhr weg und kam nie mehr hierher. Der Wächter vor dem Paradies ist heute kein Erzengel mit einem varietéhaften Flammenschwert, sondern ein Naturschutzbeamter mit einem Rangerhut.

„Wir sind auf dem Mond gelandet! Nun werden wir den Weltraum erobern!" Im Hintergrund Klein Jimmy mit seinem Plastikkübelchen: „Und ich werde den Ozean ausschöpfen!" Es ist eigentlich verwunderlich, dass gerade im Land der Vergötterung eines scheinbar unbegrenzten technischen Fortschritts die Idee von dessen sparsamster Anwendung auf dem Sektor Alpinismus ihren Ausgang nahm – Einspruch aus Europa! Jaja, gewiss doch, für die Sandsteinkletterer ein alter Hut, und Rotpünktchen erblühte im Frankenjura – doch die meisten Entwicklungsschritte in Klettern gingen ab etwa 1970, 1980 von den USA aus, sowohl was Ausrüstung wie auch Stil betraf. Unter den meteorologischen Idealbedingungen des Sun State fehlte die alpine Drohkulisse des Erfrierungstodes, und die der Kletterei schon immer innewohnende sportliche Komponente musste hier nicht philosophisch kaschiert werden. Die Traditionen waren weniger fest verankert als in den Alpenländern, jugendliche Unvoreingenommenheit, Draufgängertum und ein wenig Narzissmus galten nicht als Frevel wider den bergsteigerischen Ernst. Das Klettern, in deutschen Landen nach wie vor mit einem leicht sepplhaftem Volkstanz-Touch behaftet, wurde sexy, mutierte hier zum Sonnenstudio mit Flugoption und eignete sich schließlich, getränkt mit der sich weltweit ausbreitenden Jugend- und Popkultur, zum Exportartikel.

Das Wie ist entscheidend. Aus Freikletterei wurde Clean Climbing, Bandschlingen lösten das verräterische Geklimper der Alu-Trittleitern ab. Mobile Sicherungen, vorerst Klemmkeile, verdrängten weitgehend das Hakensortiment, als besondere Herausforderung waren sowieso Begehungen ohne Hammer der Hammer! Dann konstruierte Ray Jardine die ersten Friends, die einen weiteren Entwicklungsschub in der Sicherungstechnik bewirkten. Die einstige Grundmaxime: „Du darfst nicht fallen!" wurde durch fast garantiert sichere Fixpunkte außer Kraft gesetzt und gestattete ein Einüben von bislang unmöglichen Passagen mit zahlreichen Stürzen – in klassischen Alpenrouten bislang unvorstellbar! Gänzlich neue Anweisung:
DU MUSST STÜRZEN ÜBEN!

Stürzen will gelernt sein!

Bouldern 1925:
Karl Prusik in den Gießwänden bei Wien

Zugleich setzte eine Globalisierung der Kletterszene ein: alle Welt pilgerte in das neue Mekka der Vertikale, wobei die erste Erfahrung der Europäer meist darin bestand, dass mit ihren im Alpenraum gebräuchlichen „Berghammerln" selbst für Klassekletterer ein Abheben vom Boden unerwartete Schwierigkeiten bot. Also besorgten sie sich ihre ersten EB's, und die weltläufigsten stellten fest, dass diese den Galoschkys der russischen Sportkletterer (so etwas gab es Ende der Sechzigerjahre bereits!) verblüffend ähnlich waren. Historisch besonders Bewanderte hätten überdies festgestellt, dass schon Mallory am Grépon (1881), Preuß-Partner Paul Relly am Ödstein (1910), Comici um 1930 in seinen Dolomitenwänden, sowie auch weniger prominente Alpinkletterer gelegentlich mit gummibesohlten Turnschuhen unterwegs gewesen waren, und dass bereits der Matterhornsieger Whymper einen Vorgänger des Syhook entwickelt hatte. Nur die amerikanische Skala der Schwierigkeitsbewertung blieb für Europäer lange Zeit so unverständlich wie die Regeln des Baseball: Ein umfangreiches Formelwerk, das klettertechnische Schwierigkeit, Länge des Anstieges und Gesamtanforderungen berücksichtigt.

Wandel überall: nicht mehr der Gipfel galt als unbedingtes Ziel, danach auch nicht mehr die Wanddurchsteigung, sondern in zunehmendem Maß die schöne Linie, und die destillierte, pure Schwierigkeit fand man überhaupt im Bouldern. Dieses Klettern in komprimiertester Form, auf Felsformationen in Absprunghöhe, war zwar ebenfalls nichts fundamental Neues und schon vor Jahrzehnten an den Hotspots der alpinen Felskünstler praktiziert worden – aber seine Etablierung als anerkannte eigene Disziplin war neuartig. Der Mathematikprofessor John Gill erhob diese Form des Kletterns wie ein Zen-Meister in beinahe metaphysische Ebenen: die körperliche Leistung sei durch mentales Training noch weiter zu steigern – gerade, dass er nicht an der Aufhebung der Schwerkraft arbeitete.

Der Kalifornier **John Bachar** (1957 – 2009), der durch seine unglaublichen Free-Solo-Begehungen Aufsehen und Bewunderung erregte, setzte 10.000 Dollar für denjenigen aus, der imstande wäre, ihm einen Tag lang auf diesen Anstiegen zu folgen. Kein Mensch nahm je diese Wette an, ganz abgesehen davon, dass ihm ohnedies niemand den Besitz dieser Summe zutraute. Nicht ganz so überragend soll sein Saxophonspiel gewesen sein, in dem er sich ähnlich virtuos fühlte (nach Ohrenzeugen aber nur fühlte ...). Er war ein alpiner Bodybuilder, der seine Auftritte vor einem den Atem anhaltenden Publikum wie Hochämter zelebrierte, ein Klettergott und dennoch wie jeder beliebige Hobbykraxler der Schwerkraft unterworfen: Anfang Juli 2009 wurde er leblos am Fuß der Dike Wall gefunden – nach einem freien Fall von 30 Metern.

El Capitan, Pendelquergang

Aus vielen regionalen und internationalen Zutaten entstand ein neuer Kletterstil, dessen weltweite Ausstrahlung dem Bergsport wertvolle Impulse verlieh. Was sich von seiner kulinarischen Entsprechung nur bedingt behaupten lässt, im Gegenteil: Aus den zahlreichen köstlichen ethnischen Küchen der USA hat sich ein kleinster gemeinsamer Nenner zurückentwickelt, der sich Fast Food nennt und all den sozialen, kulturellen und ästhetischen Aspekten des Speisens gerade noch in einem Pappbecher Raum zur Entfaltung bietet.

ENDPUNKT VON ZWEIHUNDERT JAHREN KOCHKUNST-EVOLUTION:

Köstliche Steaks werden in Industrie-Ketchup ertränkt.
weißes Wattebrot, Hamburger, Donuts, Muffins,
Getränk: über mehrere Handvoll Eiswürfel wird etwas Coke geträufelt

---

Zudem wird all dies hierzulande immer und überall heruntergespült mit einer grauenhaften Flüssigkeit, die hochstapelnd „Kaffee" genannt wird – einem echter „Negerschweiß"! Solcherart mag sich vielleicht die Initialzündung zur *poltical correctness* ergeben haben, denn eine derartige zum G'schlader geronnene Metapher hat sich kein Menschenschlag verdient! Apropos: während in den USA die Leichtathletikdisziplinen, Boxen und Basketball fast durchwegs von schwarzen Sportlern dominiert werden, finden sich eigentlich noch keine schwarzen Kletterstars. Vermutlich, weil für das beinahe masochistische Ausmaß an Trainingsqual nicht einmal ein Bruchteil jener astronomischen Summen winkt, die es bei den genannten Publikumsrennen zu lukrieren gibt.

Seit den Tagen des Marshall-Planes war Europa ganz allgemein allmählich „amerikanischer" geworden, mittlerweile sind die Jungen weltweit auf dieser Wellenlänge vernetzt, tragen vereinheitlicht Jeans und Baseballkappen, hip-hoppen in Buenos Aires genauso wie in Shanghai oder Oberpullendorf, und sind auf gutem Wege, der schwergewichtigsten Population der Welt Konkurrenz zu bieten. Auch die Kletterer sprechen zumindest brockenweise englisch, damit man meinen sollte, dass sie in Wirklichkeit Amerikaner sind, die es ins verschlafene Europa verschlagen hat. Es beginnt schon bei Vorbereitung und Einstimmung: selbst die Alpinzeitschriften können sich ohne Pidgin-Englisch nicht mehr so recht artikulieren. Eine Tour, die nicht als megacool (was heißt: großkühl) apostrophiert wird, muss wohl ein rechter shit sein; ein Kletterer, der trotz slix und zahlreicher bolz und bonx und clox ziemlich in der Geige hängt, sagt fack, meint es jedoch nicht tyrolisch, sondern english. Und der „Kletterkurs 4 Kids" entpuppt sich bei genauem Hinsehen als gefinkeltes bilinguales Wortspiel: Wow!

„Hearst es net, wia die Zeit vergeht..." singt Hubert von Goisern: „gestern no hab'n d' Leit ganz anders g'redt ..." Wohl möglich, denn gestern waren sie sichtlich noch hinterm Mond, und heute sind sie Einternäschionäl, Säkrähäxn! Selbst ein schlichter Österreich-Urlaub gerät da ohne solide Englischkenntnisse schnell zum Fiasko. Nunmehr will man auf der Jagd nach dem zahlenden Gast den Anschluss an die große weite Welt dokumentieren. Überrascht lesen wir:

Einheimische beim Verzehr von
Emperor's Nonsens
(= Kaiserschmarren)

„Snowboard-WC" und freuen uns schon auf den flutlichtunterstützten optischen Eindruck des „Big Air der Herren". Das Variantenfahren hat ausgedient, firmiert als Freeriden, und findet vorzugsweise im Powder statt – na, dann powdert mal schön! Bezeichnungen in deutscher Sprache entlarven sich aus dem Blickwinkel des Tourismusdirektors als provinzieller Schas: Selbst in der abgelegensten Talschaft nimmt man das feierabendliche Bier nur mehr im pub – sprich pabb (gleich neben dem paff). Da wurden die willkürlichen und oft bizarren Italienisierungen Südtiroler Ortsnamen jahrzehntelang je nach politischer Fieberkurve belächelt, beklagt oder angefochten als Zwangsmaßnahme, welche eine Kultur und ihre Sprache auszuradieren versuchte. Die galoppierende Selbst-Meckdonaldisierung der deutschen Sprache, welche alle Rechtschreibreformen locker ins Leere laufen lässt, stellt hingegen eine Art freiwilliger Selbstkastration dar.

Aber möglicherweise ist doch eine gewisse geheime Verwandtschaft vorhanden? Aus einem verschollenen „Dicktschionär" zum Verstehen des Austrian Mountain-People, zum lauten Vorlesen (als Telefonjoker ein kleiner Hinweis des Sprachkenners und -liebhabers Hans Weigel: „Der Steirer Sprache klingt, als würden Engländer deutsch reden, ihr O vor allem gleicht in seiner Schwingung dem in „no" oder „go"):

She fawn is lie want!
My nay she sure dorn way!
Woe dean?
By dar fair sane.
Loss me shown. Host us far cared own. Dish null an cairn ouse an. Soda, yeats game us own. For ma mid'n say say lift oven idea o ten he gale.
It row minute.
Gey hair do, ace is Nick star by.
Ace is o'bear so I sick!
Dive ale I knee! Gay hair dough! E for four, do forced hint air mere know, o'bear sheer nay bow girl.
Word hias! E hope an stearn grease un.
Gay holt in Dick near! Fix Noah mole, days is was mid day own fan gare. Nick's we share O'ryan.
Shy's drag!

Wer hier einen verwandten Zungenschlag erspürt, hat völlig richtig den Bogen zurück zur „Steirischen Wurzeltour" geschlagen!

W. Paulcke: Ski-Apostel

12.
SKI-HASENPFEFFER „ULLR"

Ab den Zwanzigerjahren begann der bisher als exotischer Ableger des Alpinismus geltende Skilauf immer weitere Kreise zu erobern. Aus einer ursprünglich belächelten Verschrobenheit sollte im Lauf der Jahrzehnte der fetteste Kalorienbringer für den Tourismus werden. Ein Rezept aus der Bronzezeit des Skilaufs:

SKI-HASENPFEFFER „ULLR"

2 – 3 unterspickte Skihasen auf einem Steilhang zerlegen und anschließend in praller Wintersonne goldbraun grillen.
1 Norwegerpullover, 1 Lawinenschnur und 2 Paar Langriemen fein zerschneiden, in einem Fond aus Pfeffersauce, Steigwachs und Klister unter ständigem Rühren mittels Einstock garen (einen Telemarkknochen einzukochen verfeinert den Geschmack!),
die zerlegten Skihasen unterheben und unter Zugabe von Schmähfirn auf einem Gipsbett servieren.
Dazu wird Skispitzensalat gereicht, den man mit Hickory-Balsam übergießen kann.
Zur anschließenden Hüttengaudi unter den Klängen des Schneewalzers passt vorzüglich der Cocktail „Weißer Rausch", ein Mix aus gleichen Teilen Kranewetter, Glögg, Brennspiritus und Jagatee, wobei zünftig mit dem alten Skiläufergruß: „Himmel, Harsch und Firn!" aufgestoßen wird.

Brotlose Kunst
wird Milliardengeschäft

„... weu Schifoan is des Leiwandste,
was ma si nur vurstell' kann!"
Wolfgang Ambros

Winter ohne Skilauf? Eine entsetzliche Vorstellung! Dabei galt bis vor 120 Jahren der Winter überwiegend als Feind: Kalt und finster, beraubte er die Menschen ihrer gewohnten Bewegungsfreiheit und verbannte sie in ihre muffigen Stuben. Der Rumpelschlitten, seit uralten Zeiten in den Alpentälern verwendet, war das erste Wintersportgerät. Er bestand aus zwei hochkant gestellten, vorne halbrund zugeschnittenen Brettern mit einer darüber genagelten Sitzfläche. Damit rodelte die Jugend auf den durch die Holzbringung glattgefegten Ziehwegen. Erwachsene, die bei einem solchen Treiben ertappt worden wären, hätte man umgehend einer psychiatrischen Behandlung zugeführt.

Allgemein galt allenfalls das Eislaufen als einigermaßen statthaft, und für die ländliche Bevölkerung bestand das winterliche Vergnügen im Eisstockschießen. In jedem Ort gab es Eisbahnen – die ersten Wintersportplätze der Alpen. Und die „Knödelschießen" um Geselchtes, Kraut und Wein, die zwischen Dörfern und Talschaften ausgetragen wurden, waren die Ahnen aller winterlichen Sport-Events.

Begonnen hat alles mit Fridtjof Nansen (1861 – 1930). Der Norweger hatte 1888 mit drei Gefährten Grönland von Ost nach West durchquert und auf dem Inlandeis 560 km auf Ski

Brauchtum wird Sport ...

zurückgelegt: Praktisch abgeschnitten von jeglicher Rettungsmöglichkeit, fast wie allein gelassen auf einem fremden Planeten. Eines der ganz großen Forschungsabenteuer der Menschheitsgeschichte löste mit dem 1891 erschienenen Buch „Auf Schneeschuhen durch Grönland" in Mitteleuropa einen wahren Ski-Boom aus: „Bergabwärts geht es ganz von selber, denn die Schneeschuhe gleiten leicht über den Schnee dahin. Man muss sich nur auf denselben halten und die Herrschaft über sie bewahren, so dass man nicht gegen Bäume oder Steine läuft oder in einen Abgrund stürzt. Je steiler der Berg ist, desto geschwindere Fahrt hat man, und nicht ohne Grund heißt es im Königsspiegel, dass man auf Schneeschuhen den Vogel im Fluge überholt und nichts, was sich auf der Erde bewegt, dem Schneeschuhläufer entgehen kann." Das liest sich einfacher, als sich die ernüchternde Praxis darstellte. Von derlei Aussagen animiert, ließ man sich aus dem Ursprungsland dieser weißen Kunst derartige Geräte schicken (bis zu 2,30 Meter lange Eichenbretter mit Lederriemen-Bindungen) und unternahm damit Versuche, die meist unbefriedigend endeten: Mangels einer alpin tauglichen Bindung und sachkundiger Anleitung blieb es vorerst meist dabei, dass sich die Ski„läufer" als norwegische Landbriefträger verkleideten. So wurden vorerst die sanften Hügel des Schwarzwaldes zur ersten Heimat des Ski in Mitteleuropa. Hier ließ sich der in Skandinavien seit Jahrhunderten heimische Ski-„Lauf" (= Langlauf) praktizieren.

Fridtjof Nansen

Grönland-Durchquerung 1888

Ullr war in der nordischen Mythologie der Gott des Winters, der Jagd, des Zweikampfes. Als Ase gehörte er dem jüngeren Göttergeschlecht an, wohnhaft in Asgard, Halle „Ydalir". Gleichzeitig mit dem Beginn des mitteleuropäischen Skilaufes ließ sich ein allgemeines, ideologisch unterlegtes „Altgermanen-Revival" beobachten – kein Wunder, dass Ullr quasi zum Schutzheiligen der Skiläufer mutierte. Die „Deutschen Götter- und Heldensagen" weisen ihn darüber hinaus gar, höchst aktuell, als Schutzpatron der Skater, Surfer und Snowboarder aus: „Auf großen Schlittschuhen, aus Knochen geformt, saust er über die schimmernden Eisflächen der nordischen Fjorde windschnell dahin, und kommt er an offene Stellen, so wirft er seinen Schild auf das Wasser, springt hinauf und fährt wie auf einem Schiff über die Flut". Im hohen Norden war seit frühgeschichtlicher Zeit ein Fortbewegungsmittel im winterlichen Gelände überlebenswichtig, wobei die Bezeichnungen „Schneeschuh" und „Ski" noch nicht ganz ausdifferenziert waren. Die handgeschnitzten Gleithölzer der Skandinavier, regional stark unterschiedlich, wären heute eine Herausforderung! Die **„Andorer"**, 210 bis 280 cm lang, teils mit fix angenagelten Fellstreifen, waren gleich lang – im Gegensatz zu den **„Finnski"**, bei denen ein langer Gleitski und ein wesentlich kürzerer zum skating-ähnlichen Abstoßen diente. Nur noch zweitausend Jahre Entwicklung bis zum **Funski:** „Der trendige, stark taillierte und leicht beherrschbare Slalom-Carver mit Momentum-Chassis und High-Core-Performance überzeugt Individualisten und Freaks". Das überzeugt selbst den Lappländer! Und Ullr wäre heute bestenfalls Qualitätssicherer in einer Skifabrik.

Olaus Magnus, 1555: Erste Darstellung von Skiläufern

Um 1890 entstanden im Sog von Nansens Abenteuer unabhängig voneinander in mehreren Regionen des Alpenraumes experimentierfreudige kleine Zirkel von Sportfreunden, die mit dem neuartigen Gerät in heroischen Selbstversuchen allmählich bessere Ergebnisse erzielten. Doch nach Ansicht der meisten alpinen Experten war das Jahrtausende alte Hilfsmittel zur winterlichen Jagd für das Hochgebirge ungeeignet: „Das Bergaufgehen ist äußerst langwierig und schwierig, das Bergabgehen sehr gefährlich. Hindernisse sind kaum zu überwinden, und wenn man erst einmal fällt, was sehr leicht passiert, so ist man mit diesen langen Stiefeln völlig hilflos. Besonders schlecht bin ich aber auch deshalb auf sie zu sprechen, weil sie mir seinerzeit von der löblichen Zollbehörde in Kufstein mit einem unglaublichen Preis als ‚feine Lederware' verzollt wurden!" (Theodor Wundt, ein Pionier des Winteralpinismus, 1895)

„Vorweg möchte ich meine Anschauungen dahin aussprechen, dass als Hilfsmittel für Hochtouren im Winter der kanadische Schneereif dem Ski unbedingt überlegen ist. Ich erachte den letzteren für ausgedehnte Hochtouren überhaupt als unbrauchbar", schrieb Alfred Steinitzer 1894 in den Mitteilungen des Alpenvereins. Kleine

Pointe: im I. Weltkrieg führte Steinitzer ein Ski-Bataillon! Versuch und Irrtum bestimmten diese erste Phase des mitteleuropäischen Skilaufs. Weit verbreitet war zum Beispiel die laienhafte Annahme, dass jeder Eisläufer zugleich ein perfekter Skifahrer sein müsste. Im Übrigen war die Ausrüstung nach derzeitigem Wissensstand fast unbrauchbar. So ist es zu verstehen, wenn selbst kleine Ausflüge mit „Schneeschuhen" am Wiener Stadtrand zu Spitzenleistungen dramatisiert wurden. So vermeldete das „Neue Wiener Tagblatt" von 1894: „Der Präsident des Österreichischen Skivereines versuchte gestern zum Hameau vorzudringen, wurde aber durch ungeheure Schneemassen zur Umkehr gezwungen. Er gelangte aber glücklich wieder nach Pötzleinsdorf zurück". Welch ein Glück!

Skifreuden am Hermannskogel/ Wienerwald

Münchener Skipioniere. 1890, ein Jahr vor den Steirern am Stuhleck, bestieg

Karl Otto den ersten „alpinen" Skigipfel: den 1790 m hohen Heimgarten, den Nachbarberg des Herzogstandes, von Benediktbeuren aus. Zu den ersten Münchener Skiläufern zählte Theodor Neumaier, der „bayerische Nansen". Der war obendrein ein findiger („g'feanzter") Geschäftsmann, handelte mit echten und unechten Norweger-Ski, und traf 1893 vor einer winterlichen Überschreitung des 2885 m hohen Hochjochs in den Ötztalern bereits PR-Abmachungen mit mehreren Münchener Tageszeitungen. Er bewältigte dann wohl mit drei Gefährten den Übergang – jedoch ohne Ski, die wurden in Vent zurückgelassen. Gemeinsam mit 18 Gleichgesinnten gründete er 1893 den „Schneeschuhverein München", und im selben Jahr erschien hier „Der Schneeschuh, eine illustrirte Zeitschrift für den Schneeschuhsport". Am 4. 11. 1905 wurde der Deutsche Skiverband gegründet – stilgerecht für Mün-

Skifreuden in Bayern

chen im Augustinerkeller! Der „Schneeschuhverein München", der „Akademische Skiklub München", und die D.u.OeAV-Sektion „Alpiner Skiklub" konnten bald zusammen stolz auf 200 Mitglieder hinweisen.

Im Ausflugsradius der Metropole Wien mit ihren Tausenden organisierten Berg-steigern wurden Semmering, Rax und Schneeberg durch ein „Massenpublikum" - zumindest für damalige Verhältnisse – zum dichtesten Experimentierfeld des jungen Alpinskilaufs. 1891 erreichte der Mürzzuschlager Toni Schruf mit seinen Gefährten auf Ski die Gipfelkuppe des Stuhleck (1793 m), bei Mürzzuschlag. 1892 wurde der „Erste Wiener Skiverein" und bald darauf in Mürzzuschlag der „Verband steirischer Skiläufer" gegründet. Hier fanden 1893 die ersten Skikonkurrenzen Mitteleuropas statt. Und am 29. November 1896 war hier das erste Todesopfer in der Geschichte des alpinen Skilaufs zu beklagen: der junge Wiener Josef Dier kam im Gipfelbereich des Stuhleck in einem Schneesturm um, als er die – längst nicht mehr existierende – „Nansenhütte" (in der flachen Mulde nahe der heuti-gen Bergstation) nicht fand. 1904 wurden in Mürzzuschlag die ersten Vorläufer Olympischer Winterspiele, sogenannte „Nordische Spiele" abgehalten, und Toni Schruf, der Hotelier und Skipionier, prägte den Slogan: „Davos is Davos – aber Mürzzuschlag is a wos!" Von da an bis zum Beginn der Ära scheinbar unbegrenzter Mobilität zählte die Region Semmering-Stuhleck-Wechsel zu den Top-Skiplätzen des Alpenraumes. Nach einem allmählichen Abschwung in der Mitte des vorigen Jahrhunderts eröffnete ihr dann der Fall des Eisernen Vorhanges wieder ein er-weitertes mitteleuropäisches Hinterland – nur sind die einst besungenen „Zwa Bretteln" und der „g'führige Schnee" mittlerweile zum Board und zum Snow bzw. Powder mutiert, was ganz einfach ein anderes Feeling mit sich bringt!

Huitfeldt-Bindung   Telemark-Schwung

1893: Schweizer Skipioniere. Am 8.Januar 1893 wurde der Schilt (2299 m) durch die Glarner Jaques Jenny und Christoph Iselin erstmals mit Ski bestiegen-der erste Schweizer Alpengipfel und der erste Zweitausender alpenweit. Am 29. Januar 1893 fand ein Vergleichswettbewerb zwischen Ski und Schneereifen über den Pragelpass (1550 m) statt, welchen Test die Skifahrer mit über einer Stunde Vorsprung eindeutig für sich entschieden. Im Februar 1893 machten drei Soldaten der Gotthard-Festung die erste Überschreitung des Gotthard auf Ski – in der Folge wurden dort die Wachen mit den neuen Geräten ausgerüstet. Im November 1893 wurde als erster Ski-Verein der Schweiz der „Ski-Club Glarus" gegründet, und 1904 der Schweizerische Skiverband. Am 27. März 1893 wurde das Aroser Rothorn

(2.980 m) durch eine Vierergruppe bestiegen – drei Schneereifenwanderer und ein Skifahrer (Carl Stäubli), der bei der Abfahrt trotz kaum vorhandener Skitechnik natürlich um ein Vielfaches schneller war. „Wird die Fahrt zu toll, so dass man riskiert, gegen einen Abgrund, an Steine oder Bäume anzufahren, so lässt man sich seit- oder rückwärts fallen", riet Christoph Iselin.

1894 unternahmen die Brüder Branger aus Davos mit einem Engländer die Über-querung der Maienfelder Furgge (2.420 m) von Davos nach Arosa, die erste Ski-Hochtour in den Bündner Alpen. Ihr Gast war niemand geringerer als **Arthur Conan Doyle,** der literarische Vater des Meisterdetektivs Sherlock Holmes! Als Reklame für diesen noch jungen Sport war die Schilderung seines Abenteuers kaum tauglich: „Ich machte es, wie ich meine Gefährten tun sah. Sie schnallten ihre Ski ab, banden die Riemen zusammen und verwandelten sie in einen eher plumpen Schlitten. Auf ihm sitzend, begannen wir, indem wir die Absätze in den Schnee drückten und die Stöcke hinter uns fest nach unten stemmten, die abschüssige Seite des Passes hinunterzufahren. Ich versuchte, die Schnelligkeit innerhalb mäßiger Grenzen zu halten, indem ich auf den Stock drückte, was zur Folge hatte, dass der Schlitten auf die Seite ging, so dass man den Abhang seitwärts hinab glitt. Dann hakte ich meine Absätze fest ein, was mich rückwärts überschlug; und im gleichen Augen-blick schossen meine zusammengebundenen Skier wie ein Pfeil vom Bogen und verschwanden über den nächsten Abhang hinaus, indem sie ihren Eigentümer im tiefen Schnee kauernd zurückließen".

Durch diese erste Phase clownesk anmutender Experimente mussten sie aber – Iselin, Neumayer, Paulcke, Bilgeri, Zdarsky – alpenweit alle hindurch, ehe sich eine Technik entwickelte, die im alpinen Gelände eine zufriedenstellende Fortbewegung erlaubte. Denn der mitteleuropäische Skilauf als Ableger des nordischen Langlaufs mit seinen Ursprüngen in den sanften Hängen deutschen Mittelgebirgen, vor allem im Schwarzwald, musste erst mühsam für dieses Terrain adaptiert werden. Der in Leipzig geborene Bergsteiger und Skipionier Wilhelm Paulcke (1873 – 1949) war herausragender Vertreter dieser Schwarzwald-Richtung. Seine berühmte Durch-querung des Berner Oberlandes hatte sich insgesamt zwar *mit* Ski, weniger auf Ski in unserem Sinn vollzogen. Am östlichen Ende des Alpenbogens hingegen, auf den steilen Hängen des Muckenkogels bei Lilienfeld, werkelte der knorrige Einzelgänger Zdarsky an der Entwicklung einer im alpinen Steilgelände tauglichen Ausrüstung und Technik, die in wesentlichen Grundzügen bis heute Gültigkeit hat. Eigentlich sollte in jedem Skiort ein Zdarsky-Denkmal stehen. Vorerst aber befehdeten sich „Nordische" und „Alpine" in Fragen von Bindung und Einstock- gegen Zweistock-technik mit der Intensität von Religionskriegen.

Matthias Zdarsky (1856 – 1940), der Einstein der Skigesetze, wurde in Trebitsch (Mähren) geboren. Er verlor als Jugendlicher bei einem Unfall ein Auge, wurde aber trotz dieses Mankos ein hervorragender Turner und Schwimmer. 1889 kaufte er das Gut Habernreith oberhalb von Lilienfeld, eine überaus „steile Leit'n". Selbst wenn es für manche Tourismusstrategen eine bittere historische Pille ist: nicht die Zauberpulverhänge des Arlbergs, der Kitzbüheler Alpen oder die weiten Gletscherfelder der Zentralalpen wurden zum Geburtsort des alpinen Skilaufs,

sondern – nicht lachen: der Muckenko-
gel, 1248 m, bei Lilienfeld in Niederösterreich! Wie so viele andere Zeitgenossen
von Nansens Grönland-Buch inspiriert,
versuchte Zdarsky, die im Alpingelände
tatsächlich unbrauchbaren Skandina-
vier-Ski zu adaptieren. Nach rund 200
Versuchen gelang dem klugen, etwas
verschrobenen Einzelgänger die Konstruktion einer im Steilgelände tauglichen
Bindung: eine anfedernde Metallplatte,
die sich bis zum rechten Winkel abheben
ließ, mit gleichzeitiger seitlicher Unver-
schiebbarkeit der Ferse! Dazu erfand er
gleich die passende „Alpine oder Lilienfelder Skifahr-Technik" – so hieß auch
sein 1897 erschienenes Lehrbuch. Im
Grunde wurzelt (bis auf seine Einstock-
Technik) der heutige Skilauf weitgehend
auf seinen Erkenntnissen. Zdarsky war
ein Eigenbrötler. Er entwickelte für sein

Matthias Zdarsky

Steilhang-Grundstück einen Schubkarren, der ihm nicht davonrollen konnte: mit
eckigen Rädern. Und er verspottete die Lehrschrift des Bregenzer Oberleutnants
Georg Bilgeri (1873 – 1934), der in seinen Anweisungen im Bewegungsablauf statt
des „hinteren" stets ein „rückwärtiges" Bein erwähnte: „… ich wusste nicht, dass
es in der Armee vierbeinige Offiziere gibt!" Bilgeri, der sich indessen nur in der
zeitgemäßen Prüderie übte, welche „hinteres" um Gottes Willen nur ja nicht mit
„Hintern" assoziiert wissen wollte, forderte Zdarsky daraufhin zum Duell, welches
aber zum Segen für die weiteren Skigeschichte unterblieb.
Zdarsky erteilte Tausenden kostenlosen Skiunterricht, bildete im Ersten Weltkrieg
Hochgebirgs-Kompanien im Skilauf aus, war als Lawinenexperte tätig, und erfand
den nach ihm benannten, oftmals lebensrettenden Biwaksack. Er lehnte es ab, sich
darauf ein Patent erteilen zu lassen, sondern forcierte im Gegenteil Anleitungen
zum Selbstbau. Nach einem Lawinenabgang im Zug eines militärischen Einsatzes im I. Weltkrieg wurde er von einer Nachlawine erfasst und erlitt zahlreiche
Knochenbrüche und Wirbelverletzungen, an denen er für den Rest seines Lebens
laborierte. Ein Filmdokument zeigt den vormals überragenden Sportler in seinen
letzten Lebensjahren als verkrümmtes Männchen. Der vielseitige Denker starb
85-jährig und ist auf seinem Gut beigesetzt.

Große Gipfel wurden verhältnismäßig früh auf Ski erstiegen. Erstens galten in
unseren Breiten Alpinismus und Skilauf faktisch als Einheit. Und zweitens waren
die weiten Gletscherhänge der Dreitausender mit der bestehenden Skitechnik
technisch meist einfacher zu meistern als die vielfach bewaldeten, borstigen und
steilen Voralpenberge.
1894: Sonnblick. Der Rauriser Sonnblick (3106 m) war der erste wirkliche „Ski-
Dreitausender". Am 5. Februar 1894 stand Wilhelm v. Arlt (1853 – 1944, seit 1890

in Salzburg ansässig) mit seinen Gefährten auf dem Gipfel. Für die Abfahrt nach Kolm-Saigurn (1600 Höhenmeter) benötigten sie mit ihrem für heutige Begriffe unbrauchbaren Skimaterial nur 32 Minuten!

1896: Schesaplana. Im Winter 1896 wollte der Alpenmaler Hans Beat Wieland ohne Ski – der hatte im Hochgebirge noch nicht richtig Fuß gefasst – mit einem Bergführer die Schesaplana ersteigen. Als sie immer tiefer im Schnee einsanken, fragte er seinen Bergführer, ob es möglich sei, bei dieser Schneehöhe überhaupt den Gipfel zu erreichen. Dessen knappe Antwort: „Wenn der Schnee nit tiefer ischt, als der Mensch gespalten ischt, dann geht's!"

1897: Johannisberg. Am 30. August vollführte Wilhelm v. Arlt mit Ski auf dem 3467 m hohen Gipfel die erste Sommerskifahrt auf eigens angefertigten, kürzeren Ski.

1901: Großvenediger. „Uns bietet das kühn hinausgebaute Horn einen wahrhaft phantastischen Anblick dar. Wie ein einziger, dem Gebirge entwachsener Riesen-krystall ragt die blendend beleuchtete Spitze gegen den nächtlich blauen, wolkenlosen Himmel auf.". So hat Friedrich Simony im Jahr 1856 die damals weit ausladende Gipfelwechte des Großvenediger erlebt. Anlässlich der ersten Skibesteigung 1901 durch Saar, Glanvell, Doménigg und Graff, wurde dieses fragile Gebilde natürlich nicht mit Ski betreten. Das Quartett hatte übrigens in Unkenntnis der Umstände die schlechteste Phase des Winters gewählt: jene um Weihnachten, mit offenen Spalten und freigewehten, vereisten Bergschründen. Deswegen benötigten sie fast die doppelte sommerliche Aufstiegszeit. Nicht unbedingt eine skisportliche Sternstunde, aber ein historisch wichtiges Datum des Skialpinismus.

Frühe Ski-Dreitausender: Sonnblick I Großvenediger I Johannisberg

Mitleid erregend war das Steinzeit-Material dieser Epoche: Bis etwa 1900 gab es keine Steigfelle. Fellstreifen wurden vor dem Aufstieg auf die Ski genagelt (!), man verwendete spezielle Steigwachse oder schnitzte einige flache Querstufen (entfernte Vorfahren der Langlauf-Schuppenski) in die kantenlosen Laufflächen. Sehr zögerlich kamen Stahlkanten in Gebrauch und wurden vorerst als unzulässi-ge neumodische Erleichterung abgelehnt! Und ein Skibruch war im Gegensatz zu heute nicht ein förmliches Jahrhundert-Ereignis: Noch 1961 riet Walter Pause im Vorwort zu seiner Tourengeher-Bibel „Abseits der Piste – 100 stille Skitouren in den Alpen" dringend zur Mitnahme einer Ersatzspitze. Die Fahrtechnik entsprach dem Stand der Ausrüstung: „Kunstlauf: Eine Abfahrt in abwechselndem Gelände längs einer vorgeschriebenen Bahn, wobei an schwierigen Stellen Richter aufgestellt werden, um Stürze an den vorgeschriebenen Kurven zu notieren. Die Bewertung erfolgt nach der Zeit. Zu der gebrauchten Zeit werden je nach Anzahl der Stürze dem Läufer noch so und so viele Punkte zu seiner Minutenzahl hinzugerechnet" (1908). Der Ausnahmekönner Zdarsky dagegen erreichte damals bereits kurzzeitig 100 km/h und bewältigte einen Salto rückwärts während der Fahrt.

Freizeitstress anno 1900. In jener so guten alten Zeit bestand das Wochenende faktisch nur aus dem Sonntag. Den ersten Skibergsteigern wurde außer der nötigen Kondition auch ein gehöriges Maß an „Geist" abverlangt, wenn sie nach einer Nachtfahrt vom Bahnhof aus starteten, wie etwa der große Gesäuse-Kletterer Heinrich Pfannl: „Am 5. Februar 1898 haben Maischberger und ich die Tour wiederholt. Samstagabends 9 h von Wien ab, 2 h 30 in Trieben, 2 h nachmittags am Grossen Bösenstein. *(Anm.: 16 km, 1700 Meter Höhendiferenz).* Diesmal fuhren wir bis an das obere Ende der breiten Rinne, durch die der gebahnte Weg zum Gipfelgrat führt. In unglaublich kurzer Zeit waren wir nach prächtiger Fahrt am Hohentauern und nach langer Rast mit der schönsten Straßenfahrt, die ich je gemacht, in Trieben. Abends Heimfahrt; Ankunft in Wien Montag 6 h früh."

1914 begann der I. Weltkrieg, die Mobilmachung wurde von einer Woge heute völlig unverständlichen Begeisterung begleitet. Der Hauptvorstand des Österreichischen Skiverbandes Salzburg veröffentlichte einen Aufruf an die Bergsteiger und Skiläufer: „Freunde und Sportgenossen! Unser aller Freund, der Winter ist nicht mehr so ferne. Vorsorgen heißt es heuer und dem Vaterlande dienen. Stellt darum Eure bergsportliche Ausstattung, Eure winterliche Schirüstung zu baldiger Benützung bereit! Könnt Ihr sie aber selbst nicht brauchen, so werden doch andere Männer gewiss freudig mit Eurem Werkzeug vortreten und es im Dienste der Heimat wohl zu gebrauchen wissen. Denn nicht nur mit der Waffe in der Faust, auch alpin und winterlich gerüstet, zu Fuß und auch auf unserem flinken Schi, kann man dem Vaterlande Nutzen bringen und manchen Kämpfer, Posten, Boten ablösen, auf dass er freier, leichter, sorgenloser für uns, für die Unseren, für unser geliebtes Vaterland fechte. Wenn wir die Natur, die hehren Berge, die winterliche Heimat wirklich lieben, so müssen wir auch fähig sein, freiwillig zu ihrer Verteidigung beizutragen. Und die kommende Stunde, sie soll uns alle gerüstet finden, zu freudiger Mitarbeit, zu tatkräftiger Hilfe, zu froher, ausdauernder, mutiger Fahrt! Mit herzlichem und zuversichtlichem Berg- und Schi-Heil!"

Artillerie am Cevedale

Mit seiner Alpenfront, hunderte Kilometer lang vom Ortler bis zu den Julischen Alpen, brachte der Krieg Tausende von vorerst unfreiwilligen Skifahrern hervor. Er führte auch zu bahnbrechenden Erkenntnissen auf dem Gebiet der Lawinenkunde – innerhalb weniger Winter war man klüger geworden als durch hunderte Jahre zuvor! Jedoch nach der brachialen Methode von „try and error" anfänglich unter ungeheuren Opferzahlen.

Einschränkungen im Reiseverkehr, 1917: „In den letzten Wochen haben die Behörden so viele und einschneidende Verfügungen getroffen, dass damit die Benützung der Bahnen für Erholungsreisen und touristische Zwecke nahezu unmöglich gemacht wurde. Und dies gerade zu einer Zeit, wo ganz ungewöhnlich reiche Schneefälle den Wintersport in einer Weise begünstigten, wie dies schon lange nicht der Fall gewesen ist.

Wie ein Hohn auf dieses Geschenk des Himmels kam das Verbot des Mitnehmens der Schier als Reisegepäck; dazu gesellte sich noch die Qual, die Reise in ungeheizten Wagen mit mehrstündigen Verspätungen absolvieren zu müssen, und die Beschränkung auf nur wenige, in der Zeit höchst ungünstig eingeteilte Züge, die außerdem stets bedenklich überfüllt sind. Das mag Vielen recht hart dünken, aber wir haben diese Begleiterscheinungen des Weltkriegs, die ja nur ein Quentlein der Last sind, die dieser uns auferlegt, mit Ergebung zu tragen. Sie seien hier nur vermerkt, um für spätere Leser ein Bild der heutigen Verhältnisse anzudeuten, denen hoffentlich recht bald bessere Zeiten folgen werden."

Die Zeiten wurden vorerst noch schlechter, unvorstellbar für unsere Verhältnisse: „Aus dem Gesäuse. Die alpine Gesellschaft Ennstaler gibt bekannt, dass der Holzvorrat auf der Ennstalerhütte auf dem Tamischbachturm bereits zu Ende ist. Auf die Beheizung der Hütte, sowie auf die Zubereitung von Speisen muss daher von Seiten der Besucher verzichtet werden".

„Wunder des Schneeschuhs" hieß ein in den Jahren 1920/21 entstandener Film von Arnold Fanck, der wie keiner danach dem Skilauf einen ungeheuren Schub verlieh. In der Zeit nach dem Ersten Weltkrieg – einer Phase allgemeiner materieller Not, sozialer Depression und politischer Radikalisierung – war ein eineinhalbstündiger Streifen mit nichts als schönen Berglandschaften, Sonne, Schnee und fröhlichen Skifahrern für die Millionen Zuschauer Balsam auf ihre wunden Seelen. Fanck, ein Pionier des Sport- und Naturfilms, der unter anderen auch Luis Trenker und Leni Riefenstahl für den Film entdeckte, gestaltete aus dem Filmmaterial auch das gleichnamige erste Ski-Lehrbuch mit Serienaufnahmen. „Er führte Regie mit Gletschern, Stürmen und Lawinen" (Titel seines Erinnerungsbuches) und war nicht nur enthusiastischer Verkünder der herrlichen Winterwelt und des Skisports, son-

Aus: „Wunder des Schneeschuhs"

dern auch handfesten Scherzen nicht abgeneigt. Als er einmal einen seiner Komparsen beobachtet, der vor „erhabener Bergkulisse" im Gegenlicht silbrig glänzend pinkelte, filmte er geistesgegenwärtig die Szene und montierte das Filmstreifchen zu einer kleinen Endlosrolle. Die Zuschauer dieser inoffiziellen Vorführung waren perplex: „Wie viel hat der Kerl denn gesoffen?" fragte ein Zuseher nach einigen Minuten entgeistert. Fanck erwiderte todernst: „Das macht das Gletscherwasser!"

Während der Zwanzigerjahre vollzog sich mit einer immer breiter anschwellenden Woge der Sport- und Körperkultur zugleich eine ungeahnte Verbreitung des Skilaufes.

52 Wintersportvereine zählte man 1923 allein im Raum Wien und Niederösterreich. Außer den Ski-Sektionen der etablierten Alpinvereine und den lokalen Skivereinen der neu entstandenen Wintersportplätze unter anderem auch

- den Verein Kunsteisbahn am Sportplatze Engelmann,
- die Skiriege des Rudervereines „Ellida",
- die Wintersportsektion des Wiener Parkklubs,
- die Schneeschuhriege des Niederösterreichischen Turngaues,
- die Skisektion des Anninger Rodelvereines in Mödling,
- und den Skiklub „Start 1922" (mit Sitz im Café „Museum").

Hannes Schneider. Der 1890 in Stuben am Arlberg geborene Hannes Schneider war ein früher Ausnahmekönner der „Weißen Kunst". Mit seiner „Arlberg-Technik" bewältigte er steilste Hänge elegant und sicher. In Arnold Fanck's Filmen (eben „Wunder des Schneeschuhs", und „Der weiße Rausch") brillierte Schneider mit seiner überragenden Technik als erster medialer Ski-Star. 1921 gründete er in St. Anton die „Skischule Arlberg", die dazu beitrug, dass die Region zu einem der Top-Skiplätze der Alpen aufstieg. Als 1938 der Österreichische an den Deutschen Skiverband angeschlossen wurde und der Rassenwahn des Nazi-Regimes auch auf diesen Sektor übergriff, verlor Schneider – wegen seines jüdischen Stiefvaters als Halbjude diffamiert, auf jeden Fall aber als Regimegegner, seine Konzession, sprich Existenzgrundlage und musste emigrieren. Sicher nicht unbedingt zur Trauer seiner Konkurrenten. In den USA gelang ihm ein großartiger Neustart: er weckte die Begeisterung für den alpinen Skilauf auch in der Neuen Welt.

Für die meisten Freunde des Skisports aber lag ihr Glück notgedrungen in der unmittelbaren Nähe:

Der **Wiener Schneeberg** war (und ist) eines der meistbesuchten Skiziele der Alpen, mit maximaler Erschließungsdichte. Mittlerweile ist praktisch jede Rinne, Runzel und Schneefläche des Berges befahren worden – vielleicht ist die nächste Stufe ein „Drytooling" über angeschnitte Felsen? Heute kaum glaublich: ganze Skiurlaube wurden auf Schneeberghütten verbracht, das 1982 aus Wasserschutzgründen geschleifte **Baumgartnerhaus**, von dem nur mehr Fundamentreste übrig sind, zählte mit 200 Schlafplätzen zu den größten Schutzhütten im Alpenraum.

Die „**Breite Ries**" gilt als eine der ersten Steilabfahrten der Alpen und wurde bereits vor 100 Jahren befahren (5. 1. 1905)! Mathias Zdarsky forderte damals den norwegischen Holmenkollensieger Hassa Horn zu einer Vergleichsfahrt auf, um die Überlegenheit seiner „Lilienfelder Technik" zu beweisen, was ihm in eindrucksvoller Weise gelang – wobei sein Konkurrent die Einfahrt verweigerte. „Ös seid's ja deppert!", entfuhr es auch fünfzig Jahre später den damaligen Ski-Kaisern Sailer, Molterer & Co., als sie der Einfahrt der Breiten Ries ansichtig wurden. Dort waren sie als illustre Gäste

Einfahrt in die Breite Ries

zu einem Amateurrennen eingeladen (würden – oder dürften – das die heutigen Vertrags-Skistars ebenfalls tun?). Natürlich gewannen sie die Konkurrenz überlegen, doch auch die Lokalmatadore hielten sich nicht schlecht, und waren als „Alpenostrandler" stolz auf den Respekt, den sich „ihr" Schneeberg verschafft hatte.

„Vielumworden sind die Berge des Gesäuses, welche mit Recht als eine Hochschule für Bergsteiger gelten. Die ersten weißen Flocken aber verscheuchen den ganzen Schwarm der Besucher, winterliche Ruhe hält ihren Einzug und nur selten erinnert sich ein Schneeschuhläufer seiner sommerlichen Liebe (Wintersportführer 1921)". Die ganze Gruppe steht allgemein in dem Ruf, für Schneeschuhläufer zu steiles Gelände zu besitzen. Mit Unrecht! Die kleineren Berge finden mit wenigen Ausnahmen fast gar keine Würdigung, trotz des unvergleichlichen Rahmens ihrer Umgebung. Ebenso gering ist das Verlangen nach winterlicher Felsenpracht der Hochgipfel, von welchen zum Beispiel der Südgipfel des Lugauer, der Hochzinödl und der Kreuzkogel nicht allzu schwer erreicht werden können ... Besonders großartige Ausblicke und Schneeschuhfreuden – ähnlich den Bergen von Saalbach und Kitzbühel – bieten die waldfreien Kuppen des langen, vom Kragelschinken bis zur Mödlingerhütte ziehenden Kammes. Einen günstigen Ausgangsort für Unternehmungen in diesem dem Hochtor-Ödstein-Zuge südlich vorgelagerten „Schneeschuh-Mugellande" bildet der einfache, aber urgemütliche Gasthof des „Kölblwirtes" im Johnsbachtale". So ist es auch noch 2013 – sofern es dort und bei den Ausgangspunkten im Johnsbachtal noch freie Parkplätze gibt!

Das Gebiet Mitterndorf/Tauplitz zählte bereits während der Monarchie zu den beliebten Skidestinationen. Der Hotelier Emmerich Oberascher setzte sich schon um 1905/06 für die Förderung dieses noch jungen Sports ein. Er erkannte bereits die Werbewirksamkeit von Berühmtheiten der Zunft, und lud sie alle nach Mitterndorf ein: Zdarsky, den „Erfinder" des alpinen Skilaufs, die skibegeisterten Wiener Alpen-

Tauplitzalm 1926

maler Barth und Jahn, den Erforscher der zentralasiatischen Gebirge Willi Rickmer Rickmers (an ihn erinnert eine Scharte zwischen Plankamira und Weißer Wand), Oberst Bilgeri, den Promotor des militärischen Skilaufes und weitere Prominenz. Oberascher organisierte bereits 1911 internationale Skiwettkämpfe.

Das Tote Gebirge selbst aber wurde in der 1. Auflage von „Schifahrten in den Ostalpen" (1906) noch sehr skeptisch betrachtet: „Von Schifahrern wird es wegen der äußerst anstrengenden und langen Anstiege und wegen Mangels an Unterkunftshütten sehr selten besucht. Besonders lohnend sind die Gipfeltouren für Schiläufer nicht, wenigstens vom Tale aus", urteilte der Steyrer Mathe-Professor Gregor Goldbacher, immerhin einer der oberösterreichischen Skipioniere. Ganze 13 Touren sind da erwähnt. Siebzig Jahre später fanden sich im „Skiführer Totes Gebirge" der Brüder Gisbert und Gernot Rabeder 823 Randzahlen! Abzüglich der Talorte und Hüttenwege bleiben da fast 700 Abfahrtsmöglichkeiten!

Skiklub Telemark Steyr 1904

Herrn Waldes Gespür für Schnee. Alfons Walde (1891 – 1958), Lehrersohn aus Kitzbühel, hat den noch jungen Wintersport (ausstellungs-)salonfähig gemacht, und den Schnee in der neuzeitlichen Malerei gewissermaßen neu erfunden oder zumindest neu interpretiert: das Leuchten dieser polsterartigen weißen Hänge, den tiefblauen Himmel, in Verbindung mit der damaligen bäuerlichen Realität hat vor ihm niemand so gesehen. Seine Wintersport- und Schneemotive hat er ab den Zwanzigerjahren verwirklicht, und seine Imaginationen des Skisports sind auch in seinem eigenen Verlag als Poster, Postkarten und Wintersportplakate gedruckt worden. Wer „jemand ist" in Tirol, hat allerdings seinen echten Walde zu Hause hängen: Der wunderbar dynamische „Aufstieg" etwa erzielte jüngst bei einer Auktion 420.000 Euro, die meisten anderen Wintermotive rangieren zwischen kleinen 50.000 und 160.000 ...

Walde: Aufstieg

Skihütten-Romantik. Während der Zwanzigerjahre entstanden ostalpenweit die ersten, meist kleinen (Selbstversorger-) Skihütten- für die einen galten sie als romantische Oasen der Alltagsflucht, für andere ein freizügiges Sündenbabel. Die Romantik musste jedoch durch ein Maß an Unbequemlichkeit, Eigenleistung und -verantwortung erkauft werden:
„Die teuren Matratzen sorgsam behandeln, nicht zu nahe an den Ofen, nicht in Nässe, nicht auf den Fußboden legen; zum mindesten muss etwas unterlegt werden (Zeitungspapier). Nach dem Gebrauch die Matratzen wieder an ihren Aufbewahrungsort bringen. Die Decken sind auszuschütteln, lose zusammenzulegen und aufzuhängen. Während der Nacht Fensterläden und Außentüren mit dem Windhaken festmachen. Wegen eventueller Feuergefahr Ausgangstür freihalten, nicht mit Tisch, Schneeschuhen oder Rucksäcken verstellen, ein größeres Geschirr mit Wasser bereitstellen. Proviant wegen der Mäuse aufhängen. Nachtruhe nicht stören".

Skihüttenromantik   Hütten-Idylle

Der Skilauf erfreute sich während der Zwischenkriegszeit einer ungeahnten Verbreitung – doch die gesellschaftlichen und politischen Verhältnisse wurden nicht besser und die Menschen nicht gescheiter: Weltkrieg II brach aus. Während dieser Zeit sind aber auf dem Sektor Wintersport keine bahnbrechenden neuen Erkenntnisse zu verzeichnen. Dagegen nach seinem Ende wiederum einschneidende Restriktionen im Ausflugsverkehr, wie dem Verbot der Mitnahme der Ski in der Eisenbahn. Findige Skifahrer mutierten damals zu „Gärtnern", indem sie ihr Gerät mit Packpapier verhüllten und als Tarnung obendrauf einen kleinen dürren Baumwipfel herausschauen ließen (nicht bekannt ist, wie lange sich die Bahnschaffner von diesem Schmäh blenden ließen ...). Dies diene jedenfalls als kleiner Trost für alle, die nach einem schönen Pistensonntag bei der Heimfahrt auf der Autobahn mürrisch im Stop-and-go-Verkehr dahinzuckeln.

Ausrüstungsratgeber um 1950: „Das wertvollste und leichteste Sturmzeug sind der Anorak aus Ballonseide und die Überhose aus dem gleichen Stoff, Reserveunterwäsche, ein drittes Paar Fäustlinge, Zünder, Taschenlampe, Papier, Schneebrillen, Sonnencreme, Uhr und Trainingsanzug gehören in jeden Rucksack; ein Taschenmesser mit Schraubenzieher, Locher, Konservenöffner und eventuell einer kleinen Säge reicht in Verbindung mit einer Aluminiumspitze für primitive Reparaturen. Viel kann man mit klammen Fingern ohnehin nicht basteln".

Dolomitenwinter. „Der Farbendreiklang der Dolomiten ist längst zu einem feststehenden Begriff geworden und daran mag der Winter mit seiner weißen Decke, die er über das saftige Grün der Almen breitet, nichts zu ändern. Ohne Übergang wachsen die die Felsburgen aus den sanften Matten empor, so steil, dass an dem Rot der Wände der Schnee nicht haften bleibt. Nur ein Netz feiner Linien zeichnet er auf die prallen Mauern und setzt den Türmen weiße Kappen auf. Und alles überwölbt die tiefblaue Himmelsglocke. Eine Skifahrt in den Dolomiten ist zuerst ein ganz großes landschaftliches Erlebnis, und wenn auch die Schneequalität manchmal zu wünschen übrig lässt, die bizarren Formen und die satten Farbenkontraste entschädigen dafür". Verfasst von Anton Hromatka um 1930 („Alpine Großabfahrten") – und bis heute gültig!

| Skigebiet über Misurina (mit Drei Zinnen) | Cortina um 1950 |

Das Marmolada-Rennen hatte sich in diesen Jahren zum schnellsten Skirennen der Welt entwickelt. Die „Münchener Illustrierte Presse" plante einen Bildbericht- ausgerechnet am 1. April. Die Redakteure dachten sich eine Besonderheit aus: „Fräulein Ingrid Slalom, die Tochter des bekannten norwegischen Skipioniers, hat es in freundlicher Weise übernommen, beim s.o. Marmolada-Schirennen, welches bekanntlich das schnellste Schirennen der Welt ist, als Ehrenstarterin zu amten. Wir bringen im Inneren des Blattes einen großen Bildbericht". Das „Neue Wiener Journal", ein Vorläufer jener Presse, die sich schon damals um die körperlichen und seelischen Befindlichkeiten der Reichen, Schönen und Prominenten kümmerte, setzte noch eins drauf: „Fräulein Ingrid Slalom, die Tochter des bekannten norwe- gischen Skipioniers, ist zu einem mehrwöchigen Winterurlaub in den Dolomiten eingetroffen ..." Abgesehen davon, dass es weder einen Herrn Slalom noch eine Tochter gab, beruht diese nun allgemein geläufige Bezeichnung für den Torlauf eigentlich auf einem seit Jahrzehnten fortgeschriebenen Irrtum: die Norweger unterschieden ursprünglich nur zwischen dem Abfahren beziehungsweise dem Abfahrts„lauf" auf mehr oder weniger geneigter Fläche, dem „slå-lom", und dem Sprunglauf, dem „hoppe-lom".

Der Sprunglauf, aus Skandinavien übernommen, war als Geschicklichkeits- und Mutprobe seit den Anfangszeiten bis in die Dreißigerjahre noch Bestandteil eines ursprünglich ganzheitlichen Skilaufs, ehe sich dieser in zahlreiche Spezialdisziplinen auf- spaltete. Eiger-Nordwand-Bezwinger Heinrich Harrer zum Beispiel war akademischer Ski- Weltmeister und 1936 Mitglied des Olympia- Teams. Auch beim berühmten Hahnenkamm- rennen gab es noch die große Kombination mit dem Sprunglauf. Harrer: „Einmal bin ich gestürzt, die Schanzen ist gesperrt gewesen, unten im Auslauf ist der Bauer mit seinem Buam g'standen. Und der Bua hat ungeduldig g'fragt: 'Du, Vata, wann schmeißen s' denn den nächsten obi?".

Sprunglauf (Thüringen 1902)

Der unglaublichste Skisprung aller Zeiten fand jedoch nicht auf einer Sprungschanze statt. Der Slowene Tone Pogacnik, Jahrgang 1919, war ein Klasse-Skispringer. Im April 1946 fährt er mit Freunden bei klarem Wetter vom Triglav-Gletscher Richtung Kredarica-Hütte ab bis zum Rand der Nordwand. Dieses Erlebnis möchte er sich noch einmal geben, er steigt wieder auf, doch mittlerweile fällt Nebel ein. Der schnelle Schnee und die schlechte Sicht aber täuschen ihn – er kann vor dem Abgrund nicht mehr abschwingen und wird über den Wandrand hinauskatapultiert! Und er reagiert in dieser wahnsinnigen Situation fast mechanisch: Er nimmt instinktiv eine Haltung an, als wäre er auf der Planica-Schanze, segelt über Felstürme auf eine Wand zu, an die ein Firncouloir grenzt. Und genau dort landet er, mit einem ungeheuren „Magenstamperl" im weichen Frühjahrsschnee bis an die Achseln versinkend. Er bleibt bis auf ein paar Prellungen nahezu unverletzt! Die Rettungsmannschaft, die dem kaum noch lebend Geglaubten zu Hilfe kommt, errechnet anhand ihrer Seile eine Absturz-Flughöhe von 90 Metern!

Das Wirtschaftswunder der Fünfzigerjahre brachte den Siegeszug des mechanisierten Skilaufs mit sich: an den entlegensten Wiesenhängen wurde in der Hoffnung auf das große Geschäft Lifte errichtet, und das Skitourengehen geriet längere Zeit ins Abseits. Nicht nur aus Gründen der Bequemlichkeit: Auf dem Ausrüstungssektor herrschte Stagnation, Standard waren die Kabelzugbindung mit 2 cm Fersenhub, Schnallfelle mit Hanfgurten, die von den Stahlkanten bald durchgescheuert wurden, und Schnürschuhe, in denen der Fuß ausreichend Bewegungsfreiheit zur Einleitung der Schwünge hatte, während der Ski selbst noch lange unbeirrt seine Richtung beibehielt ...

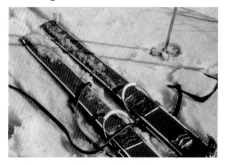
Ski und Bindungen der Sechzigerjahre

Hatte der Ski-Mogul Zdarsky anlässlich eines Skirennen am Semmering 1896 noch pikiert geschrieben: „Was sah ich? Auf sehr sanft geneigter Wiese gegenüber dem damaligen kleinen Gasthof *(Anm.: Gelände des heutigen Kinderliftes)* prachtvolle Fahnen, aber jämmerliche Skifahrer. Vorläufig übten sie nur wild. Den Stock weit nach hinten haltend und sich so schwer auf ihn stützend, dass er fast brach, fuhren sie abwärts ...", so stieg das Niveau des Fahrkönnens stetig an. Hatte man bei den ersten Skirennen noch mit Sekunden-Messungen das Auslangen gefunden, müssen diese im Lauf der Entwicklung in Zehntel und neuerdings Hundertstel zerhackt werden. Das einstige winterliche Zubrot für verträumte ländliche Bergdörfer ist zum einem Milliardenbusiness herangewachsen, an Stelle kleiner Dorfbürgermeister wird die hohe Weltpolitik bemüht, um Olympische Winterspiele in den odiosesten Wetterwinkeln des Planeten an Land zu ziehen.

Schneller-höher-steiler. Der Skilauf begann sich wieder als Verwandter des Alpinismus zu verstehen, was während der Pisteneuphorie scheinbar in Vergessenheit geraten war. Und er kehrte wieder zu seinen Ursprüngen zurück, doch in Dimensionen, die niemand für möglich gehalten hätt: in steile Eiswände und zunehmend in kombinierte Flanken. Schon in den Dreißigerjahren wurden die Nordflanken von Zuckerhütl (1931), Hochtenn und Fuscherkarkopf (1935) befahren. Eine damals undenkbare Verbesserung des Materials und des Könnens lässt diese Disziplin immer neue Superlative hervorbringen. Die Steilabfahrten eines **Silvain Saudan** aus den Sechzigerjahren (z.B. Spencer-Couloir an der Aig. du Blaitiere, 1967) sind heute Testpieces für Novizen. **Heini Holzer** aus Schenna bei Meran bildete jahrelang eine eigene Klasse des Steilwandfahrens. Er funktionierte die Eisgeher-Bibel „Im steilen Eis" von Erich Vanis zum Skiführer um. Er verzichtete auf Starruhm und vor allem auf Helikopterhilfe, stieg grundsätzlich immer über die beabsichtigte Abfahrtsroute auf, und wich nur ein einziges Mal von diesem strikten Prinzip ab: in der Nordostwand des Piz Roseg – was sein Verhängnis bedeutete! **Bernard Tavernier,** ein Steilwandfahrer aus Chamonix, wollte die erste Skibefahrung der Triolet-Nordwand unternehmen. Er stieg ebenfalls in klassischer Weise durch die Wand auf, als sich ein Helikopter dem Gipfel näherte. Ein ärgerliches Missverständnis? Der sollte ihn doch erst während der Abfahrt filmen?! Falsch: es war die Konkurrenz, die zwei Snowboarder auf dem Gipfel absetzte, welche nun an ihm vorbei dieses Muss für klassische Eisgeher hinunter rauschten! Das **Marinelli-Couloir** in der Monte Rosa-Ostwand wird bereits häufiger mit Ski befahren als auf klassische hergebrachte Weise mit Steigeisen im Aufstieg begangen! Vielfach nach einem praktischem, wenn auch ökologisch fragwürdigen Heli-Aufstieg.

Steilwandpionier
Heini Holzer

Piz Palü,
östliche Nordwand

Skiabfahrt 2000:
Triolet-Nordwand

Ski-Höhenrekord war 1970 im Zug einer japanischen Ski-Expedition die Abfahrt von Yuichiro Miura vom Everest-Südsattel (7.879 m), über die Lhotse-Flanke. Miura erreichte kurzzeitig 160 km/h, zog seinen Bremsfallschirm, kam zu Fall und überlebte dieses Abenteuer, das eher ein kontrollierter Sturz als Skiabfahrt gewesen war. 2003 erstieg er als flotter, weißhaariger Siebzigjähriger in Begleitung seines Sohnes Gota Miura den Gipfel – und stieg lieber auf herkömmliche Weise ab. Mittlerweile waren an der Everest-Nordseite schon Hans Kammerlander mit Ski und Stefan Gatt mit dem Snowboard abgefahren. Anfänglich wurden diese sensationellen Einzelleistungen bestaunt, mittlerweile ist das Feld der Steilwandartisten unüberschaubar geworden. Abgefahren wird nun grundsätzlich überall dort, wo Schnee liegen bleibt!

Winteridylle 1949 (Innervillgraten) ... und 1980 (La Plagne)

Die Stadt kommt auf den Berg. Der Fotograf Hubert Leischner hat in den Jahren unmittelbar nach dem Zweiten Weltkrieg im Villgratental gelebt und konnte das über Jahrhunderte fast unveränderte Bergbauernleben noch in seinen Fotos konservieren. Mittlerweile ist in diese einst hauptsächlich von den Naturgesetzen bestimmte Lebens- und Arbeitswelt, die sicher keine Idylle war, mit dem mechanisierten Skilauf (manchmal schleichend, zuweilen brachial) die Großstadt ins Hochgebirge eingefallen. Mit Parkplatz-Aggressionen, Rambazamba rund um die Uhr, Top-of-the-Mountain-Besäufnissen, multinationalen Prügeleien – aber vor allem mit panischer Angst vor Gästeschwund. Deshalb wurde, um nicht mit Ski-Opening und Weihnachtsmarkt zu kollidieren, in einem prominenten Skiort der alte Volksbrauch des Krampus-Umzuges schon auf Mitte November vorverlegt ...

762 qm für das Pistenglück. Der einstige Außenseitersport ist zum unverzichtbaren Goldesel der Fremdenverkehrsbilanz geworden. Bereits im November werden gleichzeitig mit den Liften auch die Gebetstrommeln geölt, welche befürchtete Umsatzrückgänge beschwören, vorsorglich öffentliche Förderungsmittel heischen und den Skiurlaub als patriotische Pflicht und Bestandteil einer Leitkultur anmahnen. Der gläserne Skifahrer steht am Prüfstand der Marketingforscher und Psychologen. Diese haben unter anderem auch jene Schneefläche herausdividiert, bei der sich der Pistenfahrer wohl fühlt: exakt 762 Quadratmeter. 1200 Skifahrer entblätterten ihr Seelenleben, und so fand man heraus, wie viele Meter vor und hinter sich, und wie viel Seitenabstand sie sich wünschten, um sich nicht vom nächsten Tageskartenbenützer bedrängt zu fühlen. Bei Unterschreitung dieses Wertes fühlt sich der Pistenfahrer eingeengt, und es kommt zu Aggressionen. Diese beginnen aber gelegentlich schon bei der Anfahrt, der Parkplatzsuche, setzen sich fort bei der Talstation, den schlauen „Einfädlern" in der Liftschlange – und spätestens beim Blick auf so manche Speise- und Getränkekarte. Ein Sackerltee zu Nachtlokalpreisen lässt so manchen grollend nach Alternativen sinnen.

Einen Ausweg hat der Satiriker Reinhard Tramontana in genialer Weitsicht schon 1984 vorgestellt: in seinem spritzigen Traktat „Über die fremdenverkehrswirtschaftliche Bedeutung des Schneebrunzens": Der Begriff „umreißt mit der trefflichen Schärfe des Volksmundes eine beinahe schon im Aussterben befindliche Kunst, jene nämlich, mit Hilfe des männlichen Gliedes Ornamente, Namen, oder – im fortgeschrittenen Stadium – gar kurze Gedichte in den jungfräulichen Schnee zu malen". Ein gesunder, ungefährlicher Wintersport für jedes Alter und jede Börse wird da angepriesen, investitionsgünstig, kommunikations- und kreativitätsfördernd, bandscheibenschonend, dabei durchaus nicht einer sportlichen Komponente entbehrend: „Als Maßstäbe mögen entweder triviale Weitenmessungen herhalten (eventuell ergänzt um Haltungsnoten) oder Figuren, wie sie bei der Pflicht im Eiskunstlauf gängig sind – ein durchgebrunzter Achter ist bereits siegverdächtig, während eine eingesprungene Brunzpirouette relativ leicht nachzumachen ist (bei dieser Übung empfiehlt es sich, keinen langen Mantel zu tragen)". Nicht zuletzt aber – das Rad der Geschichte hat sich seit den ersten Skidamen um 180 Grad gedreht – könnte es sich dabei um die letzte Bastion des sonst so heruntergemachten männlichen Selbstwertgefühls handeln: „Frauen mögen Autofahren können wie wir, Computer bedienen wie unsereins, Firmen schupfen wie unser Erbonkel – aber Schneebrunzen ... leider nein!"

Kleine Rückblende in die Ski-Antike. Auch die alten (noch mehr aber die jungen) Römer verspürten einen gewissen Drang zum Wintersport – der musste sich anstelle des noch nicht erfundenen Skilaufs in dieser beschriebenen Form kanalisieren. An der Gfrorenen Wand-Spitze wurde eine sensationelle, dem Fund des Ötzi ebenbürtige Entdeckung gemacht: eine tiefgefrorene schneegebrunzte Inschrift, die mittels Infrarot sichtbar gemacht und per DNA-Analyse

Sensation auf Küchenlatein:
Kein Germane ...

dem antiken Liftkaiser Lullus Maximus zugeordnet wurde. So sind sie eben, diese Römer: kaum können sie ein bisschen Latein, müssen sie auch schon rassistische Sprüche ablassen: „Kein Germane - schifft allane"!

Ski-Zukunft heute. Der „Spiegel" hält Lokalaugenschein im Ruhrgebiet: „Paare im Partnerlook wedeln vorbei durchs Dämmerlicht, auf der „Pfandleralm" drinnen sitzen sie vor Weißbier und Apfelstrudel. Ein Luis Trenker in Öl schaut aus der Holzvertäfelung, gerahmt von Nudelhölzern und gusseisernem Kochgerät. Es fehlen die abgebrochenen Skispitzen an den Wänden, aber nicht die schweren Stiefelschritte auf hohem Hüttenboden, wenn das Ruhrgebiet entschlossen zum Apres-Ski schreitet: willkommen in Bottrop, Alpincenter, längste Skihalle der Welt, made in Germany ... Eine Halle, die nach Schwimmbad riecht, im Schlauch steht feuchtkalt die Luft, minus fünf Grad unter der niedrigen Decke, Windstille über 640 Meter Piste, 30 Meter breit, stumpfer Kunstschnee, kein Baum, kein Strauch, ein Skilabor. Die Sportler, die zu Tal kurven auf locker gefüllter Bahn, fahren ihre

Skihalle bei Tokio

Linien ernst, konzentriert, als schöben sie Schichtdienst. Zum Bürobetrieb fehlt nur, dass sie beim Vorbeifahren „Mahlzeit!" rufen. Aber niemand ruft. Und kaum einer lacht. Nur die Werbeplakate entlang den Wänden zur „Talstation" reden. Sie erzählen von den Bergen. Von Sonne. Von Südtirol. Vom Himmel"

Bei immerhin 750.000 zahlenden Besuchern pro Jahr sollten Investoren hellhörig werden: Skihallen bauen! Sich weltweit unabhängig machen von den Launen der alten Holle mit ihrer unzeitgemäßen Tuchent! Oder zumindest dem Winter per Schneekanonaden auf die Sprünge verhelfen: schon gesehen um 3 – 5 Euro für den Kubikmeter Kunstschnee. Der angeblich „ewige" Schnee vom Schneeferner auf der Zugspitze ist fast verschwunden – den gibt es dafür jetzt am Persischen Golf, in der exklusiven Ski-Destination „Ski Dubai": einer Skihalle, die bei 35° Außentemperatur für schlappe 40 Euro zwei Stunden Winter bietet. In jedem Sinn „heißer" Tipp: Noch bei 50 Plusgraden speit die „SF 100", die Mutter aller Schneekanonen, energieintensiv das exotische Weiß in den Wüstensand. Vielleicht liefert eine Partnerfirma („Synergieeffekt!" jubelt der Wirtschaftsminister) gleich das dazugehörige transportable Klein-Atomkraftwerk mit?

2007 veröffentlichte eine große Wiener AV-Sektion einen als Aprilscherz gedachten Bericht über eine kostenpflichtige Kunstschnee-Skitour mit Münzeinwurf, Drehkreuz, Pieps-Kontrolle. Einige altgediente Tourenfreunde regten sich darüber mords-, andere nur mittelmäßig auf, ein großer Teil der Leser aber nahm diese Meldung vermutlich nur nickend zur Kenntnis. Denn Satire und Wirklichkeit nähern sich zusehends einander an: Wahrscheinlich wird es nur noch wenige Jahre dauern, da neben dem besten Naturschnee- auch der weltbeste Kunstschnee- und Hallen-Tourengeher zu ermitteln ist: vielleicht im Ruhrgebiet. Oder hat nicht etwa doch Tokio das coolere Flair?

Thirring-Mantel. Der Wiener Physikprofessor Hans Thirring (1888 – 1976) wollte schon in den Vierzigerjahren dem Skilauf eine neue Dimension erschließen: mit Stoffdreiecken, die an Armen und Knöcheln festgeknöpft wurden, konnte

Thirring-Mantel

er bei entsprechender Geschwindigkeit mit ausgebreiteten Armen kürzere Strecken schwebend dahinlegen. Bis zur Serienreife ist seine Batman-Erfindung allerdings nicht gediehen. Unermüdlich versuchen die Trendscouts der Freizeitindustrie, mit allerhand Rutsch- oder Segelgeräten neue Bedürfnisse zu wecken, die aber meist nach kurzem Aufflackern bald das Zeitliche segnen, wie etwa die „Skywingstange", eine Art Umschnall-Mast mit Segel.

Eine komplette geniale Neuschöpfung wie die Waffengattung der Snowboarder mit eigenem Sprach-, Dress- und Verhaltenscodex gelingt nicht jede Saison. Das Kite-Segeln lässt sich auf ohnehin überfüllten Pisten nicht so recht propagieren, verzweifeltes Lancieren von Bewegungsformen wie etwa „Jibskating" – das sind Sprünge, Saltos und Slides auf Langlaufskiern – taugen maximal für kaufanregende Videoclips in Sporthäusern. Und die Erzeugnisse der Skiindustrie sind nun (zum Glück für den normalen Konsumenten) nahezu sträflich unverwüstlich, sodass höchstens das Design veralten kann. Was tun? Kurze, kürzere, gar keine Ski, Sitz-Skilauf auf adaptierten Schemeln oder Fahrrädern, vielleicht Kufen an allen Extremitäten ... Oder sollte der Skilauf doch mehr bedeuten als ein kostümierter Umweg zur Konsumation überteuerter Speisen und Alkoholika?

Pistenvergnügen mit kleinen Schattenseiten

Back to the Roots. Walter Pause hat in seiner legendären „Hunderter-Serie" um 1960 auch „100 stille Skitouren" in den Alpen vorgestellt. Das Wiener Bergsteiger-Original Hans Schwanda ist etwa zur gleichen Zeit mit seinem „Skiglück vom Wienerwald bis zu Dachstein" in eine Marktlücke gestoßen. Und allmählich waren die Tourengeher auch für die Ausrüstungshersteller interessant geworden. Der Angelpunkt aller Verbesserungen befand sich an der Spitze der Bindung: neunzig Grad Fersenfreiheit – wie in grauer Vorzeit bei den Norwegern – brachten dem Tourengehen erst jene Zahl von Anhängern, die man heute antrifft. So viele, dass manche sie schon zunehmend aus der Natur hinaus „schützen" möchten.

Skitouren sind total cool geworden!

Und dass daher viele der ehedem „stillen" Skitouren nach einem Wochenende so zerwühlt sind wie vor vierzig Jahren die unpräparierten Pisten. Das ruft die Regulatoren auf den Plan.

Entwurf für eine EU-Skitouren-Ausrüstungsverordnung 2020: Piepsgerät, Helm, Plastik-Harnisch für Brust, Rücken und Schienbeine, Lawinenrucksack, Avalung (ein Schläucherl, das man sich in den Mund steckt, um unter dem Schnee atmen zu können), Sonde, Schaufel und Akja zur Selbst- und Kameradenrettung, GPS zum Routenfinden, iPod zur Unterdrückung lästiger Naturgeräusche ins Ohr, Herzfrequenzmesser mit Online-Verbindung zum Hausarzt umgeschnallt – und schon kann die Skitour unbeschwert starten. Halt! Eine Kleinigkeit noch: bei diesem Gewicht sollte es auf ein paar Gramm Gehirnmasse nicht ankommen!

Jung gebliebener Ski-Freak

Winter ohne Skilauf! Eine globale Erwärmung, lange wegdiskutiert, wird mittlerweile auch von ihren hartleibigsten Leugnern zugegeben. Bei einem Temperaturanstieg von nur 1° C steigt die Schneefallgrenze um rund 200 Meter. Da lässt sich leicht das Aus für viele bodennahe Liftgebiete berechnen (und auch für zahlreiche Skitouren). „Nicht jammern!" – verordnen die Wirtschaftsweisen: Mehr Skihallen und Sommerrutschbahnen errichten, die Gletscher mit Plastikplanen abdecken, Grasschilauf pushen, überhaupt innovative Freizeittrends schaffen! Wenn der Schnee zur Mangelware wird, steigt doch naturgesetzlich die Nachfrage und damit sein Preis. Damit tritt er ein in die Gesetze der Marktwirtschaft. Da kann seine Benützung keinesfalls gratis sein, und es erhebt sich eine Frage von eminenter Tragweite: Wem gehört eigentlich der Schnee? Dem Grundbesitzer? Die Alpenländer könnten einzeln oder in als Pool den Schnee an eine Border-Cross-Investmentbank verpfänden und ihn kostengünstig zurück leasen – aber nur wenn es einen gibt! Individuelle Abgaben der Wintersportler wären auf das Konto einer Stiftung auf den Cayman-Inseln oder im Schwarzgeldparadies Delaware zu entrichten: Parkgebühr. Schneebenützungs-Gebühr. Pinkel-Öko-Euro, „Negative Liftgebühr" als Touren-Maut ...

Und doch: „Der Wert des Skilaufes als Mittel gegen die moderne Nervosität liegt nicht nur darin, dass durch die Bewegung in staubfreier, frischer Luft und im Sonnenlicht die sauerstofftragenden, lebensvermittelnden Bestandteile des Blutes, die roten Blutkörperchen, bedeutend vermehrt werden, sondern vor allem in dem Glücksgefühl, das den Menschen durch die im Skilauf enthaltene Mischung von Spiel und Körperanstrengung vermittelt wird. Glücksgefühl aber ist die mächtigste aller Nervenstärkungen!" Absolut aktuell, der Herr A. Fendrich, in seiner Broschüre „Der Skiläufer", von 1909!

Der weiße Rausch 2010: Zeitlose Faszination Tiefschnee

Bergzauber. Aquarell von Eugen L. Hoess

13.
GIPFELBUSSERLN

Ein etwas altmodisches, doch nach wie vor äußerst beliebtes Rezept für eine luftige Süßspeise. Verzehr nur im Gipfelbereich zulässig!

GIPFELBUSSERLN

Zutaten: je 1 Portion Klockerin, Messnerin, Jungfrau, Hexenturm, Weiße Frau, je 2 Dirndln oder wahlweise Dames Anglaises.
Je 1 Prise Böses Weibele und Hohe Wilde (testosteronfrei)
alles in der Steinernen Agnes zerschroten, mit etwas Schmalz und Schmelz vermischen und mit einer Mädelegabel cremig schlagen, die Schaumküsse formen, bei nicht zu heftiger Hitze backen und mit Zuckerguss versehen. Abschließend etwas Süßholz darüber raspeln

---

Der sanfte, unaufhaltsame Aufstieg

„Männer haben Muskeln,
Männer sind furchtbar stark,
Männer können alles,
Männer kriegen 'nen Herzinfarkt,
Männer sind einsame Streiter
müssen durch jede Wand,
müssen immer weiter. "
Herbert Grönemeyer: „Männer"

Alle vierzehn. Im April 2010 stand die Koreanerin Oh Eun Sun auf dem höchsten Punkt der Annapurna, dem letzten Achttausender, der in ihrer Sammlung der magischen 14 noch fehlte. Als erste Frau! Einen Monat später konnte die Spanierin Edurne Pasaban mit dem Gipfel der Shisha Pangma ihre Mühen um die Vervollständigung dieser Kollektion abschließen. Damit haben die Frauen ihren Platz in einer bisher fast reinen Männerdomäne erobert, jedenfalls erstmals für eine breitere Öffentlichkeit sichtbar: Denn in Einzelfällen haben einige schon zuvor Höchstleistungen vollbracht, um die sie die meisten männlichen Bergsteigerkollegen beneiden könnten. Doch die Eröffnung einer neuen Direktroute in der tausend Meter hohen Dru-Westwand im Alleingang (Catherine Destivelle), die erste freie Begehung der Nose am El Capitan (Lynn Hill) oder die erste Wiederholung des „Weges durch den Fisch" in der Südwand der Marmolada (Luisa Iovane) fanden über ein bewunderndes Murmeln in Expertenrunden hinaus kein wesentliches Echo. Da fügte es sich bestens, dass um die Besteigung der vierzehn Achttausender von den Medien ein „Wettrennen"

Gerlinde Kaltenbrunner, re. am K2

ausgerufen werden konnte, da sich um die anfangs aussichtsreichste Kandidatin, die Österreicherin Gerlinde Kaltenbrunner, ein Kreis weiterer Anwärterinnen gebildet hatte: außer Miss Oh und Edurne Pasaban die Italienerin Nives Meroi und die Koreanerin Go Mi Sun. Kaltenbrunner vollendete im August 2011 mit dem K2 ihr großes Vorhaben – konsequent immer ohne künstlichen Sauerstoff. Bemerkenswert erscheint da vor allem ihre mentale Stärke: fünf vergebliche Versuche am schwierigsten und gefährlichsten aller Achttausender, dem K2! Nun haben also auch die Frauen ihren Platz im Bernsteinzimmer des Höhenbergsteigens erobert – mit all seinen prächtigen und auch weniger glänzenden Facetten. Wie bei jeder gesellschaftlichen Entwicklung sollte dabei bedacht werden, dass sie am Ende eines langen Weges dessen letzte Stufe auf den Schultern von Vorgängerinnen erreichten, die es ungleich schwerer hatten.

„Weib und Alpinismus. Man heißt das Weib das schöne Geschlecht. Mit Recht und mit Unrecht. Die Galanten und Verliebten kennen im Weibe nur das schöne Geschlecht, während die feinsten und tiefsten Frauenkenner aller Zeiten dem nur bedingungsweise beigepflichtet haben, obwohl sie gerade im Weibe die ungetrübteste Quelle menschlichen Glückes sahen.

Bergdamen 1910

Selbst Goethe, dieser große Genießer der Frauenschönheit, verschloss sich der Einsicht nicht, dass der nackende männliche Körper schöner als der weibliche sei, schöner insofern, als ein gestählter, muskulöser und wohlproportionierter Leib in seinen herben Linien eindringlicher und edler als der weiche, volle Frauenleib in all seiner Zartheit wirke. ... Unbarmherzig greift die Bestimmung zur Mutter in jedes Weibes Dasein ein, sie ist das gebieterische Menetekel. Unsere heutigen Frauenrechtlerinnen glauben sich zwar über den Willen des Schöpfers kühn hinwegsetzen zu können und sind der Überzeugung, dass, wenn das Weib sich erst wirtschaftlich frei vom Manne gemacht habe, ihm die ganze Welt offen stehe; und von des Weibes Seite würde dasselbe erreicht werden, was Männer in der Musik, der Kunst, der Dichtung usw. geleistet haben".

Herr Ernst Altkirch brachte diese luziden Gedankengänge 1905 zu Papier, als das Weltgebäude noch einfach, übersichtlich und – zumindest für die Männer- in Ordnung gewesen ist. Und weiter: „… Was uns hier angeht, und was auch von der Ausübung eines Sportes gilt, ist das: Dem Weibe sind bestimmte Grenzen gezogen, die es vergeblich zu überschreiten suchen wird. Der Mann ist dem Weibe, wie ich bereits ausführte, auch in alpinen Taten überlegen, aber dass es vermöge seiner Naturanlage, seiner Anpassungsfähigkeit und seiner leichteren Lebensauffassung der beste Kamerad sei, den sich Bergfahrer besonders für größere Expeditionen wählen könne, dessen bin ich gewiss. Und wenn dem Weibe auch auf alpinem Gebiete die höchsten Erfolge versagt bleiben, dann soll es darin seine Befriedigung finden".

„It's a Man's World". Nahezu unverrückbare Konventionen bestimmten als gesellschaftliche Koordinaten das Verhalten in allen Lebensbereichen. In erster Linie männerdominierte, militärisch durchwebte Strukturen, die den Frauen Kinder, Küche und Kirche zuwiesen. Eine ausgesprochene Männerwelt spiegeln daher sowohl der frühe klassische Alpinismus, die alpinen Vereine wie auch der größte Teil ihrer Geschichte wider. Der britische „Alpine Club" nahm in damaligem Selbstverständnis als reine Herrenrunde keine Frauen auf (erst 1976 entschloss man sich zur Aufhebung dieser Rassenschranken). Daher wurde schon 1907 parallel dazu ein „Ladies Alpine Club" gegründet. In dessen Jahrbuch finden sich akribische Hinweise auf „guideless", „guideless leading", „alone", „first ascent by woman" oder gar „no man in the party". Der „Pinnacles Club" und der „Ladies Scottish Climbing Club" duldeten als Retourkutsche ebenfalls keine Männer in ihren Reihen! Im Schweizer Alpen-Club wurde jahrzehntelang in schöner Regelmäßigkeit der Tagesordnungspunkt „Aufnahme von Frauen" abgeschmettert, worauf sich 1918 der „Schweizer Frauen-Alpen-Club" (SFAC) gründete. Exklusive Elitezirkel wie die „Karwendler", der Club Alpino Academico (CAAI) oder der Akademische Alpenverein München (AAVM) duldeten ebenfalls keine Frauen in ihren Reihen. Hingegen hat der als konservativ und verzopft gescholtene Österreichische Alpenklub (ÖAK) von Anbeginn Frauen aufgenommen, wenn sie den statutengemäßen strengen alpinistischen Aufnahmekriterien entsprachen. Im Alpenverein hat sich die magere Zwei-Prozent-Quote der Anfangsjahre nach einem Jahrhundert auf derzeit rund vierzig Prozent erhöht. Irgendwie arrangierten sich früher oder später fast alle, und heute finden wir Frauen in schöner Selbstverständlichkeit ebenso beim Höhenbergsteigen wie beim Sportklettern in höchsten Schwierigkeitsgraden.

Zentralgeheimnis. Von einigen körperlichen Anlagen her ist die Frau dem Mann gegenüber allerdings etwas im Nachteil: Dies ist kein Ergebnis eines reaktionäres Machwerkes – manche Resultate der Evolution lassen sich nicht einfach weg-definieren. Frauen haben also durchschnittlich ein um 10% größeres Fettpolster, dafür eine um 5 -10% geringere Muskelmasse. Herz/Minutenvolumen bei Maximalbelastung höchstens 25 l, bei Männern bis zu 37 l. Aufgrund dieser natürlichen Voraussetzungen sind sie theoretisch mehr für Dauerleistungen als für maximale Kraftanstrengung geeignet. Von diesem groben Durchschnittswert aber gibt es beträchtliche individuelle Abweichungen, meist sind die Unterschiede innerhalb eines Geschlechts sogar größer als die zwischen Frau und Mann. Eine unbestreitbare Benachteiligung ergibt sich durch eine Infamie der Anatomie: was Männern am Berg nur eine kleine diskrete Seitwärtsdrehung kostet, wird für Frauen, etwa angeseilt am Gletscher, zur großen Inszenierung. Sitzgurt, Kleidung, abgewandtes Publikum – alles muss mühsam arrangiert werden. Bei einer Frauenexpedition wurde deshalb ein Wunderding präsentiert, das den Schöpfungsplan korrigieren sollte: der Kunst-Pimmel aus Plastik, der diesen Nachteil der Natur bei Sturm, Schnee und Eiseskälte angeblich auszuschalten vermag. Ein rauschender Erfolg war ihm offensichtlich nicht beschieden, und als eines der letzten Privilegien des mittlerweile arg zerzausten, auf Sitzpinkler umgeschulten Männergeschlechtes bleibt dessen angeborene Fähigkeit übrig, ein Lagerfeuer kunstreich und effizient löschen zu können.

... eine echte Benachteiligung!

Neben anderen Faktoren formt auch die hormonelle Steuerung das menschliche Verhalten. Bergmediziner haben sich ausführlich mit den Auswirkungen der Monatsbeschwerden beschäftigt. Aber: Männer leiden zum Ausgleich öfter an Hämorrhoiden, was beim Höhenbergsteigen durch den verminderten Luftdruck unangenehme Folgen haben kann – ein berühmter schottische Extrembergsteiger etwa benötigte deshalb am Everest ein Handtuch als Slipeinlage.

Der wesentlichste „kleine Unterschied" aber befindet sich entgegen allem grinsenden Stammtisch-Humor oberhalb der Gürtellinie: im Gehirn. Anthropologen, Biologen, Psychologen, Hirn- und Verhaltensforscher sind übereinstimmend zum Ergebnis gelangt, dass Frauen einfach „anders gestrickt sind": In den Gehirnen der Männer laufen pornografische Filme, während es sich bei Frauen genau umgekehrt verhält ... Einige Sektoren des Gehirns sind bei Frauen und Männern unterschiedlich ausgebildet. Die Stirnrinde, zuständig für Lösungsfindungen und Entscheidungen, sowie der Hippocampus, beteiligt an der Entstehung und Verknüpfung von Gefühlen und Erinnerung, sind bei Frauen größer. Das Sprach- und Hörzentrum, obwohl kleiner als bei Männern, enthält bei Frauen wesentlich mehr Neuronen. Bedeutet in der Praxis: Frauen erfassen die Welt mit Hilfe der Empathie, ihre Gehirnaktivitäten fördern Einfühlungsvermögen und Disziplin, bremsen dadurch aber wettbewerblichen Ehrgeiz. Männer dagegen denken eher in Systemen, neigen zu Rauferei und Risiko, zu Uneinsichtigkeit und Aggression.

Der Kindergarten kann nach wie vor als anschauliches Mini-Labor für die Weltgeschichte dienen, beginnend mit Spatzivergleich und Weitpissen. 1 blöde Bemerkung stachelt alle auf: „Traus'd di eh net!" Rangordnungskämpfe, übersteigerte Ehrbegriffe, Dominanzverhalten, Revierdenken – mündete derlei in vergangenen Zeiten in einen veritablen Krieg oder zumindest ein Duell, ist die harmlosere Variante heute etwa die Hüttentour, schnell nach dem letzten Bier beim Abendessen. Einer leistet Führungsarbeit Richtung Abgrund, alle anderen hängen sich an, nur ja nicht kneifen, wer zurück bleibt, verfällt dem Titel Softie, Warmduscher oder Weichei. Um Haaresbreite einer zähneklappernden Biwaknacht entronnen, wird anschließend am Hüttentisch gockelhaft geplustert. In solcher Tonart wurde die Weltgeschichte bisher fast ausschließlich von den Männern vergurkt, daher als Alternative: „Frauen an den Krisen-Herd!" Bleibt abzuwarten, in welcher Weise sich eine größere Anzahl von Politikerinnen positiver auswirken könnte.

Dass Frauen am Berg anfänglich wie Wunderwesen bestaunt wurden, erklärt sich im Verband mit ihrem lange Zeit als selbstverständlich angesehenem Rollenbild mit dem damit einher gehenden Umstand, dass die allermeisten der bergsteigenden Damen anfangs mehr oder weniger als Anhängsel einer Männerpartie galten. Mitgenommen im Doppelsinn war zum Beispiel 1808 die Sennerin Marie Paradis als erste Frau auf den Gipfel des Montblanc – das letzte Stück, höhenkrank, wurde sie schon fast gegen ihren Willen geschleppt, doch die Führer redeten ihr ein, sie würde dadurch berühmt werden, Fremde würden kommen, um sie anzusehen, und alle würden an einer Art Panoptikums-Attraktion verdienen ... Selbst noch in den Sechzigerjahren des vorigen Jahrhunderts machte der italienische Journalist Campiotti wohlkalkulierte Schlagzeilen, indem er jeweils Karawanen von „100 Frauen" auf Monte Rosa und Montblanc marschieren ließ, als wären es Außerirdische oder zumindest eine exotische Rasse.

100 Frauen auf den Monte Rosa!

Felicitas Carrel, die als „Matterhornbraut" in die Alpinliteratur einging, wurde 1867 von den drei Brüdern Maquignaz und Cesar Carrel ebenfalls mitgenommen, zur dritten Besteigung des Matterhorns (über den Liongrat). Sie erreichte den Punkt 4380, der heute Col Felicité genannt wird, wo sie zurückbleiben musste. Nicht wegen mangelnder körperlicher Fitness (sie wird als kräftiges, robustes Bauernmädchen geschildert, welchem der Aufstieg keine großen Probleme bereitete), sondern weil sie gegen ihre vom Sturm hochgehobenen Röcken kämpfte. Und vermutlich gegen die triefenden Blicke der Begleiter bei ihrer unfreiwilligen Open Air-Show.

Henriette d'Angeville dagegen, einer alten Adelsfamilie entstammend, rüstete 1838 aus eigenem Antrieb eine Expedition zur Ersteigung des Montblanc aus, was schon für sich genommen ein außergewöhnliches Ereignis darstellte. Eine Mannschaft von sechs Führern und sechs Trägern begleitete die 44-jährige Gräfin bei der Erfüllung ihres Lebenstraumes. Ihre Vorbereitungen für die große Fahrt waren gründlich. Sie machte zunächst einmal ihr Testament und konsultierte einen Arzt. Dann wurde mit Umsicht der Proviant besorgt:

MONTBLANC-JAUSE FÜR 13 PERSONEN A LA D' ANGEVILLE

2 Hammelkeulen, 2 Ochsenzungen, 24 Hühner, 6 Laib Brot zu 3-4 Pfund,
18 Flaschen Bordeaux,
1 Flasche Cognac, 1 Flasche Sirup, 1 Fässchen gewöhnlichen Wein,
12 Zitronen, 3 Pfund Zucker,
3 Pfund Schokolade, 3 Pfund gedörrte Pflaumen, 13 Puddings,
13 Kürbisflaschen Limonade,
13 Kürbisflaschen voll Orangeade und 13 Töpfe Hühnerbouillon.

Henriette d'Angeville

Doch was so lukullisch klingt, war natürlich bald steinhart gefroren und nicht unbedingt jener stilvolle Schmaus, den die Lektüre im temperierten Zimmer vorgaukelt – da hätten unsere Müsliriegel und Instant-Gesöffe vermutlich leicht mithalten können.

Den zeitgenössischen Gazetten erschien vor allem Mademoiselles Garderobe wichtig. Sie bestand: aus einem Hemd und Höschen aus rotem Flanell; zwei Paar übereinander gezogenen Strümpfen aus Seide und Wolle; starken, genagelten Schuhen; Pumphosen, die bis zu den Knöcheln reichten, aus schottisch kariertem Wollstoff und mit Flanell gefüttert; einer langen, bis über die Knie herabreichenden Bluse aus gleichem Stoff, die mittels eines Gürtels in der Taille gehalten wurde; einer mit Pelz garnierten Mütze und einem mit grünem Stoff gefütterten Strohhut; einer Samtmaske, Schneebrille, einem Plaid, einer

Pelzboa, einem Pelzumhang und einem Alpenstock. Auf einem Aquarell, das dem Erinnerungsalbum der Mademoiselle d'Angeville entstammt, ist ihr vermutlich doch irgendwie zweckmäßiger Aufzug zu bewundern. Die Dame bewies trotz Problemen bezüglich Akklimatisation Mut und Ausdauer, überstand die Biwaknacht auf dem Gletscher recht gut, und auf dem Gipfel hoben die Führer sie auf ihre Schultern, damit sie auf jeden Fall am Höchsten von allen gekommen sei. Als sie nach ihrer extravaganten Exkursion nach Paris kam, wurde sie als Heldin gefeiert. Madame Emile de Gerardin schrieb 1839: „Die Löwin der eleganten und gebildeten Welt ist gegenwärtig die berühmte Mademoiselle d'Angeville, diese unerschrockene Tou-

Angeville: Höher als der Montblanc

ristin, die im vergangenen Jahr den Gipfel des Montblanc bezwungen hat; die erste und einzige Frau, die diese schwierige Tat unternommen hat. Jeder will sie sehen; man drängt sich um sie, man bestürmt sie und Mademoiselle d'Angeville antwortet auf die vielen Fragen, mit denen sie überhäuft wird, mit großer Anmut und vielem Geist". Ihre bäuerliche Vorgängerin Marie Paradis, die schon dreißig Jahre davor auf dem Montblanc gewesen ist, war in dieser eleganten Welt nie existent und ohnedies längst vergessen. Die „Montblancbraut" d'Angeville ist danach auf den Geschmack gekommen und eine echte Bergsteigerin geworden. Doch die Chronisten versäumten jahrzehntelang selten, den Umstand, dass sie unverheiratet blieb, mit einem süffisanten Unterton einzubauen. Dessen ungeachtet schrieb sie in den folgenden Jahren noch 21 Gipfel in ihr Tourenverzeichnis, jeder für sich ein Unternehmen, das aktuell einer Trekkingtour gleichwertig ist. 1863, da war der Österreichische Alpenverein gerade ein Jahr alt, erstieg sie, schon neunundsechzigjährig, das schwierige Oldenhorn, auf dessen Gipfel sie sogar biwakieren musste. Es war ihre letzte Hochtour. 1871 starb diese frühe Ausnahmefrau in Lausanne.

Ihre Nachfolgerinnen hatten allein schon wegen der komplizierten Kostümierungs-Richtlinien allerhand Probleme.

Bergmodetrend 1905. In den Alpenvereinsmitteilungen dieses Jahres ist nachzulesen, wie Damen am Berg unterwegs waren: „Natürlich müssen dann die Beine der Kälte und des Anstoßens halber von dicken Schneestrümpfen aus unentölter Schafwolle oder Lodengamaschen mit Schnür- oder Druckknopfschluss geschützt sein; auch Wickelbinden aus Loden sind zu empfehlen. Sie alle sollen von der Reihe aus bis zum Knie hinauf reichen (die längeren Schneestrümpfe schlägt man dort um), gut anliegen, keine Gummistege haben und Schnee, Nässe und Kälte das Eindringen verwehren. In ihren Schluss am Knie werden die Bündchen der wasserdichten Lodenbeinkleider gesteckt, der besten und dienlichsten Unterkleidung für alpine

Zwecke. Sie sind als nicht zu weite Pumphosen mit glattem Bunde geschnitten, vollständig geschlossen, kein Kettenschluss (in dem sich beim Abfahren der Schnee sammelt), keine Gummibänder am Knie oder in der Taille. Unterröcke hindern und sind deshalb unnötig. Strumpfbänder, die rund um das Bein anliegen, sind, weil sie die Blutzirkulation hindern, gesundheitsschädlich und deshalb bei allen Fußtouren – am besten auch sonst – wegzulassen. Die Strümpfe halten vom Korsett herabhängende Gummibänder. Was das Mieder selbst anbetrifft, gegen welches eben von manchen Seiten ein eifriger Krieg geführt wird, so erübrigt es sich nur zu sagen, dass alle diejenigen, die an ein solches gewöhnt sind, es auf Bergtouren nicht weglassen sollen, sonst sind Rückenschmerzen und rasche Ermüdung ihnen sicher. Ein oben und unten kurzes, leichtes Mieder mit wenig Stäben, ungeschnürt und reichlich weit, wird nie den Atem beengen und trotzdem der Trägerin den gewohnten Halt bieten, der gerade beim Bergabsteigen oft recht nötig ist."

Am Anfang war der Rock – erst langsam kam die Hose

Gewichtigere Hemmnisse bildeten vor allem die eingefahrenen Geschlechterrollen. Waren gemischte Schulklassen schließlich noch in den Fünfzigerjahren des vorigen Jahrhunderts vielfach eine abwegige Vorstellung, so entsprach das Frauenbild in Mitteleuropa vor hundert Jahren ungefähr der Weltsicht der Taliban. Eduard Lucera schloss 1900 einen Aufsatz über alpine Skifahrten mit dem Ausruf „Skimanns Heil!" – Skifrauen dürften für ihn gar nicht denkmöglich gewesen sein. Der geistreiche Henry Hoek, Schöpfer der Gestalt des „denkenden Wanderers", notierte zur gleichen Zeit: „War Sport überhaupt schon ein wenig, fast hätte ich gesagt ‚moralisch verdächtig', so war es der Skilauf der Frau natürlich erst recht. Ein Sturm der Entrüstung ging durch alle Klassen der ganzen Stadt – von den Marktweibern bis zu den Geheimratsgattinnen, die den gesellschaftlichen Ton angaben – als die kaum glaubhafte Nachricht sich bewahrheitete, dass eine Skiläuferin in Hosen gesehen worden sei! Es dauerte freilich einige Zeit, bis man sich dieser skandalösen Sache ganz sicher war; denn es war ganz selbstverständlich, dass einen Kilometer vor dem Feldberghof und einen Kilometer von der Bahnstation ein sittsames Röckchen über die Beinkleider des Anstoßes gezogen wurden. Und ich habe einmal einen richtiggehenden Nervenzusammenbruch erlebt, als sich vor dem Tal herausstellte, dass ein Unglücksmädchen seinen Rock aus den Rucksackriemen verloren hatte. Einer der Freunde wurde ins Dorf geschickt und hat im Kramladen – er genierte sich weidlich – einen Bauernrock und ein Dutzend Sicherheitsnadeln gekauft". Selbsternannte Tugendwächter überwachten streng die Wintersport-Kleiderordnung.

Martha Kessel-Schaller, 1904: „Mein erstes ‚Kostüm' war ein pelzbesetzter langer Rock, ein langer Sweater mit dicker Mütze, unter welcher der Einfachheit halber die Haare ohne die obligate Schleife flatterten – ich muss sagen, ich wundere mich heute tatsächlich, dass es uns wenigen schilaufenden Weiblichkeiten gelang, in diesem Aufzug sogar einen Telemark zu machen!"

„Mit geheimer Sorge zogen wir jedes Mal aus; nicht so einfach war es, mit unseren Bretteln – Schschiiii" genannt – durch die alten Gassen *(Anm.: Hall in Tirol)* zu steuern. Alles Bubenvolk war höhnend und angriffslustig hinter uns her, Steine flogen und allerhand Unsauberes! Alle Hunde bellten uns an, und hinter den Fenstergardinen spähten die Frauen der Stadt, die die Oberaufsicht über alle weibliche Moral führten. Sie erklärten unsere sittlichen Qualitäten für absolut minderwertig. So trachteten wir, unsere Schifreuden möglichst geheim zu halten, galten sie doch auch als Frevel an Gesundheit und geraden Gliedern": Tirol um 1900!

Damenskilauf am Feldberg (um 1910) I Vineta Mayer am Zimmersteig (Rax, 1908)

Karl Blodig, der „Viertausender-Blodig", saß einmal nach einer Marmoladabesteigung mit seinem Bergkameraden Cafasso und einer hübschen Wirtstocher am Tisch: „Cafasso bot dem Mädchen eine Zigarette an, die sie zu meinem Entsetzen annahm und zierlich rauchte. Ich mußte aufstehen und mich draußen an der frischen Luft erholen. Mir grauste fortan von dem schönen Mädchen, und ich war froh, als wir am anderen Morgen weiterzogen. Sie reichte mir die Hand, ich wusch sie mir aber am Brunnentrog gründlich ab, sie duftete immer noch nach Tabak. Auch heute noch ekelt mich vor rauchenden Damen".

In diesem sozialen Umfeld als Frau ein Buch über Winter-Alpinismus zu verfassen, welches noch dazu auf eigenen Erfahrungen fußte, ist als beispielgebend zu werten – mag dies nun für Generationen, denen „Frauen am Berg" längst kein Thema mehr sind, so entfernt und abseitig scheinen wie das Hofzeremoniell Ludwigs des Vierzehnten. „The High Alps in winter or mountaineering in search of health" („Die Hochalpen im Winter oder Bergsteigen auf der Suche nach Gesundheit"), war das erste Werk über diese neuartige alpine Disziplin. Elizabeth, die 1861 geborene, etwas kränkliche Tochter des Baronets Hawkins-Whitshed, wurde auf Kur geschickt. Eigenwillig wählte sie Chamonix, kam dort zu Kräften und wurde allmählich zu einer Bahnbrecherin des Winterbergsteigens! 1883 veröffentlichte sie ihr Buch über das winterliche Bergsteigen. Die „bessere" Gesellschaft war schockiert, dass die junge Dame mit Männern, noch dazu selber in Männerkleidung, braungebrannt im Gebirge unterwegs war. Galt doch als Statussymbol reicher Nichtstuer die

„vornehme Blässe" – die von uns so geschätzte Sonnenbräune, im Grunde eine kosmetische Verrücktheit, wurde als Attribut niederer Stände wie Bauern oder Bauarbeiter angesehen.

Als Frau mit vier Namen brachte diese Dame obendrein die alpinen Chronisten aus dem Tritt. Zwischen 1882 und 1890 gelangen Elizabeth 113 große Hochtouren, einige sogar ohne männliche Begleitung, wobei sie ihren Bergführern stets uneingeschränkte Anerkennung zukommen ließ. Nach dem Tod des jungen Bergführers Imboden am Lyskamm wollte sie in den Alpen nicht mehr bergsteigen und verlegte ihre Tätigkeit in die Berge Norwegens. Ergebnis: 20 Neutouren. Komplizierter sind ihre Ehen: ihr erster Mann, Oberst Fred Burnaby, fiel 1885 im Kampf gegen die Mahdisten. Danach heiratete sie den Naturwissenschaftler J.F. Main, und nach dessen Tod F. B. Aubrey Le Blond. Verwirrend wirkte die Mitbegründerin des „Ladies Alpine Club" nicht nur auf die damalige Männerwelt, sondern darüber hinaus bis heute auf die Alpinhistoriker, die ihre alpinen Taten unter ihren verschiedenen Namen registrieren.

Mrs Burnaby ... Hawking-Whitshed ... Le Blond – immer dieselbe Dame

„Die Frau von heute hat sich gottlob von all den altmodischen, moralisch sich nennenden Anschauungen über Frauensport glücklich frei gemacht. Galt in Tirol doch noch um 1910, dass jegliche Sportbetätigung für Frauen (dazu gehörten Turnen, Schwimmen, Eislaufen, Rodeln) unschicklich und ungesund sei. Den Mädchen war es von der Schule aus verboten, und wer sich dagegen versündigte, konnte sich auf eine schlechte Sittennote gefasst machen. Es kam vor, dass eine harmlose Rodelpartie den größeren Mädchen den Ausschluss aus der Mittelschule kostete".

Der I. Weltkrieg hat paradoxer Weise insgesamt zu einem gesteigerten weiblichen Selbstbewusstsein geführt. Mit zunehmender Dauer dieses Schlachtens mussten immer mehr von ihnen die eingerückten und gefallenen Männer in Berufen ersetzen, die ihnen bisher verwehrt waren. Die erreichten Freiheiten wollten sie sich danach von keiner Muttertier-Ideologie mehr entziehen lassen. Gegen den „modernen Bildungstaumel" der Frauen wehrten sich – wie immer und überall in ähnlichen Fällen – vor allem jene, die fürchten mussten, neben einer strebsamen Konkurrenz ihre Privilegien zu verlieren: So wurden Frauen in Wien zum Studium der Medizin und Pharmazie erstmals 1909, der Rechtswissenschaften 1919, und der Theologie 1946 zugelassen. Bis 1955 war im deutschen Grundgesetz verankert: alle ehelichen Entscheidungen trifft der Mann! Und erst 1977 wurde ein Gesetz gekippt, nach dem ein Ehemann seiner Frau eine Berufsausübung untersagen, ja sogar in ihrem Namen kündigen, oder ihr Konto sperren lassen konnte (sofern sie überhaupt eines besaß)! Hat da eben jemand „Iran" oder „Afghanistan" gesagt?! So weit muss außerdem gar nicht gereist werden – wird doch in Teilen Südeuropas die Frau noch immer als selbstverständlicher Besitz des Mannes angesehen. Die ersten Berg- und Ski-Amazonen waren meist finanziell abgesichert – der Großteil des weiblichen Geschlechtes dagegen hatte in einem Umfeld, das selbst die männlichen Bergsteiger noch als Außenseiter wahrnahm, genügend andere Sorgen. Die wenigen Vorzeigefrauen früherer Generationen hatten in einer verkorksten Gesellschaft gegenüber den Helden- und Kriegerposen vieler ihrer männlichen Zeitgenossen zu bestehen, doch von den „wirklich Guten" waren sie ohnehin seit jeher akzeptiert.

Skimode 1920

Montblanc-Kletterei um 1915

Eleonore Noll-Hasenclever (1880 – 1925) war die herausragende Alpinistin zu Beginn des Zwanzigsten Jahrhunderts, „la premiére alpiniste du monde". Sie wurde als junges Mädchen zur Erholung in die Schweiz geschickt – wo sie sich dauerhaft mit dem Alpin-Virus infizierte. „Den Bergen verfallen" hieß denn auch ihr Erinnerungsbuch. Mit halben Sachen gab sie sich nicht ab: „Sind Sie der Burgener?" fragte sie den großen Bergführer – „Sie sollen mir das Bergsteigen beibringen!" Sie scheint wohl Talent gezeigt haben, denn Burgener konnte sich längst seine Kunden aussuchen und dürfte mit seiner Schülerin, die er das „Gamsli" nannte, zufrieden gewesen sein. Weniger angetan zeigte sich ihre Verwandtschaft, als sie in Zermatt der jungen Dame mit Kniebundhose, Gletscherbräune im Gesicht und einer Zigarre im Mund ansichtig wurde. Immerhin – achtzig Jahre später wäre zum Erreichen eines entsprechenden Entrüstungspegels mindestens eine grellgrüne Irokesenfrisur und ein Multi-Piercing nötig gewesen.

Eleonore Noll

Sie bestieg mit ihrem „Bergvater" Alexander zahlreiche Viertausender auf schwierigen Routen, sie wandelten – falls dieser altmodische Ausdruck erlaubt ist – unbeschwert auf schuhbreiten, schwindelerregenden Graten, mit seinem Sohn Heinrich stieg sie durch die Ostwand des Monte Rosa ab, die als eine der größten klassischen Anstiege ihrer Zeit galt. Schließlich schenkte ihr der Meisteralpinist Burgener sein Bergführerabzeichen mit den Worten: „Von mir können Sie nichts mehr lernen!" Mehr Symbolkraft inmitten einer fast absoluten Männerwelt ist kaum denkbar!

Burgener, Noll: ...zuhause auf hohen Gipfeln (Rimpfischhorn / Aiguille Noire)

Als das Achttausender-Sammeln so utopisch war wie heute Mondbergsteigen, erschienen Nolls 150 Viertausenderbesteigungen für die meisten männlichen Bergsteiger ein ferner Wunschtraum, der selbstverständlich auch Konkurrenzneid hervorrief. Eleonore Noll, Hans Pfann und Albin Rössel kamen nach einer schweren Tour im Wallis spät abends auf eine Hütte. Trotz ihres Bestrebens, jeden unnötigen Lärm zu vermeiden, wurde bald eine Stimme aus dem Schlafraum heraus hörbar, deutsch mit englischem Akzent: „Das ist eine Rücksichtslosigkeit, so spät abends auf eine Hütte zu kommen und die anderen, die morgen eine Tour machen wollen, am Einschlafen zu hindern!"
Nach einer Zeitspanne des weiteren Räsonierens sagte Frau Noll: „Sie, Mann, nun ist mal schon genuh!"
Antwort: „Natürlich – das kommt davon, wenn man Weiber auf solche Touren mitnimmt, dann wird man nie zur Zeit fertig".
Noll: „Sie – jetzt kenne ich Sie: Sie sind der Finch!" *(Anm.: George Ingle Finch, der Erstbegeher der Dent d'Herens-Nordwand und Himalaya-Pionier.)*
„Und Sie sind die Noll, deshalb sage ich's ja!"
Die Dame verfügte obendrein noch über Stil. Rössel erinnerte sich: „Mit der Noll hat man am Gipfel immer eine Flasche Asti getrunken, und in dem leichten Dusel hat man den Abstieg wundervoll gefunden!" Als sie im August (!) 1925 in einer Nassschnee-lawine am Fuß des Weißhorns ums Leben gekommen war, sahen es die Zermatter Bergführer als selbstverständliche Ehrenpflicht an, ihren Sarg zu tragen.

Nach Weltkrieg II, als wiederum Frauen in Männerberufen Fuß fassten, und danach als „Trümmerfrauen" den Schutt beseitigen durften, dauerte es dennoch fast eine Generation, ehe weibliche Wesen in Bergsteigerkleidung als normale Erscheinungen wahrgenommen wurden.

Helma Schimke, die Doyenne der österreichischen Nachkriegs-Kletterszene, hatte noch lange mit allmählich ranzig gewordenen Weltbildern sowie munteren Bemerkungen ländlicher Chauvis zu kämpfen, als sie aus eigenem Antrieb und nicht nur als Anhängsel, oder gar in Damenseilschaft ihre unbändige Bergleidenschaft auszuleben verstand. Wenn ihre männlichen Partner erfahrener oder stärker waren, dann führten eben diese – so einfach ist dies unter Gleichwertigen! Bis dies kommentarlos zur Kenntnis genommen wurde, mussten noch zahlreiche kleine soziale Schritte gesetzt werden: Frauen suchen einen wohlhabenden Familienversorger, Männer dagegen junge, hübsche Frauen mit Kochkünsten – dieses angeblich biologisch verankerte Höhlenmenschenschema löst sich allmählich in jenem Maße auf, in dem ein Land die Gleichstellung der Geschlechter verwirklicht. In traditionell patriarchalisch geprägten Gesellschaften, in denen der Schulbesuch von Mädchen erst mühsam durchzusetzen ist, wird man wohl keine Frauenseilschaften (weder am Berg noch in wirtschaftlichen oder politischen Führungszirkeln) antreffen können.

Helma Schimke am Musterstein

Yang und Yin: männliches/weibliches Prinzip, hell/dunkel, heiß/kalt – die fernöstliche Philosophie hat es schon vor Jahrhunderten wunderbar auf den Punkt gebracht: auf jenen nämlich, der innerhalb jeder Symbolhälfte den Anteil des jeweils gegensätzlichen Elements darstellt. Die Schreckgestalten des reizlosen Mannweibes und der schimpanseskn Muskelfrau waren seit den Anfangszeiten des Frauenalpinismus vor allem ein Produkt männlicher Angstphantasien (schlag nach bei Freud!). Wohl finden sich wie bei jedem Spitzensport auch hier Sonderfälle aus einem hormonellen Schattenreich wie einst die sowjetischen Kugelstoß-Schwestern Irina und Tamara Press, welche hinter vorgehaltener Hand die „Press-Brothers" genannt wurden – doch in der Realität war und ist ein großer Teil der kletternden Frauen eher von kleiner, zierlicher Statur. Angefangen von Eleonore Noll über Loulou Boulaz, Claude Kogan, Sonia Livanos bis Ingrid Ring und Allison Hargreaves sind die erfolgreichsten Alpinistinnen unserer Tage keineswegs muskelbepackte Bodybuiling-Gestalten. Lynn Hill ist 1,52 groß, Catherine Destivelle kaum größer – so wird die geringere Muskelmasse durch leichteres Körpergewicht kompensiert.

Kletterfee der 30er-Jahre

Ingrid Ring

Ingrid Ring aus St. Pölten war die Grande Dame des ostösterreichischen Alpinismus, die mit ihrem Mann Kurt in den Sechzigerjahren eine Reihe der damals schwierigsten Alpentouren begangen hat. Nach seinem Tod am Dhaulagiri IV war sie dank ihres nach wie vor hohen Kletterlevels auch unter jüngeren Semestern eine gerne gesehene Seilgefährtin. Führerautor Kurt Schall erinnert sich an eine Kletterei in Korsika. Seine beiden Partner hatten bei einer diffizilen Querung kräftig ins Seil langen müssen, nun sorgten sie sich um die Seilletzte. Tuschelnd diskutierten sie diverse Möglichkeiten einer Art Bergeaktion für Ingrid, mit Seilgeländer, Flaschenzug und Seilwurf: „Seil ein, ich komme!', ertönte es von unten. In aufmerksamer Erwartung verstummte unsere Diskussion und wich angespannter Konzentration. In Kürze war sie am Beginn des Querganges, sodass ich mit dem Seileinziehen kaum nachkam. Ingrid hatte, bestens gestylt, einen weißen Sonnenhut auf, welcher beim Aushängen der morbiden Sanduhr etwas verrutschte ... ‚Aufpassen jetzt, gleich wird sie Schwierigkeiten haben!' flüsterte mir Erwin ins Ohr. Kaum waren diese Worte gesagt, hatte Ingrid schon die Hälfte des Querganges hinter sich und richtete währenddessen auch noch ihren Sonnenhut zurecht – dort, wo keiner von uns auch nur eine Sekunde Zeit hatte, die Finger vom Fels zu nehmen! Trippel – trippel – hopp! – und schon war Ingrid bei uns am Stand. ‚Eine nette Kletterei!' sagte sie, ganz ruhig und gelassen. ‚Aber – Martin wollte etwas sagen. ‚Da habt ihr sicher etwas falsch gemacht', unterbrach Ingrid – war gar nicht so schwer!' Ich kann mich heute nicht mehr erinnern, ob es Sekunden oder Minuten Schweigens von uns Männern waren, jedenfalls starrten wir uns gegenseitig mit großen Augen an. Zu diesem Zeitpunkt hätte es jede Menge Klettermaterial zu tiefst möglichen Diskontpreisen gegeben."

Überall zerbröseln die letzten Männerdomänen. Erstmals zu Beginn der Achtzigerjahre durfte eine TV-Kommissarin das Böse verfolgen. Doch so mancher Tango wurde noch abgezogen, ehe die ersten Frauen in philharmonischen Orchestern aufgeigen durften! Jedoch: „Weibalajt bei der Bergrettung?" – das war für eingefleischte Machos noch immer eine entsetzliche und abwegige Vorstellung, fast so schlimm wie eine Gondoliera oder Matadora. Gondelfahren dürfte überhaupt eine der allerschwierigsten Tätigkeiten der Welt sein, denn Giorgia Boscolo, die erste Gondoliera, hat erst 2010 die Prüfung gemeistert. Und erst der Stierkampf, die scheinbar uneinnehmbare Zitadelle des Machismo: 1998 wurde die Mexikanerin Lupita Lopez die erste Matadorin (Matadora?). Ihre spanische Kollegin Cristina Sanchez de Pablos trat schon 1999 ab – von ihren männlichen Kollegen gemobbt. Bis zu den ersten Bergführerinnen hat es gegen zahlreiche Widerstände ebenfalls lange gedauert:
Dr. Sofia Pariska (Polen) hat 1946 als erste Frau die Bergführerprüfung abgelegt und Ausbildungskurse geleitet. Ihr folgten 1958 Gwen Moffat (England), 1983 Martine Rolland (Frankreich), 1984 Renata Rossi (Italien), 1986 Nicole Niquille (Schweiz) und 1989 Gudrun Weikert (Deutschland).

Simone Badier (* 1936) aus Paris vereinigte höchstes Kletterkönnen mit einem sichtlich wenig entwickeltem Sinn für Publikumswirksamkeit – im deutschen Sprachraum blieb sie so gut wie unbekannt. Sie begann erst relativ spät zu klettern, konnte sich aber eine schnell eine imponierende Trophäensammlung zulegen. In der Tourenliste der 1,56 m kleinen Simone sind rund 180 Unternehmungen verzeichnet, die damals schwierigsten Routen in den Ost-und Westalpen. Ihre erste große Tour war 1965 der Aiguille-Noire-Südgrat, es folgte der Rosenkranz der Sestogradisten:

Simone Badier und ihr Kletterpartner Daniel Joye

Große-Zinne-Nordwand (Comici und Hasse- Brandler), Westliche-Zinne-Nordwand (Cassin), Cima-Su-Alto-Nordwestwand (Livanos), Torre-di-Valgrande-Nordwestwand, Torre-Trieste-Südwand (Carlesso), Tofanapfeiler-Südostwand (Costantini), Punta Civetta-Nordwestwand (Andrich-Fae) und die Punta-Tissi-Nordwestwand (Philipp-Flamm); Aiguille du Fou- Südwand, Freney-Zentralpfeiler, Walkerpfeiler, Grand-Capucin-Ostwand, Marmolada-Südwand (Gogna, 2. Begehung) und, und, und... Badier über sich selbst:

„Mein einziges Verdienst liegt darin, dass ich alle Touren als Seilerste durchgeführt habe, was für eine Frau ziemlich ungewöhnlich ist – obwohl mir persönlich das immer ganz natürlich erschien. Ich befand mich fast immer in Begleitung von Kameraden, die entweder schlechter als ich kletterten oder die weniger Mut hatten, es war also ganz normal, dass ich als Seilerste ging. Anfangs haben sie mich angestarrt wie ein fremdes Tier. Wenn sie dann gemerkt haben, dass ich ein ganz normaler Mensch bin, verstehen wir uns meist gut, und sie betrachten mich halt einfach als Bergsteiger", was unter den Kletterern der Sechzigerjahre noch keine Selbstverständlichkeit bedeutete. „Auf jeden Fall fühle ich mich nicht als Eroberer oder so etwas, und ich bewältige auch keine Freud'schen Probleme am Berg. Ich finde die Bewegung der Frauenemanzipierung nichts Natürliches, und ich fühle mich in meiner Rolle als Frau nicht eingeengt. Ich bin sehr frei".

Vor allem frei von allerlei Komplexen war diese Professorin für Kernphysik an der Universität von Amiens, die außer über Mut und Können zusätzlich über gelassenes Selbstbewusstsein verfügte.

Das „Münchener Dach" an den Prunner Felsen im Altmühltal hat als erster „Neuner" in Deutschland Klettergeschichte gemacht. Es knirschte noch immer ein wenig im Getriebe der Geschlechtergleichstellung. Sepp Gschwendtner gelang 1981 erste freie Begehung. Mit weiblicher Konkurrenz auf den Fersen, meinte er, dass diese Route von einer Frau nicht frei zu bewältigen wäre, und wollte die Route in „Emanzenschreck" umtaufen. Dann kletterte Andrea Eisenhut das Dach rotpunkt – und machte daraufhin den Vorschlag, die Route neuerlich umzubenennen: „Chauvi go home". Schließlich einigte man sich doch auf das gute, altbewährte „Münchener Dach"...

Rechtzeitig begannen die Damen auch im vorerst männlich dominierten Reigen der alpinen Eitelkeiten mitzutanzen. So ließ 1855 die Fürstin Kolzow-Massalsky, eher bekannt unter ihrem Pseudonym Dora d'Istria, ein mehrbändiges Werk über ihre Schweizerreise drucken, anlässlich derer sie den damals noch unerstiegenen Mönch erklommen hätte. Ihre Führer Peter Jaun und Peter Bohren seien zuerst auf den Gipfel gelangt und hatten eine Fahne gehisst, die Fürstin sei ihnen nachgefolgt und hätte diesen um 3 Uhr nachmittags erreicht. Am selben Abend habe man noch Grindelwald erreicht und sei sogleich nach Interlaken weitergefahren. Der Bericht enthält jedoch zahlreiche topografische Lücken und Ungenauigkeiten. Wahrscheinlich haben die Führer die schon etwas mitgenommene Hoheit im Nebel auf eine Kuppe in der Nähe des Mönchsjochs geführt und ihr dann ein offizielles Zeugnis über ihr tapferes Mithalten an der „allerersten Besteigung des Mönch, am 13. Juni 1855" ausgestellt – ein Kuriosum ersten Ranges, wurde es doch üblicherweise mit derlei Zeugnissen gerade umgekehrt gehalten!

Höhenrekorde, echt und falsch. Höher hinaus wollte die amerikanische Lehrerin Miss Annie Peck, die 1908 in Peru einen „weiblichen Höhenrekord" aufgestellt hatte, und zwar gleich an einem angeblich über 8000 m hohen Gipfel! Die peruanische Regierung ließ aus diesem Anlass sogar eine Medaille prägen, auf der diese fabelhafte Höhenangabe eingraviert ist. Die bisherige Rekordhalterin Fanny Bullock-Workman, die mit ihrem Mann 1906 den Pinnacle Peak (damals als Siebentausender gelistet, nun mit 6.952 m kartiert) im Karakorum erstbestiegen hatte, ließ verärgert ihren betuchten Gatten eine Expedition von Experten der Pariser Akademie ausrüsten, welche die Angaben der Konkurrentin überprüfen und richtigstellen sollte. Der Huascaran, der „Achttausender" der Miss Peck, schrumpfte danach auf wesentlich bescheidenere 6.768 m, und dass die ehrgeizige Miss den Haupt- oder auch nur den niedrigeren Nordgipfel erreicht hat, gilt als eher unwahrscheinlich. Wie in derartigen Fällen schon immer üblich, existierten nur misslungene oder nichtssagende Fotos, und der Höhenmesser wurde, wie das Leben so spielt, versehentlich im Zelt liegen gelassen.

Fanny Bullock-Workman | Annie Peck mit Bergführern

Den Anspruch auf den Titel der „höchsten Frau der Welt" konnte im Jahr 1934 Henriette Dyhrenfurth einwandfrei nach der Erstbesteigung des Sia Kangri, 7.315 m erheben, und dann volle 19 Jahre aufrechterhalten: sie wurde dafür bei den Olympischen Spielen 1936 in Berlin mit der nur damals vergebenen goldenen Bergsteigermedaille ausgezeichnet.

Claude Kogan (1919 – 1959). Die 1,45 kleine, aber energiegeladene und ungemein ehrgeizige Modezeichnerin aus Nizza war die erfolgreichste Höhenalpinistin ihrer Zeit. In Seilschaft mit Nicole Leininger schaffte sie die zweite Besteigung des Sechstausenders Quitaraju in Peru, mit Perre Vittoz die Erstbesteigung des Nun, 7135 m im indischen Himalaya. Mit Raymond Lambert gelang ihr die 1953 erste Besteigung des Ganesh I, 7429 m. Welche Höhe sie und Lambert 1954 am Cho Oyu erreicht haben, bevor sie im Herbststurm und bei schneidender Kälte aufgeben mussten ist nicht exakt feststellbar – es dürfte bei 7.600 Meter gewesen sein. Sie hat es aber nicht geschafft, als erste Frau einen Achttausender besteigen: 1959 leitete sie eine Frauenexpedition zum Cho Oyu. Mit ihrer Begleiterin Claudine van Straten und Sherpa Ang Norbu wurde sie im Lager IV von einer Lawine verschüttet.

Loulou Boulaz und Claude Kogan

Loulou Boulaz

Loulou Boulaz (1908 – 1991) aus Genf ist 1934 mit Raymond Lambert beim Versuch der Erstbegehung des Crozpfeilers der Grandes-Jorasses nur knapp gescheitert – in einer Reihe von illustren Mitbewerbern. Nach dem Erfolg der Seilschaft Peters-Maier gelang ihr 1935 mit Lambert die zweite Begehung, sowie auch jene der Dru-Nordwand. Die großen Zampanos des italienischen Bergsteigens wie Renato Chabod oder Giusto Gervasutti, die sich vergeblich um diese Erstbegehungen bemüht hatten, waren beleidigt und fanden dadurch die Routen „entwertet". Am Walkerpfeiler vollführte Boulaz 1952 die erste Damenbegehung, die dritte Begehung der „Poire" an der Brenvaflanke, die jeweils erste Begehung der Zinalrothorn-, Studerhorn- und der Mont Dolent-Nordwand sowie ein weiteres umfangreiches Register großer Alpentouren. In den Jahren 1959 und 1962 unternahm sie zwei Versuche, als erste Frau die Eiger-Nordwand zu durchsteigen und musste beide Male wegen Wettersturz abbrechen. Der Achttausendertraum blieb auch ihr versagt, am Cho Oyu hatte sie Pech – und zugleich das Glück, zum richtigen Zeitpunkt am richtigen Ort zu sein:

Ein Höhenlungenödem fesselte sie ans Basecamp, während im höchsten Lager die Expeditionsleiterin Claude Kogan durch eine Lawine ums Leben kam. Das Schicksal hatte der Skirennläuferin, engagierten Feministin und Gewerkschafterin („Luolou la Rouge") eben noch weitere 33 Lebensjahre zugemessen.

Frauen-Expeditionen hatten von Anbeginn unter dem beinahe rassistischen Vorurteil zu leiden, gewissermaßen als „artfremd" zu gelten. Alle liebgewonnenen Klischees von den kühnen Eroberern, den siegreich Schulter an Schulter gegen die entfesselten Elemente kämpfenden Kameraden – die ließen sich irgendwie nicht mit dem herkömmlichen Frauenbild zusammenfügen. „Die haben doch alle gestritten!" frohlockten jene, die es schon immer gewusst hatten, die einen Zickenkrieg herbeigeredet und als kleines Sensatiönchen bejubelt hatten. Selbstverständlich entluden sich gelegentlich die unvermeidlichen Unstimmigkeiten – ganz im Gegensatz übrigens zu den klassischen Männer-Expeditionen, bei denen immer alles in absoluter Korrektheit und in herzerfrischendem Kameradschaftsgeist abgelaufen ist. Außer, dass dann nach dreißig oder fünfzig Jahren schmutzige Expeditionswäsche gewaschen wird ...

In der Hemisphäre der Traktoristinnen und Kommissarinnen hatte eine Gleichstellung schon früher begonnen, hier standen die Chancen für Höhenflüge am Dach der Welt ganz gut. Mustagh Ata, der „Vater der Eisberge", ist zwar wenig schwierig, aber hoch: 7546 m. 1959 fand eine chinesische Massenbesteigung statt, unter den 33 Teilnehmern befanden sich acht Frauen. Im Juni 1961 ist die Besteigung des Kongur Tjube Tagh, auch Kongur II, 7595 m wiederholt worden, und zwar von der „Chinesischen Frauen-Expedition" unter Leitung von Yuan Yang. Den Gipfel erreichten allerdings nur zwei Tibeterinnen, Sheirab und Phundob, zwei weitere Teilnehmerinnen, Wang Yi-chin und Rabjor, kamen bis etwa 7560 m. Möglicherweise haben Sheirab und Phundob am 17. Juni 1961 einen weiblichen Höhen-Weltrekord aufgestellt. Phundob/Phundog/Phantog (trotz aller Transkriptionsdifferenzen dieselbe Person) war dann später die zweite Frau am Gipfel des Everest. Zwischen 1968 und 1970 bestieg die russische Bergsteigerin Ludmilla Agranowskaja alle vier Siebentausender der damaligen Sowjetunion, darunter den 7.495 m hohen Pik Kommunismus, und durfte sich dafür als erste Frau mit dem Ehrentitel eines „Schneeleoparden" schmücken. Bedauerlicherweise aber waren die Russinnen – vielleicht mitbedingt durch ihr System von Vergünstigungen für „Meister des Sports" – in ihrem Ehrgeiz zu vielleicht noch größeren Anstrengungen und Opfern bereit als ihre westlichen Kolleginnen. So erklärt sich die Katastrophe im Sommer 1974 am Pik Lenin, als 8 Frauen, trotz dringenden Abratens der Leitung im Basislager, bei widrigsten Wetterprognosen nicht von ihren Gipfelambitionen abzubringen waren. Als der angekündigte Orkan ihre Zelte zerfetzt hatte, kamen sie alle im Schneesturm um. Im Basislager Atschyk Tasch, ohne die geringste Chance zur Hilfeleistung, hatte nur der stahlharte Vitalij Abalakov, der Eroberer der Pamirgipfel, noch die innere Kraft, die letzten Funkkontakte mit ihren ersterbenden Stimmen durchzuhalten.

Erster Frauen-Achttausender: der Manaslu. Wäre Europäerinnen diese Besteigung geglückt, hätte das gewiss ein sensationelles Großereignis dargestellt.

Manaslu, 8156 m

Doch als 1974 drei japanische Alpinistinnen (mit Sherpa-Unterstützung) den 8156 m hohen Himalayariesen betraten, ist dies im deutschen Sprachraum völlig untergegangen. Damals konnten nicht allzu viele Bergsteiger und praktisch kaum ein Journalist mit diesem exotischen Gipfelnamen etwas anfangen, noch dazu, wo das Unternehmen ohne auflagenfördernde Tragödie verlaufen war. Als der Expeditionsbericht später in englischer Übersetzung im „Alpine Journal" erschien, hatte sich das Moment des Sensationellen bereits verflüchtigt.

Die höchste Erstbesteigung eines Gipfels durch Frauen, des Gasherbrum III, 7.952 m, durch eine polnischen Frauenexpedition unter der Leitung von Wanda Rutkiewicz (11. August 1975) verblasste ebenfalls neben dem parallel anschwellenden Everest-Taumel: am 16. Mai 1975 hatten die Japanerin Junko Tabei als erste, und kurz darauf auf die Tibeterin Phundog als zweite Frau den Mount Everest bestiegen und schlossen damit vorläufig auch dieses Höhen-Kapitel ab.

Ganz selbstverständlich ist es innerlich aber mit der Gleichstellung doch noch nicht gediehen. Eine gewisse Zweigleisigkeit darf angemerkt werden: bei den Frauen einerseits die Einforderung einer selbstverständlichen Gleichheit und Anerkennung der Leistung, dagegen aber das Sonderlob für eine „erste Damenbegehung". Umgekehrt in der Bewertung durch die Männer: Dass Frauen im Beruf meist besser sein müssen als Männer, um als gleichwertig angesehen zu werden, ist nach wie vor noch vielfach eine bedauerliche Tatsache. Am Berg wird es kaum anders gehalten. Zudem sind herausragende Alpinistinnen wohl genauso schwierige Charaktere wie ihre männlichen Kollegen: ehrgeizige, große Egos. Nur werden sie extra getadelt, wenn sie sich in der dünnen Luft des Konkurrenzkampfes ebenso verhalten.

Wanda Rutkiewicz

Wanda Rutkiewicz (1943 – 1992) kann als Schlüsselpersönlichkeit für eine neue Generation des Frauenbergsteigens gelten. 1973 gelang der Polin mit zwei Begleiterinnen die zweite Begehung des Eiger-Nordpfeilers, 1978 führte sie die erste Frauenseilschaft durch die winterliche Matterhorn-Nordwand, im selben Jahr bestieg sie den Mt. Everest. Das Achttausendersammeln war eine realisierbare Möglichkeit geworden: 1985 stand sie auf dem Nanga Parbat, 1986 auf dem K2. Trotz Rückschlägen durch unfallbedingte Verletzungen wurden für sie Expeditionen zum Lebenszweck, was letztlich das Scheitern ihrer zwei Ehen bewirkte. Zu den Strapazen am Berg kam zusätzlich der Stress der Sponsorensuche und des andauernden Organisierens – ohne Agenten eine aufreibende One-Woman-Show. Die Outdoor-Branche verspürte erst langsam einen zaghaften Aufwind, das Segment Berufsbergsteigen war von einer Riege männlicher Konkurrenten besetzt. Für eine eigenwillige Persönlichkeit mit nur schwach ausgeprägtem Talent zu diplomatischer Geschmeidigkeit türmten sich zusätzliche Probleme auf. Rutkiewicz: „Wer mit einem Expeditionsmitglied verheiratet ist, hat bessere Chancen, auf Expeditionen mitgenommen zu werden. Die Qualifikation als gute Bergsteigerin ist dabei nicht besonders wichtig, doch diese Einstellung schadet der Anerkennung des selbständigen Frauenbergsteigens. Denn jede Frau unterliegt in einer gemischten Expedition einer ständigen Überprüfung und Bewertung seitens der Männer. Es scheint fast, als müssten die Frauen auf jeden Fall besser sein, um als Bergsteigerinnen anerkannt zu werden, daraus entsteht ein gefährlicher Leistungsdruck." Acht Achttausendergipfel hat sie schließlich erreicht – von ihrem neunten, dem Kangchendzönga, kehrte sie 1992 nicht mehr zurück.

Die Schottin **Alison Hargreaves** (1962 – 1995) konnte bereits unter etwas gemilderten Rahmenbedingungen den Entschluss fassen, in den Berufsalpinismus einzusteigen. Im Jahr 1993 kletterte sie solo in unwahrscheinlich kurzen Begehungszeiten durch sechs der renommiertesten Nordwände der Alpen: Eiger, Matterhorn, Grandes Jorasses, Dru, Piz Badile und Gr. Zinne. Über eine derartige Verantwortungslosigkeit und die mangelnde Sorge um ihre Kinder ereiferten sich manche Kritikerinnen, überhaupt, dass sie gar im sechsten Schwangerschaftsmonat die Eiger-Nordwand erklettert habe – was sich aber auf Ungeborene ganz gewiss weniger ungünstig auswirkt als ein paar Partydrinks plus einer Schachtel Zigaretten täglich ... Die Diskussionshitze betreffend die ethische Verantwortung extrem kletternder Väter übrigens geriet über Stufe Eins kaum je hinaus. Dabei war Hargreaves sicherlich milieubedingt in einen unheilvollen Strudel aus Ehrgeiz, Erwartungshaltung und Versagensängsten geraten. Dieses beinharte Metier verlangt nach immer neuen

Steigerungen, und so machte sie sich 1995 an ein ultimatives Vorhaben: die drei höchsten Berge der Welt innerhalb eines Jahres zu ersteigen. Am 13. Mai stand sie am Everest, allein, und ohne künstlichen Sauerstoff. Am 13. August kam sie beim Abstieg vom K2 mit ihren Begleitern durch eine Lawine ums Leben, an einem Tag, an den etliche Alpinisten wegen der widrigen Verhältnisse umgekehrt hatten.

Gruppenbild mit Herren. 1968 – in einem Jahr weltweiter sozialer Umbrüche, wurde zugleich „Rendezvous Haute Montagne" gegründet, ein loser Klub extremer Bergsteigerinnen, welcher auch deren Ehemänner und Freunde angehören durften. Doch mit dem Zerfall einer starren Geschlechterfixierung hat sich mittlerweile ganz selbstverständlich eine beachtliche Zahl leistungsfähiger, selbstbewusster und als gleichwertig anerkannter Alpinistinnen etabliert, welche die Diskussionen um eine allfällige „Berechtigung" und „Befähigung" der Frau zum Alpinismus höchstens noch vom Hörensagen kennt. Vielleicht zur Illustration: Im AV-Jahrbuch 2011 stammen unter 43 Beiträgen 20 von Frauen. Ebenso in zunehmendem Maße werden Biografien berühmter Bergsteiger von Frauen verfasst, wobei ihnen sicher ihr pauschal zugeschriebenes Einfühlungsvermögen zugutekommt. Der ganz normale Beziehungswahnsinn zwischen den Geschlechtern, nicht unerheblich für das Bild einer Persönlichkeit, bleibt, fast so wie einst bei den geschlechtslosen „Alten", weitgehend ausgespart. Dagegen wird „der Verein", vermutlich als Nachhall einer längst versunkenen Jägergesellschaft, ein überwiegend männerlastiger, abgehobener Gegenpol zur Alltagswelt bleiben: wo denn sonst sollten die großen Strategien erläutert, die Alpin- und Weltprobleme gelöst (oder zumindest andiskutiert) werden? Der profane Alltagskram mit ewig knappem Haushaltsgeld, Kindergeplärr, Koch- und Pisstöpfen, und, nicht zu vergessen: verschwitzter Bergsteigerkleidung, wird dagegen weiterhin gern den zum Dank dafür stilistisch emporgehobenen „Hausfrauen & Müttern" überlassen! Die aber sind längst nicht mehr die einstigen Mausis in Pastellrosa und haben sich bereits eigene Vorstellungen bezüglich ihrer Partner gemacht.

REZEPT FÜR DEN IDEALEN MANN:

1.) Es ist wichtig, dass er ein guter Hausmann ist, die Kinder versorgt, gerne Wäsche und Geschirr wäscht, gut kocht und die Wohnung in Ordnung hält.
2.) Es ist wichtig, dass er gerne in die Berge geht, gut klettert, Schi- und Radtouren macht und ein verlässlicher Kamerad ist.
3.) Es ist wichtig, dass er elegant, hübsch und zuvorkommend ist, gerne ins Theater und fein essen geht, also ein Salonlöwe ist.
4.) Es ist wichtig, dass er im Bett zärtlich, ausdauernd und einfallsreich ist, und jeden Wunsch von den Augen abliest.
5.) Es ist wichtig, dass sich diese vier Männer nie treffen.

„Ich fordere die Herren Alpinisten auf, meinen Schritten zu folgen" – das sagte 1893 eine der emanzipierten Urgroßmütter: die niederländische Bergsteigerin Jeanne Immink, eine selbstbewusste und selbstbestimmte Frau, die sogar der

Jeanne Immink, Kl. Zinne 1893 I ... auch 2010 muss gelächelt werden

perfektionistischen Tyrannei des Bergfotopioniers Theodor v. Wundt standhalten konnte: „Noch einen Schritt – noch einen – und jetzt freundlich lächeln!" – und dies in einer steilen Dolomitenroute, während Wundt mit Stativ, Plattenkamerea und Drahtauslöser hantierte!

„It goes, Boys!", hieß es hundert Jahre später salopp. Die 32-jährige Lynn Hill (1,52 Meter klein, 45 Kilogramm leicht), hat am 22. und 23. September 1993 die erste freie Begehung der Nose am El Capitan vollbracht, nachdem sich die besten Sportkletterer seit Mitte der Achtzigerjahre vergeblich daran versucht hatten. Ein Jahr später ist sie die Nose als erster Mensch innerhalb eines Tages frei geklettert: Jede der 34 Seillängen im Vorstieg, und hat dabei in 14 Seillängen Schwierigkeiten zwischen VIII und X- bewältigt. Unschwer lässt sich ausmalen, mit welchem Gefühl sie danach ihre trockene Ansage genoss: „Es geht, Jungs!"

Catherine Destivelle

Catherine Destivelle * 1960. Wer je selbst ein paar Klettertempi vollführt hat und dann einen Kletterfilm mit „la Destivelle" betrachtet, wird angesichts dieser Demonstration wohl resignieren. Schon als Elfjährige begann sie den spielerisch allen Kindern innewohnenden Drang zum Klettern an kleinen Felsen auszuleben, wuchs in die eben beginnende Welt des Wettkampfkletterns hinein und fand nach zahlreichen Siegen wieder zurück in die Welt der richtigen Berge. Allein, so wie einst

Walter Bonatti, eröffnete sie im Mai 1991 in elftägiger Kletterei eine neue Route durch die Dru-Westwand. Die drei großen Nordwände beging sie im Winter – allein. Als besondere Steigerung wählte sie in der Matterhorn-Nordwand die Bonatti-Route, an der sich schon namhafte Könner die Zähne ausgebissen hatten. Vom Staatspräsidenten Mitterand wurde ihr 1992 der „Ordre National du Mérite" verliehen. 1999 kletterte sie die Hasse-Brandler an der Großen Zinne solo – im Gegensatz zu Alexander Huber allerdings stellenweise mit Selbstsicherung. Sie bestätigte damit die Erkenntnisse der kanadischen Psychologin Susan Pinker: „Frauen sind nicht dafür geschaffen, alle Energie in ein Projekt zu stecken und dann zu sterben. Sie sind für ein längeres Leben konstruiert, weil sie Kinder aufziehen müssen. Sie konkurrieren sehr wohl, aber anders. Das Ergebnis sind oft maßvollerer Entscheidungen"

Catherine Destivelle, solo in der Eigerwand

Den Hochleistungsalpinismus insgesamt könnte man als eine Spielform des Autismus sehen, einer extremen Ausprägung eines typisch männlichen Gehirns, mit einem psychologischen Tunnelblick, der bei Frauen eher selten anzutreffen ist. Wochenlang Löcher in eine Felswand zu drillen, ist also vorzugsweise, über die athletische Leistung hinaus, eine typisch männliche Form des Autismus, und global betrachtet ist das Ganze ohnehin nur ein skurriler Auswuchs jener reichen Nationen, die mit genügend Muße und Geld ausgestattet sind. Denn für die meisten Frauen des Erdballs gilt der Dreisatz der indischen Juristin Krishna Ahooja-Patel: „Die weibliche Hälfte der Weltbevölkerung verrichtet zwei Drittel aller Arbeit, verdient ein Zehntel, und besitzt ein Prozent des Eigentums."

Machismo, spiegelverkehrt: „Die gefährlichsten Rinnen im Kaiser sind die Kellnerinnen", so scherzten um 1910 die Mannen des Akademischen Alpenvereins München in ihrer Kneipzeitung – für derlei Ansagen würde ihnen nun wohl ein feministisches Donnerwetter um die Ohren fliegen. Manche „Berufsfrauen" fühlen sich ständig verfolgt, umzingelt und zurückgesetzt, fordern einen Ausweis als

Frauenpower

rassisch Verfolgte und malträtieren ihre Mitwelt unter anderem mit formalistischen sprachlichen Forderungen, was zu grotesken bis ärgerlichen Auswüchsen führt: Zum Beispiel zusätzlich zu allen genügend schlimmen Sprachverhunzungen jene durch das Binnen-„I". Sodann die von manchen Schreibern gnadenlos durchgezogene Leerformel man/frau, die auf preiswerte Weise eine Gleichstellung demonstrieren soll (wie wär's mit Dobermann/frau?) Und was ist bitte mit den Hermaphroditen?! Noch mehr Sprachreinigung: Die „Steinernen Manndln" müssen weg, der Watzmann, der Manndlkogel ebenso wie das Mosermandl! Die Firma Mannesmann als Sponsor scheidet automatisch aus – vielleicht hätte sie Chancen nach einer Umbennung in „Frauesfrau"? Statt Gipfelmannschaft: Gipfelfrauschaft! Doch obacht: klingt denn „-schaft" nicht überhaupt zu phallisch, ja phallokratisch?! Also – weg damit! Am höchsten Punkt errichten wir eine Gipfelsteinfrau und nehmen zur Seelenstärkung einen Schluck aus der Flachfrau. Ein Problemfall bleibt der Altweibersommer: ist der nun diskriminierend – oder ganz einfach die schönste Jahreszeit? Zuletzt weist die Gleichstellungsbeauftragte nachträglich noch den Heiligen Franziskus zurecht: „Das heißt: liebe Elefantinnen und Elefanten!"

Als wenn derlei ideologisiertes Wortgeklingel einer einzigen Frau soziale Gleichstellung, vom Geschlecht unabhängige Verdienst- und Aufstiegschancen oder einen gesicherten Kinderbetreungsplatz bringen würde! Lieber bezaubernder Leser, liebe geistvolle Leserin, bedenkt, dass beispielsweise die Erfindung der Pille oder die Entwicklung der Waschmaschine mehr zur Befreiung der Frauen beigetragen hat als all dieser sprachliche Mumpitz. Emanzipation – ein schleichend zum Unwort mutierter Begriff – ist dann vollzogen, wenn sie als Allgemeingut gar nicht mehr extra apostrophiert zu werden braucht, so wie einst die Aufhebung der Leibeigenschaft, das geheime Wahlrecht oder das Recht auf freie Meinungsäußerung.

Manchmal aber, wenn die Diskussionen allzu schrill werden, vermeint man abseits aller dümmlichen Blondinenwitze aus dem Off die Stimme Mathias Zdarskys zu vernehmen. Der große Skipionier war philanthropisch gesinnt, aber ein grimmig überzeugter Junggeselle. Vier Dinge, meinte er, sollten skilaufende Damen halten: „Stock, Spur, Abstand und Mund!". Die guten Bergsteigerinnen, anfänglich vor allem aus sozialen Gründen eine Minderheit, besaßen zu allen Zeiten außer ihrem Können meist eine weitere Eigenschaft: sie waren selbstsicher.

Leontine Richard,
Aiguilles Rouges, 1908

Helga Lindner,
Schartenspitze, um 1965

Rosanna Manfrini,
Cerro Torre, 1984

Und konnten gut auch ohne derartigen Firlefanz auskommen. Sich auf Grund der eigenen Fähigkeiten ganz selbstverständlich und auf Augenhöhe einzubringen, das gilt, gleichwie für Männlein oder Weiblein, als „emanzipiert". Und wer dazu nicht imstande ist, bleibt leider lebenslang ein Trottel. Beziehungsweise korrekt laut Gender-Kommission: Trottelin!

Gunther Sachs (1932 – 2011), Millionenerbe, Playboy, Fotograf und Frauenfreund: „Ich chartere seit vielen Jahren Privatflugzeuge und habe Folgendes festgestellt: Weibliche Piloten sind bedeutend gründlicher, gewissenhafter, ja vielleicht pingeliger. Schon der Checkup vor dem Flug wird bedachter gelesen und kontrolliert als bei manchen etwas lässigeren Männern. Während des Fluges wird mehr verglichen und beobachtet –

Kate Rutherford
El Capitan, „Freerider", 2010

während die Männer eher Konversation treiben. Frauen sind eben akkurater als unsereins. Nun gab es im Lauf meiner „Flugjahre" auch mal kritische Situationen: ein plötzlicher Nebeleinfall bei Sichtflug oder die – leicht mögliche – Verirrung in einem fremden Bergtal. Da reagieren und agieren Männer ruhig bis zur möglichen Katastrophe, die Pilotinnen kamen schneller in leichte Panik. Bei plötzlicher Gefahr reagieren Männer eben ‚cooler'. Lasst uns das, bitte!"

Nochmals Herbert Grönemeyer:
„Männer kriegen keine Kinder,
Männer kriegen dünnes Haar,
Männer sind auch Menschen,
Männer sind etwas sonderbar,
Männer sind so verletzlich
Männer sind auf dieser Welt
einfach unersetzlich"

Naturschutzplakat um 1910. Gustav Jahn

14.
ÖKO-MÜSLI

Die Siebziger- und Achtzigerjahre brachten eine Rückbesinnung auf einfache, biologisch einwandfreie Koch- und Kletterkunst:

ÖKO-MÜSLI (nach Swami Gsundsama Bananda)

Man/frau nehme 2 – 3 grüne Vollkorn-AlpinistInnen und schrote sie bei Vollmond mit der Rucksack-Getreidemühle auf bekömmliche, nicht zu feine Korngröße.
Topfen von glücklichen Kühen/Ochsen wird (mittels passendem Vorsatz zum Akkubohrer) sämig gerührt, die geschroteten AlpinistInnen mit Vollwert-Rhabarber oder Maulbeer-Gelee daruntergezogen, und abschließend mit je 1 Schuss Innerlichkeit und Esoterik-Kefir aromatisiert. Sollte nur mit biologisch unbedenklichen, handgeschnitzten Klemmkeilen ausgelöffelt werden.
Einem allfälligen säuerlichen Beigeschmack lässt sich durch die Zugabe von 1 Esslöffel Fun begegnen (dies sollte jedoch zuvor basismäßig auf ökologische Zulässigkeit hinterfragt werden!).
Schmeckt am besten im Lotussitz eingenommen.

Grüne Markierungen

> *„Sie sägten die Äste ab, auf denen sie saßen*
> *Und schrieen sich zu ihre Erfahrungen,*
> *Wie man schneller sägen könnte, und fuhren*
> *Mit Krachen in die Tiefe, und die ihnen zusahen,*
> *Schüttelten die Köpfe beim Sägen und*
> *Sägten weiter".*
> Bertolt Brecht

„Es ist ein schlechtes Geschäft, alt zu werden", meinte Woody Allen melancholisch, „ man wird nicht weiser, man wird nicht gütiger ... man bekommt Verstopfung, und braucht eine Hörhilfe ... es gibt echt keinerlei Vorteile". Doch, einen vielleicht – ein langes Gedächtnis:
Wer vor dreißig, vierzig Jahren über die Grenzen unbegrenzten Wachstums innerhalb eines geschlossenen Systems laut nachdachte, hatte es nicht leicht: „Grüner Spinner!" war noch die mildeste Reaktion, vielfach aber schlug ihm nackter Hass entgegen: „Wohlstandsfeind!" wurde er von forschen Marktwirtschaftlern niedergebrüllt, „Fortschrittsverhinderer, fünfte Kolonne des Kommunismus, ab über den Eisernen Vorhang!" So, und jetzt findet sich der einstige Sonderling bestätigt: Auf Weltwirtschaftsforen, in UNO-Versammlungen und anderen klugen

Veranstaltungen sondern die Entscheidungsträger der Welt, kaum dass sie das Wort „ökologisch" unfallfrei buchstabieren können, eben jenes Gedankengut ab, welches damals umgehend zum Verlust von Amt und Gage geführt hätte. Dass Staaten nicht unbegrenzt auf Kredit leben können, ist aktuell erwiesen. Dass aber die Weltbevölkerung insgesamt auf Pump lebt, den Planeten auf Kosten künftiger Generationen ausraubt, wird heute wieder fast ebenso weit weggeschoben – so, als könnte man später im Bedarfsfall bei der Intergalaktischen Zentralbank einfach einen Kredit für eine zweite Erde aufnehmen. Ein alter Bergfreund, der längst in den ewigen Wolkengebirgen seine Klimmzüge übt, pflegte in Momenten generösen Leichtsinns auszurufen: „Scheiß die Wand an – morgen kommt der Maler!" Nach dieser Devise verfährt derzeit offenkundig die Menschheit. Doch spätestens morgen mittags wird sie irritiert registrieren, dass der Maler nicht gekommen ist. Und übermorgen, dass der Maler überhaupt nicht existiert! Und der Spinner von damals kann nicht einmal Befriedigung darüber empfinden, es schon lange gewusst zu haben.

Während der Siebzigerjahre begannen derlei Gedankengänge langsam über ein Rätselecken-Dasein hinaus in die Köpfe einzusickern, der bis dahin unantastbare Götze „Fortschritt" wurde keck gefragt, wovon er denn eigentlich fort schreite? Das Wort Ökologie tauchte erstmals auf und wurde anfangs für einen Druckfehler gehalten.

Es war eine Zeit allgemeiner Gärung – was aber eigentlich jederzeit der Fall ist. Der Kalte Krieg mit seinem Gleichgewicht des Schreckens nistete verschwommen in den Hinterhöfen der Gehirne, denn „der Russe" stand unentwegt vor der Tür, mit seinem Atombombenarsenal im Handgepäck, mit dem er die Weltbevölkerung fünfmal auszuradieren imstande war. Man protestierte zwar heftig gegen „den Amerikaner", war aber insgeheim froh, dass dieser die Fähigkeit besaß, im Bedarfsfall als Vergeltung die Menschheit zwanzigmal auszurotten. Es wurde überhaupt viel protestiert, und während althergebrachte Gewerbe wie der Hut- oder Schuhmacher ausstarben, entstanden neue, wie der Beruf des Liedermachers, welcher die Unzulänglichkeiten der Zeit in Protestsongs goss. Manche davon wurden, wie Bob Dylans „The times they are a changing" und „Blowin' in the Wind" zu inoffiziellen Hymnen einer Bewegung, die dem weltweiten Irrsinn das einfache Motto: „Make Love – not War!" ,was dank einer Erfindung des Herrn Carl Djerassi, kurz „Pille" genannt, folgenlos bleiben konnte, und gelegentlich (huch!) einen blanken Busen entgegenhielt. Die schlichte Grundformel zur Weltverbesserung lautete „Traue keinem über Dreißig!". Alle bisher unangefochtenen Institutionen und Autoritäten waren in Frage zu stellen, viele davon zu Recht, hatten sie doch sichtlich Rost und Schimmel angesetzt. Von der literarischen Weltöffentlichkeit damals völlig unbeachtet, entstand – selbstverständlich in fortschrittlicher Kleinschreibung,

moki's antiautoritäres geheimes kinder-verwirrbuch:
„backe, backe, kuchen – der bäck' hat mundgeruchen!
weil er stinkt aus seiner pappen
wird der teig zusammenklappen!
himmel und zwirn – äpfel und birn,
kraut und ruabm – oasch mit ohrn san teurer wur'n!"

Selbst die ökologische Problematik wurde in genialer Weitsicht bereits angesprochen, selbstverständlich für die Kleinen pädagogisch leicht fassbar aufbereitet:

„Ich brauch ihn nicht mehr, meinen Dreck!
Drum werf' ich ihn ganz einfach weg:
Papier, Blech, Plastik, gelbrotblau.
Es grüßt euch frech: Die Trottelsau!"

Alpen-Dreck (Hohe Wand) - Trekker-Dreck (Everest-Gebiet)

Anti- (wogegen immer) galt als Pflichtfach. Alle demonstrierten und kämpften gegen irgendetwas, für die Freiheit von irgendetwas, und hätte jemand den Gedanken geäußert, dass einer von jenen, die gegen „die Bullen" auf die Straße zogen wie Herr Joschka Fischer, einstmals das verhasste „Establishment" (Modeschimpfwort 1970) als deutscher Außenminister vertreten würde, hätte er wiehernde Lachstürme ausgelöst. Dabei ist dies nur ein ganz normaler Treppenwitz der Geschichte.

349

„Zeit zum Atmen" von **Reinhard Karl** (1946 – 1982) erschienen 1980, widerspiegelt als Hintergrund die Befindlichkeit dieser jungen Bergsteigergeneration und ist darüber hinaus eines der besten neuzeitlichen Bergbücher geblieben: eines der wenigen, deren autobiografischer Bogen über die Spanne zwischen Einstieg und Gipfel hinausreicht. Denn bislang war in der Alpinliteratur bei all diesen Privatiers, Kanzlei-, Hof- oder Studienräten nie etwas vom wirklichen Leben, von Beziehungsproblemen, einem zermürbenden und scheinbar ausweglosen Arbeitsalltag die Rede gewesen – in Karl's Fall als Automechaniker – und selten zuvor ist der himmelhohe Gefühlskontrast so fühlbar geworden, den das Klettern als Gegengewicht zu einer lähmenden Fünftagewoche mit der Perspektive einer lebenslangen Lemuren-Existenz hervorzubringen vermag. Eine neue Welt hat sich ihm erschlossen, die er dem Leser unverstellt nahe brachte, und bald fand er denn auch inmitten der politischen Umbrüche seine eigene Sichtweise auf

Sit-in, München 1968

all die labernden „Sit-In's" und „Teach-In's" der Theoretiker: „Damals glaubte ich allen Ernstes, ich würde nur bergsteigen, weil meine Arbeits- und Lebensbedingungen so frustrierend waren. Wenn all Widersprüche und Zwänge der Gesellschaft ausgeräumt wären, bräuchte ich auch nicht als Kompensation diese schrecklichen und gefährlichen Bergtouren machen. Dann könnte ich gemütlich und friedlich wie ein normaler Bürger einem ruhigen Leben nachgehen. Als mir klar wurde, dass ich das nicht wollte und dass Bergsteigen doch ehrlicher ist und mehr vom Leben erklärt als der ganze Gesellschaftsverbesserungskäse, der mit 20 Sätzen die ganze Welt erklärt, da ging ich wieder zum Klettern".

Reinhard Karl

Die „drei Nordwände" hat er gemacht – und damit die Eintrittskarte in den Klub der wirklich guten Bergsteiger gelöst, dazu noch Dutzende prominenter Routen wie den gesamten Peutereygrat, den Frêneypfeiler, aber er tappte in eine Falle: „Die Wand und der Berg wurden nach einer Richtzeit durchstiegen. Eben weil ich ein perfekter Bergsteiger war. Meine Perfektion verwandelte meinen wilden Kampf mit den Bergen zu einem formalisierten Abenteuer. Später ist mir dann aufgegangen, wie wenig ich mich noch von meiner Akkordarbeiterzeit entfernt hatte". Ebenso wie jede Generation den Alpinismus neu erfindet, muss jedes Individuum für sich derlei Erfahrungen neu erleben, um zu einer geerdeten Persönlichkeit zu reifen.

Angesteckt von den Schwingungen des allgemeinen Wandels und angereichert mit Elementen der kalifornischen Kletterphilosophie gewann bei der Neuerfindung des Bergsteigens das „Wie" die Oberhand. Der Mut zum Verzicht wurde allmählich von einer letztklassigen Zumutung zur erwägenswerten Alternative: „Wenn ich etwas nicht in freier Kletterei schaffe – vielleicht kommt ein Besserer, dem es gelingt". Alte Weisheit – neu aufpoliert. Reinhard Karl gelang 1977 mit Helmut Kiene die erste Begehung der „Pumprisse" am

Climbim

Fleischbankpfeiler, der erste „offizielle" Siebener im Alpenraum, der die zementierte Sechs-Stufen-Skala endlich aufbrach, und Kurt Albert sprühte einen roten Punkt an die Einstiege jener bisher hakentechnisch begangener Routen, die dank einer neuen ehrgeizigen Haltung und besseren Trainings in freier Kletterei gemeistert worden waren. Leider ist der auch als Schreiber vielversprechende Karl 1982 durch eine Eislawine am Cho Oyu viel zu früh ums Leben gekommen.

Im Sinne jener neuen Einfachheit, nicht allein auf der Spielwiese Alpinismus, wurde mit einer erweiterten Weltsicht zugleich die Schau auf den Komplex „Natur" neu definiert: über den als notwendig erkannten

Verzicht auf die bisher bedingungslose Anwendung aller technischen Möglichkeiten. Damit begann sich eine als „Grün" etikettierte Bewegung zu etablieren, deren ursprüngliches Farbspektrum sich vom grün-grünen reinen Weltrettungs-Toren über bräunlich verschrumpelte Abkömmlinge der Blut & Boden-Ideologie bis zu rotglühenden Maoisten erstreckte. Ein buntes Beet, in dem manches wunderliche Gewächs gedeihen konnte.

In einem Leserbrief an ein Alpinjournal beklagte sich ein vegetarischer Bergführer, dass in den Schutzhütten keine Getreidemühlen zur Verfügung stünden und er sich daher mühevoll seine Körndeln mittels Rucksack-Getreidemühle schroten müsse …

Weiterer Leserbrief: „Eine andere Entwicklung scheint mir ebenfalls nicht durchdacht zu sein: die Sitte, Skistöcke bei der Bergwanderung zu benützen. Man stelle sich vor, 20.000 Bergsteiger sind im Jahr drei Tage unterwegs und machen täglich 36.000 Schritte. Gewiss eine zurückhaltende Schätzung! Sie ergibt zwei mal 10 hoch 9 Stockeinsätze im Jahr. Bei fast jedem Stockeinsatz lockert sich etwas Erde oder löst sich ein Stein. Fördert das im Lauf der Jahre nicht die Erosion?" Und wie: In längstens 5,7 Millionen Jahren sind dadurch die Alpen auf die Morphologie des Waldviertels eingeebnet! Voraussetzung ist allerdings ein gleichbleibendes Freizeitverhalten. Bei einer Zunahme der Stockeinsätze infolge vermehrter Kurz- oder Teilzeitarbeit respektive der Frühverrentung immer jüngerer (und daher sehr aktiver) Jahrgänge könnte dieser Zustand bereits in 5,1 Millionen Jahren erreicht sein.

Die ganze „Natur" ist ja schon immer in erster Linie eine Erfindung romantisch bewegter Stadtbewohner gewesen, angefangen von der griechischen Antike, wo bereits ein sagenhaftes Arkadien als Sinnbild eines vergangenen, schlichten und angeblich so viel schöneren Hirtendaseins bemüht wurde. Verstärkt tauchte diese Sehnsucht dann als idealisiertes Gegenbild zu den Schattenseiten der beginnenden Verstädterung und Industrialisierung auf. Wenn dies einen bestimmten Sättigungsgrad samt damit einher gehendem emotionellen Unzufriedenheitspegel erreicht hat, beginnen Menschen unter anderem auch, aus eigenem Antrieb Berge zu besteigen. Dies zeigt sich deutlich an der weltweit anwachsenden Schar von Höhenbergsteigern in Ländern ohne alpine Traditionen.
Hand in Hand mit dem Verlust einer unverdorbenen Naturlandschaft wurde deren Wert erkannt, gleichzeitig von jenen, die sie umgehend besitzen, verkaufen und

Flucht vor der Technik – ins technisierte Vergnügen

auffressen wollten – und von denen, die sich deren Bewahrung zur Herzenssache machten. Deswegen wurzelt vieles, was über kleinräumige Behütung hinaus mittlerweile zum Begriff „Umwelt" herangewachsen ist, zu einem nicht geringen Teil im Sachbereich „Alpiner Naturschutz". Denn das in der Höhenlage besonders sensible ökologische Gleichgewicht war schließlich schon immer ein empfindlicher Fühler für Störungen, die hier selbst von aufmerksamen und verantwortungsbewussten Laien frühzeitig wahrgenommen werden konnten.

„Wir müssen zwar beide genannte Richtungen des Kulturfortschrittes als berechtigt anerkennen; aber die so vielfach wahrnehmbare rücksichtslose Ausnützung der Naturschätze, die oft ganz pietätlose Zerstörung herrlicher Schöpfungen aus bloßer Gewinnsucht und zur Befriedigung des Spekulationsgeistes einzelner, wie sie namentlich bei der Schaffung industrieller Unternehmungen hie und da geübt wird, kann man nicht als Ausfluss einer höheren Kulturstufe der Menschheit gelten lassen, denn es müsste doch eigentlich mit dieser höheren Kultur auch Achtung und Schonung der herrlichen Gottesschöpfung ‚Natur' verbunden sein". Das hat nach hundert Jahren noch immer Gültigkeit: dabei befand sich 1913, als diese Zeilen geschrieben wurden, der Planet im Vergleich zu heute in beinahe idyllischen Zustand.

A. v. Guttenberg

Der Verfasser, der Forstwissenschaftler **Dr. Adolf von Guttenberg** (1839 – 1917) gründete 1912 den „Österreichischen Verein Naturschutzpark", einen Vorläufer des Österreichischen Naturschutzbundes. Dazu ist anzumerken, dass in den USA bereits vierzig Jahre davor, im Jahr 1872, der Yellowstone-Nationalpark als erster seiner Art gegründet wurde. Zu einer Zeit also, in der dort unzerstörte Landschaften noch keinerlei Wert an sich darstellten, schließlich gab es davon mehr als genug. 1892 wurde der Sierra Club gegründet, mit Zielsetzungen ähnlich dem Alpenverein in Mitteleuropa: nämlich die Gebirgsregionen entlang der pazifischen Küste zu erforschen, sie zugänglich zu machen, Informationen über sie zu veröffentlichen und die Naturschutzbestrebungen der Clubmitglieder zu fördern. Erschließen und bewahren – das ist ein Spagat, der nur schwer zu bewältigen ist – 2010 zählte man in Yellowstone 3,5 Millionen Besucher. So liegen diese beiden Interessenssphären fast gesetzmäßig miteinander im Clinch. Immer mehr Leute suchen die Abgeschiedenheit – die aber mehr und mehr zurückweicht.

Der Fluch der großen Zahl... (Parkplatz Täsch - Sonnenterrasse der Jenner-Bahn)

Kugy, der ungekrönte König der Julischen Alpen, der dieses Gebirge noch als unerforschte Bergwildnis angetroffen hatte, erkannte schon bald den Zwiespalt aller Erschließung: „Den Bergfreunden mit dem Farbtopf, denen mit dem Spaten, den Eisenstiften und den Drahtseilen folgt gerne eine johlende Schar. Sie wünscht bewirtschaftete Schutzhütten, oder sagen wir hochgelegene Gasthöfe, oder sagen wir es ganz offen: Alpine Wirtshäuser. Ihr Sinnen und Träumen ist Bier. Und haben sie ihr Ziel erreicht, so vermischt sich Gläserklang mit dem ruhigen Rauschen des Wasserfalls und Küchenduft mit dem Wohlgeruch der Höhen. Wir sind unbemerkt geblieben, denn sie sitzen festgenagelt in der Stube". Ein Teil dieser Problematik hat sich von selbst gelöst: erstens sind die Bergfreunde mit dem Farbtopf selten geworden, wie ein oft lückenhaftes alpines Markierungsnetz zeigt, und zweitens haben wir heute den Knopf im Ohr, damit uns der depperte Wasserfall nicht nervt!

Ein Dauerbrenner auf diesem Gebiet sind die Kontroversen um den Themenbereich „Jagd & Aussperrung", wobei letztere sich jetzt unschwer als Schutzmaßnahme maskieren lässt, im Grunde aber seit Kaiser Maximilian von ihren Vertretern mit den gleichen, 500 Jahre alten Argumenten gespeist wird.

„Neue Wildschutzgebiete. Früher kämpfte der Alpenverein für die Wegefreiheit des Bergsteigers gegen die die höchsten Jagdherren bis zum Erzherzog-Thronfolger von Österreich (Blühnbachtal). Nach dem I. Weltkrieg schienen die Schranken des unbeschränkten Jagdegoismus gefallen zu sein; in einstigen Jagdheiligtümern entstanden Hütten, teilweise sogar mit Unterstützung verständnisvoller Jagdpächter. Ein mächtiger Wall entstand im Naturschutzgedanken. Erst das „Dritte Reich" brachte die Wildschutzgebiete mit ihren teilweise unerträglichen Wegverboten. War das eine Sache des Naturschutzes? Keineswegs, wenn es uns auch manchmal weisgemacht werden sollte; dahinter steckten nur die wiedererstarkten Jägerkreise unter dem Herrn „Reichsjägermeister". Am 1. 2. 1949 wurde das Reichsjagdgesetz vom 3. 7. 1934 aufgehoben. Damit waren auch die Wildschutzgebiete weggefallen, da diese ausschließlich auf dessen Ausführungsbestimmungen beruhten. Die Wegefreiheit war wiederhergestellt, aber die Belästigungen der Bergsteiger durch Jäger hörten in einigen Gebieten selbst jetzt nicht ganz auf." 1949 im „Bergkamerad" angesprochen – und mit aktualisierten Variationen nach wie vor auf dem Spielplan.

... furchtlos durch den
Paragraphendschungel

Obwohl der Naturschutzgedanke langsam erstarkte, gegen massive Wirtschafts-interessen konnte und kann er sich nur schwer durchsetzen, historisches Beispiel Elbsandsteingebirge:
„Dafür hat man sich hier wie anderswo seiner Haut wehren müssen, wenn es galt, die Natur in der Heimat zu schützen: den Anschlägen, eine Seilbahn auf den Lilien-stein und eine Autostraße in das Winterberggebiet zu bauen, hat sich erfolgreich

der geschlossene Wille aller Bergsteiger und Naturfreunde entgegengestellt. Die Anerkennung für diese ideale Einstellung durch die Behörden war aber etwas merkwürdig, denn vor etlichen Jahren hat man den Bergsteigern im Gebiet von Rathen das Klettern verboten. Und zwar mit der Begründung, dass dieses Gebiet hinfort Naturschutzgebiet sein werde. Nun ist das Rathener Gebiet landschaftlich bestimmt sehr reizvoll und gegen den Schutz solcher Naturschönheiten darf man als Bergsteiger nichts sagen, weil man ja schon selbst für den Schutz der Landschaft eintritt. Nur kam dieser Schutz für dieses Gebiet etwas spät. Denn dort hat man zuerst die Basteibrücke gebaut, hat dort auf der Bastei große Gaststätten entstehen lassen, mit umfangreichen Parkplätzen, Erfrischungsbuden und Aussichtspunkten, man hat den wirklich idyllischen, grünen Amselgrund durch eine Mauer gesperrt, das Wasser des Amselbaches gestaut und so mit einem Gondelteich die Gegend „verschönt", man hat die Reste der alten Raubritterburg unterhalb der Bastei freigelegt und lässt diese, gegen Entgelt versteht sich, besichtigen, man hat im Wehlgrund, der ein landschaftliches Kleinod der ganzen Gegend ist, eine „Naturbühne" geschaffen, auf der einst während dreier Monate „Karl-May-Festspiele" mit richtigen Indianern und Lederstrümpfen vor den Augen einer tausendköpfigen Zusehermenge abrollten. Und das alles in einem Naturschutzgebiet. Die „Karl-May-Festspiele" wurden damals nicht verboten; aber den Bergsteigern, die, solange sie dort klettern, Naturschutz betrieben, verbot man das Besteigen der Felsen". Es ist schon ein Menschenalter her (1941, „Das Bergsteigertum im sächsischen Felsengebirge"), dass Willy Mierisch diese Vorgangsweise aufzeigte, die sich bis dato nicht geändert hat – nur dass die technischen Möglichkeiten, schnell unumkehrbare Tatsachen zu schaffen, in rasendem Tempo gewachsen sind. Für eine Gruppierung ohne ernsthaften ökonomischen und politischen Einflussbereich bleibt da der Griff zur Notbremse eine kindliche Illusion.

Der Wanderer über dem Wolkenmeer ... lässt sich am einfachsten aussperren

Willi Rickmer Rickmers (1873 – 1965), der große alte Mann des deutschen Forschungsbergsteigens, ist heute praktisch vergessen. Er war nie ein Laut-Sprecher der Zunft, vermochte jedoch seine brillanten Gedankengänge pointiert zu formulieren. Mit seiner Lebenserfahrung aus neun Jahrzehnten notierte er 1962 prophetisch:„Vor eine Zwickmühle stellt den Bergsteiger der ihm am Herzen liegende Naturschutz in der einstweilen notgedrungenen Gestalt von Schaugehegen für sterbende Altertümer. Wir laden zum Besuch. Aber ein überlaufenes Schutzgebiet ist keine unberührte Natur mehr. Seltene Pflanzen werden eingegittert wie Tiere in Tiergärten.

Gespenstisch drohen Zustände wie in den großartigen Nationalparken Amerikas. Die Einfallspforten oder ‚Einstiege' wurden von den Behörden an Unternehmer verpachtet, die Rummelplätze für Millionen von Da-gewesen-sein-Müssenden schufen, tatsächlich für Millionen! In der Zelt- oder Hüttenstadt stauen sich Menschenschlangen am Aborthaus als der einen Nabe, um die sich der Wirbel auch ohne Werbeschreierei dreht. Der Dollar findet zurück in die Gehege, die man so großzügig vor dem Raubbau rettet. Ähnliches verheißt die unter dem kropfblöden Namen „Camping" gehende Bewegung. Aussicht böte ein bis zum letzten Mann für Naturschutz gewonnenes Volk, das keine unnötigen Eingriffe in die Landschaft duldet und auch den Heimgarten liebevoll pflegt. Es ergäbe sich eine überall verteilte Natur als Zukunftslösung zwischen geschützten Denkmälern und den unerbittlichen Bedürfnissen der Volkswirtschaft.

Des Feldes ungepflückte Blumen liegen uns Verarmenden näher als ferne Bewahranstalten. Die Hunderte von Geviertmeilen großen Staubwüsten mahnen daran, dass Wald und Wiese das Elend des Bodenschwundes verhüten. Hoffen wir, dass sich die machtvolle Stimme eines naturschutzfreudigen Volkes dereinst erfolgreich gegen alle Arten der Schändung erhebt. Man öffne der Natur Gassen in die Städte".

Willi Rickmer Rickmers

Dazu wäre noch als drolliges Postskriptum anzufügen, dass sein Gedanke von einer Durchgrünung der Städte, sobald er mit der US-Importschleife als „Urban Gardening" versehen ist, hierzulande fünfzig Jahre später als beachtenswerte neue Idee angesehen wird ...

Alle diese mahnenden Stimmen hatten einen räumlich wie zeitlich weit entfernt lebenden, feinsinnigen und ebenso nur mäßig erfolgreichen Vorgänger: Der chinesische Maler **Dai Benxiao** (1621 – 1693) pinselte einst unter seine Bildrolle „Die Kiefern auf dem Tiantai", einem bei Einsiedlern beliebten Berg, der an der Schwelle zum Paradies liegen sollte:

„Ich habe gehört, dass den meisten dieser eigentümlichen Kiefern das Schicksal der Vernichtung widerfahren ist. Es scheint, sobald die Naturwunder von Himmel, Erde, Bergen und Flüssen der eingehenden Betrachtung dieser Welt des Staubes ausgesetzt sind, währen sie nicht mehr lange. Dies allerdings ist ein Grund zur Klage".

Ja, typisch, bei denen Chinesen! Schon damals! Und bei uns? Kurz das Langzeitgedächtnis angeklickt: Wer erinnert sich noch daran, dass in den Siebzigerjahren ein Forstfachmann allen Ernstes die Buchenbestände des Wienerwaldes mit einem Diesel-Aerosol ersticken und durch eine Fichtenplantage ersetzen wollte? An die Bestrebungen eines burgenländischen Landeshauptmannes, eine Brücke über den Neusiedlersee zu errichten, samt genauen Zahlen, wie viele Kranke ohne dieses Bauwerk nicht rechtzeitig eine Spezialklinik erreichen und vorzeitig ableben müssten. Oder an das Vorhaben, die Donau in der Wachau aufzustauen, damit

Achtung: Hier wird die Landschaft besonders heftig geschützt!

sie das für einen „Europakahn" passende Format bekäme. Und an all die anderen angeblich unverzichtbaren, jeweils hunderttausende Arbeitsplätze schaffenden Vorhaben wie die Umwandlung der Hochfläche des Toten Gebirges in einen Kanonenschießplatz, die Ersäufung der Tormäuer, des Reichraminger Hintergebirges, die Ableitung der Ennskatarakte beim Gesäuseeingang, des Lech, der Koppentraun, der letzten unbesiedelten Talgründe und, und, und ... Amüsanter Nebenaspekt: Im Zuge ihrer Argumentationsgymnastik beweisen plötzlich sowohl verknöcherte Partei-Apparatschiks wie auch feiste Lobbyisten eine erstaunliche Gelenkigkeit - fast wie der Kater, wenn er sich den After putzt.

Dabei stellen dies alles nur molekular winzige Nebenkriegsschauplätze dar im weltweiten Kampf gegen die menschlichen Existenzgrundlagen, allenfalls den mitteleuropäischen Natur- und Bergfreunden kenntlich und deshalb fassbar, doch ein Klacks gegenüber den monströsen Bestrebungen zur großflächigen Waldvernichtung, der anstehenden Ausplünderung der Arktis oder diversen gigantischen Staudammbauten weltweit, denen außer Natur- und Kulturschätzen auch Millionen Menschen weichen müssen.

Alle sind sie ja für Naturschutz - mit der kleingedruckten Fußnote: „Wenn er den Geschäftsgang nicht stört", und, mit Griff an die eigene Nase: „Sofern dadurch die Benzinversorgung nicht beeinträchtigt wird". Doch dann kommst du auf einen Voralpenberg, auf dem du ein paar Jahre nicht gewesen bist - schon führt eine Forststraße bis zum Gipfel, oder die ganze Gegend befindet sich überhaupt schon in Geiselhaft eines Seilbahntycoons, welcher die Bevölkerung in ein Goldenes Zeitalter zu führen verspricht, wenn sie ihn dort genügend Skilifte bauen lässt, mitsamt einem Vergnügungspark zur sommerlichen Auslastung seiner Aufzüge! Ist sein Projekt einmal über den Point of no return hinaus gelangt, an dem das Ganze zu groß zum Scheitern ist – dann muss es eh der Steuerzahler auffangen, hehe! Außerdem haben sie dazu gelernt: Neu errichtete Lifttrassen werden schlau knapp unterhalb einer Größenordnung von 20 ha angelegt, was eine Umweltverträglichkeitsprüfung aushebelt, außerdem heißen sie jetzt nicht mehr „Erschließung", sondern „Arrondierung", was als dünner Schaumstoffbezug über der als Allzweckwaffe hochwirksamen Arbeitsplatzkeule die Skeptiker ruhig stellen soll.

„Scheißdinetau," herrscht der Messerstecher sein Opfer an: „es san eh nur Nullkommazwaa Promille von deiner gesamten Körperoberfläche betroffen!"

REZEPT FÜR EIN LIFTGEBIET

Lokalpolitiker aufgeilen: einige zerriebene Geldscheine entfalten die unfehlbare Wirkung eines monetären Aphrodisiakums.
Sodann wird 1 goldene Nase vorbeigezogen und 15.200 Arbeitsplätze versprochen.
Schon fressen sie speichelnd dem Liftkaiser aus der Hand.
Allfällige Skeptiker werden mit der Tränenpistole von den „Alten und Gebrechlichen", für die ein solcher Liftzirkus eigentlich aufgezogen wird, eingenebelt.

Die detaillierte Regieanweisung ist nachzulesen bei Henrik Ibsen. „Ein Volksfeind", topaktuell seit 1883: ein verantwortungsvoller Gemeindearzt möchte die Machenschaften um eine gesundheitsgefährdende Badeanstalt gegen eine verlogene „kompakte Majorität" aufdecken und verliert daraufhin alles. Nur nicht seine Selbstachtung und Würde.

In den Alpen werden täglich 25 Hektar verändert oder zubetoniert

Doch an jenem Tag der Jüngsten Bilanz werden sie alle vor dem GROSSEN BUCHHALTER stehen, und ER wird sie fragen mit Donnerstimme:
„Was habt ihr aus meiner Schöpfung gemacht? Ihr Scheißfiguren?!"
Und die Frechsten werden etwas stammeln von „Wert-Schöpfung" und von „fünfzehn Prozent Rendite" und von „Erde untertan machen".
Doch ER wird seinen Oberteufel herbeiwinken: „wirf sie alle in die Latrine – halt, besser: sperre sie in die Skihalle. Und montiere den Schleiflift ab. Dort müssen sie hinauf- und hinunterradieren, in alle Ewigkeit. Und die ist lang, besonders gegen Schluss!"

Freiluft-Alpinismus (das ist so etwas Ähnliches wie in der Halle, nur etwas größer und ohne Dach) ist aber sowieso nicht mehr das Gelbe vom Ei. Darf man den Experten vertrauen, sind die klassischen Gefahren der Alpen aus Zsigmondy's Lehrbuch ein Lercherl gegen das lauernde Unheil des ganz gewöhnlichen Alltagslebens außerhalb geschlossener Räume. Konnte man nach Tschernobyl noch mittels Kontrollblick in den Spiegel feststellen, ob einem nach einer Bergtour verräterische Gebilde aus der Stirn sprießen, wird es zunehmend schwieriger, sich gegen den jeweiligen Modeschadstoff des Jahres zu wappnen. Saurer Regen und Smog sind out, heute trägt man Feinstaub – also: Atmung reduzieren! Dazu kommen noch die unabdingbaren Ganzkörper-Verhüterlis gegen Elektrosmog, Schweine- und Vogelgrippe, die gefährliche UV-A-Strahlung, Sonnenlicht an sich, einröhrige Tunnels, Ozon, Kohlenmono- und -dioxyd, Handystrahlung – extrem gesundheitsbewusste Zeitgenossen könnten sich eigentlich nur prophylaktisch die Kugel geben – halt, nein, ökologisch vollkommen danebe: Blei! Also doch: Bio-Hanfseil.

Weniger radikal, doch zumindest alpin vorbildlich: der

ÖKO-SEILSALAT

1 Bio-Hanfseil, unbedingt rechtsdrehend (dem Perlon-Giftmüll vorzuziehen, kann im Bedarfsfall auch geraucht werden) notfalls nehme man Zsigmondys Seidenseil.
2 Quentchen moralinsauren Essig im Schein einer Bienenwachs-Stirnlaterne mit einem Pickelstiel aus Hickory-Holz durchrühren.
Urgroßvaters Manchon-Patschen drüberraffeln

Rolle rückwärts. Naturschützer werden daher immer wichtiger. Leider sind sie, wie so Vieles, weltweit sehr ungleichmäßig verteilt. Während in unseren Breiten mit Vehemenz Haarmützenmoos-Debatten geführt werden, sind es in den sogenannten Schwellenländern meist engagierte Einzelkämpfer, unerschrockene Persönlichkeiten, die dort gegen illegale und mafiöse Naturzerstörung durch Konzerne und Regierungen auftreten, nicht selten von deren bewaffnete Schlägerbanden bedroht oder kurzerhand gekillt, so wie der legendäre brasilianische Urwaldschützer Chico Mendes. Im Übrigen kein Grund für irgendeine Arroganz gegenüber diesen „Halbwilden": schon Josef Schöffel, der 1866 den Wienerwald als Ein-Mann-Bürgerinitiative vor der Abholzung durch Spekulanten bewahrte, wurde von diesen mit Morddrohungen belegt.

Im heutigen Mitteleuropa dagegen finden die Scharen ausgebildeter Umweltbürokraten, die jährlich neu auf den Markt drängen, ein Feuchtbiotop, in dem sie prächtig gedeihen, sich verzweigen und wuchernd vermehren können. Gartenliebhaber werden das kennen: der Anblick eines jahrelang verwilderten Naturgartens verheißt ein derartig abschreckendes Übermaß an Arbeit, dass es meist bei den allerdringlichsten Maßnahmen oder Absichtserklärungen belassen wird. Ist er dagegen penibel gepflegt, so bewirkt jedes einzelne krumm überschießende Hälmchen eine massive Ausmerzungsaktion. Das wienerische Idiom kennt einen unvergleichlichen, treffenden Sammelnamen für Misshelligkeiten verschiedenster Art, changierend zwischen überflüssigem Schnickschnack als mildester Form, über die ganz normale bürokratische Trottelei bis hin zur böswilligen Schikane - nämlich: Oaschdanzz (hochdeutsch: Gesäßtänze). Es gibt Welten, von denen man bislang keine Ahnung hatte: Sich verselbständigende Institutionen, die überwiegend mit der Verwaltung ihrer eigenen Existenz beschäftigt sind, geben gelegentlich Lebenszeichen in Form von Wortmeldungen und Beschlüssen von sich, die in Vorschriften, Betriebs- und Umweltauflagen gerinnen. Und dann wird es schlimm: Grenzwertveränderungen um einen Punkt verursachen im realen Leben ohne eine positive Auswirkung astronomische Kosten, Vorhaben wie die Errichtung der ersten Schutzhütten zum Beispiel wären heute schlicht unmöglich. Die damals erbrachten idealistischen Eigenleistungen würden, falls sich überhaupt genügend Freiwillige fänden, nunmehr penibel auf Pfuschfaktor sowie korrekten Versicherungsschutz abgeklopft, und wäre der erste verschlungene Amtsweg bewältigt, ginge es in die organisatorischen Details, die zeitweilig nach einer konzertierten Aktion zur Abwürgung des alpinen Tourismus aussehen.

„... Arbeitsplätze und Geräte müssen gründlich gereinigt und gegebenenfalls desinfiziert werden"

Der Tod der Bretteljause. Nach umfangreichen Studien wurde das Holzbrett als Träger der unhygienischen, die Weltharmonie störenden Kraft des sogenannten „Pfui" erkannt und ist daher umgehend durch Plastik aus glücklichen Emulsionen zu ersetzen! Bis hinauf zu den höchsten Almwirtschaften wird der Hygienestandard eines Operationssaales verordnet – aber möge der Fachmann selbst zu Wort kommen, mit einer

„Leitlinie für eine gute Hygienepraxis in Schutzhütten in Extremlage (einfache Bergsteiger-Unterkünfte im Gebirge) sowie in saisonal bewirtschafteten Almen. Neufassung Gutachten des Ständigen Hygieneausschusses

1.2
Arbeitsflächen, Wände im Arbeitsbereich und Fußböden bestehen aus abwaschbarem und desinfizierbarem Material. Türen, Fenster und Stöcke müssen entsprechend glatte und Wasser abstoßende Oberflächen haben. Decken und Wände müssen in einwandfreiem Zustand sein und dürfen keine Schlupflöcher für Ungeziefer bieten. Trockenlagerräume (Speisekammern) sind mit abwaschbaren Fußböden auszuführen (Interpretation: Türen, Fenster und Stöcke sowie Decken und Wände können aus Holz sein, wenn diese eine unbeschädigte und saubere Oberfläche

(z.B. imprägniert oder lackiert) aufweisen. Weiters ist Vorsorge gegen Schimmelbildung zu treffen.).

1.3

Es ist vorzusorgen, dass sich Lebensmittel nicht gegenseitig hygienisch nachteilig beeinflussen können. Dies gilt insbesondere für die Verarbeitung und Lagerung von rohem Fleisch, rohem Geflügel, rohem Fisch sowie ungewaschenem rohem Gemüse und rohen Eiern. Wenn diese Lebensmittel am selben Arbeitsplatz verarbeitet werden, muss eine strenge zeitliche Trennung vorgenommen werden. Arbeitsplätze und Geräte müssen nach jeder Verarbeitung der genannten Lebensmittel gründlich gereinigt und gegebenenfalls desinfiziert werden. Dies gilt selbstverständlich nicht für die gemeinsame Verarbeitung zu einer Speise.

1.4

Es sind Handwaschbecken entsprechend dem Arbeitsablauf in ausreichender Zahl (zumindest eines) vorzusehen. Bei Neu- oder Umbauten sind die Waschbecken mit Armaturen auszustatten, die nach Möglichkeit nicht mit der Hand zu betätigen sind (z.B. Fuß oder Kniebedienung). Warmwasser sowie Seifenspender (Flüssigseife und Desinfektionsmittel) und geeignete Einmalhandtücher sind vorzusehen.

1.6

Alle Gegenstände, Geräte und Geschirre, die mit Lebensmitteln in Berührung kommen, müssen rein gehalten und gegebenenfalls desinfiziert werden können. Für die Reinigung des Geschirres sind Spülmaschinen mit Heißwasser und Reinigungsmitteln oder eine andere – aus hygienischer Sicht gleichwertige – Möglichkeit zur Reinigung und Desinfektion vorzusehen. Können in Ausnahmefällen (z.B. mangels Strom) Spülmaschinen nicht betrieben werden, ist auch eine händische Geschirrwäsche gleichwertig zu betrachten, wenn mit heißem Wasser (min. 80° C) nachgespült wird.

2.4

Vor Arbeitsbeginn werden Hände und Unterarme gründlich mit Wasser und Seife gereinigt. In gleicher Weise werden nach jeder Toilettenbenützung bzw. nach Verrichtung von Schmutzarbeit die Hände einschließlich der Unterarme gereinigt und allenfalls desinfiziert. Zum Trocknen der Hände und Arme sind stets saubere Handtücher bzw. Einmalhandtücher zu verwenden".

Auf Seite 6 von 44 wollen wir die Lektüre abbrechen. Zuvor darf wohl noch eine ehrlich grünbewegte Frage erlaubt sein: „Und dafür werden Bäume gefällt?"

Ökologische Winkeladvokaten wollen nun die einstigen Naturschutz-Initiatoren aus der Natur hinausschützen. Als die Vorletzten in der Nahrungskette schnappen sie nach den Letzten: im konkreten Fall den Bergfreunden ohne wirtschaftliche und politische Lobby.

Die italienische Alpinistin **Silvia Metzeltin-Buscaini** machte 1995 einen beunruhigenden Trend aus: „In letzter Zeit haben sich Zeichen einer sehr gefährlichen Entwicklung nur vermehrt. Naturschützer haben sich zu Gegnern der Bergsteiger gewandelt, obwohl Bergsteiger seit jeher bestimmt echt naturverbunden sind. Manch einer könnte glauben, es sei nur ein Streit zwischen ungezogenen Kletterern und Wanderfalken-Beschützern. Umweltschützer haben heute keine leichte Aufgabe. Ihr Mangel an Erfolgen ist frustrierend. Wo aber kann man leicht Alibis finden, die man der öffentlichen Meinung auch als Erfolge vorstellen kann? Klar, bei den Bergsteigern … Dass in Deutschland ein großer Teil der Kletterfelsen plötzlich wichtige Biotope darstellen soll und deswegen schon gesperrt ist, ist bekannt. Die Folgen: Tausende reisen nach anderen, viel weiter liegenden Gebieten. Worüber man sich wie in Italien, Slowenien, Frankreich und Spanien auch als Touristenland freut. Doch der neue Massenandrang bringt nicht nur Geld, oft auch Schwierigkeiten mit sich, die die lokalen Naturschützer sofort ausgenützt haben. Man braucht nur die Bergsteiger-Zeitschriften aus Italien, Frankreich und Spanien durchzublättern: überall wird über neue Sperren, Beschränkungen, Schikanen geklagt. Vor allem muss ein echtes Naturerlebnis garantiert

Klettern – ein schweres Delikt!

werden. Denn eine Natur, die man nur mit Erlaubnis, Bewachung und Bezahlung betreten darf, ist entweder Museum oder zoologischer Garten – nicht mehr. Nur derjenige, der frei die Natur erlebt hat, wird sie schätzen und lieben lernen".

Schlag nach bei Schiller: „Vernunft wird Unsinn, Wohltat Plage". Diese beamteten Planetenretter lechzen nach einem Beschäftigungsfeld, und so bestätigt ihr Tun nicht selten die Verszeile des großen Klassikers: An der A 44 von Kassel nach Eisenach im deutschen Bundesland Hessen wird ein Autobahntunnel zum Schutz von Kammmolchen gebaut, die von der EU als schützenswerte Amphibien ausgewiesen sind, aber dort relativ häufig vorkommen: geschätzte 5000 Exemplare. Das ergibt bei Tunnel-Baukosten von 50 Millionen Euro 10.000 Euro pro Molch. An der geplanten Trasse wurden überdies vier Bäume mit Quartieren der Bechstein-Fledermaus entdeckt, die unter besonderem Schutz stehen. Weil die Autobahntrasse den vier Bäumen ausweichen muss, könnte die alternative Trassenführung den Bewohnern des Nachbarortes möglicherweise eine 6,50 Meter hohe Lärmschutzwand bescheren. Dieser Betätigungsdrang, der überwiegend in Verbote und Schikanen mündet, sollte doch in sinnvollere Bahnen umzulenken sein: Wie wäre es etwa mit der Forderung nach der Verbreiterung des Montblanc-Tunnels um einen Radfahrerstreifen?

Im Reich des Schwindels. Neue Worte braucht das Land: Sobald ein Begriff ausgelutscht ist, was sich in immer schnellerer Abfolge vollzieht, muss ein neuer erfunden werden, um die Gehirne zu verkleistern und durch einen Ablasshandel ein gutes Gewissen zu produzieren. Nachdem bei „Öko" und „Bio" aufmerksame Verbraucher durch allerhand zynischen Schwindel bereits misstrauisch geworden sind, wird nun die „Green economy" aus dem Hut gezogen: das kann zwar einschließen, dass unersetzlicher Regenwald niedergebrannt wird, um Platz für den Anbau von Futterpflanzen zur Ethanol-Erzeugung zu schaffen – wenn aber dann auf dieser neuen Partydroge des Autoverkehrs auch noch „Bio-Ethanol" draufsteht, darf man wirklich beruhigt Gas geben, selbst wenn der Saft zuvor um die halbe Welt geschippert ist.

Ein Museumspräparat wurde als ökologische Schimäre reanimiert: das Rückepferd. Nie gehört? Kein Wunder: Dieses Baumstämme ziehende Wunderviech lebt nur in der schöneren Welt der heilen (plimplim-plumplum!) Naturfilme, soll eine schonende Forstbewirtschaftung suggerieren und macht sich tatsächlich besser als die

„Rückepferd", Standardausführung, unmaskiert

in der Realität tonnenschwer den Wald durchpflügenden Multi-PS-Monster, mit denen je 1 Arbeitskraft 1 Bundesland zu beforsten vermag. Europaweit existiert vermutlich noch ein einziges Exemplar, welches nun von allen TV-Stationen geleast und auf dem mehrere Äquatorlängen umfassenden Forststraßennetz (Endziel: kein Baum darf weiter als 150 Meter von der nächsten Autobahnanbindung wachsen) an den jeweiligen Tatort gekarrt wird.

Entlarvend weiters das Vokabular der Tourismusfuzzys. Achtet auf die verräterischen Zwischentöne, etwa wie sie den Gast bewerten: ganz allgemein möchten sie ihn gerne „kanalisieren", und im Fall der Pitztaler Gletscherbahn im Bedarfsfall einer „Notentleerung" zuführen, ein Vorgang, der bislang vorwiegend aus leidvoll flitzender Trekking-Erfahrung bekannt ist. Ganz zu schweigen von den Zeitgeistblättchen mit ihren Prospekt- und Katalogpoeten, deren alpinistischer Bildungshorizont nicht selten in der Vermutung gipfelt, dass ein Sackstich eine äußerst schmerzhafte Angelegenheit sein muss. Die meisten dieser Sprechblasenentleerungen wirken dagegen eher harmlos-flachsinnig: vom anstrengenden „Hüttenhüpfen", vom „Schnee und Spaß beim Funsport am Gletscherplateau" und der „Mega-Gipfelgaudi" kann man sich am „Zirbenweg mit Bergwegegütesiegel" erholen. Dennoch bleibt manches im Dunkel: Was alles wird in einem „Wild- und Freizeitpark" eingesperrt? Womit ist eigentlich ein „Freizeitsee" gefüllt (und gibt es auch einen „Arbeitszeitsee"?). Fragen über Fragen ...

„Nachhaltig" ist die nächste Modephrase, die seit Neuestem von jedem politischen Hinterbänkler zu Tode gequatscht wird. So ziemlich die einzigen Erdenbewohner, die gezwungenermaßen eine echte Nachhaltigkeit praktizieren, sind etwa die letzten tibetischen Nomaden, und mit denen möchte eigentlich wohl niemand tauschen:

„Nachhaltigkeit" ist im Hochland von Tibet kein Slogan, sondern unerbittlicher Zwang

auf dem winterlichen Tschangtang-Hochplateau bei minus dreißig Grad und einer kuscheligen Yakmistheizung im Zelt reicht es nicht, die Greenpeace-Flagge zu hissen, Standby-Lämpchen auszuknipsen und für den Regenwald zu spenden.

Naturschutz-Kongresse finden nur selten Zeozwei-sparend in Großstädten statt, in einem mittels U-Bahn leicht erreichbaren Mehrzweckbau, sondern vorzugsweise an ausgesucht schönen exotischen Plätzen, etwa auf Hawaii oder auf bedrohten Südseeinseln, wohin die Teilnehmer vermutlich ökologisch vorbildlich mit Thor Heyerdals Balsafloß anreisen. Und wenn die Menschheit schon einmal großmaßstäblich in einer Metropole gerettet wird, wie bei der Umweltkonferenz 2012 in Rio de Janeiro, dann produzieren diese Umweltbewahrer, darunter 80 Staats- und Regierungschefs samt zahllosen Nichtregierungs-Organisationen sowie einem riesigen Journalistentroß an drei Tagen gezählte und gewogene 60 Tonnen Müll. Da kratzt sich der Nachhaltigkeitsbeauftragte das Haupt ...

Eine säkuläre Pseudo-Religion ist entstanden, die wie alle Religionen vor allem auf eines abzielt: in erster Linie auf ein schlechtes Gewissen. Heute muss doch jeder, der nicht als moralische Büffelnatur gelten will, sich immerzu für irgendetwas schuldig fühlen und vor allem „Betroffenheit signalisieren" – eine zeitgemäße Form der Sünde, die ansonsten nur mehr im Kontext zu gutem Essen („Heute haben wir wieder gesündigt!") existiert. Selbst in alpinen Publikationen ist derlei selbstzerknirschte Nabelbeschau im Schwange, alles muss „hinterfragt", zerdiskutiert und auf Schuldgehalt durchleuchtet werden:
Du machst eine Fernreise mit dem Flugzeug, anstatt überschüssiges CO_2 zu inhalieren? Du fährst am Wochenende mit dem Auto zum Bergsteigen, wo Du Dir doch je einen Urlaubstag zusätzlich für Hin-und Rückreise mit den Öffis nehmen könntest? Du willst Dich auf der Hütte nach der Tour waschen? Wer sich wäscht, klagt sich an!
Hast Du überhaupt schon kritisch (jetzt kommt's:) hinterfragt, weswegen Du jedes Wochenende ins Gebirge fährst und dort so manch heikles Biotop zertrampelst? Du könntest schließlich, um Platz zu schaffen für Event-Touristen und Fitmarschierer, öfter daheimbleiben und im Park spazieren gehen! Wie paradiesisch ginge es demnach im Luftraum, auf den Straßen und vor allem in den Bergen zu, würden die vielen, vielen selbstsüchtigen Alpinisten auf ihr Vergnügen verzichten (diversen Gebirgsinhabern von eigenen Gnaden wäre das nur allzu recht!). Alles Übel der Welt, so wusste schon Kant – oder war es Schopenhauer? – rührt doch nur daher, dass die Leute nicht ruhig in ihrem Zimmer sitzen bleiben!

Im Grund leidet die Menschheit an einer gewissen Schizophrenie: „Stadtluft macht frei!" lautete einst die Verheißung für die unterprivilegierten Landbewohner. Einerseits zog und zieht es sie nun überall millionenfach in die Städte - doch dort sind sie unzufrieden, kaufen früher oder später Landkitsch-Illustrierte und Pseudo-Bauernmöbel, träumen vom einfachen Leben auf dem Land und haben längst verdrängt, dass dieses fast immer ein überwiegend karges Über-Leben darstellte. Zeitangepasst adaptiert äußert es sich meist als ein lautstarkes Concerto Grosso für 2 Traktoren, je 1 Motorsäge 1 Rasenmäher und 1 Laubbläser, in einer Kulisse von Kuhmist und Stacheldraht.

Früher – also eigentlich ganz früher, in prähistorischer Zeit – lebten die Menschen völlig in wunderbarem Einklang mit der Natur, ohne Strahlungen und Schadstoff-zertifikate, aßen nur rein bio, kannten keinen Alkohol- und Tabakkonsum – und wurden interessanterweise dennoch kaum älter als 35, 40 Jahre.

Das einfache Leben auf dem Land:

Steiermark, 1910

Südtirol, 1930

Tirol, um 1940

Bolivien, 2000

Nochmals kommt Reinhard Karl zu Wort, zurück von der Besteigung des Gasherbrum II, halb verhungert und ausgelaugt, doch mit frisch geschärftem Blick auf USA-Trip: „Mein Gott, ist Zivilisation schön! Ich würde lieber als Hausmeister in einem Atomkraftwerk mein Leben fristen als in einem Baltidorf und würde gesünder leben. Wenn ich Durst habe, kaufe ich mir eine Cola, wenn ich Hunger habe, einen Hamburger, ich höre Musik, ich lese Zeitung, ich kaufe alles, was ich will, ich lege mich in eine Badewanne und in ein Bett. Ich spreche mit Menschen, die mir sagen, ihr Leben sei sinnlos, sei zweckentfremdet. Sie wundern sich, warum ich so glücklich erscheine, wenn ich in einen Hamburger beiße".

Ein Hang zu kollektiver Selbstbestrafung ist vor allem in deutschen Landen quer durch die Gesellschaft unübersehbar. Nebenerwerbsbüßer und Holyday-Flagellanten haben Konjunktur und Muße. Darum schreiben sie an die Alpinzeitschriften, fordern sogar einen (welche Wortschöpfung:) „Verzichtsalpinismus", und weil sie die Alpen eh schon verloren wissen, möchten sie, wenn schon nicht gleich den ganzen Planeten, so zumindest die restlichen Gebirge retten. Fragt sich nur: vor wem, für wen? Da sitzen sie nun qualmend an ihren Schreibtischen, oder ballen sich in ihren Arbeitskreisen, Platt-Formen, Symposien, Workshops und was immer, und holen sich tiefenpsychologisch hinterfragt, politisch korrekt und selbstverständlich ökologisch verträglich einen herunter. Das bewirkt, wie jeder weiß, ein schlechtes Gewissen (siehe unter: „Sexualrepression, christliche"). Gleich muss das Büßerkettchen straffer angezogen werden: Ah, dieses sündhafte Verlangen nach Fernreisen (Fernreisen dürften überhaupt nur mehr für Tourismuskritiker statthaft sein!). Großkonzerne und geschmeidige Regimes zerstören Arm in Arm, großmaßstäblich um die Wette, doch dem verengten Blick der Nabelbeschauer sticht der Nepaltrekker ins Auge, der Abschneider begeht und damit den Himalaya zum Einsturz bringt. „Aber die Abholzung!" Dass sich dort die Bevölkerung und damit deren Holzverbrauch innerhalb der letzten drei Jahrzehnte verdoppelt hat und die bösen Touristen schon längst mit Kerosin kochen (müssen), brauchen die einschlägig meist wenig belasteten Journalisten ja nicht zu erfahren. Außerdem wollen wir, die schließlich um die Fehlschaltungen unserer westlichen Lebensweise wissen, wenigstens den „edlen Wilden" ihre Schlichtheit bewahren! Diese aber wollen nichts sehnlicher, als zumindest annähernd so zu leben wie wir – was freilich für den Erdball fatale Folgen hat.

Planet Erde - ein Supermarkt?

Der ökologische Fußabdruck jedes Menschen resultiert aus seinem Gesamtverbrauch an Rohstoffen, Platz für Gewinnung von Nahrungsmitteln und Energie: bei gleichmäßiger Verteilung pro Erdbewohner 1,8 „Global Hektar". Aktuell sind es in Österreich 4,9, in Indien 0,8. Dass unbegrenztes Wachstum in einem geschlossenen System nicht möglich ist, wurde zwar schon vor Jahrzehnten angesprochen, doch als Panikmache abgetan. Die aktuelle Banken- und Finanzkrise aber macht diese Problematik schlagartig und bildhaft sichtbar: Die Menschen als Gesamtheit sitzen auf einem Riesenberg an faulen Krediten – bei der Bank „Natur", deren Kapital an Nahrung, Trinkwasser, Atemluft und Rohstoffen sie in unkontrolliertem Ausmaß ausplündert. Auf diese „Bank" mit ihren begrenzten Ressourcen umgelegt, bedeutet dies, dass man ihr auf Dauer nur so viel Kapital entnehmen dürfte, wie sich durch ökologische Regelkreisläufe wieder ergänzt, so wie von einem gesunden Kredit zu erwarten ist, dass er pünktlich zurückgezahlt wird und der Kreditgeber das Geld zurück bekommt, inklusive des Risikoaufschlages, der Zinsen. Bei faulen Krediten ist davon auszugehen, dass der Kreditgeber sein Geld vermutlich nie mehr sieht, und der Kreditnehmer sich darauf verlässt, dass andere für ihn die Raten und Zinsen zahlen. Diese Spekulationsblase beginnt an ihre Grenzen zu geraten: um für die derzeit 7 Milliarden Menschen den Lebensstil unserer westlichen Konsumgesellschaft zu schaffen, wären drei Erdkugeln nötig! Dass dieses „westliche" Viertel noch dazu auf Kosten der übrigen drei Viertel sowie künftiger Generationen lebt, birgt ein Konfliktpotential von unvorstellbaren Ausmaßen. Und noch ein bestürzender Faktor: innerhalb jener Minute, die es dauert, diesen letzten Absatz zu lesen, hat sich die Erdbevölkerung wieder um weitere 150 Individuen vergrößert ...

Fortschritt? | Ende des Fortschritts?

Endzeitvision. Lebte die Welt jahrzehntelang in der Furcht vor dem atomaren Armageddon, nach welchem dereinst eine schwarze Linie entlang der Felsen das Ende der Menschheit markieren würde, wurde daneben eine beinahe noch schrecklichere Höllenvision verdrängt: Suburbia – die Vorstadt als Weltmodell! Hermann Kahn, um 1980 führender Vertreter wissenschaftlicher Zukunftsprognostik, USA: „Mit unserer heutigen Technik, der heutigen Technik wohlgemerkt, können wir zwanzig Milliarden Menschen auf der Erde tausend Jahre lang mit einem Pro-Kopf-Einkommen von zwanzigtausend Dollar unterhalten. Wir können das bei einem angemessenen Lebensstandard, einer angemessenen Lebensqualität nach den Maßstäben der Mittelklasse, nicht allerdings der oberen Mittelklasse. Es ist dies eine Möglichkeit, bei der die obere Mittelklasse viele ihrer am meisten geschätzten Standardbegriffe wird aufgeben müssen: Wenn eine mittlere Klasse gut leben soll, dann wird das zum Beispiel eine Welt der Vorstädte sein. Überall ist dann Suburbia, überall. Denken wir einmal so an die Sache: Die Welt hat sich im 20. Jahrhundert verstädtert. Bis ins 18. Jahrhundert hinein gab es für jeden Städter zwanzig Menschen außerhalb der Stadt. Nun sind die Menschen urbanisiert. Im 21. Jahrhundert wird, wenn alles gut geht, die Welt suburbanisiert werden. Das ist gar nicht so schlimm. Es gibt einhundertfünfzig Millionen Quadratkilometer auf der Erde. Es gibt nur sechzig Millionen Quadratkilometer bewohnbaren Landes. Legen wir neunzig Millionen für Erholung und nützliche Zwecke beiseite. Das ist eine Menge. Von dem Sechzig-Millionen-Teil bewohnbaren Landes nimmt man zwanzig Millionen für menschliche Wohnstätten, und zehn Millionen verwendet man für Aktivitäten wie Handel, Industrie, Dienstleistungen, Fabriken, die Hälfte des Landes. Die andere Hälfte ist für Agrikultur, Unterhaltungsindustrie, Gewerbe und Freizeit bestimmt. Aber grundlegend wird alles ausgenutzt. Die Parkflächen könnten drastisch größer werden. Aber wohin immer Sie auf der Erde gingen, Sie würden Suburbia vorfinden." Angesichts dieser Wahlmöglichkeit zwischen Pest und Cholera besteht immerhin der Hoffnungsschimmer, dass sich der Hellseher wie die meisten Zukunftsforscher fundamental geirrt haben könnte!

Es ist ja in der Tat ein Kreuz: Rational betrachtet, beginnt der Mensch seinen Lebensweg als unnützer Fresser, ökonomisch ein Zuschussobjekt, ökologisch höchst fragwürdig als potentieller weiterer Umweltverschmutzer. Tritt er ins Erwerbsleben ein, wird er zum Kostenfaktor; als Kunde, Nachbar und auch sonst meist zum Störfaktor. Dann hat er obendrein noch reichlich Freizeit, in der er allerhand Unfug stiftet: besucht er etwa ein beliebtes Alpengebiet – schon verstärkt er dort die Schäden durch den Massentourismus. Weicht er hingegen in stillere, ja, einsame Regionen aus, zerhatscht er unweigerlich ein wertvolles, kaum belastetes Ökosystem. Und erst die Fernreisen – pfui Teufel, darüber wollen wir gar nicht reden! Tritt er endlich in den sogenannten „wohlverdienten Ruhestand", hängt er, wiederum zum unnützen Fresser geworden – den folgenden Generationen im Sack!

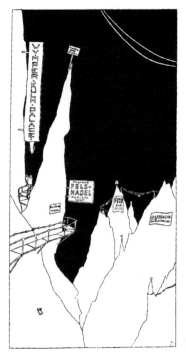 

Prophetischer Ausblick, gezeichnet um 1970 von Samivel

Alpinismus im Jahr 2000 | Die Alpen im Jahr 3000

Daher kann es im Grunde nur eine einzige logische Konsequenz geben: **die menschenlose Gesellschaft!** Sozio-ökonomisches Ideal: frühzeitige Selbstentsorgung, selbstverständlich vorbildlich in Form von Kompostierung. Doch selbst im Angesicht der letzten Dinge bleibt eine schnöd materielle Frage offen: sollte man sich im Hinblick auf die ohnehin prekäre Grundwassersituation nicht noch vorher die giftigen Amalgamfüllungen durch Goldkronen ersetzen lassen?

Neue Alpenwelt. Zeichnung: Glück

15.
MOUNTAIN-BURGER
„MECK CLIMBIM"

Top-aktuell: Alpin-Schnellfress (deutsch: fahstfuhd) und Fertigschmeck erfreuen sich steigenden Zuspruchs. Folgendes voll ursupertolles Rezept lässt sich auch zu Hause einfach nachkochen:

MOUNTAIN-BURGER MECK CLIMBIM

Je 1 Führer, Wikipedia-Ausdruck und Hüttenkalender in einem Mixer schreddern, mit 1 Büchse Fun,1 Büchse Fit, 1 Tube Instant-Abenteuer mit etwas künstlichem Wasser zur Grundmasse verrühren
(wer die Geschmacksnerven nach der hohen Burger-Schule verwöhnen möchte, kann noch kleingehackte Infos, Tipps und Topos darunterziehen)
Die Masse wird zu Laibchen geformt, mit Bolz, Klox, und Bonx (wahlweise auch Ferrata, geflashten Frie Reidern oder topgeropten Kletterkitz) gefüllt, bei mäßiger intellektueller Hitze mit hohem Spaßfaktor gebacken und abschließend mit einem Rotpunkt verziert.
Seilsalat aus einem 60-Meter-Seil
Schlaraffischer Höhepunkt ist Cooles Hot Eis mit Powder in einem Pappbecher.
Wichtig: Uhrkuhl servieren!

Alles bleibt anders

„Eine Kultur kann ohne Gedächtnis nicht existieren, und seine Weitergabe von einer Generation zur nächsten, ja, noch mehr zur übernächsten, ist entscheidend. Was aber dabei im Erzählen schwindet, verdient nicht nur Trauer: Es findet eben ein Wasser- und Luftaustausch statt, der erneuert, belebt und darum sehr notwendig ist"
Harald Weinrich, Sprachforscher

„Bitte sich anzuschnallen! Wir landen in wenigen Minuten in der Gegenwart!" In der Businessclass beginnt die prominente alpine Hautevolee aus Wolke Sieben, die auf Besuch zum Alpinsymposion kommt, an den Gurten zu nesteln. Der Überflieger steuert der Rollbahn des HEUTE zu, wo ihn vorbeiwischend die gefährliche Nebelbank der Aktualität seiner oberlehrerhaften Weltsicht beraubt, und kommt langsam zum Stillstand. Ist er wirklich weit geflogen? Oder ist er an seinen Ausgangspunkt zurückgekehrt? So ziemlich alles scheint bereits dagewesen. Wie der Refrain eines alten Liedes: ein wenig anders, und doch irgendwie vertraut. Der Überflieger kennt die Tücken einschlägiger Geschichtsbetrachtungen: wenn die sich erst auf dem Glatteis der Gegenwart befinden, geraten sie, den Blick nach hinten gewendet, leicht ins Schlingern, und so hat er sich vorsorglich eine Art Astrolabium gebastelt, einen Kompass mit historischer Visiereinrichtung, sorgsam eingenordet nach dem Zitat von Mark Twain: „ Prognosen sind schwierig, besonders, wenn sie die Zukunft betreffen".

Inzwischen bemühen sich die charmanten und gut informierten PR-Damen diensteifrig um die einstigen Berg-Koryphäen, verteilen Folder, Alpinzeitschriften und Prospekte, und versuchen all deren naive Fragen zu beantworten, die Kaspar Hauser stellen könnte.

Julius Kugy, zum Buffet strebend: „Ich war ja immer ein Freund guten Essens, sie wissen ja: meine köstliche bodenständige slowenisch-kärntnerisch–friulanische Küche! Also, was haben wir denn hier laut Beipackzettel (setzt sich mit Bedacht den Zwicker auf):

> *„Schweine- und Rindfleisch, Speisesalz, Gewürze & Gewürzextrakte, Maltodextrin, Diphosphat, Triphosphat, Brühe, Glucose, Hefeextrakt, Natriumascorbat, Nitritpökelsalz, Natriumnitrit, Knoblauch, Traubenzucker, Geschmacksverstärker, Mononatriumglutamat, Dinatriuminosinat, Karminsäure, Diphosphat, Raucharoma, Weizenmehl, Guarkernmehl, Hefe, Ca-Phosphat, E472e, Sojalecithin, Soja, Gluten"*

„Pfui Teufel – so was isst man jetzt? Das geb' ich nicht einmal meinem Hund! Das wirkt ja schon beim Lesen – verzeihen sie, dass ich die Contenance verliere – geradezu zum Speiben!"

„Das, lieber Doktor Kugy, lief früher einmal unter ‚Wurstsemmeln', wahlweise mit Polnischer oder mit Farmerschinken! Verfügte jedoch Ihre Großmutter nur über maximal 20 Gewürze, sind wir – oder besser die Nahrungsindustrie – nun in der Lage, aus mehr als 2000 künstlichen Aromastoffen auswählen zu können, was uns schon rein rechnerisch hundertmal glücklicher macht! Von den

Julius Kugy

leichten kulinarischen Irritationen abgesehen, werden Sie aber Ihre helle Freude haben, dass der Führertourismus, für den Sie seinerzeit von den jungen Wilden getadelt wurden, in unerwartetem Maße eine Renaissance feiert, kurz gesagt ‚boomt'. Ich darf Sie zitieren: „Ich zog es vor, als ‚Herr' in die Berge zu gehen. Dass ich es nicht als ‚Mehlsack' tat, weiß man. Die rein materielle Arbeit überließ ich gerne anderen, tat sie nur, wenn ich musste, bewältigte sie auch leicht, wo es notwendig war". Hier darf ich Ihnen gleich die neuesten Mitteilungsblätter der Alpinvereine zeigen: Von der Almwanderung bis in höchste „Eisige Höhen" kann alles gebucht werden. Sie brauchen gar keine eigenen Ideen zu haben – alles gibt es bereits konfektioniert als „Fertigfress". Hätten Sie nicht Lust auf einen preiswerten Achttausender? Im Doppelpack noch günstiger?"

„Und Sie – Sie müssen der Herr Zsigmondy sein – stimmt's? Für Sie, als Vertreter einer fortschrittlichen Jugend, hätten wir da einen schönen Prospekt."

Emil Zsigmondy, liest laut:

> *„Bungee-Jumping, Sky-Diving, Flying-Fox, Skywalk, Deepwater-Soloing, Trail-running, Speed-Hiking, Canyoning, Paragliding, Kitesurfing, Mountainbiking, Slacklining, Risk'n'fun, Tourenpisten, Pistentouren, Zorbing"*

„Ich versteh' überhaupt kein Wort. Sind das lauter neuartige Erkrankungen?"

„Nein, nein – dies ist teilweise das gleiche, was dem Doktor Kugy vorhin so aufgestoßen hat, nur auf dem Freizeitsektor: neben neuen Erlebnisformen auch die Geschmacksverstärker, künstlichen Aroma-, Farb- und Zusatzstoffe eines Geschäftsfeldes, welches den Alpinismus mittlerweile inhaliert und große Spielplätze für Halberwachsene geschaffen hat. Areas, heißt das übrigens auf Deutsch. Sie müssen wissen: Fun ist zur Bürgerpflicht geworden, ein gnadenloses Stahlbad. Nichts versäumen, Sie müssen MEHR aus ihrer Freizeit machen! Nach dem Gipfellauf, pardon: ‚Summit-Running', ein Gleitschirmflug mit angeschnalltem Kajak zum Weiterfahren, dabei den I-pod im Ohr, einen Burger

Emil Zsigmondy

mampfend und gleichzeitig allen Facebook-Freunden Bescheid gebend. Nur ja nichts versäumen! Zeit gewinnen!"

Zsigmondy: „Und was mach' ich mit der gewonnenen Zeit? Noch eine Drittel Tour dranhängen? Mich einer sehr wichtigen Zeitung widmen? Oder den Rasen mähen? Der menschliche Herzschlag ist doch der alles durchziehende Grundakkord unserer Existenz, mit seinen Phasen von Anspannung und Entspannung: systolisch-diastolisch – da hat sich doch schließlich jemand was gedacht dabei! Dieser Verlust des Rhythmus kommt mir irgendwie pathologisch und überdreht vor. Diese Leute wirken fast wie Zwitterwesen, Teile einer Apparatur – in Ihrer neuen Diktion würde ich die glatt als Multi–Tasking-Turbo-Deppen bezeichnen ..."

„Auch ihnen, Herr Purtscheller, dürfen wir eine freudige Mitteilung machen: dass Sie nämlich in unserer Ära der Leibesübungsmetaphysik als Turnlehrer wieder voll im Trend liegen".

Ludwig Purtscheller: „Wo liege ich? Und was ist das dort für eine Konstruktion, die aussieht wie ein Umspannwerk von Fred Feuerstein?"
„Das Turnen als alpinistische Basiskomponente ist wieder da! Natürlich total

Ludwig Purtscheller

wissenschaftlich untermauert, nicht in der einstigen halbmilitärischen Exerzierform, die Sie noch kannten, als die Gelenke im Gleichtakt knacken und knirschen mussten. Was hätte aus Ihnen für ein toller Bergsteiger werden können, hätten Sie bereits einen Lebensberater gehabt, einen systemischen Coach, oder zumindest einen integrativen Gestaltpädagogen, der Ihnen mit der art-of-ease-Methode gelernt hätte, erst einmal die Bewegungsorganisation des Gehens, und danach Ihre Persönlichkeitsentwicklung neu zu optimieren! Sie lächeln – was während ihrer Zeit des als männlich und kämpferisch verstandenen Alpinismus als ineffizient und weibisch galt – daraus entwickelten sich tatsächlich die phänomenalen Leistungen der heutigen weiblichen und jugendlichen Kletterstars, die sich nicht in zehntausend Klimmzügen mit pflastersteingefüllten Rucksäcken erschöpfen, sondern die Schwerkraft mit subtileren Techniken zu überwinden verstehen, in einer elegant gymnastischen Weise, angereichert mit Elementen alter asiatischer Körper- und Bewegungslehren. Übrigens – die von Ihnen angesprochene Konstruktion ist ein Hochseilgarten – da können Sie gegen geringes Entgelt, doppelt gesichert und risikofrei das Abenteuer erleben. Das hilft zum Beispiel Managern zur Unterdrückung allfälliger Skrupel, wenn sie wieder 1000 Mitarbeiter gefeuert und danach ihren Bonus verdoppelt haben ...“

Guido Lammer

„Risikofreies Abenteuer?“ **Guido Lammers** Kopf rötet sich, sein Bart beginnt sich zu sträuben: „Was soll denn ein solcher Stuss, das ist doch ein Widerspruch in sich? Ich habe da einen köstlichen Satz gefunden, von diesem Yvon Chouinard – wissen Sie, gelegentlich lese ich ja noch diese Alpinhefteln – also, der sagt: „Adventure is, when you screw up, when your neck is on the line and you've got to get your ass outta there" – wenn mich mein bescheidenes Englisch nicht trügt, sinngemäß etwa: „Abenteuer ist, wenn du dich wo hineinreitest, den Hals riskierst und schauen musst, dass du deinen Arsch heil heraus bringst". So war's bei uns! Und auch noch später. Risikofreies Abenteuer – sind denn jetzt die Versicherungen für das Abenteuer zuständig?“

„So ähnlich verhält es sich, Herr Professor. Genauso wie es uns gelungen ist, absolut geschmacksfreie Obstsorten zu züchten, haben wir jetzt das ,sichere Abenteuer' in der Angebotsliste. Die Mutprobe von heute ist standardisiert, der Berg muss nun leicht erlebbar – ein schönes Wort aus der DDR-Abteilungsleitersprache – sozialkassenverträglich überarbeitet und ISO-konform sein – es gibt sogar schon Premium-Wanderwege, die von eigenen Wanderkommissionen zertifiziert werden. Jetzt sind wir doch endlich Sportler! Sport braucht Normen! Endlich wissen wir, wer – umzingelt von Reklametafeln – Wanderweltmeister oder der beste Kletterer der Welt ist!“

Warnhinweis: „Von Bergen kann man hinunterfallen!"
(Montblanc-Südseite / Schilthorn)

Lammer: „Ehrlich gesagt – das wollten wir insgeheim auch schon immer wissen, haben uns aber öffentlich nicht zu messen getraut – trotzdem habe ich gewarnt: „Hütet euch vor der Sportvertrottelung, indem ihr für nichts mehr Sinn habt als für euren einseitigen Sportzweig und für Rekorde! Bleibt innerlich freie Menschen und macht euch nicht zu Sklaven des Meterstabes und der Stoppuhr!"

Otto Herzog, staunend: „Jaleck – die klettern ja in einer Halle! Und so schöne leichte Karabiner haben die ... Dabei – können tun die schon was ... Wie die sich bewegen – allerhand! Die werden meine Ha-He-Verschneidung in der Laliдererwand nur so hinauf flitzen! Das war nämlich 1922 der vermutlich erste obere Sechser. Wie – in den ersten vierzig Jahren nur ganze siebzehn Wiederholungen? Und jetzt – wird die jetzt oft gemacht? Was – praktisch fast nie?"

Otto Herzog

Schauklettern 1898

Hallenklettern 2008

„Ja. lieber Rambo – jetzt ist die Kletterhalle der kommunikative Treffpunkt, und obendrein noch naturschonend. Schließlich ist nicht genügend natürliche „Natur" für alle vorhanden – außerdem ist diese Natur in Wirklichkeit eine Zusammen-rottung ungeordneter Steinhaufen, unbequem und teilweise richtig gefährlich! Darum schaffen wir für die Leute bekömmliche, portionierte, künstliche Plastik-Erlebniswelten, und konnten die Erlebnispalette mit Rutsch-und Rollgeräten um die neue Spielart des Gesäß-Alpinismus bereichern!"

Toni Hiebeler

Toni Hiebeler blättert in den Alpinzeitschriften: „Ich seh' fast nur mehr lauter halbert nackerte Kletterer beiderlei Geschlechts – und kein Mensch regt sich auf! Ein bissel erinnert mich das an die Playboy-Hefte: lauter makellose Dienstkörper, alles perfekt ausgeleuchtet, in Stellungen, dass man schon vom Hinschauen Kreuz-schmerzen bekommt ..."

„Meister Hiebeler, verzeihen Sie, dass ich so gestelzt daherrede, aber: Die Begegnung mit dem ‚Erhabenen' – wie immer es aufgefasst wird – war bisher immer ein bedeutender Antrieb des Natursportes Alpinismus. Nunmehr wird das Erhabene zunehmend eingeebnet, parzelliert und verkauft, von Straßen durchschnitten, die Stille wird zielstrebig ermordet. Das Erlebnis der Täler zum Beispiel war einst einleitende Vorstufe einer Bergbesteigung: Nun reduziert es sich auf die Parkplatzsuche. Selbst der Himmel, von Kondensstreifen und Laserspielen zersägt, ‚gehört' nicht mehr den Naturliebhabern. Was bleibt also? Hauptsächlich der eigene Körper und dessen

Nacktkletterer Hermann Hesse | alpiner Bodybuilder

Erfahrung. Der Hang zum Narzissmus ist unübersehbar - waren früher die Bergfotos meist auf den Kontrast des kleinen Menschen zu einer übermächtigen Bergwelt ausgelegt, dominieren heute die Detaildarstellungen des menschlichen Körpers, als Athlet in der Felsenarena (ist das nicht schön gesagt?). Aber selbst hier nicht viel Neues unter der Sonne: schon Hermann Hesse ließ sich beim Nacktklettern fotografieren!"

„Außerdem leben wir jetzt Highspeed: Die Kommerzialisierung des jeweils Neuesten jagt und überholt sich selbst. Suchmaschinen stöbern im Stakkato das gestern noch Verrückte und Subversive auf und bereiten es konsumgerecht auf zum trendigen Muss. Mit pseudowissenschaftlichem Schaumstoff aufgefüllt, lässt sich selbst ein Schneebrunzer-Workshop, eine Klettersteig- oder Taschenbillard-Akademie verkaufen. ‚Wandern' etwa war gestern! Wir walken nordic, oder power, oder hiken speed. Und wer einfach nur ein Bedürfnis nach einer erfrischenden Brise verspürt, kann diese, stylish gewandet, beim geführten ‚Airsnapping' genießen – im preiswerten Kombi-Angebot inklusive Basis-Set samt Anleitungs-Bildband.
Natur allein genügt nicht, in Wirklichkeit ängstigt sie ja die meisten Zeitgenossen. Die wollen eine abgesicherte und bequeme Wiederholung des Alltags auf 2000 Metern Seehöhe oder höher. Die lieben Kleinen, die diesbezüglich richtig konditioniert sind, quengeln dann schon bei der Bergstation oder der Schutzhütte: ‚Wo ist die Rutschbahn, die Hupfburg – und der Plastik-Saurier?" Das entspricht dem infantilen Grundverlangen: Alles-Jederzeit-Überall! Ein Verzicht wegen schlechter Wetterverhältnisse führt in ein nicht zu bewältigendes Seelentief. Immer verfügbar hat das Klettergerüst zu sein! Kein Gedanke, etwas als Geschenk entgegennehmen zu dürfen, ein ‚Unmöglich' einzugestehen".

Viktor Frankl, nachdenklich und besorgt: „Weltweit leiden die Menschen, insbesondere junge Menschen, unter einem Sinnlosigkeitsgefühl. Sie besitzen die Lebens-Mittel, die Mittel zum Leben; aber sie entbehren einen Lebens-Zweck, auf den hin zu leben, weiterzuleben, es sich auch dafür stünde. John Glenn, der amerikanische Astronaut der ersten Stunde, hat einmal gesagt: ‚Ideals are the very stuff of survival'. Ohne die Ausrichtung auf

Viktor Frankl

Ideale kann der Mensch, kann die Menschheit, nicht überleben; aber das schafft eben Spannung, man muss kämpfen können, man muss warten können, mit einem Wort, es bedarf der sogenannten Frustrationstoleranz, und die muss man trainiert haben; aber die vorwiegend um eine Minimierung von Spannung besorgte Erziehung von heute erzieht einen nachgerade zur Frustrations-Intoleranz, einer Art psychischer Immunschwäche, wenn ich so sagen darf. Das Resultat sind junge Menschen, die unfähig sind, Frustrationen ‚wegzustecken'; sie sind unfähig, auf die Erfüllung ihrer Wünsche zu warten; sie sind unfähig, auf etwas, das sie noch nicht haben, zu verzichten oder gar etwas, das sie bereits besitzen, zu opfern. In ihrer Frustrations-Intoleranz sind diese jungen Menschen nicht mehr fähig, abwendbares Leid abzuwenden und unabwendbares Leid auszuhalten, geschweige denn, dass sie Mitleid aufbrächten für jemand anderen – Mitleid kennen sie nur mit sich selbst".

„Verzicht – ich bitte Sie! Genau deswegen, verehrter Doktor, sind diese jederzeit abrufbaren künstlichen Paradiese so wichtig! Jedenfalls sind sie doch besser als jene in Drogenform, selbst wenn die Geistesblitze mancher Vordenker tatsächlich wirken, als seien die auf Extasy-Trip oder irrtümlich lobotomiert, wie dieser – ich hab' seinen Namen vergessen - aus Ischgl, der gerne das enfant terrible der Tourismusbranche gibt:
„Eine 25 km lange Achterbahn soll mit 25 Loopings, 46 Schrauben, in Röhren und im freien Fall vom Berg ins Tal führen. Auf 150.000 m² Schneehang soll ein Abbild der Mona Lisa aufgesprüht werden, anschließend darf durch den alten Meister gewedelt werden. Der neue Gast ist teilnahmslos, er weiß selber gar nicht, was er will, außer fünf Tage Glück, all inclusive. Deshalb gilt es, die körpereigenen Glückshormone, die Endorphine, tüchtig aufzumischen. Sie sind das Gold des 21. Jahrhunderts – wir müssen den Gast nur schütteln, shaken, in Wallung bringen, befriedigen. Er braucht das nach zwei, drei Monaten wieder und wird, wie ein Quartalsäufer, zur Achterbahn zurückkehren."

Frankl, kopfschüttelnd: „Früher wäre man schon für weniger eingeliefert worden ..."

Der **Tourismus-Vordenker** (allmählich an Fahrt gewinnend): „Oder Convenience-Bergsteigen: Über eine 7.000 Stufen lange Stiege wird der Berg bezwungen. Oben haben wir uns ein gläsernes Gipfelkreuz vorgestellt, mit einem Gipfelbuch, das ans Internet angeschlossen ist. Abwärts geht es mit dem schwebenden Mountain-

Glider zum „Apres Walk". Hunderte Millionen Menschen wandern, aber nicht in Österreich, weil Wandern hier kein gutes Image hat. Es ist Zeit, ein Signal zu setzen, zum Beispiel mit einem neuen Designer-Outfit für weibliche Walker. Nicht Dirndl oder Hosen soll die Dame tragen, sondern einen kurzen Rock, lange Strümpfe und die topmodischen „Mountain-Strapse" ...

Ballermann, alpin

„Halt, halt! Herr Doktor Frankl! Zwangsjacke, Elektroschock und Gummizelle sind doch längst nicht mehr gestattet! Vergessen Sie außerdem nicht, dass derlei Symptome mindestens seit hundert Jahren aktenkundig sind. Nehmen Sie nur das Projekt der Matterhornbahn aus dem Jahr 1891. Das sah damals eine Seilbahn bis zum Schwarzsee vor, danach eine Zahnradbahn zum Bergfuß. Dann sollten die Touristen in einem liftartigen Tunnel zum Gipfel befördert werden ... Bisher gelingt nur den TV-Machern die Verwirklichung des alten Alchimistentraumes, nämlich aus Scheiße Gold zu machen - nun sollte man den Tourismusstrategen ebenfalls eine Chance bieten! Wer weiß, vielleicht laufen sich derlei Attraktionen ohnehin von selber tot, und GLÜCK gibt es demnächst als Spray?"

Fritz Kasparek, zweifelnd den Kopf schüttelnd, in breitestem Ottakringer Dialekt: „Des is doch alles a Schas mit Quasteln!"

„Werter Kasparek, dass Sie sich da nur nicht irren: das Gleiche hat man vor dreißig Jahren über Akkubohrer, Kletterturm samt Wettbewerb sowie die Skihalle gedacht – und vor hundert Jahren schon über künstliche Abstürze oder über Indoor-Alpinismus. Dabei gab es schon zu dieser Zeit revolutionäre Köpfe, die nur verkannt wurden:

„Bergsteigen im Zimmer ermöglicht ein Apparat, den ein Ingenieur Fiedler unter dem Titel ‚Werde gesund' hergestellt hat und in den Handel bringt. Die Benützung des Apparates geschieht in der Weise, dass man in die beiden Trittsohlen steigt, diese loslöst, und nun, sich mit beiden Händen an den an dem Gestänge angebrachten Griffen haltend, genau die Bewegungen macht wie beim

Fritz Kasparek

Bergsteigen. Hebt man das eine Bein, so senkt sich am anderen Ende das Gewicht. Will man das Bein wieder auf den Boden setzen, so muss das Gewicht gehoben werden; es ist also ein Widerstand zu überwinden, welche Arbeit die Leistung ersetzen soll, die man beim Bergsteigen durch das Heben des Körpers verrichtet. Es wird in zwei Ausführungen hergestellt; mit vernickeltem und lackiertem Gestänge etc. 98,– Mark und mit bloß lackiertem Gestänge etc. 80,– Mark" (Mitteilungen DÖAV, 1903)

Immer voraus: die Satire! Mountainbike (1900) Kletterturm (1966) Gehmaschine (1903)

Bungee Jumping? Alter Hut: Künstlicher Absturz (Fliegende Blätter 1898)

Na – was sagen Sie jetzt? Die Satire ist längst Realität und die Apokalyptiker von heute sind die Langeweiler von morgen. Die kostenpflichtige Hallen-Kunstschnee-Skitour fällt schon gar nicht mehr als Übertreibung auf".

„Ja, um Himmels Willen: Herr Yeti! Entschuldigen Sie, dass sich so lange niemand um Sie gekümmert hat! Haben Sie schon das Programmheft und ihren Begrüßungscocktail bekommen?"

Yeti Khumbu

Der Yeti: „Eigentlich bin ich auf der Suche nach einem seltenen, sagenhaften Lebewesen, das noch niemand leibhaftig erblickt hat; rarer noch als Tatzelwurm, Einhorn oder sogar ich selbst: nämlich dem ‚Rückepferd'!"

„Ach dieser Propagandagaul! Lassen Sie sich nicht verarschen, Herr Yeti: Das betagte Viech wird aus Gesundheitsgründen kaum mehr ins Freie entlassen, wahrscheinlich ist es aber auch nur eine Computeranimation. Wenn Sie schon auf der Suche nach Fabelwesen sind, sollten Sie sich lieber nach Schottland, zum Loch Ness begeben, mit besseren Erfolgsaussichten."

Eduard Pichl

Eduard Pichl: „Übrigens – wie ich höre, soll es jetzt National-Parks geben? Höchst erfreulich! Zutritt hoffentlich nur für Arier? Und der Alpenverein ist ebenfalls rasserein, Volksgenossen? Wird die Jugend ausreichend gestählt und eilt umgehend wieder begeistert zu den Fahnen, wenn das nächste Völkerringen ..."

„Das, Herr Hofrat, wird wohl nicht mehr gespielt. Die einzigen Fahnen, die noch gehisst werden, sind allenfalls die Sponsorenwimpel. Sehen Sie sich außerdem zum Beispiel die Liste der Besteiger aller Achttausender an: da finden Sie Amerikaner, Japaner, Spanier, Kasachen, Koreaner ..."

378

„Was? Das hat doch mein Gesinnungsfreund Prodinger nachgewiesen, dass dies schon rein rassenkundlich gar nicht möglich ist. Womöglich auch noch – Neger?"

„Stopp – da müssen wir entschieden eine Grenze einziehen! Sie dürfen heute zwar in jeder Anstalt deutscher Hochkultur unbeanstandet Ausdrücke wie „Ficken" gebrauchen, da werden Sie sogar als wegweisend akklamiert, aber „Neger" – das geht zu weit!"

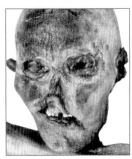

„Ötzi" Ötztal

„Immer diese Gutmenschen ... Ein Werteverfall ist das ... total verrottete und verkommene Zeiten ..."

„T'schuldigung, Herr Hofrat: betrachten Sie doch einmal Ihr längst überschrittenes Ablaufdatum – also: Tschüssi, Tschau, Baba!"

„Ötzi" Ötztal: „Apropos Ablaufdatum: Gehen die Rolling Stones eigentlich immer noch auf Konzerttournee?"

Stimme aus dem Lautsprecher: „Bitte Platz zu nehmen – das Grundsatzreferat des Symposions beginnt! Es ist uns gelungen, dafür die ziemlich berühmten Alpinhistoriker Floda Sjerkom und Josef Komradl zu gewinnen! Für die Hörbehinderten unter Ihnen gibt es diese Textcollage gratis zum Mitlesen:"

100 JAHRE UNTERGANG DES WAHREN ALPINISMUS ODER „DAS IST JA KEIN BERGSTEIGEN MEHR!"

„**Die allermeisten Outdoor-Konsumenten** wollten immer schon eine präparierte Natur für ihre No-limits-Spiele. Die Folgen sind überall sichtbar: präparierte Wege bis zur Spitze des Everest. Als sei Wildnis in Europa ein Auslaufmodell, wird sie zurückgedrängt, präpariert für eine Freizeitgesellschaft, die ihrerseits die ‚Disziplin des Risikos' für überholt und die Angst als Regulator im Hochgebirge für veraltet ansieht … Ein Jahrtausend, das vor allem in Großkinos und Spaßbädern und Freizeitparks beginnen wird, kann auf die Alpen und den heileren Rest der Gebirge dieser Erde als Mega-Arenen verzichten. Der Erlebniskonsument, der spontan Lust haben sollte und Geld ausgeben kann, findet heute schon alle Möglichkeiten dazu inmitten der Städte. Bauen wir ihm also neben dem Ocean-Park und Bungee-Kran das Alpin-Center mit künstlichem Eis und mit Dachüberhang! Lassen wir aber bitte die Gebirge, wie sie sind! Nur so bliebe gewährleistet, dass etwas Ungewöhnliches, etwas Großes – wie hat William Blake es gesagt? – geschieht, wenn wir hinaufsteigen".

(Reinhold Messner: „Wir haben uns verstiegen!", 1997)

„ ‚**Plaisier', ‚Sanierung'** klassischer Routen und ‚Erschließung' sind Ausdruck unseres letzten Endes zum Fluch gewordenen Auftrages, uns die Erde untertan zu machen. So wird auch das Unbekannte in den Bergen gegenwärtig mit einer Schnelligkeit zerstört, die dem Tempo der Vernichtung des Regenwaldes um nichts nachsteht. Wände, durch die vor dreißig Jahren ein einziger oder gar kein Durchstieg geführt hat, sind heute von

einem Spinnennetz von Routen überzogen, mit denen sich die Erschließer ein Denkmal setzten. Berufsmäßige Erstbeher eröffnen jedes Jahr Dutzende neuer Routen, zuweilen gar unter dem Motto: ‚eine Erstbegehung pro Tag'. Es herrscht die panische Endzeitstimmung des Schlussverkaufs; das Unbekannte, Geheimnisvolle steht zur Disposition. Bislang hat sich diese Entwicklung auf relativ leicht zugängliche Gebiete beschränkt, nach deren kompletter ‚Erschließung und Sanierung' wird nun auch Potenzial in Madagaskar, Grönland und der Antarktis geortet und der Bohrer daselbst angesetzt. Egal, wie viel wir schon haben: Wir alle wollen mehr, und wir schonen nichts".

(Oswald Ölz:
„Mit Eispickel und Stethoskop", 1999)

Dauerthema Untergang

„Als Ziel gilt, wie dies zu allen Zeiten so war, das grundsätzlich legitime Anliegen, sich durch herausragendes Schwierigkeitsklettern zu profilieren. Das aber soll heute möglichst schnell und erfolgssicher geschehen, und dies lässt sich eben am billigsten mit dem Kunstgriff des ‚Topropens' erzielen. Bei aller anfänglichen Euphorie über eine neu gewonnene Sportlichkeit im Bergsteigen mutet das dann schon mindestens so bedenklich an wie jenes einstige Vernageln jeder besseren Kletterroute. Natürlich verlangt alles, was man von unten aus versucht, mehr Zeit und Mühe als ein Vorgehen von oben, ganz abgesehen vom riskierenden Wagnis.

Eines aber ist sicher: von oben aus geht jedes echte bergsportliche Abenteuer zum Teufel. Was da noch bleibt, ist die verarmte, alle Ursprünge bis zur Unkenntlichkeit reduzierende gymnastische Bewegung, ein Gewinn ganz sicher nicht. Warum soll am Ende denn nicht auch ein kleiner Rest Unmöglichkeit bleiben? Ist das nicht immer besser als eine so sinnentleerende Bergsport-Kastration: die Verminderung des Bergerlebnisses um das wohl Wichtigste, nämlich die Auseinandersetzung mit unserer ureigenen Schwäche, den Kampf mit dem ‚inneren Schweinehund', was doch stets die nachhaltigsten Erinnerungen an die Abenteuer im Gebirge gebracht hat".

Keine Spuren hinterlassen...

(Dietrich Hasse:
„Gedanken zur Kultur und Verfahrensweise unseres Bergsteigens", ÖAZ 1996)

„Bevor es zu spät ist, sollten wir uns klar darüber werden, dass der Bohrhaken das Klettern ruiniert und seine Bankrotterklärung ist. Wir müssen uns schleunigst wieder auf den Gebrauch von Klemmkeilen und Friends besinnen, bevor dieser Sport in ein Mittelmaß versinkt, aus dem er nie wieder herausfinden wird."

(Ken Wilson, „Berge", Nr. 69, 1994)

„Der Alpinismus – und das Bergsteigen als Ganzes – ist eine der höchsten Ausdrucksformen, die der Mensch zum eigenen Vergnügen erfunden hat, sei dies nur körperlicher oder intellektueller Art. Leider hat sich seine moralische

und kulturelle Bedeutung in den letzten Jahrzehnten abgenutzt. Viele Kletterer von heute sehen das nicht so. Es gibt solche, die aus dem Ehrgeiz heraus, abenteuerliche und schöpferische Unternehmen zu verwirklichen, kurze, athletische, aber perfekt abgesicherte Routen verwirklichen. Dabei meinen sie von den Tabus der Tradition befreit zu sein. Gerade heute, wo der Kult des Abenteuers so groß ist, dass man es vorfabriziert kaufen kann, überrascht die Feststellung, dass man es als abzuschaffendes Tabu betrachten kann. Im Gegensatz dazu wird einer Reihe von sterilen Gesten, die niemals abenteuerlich sein können, einen neue Würde verliehen."

Guido Magnone am Dru

(Walter Bonatti: „Berge meines Lebens", 1989)

„**Die großen Neufahrten** von früher (ein nicht sehr weit entferntes ‚früher') wurden aus Traum, Genie und Mut gemacht, die heutigen sind manchmal nur eine Frage des Materials. Die Wand misst X Meter? Das ist also eine Angelegenheit von X Tagen, X Haken usw. Es gibt keinen Poeten mehr vor dem Berg, keinen Verliebten mehr, der an seine Schöne denkt, es gibt nur noch einen Viehhändler, der das Gewicht eines Tieres misst, einen Unternehmer, der eine Baustelle ins Auge fasst: Plan, Material, Arbeiter, Gewinn ... Dann kommt der kaufmännische Nutzen und die Werbung, die erste Unterstützung des Kaufmanns: je mehr ‚Spannung', je mehr der Aufstieg sich in die Länge zieht, je mehr verkauft man ...“

(Georges Livanos: „Sechster Grad gestern-heute-morgen?“, „Alpinismus“ 1963)

„**Mit den äußersten Spitzen** der Profilsohlen auf einer kaum fingerbreiten Leiste stehend, den Plastikschutzhelm auf dem Kopf, hämmert der Kletterer einen Haken in einen haarfeinen Riss. Dann hängt er das Seil ein, das ihn mit seinem Kameraden verbindet, der sich eine Seillänge unter ihm in der Wand festklammert. Erst jetzt lehnt er sich aufatmend zurück: nach zweistündigem Kampf hat er vierzig Meter bezwungen. Schon vor zwei Tagen stiegen die beiden in die Wand ein, noch eine Nacht werden sie, in einer Trittschlinge sitzend, bekleidet mit von Batterien geheizten, wattierten Anoraks, verbringen müssen, dann ist es geschafft: eine neue Route ‚führt' durch die überhängende Wand aus gelbem, brüchigem Dolomit, noch verrückter, noch direkter als die alte, die sich kaum vierzig Meter weiter links durch den Fels schlängelt. Was bewegt diese jungen Menschen, sich in dieser ungeheuer strapaziösen Weise durch die Wand zu nageln, was treibt sie? Nichts anderes als die ‚Entwicklung'. Die Entwicklung, die Perfektion, die aus dem naturliebenden und schwärmerischen Entdecker und Ersteiger der Alpen, aus dem Pionier mit Alpenstange und Sepplhut den bohrenden Kletterer machte, den helmbewehrten Tüftler, Techniker und Kraftmeier der Senkrechten. Die alpine Idee ist tot oder sie stirbt doch in der nächsten Zeit, denn sie erlebt den tragischen Untergang all der Ideen und Bewegungen, die sich im Vollzug ihrer Aufgaben und Ideale selbst verzehren müssen“.

(Wolfgang Schlüter, „Wird die Alpinistik zur Zirkusnummer?“, „Die Zeit“ 1962)

„**Die Fortschritte der Technik,** die Vervollkommnung des Materials und die Verbesserung der Trainingsmethoden hat den Kletterern ein zu großes Können in die Hände gespielt. Auch hier ist die Technik drauf und dran, das Abenteuer umzubringen. Bald schon wird es für all jene, die das Mittel, um sich zu vollenden, darin suchen, sich mit dem Berg zu messen, keine andere Möglichkeit geben, als die verzweifelten Wege des Alleinganges und der Winterbesteigungen einzuschlagen“.

(Lionel Terray, "Les Conquerants de l' Inutile", 1961)

„**Was heute an den Wänden getrieben wird,** kann nicht mehr als Klettern bezeichnet werden. Schon Kugy äußerte sich 1933 zur Erstdurchnagelung der Nordwand der Großen Zinne in unmissverständlicher Weise. Inzwischen wurde gerade in dieser Wand eine weitere Steigerung erreicht: die absolut direkte Route. Materialverbrauch: 180 normale Haken, 25 Karabinerhaken, 14 Bohrhaken, Seilschlingen, Reepschnüre“.

(Dr. Hans Hanke im „Bergsteiger“,
anlässlich der Erstbegehung der „Hasse-Brandler“ 1958)

„Die Berge – ja, sie stehen noch, aber sie sind in Fesseln geschlagen, ihrer letzten Geheimnisse enthüllt: Alle Gipfel sind auf allen Wegen erstiegen, alle Wege nach Schwierigkeitsgraden von I – VI+ (obere Grenze) qualifiziert und registriert, alle ‚Bauplätze' für Hütten vergeben, wie ein Spinnennetz überziehen Seilbahnen aller Art die Täler, Gletscher und Zinnen, es wimmelt und wurlt wie in einem Ameisenhaufen ... wie wird das enden? Wie wird sich die ‚Sünde wider den Geist' rächen, das hoffärtige Geprahle der ‚Erstbesteigungen'? Als da sind: erste touristische

Besteigung (mit Führer), erste führerlose Besteigung, erste Ersteigung durch eine Frau (mit Führer – ohne Führer) – im Winter – auf Skiern – ohne Biwak – erste Begehung in 2 Stunden, 45 Minuten und 13 1/2 Sekunden (vom ersten Fußtritt gegen die Wand bis zum Handanschlag am Gipfelkreuz) – europäischer Rekord usw. usw. Ist dies das Ende? Hat sich die Gemeinschaft der Bergsteiger überlebt, soll sie sich in eine Konsum- und Hüttenverwaltungsgenossenschaft m.b.H. umgründen? So ist das Bergsteigen nicht mehr seelische und körperliche Bestätigung einer Idee, sondern Domäne der Reisebüros und Sache des Fahrplans und der Rekordtabellen".

Um 1930 in der
Fleischbank-SO-Wand

(Max Gramich: „Ende oder Wandlung?"
„Der Bergkamerad", 1952)

„Zuerst kommt einmal die Feststellung: ‚Das Bergsteigen in den Alpen hat sich geändert'. Nur ein Narr wird es leugnen; es ist eine Selbstverständlichkeit. Denn alles was ist, ändert Form und Inhalt. Es handelt sich aber eigentlich gar nicht um die Tatsache der Änderung als solche, sondern es handelt sich darum, dass das Bergsteigen in den Alpen sich ganz gewaltig in ganz kurzer Zeit geändert hat; sich viel mehr geändert hat, als der ‚Bergsteiger von heute' anzunehmen geneigt ist, viel mehr, als ihm ohne eingehende ‚geschichtliche Kenntnisse' bewusst wird. Jawohl, das Bergsteigen hat sich derartig spezialisiert, dass man die Nagelei oder Felsenschlosserei als ganz selbständigen Sport vom Bergsteigen lostrennen sollte ...

Der Schi-Sprung-Flug an der Kunstschanze ist kein Schilaufen mehr; er hat damit nur den Schi und den Schnee gemeinsam. Genauso ist die Hakenturnerei kein Bergsteigen mehr; es hat damit nur das Seil und den Ort der Betätigung (den Berg) gemeinsam. Wozu ich aber ausdrücklich bemerken möchte, dass ich weder Sprung-Flug noch Hakenturnen verwerfen oder auch nur herabsetzen möchte. Sie sind beide großartige (sehr schwere und sehr reizvolle) Sporte – nur eben kein Schilaufen und kein Bergsteigen".

(Henry Hoek: „Wie anders ist das Besteigen der Alpen geworden",
„Bergsteiger" 1938)

„Der Alpinismus hat in den letzten Jahren in seiner ‚äußersten' Betätigung krankhaft auswüchsige Erscheinungen gezeigt, die schärfstens abgelehnt werden müssen. Wo aber steht geschrieben, dass das Bergsteigen der jüngsten Gilde verwerflicher Auswuchs ist, wer bekräftigt und bezeugt es, dass diese

Entwicklung des Alpinismus Irrweg ist und nicht gesundes Werden, das, mit der Zeit gehend, den Höhepunkt all unseres alpinistischen Tuns erreichen wird? Der Verfall geht also weiter. Die Krankheitserscheinungen des Alpinismus sind nicht nur im rein Sportlichen erkennbar, ebenso stark und vielfach als ihr Ausfluss zeigen sich diese im geistigen Leben des Bergsteigertums". *(Gunter Langes: „Wetterleuchten", „Bergsteiger" 1936)*

„Früher war bekanntlich..."

„Da nun der Bergsteiger von früher mit ganz anderen psychischen Voraussetzungen in die Berge ging als der Bergsteiger von heute, da sein Tun und Handeln von Hemmungen aller Art beeinflusst war, so müsste eine Bergfahrt für ihn ein weit größeres seelisches Erleben bedeutet haben als für den abgestumpften Tatmenschen der Gegenwart. Das Objekt Berg, somit die äußere Schwierigkeit, ist gleich geblieben, das Subjekt Mensch, also die subjektive Schwierigkeit (besser: die Beurteilung der objektiven Schwierigkeiten durch den Menschen) hat sich geändert. Die stetig sich steigernden Erfolge unserer Zeit und die dadurch bedingte Reduktion des Begriffes Schwierigkeit sind demnach verursacht durch die geistige Umstellung des Menschen im Wandel der Zeiten. Die heutige Generation geht mit mehr Selbstverständlichkeit, mit dem absoluten Gefühl der Überlegenheit an die alpinen Probleme heran, und diese psychische Einstellung wirkt beflügelnd auf die physische Leistungsfähigkeit, sie ist die Voraussetzung für den Erfolg."

(Willo Welzenbach, ÖAZ 1928, S.239)

„Unsere Zeit der Rekorde, des einseitig betriebenen Sportes hat nichts übrig für Bücher, daher auch nicht viel für Buchbesprechungen. Es ist dies ein unleugbares Zeichen des Kulturrückganges. Denn bloßer ‚Sport', ‚Nur-Sport' macht geistig steril, ist eine Erscheinung der Veräußerlichung, der Selbstentfremdung (fremde Meinung über die eigene Leistung ist maßgebend), Denkfaulheit entwickelt sich, die Seele verkümmert".

(Franz Rudovsky, ÖAZ 1928, S.252)

„... alles viel besser!"

„Der Alpinismus ist dem sicheren Untergange geweiht. Warum verhehlen wir uns das immer noch? Alle, die in der letzteren Zeit in so vielen gedankenreichen und kraftvollen Aufsätzen zu reformieren oder der Entartung Einhalt zu tun suchten, scheinen zu glauben, dass noch das meiste zu retten sei. Ich kann das nicht. Der Alpinismus wird auch nicht sterben, weil er altersschwach oder krank wäre; er zählt ja noch so manchen Bergsteiger ohne Furcht und Tadel in seinen Reihen.

Klettern, rustikal
(um 1880)

Aber er wird durch die übermächtige, brutale Masse seiner Feinde erdrückt werden. Von zwei Seiten her arbeiten diese an seinem Ende: auf der einen durch die Bergbahnen und Berggasthäuser, auf der anderen durch die Sportversimpelung. An Gegenwehr fehlt es nicht: der Schweizer Alpenklub hat die Matterhornbahn zu verhindern gewusst; Steinitzer und vor allem Altmeister Lammer haben, jeder auf seine Art, uns jungen Bergsteigern die Gewissen wachgerüttelt. Aber das können wir doch höchstens als Teilerfolge ansehen; die allgemeine Entwicklung kann verzögert, aber nicht aufgehalten werden. Blicken wir doch etwas weiter. Es wird, es muss so kommen: ein Asyl wahren Bergsteigens nach dem anderen wird der Masse zugänglich gemacht, entweiht und dem Alpinisten alten Stils verleidet werden. Zuerst fällt das Berner Oberland. Im nächsten Jahr schon ist der Tunnel zum Jungfraujoch durchbrochen, und von da ab ist es kein Hochgebirge mehr. Es gibt dann Schlittenverbindung oder ähnliches ins Wallis, das Konkordiahotel wird ganzjährig bewirtschaftet, und im Winter treibt der schilaufende Snob sein Wesen auf den entheiligten Firnen. Sodann kommt die Reihe an die Montblancgruppe: außer der Bahn zur Aigiulle du Goûter wird ins Herz der Gruppe – wohl die durch Wildheit und Weltenfernheit gewaltigste Gegend unserer Alpen – eine Schwebebahn gebaut und ein ‚prachtvolles' Hotel auf der Aiguille du Midi errichtet. So wird es dann weiter gehen ... So werden in nicht mehr ferner Zeit gerade die schönsten Gruppen den Bergsteigern für immer entrissen werden. Und was bleibt ihnen dann übrig? Sie werden auf einige Gebiete zweiten und dritten Ranges zusammengedrängt werden, soweit sie es nicht vorziehen, sich in den „erschlossenen" Gebieten fernerhin zu betätigen. Aber das werden nicht mehr die alten Bergfahrten voller Poesie und Abenteuer und wilder Schönheit sein; durch die Nähe der Bahnen und Hotels werden sie auf das Niveau von Kletterein in der Sächsischen Schweiz oder von Eistouren im winterlichen Riesengebirge herabgedrückt werden, und wer trotzdem in ernstliche Gefahr gerät, braucht nur ein Notsignal zu geben, um durch einen Flugapparat geborgen zu werden. Es wird ja ein recht schöner Sport sein, aber doch gewiss kein Bergsteigen mehr!"

(Karl Plank: „Die fernere Zukunft des Alpinismus", ÖAZ 1911)

„**Es kommt noch hinzu** das Streben nach Effect und Sensation, das sich durch die Schilderung und Anpreisung irgend einer recht haarsträubenden Tour oder einer gefährlich verlaufenden Expedition nicht nur in den Fachschriften, sondern auch in den öffentlichen Blättern breitmacht. Wer den Alpinismus nur als Sportssache betrachtet, als Mittel, um das abgekitzelte Nervensystem neu anzuregen, wer die Gefahr aufsucht, bloß um mit ihr zu spielen, der ist kein Bergsteiger in unserem Sinne, der verkennt die eigentlichen, ursprünglichen Zwecke desselben. Niemand, weder die Staatsgewalt, noch irgendeine alpine Corporation kann derartige, die Sache tief schädigenden Auswüchse hindern, und auch niemand von uns wünscht eine Beschränkung der persönlichen Freiheit. Allein irgendeine Abwehr, ein Schutzmittel im Interesse des guten Ansehens und des weiteren Gedeihens unserer Sache ist dringlich geboten.

Kühne Alpinisten um 1870

Ich glaube, wir sollen es offen und rückhaltlos aussprechen, dass wir das Bergsteigen als bloße Sportssache grundsätzlich verurteilen, und dass der ,Alpensport', wo er als Selbstzweck auftritt, mit dem ,Alpinismus' nichts zu tun hat."

(Ludwig Purtscheller: „An Freunde und Gegner" ÖAZ 1896)

„Die Sucht, in den Alpen etwas Neues zu vollbringen, wo doch fast alles Vernünftige und Unvernünftige schon gemacht ist, hat manchen zu Dingen verlockt, über die er sich bei unbefangener Überlegung wirklich schämen müsste".

(Clinton Dent, „Hochtouren", 1893)

Coolidge zu Lammer: „Und da möchte man unsereins als die griesgrämigen Alten aus der Muppet-Show vorführen … Der sogenannte Niedergang des Alpinismus hat doch eigentlich gleich nach seinem Anfang begonnen! Aber irgendwie finden wir es trotzdem diskriminierend, dass der Mount Everest noch nicht rollatorgerecht präpariert wurde! "

W.A.B. Coolidge

Der Überflieger als kleines Würstchen sieht seine große Stunde gekommen und baut sich mit seinem vorbereiteten Text vor der wehrlos versammelten alpinen Hocharistokratie der Vergangenheit auf: „Im Lauf der vergangenen hundertfünfzig Jahre haben sich alle gesellschaftlichen Zustände und Entwicklungen im Alpinismus widerspiegelt:

- der Aufstieg des Bürgertums während der industriellen Revolution. Die Gründung alpiner Vereine als Ausdruck eines frisch erworbenen Selbstbewusstseins, Beginn einer positiven Natursicht, idealistischer Hingabe an Gemeinschaften, als Bühne persönlicher Eitelkeiten
- Kolonialismus und militaristische Strukturen. Das Militär als Zwangsgemeinschaft, die männerbündlerischen Organisationsformen und die martialische Diktion sind prägend für lange Phasen des Bergsteigens
- der I. Weltkrieg als erste globale Katastrophe bildete zugleich ein alpinistisches Versuchslabor mit einem massiven Entwicklungsschub
- die große Wirtschaftskrise der Dreißigerjahre, welche das Bergsteigen für Viele zu einer Lebenseinstellung anwachsen ließ
- die Vereinnahmung des Bergsteigens durch den Nationalismus, sowie die aus letzterem entstandene Generalprobe für den Weltuntergang, der II. Weltkrieg
- die Nachkriegsjahre mit ihrer bleiernen Stagnation, der Verdrängung der jüngsten Geschichte, aber auch mit dem „Wirtschaftswunder" und dem Primat des technischen Fortschrittes auf allen Gebieten
- die Jugendrevolte der Sechzigerjahre, einhergehend mit einer Absage an Autoritäten und etablierten Gemeinschaften, dem Beginn der tektonischer Verwerfungen und Erosion aller großen Institutionen
- die Entdeckung des Bergsports durch die Freizeitindustrie als eines immer wichtiger werdenden Wirtschaftsfaktors, in der Folge ein „Fit-& Fun-Alpinismus", der in einer vernetzten und immer kleiner werdenden, durchrationalisierten Welt das Verlangen nach einer gewissen Freiheit zu erfüllen scheint.

Das Ende des Alpinismus ist erstmals mit dem Abschluss der Viertausender-Erstbesteigungen verkündet worden. Danach mit dem Auftauchen brauchbarer Steigeisen: Das kraftraubende, doch monotone Anlegen einer Stufenreihe war damit zu einer Fertigkeit von untergeordneter Bedeutung geworden – daraufhin erklärten die Meister der Eisaxt die Steigeisen zum unsportlichen Teufelswerk. Als das Felsklettern eine gewisses Niveau erreicht hatte, war es der Haken, sei es zur Sicherung oder gar zur Fortbewegung, der die Gemüter erhitzte: Unzählbar die Streitschriften gegen den Haken, teilweise sogar gegen den Seilgebrauch überhaupt (!). Ein paar weitere Untergangs-Themen gefällig? „Mit oder ohne Bergführer" „Routen ohne Gipfel?" „Der Bohrhaken", „Direttissima", „Magnesia". Interessanterweise fehlt der Akkubohrer. Aber, in neuem Zusammenhang, wieder „Der Bohrhaken". Es handelt sich also meist um das jeweils aus der persönlichen Ecke gesehene Ende einer miterlebten Epoche, das in immer kürzer werdenden Generationensprüngen als Desaster des echten Alpinismus ausgerufen wird. Von Anbeginn bis heute möchte doch fast ein jeder als „letzter Abenteurer" gelten, die von ihm erreichten Leistungen als Schlussstein der alpinen Evolution sehen, und wenn er eine Besteigung fünf Jahre vor dem Epigonen gemacht hat, dann war das „damals noch das Wahre". Parallel dazu waren seit Mummery jeder nachwachsenden Generation die Gehirnswindungsverstimmungen ihrer alpinen Väter und Großväter herzlich egal, und sie hat sich immer ohne schriftliche Eingaben ihre Wege gesucht. „Die Welt ist alles, was der Fall ist" sagt Wittgenstein in seinem „Tractatus logico-philosophicus", und er hätte genauso gut den Alpinismus meinen können ..."

Der Sponsor der Veranstaltung, ein bekannter Limonadenhersteller, schiebt dem Überflieger diskret einen Zettel zu: „Das interessiert doch keine Sau! Bringen Sie lieber etwas Cooles und Fetziges. Oder zumindest was Positives!"

Also, dann positiv: DEN Alpinismus schlechthin gibt es längst nicht mehr, unter dem traditionellen Sammelbegriff ist er nun aufgesplittet in eine Fülle von Spezialdisziplinen. Und all diese im Grunde unnützen Tätigkeiten haben in ihrer Weise ihre Berechtigung – nenne man dies nun Toleranz oder neue Beliebigkeit: den Menschen in einer zunehmend von materiellen Aspekten dominierten Welt einen Hauch von Abenteurer- und Entdeckerfreuden zu vermitteln. Das Rad der Entwicklung ist außerdem nicht aufzuhalten. Vielleicht hat der BERG überhaupt ausgedient? Zudem werden einst auch die coolsten und progressivsten Kletterkids zu vorgestrigen „Kompostis", die dann wahrscheinlich der guten alten Zeit des Hallenkletterns (als einer verschwitzten körperlichen Tätigkeit – Igitt!) nachjammern. Vielleicht können die übernächsten „Jungen" schon an digitale Gedächtnisbanken mit künstlichen Hirnstromreizen andocken oder sich Scheinwirklichkeiten implantieren lassen, damit die Erlebnisse der einstigen Alpinstars mit Gefühlssensor und in 3-D durch die Ganglien flackern. Um dann geistig fit zu sein, braucht es

---

POWERFOOD FÜR CYBER CLIMBERS

2 Tabletten „Climbix-Virtual"
1 Dose Recycling-Soarch (hd.: Seich)
Kabelsalat

Bis zum Beginn dieser lichtvollen Entwicklungsphase aber können die allerletzten Lesebuch-Mohikaner noch in analoger Form an den Abenteuern eines Whymper, Buhl, Bonatti oder Messner teilhaben, sich an Sätzen festhalten, die ungeachtet ihres Entstehungsdatums allgemeine Gültigkeit besitzen, und können dabei eigene Momente der Entgrenzung, des Unfasslichen nachvollziehen, zeitlose Werte, die sich nicht im Labor nachweisen lassen, mit keinem Geld zu erkaufen sind, und die den Lifetime-Sport Bergsteigen in allen Lebensphasen weit über Aktivurlaub, Fun-Faktor und Prestige-Skala hinauszuheben vermögen:

„Alles ist im Augenblick vergessen und macht dem Gefühl der reinsten Freude und Unbekümmertheit Platz, das nur der Bergsteiger empfinden kann, der je seine müden Glieder auf sonniger Höhe und in einem stillen Winkel von sich gestreckt hat. Jeder leiseste Gedanke an Schmerz und Sorgen ist verschwunden, und das Glück, nach dem man so oft im Leben umsonst gehascht hat, sitzt plötzlich friedlich zwischen granitenen Zinnen und blickt einem freundlich lächelnd in die Augen."

(Albert Frederick Mummery, 1890)

„Was sind mir heute die Berge? Einst habe ich sie leidenschaftlich geliebt. Jetzt bin ich mit ihnen verheiratet. Sie wurden mir Gefährte, Trost, Notwendigkeit. Und das ist mehr denn Leidenschaft. Das ist Freundschaft und Treue".

(Willi Rickmer Rickmers 1926)

„In einer Zeit also, in der die Natur in so töricher und kurzsichtiger Weise ver-
gewaltigt wird durch die Menschen, die Angst vor der Einsamkeit haben und die
Stille nicht verstehen können, bin ich froh, dass es eine Natur gibt, die wir nicht
beeinflussen können, die sich nicht um uns kümmert, die in großer Höhe über
uns dahinzieht – die Stürme, der Nebel, der Regen, der Schnee, auch dann, wenn
sie uns, die wir sie wirklich lieben und von ihr abhängen, nichts als ein feindliches
und hartes Gesicht zeigt"

(Gaston Rebuffat, 1969)

„Berge werden immer eine natürliche Arena bleiben, wo wir an der Grenze zwischen
Leben und Tod Freiheit finden, nach der wir uns unbewusst sehnen und die wir wie
die Luft zum Atmen brauchen"

(Valery Babanov, 2004)

„Klettern ist viel mehr als nur ein Sport. Draußen zu sein in der Natur, am Fels,
das ist eine Lebenseinstellung"

(David Lama, 2012)

**Und dies alles zusammengenommen ist im Grund das Wesentlichste,
was es über eine der herrlichsten Nebensachen der Welt zu sagen gibt.**

Erste Sonne hinter der Aiguille du Dru

Bildnachweis

Titelbild:
Foto: Kangtega, Khumbu Himal,
Titelzeichnung: Peter Gsöllpointner

„Alpine Welt", München 1922, 15, 36, 320
„Alpinismus", 162 (Zeichnung Georg Schmidt),184, 335
Archiv Brown, 24
Archiv Destivelle, 343,
Archiv Frankl, 174,376
Archiv Holzer, 313
Archiv Heckmair ,131, 137, 138
Archiv Lukan, 2, 169,
Archiv Österreichischer Alpenklub, 18, 20, 22, 38, 39, 40, 49, 51, 54, 56, 58, 64, 66, 68, 72, 73, 79, 81, 87, 91, 92, 94, 95, 97, 98, 99, 101, 102, 103, 104, 105, 115, 117, 118, 121, 130, 134, 135, 142, 146, 148, 151,1 93, 200, 202, 208, 209, 218, 228, 230, 234, 236, 243 246, 249, 256, 258, 259, 260, 280, 282, 292, 303, 316,324, 355, 364, 372
Archiv Mokrejs, 90, 123, 124, 128, 144, 152,1 56, 158, 167, 206, 333,
Ballu Yves, 134
Cooper Ed, 283
Deutsche Himalaya-Stiftung, 253,261,262
Ghedina-Cortina, 203, 311,
Hunt John, „Mount Everest" 32, 33
Köpf Eberhard, („Erbse") Zeichnung 361
„Kurier", 16
„Nebelspalter", Zeichnung 314
Österreichische Himalaya-Gesellschaft, 269
Pitter K., Zeichnung 317
Samivel, Zeichnung 367, 377
Schall Kurt, 213, 290, 342, 373, 374
Schweizer Tourismusbüro, 182
Sella Vittorio, 50, 250,
Steck Allen, 26
Steffens Rollo, 267
Steinitzer Alfred, „Der Alpinismus in Bildern", München 1913; 6, 8, 17, 34, 37, 106, 107, 108, 109, 119, 274, 275
Steinbichler Hans, 23, 379
Vanis Erich, 244, 261, 267
Washburn Bradford, 273, 276, 281
Wilkie James, 26

Alle anderen Fotos stammen vom Autor.

Adi Mokrejs

Geboren 1941 in Wien. Gelernter Lithograf, bis 2001 im grafischen Gewerbe tätig. Seit fünf Jahrzehnten von anhaltender Bergbegeisterung befallen, hat er seit fast ebenso langer Zeit zahlreiche Artikel in alpinen Zeitschriften sowie etliche Führerwerke verfasst oder zum Teil mitgestaltet („Wiener Hausberge", Wanderatlanten „ Niederösterreich" sowie „Steiermark"). Parallel dazu hat er sich seit langem mit alpiner Geschichte beschäftigt und während der letzten Jahre zunehmend diesem Themenkreis gewidmet (Co-Autor bei „Gesäuse-Pioniere", „Der Ödstein", „Der Grimming", „Erlesenes Gesäuse"). Daraus entstand allmählich die Idee, die alpine Historie aus ungewohnter Perspektive zu sehen und mit ironischen Schlaglichtern aufzuhellen.

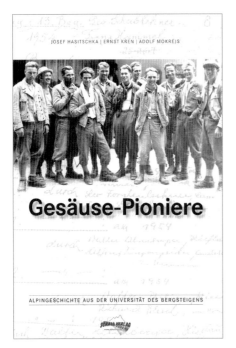

Dieses Buch beschäftigt sich mit jenen Personen, die in den jeweiligen Epochen zur alpinen Elite zählten, die mit den schwierigsten Kletterrouten Meilensteine setzten und die auf den höchsten Bergen der Welt standen. Es folgt den Spuren der Entdecker: jener Menschen, die in den luftigen Bergregionen ihr tägliches Brot verdienten oder aus wissenschaftlichem Interesse hoch hinaufstiegen. Den Spuren der Erschließer: die ersten Touristen, die in den Gesäusebergen neue Wege fanden und Stützpunkte errichteten. Und es folgt den Spuren der „Eroberer des Nutzlosen": von den Protagonisten der „Wiener Schule" bis zu den Expeditionsbergsteigern auf dem Dach der Welt. Die Sammlung alpinhistorischer Persönlichkeiten begibt sich auf eine kurzweilige Zeitreise, die von der „Alpenstange bis zum 8000er als Tagestour" reicht. Kurzbiografien, Originalberichte, Erzählungen und Interviews werden mit 400 – vielfach bislang unveröffentlichten – Bilddokumenten bereichert.

ISBN: 978-3-900533-53-3

Dies ist die Geschichte eines imposanten Gipfels und seiner Wechselwirkung zwischen ihm und den Menschen, die an seinem Fuß beheimatet sind, und vor allem jenen, denen diese Felsen eine Heimat des Herzens bedeuten. Vermutlich wurde er schon um 1850 von einheimischen Jägern bestiegen, 1877 zum ersten Mal von Bergsteigern. 1910 wurde mit der Besteigung der berühmten Nordwestkante das damals „größte Problem der Alpen" gelöst. Mit einer Reminiszenz an den großen Gesäuseerschließer Hubert Peterka eröffnet dieses Buch einen Reigen von teilweise unveröffentlichten Originalberichten und spannt damit einen Bogen, der die alpinhistorische Entwicklung am Beispiel des „Königs unter Königen" (Paul Preuß) widerspiegelt. Erinnerungen prominenter Bergsteiger, Wegbeschreibungen und Statistiken sowie ein Blick in die Schattenseiten der Ödsteingruppe runden dieses Werk auf spannende und interessante Weise ab.

ISBN: 978-3-900533-61-8

www.schall-verlag.at

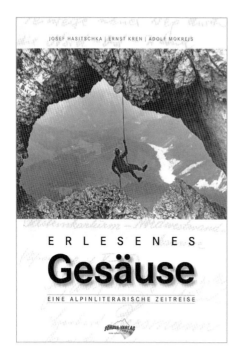

Dieses Buch widmet sich auf 528 Seiten der Literaturgeschichte aus den Ennstaler Alpen. 70 Autoren berichten in 160 ausgewählten Erzählungen von alpinen Begebenheiten innerhalb der vergangenen 200 Jahre. Manche Geschichte wurde in diversen Schriften schon vor Jahrzehnten, meist in kleinsten Auflagen publiziert, andere wiederum lagerten unveröffentlicht in privaten Nachlässen oder in verschiedensten Archiven. Das Sammlertrio Hasitschka, Kren und Mokrejs präsentiert mit dieser Anthologie eine Textkollektion, die von protokollhaften Berichten bis zu ausschweifender Fabulierkunst reicht. Die jeweils chronologisch ansteigende Ordnung führt dabei den Leser auf eine Zeitreise durch alle alpinen Epochen, wodurch auch eine Dokumentation der alpinen Entwicklung wiedergegeben wird. Rund 420 Bildraritäten, die in zeitnaher Zuordnung die jeweiligen Erzählungen illustrieren, sowie eine biografische Auflistung der handelnden Personen runden das „erlesene Gesäuse" ab.

ISBN: 978-3-900533-72-4

Der majestätische 2.351 Meter hohe Grimming wurde einst als „Mons Styriae altissimus" bezeichnet. Anlässlich der von 2011 bis 2012 stattgefundenen Sonderausstellung „Der grimmige Berg" im Schloss Trautenfels entstand eine vielschichtige Monografie über den steirischen Monolithen, der auch als höchster freistehender Gebirgsstock der Ostalpen gilt. Vom Universalmuseum Joanneum herausgegeben, kreist das Werk um die Themen Archäologie und Geologie, Natur, Kunst und Kulturgeschichte sowie um die bergsteigerischen Aspekte, die von der frühen Erschließergeneration bis zum Alpinismus der Gegenwart reichen. In diesem Buch lebt der Grimming als real wahrgenommener Teil der Natur, als Mythos und Imagination, als Herausforderung für ambitionierte Alpinistinnen und Alpinisten und als Nachschlagewerk für jene Menschen, die den Grimming als ihren „Herzensberg" oder als Berg der Berge wahrnehmen.

ISBN: 978-3-900533-69-4

www.schall-verlag.at

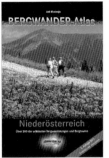

**BERGWANDERATLAS
NIEDERÖSTERREICH** 2. Aufl. 2012;
ISBN 978-3-900533-66-3

BERGWANDERATLAS STEIERMARK
ISBN 978-3-900533-57-1

**BERGWANDERATLAS TIROL Bd. 1
NORDTIROL**
ISBN 978-3-900533-35-9

Es geht um den Kern, die Seele des
Alpinismus. Wer verstehen will, was
es damit auf sich hat, wird in diesem
Buch Antworten finden. Ein ungemein
spannender Lesestoff, der die Taten
am Berg, vor allem aber die Menschen,
die dahinter stehen, würdigt! Über 340
Fotos, historische wie aktuelle, dazu
viele Hintergrundinformationen, Interviews und Statements der Akteure
geben einen Einblick in die epochalen
Zusammenhänge des Alpinismus und
dessen Pioniere. Was trieb sie an, was
machte sie aus? Motivation und Werte der Protagonisten, Erstbegehungen
und Stile, Erfolg und Scheitern – all das
verdichtet sich zur mitreißenden Lektüre! Deutlich wird, wie sich Klettern
anfühlt und warum sich in den großen
schweren Wänden außergewöhnliche
Charaktere herausgebildet haben, deren Leben von ungeheurer Intensität
erfüllt war oder immer noch ist!
ISBN: 978-3-900533-63-2

**BERGWANDERATLAS TIROL Bd.. 2
NORDTIROL**
ISBN 978-3-900533-38-0

**BERGWANDERATLAS OSTTIROL &
SÜDTIROLER DOLOMITEN (Bd. 3)**
ISBN 978-3-900533-44-1

**BERGWANDERATLAS
SÜDTIROL (Bd. 4)**
ISBN 978-3-900533-48-9

**BERGWANDERATLAS
VORARLBERG**
ISBN 978-3-900533-60-1

Jeder Bergwanderatlas mit präzisen Kar-
tenausschnitten sowie ausführlichen
Beschreibungen der Charakteristik,
Anreise, Wegverlauf und Varianten so-
wie Farbfotos zu jeder Bergwanderung.
Im bewährten System von blau (leicht)
bis schwarz (schwierig) - inkl. leichter
Klettersteige!

www.schall-verlag.at